Gesetz über den Vergleich zur Abwendung des Konkurses

(Vergleichsordnung)

vom 5. Juli 1927

Erläutert von

Dr. Hugo Cahn I

Geheimem Justizrat, Professor, Rechtsanwalt in Nürnberg.

1927

München, Berlin, Leipzig

J. Schweitzer Verlag (Arthur Sellier).

Druck von Dr. F. P. Datterer & Cie., Freising-München

Geleitwort zur Vergleichsordnung.

Nicht bin ich in der glücklichen Lage, am Tage des Erscheinens des Gesetzes meinen Kommentar herauszugeben. Aber ich habe von Anfang der Bewegung an mitgearbeitet. Ich wußte ja — und sprach es in meinem Gutachten für den D. J. T., dann vor und nach Erscheinen der Aufsichtsverordnungen aus —, daß der Vergleich außerhalb des Konkurses, losgelöst von jedem Beiwerk, kommen müsse. Deshalb auch kennzeichne ich im Folgenden die geschichtliche Entwickelung durch die bisherigen Einleitungen.

Durch die Kritik an einigen Gesetzesmängeln wird jeweils Gericht, Vertrauensperson, Ausschuß, Gläubigerschaft und Schuldner auf gefährliche Folgen einzelner Normen aufmerksam gemacht. Die Urheber des Gesetzes geben zu, daß kritische Würdigung dem Werk und seinem Ausbau nur nützlich sein kann.

Gerade der Umstand, daß Industrie, Praxis und Fachwelt lebhaft am Werdegang teilgenommen und hernach das fertige Gesetz zu besprechen unternommen hat, zeigt, wie bedeutsam die Vergleichsordnung in weiten Kreisen beurteilt wird. Es soll ein Gesetz für die Dauer sein und es kann nicht bestritten werden, daß Gehalt und Durcharbeitung ernste Mühewaltung erkennen lassen.

Meine Erläuterung versucht ebenfalls, der wirtschaftlichen Wichtigkeit des Gesetzes durch jeweilige Prüfung der vorausgegangenen Verordnungen, des Anlasses und der Eigenart der neuen Normen, gerecht zu werden. Für die praktische Benutzung durch Gericht, Anwaltschaft und Beteiligte wird indes dieser Zweck nach meinem Dafürhalten am ersten erreicht, wenn das jeweilige Schrifttum vorgeführt wird. Ich glaube hinsichtlich der Zusammenhänge und wesentlichen Bestimmungen einigermaßen lückenlos bis zum heutigen Tage die einschlägige Vorgeschichte, Literatur und Judikatur vorgetragen zu haben; meist im Hinblick auf das Gemeinsame oder Abweichende der anderen Gantgesetze. So entspricht, mit dem Abmaß der seit 1914 gesammelten diesbezüglichen Erfahrungen, die Anlage meines Kommentars im Ganzen der meiner Erläuterungen von 1916 und 1924. Als Besprecher zumal oberstrichterlicher einschlägiger Entscheidungen in der J. W., gelang es mir vielleicht, diesen Ueberblick zu ergänzen.

Da zwei Monate seit Erscheinen des neuen Gesetzes verflossen sind, habe ich auch das Schrifttum seitdem, zumal die vier größeren Erläuterungen, mit zu würdigen versucht.

Nach alledem glaube ich zur Herausgabe auch dieses Kommentars ermächtigt zu sein und hoffe ich, durch Anregungen desselben, mit den anderen Erläuterern, die Einführung in die Praxis fördern zu helfen. Als ein Beitrag zur Stützung der deutschen Gesamtwirtschaft.

Nürnberg, im September 1927.

Hugo Cahn.

Kennzeichnung der geschichtlichen Entwickelung durch die Vorworte und Einleitungen zu den Gesch.VO.en.

Vorwort

zur Bekanntmachung über die Geschäftsaufsicht zur Abwendung des Konkurses vom 14. Dezember 1916.

Seit Jahren habe auch ich für den Zwangsausgleich außerhalb des Konkurses mich eingesetzt. Aus der Praxis heraus ist mir die Notwendigkeit desselben klar geworden. Wie oft hatte ich mich für Privatausgleiche bemüht, um, hart vor ihrer glücklichen Abwickelung, die hämische Gegnerschaft der Akkordstörer erdulden zu müssen. So erkannte ich das Unnatürliche derartiger Minderheiten. Ein wackerer Schuldner, eine einsichtige Gläubigermehrheit, kann durch diese in den Konkurs hineingehetzt werden. Und welche Werte stehen oft auf dem Spiel, die durch die Länge, Kostspieligkeit und Schwerfälligkeit des Konkursverfahrens Schaden leiden! Als ich nun vor drei Jahren in der Zeitschrift für Rechtspflege in Bayern die Mängel des Privatausgleiches, an der Hand eines praktischen Beispieles, darlegte und dieses als Warnungsbild vorführte, dachte ich nicht, wie bald der Auswuchs solcher gläubigerischen Sonderrechte für das Vaterland im allgemeinen besonders fühlbar werden könne. Denn ehe noch mein Mitgutachter und ich das von uns bereits verarbeitete Thema des Juristentages in Düsseldorf zu verfechten Gelegenheit hatten, schuf der ausbrechende Krieg, unter anderen weittragenden Problemen, ganz von selbst das Bedürfnis, diejenigen Konkurse tunlichst zu verhüten, die im Frieden voraussichtlich nicht entstanden wären. So kam durch den gigantischen Kampf rascher, wie geahnt, auch dieser Stein ins Rollen.

In der Verordnung vom 14. Dezember 1916 kommt freilich zunächst nur der Bundesrat zum Wort, während der Gesetzgeber selbst sich erst äußern wird, wenn die Geschütze verstummt sein werden. Doch besteht eine hohe Wahrscheinlichkeit, daß das eigentliche Gesetz über den Zwangsausgleich außerhalb des Konkurses nicht allzulange nach Friedensschluß auf sich warten lassen wird. Von dieser Zuversicht ist meine nachfolgende Erläuterung getragen. Ich beabsichtige folglich, die Praktiker aus den Gewerbe-, Richter- und Anwalts-Kreisen auf die Vorzüge des neuen Stoffes aufmerksam zu machen, nicht ohne da kritisch einzusetzen, wo nach meinen Erfahrungen das Friedensgesetz die Kriegsverordnung zweckmäßigerweise ergänzen, allenfalls verbessern kann.

In ernster Zeit, bei wirtschaftlichem Tiefstand, wurde diese rechtliche Neuerung geschaffen, die ausschlaggebend sein kann für eine leidlich ersprießliche Überführung des schuldnerischen Kriegsstatuts in eine allmähliche Wiedergesundung. Da nämlich, wie bei der ganzen verantwortungsvollen Rechtsarbeit im Kriege, eine altruistische und geschmeidige Handhabung der VO. durch einen der Sachlage gewachsenen Gewerbe-, Richter- und Anwaltsstand voranstehen muß, und da die gesamte Materie der nun vervollkommneteren Geschäftsaufsicht und außerkonkurslichen Zwangsvergleiche, mehr wie irgendeine KriegsVO., tief in das Verkehrsleben eingreift, geht mit der Neueinführung ein gut Stück großzügigen volkswirtschaftlichen Aus- und Abbaus vor sich. Daß den bezeichneten Faktoren dieser gemeinsame vaterländische Hilfsdienst, als wertvolle Vorarbeit zu dem endgültigen künftigen Gesetzgebungswerke, glücken und daß die Verordnung insbesondere die Ebnung der durch den Krieg notleidenden Existenzen erleichtern möge, muß als erstes Geleitwort gegenwärtiger Darstellung vorangeschickt werden.

Nürnberg, Weihnachten 1916.

Hugo Cahn.

Vorwort

zum Nachtrag des Hauptkommentars der Geschäfts-Aufsichts-Verordnung.

An sich würde ich lieber ein zeitgemäßes neues Aufsichtsgesetz, oder wenigstens die AufsichtsVO., wie sie nun aussieht, in ihrer Gänze neukommentieren. Aber letzteres verbietet die zur Verfügung stehende Zeitspanne. Es soll rasch zu den neuen Erlassen und Fristen Stellung genommen werden. Ich muß mir daher versagen, im Zusammenhang mit den durch die VO. vom 8. Februar und 14. Juni 1924 unberührten Paragraphen, eine Verarbeitung vorzunehmen. So habe ich im wesentlichen die geänderten Paragraphen erläutert und nur da die ungeänderten eingehender behandelt, wo seit 1917 maßgebende Entscheidungen oder belangreiche Besprechungen erfolgt sind. Die Bekanntmachung ist im vollen jetzt geltenden Wortlaut abgedruckt, die Änderungen sind durch Fettdruck hervorgehoben. Die zwei Verordnungen zur Änderung derjenigen vom 14. Dezember 1916 enthalten nicht allzuviel rechtlich Bedeutsames. Sie sind mehr verwaltungstechnisch, geboren aus neuer Not der neuen Zeit. Aus diesem Grund empfahl es sich, die einschlägigen Erfahrungen und Ratschläge der Praxis den nunmehrigen Vorsichtsmaßregeln der diesjährigen Verordnungen anzureihen, m. a. W. gegenwärtige Kommentarergänzung sozusagen volkswirtschaftlicher aufzuzäumen.

Nürnberg, Juni 1924.

Hugo Cahn.

Werdegang und Neuerung der Geschäftsaufsicht

(Einleitung zum Nachtragskommentar des Verf. zur Geschäftsaufsichtsverordnung).

Schon zu Beginn des Krieges wurde die Frage erwogen, ob und inwieweit eine Enthebung der Schuldner von ihren übernommenen Verpflichtungen gesetzlich zu verallgemeinern, m. a. W., ein Generalmoratorium zu beschließen sei. Solches ist der Reflex gegen plötzliche Erschütterung des Wirtschaftslebens durch unbekämpfbare höhere Gewalt. Es vermag nicht mehr entschieden zu werden, ob eine unerschrockene Durchführung dieser Maßnahme den kleineren Palliativmitteln in ihrer Endwirkung nicht vorzuziehen gewesen wäre. Allemal erhofften wir damals einen kurzen Kriegsverlauf, einen glücklichen Kriegsausgang mit günstigen Folgen für den Staat und Einzelnen. Solche Hoffnungsfreudigkeit erfand eine neue, dem Spezialmoratorium gleichwertige, das Häßliche desselben verdeckende, Einrichtung. Die Zentralbehörde war sich bewußt, daß die Geschäftswelt durch die Einberufungen, die Ausschaltung des Auslandsverkehres, die Unsicherheit der allgemeinen Verhältnisse und die Unmöglichkeit eines Teiles der Schuldnerschaft, der Gesamtheit ihrer Verbindlichkeiten, wie im Frieden, gerecht zu werden, dermaßen gerüttelt werden müsse, daß die einfachen Mittel der Bewilligung von Zahlungsfristen u. a. nicht ausreichen würden. Statt dieser Abhilfe kleineren Umfanges in Fällen des Unvermögens bei einzelnen Verbindlichkeiten, mußte eine Maßnahme Platz greifen, die den allgemein zahlungsunfähigen Schuldner unter gewissen Umständen während des Krieges schützen und vor dem Konkurs bewahren sollte. An zwei Voraussetzungen sollte diese Maßnahme der Geschäftsaufsicht geknüpft sein: die Zahlungsunfähigkeit infolge des Krieges und die Aussicht ihrer Behebung nach Beendigung desselben. Wenn man auch mit Fug die Möglichkeit ausschloß, daß auf Antrag eines Gläubigers die Maßregel verhängt werde, so zielte gleichwohl die ratio legis auf eine gewisse Schonung der Gläubigerschaft ab, für die das Konkursverfahren meist die nämlichen Gefahren bringt, wie für den Gemeinschuldner.

Während der Dauer der Geschäftsaufsicht war demnach das Konkursverfahren über das schuldnerische Vermögen auszuschalten und die Einzelvollstreckung bloß in Einzelfällen zuzulassen. Die Überwachung oblag einer Aufsichtsperson, deren Zuständigkeit aber recht allgemein gehalten, deren Einrichtung somit bald der Gegenstand zwiespältiger Beurteilung war. Die Geschäftsfähigkeit des Schuldners ferner war nur wenig eingeengt, nach außen beinahe überhaupt nicht. Bezüglich der Verwendung der vorhandenen Mittel bestanden Vorschriften, die dem Aufsichtsführer und sogar dem Schuldner ziemlich freie Hand ließen.

Nicht lange nach Erlaß der Bekanntmachung vom 8. August 1914 setzte infolgedessen eine allseitige Kritik der Gläubigerschutzverbände und anderer Praktiker ein. Die unmittelbar nach der Mobilmachung erlassene VO. wurde bald der Fülle der eigenartigen Zustände des Weltkrieges nicht mehr erschöpfend gerecht. Es bildeten sich im Laufe der Zeit wirtschaftliche und rechtliche Bedürfnisse heraus, welchen Theorie und Praxis, gestützt auf die Erfahrungen von zweieinhalb Jahren, Rechnung zu tragen beflissen waren.

Die dann am 22. August 1916 unter Mitwirkung von Sachverständigen aus dem Gelehrten-, Kaufmanns- und Praktikerstand durchberatene und mit VO. vom 14. Dez. 1916 umgemodelte Geschäftsaufsicht durfte während des Krieges sehr wohl als gelungene Lösung der ernsten Moratoriumsfrage angesehen werden. Sie verhütet die Entsittlichung der schuldnerischen Pflichtenbegriffe, die ein allgemeines Moratorium zur Folge hätte. Sie bewahrt den Schuldner, dessen Einnahmen herabgedrückt, dessen Ausgaben gesteigert und dessen Kreditquellen versiegt sind, falls seine Zahlungsunfähigkeit durch den Krieg verursacht ist, vor den meisten Vollstreckungen und somit tunlichst vor dem Zusammenbruche. Die Aufsichtsperson schützt den Schuldner, den so die günstigen, nicht die üblen, Folgen des Konkurses treffen. Die VO. vom 14. Dez. 1916 umschrieb die Rechte und Pflichten der Aufsichtsperson etwas enger (freilich nicht eng genug). Nebenbei bemerkt, ist der Standpunkt in der Kommissionssitzung des Reichsjustizamts (z. B. von mir) vertreten worden, daß der Widerspruch der Aufsichtsperson die schuldnerischen und gläubigerischen Willensbekundungen auch nach außen wirksam gestalten müßte. Es ergaben sich vor (leider aber auch noch nach) der VO. vom 14. Dez. 1916 vielfach Mißlichkeiten, die durch tüchtige Aufsichtspersonen und -richter, wohl auch einsichtige Gläubiger und vor allem Schuldner, von Fall zu Fall gemindert werden konnten. Wo indes Wille und Fähigkeit dieser Beteiligten versagten, kam es zu Unstimmigkeiten, die m. E. längst hätten durch die Zentralbehörde abgestellt werden können. Zu begrüßen war, daß die VO. vom 14. Dez. 1916 die Überschuldung der Zahlungseinstellung gleichstellt und so die hinsichtlich des Gesellschaftsrechts aufgeworfenen Streitfragen ausscheidet. Es empfahl sich ferner (wohlgemerkt damals am 14. Dez. 1916), den Anregungen, einen Unterschied zu machen zwischen Schuldnern, die unzweifelhaft in der Lage sein würden, nach dem Kriege die Gläubigerbefriedigung vorzunehmen und solchen, bei denen dies voraussichtlich nicht der Fall sein würde, nicht stattzugeben, und den Zeitpunkt des Kriegsendes nicht eng zu fassen. Dem kam die absichtlich allgemeine Fassung: „nach Wegfall der Kriegsverhältnisse" entgegen. Mit Rücksicht auf die vollständig neue Einführung des mit der Aufsicht verbindbaren konkurslosen Zwangsvergleichs ist ausgesprochen, daß dem Antrag auf Anordnung der Aufsicht auch stattzugeben ist, wenn Aussicht auf ein konkursabwendendes Übereinkommen, das übrigens ein rein privates sein kann, besteht. Der Aufsichtsperson ist schon in der VO. vom 14. Dez. 1916 freie Hand gelassen, ob sie die Geschäftsführung persönlich übernehmen will oder nicht. (Das wurde und wird viel zu wenig durchgeführt.) Die zum Teil üblen Erfahrungen mit allzu freischaltenden Schuldnern führte zu der wohlbegründeten Norm, daß das Gericht auf Antrag der Aufsichtsperson besondere Verpflichtungen zur Sicherung der Gläubiger verfügen kann. Da willkürliche Begünstigungen von Gläubigergruppen beobachtet wurden, ist in der VO. vom 14. Dez. 1916 ausgesprochen, daß die Reihenfolge der Befriedigung von dem Aufsichtsführer nach den Grundsätzen der Konkursordnung zu bestimmen und eine Abweichung von dieser ohne gerichtliche Zustimmung unzulässig ist. Die kontroverse Frage, ob und inwieweit die von dem Verfahren betroffenen Gläubiger auf Grund einer einstweiligen Verfügung Vormerkungen eintragen lassen dürfen, ist folgerichtig verneint. Auch dem in der Literatur erörterten Bedürfnis, die Hemmung der Verjährung des Anspruchs eines Gläubigers, der von dem Verfahren betroffen wird, für die Dauer der Geschäftsaufsicht auszusprechen, ist die VO. vom 14. Dez. 1916 entgegengekommen. Sie bringt die Klarstellung einer Zweifelsfrage, indem sie die Aufrechnung eines von dem Verfahren betroffenen Gläubigers während der Geschäftsaufsicht dem Schuldner gegenüber ausschließt, wenn er letzterem nach Anordnung der Geschäftsaufsicht etwas schuldig wurde oder vor der Anordnung, und nachher erst, das Guthaben erwarb. Die VO. von 1916 ermöglicht dem Schuldner mit Ermächtigung des Gerichts die Ablehnung der Erfüllung, wenn die Nichterfüllung im Interesse der Geschäftsaufsicht gelegen und für den Vertragsgegner kein unverhältnismäßiger Nachteil gegeben ist. Letzterem bleibt der Schadensersatzanspruch. Der Schuldner als Mieter kann zur gesetzlichen Frist kündigen, nicht aber der Vermieter, wie im Konkursrecht, was mehrfach de lege ferenda angeregt war. Der Schuldner kann weiterhin mit gerichtlicher Genehmigung Dienstverhältnisse zur gesetzlichen Frist kündigen. Die im Rahmen der alten VO. vielfach bestrittene Frage, wer die Kosten einer Leistungsklage trägt, wenn der Schuldner den Anspruch anerkennt, ist zugunsten des letzteren in der Bestimmung von 1916 geregelt. Der Gläubiger, der die Aufsicht nicht kannte oder aus besonderem Grunde an der Erlangung des Urteils ein Interesse hat, soll jedoch nicht kostenpflichtig sein. Die Klausel kann Rechtsstreite veranlassen. Die VO. von 1916 schaltet aus dem Verfahren der Geschäftsaufsicht nun auch die Gläubiger aus, deren Ansprüche auf einem gegenseitigen Vertrage beruhen, welcher zur Zeit der Anordnung der Geschäftsaufsicht noch nicht erfüllt war, dann erfreulicherweise die Aufsichtspersonen wegen ihrer Ansprüche auf Erstattung von Auslagen und Vergütung, endlich — unter Beibehaltung des fiskalischen Systems — die Staatskasse wegen der Gerichtskosten für das Verfahren. Zur Vermeidung unrichtiger Angaben des Schuldners, der durch eine gefärbte Vermögensübersicht die Anordnung der Geschäftsaufsicht erlangen und erschleichen kann, dient die Ermittelung und Anhörung von Vernehmungspersonen. Für das Wirtschaftsleben kann nämlich die mißbräuchliche Ausnutzung der Einrichtung verhängnisvoll werden, weil unersetzliche Werte durch Entstellung der schuldnerischen Vermögensübersichten beeinträchtigt werden können. Diese Vorschrift, die zudem eine Gläubigerversammlung nach Bedürfnis vorsieht, hing mit der vielbeklagten Wahrnehmung zusammen, daß in den ersten zweieinhalb Jahren reichsdeutscher Geschäftsaufsicht (August 1914 bis Dezember 1916) in den meisten Fällen keinerlei Befriedigung der Gläubiger erfolgte, die Behebung der Zahlungsunfähigkeit nach dem Kriege nicht zu erwarten war und so ziemlich jede während des Krieges auftretende Zahlungsunfähigkeit von den Gerichten als zur Geschäftsaufsicht berechtigend angesehen wurde. Der von verschiedenen Seiten damals gebrachte Vorschlag, durch Publikation in die schuldnerischen Verhältnisse besser hineinzuleuchten, wurde von der Regierung — meines Erachtens damals mit Fug — nicht akzeptiert. Einen Kernpunkt des Aufsichtsratsverfahrens bildete nämlich der Satz, daß öffentliche Bekanntmachungen nicht stattfinden. Gegenteilige Anträge auf eine fakultative Veröffentlichung nach Antrag des Schuldners oder der Aufsichtsperson, wollten mit der Gefahr, daß Gläubiger übersehen werden können, begründet werden. Allein es blieb bei der Ausschaltung der Veröffentlichung zum absichtlichen Unterschied gegenüber dem Konkursverfahren. Die Kompromittierung des Schuldners gegenüber seinen Branchegenossen usw. sollte vermieden werden. Das Vertrauen nach außen hin sollte nicht zerrüttet werden. Als Ausweg wurde den wirklich Interessierten die Akteneinsicht gesetzlich eingeräumt. Vor Verhängung der Aufsicht sollte ferner die Vertretung des Handels oder Handwerks oder Gewerbes oder der Landwirtschaft gutachtlich zugezogen werden, wenn der Schuldner dieser Kategorie angehört. Nach den Ministerialerlassen bzw. landesrechtlichen Ausführungsbestimmungen wurden die nämlichen Handels- usw. Vertretungen vor Bestellung der Aufsichtsführer um Namhaftmachung geeigneter

Personen angegangen. Richtlinien gegen Entwertungen, Verschleuderungen, Schiebungen, Begünstigungen, kurz, unlautere Machenschaften, ferner für tunlichste Aufrechterhaltung des Geschäfts und gegen Vermögensschmälerung, wurden aufgestellt. Doch reichte meines Erachtens diese Normierung nicht völlig. Denn die Nichtberechtigung, gewisse Geschäfte vorzunehmen und Willenserklärungen abzugeben, ferner die Vollstreckungsversagung, wenn die Aufsichtsperson ein Veto einlegt, wäre m. E. in eine Mußvorschrift zu kleiden gewesen. Ich hatte deshalb an zuständiger Stelle den Vorschlag gemacht, zur weiteren Erreichung dieser Zwecke die Anordnung der Geschäftsaufsicht in das Handelsregister und das Grundbuch bei den einschlägigen schuldnerischen Grundstücken einzutragen, erstere Maßregel ohne Veröffentlichung. Die Einführung des Gläubigerbeirats hat sich als rätlich herausgestellt, nachdem, insbesondere infolge der Möglichkeit eines Zwangsvergleichs, die Rechte und Pflichten sowohl des Gerichtes als auch der Aufsichtsperson sich mehrten, eine gewisse Entlastung, Teilung der Verantwortung und gemeinsame Begutachtung daher angezeigt erscheint.

Die übrigen Paragraphen der VO. vom 14. Dez. 1916 beschäftigten sich mit dem Zwangsvergleich außerhalb des Konkurses. Die deutsche Gesetzgebung konnte in der Einführung des Präventivausgleiches hinter den Nachbarländern umso weniger zurückbleiben, als die Geschäftsaufsicht nur im Anschluß an ein gerichtliches Ausgleichsverfahren außerhalb des Konkurses allmählich abgebaut werden kann. Würden die nicht glückenden Unternehmungen, die im Kriege unter Geschäftsaufsicht standen, im Frieden nur zwischen dem Privatvergleich und Konkurse zu wählen gehabt haben, so würde der überwiegende Prozentsatz derselben zusammengefallen sein, wie ein Kartenhaus. Solcher allgemeiner Verfall hätte jedoch die schlimmsten Rückschläge auf den allgemeinen Handel und Wandel zeitigen müssen. Einerseits würde im Arrangementsfall ein unerträglicher Markt mit unlauteren Sonderabkommen eingesetzt haben. (Zumal nach der RGE. 12. Mai 1919, Württ. RpflZ. 21, 65, Neumann, Jahrbuch 22 S. 29, die Bevorzugungen beim außergewöhnlichen Vergleich nicht für schlechthin nichtig erklärt.) Andererseits würden im Konkursfall — der Ausverkäufe halber — die ohnedies geschwächten Vermögenswerte unverhältnismäßig gesunken sein, was keineswegs bloß den Schuldner, sondern erst recht auch die gesamte Branche, geschädigt hätte. „Der Konkurs ist Auflösung und Entwertung, Geschäftsaufsicht und Akkord ist Heilung und Wiederaufbau." Zwischen der Szylla des privaten Vergleiches und der Charybdis des Konkurses soll das konkurslose Zwangsvergleichsverfahren die Beteiligten hindurchführen. Die Mehrheit soll durch dieses vor den Akkordstörungen und Begünstigungen, die Minderheit vor Schiebungen in der Vermögensaufstellung und Abstimmung, geschützt werden. Freilich vermag der unlösbare Zusammenhang zwischen Geschäftsaufsicht und Zwangsvergleich außerhalb des Konkurses nicht eingesehen zu werden. Um diesen nicht zu billigenden Grundsatz, daß ein Nichtbeaufsichtigter nicht des Zwangsvergleiches teilhaftig werden kann, einigermaßen zu mildern, wurde der Passus in die VO. von 1916 aufgenommen: „Dem Antrag auf Anordnung einer Geschäftsaufsicht ist stattzugeben, wenn Aussicht besteht, daß der Konkurs durch ein Übereinkommen mit den Gläubigern abgewendet werden wird." Da nämlich im übrigen dem Geschäftsaufsichtsantrage nicht stattzugeben war, wenn die Behebung der Zahlungsunfähigkeit oder der Überschuldung nach dem Kriege nicht in Aussicht genommen werden konnte, so hätten die diese Zuversicht vermissenden Unternehmungen nach der neuen VO. einen Zwangsausgleich nicht erlangen können, sondern hätten dem Konkurs verfallen müssen. Nach meiner Auffassung sollte aber nicht schlechthin der Zwangsausgleichsvorschlag des Nichtbeaufsichtigten ausgeschaltet werden.

So war die Situation während des Feldzuges. Wir glaubten im Jahre 1916, nach beendigtem Kriege werde ein Friedensgesetz erlassen werden. Nachdem der Krieg verloren und der Umsturz eingetreten war, hatten die Zentralbehörden wichtigere Arbeiten zu erledigen. Man operierte daher so gut und so schlecht wie möglich mit der alten VO. weiter. Freilich haben verschiedene, der ursprünglichen ratio legis getreue, Geschäftsaufsichtsgerichte erklärt, daß die wirtschaftlichen Folgen der Jahre 1919, 1920 usw. nicht mehr zur Anwendung der VO. berechtigen, so daß, wer in Kenntnis dieser schwierigen Verhältnisse ein Risiko eingehe, dessen Folgen in Betracht zu ziehen habe. Doch ging es, wo der Amtsrichter und die ihn allenfalls beratende Berufskammer ein Auge zudrückte, in den dem Jahre 1918 folgenden Jahren noch einigermaßen nach dem alten Schema. Denn man konnte ausdehnend die Voraussetzungen der Geschäftsaufsicht auslegen, indem man erst direkt, später indirekt, die Zahlungsunfähigkeit, beziehungsweise Überschuldung, als Folgen des Krieges kennzeichnete. Oft freilich lächelten damals bereits die Auguren unter sich, wenn mehr oder minder gefestigte Geschäftsleute, die auf dem Wege zum Neureichtum entgleisten, ein Geschäft nach dem Kriege angefangen und den Krieg sowie die Kriegsursachen nur mehr als Ausrede benutzt hatten. Dabei mag zugegeben werden, daß mehr oder weniger ja das ganze Wirtschaftsleben und mit ihm der einzelne Betrieb durch die Gesamtkrisis seit 1918 beeinflußt war, so daß ein gewisser Schutz gegen den ehreschwächenden Konkurs immer noch angezeigt erschien.

Als aber die Kleidung des alten Gesetztextes doch zu eng wurde, hat man am 8. Februar 1924 eine Modernisierung vorgenommen. Man hat nun förmlich — was ja praktisch und faktisch bereits zuvor Anwendung fand — die aus dem Krieg erwachsenen wirtschaftlichen Verhältnisse als mögliche Ursache der Aufsichtsverhängung festgelegt. Ferner hat man sechs Jahre nach dem Kriege die längst bedeutungslos gewordenen Worte: „nach Wegfall der Kriegsverhältnisse" gestrichen. Um den minderwertigen und illoyalen Schuldner schlechter zu stellen, hat man die Ablehnung seines Antrages für den Fall normiert, daß die Zahlungsunfähigkeit oder Überschuldung auf ein unredliches Verhalten desselben zurückzuführen oder nach seiner bisherigen Führung die Besorgnis begründet ist, daß er während der Geschäftsaufsicht den Interessen der Gläubiger zuwiderhandeln werde. Schließlich hat man, um nicht ad calendas graecas die Geschäftsaufsicht fortbestehen und so die gläubigerischen Belange total versanden zu lassen, vorgeschrieben, daß die Geschäftsaufsicht aufzuheben ist, wenn ein Jahr seit der Anordnung verstrichen ist. Das Gericht kann aber, wenn Aussicht auf Behebung der Zahlungsunfähigkeit oder der Überschuldung oder auf ein Arrangement mit den Gläubigern besteht, eine Nachfrist gewähren. Damit hier keine Einseitigkeit Platz greift, steht jedem vom Verfahren betroffenen Gläubiger die sofortige Beschwerde zu. Die VO. vom 8. Februar 1924 findet auch auf die bei ihrem Inkrafttreten bestehenden Geschäftsaufsichten Anwendung. Die Aufhebung einer bestehenden Geschäftsaufsicht wegen Verstreichens eines Jahres seit der Anordnung soll jedoch, um nicht als plötzliche Härte auf den Schuldner einzuwirken, nicht vor Ablauf von drei Monaten seit dem Inkrafttreten stattfinden.

Das ist die eigentliche Rechtslage bis zum 12. resp. 14. Juni 1924. Es kann den Betrachtungen über das heutige Gesetzesbedürfnis allgemein vorausgeschickt werden, daß nach dem Kriege zunächst jahrelang von der Geschäftsaufsicht wenig Gebrauch gemacht wurde. Das hängt mit der Unmöglichkeit der Kreditgewährung zur Zeit des rapid steigenden Dollars und mit dem Talmiglanz der Inflation zusammen. Als aber die schweren Folgen der Rhein- und Ruhrbesetzung sich einstellten, als die Parasiten der Wirtschaft durch das allgemeine Heilmittel der Rentenmark mehr und mehr erkennbar wurden, als zu Beginn des jetzigen Jahres jeder merkte, wie arm er geworden war, m. a. W. die Milliarden- und Billionenmanie nicht mehr weitertoben konnte, da holte man das Instrument der Geschäftsaufsicht wieder zum Gebrauch hervor. (So auch Weinberg, Vorw. 2. Aufl.) Zu den Komplikationen, welche durch die Haltung Frankreichs in der Verständigungs- und Reparationsfrage, zumal nach Rathenaus Tod, hinzugekommen waren, gesellte sich im letzten Frühjahr noch das Fixen auf den französischen Franken. Jetzt muß man daran gehen, den Weizen von der Spreu zu sondern. Die unsoliden Aktiengesellschaften verlieren ihre Existenzberechtigung. Auch die Folgen der 3. Steuernotverordnung, die gerade den solidesten Sparer arm gemacht haben, werden bemerkbar. Und dazu die katastrophale Geldnot, an der nach Ansicht namhafter Volkswirte die Maßregeln der

Reichsbank nicht unschuldig waren. Zumal nach ultimo April 1924 regnete es Geschäftsaufsichtsanträge. Die Absage der Erweiterung des Kreditkontingents durch die Reichsbank für Anfang April war einer der ernstesten Momente des deutschen Wirtschaftslebens. Mit Eindämmung der Ausleihtätigkeit des grundlegenden deutschen Noteninstituts und durch Einengung des Emissionsspielraumes sowie der Währungsrichtlinien, vor Annahme eines endgültigen Planes der internationalen Sachverständigenkommission, schließlich durch den Druck auf die Warenpreise infolge der Geldknappheit, mußte als ultimum remedium seitens des Händlers und Fabrikanten die Geschäftsaufsicht herangezogen werden, weil durch diese die Gläubiger zunächst ferngehalten und die Vorräte nicht verschleudert wurden. Das unselige deutsche Kreditieren brach wieder los. Eine Unmenge von Wechseln und Schecks wurde fällig. Sie waren anläßlich der drückendsten Geldknappheit und Geschäftsstockung unterzeichnet worden. Raffiniert und höhnisch benützten gewissenlose Schuldner (die überdies durch ungeschickte Zivilprozeßneuerungen, z. B. das langweilige Wechsel-Zahlungsbefehl-Verfahren, protegiert sind) den bequemen modus. Vor dem Kriege drohte der Gläubiger mit dem Konkurs, heute droht der Schuldner mit der Geschäftsaufsicht. In der Praxis bekannt gewordene Rundschreiben solcher Elemente atmen geradezu eine gewisse Schadenfreude der Zahlungspflichtigen, nicht Zahlungsgewillten. Je hemmungsloser man nun der Gläubigerschaft, die doch ihre eigenen Gläubiger zu befriedigen hatte, die Türe vor der Nase zuschlug, desto zurückhaltender wurden mit Fug die Amtsgerichte gegenüber den Aufsichtsanträgen. Desto energischer wurde der Appell der kaufmännischen Verbände an die Regierung, nur gutfundierte, vorübergehend illiquide, Personen und Firmen der Geschäftsaufsicht teilhaftig werden zu lassen, mindestens den böswilligen Schuldnern die Lage durch eine Verordnungsverbesserung zu erschweren.

Die VO. vom 14. Juni 1924, an Hand des Rahmengesetzes vom 12. Juni 1924, gibt der Hälfte der Gesamtsumme der beteiligten Gläubiger das Mehrheitsrecht der Aufhebung der Geschäftsaufsicht. Die nämliche Folge tritt ein, wenn der Schuldner nicht bis zum Ablauf der — verlängerbaren — Frist von einem Monat seit Anordnung einen Vergleichsantrag einreicht. Die VO. kürzt ferner die normale Geschäftsaufsichtsdauer einschließlich der Zwangsvergleichsgelegenheit auf drei Monate. Ist während der drei Monate nach Anordnung (bzw. nach Verlängerung der Frist im Einverständnis mit 3/4 der Gläubiger) ein Zwangsvergleich nicht bestätigt, so wird die Aufsicht aufgehoben. Ist vorher ein Zwangsvergleich bestätigt, so endet die Frist nicht vor Rechtskraft der Entscheidung über den Zwangsvergleich. Die gewöhnliche Konsequenz der Aufhebung der Aufsicht ist der Konkurs. Denn das ist zweifellos, daß der Konkurs eine verlässigere Kontrolle bietet, der Konkursverwalter größere Rechte hat und die Konkursordnung den Gläubigern in zivil- und strafrechtlicher Hinsicht eine bessere Gewähr bietet, wie die Aufsichtsverordnung. Man darf eben überhaupt nicht vergessen: eines schickt sich nicht für alle. Die Geschäftsaufsicht war ursprünglich gedacht und bestimmt für unsere Kameraden im Felde, welche plötzlich ihr Geschäft einer geschäftsunerfahrenen Frau oder Familie zurücklassen mußten. Die Einrichtung war zudem bestimmt für Kaufleute, deren Debitoren in Rußland oder England saßen und vom Kriegsbeginn an nicht mehr zahlen konnten und durften. Damals war der einseitige Schuldnerschutz, welcher ohne verhältnismäßige Wahrung und Sicherung der Befugnisse der Gläubiger diesen den Krieg über die Hand band, wohl angebracht. Daß aber heutzutage ein beaufsichtigter Schuldner schlechthin weiterarbeiten und überdies neue Verbindlichkeiten mit unverminderten Rechtsfolgen eingehen darf, während die geschädigten Gläubiger ganz untätig zusehen müssen, war nicht gewollt und konnte nicht gewollt sein. Von diesem Gesichtspunkte aus soll künftighin eine begründete und absehbare Sanierungswahrscheinlichkeit als Vorbedingung der Geschäftsaufsicht unerläßlich sein. Zudem muß der Gläubigerschaft als solcher eine praktischere Kompetenz eingeräumt werden. Die Gläubigerversammlung soll durch ihre Mehrheit die Aufsichtswürdigkeit entscheiden. Der Gläubigerbeirat soll nicht, wie bisher, fakultativ, sondern, abgesehen von Geschäften geringeren Umfanges, obligatorisch sein. Die Aufsichtsperson kann ihres Amtes entsetzt werden, wenn in einer Gläubigerversammlung — die überhaupt durch die VO. vom 14. Juni 1924, rechtsähnlich dem Konkurs, zu größerer Bedeutung gelangt — die Forderungsmehrheit die Entlassung beantragt. Freilich gilt für alle diese Verhältnisse der alte Grundsatz des englischen Politikers: „Männer, nicht Maßnahmen". (Ähnlich: Schönwandt, D. GeschA. 1924 S. 8). Versteht ein Aufsichtsführer nichts oder ist er zu bequem und energielos, so kann der Schuldner ihn über das Ohr hauen. Wirklich branche- und gesetzeskundige Kontrolleure sind heute vonnöten. Vor allem aber ist *heute* — für die Kriegszeit war ich anders eingestellt — zuzugeben, daß die Heimlichkeit nicht mehr paßt. Als es sich um die tunlichste Schonung des Prestiges des einberufenen oder sonstwie durch die Kriegszustände unverschuldet bedrängten Schuldners drehte, lag die Sache ganz anders. So haben denn die am 27. Mai 1924 im Reichswirtschaftsministerium versammelten Spitzenverbände der Regierung die Erklärung abgegeben, daß die GeschAVO. hinsichtlich der *Publizität* zu ändern sei. Dadurch werden auch die Gläubiger rasch bekannt: es wird ein Überblick über die Aussichten gewonnen. Umtriebe und Schleichwege des Schuldners oder einer Gläubigerklique werden sachdienlicher enthüllt. Diese Quintessenz der neuesten VO. ist in folgende Form gekleidet: Die Anordnung der Geschäftsaufsicht und der Name der AP. sind den ihrem Wohnort nach bekannten Gläubigern mitzuteilen und im Deutschen Reichsanzeiger bekanntzumachen. Das Gericht kann weitere Bekanntmachungen anordnen. In diesem Betreff stehe ich auf dem Standpunkt, daß, wenn schon Öffentlichkeit eingeführt und nötig ist, die Gerichte gut daran tun, in den amtlichen Lokal- und Fachblättern zu publizieren, da den Reichsanzeiger die wenigsten Gewerbetreibenden lesen. In allen Fällen muß, wenn nicht durch die Anhörung eine die Gläubigerinteressen gefährdende Verzögerung eintritt, behufs sachkundiger Klarlegung des Status und der Aufsichtswürdigkeit die Handels- oder Gewerbe- oder Landwirtschaftskammer gehört werden. Ihr ist auch die Auswahl der Aufsichtsorgane im Einklang mit dem Amtsgericht zu überlassen. Die Berufsvertretung muß sich zudem, sofern diese ausnahmsweise vor der Anordnung nicht gehört worden ist, innerhalb einer Woche äußern, ob die Voraussetzungen der Geschäftsaufsicht für vorliegend erachtet werden. Übrigens sollte man die Möglichkeit, die Bestellung anderer oder weiterer Aufsichtspersonen innerhalb drei Wochen nach Bestellung der ersten auszusprechen, seitens der Gläubigerschaft häufiger benützen. Bedeutsam ist gegenüber der alten Fassung, wonach der Geschäftsbetrieb des Schuldners tunlichst aufrechterhalten und sein Vermögen nicht geschmälert werden soll, die neue Fassung, daß die AP. zwar darauf Bedacht zu nehmen hat, daß das Geschäft des Schuldners, soweit angängig, weiter betrieben wird, daß dabei aber vorhandene Bestände verwertet und eingegangene Verpflichtungen abgewickelt werden. Zur Verhütung schuldnerischen Mißbrauches der Einrichtung dient weiter die Vorschrift, daß jeder Bericht der AP. eine Äußerung darüber zu enthalten hat, ob die Voraussetzungen für eine Fortdauer der Geschäftsaufsicht noch vorliegen, sowie darüber, ob und inwieweit der Schuldner seine und seiner Familie Lebensführung eingeschränkt hat. Die, wie erwähnt, nach der VO. vom 14. Juni 1924 mehrfach kompetente Gläubigerversammlung kann auf Anregung der AP. oder des Gläubigerbeirates oder eines Fünftels der zwangsvergleichsberechtigten Gläubigerschaft einberufen werden. Sie kann jederzeit eine anderweitige Zusammensetzung des Gläubigerbeirates beschließen.

Für bereits gewährte Geschäftsaufsichten bestehen Überleitungsvorschriften. Es erfolgt eine nachträgliche Veröffentlichung der nach dem 1. Mai 1924 angeordneten Aufsichten. Für Mai 1924 wurden nachträglich 414 Fälle von Geschäftsaufsichten veröffentlicht und für die Zeit vom Januar bis April 1924 [nach der fakultativen Vorschrift] 43 Fälle. In weiteren 94 Fällen ging aus der Veröffentlichung nicht hervor, zu welchem Zeitpunkt die Geschäftsaufsicht ausgesprochen wurde. Der größte Teil der letzteren dürfte noch auf den Monat Mai 1924 entfallen. Im Mai 1924 sind über 300, im Juni 1924 bis zirka 600 Konkurse ausgebrochen, womit der Monatsdurchschnitt der Vorkriegszeit mit

700—800 Konkursen bald erreicht ist.[1]) Für bereits bestehende Geschäftsaufsichten erfolgt eine Abkürzung des Verfahrens auf höchstens zwei Monate nach Inkrafttreten der Aufsichtsverordnung bzw. auf zwei Wochen, wenn innerhalb dieser Zeit kein Vergleichsvorschlag des Schuldners eingereicht ist.

Mit den Neuerungen kann man im großen und ganzen sich einverstanden erklären. Es hat übrigens heute keinen Sinn mehr, dem mit seinem Vermögen für Handlungen und Unterlassungen verantwortlichen Gläubigerbeirat, dessen Mitglieder ihre kostbare Zeit zu verlieren und oft die verwickeltsten Verhältnisse, Korrespondenzen, Vertragsangelegenheiten zu würdigen und auszutragen haben, unentgeltliche Geschäftstätigkeit zuzumuten. Diese Zumutung paßte sehr wohl zu den altruistischen Anforderungen gegenüber dem in der Heimat Gebliebenen, der so ein Stück Kriegsdienst für den Kameraden im Felde tat. Wie immer in aufgeregten Zeiten, ist man auch, wegen des Unfuges der Geschäftsaufsichtsverhängung in einzelnen Fällen, Sturm gegen die Geschäftsaufsicht als solche gelaufen. Den übel betroffenen und bedrohten Gläubigern erschien die Einrichtung zum Teil unhaltbar. Das ist übertrieben. [Vgl. Levy, Sieben Jahre Geschäftsaufsicht (Statistik, Rückblick und Ausblick; JW. 1923, S. 679)]. Die Einrichtung mag infolge der mißbräuchlichen Ausnützung unpopulär geworden sein. Reformiert man sie aber, wie nun geschehen, so wird sie nicht nur Gutes wollen, sondern auch Gutes schaffen. [Verwandte Fragen erörtert Haab, Die moderne Entwicklung des Nachlaßrechts. BernJVZ. 21, 345, 393.]

Prüft man schließlich die Frage, ob und inwieweit Neuerungen der VO. vom 14. Juni 1924 ausreichen, so muß man vorsichtig entgegnen. Man müßte nämlich, wie ich glaube, die Kriegsverordnung noch in manchen anderen Punkten ummodeln, man müßte ein förmliches Friedensgesetz schaffen. Ich möchte beispielsweise nur daran erinnern, wie wenig homogen die Organe der Geschäftsaufsicht denjenigen einer beaufsichtigten Aktiengesellschaft und Genossenschaft sind. Es wäre hier die Frage der m. E. notwendigen Subordinierung der Gesellschaftsorgane unter die Aufsichtsorgane anzuschneiden. Es wäre geltend zu machen, wie die schon oben berührte, von der Aufsichtsperson und dem Beirat angeordnete, schuldnerische Geschäftsführungseindämmung nach

---

[1]) Nach Lucas, Komm., S. 5 betrug im Reich die Zahl der Konkurse: 1923: 270; 1924: 6187; 1925: 11 214.

Der Konkursablehnungen mangels Masse: 1923: 227; 1924: 1847; 1925: 3439.

Der GeschAVerf.: 1923: 163; 1924: 7111; 1925: 5987.

S. auch Graven-Köln, Statistik der Konk.- u. GeschAufsVerf., Recht und Handel, 1926, 802.

außen so gut wie wirkungslos ist. Wie die Anfechtungsfrage gegenüber Gläubigerbenachteiligungen vor Aufsichtsverhängung, falls es nicht zum Konkurs kommt, logischer und dem Konkurs rechtsähnlicher zu ordnen wäre. Wie die alte Frage zu lösen wäre, ob die während des Aufsichtsverfahrens abgeschlossenen Geschäfte, die Erfüllungshandlungen des Aufsichtsschuldners und die Vollstreckungen der Neugläubiger der Konkursanfechtung unterliegen. (So Tremblau JW. 1919, 373.) Wie Abschlagsverteilung und Rangordnung der Befriedigung nach manchen praktischen Erfahrungen der letzten zehn Jahre weit bestimmter geordnet werden könnte. Wie bei der Erfüllung gegenseitiger Verträge die Aufsichtsverordnung eigentlich nur halbe Arbeit tut. Wie die Aufsichtsverordnung z. B. bei der oben erwähnten Nichtbesserstellung des beaufsichtigten Schuldners als Vermieters unter Umständen die größte Ungerechtigkeit zeitigt. Doch dies sei eine cura posterior. Wir wollen bei der jetzigen Reinigungskrisis uns vorerst zufrieden geben, wenn die Reform vom 14. Juni 1924 der Wehrlosigkeit der Gläubigerschaft und der Skrupellosigkeit der Schuldnerschaft einen Damm setzt.

Einleitung zur Vergleichsordnung vom 5. Juli 1927.

Erfreulicherweise ist nun endlich das eingetreten, was — wie mein Gutachten zum 32. Deutschen Juristentag dartut — bereits vor dem Kriege von den Fachleuten herbeigewünscht wurde: eine Vergleichsordnung, losgelöst von jedem Beiwerk. In der Sitzung des Reichstags vom 21. Juni 1926 ist der Entwurf unseres neuen Gesetzes dem 13. Ausschuß (Rechtspflege) zur Vorberatung überwiesen worden. Der Ausschuß verhandelte in 13 Sitzungen bei 2 Lesungen über den vorgelegten Gesetzentwurf (96. Sitzung des Rechtsausschusses vom 21. Oktober 1926 bis 109. Sitzung des Rechtsausschusses vom 30. November 1926; ausgenommen die 103. Rechtsausschußsitzung). Den Beratungen an diesen 13 Sitzungen des Rechtsausschusses schlossen sich einige Sitzungen des für die Redigierung der gefaßten Beschlüsse eingesetzten Redaktionsausschusses an.

Der Rechtsausschuß gelangte zu der Überzeugung, daß die Regelung des Jahres 1924 nach allgemeiner Auffassung der wirtschaftlichen Kreise die Nachteile nicht völlig beseitige, welche die Geschäftsaufsicht für die Gläubiger allmählich zur Folge gehabt habe. Auch die Verordnungen vom 8. Februar und 14. Juni 1924 waren zum Teil noch allzusehr auf den Schuldnerschutz eingestellt, wenn auch nunmehr die öffentlichen Bekanntmachungen Platz griffen und die bis dahin zurückgedrängten Rechte der Gläubiger durch eine Reihe von Maßnahmen mehr in den Vordergrund traten. Ja man übertrieb in den VO. des Jahres 1924 sogar zugunsten der Gläubigerschaft durch zu knappe Fristen. Schon die letzte Formulierung der AufsichtsVO. legte alles darauf an, die Persönlichkeit des Schuldners in aller Deutlichkeit und Öffentlichkeit gegenüber der Gläubigerschaft bekannt zu machen und zu kennzeichnen. Diese Verordnungen suchten aber vor allem das Verfahren — zur Hintanhaltung einer Verschleppung und schuldnerischer Machenschaften — zu einer Entscheidung darüber zu drängen, ob es zu einem Vergleiche kommen werde oder nicht. Gleichwohl warf man der letzten GeschäftsaufsichtsVO. ebenfalls vor, die Voraussetzungen des Verfahrens seien so allgemein gefaßt, daß sie praktisch keine Schranke bedeuteten, weil der Richter sie nicht nachprüfen könne. Infolgedessen genüge tatsächlich häufig der einfache Antrag des Unternehmers, um ihm die Geschäftsaufsicht zu verschaffen. Mit der Anordnung der Geschäftsaufsicht trete aber ein weitgehender Vollstreckungsschutz für den Schuldner, also ein tatsächliches Zwangsmoratorium, ein. Auf diese Weise hätten sich zahlreiche wirtschaftlich ungesunde Unternehmungen zum Schaden ihrer Gläubiger am Leben erhalten können. Eine solche Möglichkeit müsse aber auf die Dauer den Kredit der deutschen Volkswirtschaft schädigen. Denn vielleicht sage man nicht mit Unrecht, daß der Kredit einer Volkswirtschaft um so größer sei, je strenger ihr Schuldrecht sei. Diese Mängel beseitige man vielleicht am wirksamsten, wenn man die Geschäftsaufsicht ersatzlos wegfallen lasse, also den Zustand wieder herstelle, der bis zum August 1914 bestanden habe, daß nämlich der Schuldner, der nicht zahlen könne, unter allen Umständen in Konkurs gehen müsse. Dieses Vorgehen würde aber eine Erschütterung des Wirtschaftslebens zur Folge haben, die Deutschland zurzeit wohl nicht ertragen könne. Auch abgesehen davon sei eine Rückkehr zu dem früheren Zustande nicht erwünscht. Seit Jahrzehnten sei immer wieder die Forderung erhoben worden, die Gesetzgebung möge dem Schuldner, der in Schwierigkeiten geraten sei, die Möglichkeit geben, den Konkurs zu vermeiden, wenn die Mehrzahl der Gläubiger zu einer Verständigung geneigt sei.

Aus diesen Erwägungen hält das neue Gesetz an dem konkursverhütenden Vergleich der GeschäftsaufsichtsVO. fest und gibt nur die eigentliche Geschäftsaufsicht preis (so wie dies immer wieder von mir vorgeschlagen war). Nun ist also der Augenblick eingetreten, von dem ich gelegentlich sagte: „Die Geschäftsaufsicht, das Sorgenkind der Industrie, der man die Unreife und den Brutkasten in allen Phasen (1914, 1916, 1924) und Leidensstationen ansieht, soll dahinscheiden. Der lebenskräftigere Bruder, der Zwangsvergleich außerhalb des Konkurses, soll erhalten bleiben."

Daß man ursprünglich den Konkursabwendungsvergleich dem Entwurf zu einem Gesetz des Preisabbaues angliederte, wovon man aber auf Anraten der maßgebenden Kreise wieder abkam, sei nur der Vollständigkeit halber hier angeführt. Man kann eben nicht das gesamte Problem nur wirtschaftspolitisch aufzäumen.

Die Vergleichsordnung — angelehnt an analoge Gesetze des Auslandes, zumal von Österreich und Ungarn, auch Holland, Schweiz, England, Italien und Spanien (Güldenagel, ZBlHR. 1926, 409) — geht davon aus, daß der Schuldner sich für ein bestimmtes Sanierungsmittel, einen Vergleich, bereits entschieden habe und die Hilfe des Gerichts anrufe, um diese Sanierung gegenüber einer widerstrebenden Gläubigerminderheit zustande zu bringen. Wie in meinen obigen Einleitungen betont, liegt das Unterscheidungsmerkmal des außerkonkurslichen Zwangsvergleichs und desjenigen im Konkurse stark und wesentlich auf seelischem Gebiet, denn der Präventivakkord erspart dem Schuldner die Demütigung, in Konkurs zu gehen. Der Präventivakkord wird daher dem Schuldner und seinen Angehörigen erstrebenswerter erscheinen; sie werden sich anstrengen, die Gläubiger durch einen möglichst günstigen Vorschlag auf ihre Seite zu bringen.

Über das Wie, d. h. über die Frage: wie man den Vergleich im einzelnen regeln solle, bestanden die verschiedensten Meinungen. Es wurde insbesondere gefordert, daß bereits die Vorberatung des Vergleichsvorschlages unter gerichtlicher Protektion vor sich gehe. Dies solle vor allem so gehandhabt werden, daß man an die Mitteilung des Schuldners an das Gericht, er beabsichtige eine Verständigung mit den Gläubigern, einen Vollstreckungsschutz knüpfe. Der gerichtliche Schutz könne darin bestehen, daß vom Gesetz aus Vollstreckungsmaßregeln als zulässig gekennzeichnet würden oder vom Richter aus auf schuldnerischen Antrag die Zwangsvollstreckung eingestellt oder für unzulässig erklärt würde. Darin gipfelte der Vorschlag des Reichswirtschaftsrats. Das Reichsjustizministerium hat diesen Standpunkt nicht gebilligt. Denn das Gericht sei in diesem vorbereitendem Stadium außer Stande, die Aussichten des bevorstehenden Vergleichsversuchs zu würdigen. Das Gericht könne folglich nicht verantworten, daß es allenfalls durch Ablehnung eines Antrages auf Vollstreckungsschutz indirekt den Konkurs herbeiführe. Aus diesem Grunde wurde ein gerichtliches Vorverfahren in der Vorlage abgelehnt. Man überließ es dem Schuldner, vor Anfang des Vergleichsverfahrens im engeren Sinn mit der Gläubigerschaft sich ins Einvernehmen zu setzen, wobei man die Gefahr nicht verkannte, daß Gläubiger nach dieser Aufdeckung der Verhältnisse mit Zwangsmaßregeln gegen den Schuldner vorgingen. Daher wird der Schuldner gegen einen Konkursantrag geschützt, indem er solchen mit einem Vorschlag auf Vergleichseinleitung parieren kann. Gegen einzelne Vollstreckungshandlungen wird er geschützt, indem die Vergleichsordnung die Erfolge der Einzelvollstreckung nutzlos macht. (§§ 32, 33.) [Man löste freilich diese Vollstreckungsbeseitigungs-Frage so, daß der Richter — zumal gem. § 33, 2. Abs. — autokratisch eingreifen darf.] Die Vorschläge des Reichswirtschaftsrats, anderer Spitzen der Industrie, juristischer Praktiker, u. a. des Verf., den Gläubigern Autonomie zu gewähren, die Hauptentscheidungen auf die Mehrheit abzustellen, und demnach die Tatsache des persönl. Wertes des Schuldners nicht zu urgieren, sind nur zum geringsten Teile befolgt worden. Das Gesetz nimmt mehr Rücksicht auf die Gesamtwirtschaft und demnach auf die Frage, ob der Fortbestand des Schuldners wirtschaftlich wünschenswert erscheint. Lebensunwertes Leben genießt im Wirtschaftsleben keinen gesetzlichen Schutz durch die Vergleichsordnung. Der § 22 VerglO., der freilich sich jetzt etwas brauchbarer ausnimmt, als in der Vorlage, weil er in seinem Absatz 3 nur noch wirklich einschlägige Reate als vergleichsausschließend festlegt, ist die sedes materiae in bezug auf das Würdigkeitsproblem. Die Vergleichsordnung will einer rücksichtslosen Majorisierung vorbeugen. Sie will es erreichen, indem sie dem Vergleichsrichter ein — über die Richtlinien der Industrie und meisten Juristen, die sich äußerten, hinausgehendes — Votum in den einschlägigen Wirtschaftsfragen einräumt (§ 68 II Nr. 2), zumal was die Frage des gemeinsamen Interesses anbetrifft (konform Thesen der Deutschen Zivilprozeßrechtslehrer These 8). Daß man nicht ultra petitum des Schuldners ein gläubigerisches Antragsrecht gewährt, war und ist auch meine Meinung. Die Vereinigung der Deutschen Zivilprozeßrechtslehrer, die nach dem Vortrag des Professors Bley am 19. Oktober 1926 eine Resolution gefaßt und an den Reichstag geleitet, grundsätzlich indes sich skeptisch gegen die Vergleichsordnung überhaupt ausgesprochen hat, hatte an dem Erfordernis der Vertrauenswürdigkeit des Schuldners für Eröffnung des Vergleichsverfahrens festgehalten, über die Frage jedoch, ob dem Richter freies Ermessen bei Feststellung der Vergleichswürdigkeit zustehen oder ob diese Feststellung der Gläubigerschaft überlassen bleiben soll, eine Einigung nicht erzielt. Man hat es — zumal von seiten Jaegers — als Fehler erklärt, mit der Sanierung zu warten, bis der Konkursgrund vorliege, weil, je eher die Heilung unternommen werde, desto günstiger die Aussichten seien. Es solle demnach jede ernste und andauernde Zahlungsschwierigkeit den Sanierungsversuch rechtfertigen. Wenn der Zusammenhang zwischen Konkursgrund und Vergleichszulässigkeit gelöst werde, dann verbiete sich auch von selbst der Gedanke, beim Scheitern der Vergleichsversuche den Konkurs von Amts wegen zu erörtern. Das Gutachten des vorläufigen Reichswirtschaftsrates wollte die Zahlungsstockung, sogar die voraussichtliche, berücksichtigt haben. Die Vergleichsordnung hat sich — konform These 3 der Vereinigung der Deutschen Zivilprozeßrechtslehrer — dem nicht angeschlossen, wobei ihr zuzubilligen ist, daß ein abusus durch den Schuldner einsetzen kann, falls man die Konkursfälligkeit als Basis der Vergleichsmöglichkeit ausschaltet. Das Gesundmachen des Schuldners durch die Ganten muß und kann verhütet werden. Bley hat richtig deduziert: „Vergleichsfähig ist nur, wer konkursfähig; aber nicht jeder, der konkursfähig, ist auch vergleichsfähig.“ Das Gesetz geht weiter davon aus, daß der Begriff der Zahlungsschwierigkeit oder Zahlungsstockung rechtlich schwer zu fassen und im Einzelfalle schwer festzustellen wäre. Demzufolge gibt das Gesetz lediglich dem konkursreifen Schuldner die Vergleichsberechtigung und schreibt für das erfolglose Vergleichsverfahren die gerichtliche Entscheidung über die Eröffnung des Konkursverfahrens vor. Das RJM. erblickte hierin einen Vorzug gegenüber der GeschAufsVO. Gäbe man dem Schuldner nach dem Scheitern des Vergleichsversuchs die freie Verfügung über sein Vermögen zurück, so sei das geradezu eine Aufforderung an ihn, nun schleunigst alles, was er noch habe, beiseite zu bringen, da ja doch der Zusammenbruch unvermeidbar sei. Der Entwurf behandelt daher den Vergleichsantrag als einen bedingten Konkursantrag.

Nachdem das Gesetz in seinem 1. Abschnitt (§ 1—14) allgemeine Vorschriften vorausschickt, läßt es in seinem 2. Abschnitt (§ 15) das Verfahren mit einem bestimmten Vergleichsvorschlag des Schuldners beginnen. Der Vergleich muß nach § 6, wenn er auf einen ziffermäßig bestimmten, teilweisen Erlaß der Forderungen lautet, den Gläubigern mindestens 30 vom Hundert ihrer Forderungen gewähren. Zudem ist der Vergleich ablehnbar, wenn bei ihm soweit er auf einen Erlaß lautet, die Vergleichsgläubiger nicht mindestens 50% erhalten sollen und die Berufsvertretung das Angebot als unzureichend bezeichnet (§ 23, 1). Also: Allermindestquote obligatorisch und Mindestquote unter Umständen. Das Gesetz geht davon aus, daß es Sache des Schuldners sei, wie er den Vorschlag zuwege bringe. Auch ein Liquidationsvergleich (Treuhandvergleich) ist zugelassen. (Andere Sanierungsformen siehe S. 312 ff.) Gegen die mehrfachen Einwürfe, auch Jaegers, Bleys und des Verfassers, ist die Allermindestdividende im § 6 beibehalten. Man folgt also den Ideen des Reichswirtschaftsrats, sowie der Deutschen Industrie- und Handelskammer. Grundsätzlich sind den Gläubigern gleiche Rechte zu gewähren. Exzeptionell ist eine ungleiche Behandlung der Gläubiger zulässig, wenn die Mehrheit der zurückgesetzten Gläubiger zustimmt und die Gesamtsumme der Zustimmenden mindestens ¾ der Zurückgesetzten ausmacht. Der Zusatz der Vorlage „und das Gericht die ungleiche Behandlung zuläßt", ist mit gutem Grund gestrichen worden. Volenti non fit iniuria. Die schon bei Beratung der zweiten GeschAufsVO. vom Jahre 1916 zur Debatte gestandene kassatorische Klausel ist in den § 7 aufgenommen. Sie war schon jetzt vielfach rechtsgeschäftlich in die Zwangsvergleiche eingearbeitet. Wo die Klausel fehlte, wurde die Erfahrung gemacht, daß die Schuldner oft den Zwangsvergleich nicht erfüllen. So konnte im Konkurs nur die durch den Vergleich geminderte Quote geltend gemacht werden. Die Vergleichsaufhebungsklage wegen nichterfüllten Vergleichs schließt jedoch § 78 aus. Um seriöse Vorschläge zu erreichen, sieht das Gesetz präzise Unterlagen und Übersichten vor (§§ 16 ff.). Die Berufsvertretungen haben nach § 20 die Überprüfung der Zuverlässigkeit und Erfüllbarkeit. Die Zustimmung der Gläubigermehrheit zu der Erfüllung des Vergleichsverfahrens muß schon in diesem Stadium beigebracht werden. Die Vereinigung der Deutschen Zivilprozeßrechtslehrer wünschte den Wegfall des im § 12 Nr. 4 des Entwurfs aufgestellten Erfordernisses der Beibringung der Gläubigerzustimmung über den Eröffnungsantrag.

Das Gesetz hat eine gesetzliche obligatorische Verfügungsbeschränkung des Schuldners im Zusammenhange mit der Eröffnung des VerglVerf. abgelehnt. Dagegen hat nach § 50 bei der Eröffnung des Vergleichsverfahrens das Gericht jeweils in concreto zu prüfen, ob und welche Verfügungsbeschränkungen (allgemeines Veräußerungs- und einzelnes Verfügungsverbot) dem Schuldner aufzuerlegen sind, wie auch während des Verfahrens ex officio oder auf Antrag Verfügungsbeschränkungen gerichtlich angeordnet werden können. Da das Gesetz normalerweise eine Fortführung des Geschäfts als Basis des Vergleichsverfahrens ansieht, dagegen namhafte Kosten eines Verwalters aus der Branche des Schuldners vermeiden möchte, hat man keine obligatorische, sondern nur eine fakultative, Beschränkung der schuldnerischen Verfügungsfähigkeit vorgesehen. Erfolgt Verdächtiges, so setzt sich der Schuldner dem Risiko der Konkurseröffnung aus. Eine kleine capitis diminutio, d. h. soziale Bloßstellung, enthält die — nach der Erfahrung im Geschäftsaufsichtswesen heilsame — Vorschrift des § 37, daß der Schuldner (leider nur, wenn er Kaufmann ist), im Vergleichsverfahren seiner Firma einen entsprechenden Zusatz beizufügen hat.

Was die gegenseitigen (synallagmatischen) Verträge anlangt, so sind die §§ 28—30 des 3. Abschnitts maßgebend. Das Gesetz lehnt sich einigermaßen an die Bestimmungen der KO. und Gesch.-AufsVO. an, gewährt indeß dem Gericht — auf Antrag sowohl des Schuldners, als auch seines Vertragsgegners — die Ermächtigung zur Ablehnung der Erfüllung oder weiteren Erfüllung innerhalb kurzer Frist, damit auch der Vertragsgegner nicht durch Verschleppung geschädigt werde. Es wird ferner ein Unterschied gemacht zwischen den Miet- und Pachtverträgen, bei denen der Schuldner der Vermieter oder Verpächter ist, sowie den Dienstverträgen, bei denen der Schuldner der Dienstverpflichtete ist und umgekehrt den Dienstverträgen, bei denen der Schuldner der Dienstberechtigte ist, sowie den Miet- und Pachtverträgen, bei denen der Schuldner der Mieter oder Pächter ist. In ersterem Falle finden die Vorschriften des § 28 keine Anwendung. Im zweiten Falle mit gewissen Einschränkungen. Der Vertragsgegner des Schuldners hat — für den Fall der schuldnerischen und gläubigerischen Ablehnung — den vom Verfahren betroffenen Anspruch auf Schadensersatz (Erfüllungsinteresse).

Bedeutsam sind die Normen über den Einfluß des Verfahrens auf die gläubigerische Vollstreckung. Der Schutz des Schuldners oder vielmehr seiner zur Befriedigung der Gläubiger dienenden Vermögenswerte gegen Vollstreckungsmaßnahmen einzelner am Verf. beteiligter Gläubiger oder gegnerischer Konkursanträge tritt ein, wenn mit dem Zustandekommen des beabsichtigten Vergleiches gerechnet werden kann. Die Vorbereitung und Vollziehung des Vergleichsverfahrens soll ungestört bleiben durch Gläubiger, die sich in letzter Stunde Extravorteile verschaffen wollen. Der Zweck wird zunächst durch die Bestimmung erreicht, daß nach § 31 von der Stellung des

Antrages auf Eröffnung des Vergleichsverfahrens bis zur Rechtskraft der das Verfahren beendigenden Entscheidung die gerichtliche Entschließung über einen Konkursantrag ausgesetzt ist. Weiterhin können nach § 32 während der Dauer des Verfahrens die an ihm beteiligten Gläubiger Zwangsvollstreckungen nicht vornehmen. Schließlich sind Zwangsvollstreckungen, die zur Zeit der Eröffnung des Verfahrens zugunsten eines an ihm beteiligten Gläubigers anhängig sind, für die Dauer desselben einzustellen (direkte Vollstreckungssperre). Dazu kommt noch die Möglichkeit der endgültigen Einstellung und Aufhebung einer derartigen Vollstreckungsmaßregel durch die Kannvorschrift des § 33, II. Für Gläubiger, die später als am 30. Tag vor Stellung des Vergleichsantrages durch Vollstreckung sich gesichert haben, gelten nach §§ 3, 70 und 84 besondere Vorschriften (indirekter Vollstreckungsschutz, rückwirkende Vollstreckungssperre). Hat ein solcher Gläubiger sich gesichert, so wird mit der Bestätigung des Vergleichs die Sicherung unwirksam und ist das Erlangte herauszugeben.

Auch um die Vertrauensperson, die an Stelle der Aufsichtsperson tritt — hoffentlich nennen die Bücherrevisoren und andere nicht die betreffenden Funktionäre „Vertrauer" nach dem Vorbild der „Aufsichter" — tobte ein literarischer Kampf, zumal um die Frage, wer sie bestellen solle. Das Gericht, welches nach § 41 die VP. auszuwählen hat, soll nun für gewöhnlich, nach Vorschlag der Gläubigermehrheit des § 16 Abs. 1 Nr. 4, allenfalls nach Anhörung des Schuldners, und nach Vorschlag der Berufsvertretung (§ 20), handeln. Das Gericht ist aber nicht ohne Weiteres gehalten, die vorgeschlagene VP. aufzustellen oder aber auf Wunsch der Gläubiger abzuberufen (§ 45). Dies widerspricht den Richtlinien derjenigen, die auch hier wiederum eine vollkommene Gläubigerselbständigkeit vorgeschlagen hatten.

Die Funktionen der VP. treten hinter diejenigen der AP. zeitlich und inhaltlich etwas zurück (§§ 40—47), was schon durch Wegfall des Vorstadiums sich versteht. Zu unterstreichen ist aber insbes. die maßgebende Zustimmung der VP. in den §§ 57 (Verfügungsbeschränkung) und 86 (Neugläubiger als Masseschulden).

Die VerglO. ist — zumal in den Fragen der Ablehnung, Verwerfung und Einstellung — kasuistischer, als die GeschAufsVO. Auch hiedurch ist das Votum der VP. minder oft benötigt.

Der Gl.ausschuß ist fakultativ. VP. und Ausschuß haben das Vergl.gericht hinsichtlich etwaiger Verfügungsbeschränkungen zu beraten.

Dem Bestreben der Promptheit entspricht, daß normalerweise nur ein einziger Vergleichstermin stattfindet (§§ 61, 66). Eine förmliche Anmeldung und ein förmliches Prüfungsverfahren ist nicht vorgeschrieben (§ 62). Der bestätigte Vergleich ist gem. § 73 VerglO. wirksam für und gegen alle an dem Verfahren beteiligten Gläubiger (§ 2, 30 letzter Satz), auch wenn sie an dem Verfahren nicht teilgenommen oder gegen den Vergleich gestimmt haben. Denn grundsätzlich sind an dem Vergleichsverfahren beteiligt und werden vom Vergleich betroffen die Gläubiger, die nichtbevorrechtigte Konkursgläubiger waren, wenn statt des Vergleichsverfahrens das Konkursverfahren eröffnet worden wäre. Das Gesetz dehnt den Kreis der vom Vergleich betroffenen Gläubiger deshalb weiter aus, weil es von einer vollkommenen Öffentlichkeit ausgeht.

Entgegen der Regierungsvorlage, die beinahe durchgängig die Entscheidungen des Vergleichsgerichtes für unanfechtbar erklärte, ist auf vielfache Anregung, auch des Reichswirtschaftsrats, eine sofortige Beschwerde gegen Ablehnung, Einstellung und Verwerfung vorgesehen (§§ 24, 71 80). Eine weitere Beschwerde ist nicht vorgesehen.

Nach § 88 (8. Abschnitt) ist bei Aktiengesellschaften, G. m. b. H., anderen juristischen Personen und rechtsfähigen Vereinen die Einleitung des Vergleichsverfahrens nach der Auflösung unzulässig, weil das Vergleichsverfahren auf Aufrechterhaltung des Geschäftsbetriebes aufgebaut ist.

Wie bei der GeschAufsVO., sollte nach der Regierungsvorlage für eingetragene Genossenschaften die Vorschrift gelten: Der Vergleich darf nur auf Stundung gerichtet werden. Das Gesetz hat nach den Beschlüssen des Rechtsausschusses sich dem nicht angeschlossen (§ 91). Die Regelung der Regierungsvorlage war den Grundgedanken über den Zwangsvergleich bei Genossenschaften im Konkurs, wie sie im Genossenschaftsgesetz verankert sind, angepaßt. Im § 116 Abs. 1 des GenossenschaftsG. ist ausdrücklich bestimmt, daß eine Aufhebung des Konkursverfahrens durch Zwangsvergleich nicht stattfindet. Die Gründe für eine solche Bestimmung waren, wie die Materialien zum Genossenschaftsgesetz ergeben, darin zu erblicken, daß die Zulassung eines Zwangsvergleiches innerhalb des Konkurses die Haftpflicht der Mitglieder, die gerade erst im Konkursverfahren sich auswirkt, illusorisch macht. Der Zwangsvergleich im Genossenschaftskonkurs müßte sich notwendig auch auf die Haftung der einzelnen Genossen erstrecken, was an sich nicht als zulässig anerkannt werden konnte. Der Grundgedanke der Haftpflicht ist gerade der, daß Gläubiger einer Genossenschaft zumindestens in Höhe der Haftsummen der Mitglieder unbedingt gesichert sind. Nur in der beschränkten Form des Stundungsvergleiches, ohne Berührung der Forderung des Gläubigers in ihrer Substanz, erschien daher der Stundungsvergleich nach Ansicht der ursprünglichen Regierungsvorlage tragbar. Nun ist aber die Forderung erhoben worden, auch bei den Genossenschaften einen Erlaßvergleich einzuführen, damit nicht die Genossenschaften gegenüber anderen Schuldnern schlechter gestellt seien. Dieser Forderung ist dann seitens des Ausschusses in 2. Lesung stattgegeben worden, indem die vorgesehenen Bestimmungen des § 84 Ziff. 3 der Regierungsvorlage (nur Stundungsvergleich) gestrichen wurden. Gleichzeitig wurde eine Bestimmung des Inhaltes an das Ende des § 84 (nunmehrigen § 91) zugesetzt: Der Vergleich begrenzt, soweit er nichts anderes festsetzt, zugleich den Umfang der Haftpflicht der Genossen gegenüber den durch den Vergleich betroffenen Gläubigern der Genossenschaft. An Hand von Einwendungen ist dann durch den Redaktionsausschuß eine weitere Abänderung vorgesehen worden, die nunmehr zum Gesetz bereift ist. Diese Neuregelung läßt allerdings den Erlaßvergleich zu, stellt aber die Perfektion des Vergleichs unter erschwerte Bestimmungen (§ 91). Eingeschaltet ist außerdem der Revisionsverband, der, der Berufsvertretung ähnlich, anzuhören ist, ohne daß hiebei die Anhörung der Berufsvertretung wegfällt. Wenn der Revisionsverband erklärt, daß das Angebot unzureichend ist, so kann die Eröffnung des Vergleichsverfahrens abgelehnt werden. Die beiden maßgebenden Zentralkreditinstitute der Deutschen Genossenschaften hatten sich mit Nachdruck gegen die Einführung eines Erlaßvergleiches eingesetzt.

Ein neuer Straf-Paragraph 95 wurde geschaffen.

Gerichts- (§ 99) und Anwalts- (§ 100) Kosten für das Vergl.-Verf. i. e. S. wurden ermäßigt (ZHR. 1927, 27, Güldenagel).

Die VerglO tritt nach § 101 am 1. Okt. 1927 in Kraft. Die am 1. Oktober 1927 anhängigen Geschäftsaufsichten bleiben zunächst bestehen. Sie unterstehen den Normen der GeschAVO., jedoch unter gleichzeitiger Anwendung der §§ 50—58 sowie 69, Abs. 1, Satz 2 Abs. 2 der VerglO. Da der Geschäftsaufsichtsantrag als latenter Konkursantrag gilt, entsteht die Frage, ob und inwieweit der beaufsichtigte Schuldner die Konkurseröffnung durch Beantragung des VerglVerf. abzuwenden vermag. S. hierüber: Neu, Konk. u. Treuh., 1927, 123; Schumann, ebenda, 1927, 103; Schumann, Creditreform, 1927, 194; Bley, Konk. u. Treuh., 1927, 129. Die Frage ist eingeschränkt zu bejahen.

Inhaltsverzeichnis.

Verzeichnis

der wesentlichen Quellen und Abkürzungen.

AG. } je nach dem Zu- = Aktiengesellschaft.
AG. } sammenhang = Amtsgericht.

Allfeld, Strafgesetzbuch, Lehrbuch des Deutschen Strafrechts, 7. Auflage. Leipzig. A. Deichertsche Verlagsbuchhandlung.

Amtl. Begr. = Amtliche Begründung zur Vergleichsordnung vom 8. Januar 1926, in der Sitzung des Reichstags vom 21. Juni 1926 dem 13. Ausschuß (Rechtspflege) zur Vorberatung überwiesen.

Amtlicher Entwurf vom 5. Dezember 1925 (Förderung des Preisabbaues). Drucksache Nr. 184 des Reichsrats 1925.

AnfGes. = Anfechtungsgesetz

AP. = Aufsichtsperson

ArbR. = Arbeitsrecht

ArbeitsgerGes. = Arbeitsgerichtsgesetz

ArchZivPrax. = Archiv für zivilistische Praxis

AusglO. = Ausgleichsordnung

AVG. = Versicherungsgesetz für Angestellte

AWG. = Aufwertungsgesetz

BadRpr. = Badische Rechtspraxis

BankA. = Bankarchiv

BayJMBl. = Justizministerialblatt für Bayern

BayObLG. = Bayerisches Oberstes Landesgericht in München

BayZ. = Zeitschrift für Rechtspflege in Bayern

Bericht des 13. Ausschusses (Rechtspflege) über den Gesetzentwurf Nr. 2340 der Drucksachen.

BGB. = Bürgerliches Gesetzbuch.

Bovensiepen, Die Geschäftsaufsicht zur Abwendung des Konkurses. Berlin 1917, Karl Heymanns Verlag.

BraunschwZ. = Zeitschrift f. die Rechtspflege in Braunschweig

Burger, Geschäftsaufsicht in neuer Form. J. Heß, Stuttgart 1924.

Cahn, Gutachten zum 32. Deutschen Juristentag. Verhandlungen des 32. Deutschen Juristentags. Bd. I Seite 695—792, Berlin 1914, Kommissionsverlag J. Guttentag.

Ders., Geschäftsaufsicht und Zwangsvergleich, Kommentar zur Bekanntmachung über die Geschäftsaufsicht zur Abwendung des Konkurses vom 14. Dezember 1916. München, Berlin, Leipzig 1917, J. Schweitzer Verlag.
Ders., Nachtrag zum Kommentar Geschäftsaufsicht und Zwangsvergleich. München, Berlin, Leipzig 1924, J. Schweitzer Verlag.
Cosack, Lehrbuch des Bürgerlichen Rechts, 6. Auflage. Jena 1913.
Creditreform, Verbandszeitung für die Vereine Creditreform.

DanzJMsch.	= Danziger Juristische Monatsschrift
Dernburg	= Bürgerliches Recht von Heinrich Dernburg
DJT.	= Verhandlungen des Deutschen Juristentags
DJZ.	= Deutsche Juristenzeitung
DRZ.	= Deutsche Richterzeitung
DStBl.	= Deutsches Steuerblatt
DStZ.	= Deutsche Steuerzeitung
DVO. oder DurchfVO.	= Durchführungs-Verordnung v. 28. März 1924 zur Goldbilanzverordnung
EG.	= Einführungsgesetz
ElsLothZ.	= Elsässisch-Lothringer Zeitung.

Entwurf eines Gesetzes über den Vergleich zur Abwendung eines Konkurses (Vergleichsordnung Drucksache 2340 der III. Wahlperiode des Reichstags 1924/26), in der Sitzung des Reichstags vom 21. Juni 1926 dem 13. Ausschuß (Rechtsausschuß) überwiesen.

FGG.	= Gesetz über die Angelegenheiten der freiwilligen Gerichtsbarkeit

Frank, Das Strafgesetzbuch für das Deutsche Reich, 17. Auflage.
Frankl, Die neuen österreichischen Konkursgesetze. Stuttgart 1915. Verlag von Ferdinand Enke.

GenG.	= Gesetz über die Erwerbs- und Wirtschaftsgenossenschaften.
GeschAufs. oder GA.	= Geschäftsaufsicht.
GewKfmGer.	= Gewerbe -und Kaufmannsgericht.
GewO.	= Gewerbeordnung.
GKG.	= Gerichtskostengesetz.
GmbH.	= Gesetz über die Gesellschaft mit beschränkter Haftung.
GmbHR.	= Rundschau für Gesellschaften mit beschränkter Haftung
GoldbilanzVO.	= Verordnung über Goldbilanzen vom 28. Dezember 1923 (RGBl. I S. 1253) mit den Durchführungsbestimmungen vom 28. März 1924.
Goldschmidts Z.	= Zeitschrift für das gesamte Handelsrecht, begründet von Goldschmidt.

Gruchots Beitr. = Beiträge zur Erläuterung des deutschen Rechts.

Gutachten des vorläufigen Reichswirtschaftsrats (Hachenburg) vom 3. Februar 1926.

Güthe-Schlegelberger, Kriegsbuch.

GVG. = Gerichtsverfassungsgesetz.

HansGZ. = Hanseatische Gerichtszeitung.

HansRZ. und HRZ. = Hanseatische Rechtszeitschrift, begründet (1917) und herausgegeben von Mittelstein.

Hartmann-Meikel, Gesetz betreffend die Anfechtung von Rechtshandlungen eines Schuldners außerhalb des Konkursverfahrens. Berlin 1913, Carl Heymanns Verlag.

Held, Lieb und Gift, Arbeitsgerichtsgesetz. München 1927, C. H. Beckscher Verlag.

Hess. Rspr. = Hessische Rechtsprechung.

HGB. = Handelsgesetzbuch.

Huth und Walther, Geschäftsaufsicht, Dresden, 1925, Verlag Dr. Carl Walter.

Jaeckel = Jaeckel-Güthe, Kommentar zum Zwangsversteigerungsgesetz.

Jaeger, Konkursordnung auf Grundlage des neuen Reichsrechts. Berlin 1913.

Ders., Die Geschäftsaufsicht neuer Ordnung. Berlin 1917, W. Moeser, Buchhandlung. (Erweiterter Sonderabdruck aus der JW. 1917).

Ders., Konkursrecht, Enzyklopädie. Berlin 1924, Verlag von Julius Springer.

Jahrbuch Neumann, fortgesetzt von Güthe-Schlegelberger.

JBl. = Juristische Blätter.

JM. = Justizministerium.

JMBl. = Justizministerialblatt.

JR. = Juristische Rundschau, G. m. b. H., Berlin SW. 11 (Verlag Hermann Sack).

JW. = Juristische Wochenschrift.

KfmG. = Kaufmannsgericht.

KG. = Kammergericht.

KGBl. = Blätter für Rechtsanwendung im Bezirke des Kammergerichts.

KGJ. = Jahrbuch für Entscheidungen des Kammergerichts, von Johow, Küntzel & Ring.

Klien, Geschäftsaufsicht, Guttentag, 1924.

Klimmer, Die Vorschriften über die Geschäftsaufsicht zur Abwendung des Konkurses. München 1917, C. H. Becksche Verlagsbuchhandlung.

Ders., Die neuen Vorschriften über die Geschäftsaufsicht zur Abwendung des Konkurses. München 1924, C. H. Becksche Verlagsbuchhandlung.

KO. = Konkursordnung.
KommRG. = Das Bürgerliche Gesetzbuch, Kommentar von Reichsgerichtsräten.
Konkurs- und Treuhandwesen, Monatsschrift für Wissenschaft und Recht. Unter Mitwirkung von Jaeger, herausgegeben von Levy. Verlag: Reichsbund-Druckerei G. m. b. H., Berlin.
Levy, Die Geschäftsaufsicht zur Abwendung des Konkursverfahrens. Berlin 1915, Verlag von Franz Vahlen.
LG = Landgericht.
Lieblich, Gutachten zum 32. Deutschen Juristentag, Verhandlungen des 32. Deutschen Juristentages, Bd. I Seite 321—403, Berlin 1914, Kommissionsverlag J. Guttentag.
Lucas, Die neue Vergleichsordnung. Berlin 1927, Verlag von Julius Springer.
LZ. = Leipziger Zeitschrift für Deutsches Recht.
Manasse, Die Geschäftsaufsicht zur Abwendung des Konkurses nach der neuen Fassung vom 8. Februar 1924. Berlin 1924, Verlag für Sprach- und Handelswissenschaften S. Simon.
Mentzel, Kommentar zur Reichskonkursordnung. Mannheim, 1926, J. Bensheimer.
Meyer-Bleyer, Konkursordnung. 1921, J. Schweitzer Verlag, München.
Motive KO. = Motive zu dem Entwurf einer KO. (Begründung I und II).
Niederschrift der Sitzung des Reichsrates vom 14. Mai 1926.
OHG. = Offene Handelsgesellschaft.
OLG. = Oberlandesgericht.
OLGR. oder OLGRspr. = Rechtsprechung der Oberlandesgerichte, von Mugdan & Falkmann.
Olshausen = Kommentar zum Strafgesetzbuch.
Petersen-Kleinfeller, Konkursordnung für das Deutsche Reich. 4. Auflage. 1900.
Planck, Kommentar zum Bürgerlichen Gesetzbuch, 4. Auflage.
PosMZr. = Juristische Monatszeitschrift für Posen, West- und Ostpreußen und Pommern.
PrJMV. = Preußische Justizministerialverwaltung.
PrVUntG. oder VAG. = Reichsgesetz über die privaten Versicherungsunternehmungen vom 12. Mai 1901.
Quassowski-Susat, Kommentar zur Goldbilanzverordnung von L. Quassowski und W. Susat, 2. Auflage. Berlin 1924.
RAO. und RAbgO. = Reichsabgabenordnung.
RArbBl. = Reichsarbeitsblatt.
Recht = Das Recht, Rundschau für den Deutschen Juristenstand, herausgeg. von Soergel.
Rechtsausschuß der Reichstagsverhandlungen 1926.
RedAussch. = Redaktionsausschuß (zumal Beschlüsse zum Entwurf).
Reichsausgleichsgesetz vom 20. November 1923.

RGBl. = Reichsgesetzblatt.
RGSt. und RGStr. = Entscheidungen des Reichsgerichts in Strafsachen.
RGZ. und RG. = Entscheidungen des Reichsgerichts in Zivilsachen.
RFHE. oder RFGH. = Sammlungen der Entscheidungen oder Gutachten des Reichsfinanzhofs.
RJM. = Reichsjustizministerium.

Ring, Jahrbuch für Entscheidungen der freiwilligen Gerichtsbarkeit.

Rintelen, Handbuch des österreichischen Konkurs- und Ausgleichsrechtes. München und Leipzig 1915, Verlag von Duncker & Humblot.

ROLG. = Rechtsprechung der Oberlandesgerichte.

Rosenfeld, Victor, Präventiv-Akkord statt Geschäftsaufsicht, Inaugural-Dissertation 1927 (Universität Erlangen).

R. u. H. = Recht und Handel, Monatsschrift aus der Praxis für Handel, Industrie u. Verkehr, herausgegeben von Baum, Berlin; Verlag J. Heß, Stuttgart.
R. u. W. = Recht und Wirtschaft, Zeitschrift.
RVerf. = Die Verfassung des Deutschen Reiches vom 11. August 1919.
RVO. = Reichsversicherungsordnung 15. Dezember 1924.
RZArbR. = Zeitschrift für Arbeitsrecht.
SächsArch. od. SächsRA. = Sächsisches Archiv für Rechtspflege, Leipzig.

Samolewitz, Saenger und Wassermann, Die Vergleichsordnung, 1927, verlegt bei C. Brügel & Sohn, A.-G., Ansbach.

SeuffA. = J. A. Seufferts Archiv für Entscheidungen der obersten Gerichte in den deutschen Staaten.

Soergel, Jahrbuch des Zivilrechts (Soergels Rechtsprechung).

Staub (Koenige, Pinner, Bondi), Kommentar zum Handelsgesetzbuch. Berlin und Leipzig 1926, Walter de Gruyter & Co.

Staudinger (Loewenfeld, Kuhlenbeck, Engelmann, Riezler, Kober, Herzfelder), Kommentar zum Bürgerlichen Gesetzbuch und zum Einführungsgesetze. München und Berlin 1912, J. Schweitzer Verlag.

Stein oder Stein-Jonas, Die Zivilprozeßordnung für das Deutsche Reich, 12./13. Auflage, Tübingen 1925.

Stern, Das Konkursverfahren. Leipzig 1914, Verlag von G. A. Gloeckner.

StGB. = Strafgesetzbuch.
StNV. = Steuernotverordnung.
StrPO. = Strafprozeßordnung.

Sydow, Busch und Krantz. Zivilprozeßordnung und Gerichtsverfassungsgesetz, Berlin und Leipzig 1925, Walter de Gruyter & Co.

Sydow, Busch und Krieg. Konkursordnung und Anfechtungsgesetz, Berlin und Leipzig 1926, Walter de Gruyter & Co.

THV. = Treuhandvergleich.

Tischbein, Der gerichtliche Zwangsvergleich zur Abwendung des Konkurses, 1914, Inaugural-Dissertation (Universität Leipzig).

VAG od. VUG. (s. Priv.-VUntG) = Versicherungsaufsichtsgesetz.

Vereinigung der Deutschen Zivilprozeßrechtslehrer. Sätze (Thesen) derselben 1926 zu dem Gesetzentwurfe (Berichterstatter: Bley-Greifswald).

Verf. = Verfahren.

VerglO. = Vergleichsordnung.

VP. = Vertrauensperson.

Wagner, Der Schuldnachlaß, ein Versuch zur Regelung eines Zwangsvergleiches außerhalb des Konkurses, Berlin 1904, Carl Heymanns Verlag.

Walter-Joachim-Friedlaender, Die Deutsche Gebührenordnung für Rechtsanwälte, München und Berlin 1925, H. W. Müller.

Warneyer = Jahrbuch der Entscheidungen.

(Warn.) Rechtspr. = Warneyers Rechtsprechung des Reichsgerichts auf dem Gebiete des Zivilrechts.

Warneyer, Konkursordnung, Leipzig 1919, Roßbergsche Verlagsbuchhandlung.

Weinberg, Die Geschäftsaufsicht zur Abwendung des Konkurses, Berlin 1917, Industrieverlag Spaeth & Linde.

Weinberg und Manasse, Das Gesetz über den Vergleich zur Abwendung des Konkurses, Leipzig 1927, G. A. Gloeckner, Verlagsbuchhandlung.

Willenbücher, Konkursordnung nebst Anfechtungsgesetz, Berlin 1900, Verlag von H. W. Müller.

Wilmowski & Kurlbaum-Kühne, Kommentar zur Konkursordnung.

WO. = Wechselordnung.

Wolff, Konkursordnung, Berlin 1923.

WürttJ. = Jahrbücher der Württembergischen Rechtspflege.

WürttZ. = Zeitschrift für die freiwillige Gerichtsbarkeit in Württemberg.

ZBHR. = Zentralblatt für Handelsrecht, herausgegeben von F. Goldschmit-München u. Koppe-Berlin.

ZK. = Zivilkammer.

ZPO. = Zivilprozeßordnung.

ZS. = Zivilsenat.

ZVersWiss. = Zeitschrift für die gesamte Versicherungswissenschaft.

ZVG. = Gesetz über Zwangsversteigerung und Zwangsverwaltung.

ZZP. = Zeitschrift für deutschen Zivilprozeß. Begründet von Busch. Herausgegeben von Staff, Jaeger und Kann.

Nachtrag:

Der Zwangsvergleich zur Verhütung des Konkurses von Dr. iur. Paul D. Schourp, Verlag von Veit & Comp., Leipzig.
Sarvey-Bossert Konkursordnung.
Sprinz, Reichsgesetz über den Versicherungsantrag.
Gesetz für landwirtschaftliche Pächter vom 9. Juli 1926.
Kabelpfandgesetz vom 31. März 1925.
Industriebelastungsgesetz vom 30. Aug. 1924.
Aufbringungsgesetz vom 30. Aug. 1924.
Depotgesetz vom 21. Nov. 1923.
Versailler Friedensvertrag.
Gesetz betreffend die Rechte der Besitzer von Schuldverschreibungen vom 14. Mai 1914.
StillegungsVO. vom 8. Nov. 1920 bzw. 15. Okt. 1923.
Betriebsrätegesetz vom 4. Febr. 1920 (erläutert von Flatow, Springer 1927).
Gesetz über die Beschäftigung Schwerbeschädigter.
Reichsausgleichsgesetz vom 20. Nov. 1923.
Verordnung über die Auflösung eingetragener Genossenschaften vom 25. Mai 1920.

Text des Gesetzes über den Vergleich zur Abwendung des Konkurses (Vergleichsordnung).

Vom 5. Juli 1927 (RGBl. I S. 139).

Der Reichstag hat das folgende Gesetz beschlossen, das mit Zustimmung des Reichsrats hiermit verkündet wird:

1. Abschnitt.

Allgemeine Vorschriften.

§ 1.

Ein Schuldner, der zahlungsunfähig geworden ist, kann zur Abwendung des Konkurses bei dem für die Eröffnung des Konkursverfahrens zuständigen Gerichte die Eröffnung eines gerichtlichen Vergleichsverfahrens beantragen.

Die Eröffnung des Vergleichsverfahrens kann auch im Falle der Überschuldung beantragt werden, wenn das Konkursverfahren im Falle der Überschuldung eröffnet werden könnte.

Ist gegen den Schuldner ein Antrag auf Eröffnung des Konkursverfahrens gestellt worden, so kann der Schuldner bei seiner nach § 105 Abs. 2, 3 der Konkursordnung vorgeschriebenen Anhörung die Eröffnung des Vergleichsverfahrens beantragen.

§ 2.

An dem Vergleichsverfahren beteiligt und von dem Vergleiche betroffen werden die Gläubiger, die nicht bevorrechtigte Konkursgläubiger wären, wenn statt des Vergleichsverfahrens das Konkursverfahren eröffnet worden wäre. Die Vorschriften der §§ 5, 64 bis 70 der Konkursordnung finden entsprechende Anwendung.

§ 3.

Für Gläubiger, die später als am dreißigsten Tage vor der Stellung des Antrags auf Eröffnung des Vergleichsverfahrens durch Zwangsvollstreckung eine Sicherung oder Befriedigung erlangt haben, gelten die folgenden Vorschriften.

Ist der Gläubiger ohne die innerhalb der Frist vorgenommenen Vollstreckungsmaßregeln an dem Vergleichsverfahren beteiligt, so bleibt er an dem Verfahren beteiligt und wird von dem Vergleiche betroffen.

Ist der Gläubiger ohne die innerhalb der Frist vorgenommenen Vollstreckungsmaßregeln nur aus dem Grunde an dem Verfahren nicht beteiligt, weil sein Anspruch nach § 63 der Konkursordnung im Konkursverfahren nicht geltend gemacht werden kann, so bleiben gleichwohl die innerhalb der Frist vorgenommenen Vollstreckungsmaßregeln für das Vergleichsverfahren und einen sich anschließenden Konkurs (§ 82) außer Betracht (§§ 32, 33, 70, 74, 84).

Der Tag der Stellung des Antrags auf Eröffnung des Vergleichsverfahrens wird in die Frist nicht eingerechnet. Zwangsvollstreckung ist auch die Vollziehung eines Arrestes oder einer einstweiligen Verfügung.

§ 4.

Gläubiger, deren Ansprüche auf einem gegenseitigen Vertrage beruhen, der zur Zeit der Eröffnung des Vergleichsverfahrens von dem Schuldner und von dem andern Teile noch nicht oder noch nicht vollständig erfüllt ist, sind an dem Verfahren nicht beteiligt und werden von dem Vergleiche nicht betroffen. Die Vorschrift des § 30 bleibt unberührt.

§ 5.

Der Vergleich muß allen von ihm betroffenen Gläubigern gleiche Rechte gewähren.

Eine ungleiche Behandlung der Gläubiger ist nur zulässig, wenn die Mehrheit der zurückgesetzten Gläubiger zustimmt und die Gesamtsumme der Forderungen der zustimmenden Gläubiger mindestens drei Vierteile der Forderungen der zurückgesetzten Gläubiger beträgt.

Jedes andere Abkommen des Schuldners oder anderer Personen mit einzelnen Gläubigern, durch welches diese bevorzugt werden, ist nichtig.

§ 6.

Der Vergleich muß, wenn er auf einen ziffernmäßig bestimmten, teilweisen Erlaß der Forderungen lautet, den Gläubigern mindestens dreißig vom Hundert ihrer Forderungen gewähren.

§ 7.

Enthält der Vergleich einen teilweisen Erlaß der Forderungen, so ist im Zweifel anzunehmen, daß der Erlaß hinfällig wird, wenn der Schuldner mit der Erfüllung des Vergleichs in Verzug kommt oder wenn vor vollständiger Erfüllung des Vergleichs das Konkursverfahren über das Vermögen des Schuldners eröffnet wird.

§ 8.

Auf das Vergleichsverfahren finden, soweit dieses Gesetz nichts anderes bestimmt, die Vorschriften der Zivilprozeßordnung entsprechende Anwendung.

§ 9.

Das Gericht hat alle das Verfahren betreffenden Ermittlungen anzustellen. Es kann zu diesem Zwecke insbesondere den Schuldner hören, Zeugen und Sachverständige vernehmen und eine Gläubigerversammlung berufen. Für diese Gläubigerversammlung genügt an Stelle der Ladungen öffentliche Bekanntmachung des Termins.

§ 10.

Die Entscheidungen des Gerichts können ohne mündliche Verhandlung ergehen.

§ 11.

Die Zustellungen erfolgen durch Aufgabe zur Post; die Postsendung ist, wenn die Person, an die zugestellt werden soll, sich im Ausland befindet, mit der Bezeichnung „Einschreiben" zu versehen.

Zustellungen an Personen, deren Aufenthalt unbekannt ist, finden nur statt, wenn die Person einen im Inland wohnenden zur Empfangnahme von Zustellungen befugten Vertreter hat, der dem Gerichte bekannt ist.

Einer Beglaubigung des zuzustellenden Schriftstücks bedarf es nicht.

§ 12.

Öffentliche Bekanntmachungen erfolgen durch mindestens einmalige Einrückung in das zur Veröffentlichung amtlicher Bekanntmachungen des Gerichts bestimmte Blatt; die Einrückung kann auszugsweise geschehen. Die Bekanntmachung gilt als bewirkt mit dem Ablauf des zweiten Tages nach der Ausgabe des die Einrückung oder die erste Einrückung enthaltenden Blattes.

Die Bekanntmachung ist auszugsweise in den Deutschen Reichsanzeiger einzurücken; auch kann das Gericht weitere Bekanntmachungen anordnen.

Die öffentliche Bekanntmachung gilt als Zustellung an alle Beteiligten, auch wenn dieses Gesetz neben ihr eine besondere Zustellung vorschreibt.

In der Bekanntmachung soll der Schuldner genau bezeichnet werden, insbesondere sollen seine Anschrift und sein Geschäftszweig angegeben werden.

§ 13.

Der Schuldner, die Vertrauensperson (§ 40) und jeder Gläubiger können die Akten einsehen; der Schuldner und die

Vertrauensperson können sich auch Abschriften daraus erteilen lassen. Auf die Akteneinsicht durch andere Personen findet die Vorschrift des § 299 Abs. 2 der Zivilprozeßordnung entsprechende Anwendung.

Gläubigern kann die Einsicht in solche Teile der Akten versagt werden, deren Kenntnis für die Gläubiger ohne Bedeutung ist oder deren Geheimhaltung nach Angabe des Schuldners für die Fortführung seines Unternehmens erforderlich ist.

§ 14.

Die Entscheidungen des Gerichts können nur insoweit angefochten werden, als dieses Gesetz es bestimmt.

Soweit eine Anfechtung stattfindet, erfolgt sie durch sofortige Beschwerde. Die Beschwerdefrist (Notfrist) beträgt eine Woche. Sie beginnt mit der Verkündung der Entscheidung; wenn diese nicht verkündet wird, mit der Zustellung. Eine weitere Beschwerde findet nicht statt.

2. Abschnitt.

Eröffnung des Verfahrens.

§ 15.

Der Antrag auf Eröffnung des Vergleichsverfahrens muß einen bestimmten Vergleichsvorschlag erhalten und ergeben, ob und wie die Erfüllung des Vergleichs sichergestellt werden soll. Der Vorschlag muß dem § 6 genügen.

In dem Antrag hat der Schuldner anzugeben:

1. ob innerhalb der letzten fünf Jahre vor dem Tage des Antrags im Inland die Geschäftsaufsicht, das Konkursverfahren oder das Vergleichsverfahren zur Abwendung des Konkurses über sein Vermögen rechtskräftig eröffnet oder die Eröffnung eines dieser Verfahren mangels Masse rechtskräftig abgelehnt worden ist;
2. ob innerhalb derselben Frist von ihm der Offenbarungseid auf Grund des § 807 der Zivilprozeßordnung geleistet oder gegen ihn zur Erzwingung eines solchen Eides die Haft angeordnet worden ist;
3. wann und wo er geboren ist.

Zu Nr. 1 und 2 des Abs. 2 ist anzugeben, bei welchem Gerichte das Verfahren anhängig ist oder wann und bei welchem Gericht es anhängig gewesen ist.

Die Richtigkeit der Angaben (Abs. 2, 3) hat der Schuldner an Eides Statt zu versichern oder durch öffentliche Urkunden nachzuweisen.

§ 16.

Dem Antrag sind beizufügen:

1. ein Verzeichnis der Gläubiger und der Schuldner unter Angabe der einzelnen Forderungen und Schulden;
2. eine Übersicht des Vermögensstandes des Schuldners;
3. eine Erklärung des Schuldners darüber, ob innerhalb des letzten Jahres vor dem Tage des Antrags zwischen ihm und seinem Ehegatten vor oder während der Ehe, seinen oder seines Ehegatten Verwandten auf- und absteigender Linie, seinen oder seines Ehegatten voll- oder halbbürtigen Geschwistern oder den Ehegatten einer dieser Personen eine Vermögensauseinandersetzung stattgefunden hat, sowie darüber, ob und welche Verfügungen über Vermögensgegenstände er innerhalb des letzten Jahres vor dem Tage des Antrags zugunsten einer dieser Personen vorgenommen hat; Verfügungen, die ausschließlich gebräuchliche Gelegenheitsgeschenke zum Gegenstande hatten, bleiben außer Betracht;
4. die schriftliche Erklärung der Mehrheit der an dem Verfahren beteiligten Gläubiger, die zugleich mehr als die Hälfte der Gesamtsumme der von dem Vergleiche betroffenen Forderungen darstellen müssen, daß sie mit der Eröffnung eines Vergleichsverfahrens einverstanden sind; Gläubiger, deren Stimmen zugunsten eines Vergleichs nicht gezählt werden (§ 64), bleiben bei der Berechnung der Mehrheiten außer Betracht; die Mehrheiten sind auf Grund des Gläubigerverzeichnisses (Nr. 1) zu berechnen;
5. wenn für die Erfüllung des Vergleichs Sicherheit geleistet werden soll, die genaue Bezeichnung der Sicherheiten und, wenn die Sicherheit in einer Bürgschaft besteht, die Bürgschaftserklärung;
6. die Erklärung des Schuldners, daß er bereit sei, den Offenbarungseid zu leisten.

Der Antrag und seine Anlagen sollen in zwei Stücken eingereicht werden.

§ 17.

In die Verzeichnisse der Gläubiger und der Schuldner (§ 16 Abs. 1 Nr. 1) sind alle Gläubiger und Schuldner aufzunehmen. Gläubiger, deren Forderungen der Schuldner bestreitet, und Schuldner, die ihre Schuld bestreiten, sind unter Angabe dieser Tatsachen aufzuführen. Gläubiger, die von dem Verfahren nicht betroffen werden, sind getrennt von den übrigen Gläubigern aufzuführen. Ist einer der im § 16 Abs. 1 Nr. 3 genannten Angehörigen Gläubiger oder Schuldner, so ist dies anzugeben. Ebenso ist anzugeben, wenn ein Gläubiger oder ein Schuldner mit dem Schuldner in einem Gesellschafts- oder anderen Gemeinschaftsverhältnisse steht; das Gesellschafts- oder andere Gemeinschaftsverhältnis ist genau zu bezeichnen.

Bei allen Gläubigern und Schuldnern ist ihre Anschrift anzugeben. Wohnt ein Gläubiger im Ausland oder ist sein Wohnort unbekannt, ist jedoch dem Schuldner ein im Inland wohnender zur Empfangnahme von Zustellungen befugter Vertreter bekannt, so ist auch dessen Anschrift anzugeben.

§ 18.

In der Übersicht des Vermögensstandes (§ 16 Abs. 1 Nr. 2) müssen sämtliche Vermögensgegenstände (Aktiva) und Verbindlichkeiten (Passiva) einzeln unter Angabe ihres Betrags oder Wertes aufgeführt und einander gegenübergestellt werden. Bei Forderungen ist die Person des Schuldners, bei Verbindlichkeiten die Person des Gläubigers, bei beiden der Schuldgrund anzugeben. Bei allen Aktiven und Passiven sind etwaige Nebenrechte, insbesondere zur Sicherung übertragenes Eigentum, Hypotheken, Pfandrechte und Bürgschaften sowie Ansprüche aus zur Deckung erhaltenen oder begebenen Wechseln zu bezeichnen, bei Forderungen auch die vorhandenen Beweismittel. Bei Passiven, deren Gläubiger im Falle des Konkurses abgesonderte Befriedigung beanspruchen können, ist auch die Höhe des mutmaßlichen Ausfalls anzugeben. Uneinbringliche oder zweifelhafte Aktiva sind als solche kenntlich zu machen.

Ist der Schuldner Kaufmann, so hat er auch die Bilanz einzureichen.

§ 19.

Unterläßt es der Schuldner, dem Antrag die im § 16 Abs. 1 genannten Anlagen beizufügen, oder genügen der Antrag und die beigefügten Anlagen nicht den Vorschriften des § 15, des § 16 Abs. 1 und der §§ 17, 18, so kann das Gericht, falls der Mangel entschuldbar erscheint, dem Schuldner eine Frist zur Nachholung bewilligen. Die Frist soll in der Regel nicht über eine Woche, im Falle des § 1 Abs. 3 nicht über zwei Wochen, in keinem Falle aber über vier Wochen bemessen werden.

§ 20.

Vor der Entscheidung über den Antrag hat das Gericht unbeschadet seiner Verpflichtung nach § 9, wenn der Schuldner Handel- oder Gewerbetreibender oder Landwirt ist, die zuständige amtliche Berufsvertretung des Handels (Industrie), Handwerks (Gewerbes) oder der Landwirtschaft zu hören. Die Vertretung hat sich über den Antrag unverzüglich, spätestens jedoch vor Ablauf einer Woche zu äußern; sie kann eine bestimmte Vertrauensperson (§ 40) benennen. Das Gericht kann die Frist auf Antrag der Vertretung um eine weitere Woche verlängern.

Die Anhörung der Berufsvertretung unterbleibt, wenn der Eröffnung des Vergleichsverfahrens einer der im § 22 bezeichmeten Gründe entgegensteht und die Beseitigung dieses Grundes nicht möglich oder mit Sicherheit nicht zu erwarten ist.

§ 21.

Nach Abschluß der erforderlichen Ermittlungen, insbesondere nach Eingang der Äußerung der amtlichen Berufsvertretung oder nach Ablauf der im § 20 Abs. 1 Satz 2, 3 bezeichneten Frist, entscheidet das Gericht, ob das Vergleichsverfahren zu eröffnen ist.

§ 22.

Die Eröffnung ist abzulehnen,

1. wenn den Erfordernissen des § 15, des § 16 Abs. 1 oder der §§ 17, 18 nicht genügt ist und der Mangel auch nicht innerhalb der nach § 19 gesetzten Frist beseitigt wird;
2. wenn der Schuldner flüchtig ist oder sich verborgen hält oder auf eine an ihn ergehende Ladung des Gerichts (§ 9) ohne genügende Entschuldigung ausbleibt;
3. wenn gegen den Schuldner wegen betrügerischen Bankrotts eine gerichtliche Untersuchung oder ein wiederaufgenommenes Verfahren anhängig oder der Schuldner wegen betrügerischen Bankrotts rechtskräftig verurteilt ist;
4. wenn sich, insbesondere aus der Übersicht des Vermögensstandes (§ 16 Abs. 1 Nr. 2, § 18), der nach § 16 Abs. 1 Nr. 3 vom Schuldner abzugebenden Erklärung oder aus der Bilanz (§ 18 Abs. 2) ergibt, daß der Schuldner seinen Vermögensverfall durch Unredlichkeit oder Leichtsinn herbeigeführt hat, daß er den Antrag auf Eröffnung des Vergleichsverfahrens böswillig verzögert hat oder daß der Vergleichsvorschlag der Vermögenslage des Schuldners nicht entspricht;
5. wenn das Vermögen des Schuldners unter Berücksichtigung der in dem Vergleichsvorschlag übernommenen Verpflichtungen nicht ausreicht, um die gerichtlichen Kosten des Verfahrens einschließlich der einer Vertrauensperson zu gewährenden Vergütung zu decken; die Ablehnung unterbleibt, wenn ein zur Deckung dieser Kosten ausreichender Geldbetrag bei Stellung des Antrags vorgeschossen oder sonst hinreichend sichergestellt wird.

§ 23.

Die Eröffnung kann abgelehnt werden,

1. wenn die Gläubiger bei einem Vergleiche, der auf einen ziffermäßig bestimmten teilweisen Erlaß ihrer Forderungen lautet, nicht mindestens die Hälfte ihrer Forderungen erhalten sollen und die amtliche Berufsvertretung das Angebot als unzureichend bezeichnet;
2. wenn innerhalb der letzten fünf Jahre vor dem Tage des Antrags auf Eröffnung des Vergleichsverfahrens im Inland

die Geschäftsaufsicht, das Konkursverfahren oder das Vergleichsverfahren zur Abwendung des Konkurses über das Vermögen des Schuldners rechtskräftig eröffnet oder mangels Masse rechtskräftig abgelehnt worden ist;

3. wenn innerhalb der letzten fünf Jahre vor dem Tage des Antrags der Eröffnung des Vergleichsverfahrens der Schuldner im Inland den Offenbarungseid auf Grund des § 807 der Zivilprozeßordnung geleistet hat oder im Inland gegen ihn zur Erzwingung dieses Eides die Haft angeordnet worden ist.

§ 24.

Wird die Eröffnung des Vergleichsverfahrens abgelehnt, so ist zugleich über die Eröffnung des Konkursverfahrens zu entscheiden. Für diese Entscheidung gilt der Antrag auf Eröffnung des Vergleichsverfahrens als Antrag auf Eröffnung des Konkursverfahrens, der nicht zurückgenommen werden kann.

Gegen die Entscheidung über die Eröffnung des Konkursverfahrens steht dem Schuldner die sofortige Beschwerde zu. Mit ihr kann auch geltend gemacht werden, daß die Eröffnung des Vergleichsverfahrens zu Unrecht abgelehnt worden sei.

§ 25.

In dem Beschlusse, durch den das Vergleichsverfahren eröffnet wird, ist die Stunde der Eröffnung anzugeben.

Ist dies versäumt worden, so gilt als Zeitpunkt der Eröffnung die Mittagsstunde des Tages, an dem der Beschluß erlassen worden ist.

§ 26.

Bei der Eröffnung des Vergleichsverfahrens ist ein Termin zur Verhandlung über den Vergleichsvorschlag zu bestimmen.

Der Vergleichstermin ist nicht über einen Monat hinauszurücken.

§ 27.

Der Gerichtsschreiber hat den Eröffnungsbeschluß und den Vergleichstermin sofort öffentlich bekannt zu machen.

Der Schuldner und die aus dem Gläubigerverzeichnis ersichtlichen, an dem Verfahren beteiligten Gläubiger sowie die Vertrauensperson (§ 40) sind unter Bekanntmachung des Eröffnungsbeschlusses zu dem Vergleichstermine zu laden (§ 11).

Der Antrag auf Eröffnung des Vergleichsverfahrens nebst seinen Anlagen und das Ergebnis der etwaigen weiteren Ermittlungen wird auf der Gerichtsschreiberei zur Einsicht der Beteiligten (Abs. 2) niedergelegt. In der öffentlichen Bekanntmachung und in der Ladung der Gläubiger ist darauf hinzuweisen.

3. Abschnitt.

Wirkung der Eröffnung des Vergleichsverfahrens.

§ 28.

Ist ein gegenseitiger Vertrag zur Zeit der Eröffnung des Vergleichsverfahrens von dem Schuldner und von dem anderen Teile noch nicht oder noch nicht vollständig erfüllt, so kann jeder Vertragsteil mit Ermächtigung des Gerichts die Erfüllung oder die weitere Erfüllung ablehnen.

Das Gesuch um Ermächtigung zur Ablehnung der Erfüllung oder der weiteren Erfüllung muß binnen zwei Wochen nach der öffentlichen Bekanntmachung des Eröffnungsbeschlusses (§ 27) bei dem Gericht angebracht werden. Vor der Entscheidung soll das Gericht die bestellte Vertrauensperson (§ 40) und den Vertragsgegner hören. Dem Schuldner soll die Ermächtigung nur erteilt werden, wenn die Erfüllung oder die weitere Erfüllung des Vertrags das Zustandekommen oder die Ausführbarkeit des Vergleichs gefährden würde und die Ablehnung der Erfüllung dem anderen Teile keinen unverhältnismäßigen Schaden bringt.

§ 29.

Auf Miet- und Pachtverträge, bei denen der Schuldner der Vermieter oder der Verpächter ist, sowie auf Dienstverträge, bei denen der Schuldner der zur Dienstleistung Verpflichtete ist, finden die Vorschriften des § 28 keine Anwendung.

Auf Miet- und Pachtverträge, bei denen der Schuldner der Mieter oder Pächter ist und der Miet- oder Pachtgegenstand ihm vor der Eröffnung des Verfahrens bereits überlassen worden ist, sowie auf Dienstverträge, bei denen der Schuldner der Dienstberechtigte ist, finden die Vorschriften des § 28 mit folgenden Maßgaben Anwendung:

1. An die Stelle der Befugnis zur Ablehnung der Erfüllung oder der weiteren Erfüllung tritt die Befugnis, das Vertragsverhältnis ohne Rücksicht auf eine vereinbarte Vertragsdauer unter Einhaltung der gesetzlichen Frist zu kündigen.
2. Bei Mietverträgen über Grundstücke oder Räume kann nur der Schuldner gemäß Nr. 1 kündigen.
3. Wird ein Miet- oder ein Pachtvertrag auf Grund der vorstehenden Bestimmungen vorzeitig gekündigt, so kann das dem Vermieter oder dem Verpächter nach den §§ 559, 581, 585 des Bürgerlichen Gesetzbuchs zustehende Pfandrecht für einen infolge der vorzeitigen Beendigung des Vertrags erwachsenden Schadensersatzanspruch nicht geltend gemacht werden.

§ 30.

Wird die Erfüllung oder die weitere Erfüllung eines gegenseitigen Vertrags auf Grund des § 28 abgelehnt oder ein Miet-, Pacht- oder Dienstvertrag auf Grund des § 29 Abs. 2 vorzeitig gekündigt, so kann der Vertragsgegner des Schuldners Schadensersatz wegen Nichterfüllung verlangen. Er ist mit dem Ersatzanspruch am Vergleichsverfahren beteiligt und wird von dem Vergleiche betroffen.

§ 31.

Von der Stellung des Antrags auf Eröffnung des Vergleichsverfahrens bis zur Rechtskraft der Entscheidung, die das Verfahren beendet, ist die Entscheidung über einen Antrag auf Eröffnung des Konkursverfahrens ausgesetzt.

§ 32.

Nach der Eröffnung des Vergleichsverfahrens können die an ihm beteiligten Gläubiger Zwangsvollstreckungen gegen den Schuldner nicht mehr vornehmen. Das gleiche gilt für solche Gläubiger, die nur deshalb an dem Vergleichsverfahren nicht beteiligt sind, weil ihre Ansprüche nach § 63 der Konkursordnung im Konkursverfahren nicht geltend gemacht werden können.

§ 33.

Zwangsvollstreckungen, die zur Zeit der Eröffnung des Vergleichsverfahrens zugunsten eines an ihm beteiligten Gläubigers gegen den Schuldner anhängig sind, sind für die Dauer des Verfahrens einstweilen einzustellen. Das gleiche gilt für Zwangsvollstreckungen zugunsten solcher Gläubiger, die nur deshalb an dem Vergleichsverfahren nicht beteiligt sind, weil ihre Ansprüche nach § 63 der Konkursordnung im Konkursverfahren nicht geltend gemacht werden können.

Das Vergleichsgericht kann die endgültige Einstellung und die Aufhebung der Vollstreckungsmaßnahmen auf Antrag der Vertrauensperson anordnen, wenn die Verfügung über den von der Vollstreckung betroffenen Gegenstand im Interesse der an dem Vergleichsverfahren beteiligten Gläubiger geboten ist.

§ 34.

Zwangsvollstreckung (§§ 32, 33) ist auch die Vollziehung eines Arrestes oder einer einstweiligen Verfügung.

§ 35.

Erhebt ein am Vergleichsverfahren beteiligter Gläubiger nach Eröffnung des Verfahrens Klage auf Leistung, so fallen ihm die Prozeßkosten zur Last, wenn der Schuldner den Anspruch sofort anerkennt. Dies gilt nicht, wenn der Gläubiger bei der

Erhebung der Klage die Eröffnung des Vergleichsverfahrens nicht kannte oder aus besonderen Gründen an alsbaldiger Erlangung des Urteils ein berechtigtes Interesse hatte.

§ 36.

Ein Gläubiger, der nach der Eröffnung des Vergleichsverfahrens Zwangsvollstreckungen in das Vermögen des Schuldners nicht mehr vornehmen kann (§ 32), bleibt zur Aufrechnung befugt; die Vorschriften der §§ 54, 55 der Konkursordnung finden entsprechende Anwendung. Soweit die Aufrechnung hiernach statthaft ist, wird die Befugnis dazu durch die Wirkungen des Vergleichs nicht berührt.

§ 37.

Ist der Schuldner Kaufmann, so hat er von der Zustellung des Beschlusses über die Eröffnung des Vergleichsverfahrens bis zur Bekanntmachung des Beschlusses über die Beendigung des Verfahrens seiner Firma den ausgeschriebenen Zusatz „im Vergleichsverfahren" beizufügen. Auf den im § 15a der Gewerbeordnung vorgesehenen Gebrauch der Firma findet diese Vorschrift keine Anwendung.

Die Vorschriften des § 32 und des § 37 Abs. 1 des Handelsgesetzbuchs finden entsprechende Anwendung. Der Gerichtsschreiber hat eine beglaubigte Abschrift der Formel des Eröffnungsbeschlusses und der Entscheidung, welche das Vergleichsverfahren beendet, dem Registergericht mitzuteilen.

§ 38.

Der Schuldner darf während der Dauer des Verfahrens die vorhandenen Mittel nur insoweit für sich verbrauchen, als es zu einer bescheidenen Lebensführung für ihn und seine Familie unerläßlich ist.

§ 39.

Die Verjährung der Ansprüche der an dem Vergleichsverfahren beteiligten Gläubiger ist von der Eröffnung des Vergleichsverfahrens bis zur Rechtskraft der Entscheidung, die das Verfahren beendet, gehemmt.

§ 40.

Das Gericht hat bei der Eröffnung des Vergleichsverfahrens zur Prüfung der Verhältnisse des Schuldners und zur Überwachung seiner Geschäftsführung sowie der Ausgaben für die Lebensführung des Schuldners und seiner Familie während des Verfahrens eine oder mehrere Vertrauenspersonen zu bestellen.

Von der Bestellung einer Vertrauensperson kann abgesehen werden, wenn sie aus besonderen Gründen, insbesondere wegen der Einfachheit und Klarheit der Verhältnisse oder wegen des geringen Umfanges des Geschäftsbetriebs des Schuldners, entbehrlich erscheint. Eine Vertrauensperson muß jedoch auch in diesem Falle bestellt werden, sobald ein Gläubiger oder der Schuldner es beantragt oder sich im Laufe des Verfahrens herausstellt, daß die Voraussetzungen des Satz 1 nicht oder nicht mehr vorliegen.

§ 41.

Die Vertrauensperson wird vom Gericht ausgewählt.

Die im § 16 Abs. 1 Nr. 4 genannte Gläubigermehrheit kann eine bestimmte Vertrauensperson vorschlagen, solange nicht eine andere bestellt ist. Das gleiche gilt nach der Entlassung einer bestellten Vertrauensperson (§ 45 Abs. 2). Einem solchen Vorschlag ist stattzugeben, es sei denn, daß die vorgeschlagene Person ablehnt oder daß Tatsachen vorliegen, die sie als ungeeignet erscheinen lassen. Der Beschluß, durch den die Bestellung einer vorgeschlagenen Vertrauensperson abgelehnt wird, ist zu begründen und den Gläubigern, die den Vorschlag gemacht haben, zuzustellen. Wird der Vorschlag nicht mit dem Antrag (§ 15) verbunden, so sind vor der Entscheidung der Schuldner und die zuständige amtliche Berufsvertretung (§ 20) zu hören.

§ 42.

Der Gerichtsschreiber hat den Namen der Vertrauensperson öffentlich bekanntzumachen und dem Schuldner und den aus dem Gläubigerverzeichnis ersichtlichen, an dem Verfahren beteiligten Gläubigern ohne besondere Form mitzuteilen. Die Vorschriften des § 11 Abs. 2 und des § 12 Abs. 3 finden entsprechende Anwendung.

§ 43.

Der Vertrauensperson ist eine urkundliche Bescheinigung über ihre Bestellung zu erteilen. Die Bescheinigung ist bei Beendigung des Amtes dem Gerichte zurückzugeben.

§ 44.

Die Vertrauensperson ist für die Erfüllung ihrer Pflichten dem Schuldner und den am Verfahren beteiligten Gläubigern verantwortlich.

§ 45.

Die Vertrauensperson steht unter der Aufsicht des Gerichts.

Das Gericht kann gegen sie Ordnungsstrafen im Betrage von einer bis zu eintausend Reichsmark festsetzen und sie aus wichtigen Gründen ihres Amtes entlassen. Als ein wichtiger Grund soll es namentlich angesehen werden, wenn der Gläubigerausschuß oder in einer Gläubigerversammlung die im § 16 Abs. 1 Nr. 4 bezeichnete Mehrheit der Gläubiger die Entlassung beantragt.

Vor der Entscheidung ist die Vertrauensperson zu hören.

Gegen die Festsetzung einer Ordnungsstrafe steht der Vertrauensperson die sofortige Beschwerde zu. Das Vergleichsgericht kann der Beschwerde abhelfen.

§ 46.

Die Vertrauensperson kann von dem Schuldner die Erstattung angemessener barer Auslagen und eine angemessene Vergütung für ihre Geschäftsführung verlangen.

Die Höhe der Auslagen und der Vergütung setzt das Vergleichsgericht fest.

Gegen den Beschluß findet die sofortige Beschwerde statt. Das Vergleichsgericht kann der Beschwerde abhelfen.

Die Landesjustizverwaltung kann für die der Vertrauensperson zu gewährende Vergütung allgemeine Anordnungen treffen.

§ 47.

Der Schuldner hat der Vertrauensperson von der Aufnahme eines Darlehens oder dem Erwerbe von Gegenständen auf Kredit Anzeige zu machen. Er hat der Vertrauensperson Einsicht in seine Bücher und Geschäftspapiere zu gestatten; er und seine Angestellten haben ihr alle erforderlichen Auskünfte zu erteilen. Die Vertrauensperson ist berechtigt, die Geschäftsräume des Schuldners zu betreten und dort Nachforschungen anzustellen.

Die Vertrauensperson hat dem Gerichte sofort anzuzeigen, wenn ihr Tatsachen bekannt werden, die ein Einschreiten des Gerichts, insbesondere den Erlaß von Verfügungsbeschränkungen, die Einstellung des Vergleichsverfahrens oder die Verwerfung des Vergleichs, zu rechtfertigen vermögen. Sie hat dem Gericht auf Erfordern jederzeit Auskunft zu erteilen und in dem Vergleichstermin über die Sachlage, insbesondere über die Aussichten auf Erfüllung des Vergleichs, zu berichten.

§ 48.

Zur Unterstützung und Überwachung der Vertrauensperson kann das Gericht aus der Zahl der an dem Vergleichsverfahren beteiligten Gläubiger oder ihrer Vertreter einen Gläubigerausschuß bestellen, wenn der besondere Umfang des Unternehmens des Schuldners dies geboten erscheinen läßt. Ein Gläubigerausschuß ist zu bestellen, wenn der Schuldner, die im § 16 Abs. 1 Nr. 4 bezeichnete Gläubigermehrheit oder die Vertrauensperson es beantragen.

Das Gericht kann die Bestellung zum Mitglied des Ausschusses jederzeit widerrufen.

Die Mitglieder des Ausschusses sind für die Erfüllung ihrer Pflichten dem Schuldner und den an dem Vergleichsverfahren beteiligten Gläubigern verantwortlich.

Ein Beschluß des Ausschusses ist gültig, wenn die Mehrheit der Mitglieder an der Beschlußfassung teilgenommen hat und der Beschluß mit der Mehrheit der abgegebenen Stimmen gefaßt worden ist.

§ 49.

Die Mitglieder des Gläubigerausschusses sind berechtigt, die Bücher und Geschäftspapiere des Schuldners und der Vertrauensperson einzusehen und Aufklärung über hierbei sich ergebende Fragen zu verlangen. Sie haben dem Gerichte sofort anzuzeigen, wenn ihnen Tatsachen bekannt werden, die eine Entlassung der Vertrauensperson, ein Einschreiten des Gerichts gegen den Schuldner, insbesondere den Erlaß von Verfügungsbeschränkungen, die Einstellung des Vergleichsverfahrens oder die Verwerfung des Vergleichs, zu rechtfertigen vermögen.

§ 50.

Bei der Eröffnung des Vergleichsverfahrens hat das Gericht zu prüfen, ob und welche Verfügungsbeschränkungen dem Schuldner aufzuerlegen sind.

Das Gericht kann jederzeit während des Verfahrens von Amts wegen oder auf Antrag der Vertrauensperson, eines Mitglieds des Gläubigerausschusses oder eines an dem Verfahren beteiligten Gläubigers Verfügungsbeschränkungen anordnen.

§ 51.

Die Verfügungsbeschränkungen können darin bestehen, daß an den Schuldner ein allgemeines Veräußerungsverbot erlassen wird, oder daß dem Schuldner die Verfügung über einzelne Vermögensgegenstände verboten wird. Die Wirkungen dieser Maßnahmen bestimmen sich ausschließlich nach den Vorschriften der §§ 54 bis 57.

§ 52.

Auf das allgemeine Veräußerungsverbot finden die Vorschriften des § 25 entsprechende Anwendung.

Das allgemeine Veräußerungsverbot ist nach Maßgabe des § 12 öffentlich bekanntzumachen und dem Schuldner sowie seinen Schuldnern nach Maßgabe des § 11 zuzustellen.

§ 53.

Das allgemeine Veräußerungsverbot ist in das Grundbuch einzutragen:

1. bei den Grundstücken, als deren Eigentümer der Schuldner im Grundbuch eingetragen ist;
2. bei den für den Schuldner eingetragenen Rechten an Grundstücken oder an eingetragenen Rechten, wenn nach der Art des Rechtes und den obwaltenden Umständen bei Unter-

lassung der Eintragung eine Beeinträchtigung der an dem Vergleichsverfahren beteiligten Gläubiger zu besorgen ist.

Das Vergleichsgericht hat, soweit ihm solche Grundstücke oder Rechte bekannt sind, das Grundbuchamt von Amts wegen um die Eintragung zu ersuchen; die Eintragung kann auch von der Vertrauensperson beantragt werden.

Erwirbt der Schuldner während des Bestehens des allgemeinen Veräußerungsverbots ein Grundstück, ein Recht an einem Grundstück oder ein Recht an einem solchen Rechte, so finden die Vorschriften der Abs. 1 und 2 entsprechende Anwendung.

Die Eintragung von Vermerken auf Grund der vorstehenden Vorschriften geschieht gebührenfrei.

§ 54.

Das allgemeine Veräußerungsverbot hat die Wirkung, daß Verfügungen, die der Schuldner nach seinem Erlaß über sein Vermögen trifft, den am Vergleichsverfahren beteiligten Gläubigern gegenüber unwirksam sind.

Hat der Schuldner eine Verfügung am Tage des Erlasses des allgemeinen Veräußerungsverbots getroffen, so wird vermutet, daß er sie nach dem Erlasse des Verbots getroffen habe.

Die Vorschriften der §§ 892, 893 des Bürgerlichen Gesetzbuchs bleiben unberührt.

§ 55.

Das Verbot der Verfügung über einzelne Vermögensgegenstände hat die Wirkung, daß die Verfügung über den Gegenstand den am Vergleichsverfahren beteiligten Gläubigern gegenüber unwirksam ist. Die Vorschrift des § 135 Abs. 2 des Bürgerlichen Gesetzbuchs findet Anwendung.

Ist dem Schuldner die Verfügung über ein Grundstück, ein Recht an einem Grundstück oder ein Recht an einem solchen Rechte verboten worden, so finden die Vorschriften des § 53 Abs. 1, 2, 4 entsprechende Anwendung.

Ist dem Schuldner die Verfügung über einen Anspruch, insbesondere die Einziehung einer Forderung, verboten worden, so ist das Verbot auch dem Verpflichteten nach Maßgabe des § 11 zuzustellen; dabei hat ihm das Gericht zugleich die Leistung an den Schuldner zu verbieten.

§ 56.

Einem Schuldner des Schuldners gegenüber werden Verfügungsbeschränkungen, soweit sich nicht aus den Vorschriften des § 893 des Bürgerlichen Gesetzbuchs anderes ergibt, erst mit dem Zeitpunkt wirksam, in dem sie ihm bekannt werden. Ist die Anordnung der Verfügungsbeschränkung dem Schuldner des Schuldners zugestellt (§ 52 Abs. 2, § 55 Abs. 3) oder das allgemeine Veräußerungsverbot öffentlich bekanntgemacht (§ 52 Abs. 2), so wird die Kenntnis vermutet.

§ 57.

Eine Verfügungsbeschränkung steht der Wirksamkeit einer Verfügung nicht entgegen, wenn die Vertrauensperson der Verfügung zustimmt. Das Gericht kann Abweichendes bestimmen.

§ 58.

Eine angeordnete Verfügungsbeschränkung ist aufzuheben, wenn für sie kein Bedürfnis mehr besteht.

Die Aufhebung ist in derselben Weise zuzustellen, öffentlich bekanntzumachen und in das Grundbuch einzutragen, wie die Anordnung (§ 52 Abs. 2, § 53, § 55 Abs. 2, 3).

4. Abschnitt.

Verhandlung im Vergleichstermine.

§ 59.

In dem Vergleichstermine wird über den Vergleichsvorschlag verhandelt, das Stimmrecht der Forderungen, soweit es bestritten wird, festgestellt und abgestimmt. Die an dem Vergleichsverfahren nicht beteiligten Gläubiger können in dem Vergleichstermin erscheinen und sind auf ihren Antrag zu hören.

§ 60.

Ein am Verfahren beteiligter Gläubiger, dessen Forderung in das Gläubigerverzeichnis (§ 16 Abs. 1 Nr. 1, § 17) nicht aufgenommen ist, wird bei der Abstimmung nach Maßgabe des § 62 berücksichtigt, wenn er seine Forderung bis zum Beginne der Abstimmung über den Vergleichsvorschlag schriftlich oder zu Protokoll des Gerichtsschreibers anmeldet.

Die Anmeldung hat den Betrag und den Grund der Forderung zu enthalten; urkundliche Beweisstücke sind in Urschrift oder in Abschrift der Anmeldung beizufügen und im Vergleichstermine vorzulegen.

Der Gerichtsschreiber hat das Gläubigerverzeichnis nach den Anmeldungen zu berichtigen.

§ 61.

Der Schuldner hat in dem Vergleichstermine persönlich zu erscheinen.

Er darf sich nur vertreten lassen, wenn er glaubhaft macht, daß ihn besondere Gründe am Erscheinen verhindern.

Auf Verlangen eines am Verfahren beteiligten Gläubigers hat der Schuldner im Vergleichstermine den Offenbarungseid dahin zu leisten, daß er nach bestem Wissen sein Vermögen und seine Verbindlichkeiten so vollständig angegeben habe, als er dazu imstande sei.

§ 62.

Die Forderungen der am Verfahren beteiligten Gläubiger werden an der Hand des berichtigten Gläubigerverzeichnisses erörtert; der Schuldner hat sich über sie zu erklären.

Soweit gegen eine Forderung weder der Schuldner noch ein beteiligter Gläubiger noch die Vertrauensperson Widerspruch erhebt, gilt sie als stimmberechtigt. Soweit widersprochen wird, ist zu erörtern, ob und zu welchem Betrag ein Stimmrecht gewährt werden soll. Einigen sich der Schuldner, die im Termin erschienenen, am Vergleichsverfahren beteiligten Gläubiger und die Vertrauensperson nicht, so entscheidet das Gericht. Es kann seine Entscheidung auf Antrag des Schuldners, eines im Termin erschienenen am Verfahren beteiligten Gläubigers oder der Vertrauensperson bis zum Beginne der Abstimmung über den Vergleichsvorschlag ändern. Die Wirkung der Entscheidung beschränkt sich auf die Frage des Stimmrechts.

In gleicher Weise entscheidet das Gericht, ob und zu welchem Betrag aufschiebend bedingte Forderungen sowie Forderungen, für die abgesonderte Befriedigung beansprucht wird, zum Stimmen berechtigen.

Der Gerichtsschreiber hat nach der Erörterung einer jeden Forderung das Ergebnis in das Verzeichnis der Gläubiger einzutragen. Soweit gegen eine Forderung weder der Schuldner noch ein an dem Verfahren beteiligter Gläubiger noch die Vertrauensperson Widerspruch erhoben hat, ist in dem Verzeichnis zu vermerken, daß die Forderung anerkannt ist.

§ 63.

Zum Abschluß eines Vergleichs ist erforderlich, daß

1. die Mehrheit der stimmberechtigten Gläubiger dem Vergleiche zustimmt und
2. die Gesamtsumme der Forderungen der zustimmenden Gläubiger mindestens drei Vierteile der Forderungen der stimmberechtigten Gläubiger beträgt.

Die Mehrheiten berechnen sich nach dem berichtigten Gläubigerverzeichnisse.

Lautet der Vergleichsvorschlag auf einen ziffermäßig bestimmten teilweisen Erlaß der Forderungen und gewährt er den Gläubigern nicht mindestens die Hälfte ihrer Forderungen, so muß die nach Abs. 1 Nr. 2 erforderliche Gesamtsumme der Forderungen der zustimmenden Gläubiger mindestens vier Fünfteile der Forderungen der stimmberechtigten Gläubiger betragen.

Soll der Vergleich nur auf Stundung bis zur Dauer von längstens einem Jahre nach der Bestätigung, allein oder in Verbindung mit einem Erlasse von Zinsen für die Dauer der Stundung, gehen, so genügt es, wenn die nach Abs. 1 Nr. 2 erforderliche Gesamtsumme mehr als die Hälfte der Gesamtsumme der Forderungen der stimmberechtigten Gläubiger beträgt.

§ 64.

Bei der Berechnung der Mehrheiten bleibt der Ehegatte des Schuldners außer Betracht, wenn er für den Vergleich gestimmt hat.

Das gleiche gilt von dem, dem der Ehegatte des Schuldners nach der Eröffnung des Vergleichsverfahrens oder in dem letzten Jahre vorher eine Forderung gegen den Schuldner abgetreten hat, soweit das Stimmrecht auf der abgetretenen Forderung beruht. Diese Vorschrift findet keine Anwendung, wenn der Ehegatte zu der Abtretung durch Gesetz oder durch einen Vertrag verpflichtet war, der früher als ein Jahr vor der Eröffnung des Vergleichsverfahrens geschlossen worden ist.

§ 65.

Ein Gläubiger kann dem Vergleichsvorschlag auch schriftlich zustimmen; die Erklärung ist nur zu berücksichtigen, wenn sie dem Gerichte bis zum Schlusse der Abstimmung zugegangen ist.

§ 66.

Der Vergleichstermin kann auf Antrag von drei Vierteilen der erschienenen, am Verfahren beteiligten Gläubiger vertagt werden, wenn zu erwarten ist, daß der neue Termin zu einem Vergleiche führen wird. Der Termin kann ferner vertagt werden, wenn der Schuldner sich in ihm zulässigerweise hat vertreten lassen (§ 61 Abs. 2) und die Leistung des Offenbarungseides verlangt wird (§ 61 Abs. 3). Der neue Termin ist alsbald zu bestimmen und soll in der Regel nicht über zwei Wochen hinaus anberaumt werden.

5. Abschnitt.

Entscheidung über die Bestätigung des Vergleichs. Wirkung des bestätigten Vergleichs.

§ 67.

Der angenommene Vergleich bedarf der Bestätigung des Gerichts.

Das Gericht hat vor der Bestätigung den Schuldner, die Vertrauensperson und den Gläubigerausschuß zu hören.

Die Entscheidung über die Bestätigung ist in dem Vergleichstermin oder in einem alsbald zu bestimmenden, nicht über eine Woche hinaus anzusetzenden Termine zu verkünden.

§ 68.

Der Vergleich ist zu verwerfen,

1. wenn die für den Inhalt und den Abschluß des Vergleichs gegebenen Vorschriften sowie die Vorschriften über das nach der Eröffnung zu beobachtende weitere Verfahren in einem wesentlichen Punkte nicht beobachtet worden sind und das Fehlende nicht ergänzt werden kann;
2. wenn der Schuldner flüchtig ist oder sich verborgen hält, wenn gegen ihn eine gerichtliche Untersuchung oder ein Wiederaufnahmeverfahren wegen betrügerischen Bankrotts anhängig ist, oder wenn sich ergibt, daß er wegen betrügerischen Bankrotts rechtskräftig verurteilt worden ist.

Auf Antrag eines an dem Verfahren beteiligten Gläubigers ist der Vergleich zu verwerfen,

1. wenn er unlauter, insbesondere durch Begünstigung eines Gläubigers zustande gebracht worden ist;
2. wenn er dem gemeinsamen Interesse der beteiligten Gläubiger widerspricht.

Das Gericht kann eine Glaubhaftmachung der den Antrag (Abs. 2) begründenden Tatsachen erfordern.

§ 69.

Wird der Vergleich bestätigt, so ist zugleich das Vergleichsverfahren aufzuheben. Die Aufhebung ist nach Maßgabe des § 12 öffentlich bekanntzumachen.

War eine Verfügungsbeschränkung angeordnet worden, so verliert sie für die Zukunft ihre Kraft. § 58 Abs. 2 findet entsprechende Anwendung.

Mit der Aufhebung des Vergleichsverfahrens endet das Amt der Vertrauensperson und der Mitglieder des Gläubigerausschusses. Ein Antrag auf Eröffnung des Konkursverfahrens, über den die Entscheidung nach § 31 ausgesetzt war, gilt als nicht gestellt.

§ 70.

Hat ein Gläubiger später als am dreißigsten Tage vor der Stellung des Antrags auf Eröffnung des Vergleichsverfahrens durch Zwangsvollstreckung eine Sicherung oder Befriedigung erlangt, so wird, sofern die Voraussetzungen des § 3 Abs. 2 oder 3 zutreffen, mit der Bestätigung des Vergleichs die Sicherung unwirksam und ist das zur Befriedigung Erlangte nach den Vorschriften über die Herausgabe einer ungerechtfertigten Bereicherung herauszugeben. Der Tag der Stellung des Antrags auf Eröffnung des Vergleichsverfahrens wird in die Frist nicht eingerechnet. Zwangsvollstreckung ist auch die Vollziehung eines Arrestes oder einer einstweiligen Verfügung.

§ 71.

Wird der Vergleich verworfen, so ist zugleich über die Eröffnung des Konkursverfahrens zu entscheiden. Für diese Entscheidung gilt der Antrag auf Eröffnung des Vergleichsverfahrens als Antrag auf Eröffnung des Konkursverfahrens, der nicht zurückgenommen werden kann. Gegen die Entscheidung über die Eröffnung des Konkursverfahrens steht dem Schuldner die sofortige Beschwerde zu. Mit ihr kann auch geltend gemacht werden, daß der Vergleich zu Unrecht verworfen worden sei.

Die Entscheidung, die den Vergleich verwirft, und die Entscheidung über die Eröffnung des Konkursverfahrens werden erst mit der Rechtskraft wirksam.

§ 72.

Der Beschluß, durch den der Vergleich verworfen wird, ist, wenn der Konkurs nicht eröffnet wird, nach Rechtskraft dem Schuldner, der Vertrauensperson und jedem an dem Verfahren beteiligten Gläubiger zuzustellen und nach Maßgabe des § 12 öffentlich bekanntzumachen.

Die Vorschriften des § 69 Abs. 2, Abs. 3 Satz 1 finden entsprechende Anwendung.

§ 73.

Der bestätigte Vergleich ist wirksam für und gegen alle an dem Verfahren beteiligten Gläubiger, auch wenn sie an dem Verfahren nicht teilgenommen oder gegen den Vergleich gestimmt haben.

Die Rechte der Gläubiger gegen Mitschuldner und Bürgen des Schuldners sowie die Rechte aus einem für die Forderung bestehenden Pfandrecht, aus einer für sie bestehenden Hypothek, Grundschuld oder Rentenschuld oder aus einer zu ihrer Sicherung eingetragenen Vormerkung werden, unbeschadet der Vorschrift des § 70, durch den Vergleich nicht berührt.

§ 74.

Der Vergleich wirkt nach Maßgabe des § 73 auch für und gegen die Forderungen aus einer Freigebigkeit des Schuldners.

Die für die Zeit von der Eröffnung des Verfahrens bis zur Bestätigung des Vergleichs laufenden Zinsen der von dem Vergleiche betroffenen Forderungen sowie die Kosten, welche den von dem Vergleiche betroffenen Gläubigern durch die Teilnahme an dem Verfahren oder eine nach § 70 wirkungslos werdende Vollstreckungsmaßregel erwachsen sind, gelten, wenn nicht der Vergleich etwas anderes bestimmt, mit der Bestätigung des Vergleichs als erlassen.

§ 75.

Aus dem bestätigten Vergleich in Verbindung mit einem Auszug aus dem berichtigten Gläubigerverzeichnisse findet wegen der darin als anerkannt vermerkten Forderungen gegen den Schuldner und die Personen, die in dem Vergleiche für seine Erfüllung neben dem Schuldner ohne Vorbehalt der Einrede der Vorausklage Verpflichtungen übernommen haben, die Zwangsvollstreckung unter entsprechender Anwendung der §§ 724 bis 793 der Zivilprozeßordnung statt.

Für Klagen auf Erteilung der Vollstreckungsklausel sowie für Klagen, durch welche eine die Forderung selbst betreffende Einwendung geltend gemacht oder der bei der Erteilung der Vollstreckungsklausel als bewiesen angenommene Eintritt der Voraussetzungen für ihre Erteilung bestritten wird, ist das Amtsgericht, bei dem das Vergleichsverfahren anhängig war, und, wenn der Streitgegenstand die Zuständigkeit des Amtsgerichts übersteigt, das Landgericht ausschließlich zuständig, zu dessen Bezirke das Vergleichsgericht gehört.

§ 76.

Der Vergleich verliert für alle von ihm betroffenen Gläubiger, unbeschadet der ihnen durch den Vergleich gewährten Rechte, seine Wirkung, wenn der Schuldner wegen vorsätzlicher Verletzung der Eidespflicht bei Leistung des ihm nach § 61 auferlegten Eides oder im Zusammenhange mit dem Vergleichsverfahren wegen betrügerischen Bankrotts oder deswegen rechtskräftig verurteilt wird, weil er die im § 15 Abs. 4 vorgeschriebene Versicherung an Eides Statt vorsätzlich falsch abgegeben hat.

Auf Antrag eines von dem Vergleiche betroffenen Gläubigers kann das Gericht, bei dem das Vergleichsverfahren anhängig war, auch schon vor der rechtskräftigen Verurteilung des Schuldners Sicherungsmaßregeln anordnen, insbesondere Verbote nach Maßgabe der §§ 51 bis 58 erlassen.

§ 77.

Jeder von dem Vergleiche betroffene Gläubiger kann, unbeschadet der durch den Vergleich gewährten Rechte, den Vergleich anfechten, wenn er durch Betrug zustande gekommen ist und der Gläubiger ohne sein Verschulden außerstande war, den Anfechtungsgrund im Vergleichsverfahren einschließlich des Bestätigungsverfahrens geltend zu machen.

§ 78.

Es kann nicht deshalb auf Aufhebung des Vergleichs geklagt werden, weil der Vergleich nicht erfüllt wird.

6. Abschnitt.

Einstellung des Verfahrens.

§ 79.

Das Vergleichsverfahren ist einzustellen,

1. wenn der Schuldner den Antrag zurücknimmt; die Rücknahme des Antrags ist bis zur Beendigung der Abstimmung über den Vergleichsvorschlag zulässig;
2. wenn vor dem Zustandekommen des Vergleichs (§ 63) das Vergleichsverfahren unzulässig wird (§ 22) oder sich ergibt, daß die Eröffnung des Verfahrens hätte abgelehnt werden müssen und das Fehlende nicht ergänzt werden kann;
3. wenn der Schuldner einem nach § 51 erlassenen Verbote vorsätzlich zuwiderhandelt;
4. wenn der Schuldner der Vertrauensperson oder einem Mitglied des Gläubigerausschusses die Einsicht in seine Bücher und Geschäftspapiere oder ohne genügenden Grund eine Auskunft oder eine Aufklärung verweigert;
5. wenn der Schuldner durch einen nach Lage der Sache unangemessenen Aufwand der Vorschrift des § 38 zuwiderhandelt;
6. wenn der Schuldner in dem Vergleichstermine nicht erscheint und, soweit dies zulässig ist, sich auch nicht vertreten läßt;
7. wenn der Schuldner die Leistung des Offenbarungseids (§ 61) verweigert;
8. wenn sich im Vergleichstermine die zum Abschluß des Vergleichs erforderliche Mehrheit nicht ergibt und ein Antrag auf Vertagung des Termins nicht gestellt oder abgelehnt wird.

In den Fällen der Nr. 6 und 7 kann die Einstellung unterbleiben, wenn drei Vierteile der in dem Termin erschienenen, am Verfahren beteiligten Gläubiger mit der Fortsetzung des Verfahrens einverstanden sind. Wird das Verfahren nicht eingestellt, so ist alsbald ein neuer Vergleichstermin zu bestimmen, der in der Regel nicht über zwei Wochen hinaus anberaumt werden soll.

Im Falle der Nr. 6 darf der Einstellungsbeschluß erst am dritten Werktag nach dem Terminstag erlassen werden. Macht der Schuldner vor dem Erlasse des Beschlusses dem Gerichte glaubhaft, daß er oder, soweit Vertretung zulässig war, sein Vertreter durch einen auch bei äußerster Sorgfalt nicht zu vermeidenden Zufall an der Wahrnehmung des Termins verhindert worden ist und auch keine Möglichkeit hatte, dies dem Gerichte vor dem Termin anzuzeigen, so unterbleibt die Einstellung, und es ist ein neuer Vergleichstermin anzuberaumen, der in der Regel nicht über zwei Wochen hinaus angesetzt werden soll.

§ 80.

Wird das Verfahren eingestellt, so ist zugleich über die Eröffnung des Konkursverfahrens zu entscheiden. Für diese Entscheidung gilt der Antrag auf Eröffnung des Vergleichsverfahrens als Antrag auf Eröffnung des Konkursverfahrens, der nicht zurückgenommen werden kann. Gegen die Entscheidung über die Eröffnung des Konkursverfahrens steht dem Schuldner die sofortige Beschwerde zu. Mit ihr kann auch geltend gemacht werden, daß die Einstellung des Vergleichsverfahrens zu Unrecht erfolgt sei.

Die Entscheidung über die Einstellung des Vergleichsverfahrens und die Entscheidung über die Eröffnung des Konkursverfahrens werden erst mit der Rechtskraft wirksam.

§ 81.

Der Beschluß, durch den das Vergleichsverfahren eingestellt wird, ist, wenn der Konkurs nicht eröffnet wird, nach Rechtskraft dem Schuldner, der Vertrauensperson und jedem an dem Verfahren beteiligten Gläubiger zuzustellen und nach Maßgabe des § 12 öffentlich bekanntzumachen. Die Vorschriften des § 69 Abs. 2, Abs. 3 Satz 1 finden entsprechende Anwendung.

7. Abschnitt.

Überleitung des Vergleichsverfahrens in das Konkursverfahren.

§ 82.

Wird bei Ablehnung der Eröffnung des Vergleichsverfahrens, bei der Verwerfung des Vergleichs oder bei der Einstellung des Vergleichsverfahrens das Konkursverfahren eröffnet, so gelten die Vorschriften der §§ 83 bis 87.

§ 83.

Die im § 32 vorgesehene Beschränkung der Rechte der Gläubiger bleibt wirksam. Ein nach § 51 erlassenes Verbot gilt als zugunsten der Konkursgläubiger erlassen.

§ 84.

Hat ein Gläubiger später als am dreißigsten Tage vor der Stellung des Antrags auf Eröffnung des Vergleichsverfahrens durch Zwangsvollstreckung eine Sicherung oder Befriedigung erlangt, so wird, sofern die Voraussetzungen des § 3 Abs. 2 oder 3 zutreffen, mit der Eröffnung des Konkursverfahrens die Sicherung unwirksam und ist das zur Befriedigung Erlangte nach den Vorschriften über die Herausgabe einer ungerechtfertigten Bereicherung herauszugeben. Der Tag der Stellung des Antrags auf Eröffnung des Vergleichsverfahrens wird in die Frist nicht eingerechnet. Zwangsvollstreckung ist auch die Vollziehung eines Arrestes oder einer einstweiligen Verfügung.

§ 85.

Die gerichtlichen Kosten des Vergleichsverfahrens sowie der Anspruch der Vertrauensperson auf Ersatz ihrer Auslagen und auf Vergütung (§ 46) gehören zu den Massekosten im Sinne des § 58 Nr. 1, 2 der Konkursordnung.

§ 86.

Ansprüche aus Darlehen, die der Schuldner während der Dauer des Vergleichsverfahrens zur Fortführung seines Geschäfts, insbesondere zur Bezahlung von Löhnen oder ähnlichen Forderungen, oder im Interesse des Zustandekommens oder der Ausführung eines Vergleichs, insbesondere zur Befriedigung von Kleingläubigern, mit Zustimmung der Vertrauensperson aufgenommen hat, gehören zu den Masseschulden im Sinne des § 59 Nr. 1 der Konkursordnung.

§ 87.

Soweit die Anfechtbarkeit einer Rechtshandlung im Konkurse von der Kenntnis des Antrags auf Eröffnung des Konkursverfahrens abhängt, steht die Kenntnis des Antrags auf Eröffnung des Vergleichsverfahrens der Kenntnis des Antrags auf Eröffnung des Konkursverfahrens gleich.

In die im § 31 Nr. 2, in den §§ 32, 33, 55 Nr. 3 und im § 183 Abs. 2 der Konkursordnung bezeichneten Fristen wird die seit der Eröffnung des Vergleichsverfahrens verstrichene Zeit nicht eingerechnet.

8. Abschnitt.

Besondere Bestimmungen.

§ 88.

Bei Aktiengesellschaften, Gesellschaften mit beschränkter Haftung, anderen juristischen Personen und Vereinen, die als solche verklagt werden können, ist die Einleitung des Vergleichsverfahrens nach der Auflösung unzulässig.

§ 89.

Für offene Handelsgesellschaften, Kommanditgesellschaften und Kommanditgesellschaften auf Aktien gelten folgende besonderen Vorschriften:

1. Die Einleitung des Vergleichsverfahrens ist unzulässig, wenn die Gesellschaft aufgelöst ist.
2. Der Vergleichsvorschlag muß von allen persönlich haftenden Gesellschaftern gemacht werden.
3. Soweit es für die Eröffnung oder die Fortsetzung des Verfahrens auf das Verhalten des Schuldners ankommt, genügt es, wenn ein die Ablehnung der Eröffnung, die Verwerfung des Vergleichs oder die Einstellung des Verfahrens rechtfertigender Grund in der Person eines persönlich haftenden Gesellschafters, in den Fällen des § 79 Abs. 1 Nr. 3 bis 7 in der Person eines zur Vertretung berechtigten Gesellschafters vorliegt; dies gilt insbesondere von der Rücknahme des Antrags.
4. Der Vergleich begrenzt, soweit er nichts anderes festsetzt, zugleich den Umfang der persönlichen Haftung des Gesellschafters.

§ 90.

In dem Vergleichsverfahren über das Privatvermögen eines persönlich haftenden Gesellschafters einer offenen Handelsgesellschaft, einer Kommanditgesellschaft oder einer Kommanditgesellschaft auf Aktien sind die Gesellschaftsgläubiger, wenn über das Gesellschaftsvermögen das Vergleichsverfahren oder das Konkursverfahren eröffnet worden ist, nur in Höhe des Betrags beteiligt, für den sie in dem Verfahren über das Gesellschaftsvermögen keine Befriedigung erhalten. § 62 Abs. 3 findet entsprechende Anwendung.

Das Vergleichsverfahren über das Vermögen einer offenen Handelsgesellschaft, einer Kommanditgesellschaft oder einer Kommanditgesellschaft auf Aktien steht im Sinne des § 212 der Konkursordnung dem Konkursverfahren gleich.

§ 91.

Für eingetragene Genossenschaften, die den Vorschriften des Gesetzes, betreffend die Erwerbs- und Wirtschaftsgenossenschaften, unterliegen, gelten folgende besonderen Vorschriften:

1. Die Einleitung des Vergleichsverfahrens ist unzulässig, wenn die Genossenschaft aufgelöst ist.
2. Zur Stellung des Antrags ist jedes Mitglied des Vorstandes berechtigt. Wird der Antrag nicht von allen Vorstandsmitgliedern gestellt, so hat das Gericht vor der Entscheidung die Vorstandsmitglieder, welche den Antrag nicht gestellt haben, zu hören.
3. In dem Verzeichnis der Gläubiger und der Schuldner (§ 16 Abs. 1 Nr. 1) ist anzugeben, wenn ein Gläubiger Mitglied der Genossenschaft ist; das gleiche gilt für eine Anmeldung gemäß § 60. In dem Antrag ist weiter anzugeben, welchem Revisionsverbande die Genossenschaft angehört oder inner-

halb der letzten drei Jahre vor der Stellung des Antrags angehört hat; hat die Genossenschaft innerhalb dieser Zeit keinem Revisionsverband angehört, so ist der Revisionsverband anzugeben, in dessen Bezirk die Genossenschaft ihren Sitz hat. Der Antrag und seine Anlagen sollen in drei Stücken eingereicht werden.

4. Der Revisionsverband, dem die Genossenschaft angehört, ist vor der Entscheidung über den Antrag auf Eröffnung des Vergleichsverfahrens nach Maßgabe des § 20 sowie vor der Entscheidung über die Bestellung einer von der Gläubigermehrheit vorgeschlagenen Vertrauensperson (§ 41 Abs. 2) zu hören. Die Eröffnung des Vergleichsverfahrens kann gemäß § 23 Nr. 1 abgelehnt werden, wenn der Revisionsverband das Angebot als unzureichend bezeichnet.

Gehört die Genossenschaft keinem Revisionsverband an, so stehen die im vorstehenden Absatz bezeichneten Rechte dem Revisionsverbande, dem die Genossenschaft innerhalb der letzten drei Jahre vor der Stellung des Antrags angehört hat, oder, wenn sie auch in dieser Zeit keinem Revisionsverband angehört hat, dem Revisionsverbande zu, in dessen Bezirke die Genossenschaft ihren Sitz hat. Kommen hiernach mehrere Revisionsverbände in Betracht, so steht die Auswahl dem Gerichte zu.

5. Zum Abschluß eines Vergleichs ist erforderlich, daß die Gläubiger, die Mitglieder der Genossenschaft sind, und die Gläubiger, die nicht Mitglieder der Genossenschaft sind, dem Vergleiche gesondert mit den im § 63 festgesetzten Mehrheiten zustimmen.

6. Hat ein Genosse seinen Austritt aus der Genossenschaft erklärt oder der Gläubiger eines Genossen das Kündigungsrecht ausgeübt, so scheidet der Genosse nicht vor dem Schlusse des Geschäftsjahrs aus, in dem das Vergleichsverfahren endet oder, wenn in einem Vergleich eine Stundung bewilligt wird, die Stundung abläuft. Die Erklärung des Genossen oder des Gläubigers über den Austritt oder die Kündigung ist spätestens sechs Wochen vor dem Ende des Geschäftsjahrs, mit dessen Schlusse der Genosse ausscheidet, oder, wenn das Vergleichsverfahren innerhalb der letzten sechs Wochen dieses Jahres endet, unverzüglich zu der Liste der Genossen einzureichen. Der Jahresschluß, zu dem der Genosse ausscheidet, ist erst nach Beendigung des Vergleichsverfahrens in die Liste der Genossen einzutragen; ist er bereits früher eingetragen, so ist nachträglich zu vermerken, daß ein Vergleichsverfahren eröffnet worden ist.

§ 92.

Für das Vergleichsverfahren zur Abwendung des Nachlaßkonkurses gelten folgende besondere Vorschriften:

1. Zur Stellung des Antrags ist mit Ausnahme der Nachlaßgläubiger berechtigt, wer die Eröffnung des Konkurses beantragen kann. Die Vorschriften des § 217 Abs. 3 und des § 218 Abs. 2 der Konkursordnung gelten entsprechend. Mehrere Erben können den Antrag nur gemeinschaftlich stellen.
2. Der Antrag kann vor der Annahme der Erbschaft gestellt werden.
3. Der Antrag kann nicht mehr gestellt werden, wenn der Erbe oder einer der Erben für die Nachlaßverbindlichkeiten allen oder einzelnen Nachlaßgläubigern gegenüber unbeschränkt haftet oder wenn der Nachlaß geteilt ist.
4. In Ansehung der Haftung des Erben für die Nachlaßverbindlichkeiten wirkt das Vergleichsverfahren und ein in dem Verfahren geschlossener Vergleich wie der Nachlaßkonkurs und ein in dem Konkursverfahren geschlossener Zwangsvergleich.
5. Soweit es für die Eröffnung oder die Fortsetzung des Verfahrens auf das Verhalten des Schuldners ankommt, genügt es, wenn ein die Ablehnung der Eröffnung, die Verwerfung des Vergleichs oder die Einstellung des Verfahrens rechtfertigender Grund in der Person eines von mehreren Miterben vorliegt.
6. Die im § 226 Abs. 2 und 4 der Konkursordnung genannten Gläubiger sind an dem Vergleichsverfahren nicht beteiligt und werden von einem Vergleiche nicht betroffen; sie können jedoch während der Dauer des Vergleichsverfahrens in den Nachlaß keine Zwangsvollstreckung vornehmen, insbesondere Arreste und einstweilige Verfügungen nicht vollziehen.
7. Die Beteiligung der Nachlaßgläubiger an einem Vergleichsverfahren über das Vermögen des Erben oder des Ehemanns der Erbin bestimmt sich nach den im § 234 der Konkursordnung für die Beteiligung an einem Konkursverfahren gegebenen Vorschriften.

§ 93.

Auf das Vergleichsverfahren zur Abwendung des Konkurses über das Gesamtgut einer fortgesetzten Gütergemeinschaft finden die Vorschriften des § 92 entsprechende Anwendung. Vor der Entscheidung über den Antrag auf Eröffnung des Verfahrens sind die anteilsberechtigten Abkömmlinge, soweit tunlich, zu hören.

§ 94.

Ein Vergleichsverfahren zum Zwecke der Abwendung des Konkursverfahrens über das Vermögen einer Versicherungsunternehmung, die der Beaufsichtigung nach Maßgabe des Gesetzes über die privaten Versicherungsunternehmungen vom 12. Mai 1901 (Reichsgesetzbl. S. 139) unterliegt, findet nicht statt.

9. Abschnitt.

Strafvorschriften.

§ 95.

Wer in einem Verfahren auf Herbeiführung eines Vergleichs zur Abwendung des Konkurses erdichtete Forderungen geltend macht, um sich oder einem anderen einen Vermögensvorteil zu verschaffen, wird mit Zuchthaus bis zu zehn Jahren, bei mildernden Umständen mit Gefängnis oder mit Geldstrafe bestraft.

§ 96.

Ein Gläubiger, der sich besondere Vorteile dafür gewähren oder versprechen läßt, daß er bei der Abstimmung über den Vergleichsvorschlag in einem bestimmten Sinne stimmt, wird mit Gefängnis bis zu einem Jahre oder mit Geldstrafe bestraft.

10. Abschnitt.

Schluß- und Übergangsvorschriften.

§ 97.

Das Gerichtsverfassungsgesetz in der Fassung der Bekanntmachung vom 22. März 1924 (Reichsgesetzbl. I S. 299) wird dahin geändert:

Der § 202 erhält die Fassung:

Auf das Kostenfestsetzungsverfahren, das Mahnverfahren, das Zwangsvollstreckungsverfahren, das Konkursverfahren und das Vergleichsverfahren zur Abwendung des Konkurses sind die Ferien ohne Einfluß.

§ 98.

Das Gesetz, betreffend die Anfechtung von Rechtshandlungen außerhalb des Konkursverfahrens, in der Fassung der Bekanntmachung vom 20. Mai 1898 (Reichsgesetzbl. S. 709) wird dahin geändert:

Der § 3 erhält folgenden zweiten Absatz:

In die Fristen wird die Zeit nicht eingerechnet, während der ein Verfahren auf Herbeiführung eines Vergleichs zum Zwecke der Abwendung des Konkursverfahrens anhängig war.

§ 99.

Das Gerichtskostengesetz (Reichsgesetzbl. 1923 I S. 12, 135, 813, 1186; 1924 I S. 135, 662; 1927 I S. 53) wird dahin geändert:

1. Im § 1 treten an die Stelle der Worte „oder die Konkurs-

ordnung" die Worte „die Konkursordnung oder das Gesetz über den Vergleich zur Abwendung des Konkurses".

2. Der dritte Abschnitt erhält die Überschrift:

Gebühren im Konkursverfahren und im Vergleichsverfahren zur Abwendung des Konkurses.

3. Im § 40 werden hinter den Worten „im Konkursverfahren" die Worte eingefügt „und im Vergleichsverfahren zur Abwendung des Konkurses".

4. Hinter § 48 werden folgende Vorschriften eingestellt:

§ 48a.

Für das Vergleichsverfahren zur Abwendung des Konkurses wird die volle Gebühr (§ 8) erhoben. Die Gebühr ermäßigt sich auf die Hälfte, wenn das Verfahren sich ohne Anberaumung eines Vergleichstermins erledigt.

Wird das Vergleichsverfahren in das Konkursverfahren übergeleitet (§ 82 des Gesetzes über den Vergleich zur Abwendung des Konkurses), so wird die im Vergleichsverfahren gemäß Abs. 1 entstandene Gebühr auf die im § 42 bestimmte Gebühr angerechnet. Wird bei Beendigung des Vergleichsverfahrens die Eröffnung des Konkursverfahrens abgelehnt, so wird die Gebühr des § 41 nicht erhoben.

Für das Verfahren zur Abnahme des Offenbarungseids gemäß § 61 Abs. 3 des Gesetzes über den Vergleich zur Abwendung des Konkurses wird eine Gebühr nicht erhoben.

§ 48b.

Die im § 48a Abs. 1 bestimmten Gebühren werden nach dem Werte der Aktiven (§ 18 des Gesetzes über den Vergleich zur Abwendung des Konkurses) zur Zeit der Stellung des Antrags auf Eröffnung des Vergleichsverfahrens erhoben. Übersteigt der Wert der Aktiven den Gesamtbetrag der Forderungen der am Verfahren beteiligten Gläubiger, so ist der letztere maßgebend.

§ 48c.

Für das Verfahren in der Beschwerdeinstanz findet § 38 Abs. 2 mit der Maßgabe entsprechende Anwendung, daß nur die halbe Gebühr erhoben wird.

5. Im § 74 werden hinter den Worten „in bürgerlichen Rechtsstreitigkeiten" die Worte eingefügt „im Vergleichsverfahren zur Abwendung des Konkurses".

6. Hinter § 78 wird folgende Vorschrift eingestellt:

§ 78a.

Im Vergleichsverfahren zur Abwendung des Konkurses ist Schuldner der Gebühren und Auslagen der Vergleichsschuldner.

§ 100.

Die Gebührenordnung für Rechtsanwälte (Reichsgesetzbl. 1898 S. 692; 1909 S. 475; 1910 S. 767; 1916 S. 1263; 1919 S. 2115; 1921 S. 910; 1923 I S. 1, 813, 1188; 1924 I S. 135, 662; 1927 I S. 53) wird dahin geändert:

1. Im § 1 treten an die Stelle der Worte „oder die Konkursordnung" die Worte „die Konkursordnung oder das Gesetz über den Vergleich zur Abwendung des Konkurses".
2. Der dritte Abschnitt erhält die Überschrift:
   Gebühren im Konkursverfahren und im Vergleichsverfahren zur Abwendung des Konkurses.
3. Im § 53 werden hinter den Worten „im Konkursverfahren" die Worte eingefügt „und im Vergleichsverfahren zur Abwendung des Konkurses".
4. Hinter § 61 wird folgende Vorschrift eingestellt:

§ 61 a.

Der Rechtsanwalt erhält für die Tätigkeit im Vergleichsverfahren zur Abwendung des Konkurses die Sätze des § 9. Die Gebühr verringert sich um die Hälfte, wenn sich die Vertretung vor dem Vergleichstermin erledigt.

Für die Vertretung in der Beschwerdeinstanz erhält der Rechtsanwalt den Satz des § 41 Nr. 1.

Die Gebühren werden bei der Vertretung des Schuldners nach dem Betrage der Aktiven (§ 48 b des Gerichtskostengesetzes) und bei der Vertretung eines Gläubigers nach dem Werte der Forderung unter entsprechender Anwendung des § 148 der Konkursordnung berechnet.

§ 101.

Dieses Gesetz tritt mit dem 1. Oktober 1927 in Kraft.

Mit dem Inkrafttreten dieses Gesetzes treten die Verordnung über die Geschäftsaufsicht zur Abwendung des Konkurses vom 14. Dezember 1916 (Reichsgesetzbl. S. 1363) in der Fassung der Verordnungen vom 8. Februar und 14. Juni 1924 (Reichsgesetzbl. I S. 51, 641) sowie das Gesetz zur Änderung der Bekanntmachung des Bundesrats über die Geschäftsaufsicht zur Abwendung des Konkurses vom 14. Dezember 1916 in der Fassung der Verordnung vom 8. Februar 1924, vom 12. Juni 1924 (Reichsgesetzbl. I S. 641) außer Kraft.

Die beim Inkrafttreten dieses Gesetzes anhängigen Geschäftsaufsichten werden nach den bisherigen Vorschriften weitergeführt. Wird nicht binnen einem Monat vor dem Inkrafttreten dieses Gesetzes oder, wenn die Geschäftsaufsicht nicht früher als einen Monat vor dem Inkrafttreten dieses Gesetzes angeordnet worden ist, binnen zwei Monaten nach dem Inkrafttreten dieses Gesetzes ein Vergleich abgeschlossen, so ist die Geschäftsaufsicht aufzuheben und, auch wenn ein solcher Antrag nicht vorliegt, von Amts wegen zu entscheiden, ob das Konkursverfahren zu eröffnen sei. Die Vorschriften der §§ 50 bis 58, des § 69 Abs. 1 Satz 2, Abs. 2 finden mit dem Inkrafttreten dieses Gesetzes auf die anhängigen Geschäftsaufsichten Anwendung.

Berlin, den 5. Juli 1927.

Der Reichspräsident.
von Hindenburg.

Der Reichsminister der Justiz.
Hergt.

Erläuterungen des Gesetzes über den Vergleich zur Abwendung des Konkurses (Vergleichsordnung).

Der Reichstag hat das folgende Gesetz beschlossen, das mit Zustimmung des Reichsrats hiermit verkündet wird:

I. Abschnitt.

Allgemeine Vorschriften.

§ 1.

Ein Schuldner, der zahlungsunfähig geworden ist, kann zur Abwendung des Konkurses bei dem für die Eröffnung des Konkursverfahrens zuständigen Gerichte die Eröffnung eines gerichtlichen Vergleichsverfahrens beantragen.

Die Eröffnung des Vergleichsverfahrens kann auch im Falle der Überschuldung beantragt werden, wenn das Konkursverfahren im Falle der Überschuldung eröffnet werden könnte.

Ist gegen den Schuldner ein Antrag auf Eröffnung des Konkursverfahrens gestellt worden, so kann der Schuldner bei seiner nach § 105 Abs. 2, 3 der Konkursordnung vorgeschriebenen Anhörung die Eröffnung des Vergleichsverfahrens beantragen.

Voraussetzungen des Vergleichsverfahrens.

A. Einführung.

Die Vergleichsordnung vom 5. Juli 1927 tritt an die Stelle der GeschAufsVO. in der Fassung vom 8. Febr. und 14. Juni 1924. Sie nimmt vielfach Bezug auf die Paragraphen und Einrichtungen der KO. Insofern muß die Rechtsauslegung zur analogen Anwendung greifen. Gleichwohl ist der Vergleich zur Abwendung des Konkurses ein Rechtsgebilde sui generis. Er ist in mancher Hinsicht sogar das Gegenteil des Konkurses und die Vorschriften der KO. sind durchaus nicht ohne weiteres herüberzunehmen. Die Rechtsentwicklung während des Krieges bedeutete einen Abweg von den ursprünglichen Zielen und Zwecken des Zwangsvergleiches außerhalb des Konkurses. Es wurden daher auch die neuen Fassungen der GeschAufsVO. vom 8. Febr. 1924 bzw. 14. Juni 1924 lediglich als eine vorübergehende Regelung angesehen und behandelt. Nach langen Beratungen unter Beiziehung der interessierten und sachkundigen Verbände kam es zu dem amtlichen Entwurf vom 10. Dez. 1925, welcher zunächst als Art. I eines Gesetzentwurfes zur Förderung des Preisabbaues formuliert war, auch zu der einschlägigen amtlichen Begründung vom 8. Jan. 1926. Beide Urkunden wurden dem vorläufigen Reichswirtschaftsrat bzw. dessen wirtschaftspolitischem Ausschuß zur Begutachtung vorgelegt, dessen Vorsitzender unterm 3. Febr. 1926 dazu Stellung nahm. Inzwischen hatte der Freistaat Danzig, (nachdem Werke des Auslands, vor allem Österreichs und Ungarn vorangegangen waren), das dem damaligen deutschen Entwurf entsprechende Gesetz über den Zwangsvergleich zur Abwendung des Konkurses vom 30. März 1926 verabschiedet. Im Mai 1926 genehmigte der Reichsrat den Entwurf und in der Sitzung des Reichstags vom 21. Juni 1926 wurde derselbe dem 13. Ausschuß (Rechtspflege) zur Vorberatung, über welche oben berichtet ist, überwiesen. Am 5. Juli 1927 nahm der Reichstag den Entw. des Red.-Aussch. an.

B. Übergangsvorschriften.

Mit dem Inkrafttreten der VerglO. am 1. Okt. 1927 treten die VOen. über die Geschäftsaufsicht außer Kraft (§ 101 VerglO.). Die beim Inkrafttreten der VerglO. (1. Okt. 1927) anhängigen Geschäftsaufsichten werden nach den bisherigen Vorschriften (d. h. also nach der GeschAufsVO. in der Fassung vom 8. Febr. und 14. Juni 1924) weitergeführt (§ 101 VerglO.). Wird nicht binnen einem Monat nach dem Inkrafttreten der VerglO. (also bis zum 1. Nov. 1927) ein Vergleich abgeschlossen, so ist die Geschäftsaufsicht aufzuheben, und auch, wenn ein solcher Antrag nicht vorliegt, von Amts wegen zu entscheiden, ob das Konkursverfahren zu eröffnen ist (§ 101). Wird, wenn die Geschäftsaufsicht nicht früher als einen Monat vor dem Inkrafttreten der VerglO. (d. h. nicht vor dem 1. Sept. 1927) angeordnet worden ist, nicht binnen 2 Monaten nach dem Inkrafttreten der VerglO. (d. i. bis zum 1. Dez. 1927) ein Vergleich geschlossen, treten ebenfalls die Folgen der Aufhebung der Geschäftsaufsicht ein und tritt, auch wenn ein solcher Antrag nicht vorliegt, eine Entscheidung von Amts wegen ein, ob das Konkursverfahren zu eröffnen ist (§ 101). *Unter einem Vergleich, von dessen Nichtabschluß diese Folgen abhängen, ist hier jeder Vergleich im weitesten Sinn* — z. B. ein privates, außergerichtliches Arrangement, Treuhandvergleich usw. —, *also nicht nur ein außerkonkurslicher Zwangsvergleich, zu verstehen.*

C. Voraussetzungen und Subjekte des Vergleichs.

a) Die Voraussetzungen des Vergleiches zur Abwendung des Konkurses.

1. Voraussetzungen der VerglO. im Gegensatz zur Gesch.-AufsVO.

Es handelt sich im Gegensatz zu den verschiedenen Fassungen der GeschAufsVO. heute um ein nicht mehr vorübergehend, sondern für dauernd, bestimmtes, normalen Friedensverhältnissen angepaßtes Gesetz. Wie aus den obigen Einleitungen ersichtlich, kam bei der GeschAufs. zunächst eine wirtschaftliche Kriegsmaßnahme in Betracht. Bis zu den neuesten VO. vom Jahre 1924 stand die Vorgängerin der VO., GeschAufsVO., wenn auch nicht mehr im engen, so doch im lockeren Zusammenhang mit den wirtschaftlichen Folgen der Nachkriegszeit. So kam es, daß der § 1 GeschAufsVO. in der Fassung vom Jahre 1924 zu Beginn und zu Ende des ersten Absatzes von der infolge des Krieges oder der aus ihm erwachsenen wirtschaftlichen Verhältnisse eingetretenen Zahlungsunfähigkeit bzw. Überschuldung gesprochen hat. Diese Voraussetzung der GeschAufs. ist in der VerglO. in Wegfall gekommen. Während die Gesch.-AufsVO. dem Schuldner gewissermaßen ein Einzelmoratorium bescheren sollte, wie überhaupt in erster Linie das nun aufgehobene Gesetz dem durch Krieg und Kriegsfolgen bedrängten Schuldner ein Ausschnaufen verschaffen sollte, so tritt bei dem jetzigen Friedensgesetz die ratio eines genügenden Gläubigerschutzes mehr und mehr in den Vordergrund. Allerdings betonte bereits die Begründung des RJM. zum Entwurf vom Mai 1926, daß die Zweckmäßigkeit eines Präventivakkords nicht so sehr an dem Einzelfall gemessen werden, sondern dafür nur die Rücksicht auf die Gesamtwirtschaft entscheidend sein kann. Es kommt also — was wiederum das gläubigerische Interesse anlangt — nach Auffassung der Zentralbehörde nicht so sehr darauf an, ob im Einzelfalle der *einzelne* Gläubiger beim Vergleich besser wegkommt, als bei dem Konkurse, sondern darauf, ob die Fortexistenz des in Schwierigkeiten geratenen Schuldners *allgemein wirtschaftlich wünschenswert* ist. Daran, Unternehmungen künstlich aufrechtzuerhalten, die nicht lebensfähig sind, kann die Wirtschaft nach der Begründung des RJM. kein Interesse haben. Bei ihnen schiebt ein Vergleich das Ende zum Schaden der künftigen und häufig auch der gegenwärtigen Gläubiger nur hinaus. Von dieser Grundeinstellung aus ist der Begriff der Würdigkeit des Schuldners nicht zu entbehren (s. § 22 VerglO. und insbesondere Abs. 2—4). Freilich intendiert der § 22 nicht ein sittliches Werturteil. Es kommt lediglich darauf an, ob es im Interesse der Volkswirtschaft wünschenswert ist, den Schuldner zu erhalten.

2. Zahlungsunfähigkeit.

Der Begriff der Zahlungsunfähigkeit steht in Wissenschaft und Rechtsprechung fest. In diesem Betreff sind Vergleichs- und Konkurs-Voraussetzung gleichmäßig gestaltet. Damit ist die Durchführung des Gedankens logisch möglich, daß ohne einen Zwischenzustand, der zu Unregelmäßigkeiten seitens des Schuldners und seitens der Gläubigerschaft führen könnte, beim Scheitern des Vergleichsversuchs ohne weiteres über die Eröffnung des Konkurses entschieden werden muß (§§ 31 und insbesondere 71). S. hiezu auch: RG. VI 2. Juli 1926, 53/26, JW. 1927, 383 ff. und Oetker hiezu, ebenda RG. 114, 206).

Zahlungsunfähigkeit ist besonders anzunehmen, wenn Zahlungseinstellung erfolgt ist. (In KO. § 102 förmlich ausgesprochen.) Nach der Judikatur des Reichsgerichts wird darunter wirtschaftlich die Unfähigkeit, den andrängenden Gläubiger aus bereiten Mitteln zu befriedigen, verstanden (RG. 50, 41; 51, 413; 100, 65; RG. VI., 24. Sept. 1926, 185/26, und meine Bemerkungen hiezu JW. 1927, 386). Objektiv wirkt sich dies aus, wenn der Schuldner in nach außen erkennbarer Weise aufgehört hat, seine fälligen und angemahnten Verbindlichkeiten im allgemeinen zu erfüllen (RG. 51, 412 ff.). Zum Begriffe der Zahlungseinstellung gehört aber nicht auch der subjektive Wille und die Absicht des Schuldners, nicht mehr zu zahlen. Die Zahlungseinstellung ist ein tatsächlicher Vorgang, nicht notwendig ein Willensakt des Schuldners. Hamburg 18/10/26, HansGZ. 26 B 258. (Die Zahlungseinstellung wird dadurch nicht ausgeschlossen, daß der Schuldner geisteskrank war. OLG. Hamburg 6. ZS. 13/4/26 Bf. VI 82/26, JW. 1926, 2115.) Symptome der Zahlungseinstellung: Akkordierungs-, Stundungsgesuche, auch wiederholte Erklärungen gegenüber einzelnen Gläubigern, daß Schuldner nicht mehr in der Lage sei, regelmäßig Zahlung zu leisten, Schließung des Geschäfts, gehäufte ordnungswidrige Geschäftsabschlüsse, besonders verdächtige Verträge mit Verwandten oder einzelnen Gläubigern, Verschleuderung von Waren, auffällige Sicherungsübereignungen, branche- und regelwidrige Verkäufe, Nichteinlösung von Akzepten (RG. 11. Jan. 1881 E 3, 197), erfolglose Pfändung, Flucht (Näheres über die Merkmale der ZE.: Wehmann, Recht und Handel, 1. Bd., S. 403).

Die Eröffnung des Vergleichsverfahrens hängt prinzipiell nicht davon ab, daß mehrere Gläubiger vorhanden sind. (Zur Zahlungseinstellung gehört rein grundsätzlich nicht eine Mehrheit unbefriedigter Gläubiger. Allgemein herrschende Geldknappheit ist kein Beweisgrund gegen eine Zahlungseinstellung. RG. II Str. 19/10, 25, 405, 25; JW. 1926, 591.)

Zahlungsunfähigkeit ist nicht identisch mit Überschuldung. Zahlungsunfähigkeit setzt auch nicht Überschuldung voraus. Der den Vergleich beantragende Schuldner kann zahlungsfähig sein, trotz Überschuldung, so, wenn er noch Kredit hat. Der Vergleichsschuldner kann außerdem zahlungsunfähig sein, ohne überschuldet zu sein, wenn er beispielsweise ausländische Guthaben nicht beitreiben oder Immobilien nicht liquidieren kann.

Zahlungsstockung genügt nicht.

(Über den Begriff: RG. VI 24/9/26, 185/26, und meine Bemerkungen hiezu, JW. 1927, 386; JR. 26 Nr. 2068, Warn. 26, 287.) Es ist dies ausdrücklich in der ersten Lesung des Entwurfs gegenwärtigen Gesetzes im Rechtsausschuß zur Sprache gelangt. Der Begriff Zahlungsstockung ist ein wenig geklärter. Eine Entscheidung darüber, ob und wann die Zahlungen eines Schuldners stocken, ohne eingestellt zu sein, ließe sich kaum mit einiger Sicherheit treffen. Unbestimmtheit dieses Begriffs würde die Gefahr von Mißbräuchen in sich bergen. Der Schuldner wäre in die Versuchung gebracht, besonders lästige Gläubiger abzuschütteln.

3. Überschuldung.

α) Wann ist Überschuldung Vergleichsgrund?

Mit der Voraussetzung der Zahlungsunfähigkeit alterniert derjenige der Überschuldung, freilich nur für den Fall, daß das Konkursverfahren im Falle der Überschuldung eröffnet werden könnte.

Es ist nämlich bei Kapitalgesellschaften (Aktiengesellschaft, Kommanditgesellschaft auf Aktien, Gesellschaft mit beschränkter Haftung, Versicherungsverein auf Gegenseitigkeit, Genossenschaft m. b. Haftpflicht und den übrigen juristischen Personen sowie Körperschaften, auch bei nicht rechtsfähigen Vereinen) neben der Zahlungsfähigkeit auch Überschuldung Konkursgrund und somit auch nach obigem § 1 VerglO. Grund zur Eröffnung eines gerichtlichen Vergleichsverfahrens. Was die Aktiengesellschaften anlangt, so verweise ich auf meine Erläuterungen zu § 88 VerglO., auf §§ 240, 241, 249 HGB., auf die Bekanntmachung vom 8. Aug. 1914, RG. in LZ. 1919, 498; GoldbilanzVO. § 14, 2. DurchfVO. derselben § 41 und insbesondere Abs. 3, dann die VO. vom 28. April 1920 und 24. Dez. 1922, Quassowski-Susat II Aufl. Anm. 1. § 49 GoldbilanzVO., Staub-Könige-Pinner 13. Aufl. zu § 240 HGB. S. 275. Die näheren Zusammenhänge ergeben sich aus meinen Erläuterungen zu § 88 VerglO.

Für den Nachlaßkonkurs bildet lediglich die Überschuldung des Nachlasses den Konkursgrund (nicht die Zahlungseinstellung, s. hierüber JW. 1926 S. 29), folglich auch den Grund der Eröffnung eines gerichtlichen Vergleichsverfahrens.

Bei einer Genossenschaft mit unbeschränkter Haftpflicht ist während ihres Bestandes nur Zahlungsunfähigkeit Konkursgrund: nur während des Bestandes ist ein Vergleich möglich (s. hiezu auch § 91 VerglO.).

β) Was versteht man unter Überschuldung?

Überschuldung ist gegeben, wenn das Vermögen nicht mehr die Schulden deckt. Überschuldung und Unterbilanz sind verschiedene Begriffe. Überschuldung kann vorliegen (s. oben), trotzdem der Betroffene, z. B. infolge Kreditgewährung, zahlungsfähig ist.

Umgekehrt ist Zahlungsunfähigkeit möglich, obwohl Schuldner nicht überschuldet ist (s. oben).

Endlich ist zu bemerken, daß das Gericht zu prüfen hat, ob der Vergleichsgrund wirklich vorliegt.

b) Subjekte des Vergleichsverfahrens.

1. Unter Vergleichsverfahren stellbar.

Das gerichtliche Vergleichsverfahren kann auf Antrag von physischen und juristischen Personen, auch Handelsgesellschaften, verhängt werden. Bezüglich der Genossenschaften s. den § 91, der in Bezug auf Passus 3 ff. — im Verhältnis zur GeschAufsVO. — eine terra nova bildet. Bezüglich der Gesellschaften s. §§ 88—90. Unter Vergleich stellbar sind Innungen, Innungsverbände, Innungsausschüsse (§§ 97 ff. GewO.). Der Vergleich zur Abwendung des Konkurses beschränkt sich nicht auf Kaufleute, wie dies hinsichtlich der Präventivakkorde u. a. bei verschiedenen ausländischen Rechten der Fall ist. Es ist auch nicht richtig, daß der Schuldner ein Geschäft betreiben bzw. daß ein Gewerbebetrieb vorliegen muß. Der Vergleich kann auch bezüglich eines Ausländers angeordnet werden, zumal die Verhütung des Inlandkonkurses dem Interesse deutscher Gläubiger, Kunden und Angestellten, entsprechen kann. Nur muß der Gerichtsstand des Inlandes gegeben sein.

2. Nicht unter Vergleichsverfahren stellbar.

Nicht unter Vergleichsverfahren stellbar sind nach ihrer Auflösung Aktiengesellschaften, Gesellschaften m. b. H., andere juristische Personen und Vereine, die als solche verklagt werden können (§ 88 VerglO. und meine Erläuterungen). Nicht vergleichsfähig ist die Reederei, nicht vergleichsfähig ist die stille Ges. [die ja als solche nicht in Erscheinung tritt]. S. Lucas, Kommentar, S. 18). Für offene Handelsgesellschaften, Kommanditgesellschaften und Kommanditgesellschaften auf Aktien ist die Einleitung des Vergleichsverfahrens unzulässig, wenn die Gesellschaften aufgelöst sind. Nachdem die VerglcichsO. auf Aufrechterhaltung des Fortbestandes des Schuldners, hauptsächlich vom altruistischen Gesichtspunkt der Gesamtwirtschaft aus, basiert, hat ein Verfahren bei Unternehmungen, deren Betrieb eingestellt ist oder eingestellt werden soll, keinen Sinn. So unterscheiden sich die §§ 88—90 der VergleichsO. grundsätzlich von den Bestimmungen des § 72 Gesch.-AufsVO. und den vom § 72 der GeschAufsVO. angezogenen Vorschriften der KO. usw.

In dem Vergleichsverfahren über das Privatvermögen eines persönlich haftenden Gesellschafters einer offenen Handelsgesellschaft, einer Kommanditgesellschaft oder einer Kommanditgesellschaft auf Aktien sind die Gesellschaftsgläubiger, wenn über das Gesellschaftsvermögen das Vergleichsverfahren oder das Konkursverfahren eröffnet worden ist, nur in Höhe des Betrages beteiligt, für den sie in dem Verfahren über das Gesellschaftsvermögen keine Befriedigung erhalten (§ 90 Abs. 1). Das Vergleichsverfahren über das Vermögen einer offenen Handelsgesellschaft, einer Kommanditgesellschaft oder einer Kommanditgesellschaft auf Aktien steht im Sinne des § 212 KO. dem Konkursverfahren gleich. In dem Konkursverfahren über das Privatvermögen eines persönlich haftenden Gesellschafters können nämlich nach § 212 KO. die Gesellschaftsgläubiger, wenn das Konkursverfahren über das Gesellschaftsvermögen eröffnet ist, Befriedigung nur wegen desjenigen Betrages suchen, für welchen sie in dem letzteren Verfahren keine Befriedigung erhalten.

Die Einleitung des Vergleichsverfahrens bei eingetragenen Genossenschaften ist unzulässig, wenn die Genossenschaft aufgelöst ist (§ 91[1]).

Ehegatten als solche sind nicht unter gerichtlichen Vergleich stellbar, vielmehr nur jeder einzelne. Die juristischen Personen des öffentlichen Rechts, die nach dem Landesgesetz nicht unter Konkurs gestellt werden können (Fiskus, Stiftungen, Körperschaften und Anstalten des öffentlichen Rechts), unterstehen nicht dem § 1 VerglO.

Nach Art. 72, 296 des Versailler Vertrages ist jeder auf die Schuldenregelung sich beziehende Verkehr der Interessenten untersagt, soweit nicht das Reichsausgleichsamt dies genehmigt hat (ReichsausgleichsGes. 20. Nov. 1923, § 9). Die Schuld eines Reichsdeutschen wird, soweit sie dem Ausgleichsverfahren unterstellt ist, von dem Vergleichsverfahren der VerglO. nicht betroffen. Kiesow, Komm., S. 55.

3. Vergleich zur Abwendung des Nachlaßkonkurses.

Nach dem § 92 ist ein Vergleichsverfahren auch bezüglich eines Nachlasses zulässig. Vor der GeschAufsVO. vom 14. Dez. 1916 bestand Streit über das Bedürfnis. Nachdem aber die Zahl der Nachlaßkonkurse bedenklich zunahm und darauf hingewiesen war, daß der Wechsel des Vermögensträgers keineswegs das Sanierungsbedürfnis erübrige, so daß der Erbe oder Nachlaßpfleger sehr wohl an Stelle des Schuldners treten und beim Nachlaß der Vermögensstand sachgemäß aufgedeckt werden könne, übernahm die GeschAufsVO. n. F. von 1916 und 1924 das Verfahren zur Abwendung des Nachlaßkonkurses, wie dies nun auch im § 92 VerglO. geschehen ist. Der Antrag kann nicht mehr gestellt werden, wenn der Erbe oder einer der Erben unbeschränkt haftet oder wenn der Nachlaß geteilt ist. Der Antrag kann vor Annahme der Erbschaft gestellt werden. In Ansehung der Haftung des Erben für die Nachlaßverbindlichkeiten wirkt das Vergleichsverfahren und ein in dem Verfahren geschlossener Vergleich, wie der Nachlaßkonkurs und ein in dem Konkursverfahren geschlossener Zwangsvergleich.

4. Kein Vergleichsverfahren über Versicherungsunternehmungen.

Schon der § 74 der GeschAufsVO. vom Jahre 1916 hatte

der Kontroverse, ob die Versicherungsunternehmungen einer Geschäftsaufsicht teilhaftig sein können, ein Ende gemacht und erklärt, daß die Geschäftsaufsichtsvorschriften keine Anwendung auf das Vermögen einer Versicherungsunternehmung finden, die der Beaufsichtigung durch das Aufsichtsamt für Privatversicherungen (welches energisch die Anwendung zurückgewiesen hatte) unterliegt. Der § 94 VerglO. hat sich dem angeschlossen und erklärt, daß ein Vergleichsverfahren bei privaten Versicherungsunternehmungen nicht stattfindet. Das hängt damit zusammen, daß die Versicherungsunternehmungen unter dem erwähnten Aufsichtsamt stehen, von dem allein die Frage, ob Konkurs eröffnet werden soll, abhängt.

5. Vergleichsverfahren beim Gesamtgut einer fortgesetzten Gütergemeinschaft.

Die Vorschriften des § 92 VerglO. (Abwendung des Nachlaßkonkurses) finden auf § 93 VerglO. entsprechende Anwendung. Vor der Entscheidung über den Antrag auf Eröffnung des Verfahrens sind die anteilsberechtigten Abkömmlinge — also nicht nur der überlebende Ehegatte, der als Antragsteller in Betracht kommt — vom Vergleichsgericht einzuvernehmen.

6. Verhältnis des Konkursantrags zum Vergleichsverfahrens-Antrag.

Ist bereits der Antrag auf Konkurseröffnung gestellt, so ist damit die Eröffnung des Vergleichsverfahrens nicht ausgeschlossen. Da vielmehr nach § 105 KO., wenn der Antrag eines Gläubigers auf Eröffnung des Konkursverfahrens zugelassen ist, das Konkursgericht den Schuldner zu hören und sofern dieser nicht seine Zahlungsunfähigkeit oder Zahlungseinstellung einräumt, die erforderlichen Ermittlungen anzuordnen hat, so kann der Schuldner — wie unten gezeigt wird, nur der Schuldner und nicht etwa ein Gläubiger, also auch nicht der Konkursantragsgläubiger — bei der Anhörung durch das Gericht die Eröffnung des Vergleichsverfahrens beantragen. Die Entscheidung über den Konkursantrag wird dann ausgesetzt bis zur Entscheidung über die Eröffnung des Vergleichsverfahrens, allenfalls bis zu dessen Beendigung (§ 31 VerglO.). Der Konkursantrag gilt als nicht gestellt, wenn das Verfahren mit einem Vergleich endet (§ 69 Abs. 3 VerglO.). Das ist die versöhnlichste Seite der VerglO.

Wenn das Konkursverfahren bereits eröffnet ist, dann hat der § 1 Abs. 3 VerglO. seine Wirkung verloren.

Jeder Vergleichsantrag involviert nach der VerglO. — leider — einen bedingten Konkursantrag. Wer also als Schuldner einen Vergleichsantrag stellt, geht einen schweren Gang. Denn bei Ablehnung der Eröffnung des Vergleichsverfahrens (§ 24), bei Verwerfung des Vergleiches (§ 71), sowie bei Einstellung des Vergleichsverfahrens (§ 80), ist ex officio zu entscheiden, ob das Konkursverfahren zu eröffnen ist. *Es ist nicht etwa auto-*

matisch das Konkursverfahren zu eröffnen, sondern es ist das Stadium geschaffen, welches sonst durch § 105 KO. geschaffen wird: das Gericht hat die Pflicht, die Konkursvoraussetzungen zu prüfen.

D. Schuldnerischer Antrag auf Eröffnung eines gerichtlichen Vergleichsverfahrens.

1. Nur der Schuldner stellt den Antrag.

(Nicht etwa kann es ein Prokurist für ihn; JW. 1926, 29.) Nur er kann ermessen, ob er noch in der Lage ist, zu einem Vergleich zu gelangen.

Auch nach der VerglO. kann die Initiative zur Anwendung eines Vergleichsverfahrens nur von dem Schuldner und nicht von den Gläubigern ausgehen. Schon die Denkschrift zur österr. Ausgleichsordnung und die Reichstagsdenkschrift zur GeschAufsVO. (1914) haben die Anregung, auch dem Gläubiger das Recht zu dem Antrag auf Einleitung des gerichtlichen Sanierungsverfahrens zu gewähren, als mit dem Grundgedanken der Maßregel nicht verträglich erklärt. Denn solche Sanierung sei kein Zwangsmittel, sondern eine Vergünstigung, die dem Schuldner ermöglichen solle, die mit dem Konkursverfahren verbundenen Schädigungen abzuwenden. Als solche setze sie voraus, daß der Schuldner freiwillig diese Sanierung anstrebe. Mit alldem sei es unvereinbar, einem Schuldner die Maßregel gegen seinen Willen aufzuzwingen. Gegenüber böswilligen Schuldnern, die zu der Mitwirkung nicht bereit seien, biete diese gerichtliche Sanierung überhaupt keinen geeigneten Schutz. Unterlasse der Schuldner den ihm anheimgestellten Antrag, so sei es dem Gläubiger unbenommen, die Eröffnung des Konkurses zu beantragen.

Es ist als Druck auf den Schuldner, daß er den Antrag auf Einleitung der Sanierung stelle, dem Gläubiger vorgeschlagen worden, den Konkursantrag zu stellen mit dem Beifügen, er sei einverstanden, wenn an Stelle des Konkurses das gerichtliche Sanierungsverfahren eingeleitet werde. Unterläßt aber sogar der Gläubiger letztere Bemerkung, so liegt der Antrag des Schuldners im Sinne des nunmehrigen § 1 VerglO. allemal nahe, so daß der Gläubiger durch diese Pression den den Vergleichsantrag etwa verschleppenden Schuldner doch in der Hand hat.

2. Ausübung des Antragsrechts.

Das Antragsrecht üben die Schuldner oder ihre Bevollmächtigten oder, wenn die Schuldner geschäftsunfähig bzw. wegen Abwesenheit u. a. unter Pflegschaft gestellt sind, ihre gesetzlichen Vertreter aus. Für die offenen Handelsgesellschaften, die Kommanditgesellschaften und Kommanditgesellschaften auf Aktien stellen alle persönlich haftenden Gesellschafter den Antrag. Damit ist eine bisherige Kontroverse — z. B. wich, bez. off. HG., Dresden noch am 1. April 1924 ab, LZ. 25, 495 —

im Sinne meiner bisherigen Auffassung gesetzlich entschieden. Der § 1 VerglO. bestimmt, daß ein konkursreifer Schuldner statt der Eröffnung des Konkurses die Eröffnung des Vergleichsverfahrens beantragen kann. Daraus ergibt sich, daß überall da, wo gegenwärtig eine Pflicht besteht, bei Konkursreife einen Konkurs zu beantragen, dieser Pflicht auch durch den Vergleichsantrag genügt werden kann. Der Vorstand der Aktiengesellschaft usw. muß also, wenn der Konkursgrund eingetreten ist, entweder den Konkurs oder das Vergleichsverfahren beantragen. Tut er eines von beiden, so hat er der ihm obliegenden Pflicht genügt. So auch: Rechtsausschuß 2. Lesg. (Näheres über diese Antragspflicht meine Erl. zu § 88 VerglO.). Über die eingeschränkte bzw. uneingeschränkte, unter Strafe stehende bzw. nicht unter Strafe stehende Obliegenheit der Gesellschaftsorgane läßt sich Lucas, Komm., S. 20 u. 21, aus.

Zur Stellung des Antrages auf ein Vergleichsverfahren bei eingetragenen Genossenschaften ist nach § 91 jedes Mitglied des Vorstandes berechtigt. Wird der Antrag nicht von allen Vorstandsmitgliedern gestellt, so hat das Gericht gemäß § 91 vor der Entscheidung die Vorstandsmitglieder, die den Antrag nicht gestellt haben, einzunehmen.

Für die im 8. Abschn. d. VerglO. (§ 88) behandelten Aktiengesellschaften, Gesellschaften mit beschränkter Haftung, anderen juristischen Personen und Vereine, die als solche verklagt werden können, hat der § 88 VerglO. über die Antragsberechtigung nichts gesagt. Es muß daher der Antrag von allen vertretungsberechtigten Vorstandsmitgliedern zusammen gestellt werden.

Nach Auflösung der Gesellschaften ist die Einleitung des Vergleichsverfahrens unzulässig.

Der Antrag kann bis zur Beendigung der Abstimmung über den Vergleichsvorschlag zurückgenommen werden (§ 79[1] VerglO.), worauf das Vergleichsverfahren einzustellen und gemäß § 80 VerglO. vom Gericht automatisch über die Eröffnung des Konkursverfahrens zu entscheiden ist.

Solange freilich das Gericht mit dem Vergleichsantrag sich noch nicht beschäftigt hat, wird durch Vergleichsantragszurücknahme die Entsch. über den Konkurs ausgeschaltet.

E. Zuständigkeit.

Zuständig für die Eröffnung des Vergleichsverfahrens ist das Konkursgericht, d. i. das Amtsgericht, bei welchem der Schuldner seine gewerbliche Niederlassung oder, in Ermangelung eines solchen, seinen allgemeinen Gerichtsstand hat. Sind mehrere Gerichte zuständig, so schließt dasjenige, bei welchem zuerst die Eröffnung des Verfahrens beantragt worden ist, die übrigen aus. Die gewerbliche Niederlassung besteht da, wo das Gewerbe betrieben wird, d. h. von wo aus unmittelbar und selbständig die Geschäfte abgeschlossen werden. Hat der Schuldner weder im Ausland noch im Inland einen gewerblichen Wohnsitz, so kann er die Eröffnung des Vergleichsverfahrens beantragen, wo er früher seinen Wohnsitz hatte oder wo er seinen Aufenthaltsort hat. Hat der Schuldner im Inland keinen allgemeinen Gerichtsstand, aber eine gewerbliche Niederlassung, so ist das Amtsgericht der gewerblichen Niederlassung für die Beantragung des Vergleichs, der sich auf das Inlandsvermögen des Schuldners bezieht, zulässig. Für den Vergleich im Hinblick auf einen Nachlaß (§ 92) ist das Amtsgericht zuständig, bei welchem der Erblasser zur Zeit seines Todes seinen allgemeinen Gerichtsstand hatte. Ähnlich bei dem Vergleich bezüglich des Gesamtgutes einer fortgesetzten Gütergemeinschaft (§ 93).

Ein bei einem nicht zuständigen AG. eingereichter Vergl.-Antrag kann nach § 276 ZPO. (§ 8 VerglO.) auf Antrag des darauf aufmerksam gemachten Schuldners an das zuständige AG. verwiesen werden. LG. Hamburg 12. Nov. 1924; Rechtsähnlich: Mentzel, KO. § 71; Jaeger ZZP. 49, 279; Kiesow S. 53.

F. Vermögen des Schuldners.

Das vollständige Vermögen des Schuldners fällt unter das VerglVerf. Es kann daher nicht ein vom Vergleich in Anspruch genommenes und nicht vom Vergleich in Anspruch genommenes Vermögen unterschieden werden. Beschlagfreie Vermögensteile — wie Jaeger sie im KVerf. nennt — entstanden durch den Erwerb nach Anordnung des VerglVerf. (wie analog im Konkurs), bestehen nicht (Zieger, LZ. 1915, 420; Schlegelberger, Gruchots Beitr. 56, 201). Aber das VerglVerf. über das Vermögen eines Gesellschafters umfaßt nicht eo ipso das Gesellschaftsvermögen; und umgekehrt (OLG. Darmstadt vom 8. März 1915 DJZ. 1915, 724; Recht 1915, 406 Nr. 721; Hess.Rspr. 1916, 125; LG. Guben v. 27. Febr. 1915; JW. 1915, 422.) Das VerglVerf. über das Vermögen einer offenen Handelsgesellschaft hindert den Vollstreckungsbetrieb in das Privatvermögen der Gesellschaft nicht. Doch scheidet beim Offenbarungseide die Angabe des Gesellschaftsvermögens aus (OLG. Dresden vom 6. März 1915 LZ. 1915, 563; Recht 1915, 283 Nr. 453; OLG. Darmstadt, DJZ. 1915, 724; LG. Guben vom 27. Febr. 1915, JW. 1915, 422; Soergel, Kriegsrechtsprechung 1914/15, 122).

G. Wirkung des Vergleichsverfahrens auf die elterliche Gewalt und den Güterstand.

Das ehemännliche Nutznießungsrecht beim gesetzlichen Güterstand gehört nicht zu dem dem VerglVerf. unterworfenen Vermögen; die Früchte dagegen fallen unter das dem VerglVerf. unterworfene Vermögen. Ist das VerglVerf. über den Ehemann verhängt, so ist damit ein Anspruch auf Aufhebung der von ihm besorgten Verwaltung und bezogenen Nutznießung gemäß §§ 1391 und 1418 BGB. nicht gegeben. Die Ansprüche des Ehemannes werden ferner nicht berührt, wenn das VerglVerf. über das Vermögen der Ehefrau angeordnet ist.

Besteht Gütergemeinschaft, so fällt bei dem VerglVerf. über den Ehemann das Gesamtgut unter das VerglVerf. Besteht ein VerglVerf. über das Vermögen der Frau, so fällt das Vorbehaltsgut unter das VerglVerf. Im Falle der Errungenschafts- und Fahrnisgemeinschaft fällt das eingebrachte und Vorbehaltsgut der Ehefrau, die unter dem VerglVerf. steht, unter das dieser unterworfene Vermögen. Ein VerglVerf. über das Gesamtgut einer fortgesetzten Gütergemeinschaft ist im § 93 VerglO. geregelt. So wenig das VerglVerf. über den Mann zur Klage der Frau auf Aufhebung seiner Verwaltung und Nutznießung führt, so wenig kann sie ein Vorgehen des anderen Ehegatten auf Aufhebung der Gemeinschaft mit dem dem VerglVerf. unterworfenen Ehegatten zur Folge haben. Doch können die Einzelumstände des VerglVerf. zu Maßregeln im Sinne der §§ 1468 ff. BGB. führen, wenn eine erhebliche Gefährdung des nicht dem VerglVerf. unterworfenen Ehegatten zu besorgen ist.

So ist es auch mit der Verwaltung des Kindesvermögens, falls der betreffende verwaltende Elternteil dem Vergleich unterworfen ist. Auch in diesem Falle kann nicht prinzipiell, wohl aber unter Umständen, das VerglVerf. über das Vermögen des verwaltenden Elternteiles zu Maßregeln, die zur Abwendung der Gefahr des Kindes erforderlich sind, führen (§ 1667 BGB.).

§ 2.

An dem Vergleichsverfahren beteiligt und von dem Vergleiche betroffen werden die Gläubiger, die nicht bevorrechtigte Konkursgläubiger wären, wenn statt des Vergleichsverfahrens das Konkursverfahren eröffnet worden wäre. Die Vorschriften der §§ 5, 64 bis 70 der Konkursordnung finden entsprechende Anwendung.

A. Allgemeine Definition der an dem Vergleichsverfahren beteiligten Gläubiger.

Der § 2 bedeutet eine ziemlich exakte Zusammenfassung der an dem VerglVerf. beteiligten und von dem Vergleiche betroffenen Gläubiger. Daß gleichwohl die Definition nicht für sich, sondern nur durch Anführung der Konkursordnung und bezugnehmend auf feststehende Begriffe derselben, erfolgt, erschwert den Gedankengang. Es sind demnach am Vergleichsverfahren beteiligt und von dem Vergleiche betroffen — das ist an sich ein Doppeltes —

a) die persönlichen Gläubiger, welche z. Z. der Eröffnung des Vergl Verfahrens bereits vorhanden sind und

b) die Gläubiger, die, wenn ein Konkursverfahren in Betracht käme, zu den nicht bevorrechtigten Gläubigern zählen würden.

Zu a): Rechtsgeschäfte, die der Schuldner nach Eröffnung des VerglVerfahrens eingeht, werden von dem Verfahren nicht betroffen. Sache der von dem Verfahren betroffenen Gläubiger wird es sein, zu erwägen, ob die Bedeutung dieser neuen Rechtsgeschäfte so groß ist, daß die Verpflichtungen aus ihnen die Erfüllung des Vergleiches gefährden.

Zu b): Man kann angesichts des Wortlautes des § 2 den Begriff der vergleichsbeteiligten Gläubiger nur mittels argumentum e contrario erläutern (indem man — im Folgenden unter I—V — die bevorrechtigten, vom Verf. nicht betroffenen, Gläubiger zusammenstellt):

I. Der § 61 KO. macht durch das Paritätsprinzip einen Strich. An sich sind die Konkursgläubiger bei Befriedigung aus der Masse gleichgestellt, denn die Konkursmasse dient nach § 3 KO. zur gemeinschaftlichen Befriedigung aller persönlichen Gläubiger, welche einen zur Zeit der Eröffnung des Verfahrens begründeten Vermögensanspruch an den Schuldner haben. Durch den § 61 KO. indes erhalten einzelne Kategorien von Gläubigern nach der Rangordnung von 5 Klassen eine bevorzugte Befriedigung. Wie nun die nach § 61 KO. bevorrechtigten Konkursforderungen am konkurslichen Zwangsvergleich nicht teilnehmen und vom Zwangsvergleichsverfahren nicht betroffen werden (§§ 173 und 193 KO.), so nehmen auch die (von der GeschAufsVO. § 33 im Auge gehabten), von dem VerglVerf. nicht betroffenen (privilegierten) Gläubiger (der §§ 13 und 33 GeschAufsVO.) am Verfahren der VerglO. nicht teil.

II. Der § 62 KO. ergänzt den § 61 KO.: gewisse Nebenforderungen sind mit der Hauptsache zur selben Rangstelle zu befriedigen und zwar selbst dann, wenn der Hauptanspruch getilgt ist.

III. Die §§ 47 ff. und 64 KO. regeln das Institut der absonderungsberechtigten Gläubiger. Die abgesonderte Befriedigung erfolgt nach § 4 KO. unabhängig vom Konkursverfahren. Soweit der Gläubiger, der abgesonderte Befriedigung beansprucht, auf solche verzichtet oder mit solcher ausfällt, kann er sich als nicht bevorrechtigter Konkursgläubiger an die Konkursmasse halten.

III a) Der § 24 KO. regelt die Vormerkungsgläubiger, die den Anspruch auf Einräumung eines Rechts an einem Grundstück oder an einem das Grundstück belastenden Recht oder auf Änderung des Inhalts oder Ranges eines derartigen Rechtes haben und gemäß BGB. §§ 883 ff. sich dinglich durch Vormerkung sichern können. Als solche sind sie nicht vergleichsbeteiligt.

IV. Die Ansprüche auf Aussonderung, also auf Gegenstände, die dem Schuldner nicht gehören, auf Grund eines dinglichen oder persönlichen Rechtes bestimmen sich nach den außerhalb des Konkursverfahrens geltenden Gesetzen (§ 43 KO.).

V. Massekosten der KO. § 58.

1. die gerichtlichen Kosten für das gemeinschaftliche Verfahren,
2. die Ausgaben für die Verwaltung, Verwertung und Verteilung der Masse.

Nach § 85 VerglO. gehören die gerichtlichen Kosten des VerglVerf., sowie der Anspruch der Vertrauenspersonen auf Ersatz ihrer (gerichtlich festgesetzten) Auslagen und auf Vergütung (§ 46 VerglO.), zu den obigen Massekosten.

B. Einzelerörterung der von dem Verfahren nicht betroffenen Gläubiger.

Vorauszuschicken ist:

Die ausdehnende Auslegung der privilegierten Gläubiger ist mit Zweck und Sinn der Vergleichsordnung unvereinbar. Rechtsähnlich: KG. 13. ZS. Urt. 25. Mai 1925 13 U 3958/25 und Kleinfeller, hiezu, beides JW. 1925, S. 2019. —

Auch bevorrechtigte Konkursforderungen sind Konkursforderungen. Sie stehen innerhalb der einzelnen Rangklassen einander gleich. Vorrechtsgläubiger können Inländer und Ausländer sein. Hierüber und über die Geldentwertung derartiger Forderungen Jaeger, LZ. 1924, 1.

Die an dem Vergleichsverfahren nicht beteiligten und von dem Vergleich nicht betroffenen Gläubiger setzen sich zusammen aus den oben unter A. I—V bezeichneten Gläubigern (die durch § 13 GeschAufsVO. Abs. 5, 4 und 3 im Auge gehabt waren), ferner aus den im § 4 VerglO. ausgenommenen Gläubigern (welche der § 13 Abs. 2 GeschAufsVO. im Auge hatte). S. hiezu RG. 16. April 1926, 113 S. 248; 218/25 III JW. 1926, 2084.

Die privilegierten Gläubiger können — im Gegensatz zum § 32 VerglO. — Zwangsvollstreckungen gegen den Schuldner nach Eröffnung des Vergleichsverfahrens vornehmen, Arreste ausbringen und Vormerkungen auf Grund einstweiliger Verfügungen eintragen lassen. Während der Dauer des VerglVerf. darf aber das Konkursverfahren über das Vermögen des Schuldners, selbst auf Antrag der privilegierten Gläubiger, nicht eröffnet werden.

Zu I.

Die im § 61 Nr. 1—5 KO. bezeichneten und die ihnen gleichgestellten Gläubiger.

a) Die 5 Kategorien im Text des § 61 KO.:

Nach Vorstehendem sind nicht beteiligt, also privilegiert:

1. die für das letzte Jahr vor der Eröffnung des Verfahrens oder dem Ableben des Gemeinschuldners rückständigen For-

derungen an Lohn, Kostgeld oder anderen Dienstbezügen der Personen, welche sich dem Gemeinschuldner für dessen Haushalt, Wirtschaftsbetrieb oder Erwerbsgeschäft zur Leistung von Diensten verdungen hatten;

2. die Forderungen der Reichskasse, der Staatskassen und der Gemeinden, sowie der Amts-, Kreis- und Provinzialverbände wegen öffentlicher Abgaben, welche im letzten Jahre vor der Eröffnung des Verfahrens fällig geworden sind oder nach § 65 (KO.) als fällig gelten; es macht hierbei keinen Unterschied, ob der Steuererheber die Abgabe bereits vorschußweise zur Kasse entrichtet hat;

3. die Forderungen der Kirchen und Schulen, der öffentlichen Verbände und der öffentlichen, zur Annahme der Versicherung verpflichteten Feuerversicherungsanstalten wegen der nach Gesetz oder Verfassung zu entrichtenden Abgaben und Leistungen aus dem letzten Jahre vor der Eröffnung des Verfahrens;

4. die Forderungen der Ärzte, Wundärzte, Tierärzte, Apotheker, Hebammen und Krankenpfleger wegen Kur- und Pflegekosten aus dem letzten Jahre vor der Eröffnung des Verfahrens, insoweit der Betrag der Forderungen den Betrag der taxmäßigen Gebührnisse nicht übersteigt;

5. die Forderungen der Kinder, der Mündel und der Pflegebefohlenen des Gemeinschuldners in Ansehung ihres gesetzlich der Verwaltung desselben unterworfenen Vermögens; das Vorrecht steht ihnen nicht zu, wenn die Forderung nicht binnen zwei Jahren nach Beendigung der Vermögensverwaltung gerichtlich geltend gemacht und bis zur Eröffnung des Verfahrens verfolgt worden ist.

b) Rechtsnatur der 5 Kategorien des § 61 KO.

Aus öffentlichen und sozialen Gründen sind im § 61 KO. 5 Kategorien von Vorrechten geschaffen, deren Reihen- und Rangfolge im Gesetze aufgezählt ist. Die Gläubiger der jeweils späteren Klassen kommen demnach erst zum Zuge, wenn die vorausgehenden Klassen gedeckt sind. Mit der Kapitalsforderung werden an derselben Stelle angesetzt:

1. die Kosten, welche dem Gläubiger vor der Eröffnung des Verfahrens erwachsen sind,
2. die Vertragsstrafen,
3. die bis zur Eröffnung des Verfahrens aufgelaufenen Zinsen.

Innerhalb der einzelnen Klassen ist der Rang der nämliche. Wenn also durch die Masse nicht alle Forderungen einer Kategorie gedeckt werden können, so erfolgt Befriedigung nur pro rata parte. Rechtsgeschäftlich kann kein von dieser Rangfolge abweichendes Vorrecht vereinbart werden, da der § 61 KO. ius cogens enthält. Die Vorrechte des § 61 KO. sind nicht unbedingt an die Persönlichkeit des ursprünglichen Inhabers geknüpft. Sie können im Falle des Überganges der Forderungen auf andere Personen mit übergehen. Das Vorrecht geht mit der Forderung von selbst auf den neuen Gläubiger über (§ 401 BGB.), sei es durch Abtretung, sei es kraft Gesetzes (§ 412 BGB.), sei es kraft richterlicher Entscheidung (§ 835 ZPO.), an einen Mitschuldner (§ 426 BGB.), oder Bürgen (§ 774 BGB. unter Lebenden oder von Todes wegen, vor oder nach Anordnung des Vergleichsverfahrens. Der Zession ist auch ein sonstiger Forderungsübergang gleich zu erachten. Das hat Geltung z. B., wenn ein dritter dinglich Berechtigter eine Absindung gegenüber dem Zollfiskus vornimmt. Dieses Zollguthaben geht mit dem Vorrecht auf den Dritten über. Die Gläubiger des § 61 KO. Nr. 1 bis 5 werden vor den vom Verfahren betroffenen Gläubigern befriedigt.

c) Im Einzelnen:

aa) Dienstbezüge.

Zur ersten Kategorie gehören die Dienstbezüge von Personen, die sich dem Schuldner zur Leistung von Diensten verdungen haben und zwar gegen eine feste Vergütung. Auf ein dauerndes Dienstverhältnis kommt es nicht an. Die Dienste können im Haushalt, in der Wirtschaft oder im Erwerbsgeschäft verrichtet werden. Insbesondere kommen diejenigen Arbeitnehmer in Betracht, die im § 5 des Arbeitsgerichtsgesetzes v. 23. Dez. 1926 aufgeführt sind. Einzelheiten bei Held-Lieb-Gift; ArbeitsgerGes., 1927, S. 71 ff.

Das Schutzbedürfnis der oft sozial Schwächeren rechtfertigt das Vorrecht des § 61[1] KO. Nur die Rückstände des letzten Jahres vor Anordnung des Vergleichsverfahrens sind bevorrechtigt. Das Vorrecht ist nicht an die Tatsache der persönlichen Abhängigkeit und Unterwerfung durch einen Dienstvertrag im engeren Sinn geknüpft. Es ist gleichgültig, ob die Dienste körperlicher oder geistiger Natur, niederer oder höherer Art, sind. Es ist gleichgültig, ob die Tätigkeit des Bediensteten vollständig oder hauptsächlich in Anspruch genommen wird. Es ist gleichgültig, wie die Entschädigung bemessen wird. Es ist gleichgültig, ob der Bedienstete eine höhere bzw. selbständigere Stelle einnimmt. Das Vorrecht steht auch Personen zu, die sich bloß vorübergehend (beispielsweise als Aushilfspersonen oder zu einer einmaligen Dienstleistung) verpflichtet haben. Eine Unterordnung ist nicht erforderlich (RG. 27, 226; 38, 113; 62, 231; JW. 1927, 849). Das Vorrecht steht daher auch zu dem ständigen Fuhrmann, Fabrikarbeiter, Gesellen, gewerblichen Lohnarbeiter, Handlungsgehilfen, Wirtschaftsbeamten, Gärtner, Förster, Schreiber, Sekretär, Heimarbeiter, dann demjenigen, der nur Einzeldienste leistet (Taglöhner, Dienstmann, Putzfrau, Waschfrau, Büglerin), dem Bürstenbinder, der ständig dem Dienstherrn liefert, dem Ziegelmeister, der die Herstellung von Ziegeln übernimmt, dem Filialleiter.

Das Vorrecht des § 61 ¹ steht ferner dem Vorstand einer Aktiengesellschaft zu, da die Bestellung des Leiters eines größeren Unternehmens regelmäßig auf einem Dienstvertrag mit der Gesellschaft, somit auf einem gewissen Abhängigkeitsverhältnis, beruht. (Für diese meine Ansicht: Celle 1. Juli 1926, JW. 1926, 2103 [mit der Beschränkung, daß der Vorstand in Wahrheit nach innen nur abhängiger Angestellter ist], vor allem: Hamburg 7. Sept. 1925, JR. 26 Nr. 85, 22, 50, 332; SeuffArch. 79, 350, LZ. 26, 397; JW. 1926, 1592; cf. auch OLG. Kiel 16/1914; OLG. Entsch. 19, 215; 32, 384. Nicht einverstanden: Jaeger, Enzyklopädie S. 46, 22 P 26, 332; Rothstein, Konk.- und Treuhandwesen 1927, 37, der gegen die ausdehnende Auslegung sich wendet, unter Bezugnahme auf RG. Recht 1927 S. 97; KG. 21. Jan. 1926; ROLG. 32, 381. Vgl. zu dem Fall von Celle JW. 1926, 2104; Pick, der eine Auslegung von Fall zu Fall und Berücksichtigung der wirklichen Eigenart empfiehlt.)

Das Vorrecht steht auch dem Vorstand einer anderen juristischen Person und dem Geschäftsführer einer G. m. b. H. zu. Im Vergleichsverfahren der G. m. b. H. kann die Gehaltsforderung eines zum Geschäftsführer bestellten Gesellschafters nach den Umständen des einzelnen Falles bevorrechtigte Forderung, für die Zeit nach Vergleichseröffnung Masseschuld, sein (Danzig 24. Juni 1925, DanzJMschr. 25, 100).

Das Vorrecht besteht, auch wenn nicht der Dienende selbst, sondern ein Dritter, durch dessen Vermittelung die Verdingung stattgefunden hat, den Lohn von dem Schuldner zu fordern hat. Der Agent genießt in der Regel das Vorrecht Nr. 1 nicht (RG. 62, 231 [auch nicht der Provisionsreisende]). Er ist für gewöhnlich selbständiger Kaufmann. Richtig ist, daß es sogenannte Agenten mit fester Vergütung und Gebundenheit an die Weisungen des Prinzipals gibt, welche in Wirklichkeit Handlungsgehilfen sind, so daß ein Abhängigkeitsverhältnis vorliegt. Diesen kann das Vorrecht unter Nr. 1 nicht abgesprochen werden.

Die Anregung des Verbandes reisender Kaufleute, dem sog. Handelsvertreter eine Bevorrechtigung zu sichern, ist einer eventuellen Änderung der KO. überlassen.

Die Aufsichtsratsmitglieder genießen kein Vorrecht. Sie sind eben gewöhnlich nur vorübergehend tätig und nicht ständig in Beziehung zu dem diesbezüglichen Erwerbsgeschäfte.

Bezüglich dem Kommanditisten, dem Prokura erteilt ist, und dem ein Gehaltsanspruch gegen die Kommanditgesellschaft nicht zusteht, ist das Vorrecht auf § 61 Ziff. 1 KO. verneint worden.

Das Vorrecht kommt übrigens nur natürlichen, nicht juristischen Personen zu. Der Umstand, daß der Bedienstete nicht selbst, sondern durch andere Dienste leistet, hindert die Anwendung des § 61 KO. Nr. 1 nicht.

Der Anspruch auf Vergütung beim Werkvertrage fällt nicht unter den § 61 KO. Nr. 1. Die Grenze ist manchmal schwierig. So viel ist sicher, daß § 61 KO. nicht extensiv interpretiert werden darf (RG. 62, 231). Nicht rechtserheblich ist die Frage, ob Akkordlohn vereinbart ist. Die Verträge mit einem Meister auf Akkordlohn, mit einer zur Sanierung der Gesellschaft bestellten kaufmännischen Hilfskraft, mit einem Bücherrevisor, mit einem Rechtsanwalt als Justitiar, können Dienst- oder Werkverträge sein, je nachdem fortgesetzte und einheitliche oder bloß vorübergehende und dann nach Zeitepochen abgelohnte Mühewaltung in Betracht kommt. Sobald der Charakter eines Werk- oder Gesellschaftsvertrages einschlägt, scheidet die Anwendung des § 61 KO. Nr. 1 aus. Die Dienstleistungen der fest beim Theater Angestellten fallen unter Nr. 1, nicht aber die Engagements für Einzelbetätigungen, etwa das Klavierbegleiten oder die Musik hinter der Bühne bei bestimmten Stücken oder die Mitwirkung selbst privatisierender oder anderweit engagierter Theaterkräfte bei Einzelrollen. Der Bühnenanstellungsvertrag im engeren Sinn ist Dienstvertrag (RG. 91, 328). Auch die Obliegenheit eines Artisten zu einer Serie von Vorstellungen. Gastspielvertrag jedoch ist Werkvertrag. Gewöhnlich ist der Architektenvertrag ein Dienstvertrag. Eine reine Bauplananfertigung oder zeichnerische Darstellung eines Schutzrechtes (Patents, Gebrauchsmusters, Geschmackmusters, Warenzeichens) ist Werkvertrag (RG. 97, 125; 100, 38).

Dienstbezüge sind Lohn, Gehalt, Teuerungszuschläge, Provision, Kostgeld, Tagegelder, Tantiemen, vereinbarte Gratifikationen, Reisespesen, Konkurrenzklauselentschädigungen, Naturalleistungen, unter Umständen Schadensersatzansprüche, die an die Stelle von Lohn treten, nicht Auslagen, nicht Ansprüche auf Rückgabe von Sicherheiten bzw. Kautionen.

Bevorrechtigt sind bloß die Rückstände des letzten Jahres. Auf die Fälligkeit der Lohnforderung kommt es nicht an. Zurückgerechnet wird ein Jahr vom Tage der Anordnung des VerglVerf.*).

Ergänzung zu aa) die dem § 61 KO. gesetzlich gleichgestellten Kategorien.

Der § 61 KO. hat durch andere Reichsgesetze eine Ergänzung erfahren.

a) Der § 75e des Gesetzes zur Änderung der §§ 74 und 75 sowie des § 76 Abs. I HGB. vom 10. Juni 1914 sagt: Die Entschädigung, die der Handlungsgehilfe auf Grund der Vorschriften

*) Eine Anregung der Arbeitnehmer in der Zeitschrift Gewerbe- und Kaufmannsgerichte durch Kalle, 21. Jahrgang, und eine sozialdemokratische Interpellation im Rechtsausschuß, den Schutz der Arbeitnehmer wirksamer auszubauen, wurde abgelehnt.

der §§ 74—75 d für die Zeit nach der Beendigung des Dienstverhältnisses beanspruchen kann, gehört zu den Dienstbezügen im Sinne des § 61 Nr. 1 KO.

β) Der § 227 Abs. 3 AngVersG. sagt: Rückstände haben das Vorzugsrecht des § 61 Nr. 1 KO. Weiteres: AngVersG. 28. Mai 1924 § 212. --

Dann kommen noch die rückständigen Beiträge der Erwerbslosenfürsorge u. Knappschaftsbeiträge in Betracht (VO. Erwerbslosenfürsorge 16. Februar 1924, KnappschaftsG. 1. Juli 1926 § 143).

γ) Durch § 28 Abs. 3 RVO. vom 19. Juli 1911 ist den rückständigen Beitragsforderungen aller Träger der Reichsversicherung das Vorrecht aus § 61 KO. Nr. 1 beigelegt worden. Dieses Vorrecht der Berufsgenossenschaften unterliegt aber denselben zeitlichen Beschränkungen, wie die im § 61 Ziff. 1 KO. aufgeführten Forderungen.

δ) Ferner ist hier der § 61 PrivV. UntG. vom 12. Mai 1901 zu erwähnen. Zugunsten der Versicherten sind Privilegien für die Krisis der Lebensversicherungsanstalt geschaffen.

Das nämliche Vorrecht haben die Kranken- und Unfallversicherten gemäß §§ 12 und 63 VAG.

Die Ansprüche aus Versicherungen, die auf Markwährung lauten und durch den Währungsverfall beeinflußt sind, werden nach dem Aufwertungsgesetz vom 16. Juli 1925 und der DurchführungsVO. vom 29. Nov. 1925 aufgewertet.

ε) Bei der Krisis einer Hypothekenbank ist für die Schuldverschreibungsgläubiger nach dem Gesetz vom 13. Juli 1899 gesorgt, ebenso für die Pfandbriefgläubiger. Weiter schlägt die VO. vom 14. Dez. 1923 und das Abänderungsgesetz zum Hypothekenbankgesetz vom 14. Juli 1923 ein.

ζ) Ähnliche Vorschriften gelten für eine Krisis der Deutschen Rentenbank-Kreditanstalt nach den Gesetzen vom 18. Juli und 28. Nov. 1925. Hier schlägt auch § 47 des Aufwertungsgesetzes vom 16. Juli 1925 ein.

η) Durch § 7 a. VO. über die Aufbewahrung fremder Wertpapiere vom 21. Nov. 1923 (Abänderung des Depotgesetzes vom 5. Juli 1896) hat der Kommittent bei der Krisis des Kommissionärs ein Vorrecht.

Einzelne dieser Vorrechte sehen den Absonderungsrechten ähnlich, aber sie sind nicht dinglicher, sondern persönlicher, Natur und werden innerhalb des Konkurses ausgetragen.

ϑ) Dann schlägt das Industriebelastungsgesetz und das Aufbringungsgesetz vom 30. Aug. 1924 ein, welches ein Konkursrecht bringt, das im Range unmittelbar hinter § 61 Nr. 1 folgt (Dawesplan, auf Grund der Konferenz von London vom 30. Aug. 1924).

ι) Der Anspruch der Deutschen Rentenbank aus der Schuldverschreibung des Unternehmers geht nach der VO. über die Errichtung der Deutschen Rentenbank vom 15. Okt. 1923 den anderen Verpflichtungen im Rang vor.

bb) Öffentliche Abgaben.

Als Kategorie Nr. 2 des § 61 KO. kommen die Forderungen der öffentlichen Kassen und Verbände an die Reihe. Nur Geldleistungen sind berücksichtigt. Das Vorrecht gilt nur für die Forderungen an die ausdrücklich aufgeführten Kassen, die im letzten Jahr fällig wurden bzw., weil betagt, als fällig behandelt werden oder erst nach Anordnung des Vergleichsverfahrens fällig wurden. Ausländischen Staatskassen steht das Vorrecht an sich nicht zu.

Allein laut Art. 276 d des Versailler Friedensvertrages dürfen die Kassen der alliierten und assoziierten Mächte nicht anders behandelt werden, als die inländischen Kassen. Ich pflichte Mentzel nicht bei, wenn er aus rechtspolitischen Gründen den anderen Auslandsstaaten das Vorrecht nicht versagen will. —

Es schlagen ein: Steuern, steuerähnliche Gefälle, Stempelsteuern (RG. 85, 341), Umsatzsteuern, Tabaksteuern (RG. 114, 372), Zölle, nicht aber Gebühren für Verwaltung und Justiz. Die Mehrheit der Entscheidungen gewährt nämlich den Gebühren für Inanspruchnahme der staatlichen oder kommunalen Verwaltung (Gerichtskosten, Konzessionsgebühren, Wasser-, Gas-, Elektrizitäts-, Kanalgebühren, auch der Kommunen) neuerdings das Privilegium des § 61 KO. Nr. 2 nicht. Es wird nämlich die Bezeichnung Abgaben in dem engeren Sinn und nicht als Entgelt für staatliche oder kommunale Mühewaltung ausgelegt. Forderungen einer Stadtgemeinde für Entnahme von elektrischem Strom und Gas haben nicht das Vorrecht aus § 61 Nr. 2, selbst wenn ihnen durch Ortsgesetz die Eigenschaft öffentlich-rechtlicher Leistungen und Lasten beigelegt ist. LG. Bautzen 21. Sept. 1925, DRZ. 25 Nr. 466.

Ein Vorrecht für die Gerichtskosten würde einen beträchtlichen Teil der Masse verschlingen. Daß der Vorrang den Gebühren der streitigen und nicht streitigen Rechtspflege und Verwaltung nicht zugebilligt wird, cf. RG. 21, 46; 28, 86; 83, 206 und BayObLG. Sammlg. neue Folge 4, 301.

(Das Vorrecht im Sinne des § 61 KO. Nr. 2 [RG. 83, 266] widerstreitet m. E. überhaupt der ratio legis. Die grundsätzliche Beibehaltung des Steuern- und Abgabenvorrechts widerspricht dem vom RJM. so stark betonten Zwecke des Gemeinwohls. Durch die Vorrechte des § 61 KO. Nr. 2 wird die Masse geschwächt.)

Für die Rückstände öffentlicher Abgaben auf ein Grundstück ist auch ein Absonderungsrecht des § 47 KO. möglich, da diese Rückstände dinglichen Belastungen gleichkommen.

Das Vorrecht des § 61 Nr. 2 KO. entfällt für Verhältnisse des reinen Zivilrechts, nach welchem etwa der Staat oder die Gemeinde, als Lieferanten oder Werkvertragsgegner im Regiebetrieb, mit dem jetzigen Vergleichsschuldner kontrahiert haben (Telephon, Radio, Pflasterzoll, Kanalisationsabgabe usw.).

Ist eine Steuerforderung durch Stundung in das letzte Jahr vor Vergleichsanordnung verschoben, so genießt sie das Vorrecht des § 61 Nr. 2 KO. Die Steuerschuld entsteht nach § 80 der Reichsabgabenordnung, sobald sich der Tatbestand verwirklicht hat. Die Fälligkeit ist in den einzelnen Steuergesetzen geregelt.

Die nach Art. I § 5 Abs. 1 Satz 3 der II. StNVO. und Abschnitt B 3 der 1. DurchfBest. von einer off. H.-G. für Rechnung ihrer Gesellschafter zu leistenden Vorauszahlungen auf die Einkommensteuer können beim Vergleichsverfahren als bevorrechtigte Forderungen im Sinne von § 61 Nr. 2 KO. geltend gemacht werden. RFH. 2. Dez. 1925, VI B 179/25; RFH. E. 18, 85.

Über den Einfluß des Gantverfahrens auf Steuerforderungen s. RFH. 22. Juni 1925, Fst. Zt. Nr. 586 S. 4 8. Aug. 1925.

Weiter mache ich auf eine Entscheidung des Reichsfinanzhofes V. Sen. 11. Febr. 1927 V A 890/26 S., JW. 1927, 1172 aufmerksam: Ein Streit über das Vorrecht der Forderungen der Reichskasse wegen öffentlicher Abgaben (im Sinne des §§ 61 ², 146 KO.) ist im ordentlichen Rechtsweg vor den bürgerlichen Gerichten auszutragen.

Wie der RFH. 25. Okt. 1926 Gr. Sen. 1/26 (RFH. 19, 355) ausgesprochen hat, kann im Gantverfahren auch der Steuergläubiger seine Ansprüche nur nach den Vorschriften über die KO. verfolgen. Vgl. ferner RG., 8. Okt. 1926, DStBl. 1927, 52. —

Wenn derjenige, dem die Ware verpfändet ist, den betreffenden Steuer- oder Zollanspruch bezahlt, so erwirkt er, daß das dem Fiskus nach § 49 Nr. 1 KO. zustehende Absonderungsrecht einem gesetzlichen Pfandrecht gleichkommt und daß der Anspruch des Fiskus mit dem Vorrecht aus § 61 Nr. 2 KO. nebst dem Absonderungsrecht aus § 49 Nr. 1 KO. auf ihn übergeht.

Im VerglVerf. des Steuerpflichtigen genießen Forderungen des Reiches auf Bezahlung des Steuerwertes der Steuerzeichen das Vorrecht des § 61 Nr. 2 RG. VI 8. Okt. 1926, 209/26, JR. 26 Nr. 2383. —

Nach dem Branntweinmonopolgesetz vom 8. April 1922 sind die Ansprüche der Reichsmonopolverwaltung auf Zahlung von Branntweinverkaufsgeld bevorrechtigt. —

Der Bürge wird mit der Zahlung des Vorrechts teilhaftig (§ 401, § 774 BGB.).

cc) Forderungen der Kirchen, Schulen, öffentlichen Verbände.

Das Vorrecht des § 61 Abs. 3 KO. kommt nur für die Guthaben in Betracht, welche im letzten Jahre vor Vergleichsanordnung fällig waren. Nicht die Entstehung des Guthabens, sondern das Fälligsein, ist maßgebend.

Guthaben aus zivilrechtlichen Verträgen kommen nicht in

Betracht. Bloß die nach Gesetz oder Verfassung zu entrichtenden Abgaben und Leistungen sind gemeint. Als Kirchen sind zunächst die christlichen, einschließlich der Altkatholiken, anzuführen. Die Forderungen des einzelnen Geistlichen (Bischofs oder Pfarrers für Stol- oder Beicht- usw. Gebühren) scheiden aus. Das Vorrecht besteht auch für die nichtchristlichen Religionsgesellschaften. Sie haben nach der RVerf. Art. 137 das Vorrecht als öffentliche Verbände. In Betracht kommen Juden, Herrnhuter, Mennoniten, Adventisten usw.

Unter Schulen sind zunächst nur die öffentlichen verstanden (RVerf. Art. 143, 146), aber auch die Privatschulen, welche als Ersatz die öffentliche Genehmigung erlangt haben (Art. 147 Abs. 1 RVerf.). Nicht unter das Vorrecht fallen die Kollegiengelder und sonstigen Reichnisse der Hochschulprofessoren.

Unter öffentlichen Verbänden sind Korporationen des öffentlichen Rechts (Deich-Verbände, Wasser- u. Waldgenossenschaften, Berufsgenossenschaften, Armenverbände, Knappschaftsvereine, Innungen, Handels-, Gewerbe-, Handwerks-, Landwirtschafts-, Anwalts-, Ärzte-, Zahnärzte-, Arbeitskammern) zugunsten ihrer Beiträge und Umlagen zu verstehen. Öffentliche Feuerversicherungsanstalten (staatliche und sonstige Brandversicherungsanstalten) sind ebenfalls eingeschlossen.

dd) Heil- und Pflegekosten.

Wer in Berufserfüllung Kranken, Not- und Schmerzenleidenden, Verunglückten, durch Unfall Geschädigten, Geschwächten, hilft, soll nicht erst um die Sicherung seines Honorares sorgen müssen. Indirekt wird so auch der unvermögende Kranke, Verunglückte usw. durch das seiner Heilperson gesetzlich gewährte Vorrecht geschützt. Maßgebend ist nicht, daß der Schuldner selbst gepflegt wurde. Es genügt, wenn er für die Kosten einzustehen hat. Also auch die Behandlung eines Familienangehörigen oder Hausgenossen fällt unter Nr. 4 des § 61 KO. Es kommt auf das Fälligwerden der Forderung an. Warenlieferungen, wie z. B. für Verbandszwecke, orthopädische Zwecke, Gebisse usw., sind nicht bevorrechtigt, wohl aber die Kosten für Heilung, Pflege, Verköstigung und Behausung in Spitälern und privaten Krankenhäusern. Die Fleischbeschaugebühr ist nicht bevorrechtigt. Fraglich ist, wie die Sache zu handhaben ist, wenn keine Taxe vorhanden ist. Dann muß die betreffende Heilperson, mangels einer eruierbaren Taxe, den angemessenen Durchschnittsbetrag liquidieren. Sie ist und bleibt bevorrechtigt, wenn auch nach Bestreitung des Grundes oder der Höhe eine prozeßrichterliche Herabsetzung möglich oder erfolgt ist.

Als 4. Kategorie ist diejenige für Ärzte aller Art, Apotheken, Apothekenbesitzer, Hebammen und Pfleger, für die Kosten aus dem letzten Jahr vor Anordnung des VerglVerf. bevorzugt. Einzurechnen sind auch Zahnärzte, Dentisten und Tierärzte. Maßgebend ist die Approbierung. Die Guthaben der Naturheilkundigen, nicht approbierten, Zahntechniker für Kuren (allenfalls Kurpfuschereien) fallen nicht unter den Absatz 4. Bader und Masseure sind nur geschützt, soweit sie als Krankenpfleger in Betracht kommen, also nicht etwa als Operateure. Die Forderungen der Inhaber von Apotheken-Abarten (Drogerien), sind nicht bevorrechtigt. Dagegen ist auch die Krankenanstalt als solche durch das Vorrecht der 4. Klasse, nicht etwa das der 3. Klasse. bevorrechtigt. Als Krankenanstalt gilt Klinik einer Stadt oder Universität, Diakonen- und Diakonissenhaus, Martha-Mariaverein, Sanatorium, Entbindungsanstalt, Wöchnerinnenheim, Irrenhaus, Kaltwasser-Heilanstalt. (Die Krankenkassen der RVO. fallen unter KO. § 61, 1). Bei allen diesen dreht es sich um privatrechtliche Guthaben, nicht etwa um öffentliche Abgaben. Zwischen In- und Ausländern als Hilfspersonen wird kein Unterschied gemacht.

ee) Vorrecht der Kinder und Mündel („der Schutzbefohlenen" nach Jaeger).

Sie und die anderen unter § 61 KO. Nr. 5 aufgezählten Personen genießen ein Vorrecht gegenüber dem dem VerglVerf. unterstehenden Verwalter ihres Vermögens. Dazu zählen die ehelichen, unehelichen, legitimierten und angenommenen Kinder, die Kinder aus geschiedenen und nichtigen Ehen, die Mündel, und zwar die minder- sowie volljährigen, die unter der Pflegschaft des Schuldners befindlichen Personen. Das Vorrecht der Nr. 5 schlägt bei Schadensersatzforderungen und Forderungen wegen Verwendung von Mitteln des Kindes oder Mündels oder Pflegebefohlenen ein. Auch in Ansehung der dem Kuranden gegen den Schuldner zustehenden Ersatzansprüche für nicht mehr vorhandene Vermögensstücke, deren Verlust der Kurator durch pflichtwidrige Verwaltung verschuldet hat, gilt das Vorrecht. Das Vorrecht kommt weiter in Anwendung bei Forderungen gegen den Vater und Vormund usw., welche erst durch Abtretung oder Erbgang oder sonstwie auf die Kinder und Mündel übergegangen sind (RG. 39, 70; 45, 156; gegen diese Auslegung: Jaeger, um nicht unlauteren Schiebungen Tür und Tor zu öffnen). Das Vorrecht kommt aber nicht in Betracht, wenn der dem Vergleich unterstehende Schuldner die Verwaltung sich angemaßt hatte. Sie gilt auch nicht für den Fall, daß der Schuldner eine ihm gesetzlich oder richterlich nicht anvertraute Funktion übernommen hatte. Das gesetzliche, dem Verwalter zustehende, Recht kann durch Rechtsgeschäft bestätigt oder anerkannt sein. Es sind indes nur die Forderungen der Kinder usw. aus gesetzlicher Vermögensverwaltung des Vorrechtes teilhaftig, also nicht solche aus freiwillig dem Vater usw. überlassener Verwaltung. Das Vorrecht besteht nur gegen denjenigen, der der Verwalter war oder ist, und nicht gegen dessen mit ihm in Gütergemeinschaft lebenden Ehegatten. Das Vorrecht steht den Kindern, Mündeln und Pflegebefohlenen nicht zu, wenn die Forderung nicht innerhalb 2 Jahre nach Beendigung der Vermögensverwaltung gerichtlich geltend gemacht und bis zur Anordnung des Vergleichsverfahrens verfolgt worden ist. Die Forderung muß freilich nicht immer gerichtlich geltend gemacht werden. Dies ist nur für den Fall notwendig, daß die Verwaltung schon länger als 2 Jahre vor Anordnung des Vergleichsverfahrens nach den gesetzlichen Bestimmungen beendigt war.

Zu II. Ergänzung des § 61 KO. durch die Nebenforderungen des § 62 KO.

Mit der Kapitalforderung des § 61 KO. werden an derselben Stelle angesetzt:

1. die Kosten, welche dem Gläubiger vor der Eröffnung des Verfahrens erwachsen sind,
2. die Vertragsstrafen,
3. die bis zur Eröffnung des Verfahrens aufgelaufenen Zinsen.

Die Nebenforderungen sind auch dann bevorrechtigt, wenn das Hauptguthaben des § 61 KO. bereits getilgt ist. Nach § 367 BGB. schlägt dies für Nr. 1 (Kosten) und 3 (Zinsen) freilich nur ein, wenn der Gläubiger damit einig geht, daß eine Teilzahlung nicht zunächst auf Kosten und Zinsen anzurechnen sei. Was die Kosten anbetrifft, so dreht es sich nur um die vor Vergleichsanordnung erwachsenen gerichtlichen und außergerichtlichen Kosten, etwa der Mahnung, anwaltschaftlichen Anforderungen, Kündigung, des Zahlungsbefehls- und Klage-Verfahrens, der Vollstreckung einschließlich des Offenbarungseidesverfahrens, des Konkursantrags, soweit nicht unter die Massekosten nach KO. § 58 Nr. 1 fallend. Auch die Anwaltskosten für die Konkursbeantragung sind eingeschlossen. Ferner gehören hieher die Kosten (ebenfalls anwaltschaftlicher Vertretung) für Beantragung des Vergleichsverfahrens.

Nr. 2 des § 62 KO. bezieht sich auf Vertragsstrafen neben und anstatt der Vertragserfüllung (§§ 339—341 BGB.). Dem Schuldner bzw. der Vertrauensperson ist der Antrag auf Herabsetzung der Vertragsstrafe nach § 343 BGB. unbenommen.

An Zinsen kommen die nach Gesetz und Rechtsgeschäft in Betracht.

Unterabsatz von II:

§ 63 KO. und § 74 VerglO.

Die für die Zeit von der Eröffnung des Verfahrens bis zur Bestätigung des Vergleichs laufenden Zinsen der von dem Vergleich betroffenen Forderungen, sowie die Kosten, welche den von dem Vergleich betroffenen Gläubigern durch die Teilnahme an dem Verfahren oder eine nach § 63 KO. wirkungslos werdende Vollstreckungsmaßregel erwachsen sind, gelten nach § 74 VerglO., wenn nicht der Vergleich ein anderes bestimmt, mit der Bestätigung des Vergleiches als erlassen.

In diesem Betreff unterscheidet sich der § 74 VerglO. vom § 63 KO. Es heißt deshalb wohlweislich im § 2 VerglO.: „Die Vorschriften der §§ **64**—70 KO. finden entsprechende Anwendung". Es heißt nicht: „Die Vorschriften der §§ **63**—70 KO. finden entsprechende Anwendung." Der § 63 KO. schränkt ohne weiteres die Bestimmung des § 3 KO., daß die Konkursmasse zur Befriedigung der Gläubiger, welche einen zur Zeit der Eröffnung des Konkursverfahrens begründeten Vermögensanspruch haben, diene, ein, indem er die unter 1—4 des § 63 KO. angeführten Ansprüche aus den Konkursforderungen ausschaltet und somit als nicht anmeldbar erklärt (Ausnahme Nachlaßkonkurs: § 226 ff. KO.).

Der § 74 der VerglO. hingegen sagt nur, daß die im § 63 KO. analog angeführten Zinsen und Kosten seit Eröffnung des Verfahrens bzw. durch Teilnahme am Verfahren, mit der Bestätigung des Vergleiches als erlassen gelten. Der Gesetzgeber wollte hier und dort die Masse vor den neu entstehenden Zinsen und Kosten bewahren. Beim Vergleichsverfahren sollte eine Geltendmachung grundsätzlich nicht ausgeschlossen sein. Die Forderung sollte — mangels andrer rechtsgeschäftlicher Regelung im Vergleich — nicht per se untergehen. Nach perfektem Vergleich sollte sie erlöschen.

Dieser § 74 VerglO. enthält, wie gesagt, kein ius cogens. Denn es ist auch ein Präventivakkord möglich, bei dem die im § 63 KO. und § 74 VerglO. erwähnten Zinsen und Kosten vom Vergleichsschuldner mitübernommen werden, wenn die Masse entsprechend groß ist oder wenn sonstige Umstände für die Übernahme dieser neuerdings angefallenen Zinsen und Kosten durch den Vergleichsschuldner sprechen.

Die Geldstrafen des § 63 KO. sind im § 74 VerglO. nicht erwähnt. Sie können also im Vergleichsverfahren geltend gemacht werden und gelten auch nach bestätigtem Vergleich nicht als erlassen.

Im Konkursverfahren können (nach § 63 Abs. 4 KO.) Forderungen aus einer Freigebigkeit des Gemeinschuldners unter Lebenden und von Todes wegen nicht geltend gemacht werden. Nach § 74 VerglO. wirkt aber der bestätigte Vergleich auch für und gegen die Forderungen aus einer Freigebigkeit des Schuldners. Es dreht sich hier um unentgeltliche Zuwendungen, welchen keinerlei Gegenleistung gegenüber zu stellen ist. Maßgebend ist die Intention der Vertragsschließenden. Hieher gehören auch die negotia mixta cum donatione. Im Auge gehabt sind Freigebigkeiten des Gemeinschuldners.

Zu III. Die Absonderung.

Da nach § 2 der VerglO. die Vorschriften der §§ 64—70 KO. entsprechende Anwendung finden, schlagen u. a. zunächst Absonderung (§ 64 und § 47 ff. KO.), dann Aussonderung (§ 43 KO.) und Ersatz-Aussonderung ein.

a) Rechtsnatur der Absonderung nach der KO.

Die Gläubiger, soweit sie im Falle des Konkurses abgesonderte Befriedigung beanspruchen können, geben eine weitere Gruppe der gemäß § 2 VerglO. an dem VerglVerf. nicht beteiligten und von dem Vergleiche nicht betroffenen Gläubiger ab. Absonderungsberechtigte Gläubiger sind die im § 47 ff. KO. Aufgeführten. (cf. KG. Bl. 1915, 9; OLG. Jena 6. Juni 1924, 3 W 307/24; Goeckel LZ. 1925, 141 ff). Die abgesonderte Befriedigung erfolgt — im Gegensatz zu den gemäß § 2 VerglO. an dem Vergleichsverfahren beteiligten und von ihm betroffenen Gläubigern — nach § 4 KO. außerhalb des VerglVerf. Die absonderungsberechtigten Gläubiger kommen aber als an dem Vergleichsverfahren beteiligte Gläubiger in Betracht, wenn der Schuldner auch persönlicher Schuldner der durch das Absonderungsrecht gesicherten Forderung ist und wenn die absonderungsberechtigten Gläubiger entweder auf abgesonderte Befriedigung Verzicht leisten oder die zur abgesonderten Befriedigung berechtigende Sicherheit denselben keine Befriedigung oder keine volle Befriedigung für ihr Guthaben gebracht hat, m. a. W.: wenn eine Ausfallforderung übrig bleibt. —

Der § 64 KO. schlägt auch ein bei den Versicherten einer Lebensversicherungsanstalt VAG. Neufassung 19. Juli 1923 §§ 11, 56, 57, 59, 61, LZ. 1924, 35; einer Haftpflichtversicherung (aus § 157 VVG., LZ. 1923, Sp. 445, LZ. 1924, 26; s. auch OLG. Kiel I, 18. April 1901, ROLG. 3, 56; RG. I, 25. April 1903, 54, 329), bei den Ansprüchen der Schuldverschreibungsgläubiger der Hypothekenbanken und der Deutschen Rentenbank-Kreditanstalt, bei den Kommittenten einer Einkaufskommission von Wertpapieren: § 61 Abs. 3 VAG. § 35 HypBG. § 15 Ges. v. 18. Juli 1925 und 28. Nov. 1925. § 7a DepGes. v. 21. Nov. 1923 ([im Zusammenhang mit der „Effekten-Inflation"]; Pfleger der Vorzugsgläubiger, s. unten Aussonderung S. 76).

In Betracht kommt bei diesen Gläubigern jeweils der Betrag, für den sie aus den ihrem Vorrecht unterliegenden Sondermassen keine Deckung gefunden haben.

Die Absonderung geht in allen Fällen des § 64 KO. auf vorzugsweise Befriedigung aus einem Gegenstand, der zur Masse gehört. Der § 47 KO. behandelt das Absonderungsrecht bezüglich des unbeweglichen Vermögens. Die §§ 48—52 KO. behandeln die Absonderung bezüglich des beweglichen Vermögens. Im § 48 KO. ist das vertragliche Pfandrecht, im § 49 KO. das gesetzliche und Pfändungspfandrecht behandelt. Der § 50 KO. behandelt die Ersatzpflicht desjenigen, der nach Eintritt der Katastrophe eine vom Vergleichsverfahren betroffene Forderung dem im Ausland wohnenden Inhaber eines zur Masse gehörigen Gegenstandes oder in der Absicht, daß dieser die Forderung erwerbe, einer Mittelsperson abtritt. Der § 51 KO. beschäftigt sich mit dem Miteigentum oder einer anderen Gemeinschaft und gibt demjenigen, der sich mit dem Schuldner in einer solchen befindet, ein Absonderungsrecht. Der § 52 KO. bestimmt, daß die Befriedigung der Lehen- usw. Gläubiger nach den Vorschriften der Landesgesetze erfolgt.

b) Entstehung und Geltendmachung des Absonderungsrechts.

Das Absonderungsrecht muß bei Anordnung des Vergleichsverfahrens bereits begründet sein. Nur dann genießt es den Vorzug gemäß § 64 KO., im Gegensatz zu den nicht privilegierten Gläubigern des § 2 VerglO. Die Befriedigung aus dem Pfandrecht erfolgt nach den Gesichtspunkten des § 1228 BGB.

Ein während des VerglVerf. bestelltes Vertragspfandrecht ist wirksam, soweit nicht gemäß §§ 50 und 51 VerglO. eine gerichtliche Verfügungsbeschränkung dem Schuldner auferlegt ist. Das Verbot der Verfügung über einzelne Vermögensgegenstände hat nach § 55 VerglO. die Wirkung, daß die Verfügung über den Gegenstand den im VerglVerf. beteiligten Gläubigern gegenüber unwirksam ist. Die Vorschriften zu Gunsten derjenigen, welche Rechte von einem Nichtberechtigten herleiten, finden entsprechende Anwendung (§ 135 BGB. und insbesondere auch Abs. 2).

Die Geltendmachung der Absonderungsrechte geht getrennt von dem Vergleichsverfahren vor sich. Wenn der Gläubiger ohne gerichtliches Verfahren aus gesetzlichen oder rechtsgeschäftlichen Gründen die abgesonderte Befriedigung verfolgen kann, so ist dies auch während des VerglVerf. der Fall. Wenn der Gläubiger sich nur im Wege der Zwangsvollstreckung befriedigen darf, so darf auch seine abgesonderte Befriedigung nur in dieser Form vor sich gehen. Das kaufmännische Retentionsrecht ist nur unter Mitwirkung des Gerichtes durchführbar. Die Befriedigung aus einer Hypothek ist nur auf dem in der ZPO. und im BGB. vorgeschriebenen Wege zu erlangen. Das Nämliche gilt hinsichtlich des BGB. von der Pfandklage. Bloß eine Sicherung bieten das durch Arrest erwirkte Absonderungsrecht und die Zwangshypothek.

Die Befugnisse, welche dem Konkursverwalter zustehen, Gegenstände des Absonderungsrechts zu verwerten, um einer Verzögerung seitens des absonderungsberechtigten Gläubigers vorzubeugen, ferner die Pflichten der Anzeige des Vorweises und Beweises des Ausfalles (dies alles nach §§ 118ff. und 126ff. KO.) kennt die VerglO. nicht. Hinsichtlich der gegenseitigen Verträge s. §§ 4, 28 und 30 VerglO.

c) Die abgesonderte Befriedigung, insbesondere im Hinblick auf das VerglVerf.

Die VerglO. hat im § 18 bestimmt: In der Übersicht des Vermögensstandes (§ 16 Abs. 1 Nr. 2 VerglO.) sind bei den Passiven etwaige Nebenrechte, Pfandrechte, zu bezeichnen. Bei

Passiven, deren Gläubiger im Falle des Konkurses abgesonderte Befriedigung beanspruchen können, ist auch die Höhe des mutmaßlichen Ausfalles anzugeben. Hier ist also in der VerglO. ausdrücklich die Rede von den Absonderungsberechtigten, während der § 2 VerglO. sie nur mit dem Eingangs dieses Kapitels charakterisierten argumentum e contrario streift.

Hinsichtlich der Forderungen, für die abgesonderte Befriedigung beansprucht wird, gilt bei der Verhandlung im Vergleichstermin das zu § 62 VerglO. 3. Abs. Bestimmte: Das Vergleichsgericht entscheidet, ob und zu welchem Betrage Forderungen, für die abgesonderte Befriedigung beansprucht wird, zum Stimmen berechtigen.

Dabei wird der Vergleichsrichter die Höhe des vermutlichen Ausfalles, nötigenfalls nach Rücksprache mit dem Schuldner, den Gläubigern, der VP. und dem Gläubigerausschuß, kalkulieren und sich Wissenschaft aus den Urkunden, Anmeldungen, Bilanzen, Belegen verschaffen.

Der bestätigte Vergleich, welcher wirksam ist für und gegen alle an dem Verfahren beteiligte Gläubiger, berührt die Rechte aus einem für die Forderung bestehenden Pfandrecht gemäß § 73 VerglO. nicht.

d) Nichtanwendung der §§ 29 ff. KO. auf das Vergleichsverfahren.

Es könnte streitig sein, ob das Pfändungspfandrecht nach Anordnung des Vergleichsverfahrens ausgeübt werden kann, wenn demselben die Anfechtungsgründe im Sinne der §§ 29 ff. KO. entgegenstehen. Von dem Vergleichsverfahren werden gemäß Rückschluß des § 2 VerglO. nicht betroffen die Gläubiger, die bevorrechtigte Konkursgläubiger wären, wenn statt des VerglVerf. das Konkursverfahren eröffnet worden wäre. Der Wortlaut zeigt, daß der Anspruch der Absonderungsberechtigung beschränkt sein soll auf die engeren konkursrechtlichen Bestimmungen, daß m. a. W.: die Sach- und Rechtslage nach dem Konkursverfahren behandelt werden soll. Ist dem aber so, dann kann ein Gläubiger, welcher die Anfechtung im Sinne des § 29 KO. über sich ergehen lassen muß, als privilegierter Gläubiger nicht gelten.

e) Abgesonderte Befriedigung aus Immobilien.

Welche Gegenstände oder Rechte der Zwangsvollstreckung in das unbewegliche Vermögen unterliegen, ist in den §§ 864 ff. ZPO. geregelt. S. auch KabelpfandGes. v. 31. März 1925 und §§ 1, 9 ff. das. (Auslandhochseekabel). Welche Gläubiger bei der Vollstreckung in Gegenstände des unbeweglichen Vermögens keinen Anspruch auf Befriedigung haben, ist in den §§ 10 ff. und §§ 155 ff. ZVG. geregelt. Gegenstände oder Rechte, die der Zwangsvollstreckung in das unbewegliche Vermögen unterliegen, sind Grundstücke und Rechte, für die die Vorschriften, welche sich auf Grundstücke beziehen, anzuwenden sind (Bergwerkseigentum, Fischereigerechtigkeit, Weiderecht, Erbbaurecht), sodann die registrierten Schiffe und die Anteile an diesen, die Bahneinheiten, endlich die Mobilien, die von der Hypothek oder dem Schiffspfandrecht miterfaßt sind. Demnach sind absonderungsberechtigt die Gläubiger aus Hypotheken-, Grundschuld, Rentenschuld, Reallast, Überbau- und Notwegrente, Recht auf den Unterhalt einer Anlage, welche zur Ausübung einer Grunddienstbarkeit dient. Die Reihenfolge der Befriedigung ergibt sich aus den §§ 10 ff. und 155 ZVG., soweit Grundstücke in Betracht kommen.

§ 64 KO. ist auch anzuwenden, wenn das Objekt eines Treuhandverhältnisses ein Grundstück ist, das im Grundbuch auf den Namen des Treuhänders eingetragen ist, während ein Dritter eine auf diesem Grundstück erworbene Hypothek zur abgesonderten Befriedigung geltend macht, und die Forderung als Vergleichsforderung im Vergleiche des Treuhandgebers zur Anmeldung gelangt (RG. 45, 24; 91, 15; LZ. 1910, Sp. 158). Wenn nun aber der Sicherungsgegenstand einem Dritten gehört, so liegt der Fall des § 68 KO. vor.

Wenn ein Absonderungsrecht an einem Grundstück des Vergleichsschuldners an Hand einer Hypothek wegen einer vor dem 14. Dez. 1924 entstandenen Markforderung besteht, so kommt das Aufwertungsgesetz vom 16. Juli 1925 in Betracht. Wenn nicht ein besonderer Grund für vorzeitige Fälligkeit gegeben ist, so ist, was die Zahlung des Aufwertungsbetrages anlangt, der Hypothekengläubiger gehindert, vor dem 1. Jan. 1932 aus dem Grundstück sich zu befriedigen. Der Hypothekengläubiger, der keinen besonderen Grund der vorzeitigen Fälligkeit anführen kann, wird sich entscheiden müssen, ob er auf das Angebot des Präventivakkords oder auf das Absonderungsrecht Verzicht leisten will. Er tut gut daran, allemal die persönliche Forderung im VerglVerf. geltend zu machen.

f) Abgesonderte Befriedigung des vertraglichen Pfandrechts.

aa) Rechtliche Natur.

Früher war die Bezeichnung Faustpfandrecht üblich. Die neuerlichen gesetzlichen Bestimmungen sprechen von einem durch Rechtsgeschäft bestellten Pfandrecht und zwar im Sinne der §§ 1205 und 1257 BGB. Gegenstand des vertraglichen Pfandrechts sind: bewegliche Sachen, übertragbare Rechte, zumal Forderungen, Rechte aus Ordre- und Inhaberpapieren. Soweit Ansprüche der Zwangsvollstreckung in das unbewegliche Vermögen unterliegen, besonders Pertinenzien, Zinsforderungen, Versicherungsansprüche, soweit ferner Rechte in Betracht kommen, welche den Vorschriften über unbewegliche Gegenstände unterliegen, ist die Anwendung des Vertragspfandrechts im Sinne des § 48 KO. ausgeschlossen. Das Absonderungsrecht auf Grund vertraglichen Pfandrechts geht auf Befriedigung der Gläubiger nur wegen der Pfandforderung derselben. Das Pfandrecht ist nach dem jeweiligen Bestand der Forderung zu beurteilen, so daß es auch auf die Nebenleistungen sich bezieht. Aus dem Pfanderlöse werden nach der Vorschrift des § 48 KO. zunächst die Kosten, dann die gesetzlichen und vertraglichen Zinsen, schließlich das Kapital, gedeckt.

bb) Ausübung des Pfandrechts an Mobilien.

Das Pfandrecht an beweglichen Sachen wird gemäß § 1204 ff. BGB. bestellt. Das vertragliche Pfand erfordert für gewöhnlich Besitzübertragung, während eine Rückgabe der Sache durch den Pfandgläubiger das Pfandrecht zum Erlöschen bringt. Dies gilt nicht, wenn der Besitz unfreiwillig verloren geht. Erfordernisse der Begründung des Pfandrechts sind: Einigung über die Pfandbestellung, welche der Übergabe auch nachfolgen kann, ferner Übergabe. Die Pfandübergabe muß in erkennbarer Weise geschehen. Die Übergabe kann durch Behändigung des Schlüssels zu einem die Sache enthaltenden Raum bewirkt werden. Auch der Mitbesitz zwischen Pfandgläubiger und Pfandschuldner kann genügen. Behält der Verpfänder, der Schlüsselübergabe ungeachtet, faktisch die Mitbenutzung, so bildet die Schlüsselübergabe nur eine symbolische Handlung der Besitzübertragung. Sie reicht zur Wirksamkeit des Pfandrechtes nicht aus. Das RG. (JW. 1922, 219) ist der Ansicht, daß die Schlüsselabgabe auch dann ausreiche, wenn der Verpfänder wissentlich einen zweiten Schlüssel zurückbehält. Anders liegt eigentlich die Sache, wenn ein zweiter Schlüssel ohne Wissen des Verpfänders in dessen Hand zurückbleibt. Mentzel bekämpft daher die Auffassung des RG. Bd. 66 S. 263 und JW. 192, 219. Es ist auch kein Besitzerwerb des Pfandgläubigers, falls an zusammengelegten Waren lediglich Pfandtafeln angebracht werden. Ein Besitzerwerb des Pfandgläubigers liegt dagegen vor, wenn ein Beauftragter desselben kontraktlich die Überwachung übernimmt. Eine Übergabe ist nicht notwendig, wenn der Gläubiger die Pfandsache bereits im Gewahrsam hat (brevi manu traditio). Weil Erkennbarkeit erforderlich ist, genügt das sogenannte constitutum possessorium, bei welchem der Eigentümer den unmittelbaren Besitz behält, nicht. Dagegen ist eine Übergabe möglich durch Aushändigung des sich auf die Ware beziehenden Papiers an den nach der Urkunde zum Empfange Berechtigten.

Die Gläubigersicherung erfolgt heutzutage meist dadurch, daß der Schuldner seinem Gläubiger fiduziarisch (sicherungshalber) in Form sogenannter Sicherungsübereignung die Sache zum Eigentum überträgt. Diese Sicherungsübereignung gewährt aber dem Gläubiger kein Aussonderungsrecht, sondern nur ein Absonderungsrecht. Die Vermögensgegenstände stehen formell im Eigentum des Schuldners, sind ihm aber nur auf Grund des fiduziarischen Verhältnisses überlassen. (RG. 24, 45; LZ. 1910,

Sp. 158; RG. V. 10. Okt. 1917; RG. 91, 12; RG. VII 28. Febr. 1922; SeuffA. 77, 261.) Am meisten kommt solche Sicherstellung bei Warenlagern vor. Freilich müssen die Waren konkretisiert, individuell bestimmt, sein. Auch die zukünftig hinzukommenden Waren können laut Übereignungsvertrag mit ihrem Einbringen in das Eigentum des Gläubigers übergehen. Fehlt es an der individuellen Bestimmtheit der übereigneten Waren, mögen diese auch bestimmbar sein, so ist diese Übereignung ungültig.

Die Pfandbestellung an einer Sache, welche ein anderer für den Pfandbesteller in Verwahrung hat, kann derart erfolgen, daß der Pfandbesteller den Anspruch auf Herausgabe der Sache an den Pfandgläubiger abtritt. Als Besitzübertragung reicht die Einräumung des Mitbesitzes in der Art aus, daß ein Dritter, der sich im unmittelbaren Besitze der Sache befindet, die Sache vereinbarungsgemäß nur an den Verpfänder und den Pfandgläubiger gemeinschaftlich herausgeben darf (Pfandhalterschaft). Wer einen Pfandgläubiger wegen seiner Forderung befriedigt und in seine Stellung einrückt, erlangt ebenfalls ein zur Absonderung berechtigendes Pfandrecht. Auch ohne Übergabe kann durch Einigung und Abtretung, mit Verpfändungsanzeige an den Verwahrer, die hinterlegte Sache durch Übergabe eines Lagerscheines der absonderungsberechtigten Pfändung unterworfen werden (§ 424 HGB.). Hier sind auch die anderen Warentraditionspapiere (Konnossement, Ladeschein) anzuführen. Endlich kann das Pfandrecht an Gegenständen, die dem Verpfänder nicht gehören, gutgläubig erworben werden.

Rechte werden in der nämlichen Weise verpfändet, wie sie übertragen werden. Zur Verpfändung einer durch Abtretungsvertrag übertragbaren Forderung ist eine Verpfändungsanzeige erforderlich. Diese Verpfändungsanzeige muß bereits vor Vergleichsanordnung betätigt worden sein. Eine Übergabe der Schuldurkunde reicht nicht aus. Die Sparkasse, die Versicherungsgesellschaft, muß vor Anordnung des Vergleichsverfahrens von der Verpfändung unterrichtet worden sein.

Hier schlägt auch die Verpfändung der durch Briefhypothek, Grundschuld und Rentenschuld, gesicherten Forderung ein. Erforderlich ist die Verpfändungseinigung und Eintragung der Verpfändung im Grundbuch. Wenn ein Brief ausgestellt ist, wird die Eintragung durch schriftliche Verpfändungserklärung des Forderungsberechtigten und Briefübergabe an den Verpfänder ersetzt.

Bei den Schutzrechten des gewerblichen Rechtsschutzes (Patent, Gebrauchsmuster usw.) erfolgt die Verpfändung in der Art der Abtretung.

Bei Inhaberpapieren gilt das über die Verpfändung beweglicher Sachen Gesagte. Das Bankdepotgesetz läßt den gutgläubigen Pfandrechtserwerb an Inhaberpapieren intakt.

Ein Handelsgeschäft als solches (etwa Verlagsgeschäft) ist nicht verpfändbar. RG. 95, 235.

Zu erwähnen ist schließlich das Inventarpfandrecht gemäß Gesetz bzw. Ermöglichung der Beschaffung von Kapitalkredit für Pächter der Landwirtschaft. Es ist ein Pfandrecht an dem Inventare des Pächters, d. i. e. Sachinbegriffe. Kiesow, S. 71.

g) Die den Faustpfandgläubigern (rechtsgeschäftlichen Pfandgläubigern) gleichstehenden Rechte.

aa) Allgemeines.

KO. § 49.

Den im § 48 bezeichneten Pfandgläubigern stehen gleich:

1. *die Reichskasse, die Staatskassen und die Gemeinden, sowie die Amts-, Kreis- und Provinzialverbände wegen öffentlicher Abgaben, in Ansehung der zurückgehaltenen oder in Beschlag genommenen zoll- und steuerpflichtigen Sachen;*
2. *diejenigen, welche an gewissen Gegenständen ein gesetzliches oder ein durch Pfändung erlangtes Pfandrecht haben; das dem Vermieter und dem Verpächter nach den §§ 559, 581, 585 des Bürgerlichen Gesetzbuchs zustehende Pfandrecht kann in Ansehung des Miet- oder Pachtzinses für eine frühere Zeit als das letzte Jahr vor der Eröffnung des Verfahrens, sowie in Ansehung des dem Vermieter oder dem Verpächter infolge der Kündigung des Verwalters entstehenden Entschädigungsanspruchs nicht geltend gemacht werden; das Pfandrecht des Verpächters eines landwirtschaftlichen Grundstücks unterliegt in Ansehung des Pachtzinses der Beschränkung nicht;*
3. *diejenigen, welche etwas zum Nutzen einer Sache verwendet haben, wegen des den noch vorhandenen Vorteil nicht übersteigenden Betrags ihrer Forderung aus der Verwendung in Ansehung der zurückbehaltenen Sache;*
4. *diejenigen, welchen nach dem Handelsgesetzbuche in Ansehung gewisser Gegenstände ein Zurückbehaltungsrecht zusteht.*

Die im Abs. 1 Nr. 1 bezeichneten Rechte gehen den im Abs. 1 Nr. 2—4 und den im § 48 bezeichneten Rechten vor.

Das Abgabenabsonderungsrecht wegen öffentlicher Abgaben zugunsten des Reiches, der einzelnen Länder und Gemeinden bezieht sich auf Zölle, Verbrauchs- und Verkehrssteuern. Voraussetzung ist, daß sich die zoll- und steuerpflichtigen Objekte in der Verfügungsgewalt der Steuerbehörde befinden. Das Vereinszollgesetz vom 1. Juli 1869 § 14 und die Reichsabgabenordnung vom 13. Dez. 1919 § 101, schlagen ein, sodann das Branntweinsteuergesetz, § 19, Tabaksteuergesetz v. 12. Dez. 1919, Weinsteuergesetz § 4/III v. 26. Juli 1918, Zündwerksteuergesetz usw.

bb) Das Vermieter- und Mieter-Pfandrecht.

1. Reguläres.

Das Vermieterpfandrecht ergreift nur die Mietzinsrückstände des letzten Jahres vor Vergleichsanordnung und nicht den Entschädigungsanspruch, welcher gemäß §§ 29 und 30 der VerglO. entsteht. Wird die Erfüllung oder die weitere Erfüllung eines gegenseitigen Vertrages auf Grund des § 28 der VerglO. abgelehnt, d. h. wird der Schuldner als einer der Vertragsteile durch Ermächtigung des Gerichts hiezu berechtigt, oder wird ein Miet-, Pacht- oder Dienst-Vertrag auf Grund des § 29 Abs. 2 VerglO. vorzeitig gekündigt, so kann der Vertragsgegner des Schuldners nach § 30 VerglO. Schadensersatz wegen Nichterfüllung verlangen. Aber er ist mit dem Ersatzanspruch gemäß § 30 VerglO. am Vergleichsverfahren beteiligt und wird von dem Vergleiche betroffen. Die Ablehnung durch den Schuldner mit Ermächtigung des Gerichts verwandelt den Erfüllungsanspruch in einen Anspruch auf das Erfüllungsinteresse (RG. II 19. Sept. 1919 LZ. 20, 50). Allein die Rechtsfolge ist kein privilegierter Schadensersatzanspruch.

Der § 28 VerglO. bringt gegenüber der GeschAufsVO. § 9 das Novum (welches den Schuldner unter Umständen belastet), daß jeder Vertragsteil, nicht nur der Schuldner, mit Ermächtigung des Gerichts die Erfüllung oder die weitere Erfüllung verweigern darf. Allein die Unannehmlichkeit bleibt dem Vertragsgegner des Schuldners, daß, wenn der Schuldner die Vertragsvollziehung ablehnt, sein Kontrahent mit dem Schadensersatzanspruch als nicht privilegierter Gläubiger dasteht. Aus allen diesen Gründen muß auch nach dem heutigen Vergleichsrecht seitens des Gerichtes nur sehr behutsam diese höchst problematische Ermächtigung gewährt werden. Die §§ 28 und 29 VerglO. bergen eben ein übermäßiges richterliches arbitrium in sich.

Das Pfandrecht des Vermieters und Verpächters erstreckt sich auf die eingebrachten, pfändbaren Sachen des Mieters und Pächters selbst. Das Pfandrecht besteht nicht, wenn die Sache vor der Vergleichsanordnung von dem Grundstück entfernt ist, falls nicht die Entfernung ohne Wissen oder unter Widerspruch des Vermieters erfolgt ist. Nicht befugt zum Widerspruch ist der Vermieter bei einer Entfernung im regelmäßigen Geschäftsbetriebe, bzw. bei offenbar ausreichender Sicherheit der verbleibenden Sachen. Das Absonderungsrecht des Vermieters ist dann anzuerkennen, wenn die Forderung mit dem Wesen des Vertrages oder mit der Bemessung des Mietzinses im Zusammenhang steht, also unter dieser Voraussetzung für Lieferung von Wasser und Gas, dann von Kraft für einen auf dem Mietgrundstück ausgeübten Fabrikbetrieb, für Lieferung von Essen, Bedienung, Licht, Heizung bei Zimmervermietung, sodann für Ansprüche aus vertragswidrigem Gebrauch der Miet- oder Pachtsache oder wegen Zahlungsverzugs, für Vertragsstrafen, für die Kosten der Kündigung. Zum Miet- und Pachtverhältnis gehört also nicht die Forderung auf Leistung einer vertragsmäßigen Pachtkaution; ebensowenig die Forderung aus einem Darlehen, das der Verpächter dem Pächter als Betriebskapital gegeben hat; weiter nicht im Falle der Verpflichtung des Mieters zur Bierentnahme, die Forderung des Vermieters aus Bierlieferungen. Das äußerliche Zusammenfassen eines weiteren Vertrages mit einem Pacht- oder Mietvertrage begründet für sich allein noch kein Absonderungsrecht für die weiteren Forderungen aus dem verbundenen Vertrage. Nicht kommt in Betracht die Lieferung von Dampfkraft an den Mieter, falls es sich um einen selbständigen Vertrag handelt. Nicht kommt in Betracht ein Absonderungsrecht des Vermieters auf eine vom Mieter für den Fall der Nichterfüllung seiner Verpflichtungen übernommene Konventionalstrafe. Das Absonderungsrecht erstreckt sich nicht auf ein dem Pächter nach dem Pachtvertrag zu gewährendes Betriebskapital.

Ein durch Pfändung erlangtes Pfandrecht an den eingebrachten Sachen steht dem Pfandrecht des Vermieters nach, es sei denn, daß die Sachen z. Z. der Einbringung bereits gepfändet und mit den zur Erkennbarmachung der Pfändung erforderlichen Zeichen versehen waren. Soweit der Vermieter seine Forderungen aus dem Mietverhältnisse abtritt, geht auch das Pfandrecht auf den neuen Forderungsgläubiger über. Dies gilt insbesondere, wenn der Vermieter eine ihm aus seiner Rechtsverfolgung wegen der Mietforderung erwachsene Kostenforderung abtritt. Überträgt der Vermieter aber eine Mietforderung und wird diese später eingeklagt, so kommt zwar der Mietforderung auch in der Person des Erwerbers das gesetzliche Pfandrecht zu, nicht aber der erst infolge einer Klage des Erwerbers zur Entstehung gelangenden Kostenforderung. Für diese Kostenforderung besteht kein Absonderungsrecht und damit auch keine Zwangsvollstreckung nach Anordnung des Vergleichsverfahrens. (Rechtsähnlich: Recht 1915 Nr. 326).

Das gesetzliche Pfandrecht des Verpächters ist gemäß § 581 BGB. dem Vermieterpfandrecht analog zu behandeln. Das Pfandrecht des Verpächters eines landwirtschaftlichen Grundstückes ergreift aber auch Früchte des Grundstückes und das Wirtschaftsinventar. Es kann ferner für den vollständigen, rückständigen, laufenden und künftigen Pachtzins geltend gemacht werden und zwar auch gegenüber einem Pfändungspfandgläubiger (§ 585 BGB.). Hier liegt ein besonderes Privileg für die Landwirtschaft vor.

2. Irreguläres.

Als weitere gesetzliche Pfandgläubiger kommen in Betracht:

Der Pächter an den mitverpachteten Inventarstücken für Guthaben, die sich auf diese beziehen (landwirtschaftlicher und anderer Art, wie Hotels, Theater, Lichtspieltheater, Mühlen usw.). Zu den auf das Inventar sich beziehenden Guthaben gehört auch der Anspruch auf Rückgabe einer für die Inventarstücke gestellten Sicherheit (Kaution), dann der Anspruch auf Ersatz von Verwendungen auf die Inventarstücke (§§ 589 und 590 BGB.).

Es gehört hieher der Gastwirt an den invecta et illata der Gäste (§ 704 BGB.).

Es gehört hieher der Unternehmer beim Werkvertrag (§ 647 BGB.). Es gehört hieher der Hinterleger und ein anderer Berechtigter an den Geldern und Effekten, welche zur Sicherheit daponiert sind. Das Pfandrecht kommt auch bei der zivilprozeßrechtlichen Sicherheitsleistung, zumal im Falle des § 713 ZPO., in Betracht. RG. JW. 1914, 466.

Es gehört hieher der Kommissionär an dem Kommissionsgut (§§ 397 und 399 HGB.). Eine Ersatzforderung des Kommissionärs gegen die Eisenbahn wegen Verlustes eines Frachtguts, welches ihm vom Kommittenten zugesandt wurde, ist kein Kommissionsgut. RG. 105, 126.

Das Recht auf Absonderung nach § 49 KO. besteht und entsteht keineswegs für Forderungen vor der Vergleichsanordnung an dem erst nach der Vergleichsanordnung über das Vermögen des Kommittenten in den Besitz des Verkaufskommissionärs gelangten Kommissionsobjekt. RG. 71, 76.

Es gehören hieher der Spediteur, Lagerhalter, Frachtführer, Güterverfrachter, Schiffseigner, Schiffsgläubiger, Hilfeleister sowie Berger an geborgenen Gegenständen bei Strandung (HGB., Binnenschiffahrtsgesetz, Strandungsordnung, Flößgesetz).

cc) Das Pfändungspfandrecht.

Hier ist die private und amtliche Pfändung gemeint. Das Pfändungspfandrecht der §§ 804 ff. ZPO. ist seiner Wirksamkeit, nicht seiner Entstehung nach, dem Vertragspfand ebenbürtig. In Betracht kommen ZPO., StPO., Verwaltungs-Zwangsverfahren nach der Reichsabgabenordnung vom 13. Dez. 1919, in Bayern Feldschadengesetz vom 6. März 1902 und die sonstigen Gesetze über Forst- sowie Feldpolizei.

Das Pfandrecht muß vor Vergleichsanordnung entstanden sein. Das Absonderungsrecht auf Grund einer Pfändungsankündigung gemäß § 845 ZPO. kommt nicht in Betracht, wenn nicht vor Vergleichsanordnung die gerichtliche Pfändung erfolgt ist. JW. 1907, 207. Die Pfandsache muß dem Schuldner gehören, sonst entsteht das Pfändungspfandrecht nicht. RG. 90, 198. Die Pfändung muß erkennbar sein. RG. JW. 1910, 116. Gutgläubiger Erwerb kommt nicht in Betracht. Die §§ 1207 BGB. und 366 HGB. sind nicht anwendbar. SeuffA. 62 Nr. 47.

Das Pfändungspfandrecht erlischt, wenn der Gläubiger oder der Gerichtsvollzieher das Pfand an den Schuldner oder Eigentümer zurückgibt, die Pfandzeichen entfernt oder entfernen läßt. Wenn aber die Erkennbarkeit einer wirksamen Pfändung infolge zufälliger Umstände oder unbefugter Eingriffe aufhört, so wird kein Untergang des Pfandrechts bewirkt, wie ja auch beim Faustpfand der unfreiwillige Verlust nichts schadet. Nur dann erlischt in solchem Falle das Pfandrecht, wenn eine andere Person in gutem Glauben an das Nichtbestehen eines Pfandrechts die Sache oder ein das Pfändungspfandrecht ausschließendes dingliches Recht an der Sache erwirbt. RG. Gruchot 44, 1200. Ein Pfändungspfandrecht an einer Sache, die sich z. Z. der Pfändung nicht im Eigentume des Schuldners befindet, wird durch späteren Eigentumserwerb des Schuldners wirksam. RG. 60, 70.

Der Pfändungspfandgläubiger ist berechtigt, die Zwangsvollstreckung, die er vor Anordnung des Vergleiches begonnen hatte, weiter zu betreiben. Dies gilt für gepfändete bewegliche Sachen und die Versteigerung von vor Anordnung des Vergleichs beschlagnahmten Grundstücken.

dd) Zurückbehaltungsrechte wegen nützlicher Verwendung.

Die Bestimmung unter § 49 Nr. 3 KO. ist, obwohl gesetzliche Pfandrechte in Nr. 2 allgemein den durch Rechtsgeschäft bestellten gleichgestellt sind, beibehalten, weil der Besitzer einer fremden Sache wegen seines Anspruchs auf Ersatz der von ihm gemachten Verwendung nach § 1000 BGB. nur ein Zurückbehaltungsrecht, nicht ein gesetzliches Pfandrecht, hat, so daß er sich durch Verkauf ohne gerichtliches Verfahren, wie beim Pfandverkaufe, nicht befriedigen kann. Anderen, als den unter Nr. 3 und 4 des § 49 KO. aufgeführten Zurückbehaltungsrechten, kommt eine Wirksamkeit nach Anordnung des Vergleiches nicht zu. Rechtsgeschäftlich kann eine schuldrechtlich wirksame Berechtigung zur Zurückbehaltung verabredet werden. Doch versagt solche Abrede gegenüber dem Vergleichsverfahren. OLG. Augsburg 26. Sept. 1914; LZ. 1915, 79.

Das Zurückbehaltungsrecht des § 273 BGB. kann im Vergleichsverfahren nicht berücksichtigt werden. Rechtsähnlich LZ. 1924, 639. Der Schuldner oder die VP. können daher ohne Arglist Gegenstände, an denen ein Zurückbehaltungsrecht, das nicht den Nr. 3 und 4 des § 49 KO. entspricht, zur Masse ziehen. RG. 77, 340.

Der neuerlichen Ansicht des RG. JW. 1921, 636, daß der Rechtsanwalt im Falle der Gant wegen seiner Gebühren und Auslagen an den Handakten seines Mandanten (in unserem Falle: des Vergleichsschuldners) ein Zurückbehaltungsrecht nicht geltend machen kann, pflichte ich nicht bei. Einerseits gehören die Handakten, da sie keinen Vermögenswert per se darstellen, nicht zur Masse (RG. 24, 414), andererseits kann dem Zurückbehaltungsrecht des Anwalts die Berücksichtigung bei der Vergleichsanordnung nicht versagt werden, weil m. E. die Voraussetzungen des § 49 Nr. 3 KO. vorliegen. Eine Einsicht der Handakten durch den Schuldner oder die VP. oder den Gläubigerausschuß, bevor der Anwalt seine Gebühren und Auslagen empfangen hat, würde die Berechtigung des Anwalts im Sinne des § 32 Abs. 1 RAO. illusorisch gestalten. Die §§ 810 und 811 BGB. sind eben durch die Sondervorschriften der RAO. nicht wirksam. Siehe auch Friedlaender RAO. § 32.

Das Absonderungsrecht kann nicht mehr ausgeübt werden, wenn der Berechtigte die Sache, an der ihm das Zurückbehaltungsrecht zustand, freiwillig veräußert hat. RG. LZ. 1924, 639.

Der § 19 KO. Nr. 3 gewährt eine Vorzugsbefriedigung aus dem Erlöse, welche der Beanspruchende selbst herbeiführen kann, da das Vergleichsverfahren eine dem Initiativrecht des Verwalters im Sinne des § 127 KO. gleichwertige Befugnis der VP. nicht kennt. Die Bestimmung des § 49 KO. Nr. 3 bezieht sich nur auf bewegliche Sachen und regelt nur einen persönlichen, nicht dinglichen, Anspruch. RG. 71, 424.

ee) Zurückbehaltungsrechte nach dem HGB.

Auch dies ist nur ein persönliches und kein dingliches Recht, gibt aber dem Berechtigten die Befugnis der Befriedigung aus der Sache nach den für das vertragliche Pfandrecht geltenden Vorschriften mit dem Abmaße des § 371 HGB. Beiderseits muß Kaufmannseigenschaft im Moment der Forderungsentstehung und des Zurückbehaltungsrechts vorhanden sein. Fällt diese Eigenschaft nach Vergleichsanordnung aus irgendwelchem Grunde beim Schuldner weg, so wird dadurch das Absonderungsrecht nicht ausgeschlossen. Rechtsprechung der OLG. 11, 360. Die Zurückbehaltungsrechte stehen also einem Kaufmann gegen einen Kaufmann, an dessen in seinem Besitz befindlichen beweglichen Sachen oder Wertpapieren wegen Forderungen aus beiderseitigen Handelsgeschäften zu. In Betracht kommen auch Aktien, Wechsel, Schecks, nicht aber reine Beweis- oder Legitimationspapiere (Versicherungspolicen, Sparkassenbücher, Grundschuld- und Hypothekenbriefe). RG. 68, 282.

Die Urkunden, die vom kaufmännischen Rückbehaltungsrecht umfaßt werden, müssen Träger der Forderung sein. Ihnen muß ein selbständig zu verwirklichender Vermögenswert zukommen. Die reinen Legitimationspapiere ergreift das Zurückbehaltungsrecht auch dann nicht, wenn es vertraglich eingeräumt ist, weil eine Erweiterung dieser Absonderungsrechte vertraglich nicht möglich ist. RG. 66, 26; 68, 282; Gruchot 53, 1126. Das Zurückbehaltungsrecht des HGB. ist beschränkter, als dasjenige des § 273 BGB.

ff) Weitere Absonderungsrechte.

Solche gewährt das Versicherungsvertragsgesetz in den §§ 77 und 157 und die Seeversicherung im § 188 HGB.

Gemäß § 77 VVG. braucht der Versicherungsnehmer dem Versicherten oder rechtsähnlich im Falle der Vergleichsanordnung dem Schuldner oder der VP., den Versicherungsschein nicht auszuliefern, bevor er (der Versicherungsnehmer) nicht wegen seiner Ansprüche befriedigt ist. Der Versicherungsnehmer hat den Anspruch auf vorzugsweise Befriedigung.

Auch der haftpflichtige Gläubiger hat Anspruch auf abgesonderte Befriedigung gemäß § 157 VVG. aus dem Entschädigungsanspruch des Versicherungsnehmers wegen des ihm gegen den Versicherungsnehmer zustehenden Anspruchs. Den Entschädigungsanspruch gegen den Versicherer hat nur der Versicherungsnehmer, während zwischen dem Versicherer und dem haftpflichtigen Gläubiger kein Schuldverhältnis vorliegt. RG. 93, 211. Der Anspruch rangiert in die Vergleichsmasse des Versicherungsnehmers. RG. 81, 250.

Wenn der Entschädigungsanspruch beim Versicherungsnehmer gepfändet wird, so rangiert das Absonderungsrecht vor dem Pfändungspfandrecht. RG. 70, 258.

h) Rang- und Reihenfolge.

Durch den § 49 KO. erfolgt keine Rangregulierung. Konkurrieren mehrere Absonderungsrechte, so regelt sich der Rang nach dem Bürgerlichen Recht. Was die gesetzlichen Pfandrechte anlangt, so wird auf die §§ 443, 771 ff. HGB. verwiesen. Sonst unterscheidet die Priorität bzw. Anciennetät des Rechts. RG. 25, 288. Freilich tritt das ältere Recht hinter das jüngere Recht des gutgläubigen Erwerbers zurück.

i) Absonderungsrecht des im Ausland Wohnenden.

Wird eine durch das Vergleichsverfahren betroffene Forderung abgetreten, so daß nach dem Rechte des Auslands eine nach dem deutschen Konkursrecht nicht zulässige Absonderung geltend gemacht werden kann und zwar nach der erfolgten Krisis (in unserem Falle: Anordnung des Vergleichsverfahrens), so kann gegen den Abtretenden nach den Bestimmungen des § 50 KO. vorgegangen werden. Es lautet:

KO. § 50.

Wer nach der Eröffnung des Konkursverfahrens oder mit Kenntnis des Eröffnungsantrages oder der Zahlungseinstellung eine Konkursforderung dem im Auslande wohnenden Inhaber eines zur Konkursmasse gehörigen Gegenstandes oder in der Absicht, daß dieser die Forderung erwerbe, einer Mittelsperson abtritt, ist verpflichtet, zur Konkursmasse den Betrag zu ersetzen, welcher derselben dadurch entgeht, daß der Inhaber für die Forderung nach dem Rechte des Auslandes entgegen den Bestimmungen dieses Gesetzes ein Absonderungsrecht an dem Gegenstande ausübt. Die Vorschrift des § 33 (KO.) findet entsprechende Anwendung.

Die Bestimmung rührt daher, daß die Absonderungsrechte nach dem Gesetz der belegenen Sache zu behandeln sind. Wenn nun das ausländische Konkursrecht eine Absonderung einräumt, welche nach unserem Konkursrecht nicht eingeräumt wird, macht der § 50 KO. den reichsdeutschen Gläubiger, der die Bestimmung des deutschen Gesetzes umgehen und durch eine Zession die Masse schädigen will, verantwortlich und ersatzpflichtig.

Es muß nicht gerade eine Abtretung im engeren Sinn des § 398 BGB. vorliegen; die Abtretung braucht ferner nicht entgeltlich zu sein; auch die Indossierung eines Wechsels, Schecks oder anderen Ordrepapieres, die Übertragung eines Inhaberpapieres, die Vermögensübernahme nach § 419 BGB., der Erbschaftskauf nach § 2371 BGB., schlägt hier ein. M. E. fällt auch die Abtretung, die in Erfüllung eines bereits vor Anordnung des Vergleichsverfahrens begründeten Anspruchs des Zessionars auf die Abtretung erfolgt ist, unter § 50 KO., der allgemein und ausnahmslos die Verantwortlichkeit des Abtretenden statuiert.

Es ist gleichgültig, welcher Nation einerseits der im Auslande wohnende Inhaber eines zur Vergleichsmasse gehörigen Gegenstandes, andererseits der Abtretende, angehört. Bezüglich eines im Inland wohnenden Inländers, welcher Sachen des Schuldners im Ausland besitzt, enthält der § 50 KO. keine den Abtretenden verantwortlich machende Bestimmung. Eine sich auf diesen Fall ausdehnende Auslegung erscheint nach dem klaren Wortlaute nicht angängig.

Der Anspruch kann vom Schuldner erhoben werden. Nach Anordnung des Vergleichsverfahrens muß sinngemäß der Anspruch erlöschen. Was der Masse durch Anwendung des ausländischen Absonderungsrechtes zu Verlust geht, ist zu ersetzen, d. h. der Unterschied zwischen dem Werte der Sache und dem Betrage, der bei Geltendmachung des Anspruchs im Rahmen der vom Vergleichsverfahren betroffenen Forderungen auf denselben entfallen wäre. In Abzug kommen muß aber die Vergleichsdividende, welche der Abtretende auf die vom Vergleich betroffene Forderung bezogen hätte, wenn die Zession nicht stattgefunden hätte.

Der Ersatzanspruch gegen den Abtretenden ist ein gesetzlicher. Er ist kein deliktischer. Die subjektive Voraussetzung ist Kenntnis der Vergleichsanordnung oder mindestens des Vergleichsantrages oder der Zahlungseinstellung oder der Überschuldung in den besonderen Fällen des § 1 VerglO. Die Mittelspersonen haften, wenn diese Voraussetzungen vorliegen, solidarisch mit dem Abtretenden. Der Ersatzanspruch kommt aber nur in Betracht, wenn die Benachteiligung der Masse objektiv vorliegt.

Die Anwendbarkeit des § 50 KO. auf das Vergleichsverfahren wird bestritten und ist in der Tat — m. E. im Gegensatz zum GeschAufsVerf., für das Jaeger 1917, S. 56 ebenfalls die Anwendung bestritten hatte — höchst fraglich, da der Ersatzanspruch im Vergleichsverfahren, wie oben dargelegt, nur dem Vergleichsschuldner selbst zustände. Kiesow, S. 69. — Allein eine ausdrückliche Bestimmung der Nichtanwendbarkeit enthält die VerglO. nicht.

k) Das Absonderungsrecht des Gemeinschaftsteilhabers.

Es lautet:

KO. § 16.

Befindet sich der Gemeinschuldner mit Dritten in einem Miteigentume, in einer Gesellschaft oder in einer anderen Gemeinschaft, so erfolgt die Teilung oder sonstige Auseinandersetzung außerhalb des Konkursverfahrens.

Eine Vereinbarung, durch welche bei einer Gemeinschaft nach Bruchteilen das Recht, die Aufhebung der Gemeinschaft zu verlangen, für immer oder auf Zeit ausgeschlossen oder eine Kündigungsfrist bestimmt worden ist, wirkt nicht gegen die Konkursmasse. Das gleiche gilt von einer Anordnung dieses Inhalts, die ein Erblasser für die Gemeinschaft seiner Erben getroffen hat.

Und es lautet:

KO. § 51.

Wer sich mit dem Gemeinschuldner in einem Miteigentume, in einer Gesellschaft oder in einer anderen Gemeinschaft befindet, kann wegen der auf ein solches Verhältnis sich gründenden Forderungen abgesonderte Befriedigung aus dem bei der Teilung oder sonstigen Auseinandersetzung ermittelten Anteile des Gemeinschuldners verlangen.

Auf Gemeinschaft gründet sich eine Forderung nur dann, wenn zu den ihre Entstehung in der Person des Gläubigers bedingenden Umständen die Gemeinschaft mit dem Schuldner gehört. Die Gemeinschaft muß den Inhalt der Forderung dahin beeinflussen, daß letztere selbst in das Gemeinschaftsverhältnis insoferne eintritt, als sie bei der Auseinandersetzung mitberücksichtigt werden muß, den Anteil des Gläubigers vermehrt, den des Schuldners vermindert. Das ist aber nur der Fall, wenn die Forderung dem einen Gemeinschafter vermöge seiner Zugehörigkeit zur Gemeinschaft gegen den anderen Gemeinschafter, nicht, wenn sie ihm unabhängig von der Gemeinschaft zusteht. RG. II. ZS. 2. Sept. 1914; Recht 1915 Nr. 1885; LZ. 1914, 1810.

Der nach Deckung der Gemeinschaftsschulden verbleibende Nettoanteil des Teilhabers an einer Gemeinschaft fließt zur Masse. Bis zur durchgeführten Auseinandersetzung bleiben die Gemeinschaftsverhältnisse durch die Krisis des Teilhabers unberührt (RG. 26, 113; 51, 345; JW. 1899, 539). Deshalb ist den Mitteilhabern auch für die persönlichen Forderungen, welche ihnen zum Zweck der erforderlichen Ausgleichung auf Grund des Gemeinschaftsverhältnisses gegen einen Teilhaber erwachsen, bezüglich dessen ein Vergleichsverfahren angeordnet ist, ein Absonderungsrecht bezüglich des Gemeinschaftsanteils des Vergleichsschuldners gewährt, wenn sie bei der Auseinandersetzung nicht befriedigt worden sind (RG. 67, 158; 92, 344; § 756 BGB.). Solche absonderungsberechtigte persönliche Forderungen sind Ersatzforderungen wegen Verwendungen zu Gemeinschaftszwecken, Regreßforderungen wegen Heranziehung zur Zahlung von Schulden der Gemeinschaft, Schadensersatzforderungen wegen pflichtwidrigen Verhaltens eines Gesellschafters (§ 708 BGB.; RG. 92, 344). Eine absonderungsberechtigte Forderung, welche sich auf die Erbengemeinschaft stützt, ist der Anspruch auf Rückerstattung eines Darlehens, welches der Erblasser einem Miterben gewährt hat. Die Teilung oder sonstige Auseinandersetzung, welche im Rahmen des § 16 KO. außerhalb des Vergleichsverfahrens vor sich geht, kann durch Teilung des Erlöses (§ 753 BGB.), auch durch Veräußerung des gemeinschaftlichen Gegenstandes (Bruchteilsgemeinschaft), oder Veräußerung des ideellen Anteils des Schuldners (RG. 67, 157), oder sonstwie, sich vollziehen.

Der Fall der ehelichen Gütergemeinschaft ist durch den § 51 KO. mit umfaßt (JW. 93, 428). Der Begriff Anteile, von welchem im § 51 KO. die Rede ist, umfaßt nicht den Fall, daß dem Vergleichsschuldner die ganze Gemeinschaftsmasse zufließt.

Bei der stillen Gesellschaft wird zwar gemäß § 340 HGB. die Auseinandersetzung betätigt. Der stille Gesellschafter hat aber kein Absonderungsrecht wegen seiner Forderungen bezüglich der Einlage (JW. 84, 270; 1905, 719). Eine Vereinbarung, nach welcher der später einen Vergleich beantragende Schuldner Ware einkaufen, am Gewinn und Verlust zur Hälfte beteiligt sein und das Verhältnis nach außen nicht ersichtlich sein soll, bringt kein Absonderungsrecht, wenn dem Schuldner auch Geld zur Bezahlung des Einkaufs gegeben wird (RG. 11. Okt. 1905; DJZ. 10, 1169).

Auch die Gewerkschaft hat kein Absonderungsrecht am Kuxe des Gewerken wegen rückständiger Zinsen; ebensowenig die eingetragene Genossenschaft wegen ihrer Forderungen gegen den einzelnen Genossenschafter. Die Kreditgenossenschaft hat kein Absonderungsrecht am Geschäftsguthaben des Genossen für Forderungen an diesen aus erfolgter Kreditgewährung (RG. 26, 110). Wird über das Vermögen eines Gesellschafters einer Gesellschaft bürgerlichen Rechts Vergleich angeordnet, so können die Gläubiger aus dem Geschäftsbetrieb der Gesellschaft nicht verlangen, daß sie aus den Vermögensstücken der Gesellschaft von vorneherein Befriedigung finden. Die §§ 16 und 51 KO. sind für den Vergleich bezüglich der Mitglieder juristischer Personen nicht anwendbar, weil deren Vermögen nicht Gemeinschaftsvermögen der Mitglieder ist.

Bis zur Durchführung der Auseinandersetzung bestehen die aus der Gemeinschaft entspringenden Rechtsverhältnisse sowohl unter den Schuldnern, als auch im Verhältnis zu den Gemeinschaftsgläubigern, unberührt durch die Anordnung des Vergleiches wegen des Vermögens des einen Teilnehmers, fort. Dritte Gemeinschaftsgläubiger sind bei der Auseinandersetzung nicht beteiligt. Der Teilhaber, wegen dessen der Vergleich angeordnet ist, hat zwar die Befugnis, bei der Auseinandersetzung zunächst die Schulden zu tilgen. Die dritten Gemeinschaftsgläubiger sind aber nicht berechtigt, vorab aus dem Gemeinschaftsvermögen befriedigt zu werden. Vielmehr können die Teilhaber solche Gemeinschaftsschulden lediglich unter sich verrechnen, ohne die Gläubiger zu befriedigen. Die abgesonderte Befriedigung kann nicht aus der gemeinschaftlichen Vermögensmasse als Ganzem, auch nicht aus den Anteilsrechten des Schuldners an den einzelnen gemeinschaftlichen Vermögensstücken, sondern nur aus dem bei der Teilung oder sonstigen Auseinandersetzung, nach Tilgung der Gemeinschaftsschulden verbleibenden Anteile des Vergleichsschuldners, verlangt werden (RG. 26, 113; JW. 99, 533). Da ein Gesellschafter in Richtung gegen den anderen bei der Auseinandersetzung zunächst die Berichtigung der gemeinschaftlichen Schulden ansprechen kann, darf er wegen der zu diesen Schulden gehörenden Verbindlichkeiten der Gesellschaft auch für den Fall Vorausbefriedigung verlangen, daß er bezüglich seiner Ansprüche als dritter Gläubiger in Betracht kommt, also etwa wegen der Ansprüche aus einem Darlehen, das er der Gesellschaft gewährt hat. Wenn ferner der Gesellschafter (etwa aus einem Darlehen) Schuldner der Gesellschaft geworden ist, so hat er seine Schuld bei der Auseinandersetzung zu bezahlen (§ 733 BGB.; § 149 HGB.).

l) Das Absonderungsrecht der Lehen- usw. Gläubiger.

Es lautet:

KO. § 52.

Die Befriedigung der Lehen-, Stammguts- oder Familienfideikommiß-Gläubiger erfolgt abgesondert aus dem Lehen, Stammgute oder Familienfideikommisse nach den Vorschriften der Landesgesetze.

Insoweit die Substanz oder die Revenuen von Lehen- und Stammgütern des derzeitigen Besitzers als Vergleichsschuldners überhaupt zu dessen Vergleichsmasse gehören, muß aus diesen die abgesonderte Befriedigung der Lehen- usw. Gläubiger vor den Allodialgläubigern (den vom Vergleichsverfahren betroffenen Gläubigern) erfolgen.

Die Fideikommisse sind nach Art. 155 Abs. 2 der Reichsverfassung aufzulösen.

Zu IV.

Die Aussonderung.

a) Rechtsnatur der Aussonderung nach der KO.

Am Vergleichsverfahren nicht beteiligt und vom Vergleich nicht betroffen sind nach dem argumentum e contrario des § 2 VO. die Aussonderungsansprüche der §§ 43—46 KO., die Forderungen der Vindikanten oder der Separatisten ex iure dominii.

Es lautet:

KO. § 43.

Die Ansprüche auf Aussonderung eines dem Gemeinschuldner nicht gehörigen Gegenstandes aus der Konkursmasse auf Grund eines dinglichen oder persönlichen Rechts bestimmen sich nach den außerhalb des Konkursverfahrens geltenden Gesetzen.

In die Vergleichsmasse fallen bloß Gegenstände, welche dem Schuldner gehören. Gegenstände, welche ihm nicht gehören, unterliegen der Aussonderung. Ob ein Gegenstand dem Schuldner gehört, hängt von den materiellrechtlichen Normen ab. Nicht nur auf körperliche Gegenstände erstreckt sich das Aussonderungsbegehren. Auch persönliche Ansprüche können in Betracht kommen, zumal restitutorischer Art (OLG. 11, 359; 19, 210). Zu den Herausgabeansprüchen, welche in Schuldverhältnissen begründet sind, gehören die Forderungen auf Rückgabe einer Sache nach beendigter Miete, Pachtverpfändung, Geschäftsbesorgung, Leihe und Verwahrung. Gegenstand und Recht der Aussonderung sind hier etwas Verschiedenes. Es können also nicht nur dingliche Rechte an einer Sache, sondern auch persönliche Rechte in Ansehung einer Sache, zur Aussonderung führen. Das persönliche Recht muß aber einen Vindikationsanspruch, nicht bloß einen Verschaffungsanspruch, begründen. Unter den Aussonderungsansprüchen auf Grund persönlicher Rechte hat § 43 KO. also Sachen im Auge, die durch Verträge in den Besitz des Schuldners gelangt sind und auf Grund der Verträge zurückgefordert werden können, auch wenn der Forderungsberechtigte nicht Eigentümer der Sache ist, vorausgesetzt, daß sie nicht Eigentum des Vergleichsschuldners sind. Wenn der Aussondernde ein Recht z. B. auf Grund der Abtretung für sich in Anspruch nimmt, sind Gegenstand und Recht der Aussonderung identisch, wie beim Eigentum. Einen Aussonderungsanspruch bildet die Forderung des Vermieters auf Rückgewährung der vermieteten, des Verpächters auf Rückgewährung der verpachteten, des Verpfänders auf Rückgewährung der verpfändeten, des Verleihers auf Rückgewährung des verliehenen, des Verkäufers auf Rückgewährung der unter Eigentumsvorbehalt verkauften, des Hinterlegers auf Rückgewährung der verwahrten, des Geschäftsherrn gegen den Besorger auf Rückgewährung der dem letzteren zwecks Ausführung eines Vertrages übergebenen, Sache. Die auf Übertragung eines dem Schuldner gehörigen Gegenstandes an den Gläubiger gerichteten Ansprüche, zumal aus Kaufverträgen, auf Rückgewährung eines Darlehens, wegen Gläubigerbenachteiligung, werden als Verschaffungsansprüche in engerem Sinne bezeichnet, die nur mittelbar auf Herausgabe gerichtet sind. Das nämliche gilt bezüglich der Bereicherungsansprüche, wenn die Bereicherung nicht nach der Vergleichsanordnung unmittelbar zur Masse gelangt ist.

RG. 66, 390. Solche Ansprüche werden von dem Vergleichsverfahren betroffen.

Dagegen stellt die Abwehr des Eingriffs in absolute Rechte, welche keine Vermögensrechte zu sein brauchen (Patentrechte, Erfinderrechte, Lizenzrechte, Warenzeichenrechte, Urheberrechte), eine Aussonderung dar. Der Anspruch auf Aussonderung von Patenten setzt voraus, daß der Gläubiger dartut, daß er den auszusondernden Gegenstand als ihm gehörig beanspruchen darf. Das Recht am eigenen Bilde kann auch als verletztes Recht, welches eine Aussonderung der photographischen Platten usw. mit sich bringt, hier aufgeführt werden. Die Vernichtung einer widerrechtlich erlangten photographischen Aufnahme ist ebenfalls als Aussonderungsanspruch zu behandeln (RG. 45, 172). Bewegliche und unbewegliche Sachen, dingliche und persönliche Rechte, wie Nießbrauch, Hypotheken, Grund- und Rentenschulden (RG. 86, 240), Dienstbarkeiten, Reallasten und Forderungen aller Art (RG. 98, 145), zumal Guthaben zugunsten eines Dritten aus Lebens-, Unfallversicherungen, auch Leibrentenverträgen, ferner aus einer Versicherung für fremde Rechnung (VVG. § 74; RG. 89, 25; 95, 251) schlagen hier ein.

Dingliche Aussonderungsrechte sind Eigentum, Nießbrauch, Erbbau, Rechte aus Hypothek, Grundschuld, Rentenschuld, Reallast, Grunddienstbarkeit, Pfandrecht, Vorkaufsrecht, persönliche Dienstbarkeit, Wegnahmerecht.

Der Zeichner von Aktien hat, wenn es sich um einen Präventivakkord der Aktiengesellschaft dreht, einen Aussonderungsanspruch bezüglich der gezeichneten Aktien, wenn die Aktien bereits ausgefertigt und für den Zeichner in Verwahrung genommen sind. Und umgekehrt, wenn die Aktien noch nicht ausgefertigt sind. RG. 94, 64. Ein Aussonderungsrecht ist auch zu bejahen, wenn Aktiengesellschaften liquidationslos nach § 306 AktGes. verschmolzen werden und die aufnehmende Gesellschaft unter ein Vergleichsverfahren kommt, wobei die Gläubiger der übernommenen Gesellschaft als Vindikanten in Betracht kommen.

Scheinübertragung bringt ein Aussonderungsrecht mit sich.

Ein dem Vergleichsschuldner sicherungshalber übereigneter Gegenstand fällt unter die Aussonderung, nachdem er bezüglich des gesicherten Guthabens Befriedigung erlangt hat. Der fiduziarisch übereignete Gegenstand ist nach Begleichung der Forderung herauszugeben. Aber der Gläubiger, dem vom Vergleichsschuldner ein Gegenstand im Wege eines constitutum possessorium fiduziarisch übereignet ist, hat kein Aussonderungsrecht, sondern nur ein Absonderungsrecht für sein Guthaben (s. oben bei Absonderungsrecht, ferner RG. 91, 12, 280; DJZ. 18, 189; SeuffArch. 77, 261). Auch eine andere Person, die an einem vom Vergleichsschuldner einem weiteren Gläubiger zu treuen Händen übereigneten Immobile eine Hypothek hat, hat nur ein Absonderungsrecht. RG. 91, 15. Ein Treuhandvertrag ist nicht gegeben, wenn ein stiller Stellvertreter für den Auftraggeber von einer dritten Person einen Gegenstand erworben hat. In diesem Falle hat der Auftraggeber nur einen Verschaffungsanspruch obligatorischer Art. RG. 84, 217; 91, 16. Den Anspruch auf Übereignung hat er lediglich als vom Verfahren betroffene Forderung.

Vom Vergleichsverfahren wird ein Verkäufer nicht betroffen, dessen unter Eigentumsvorbehalt gelieferte Ware der Käufer vor Bezahlung an gutgläubige Dritte veräußert oder zur Sicherheit übereignet hat. OLG. Naumburg, Beschl. 23. Dez. 1926 1 W 210/26, JW. 1497; RG. 19. Nov. 1926; RG. 115, 262.

Es besteht aber kein Aussonderungsrecht am Erlös für den Verkäufer, wenn der Schuldner berechtigt war, die ihm unter Eigentumsvorbehalt verkaufte Sache weiter zu veräußern. Celle 11. Mai 1926, JW. 26, 2102.

Der Kommittent kann im Wege der Aussonderung die Abtretung seines Guthabens im Vergleiche des Kommissionärs beanspruchen. Rechtsähnlich: RG. 84, 216; LZ. 1907, 439. Der Aussonderungsanspruch des Kommittenten liegt nur dann vor, wenn gemäß § 28 ff. VerglO. der Schuldner (Kommissionär oder seine VP.) den Eintritt in den Kommissionsvertrag abgelehnt hat. Einschlägt § 392 HGB. für das handelsrechtliche Kommissionsgeschäft und § 407 HGB. für das Speditionsgeschäft (RG. 92, 11).

Im Vergleichsverfahren des Bankiers (Kommissionärs) hat der Kunde, für dessen Rechnung der Schuldner Wertpapiere kommissionsweise eingekauft hatte, nur dann ein Aussonderungsrecht, wenn die eingekauften Wertpapiere vor Vergleichseröffnung durch Übersendung des Stückeverzeichnisses oder auf andere Weise in das Eigentum des Auftraggebers übergegangen sind. Ist dieser Eigentumsübergang erfolgt, so steht dem Kunden nur ein schuldrechtlicher Lieferungsanspruch zu, der im Vergleichsverfahren den Charakter einer Ersatzforderung hat. Hatte aber der Kunde dem Bankier gegenüber seine Vertragspflicht erfüllt, so gewährt ihm § 7 a des Depotgesetzes vom 21. Nov. 1923 (Ergänzung des DepG. vom 5. Juli 1896) ein besonderes Vorrecht. Die Forderung dieses Kunden geht in Ansehung der Befriedigung aus den in der Masse vorhandenen Wertpapieren gleicher Gattung und aus den Ansprüchen auf Lieferung solcher Wertpapiere den Forderungen aller anderen Vergleichsgläubiger vor; mehrere Kommittenten haben nebeneinander gleichen Rang. Bezüglich der Geltendmachung von Ansprüchen gegenüber dem sonstigen Vermögen des Vergleichsschuldners sind die §§ 64, 153, 155, 156 und 168 Nr. 3 KO. für entsprechend anwendbar erklärt. Das Vergleichsgericht hat, wenn es nach Lage des Falles erforderlich erscheint, den Kommittenten zur Wahrung der ihnen hienach zustehenden Rechte einen Pfleger zu bestellen. Jaeger ZZP. 49, 26; Arnold LZ. 1925, 135; Stern 1926, LZ. 369. Amtsg. Nürnberg 13. Jan. 1926 K. R. Nr. 328/25. Amtsg. Mellrichsstadt 17. Febr. 1926 K. R. 2/25.

An dem Aussonderungsrecht ändert auch nichts die Tatsache, daß bei den Sammelstellen die Aktien der Kunden mit den eigenen Effektenbeständen der Bank vereinigt sind (in Form eines Miteigentums an der Gesamtmasse der hinterlegten Papiere gleicher Art zu einem ideellen Bruchteile). Denn im Gant- (hier Vergleichs-)falle werden dann zunächst die Kundendepots aus der Gesamtmasse ausgesondert und nur die eigenen Bestände der in Gant (hier Vergleichsverfahren) geratenen Bank fallen in die Masse. Das Gantprivileg gemäß § 7a DepG. in der Fassung vom 21. Nov. 1923 (RGBl. I, 1123) bleibt folglich dem Kunden der Bank erhalten. Hat die Sammelstelle Aktien der Kunden veruntreut, so daß die Bestände zur Befriedigung der einzelnen Bankkunden nicht ausreichen, so müssen die am Sammeldepot beteiligten Kunden den Schaden nach Verhältnis ihrer Anteile tragen. (Brand, Recht und Handel, 1. Jahrg., S. 382.) —

Der Handelsagent und zivilrechtliche Geschäftsbesorger haben den privilegierten Anspruch nicht. Wenn das Kommissionsgut bereits vor Vergleichsanordnung veräußert ist, so hat der Kommittent seinen Anspruch dinglicher Art eingebüßt (RG. 94, 308). Eine Aussonderungsforderung erwächst auch durch den Eigentumsvorbehalt des Verkäufers an einem dem Vergleichsschuldner verkauften und übergebenen Gegenstand (RG. 63, 307), wenn nicht der Vergleichsschuldner oder seine VP. in den Kauf eintritt und den Restkaufschilling dem Verkäufer bereinigt. —

Verloren geht die Vindikation durch Verbindung, Vermischung oder Verarbeitung vor Vergleichsanordnung (§§ 946 ff. BGB.). Das kommt besonders bei Maschinen vor, welche brancheüblich unter Eigentumsvorbehalt geliefert werden, wenn sie wesentliche Bestandteile des Grundstückes des Vergleichsschuldners geworden sind. Rechtsähnlich: RG. 69, 118, 150. Das OLG. Hamm I. ZS. führte am 26. April 1926 1 W 84/26, JW. 1926, 2115 aus: Bei Verarbeitung oder Verbindung von Sachen erlischt ein vorbehaltenes Eigentum. Eine Verpflichtung zur Eigentumsübertragung ist für den Veräußerer nicht mehr gegeben. Bezüglich seines Anspruchs auf Zahlung des Kaufpreises wird er von dem Vergleichsverfahren betroffen. S. außerdem: ROLG. 2, 344; RG. 63, 307, Dernburg Lehrb. Bd. 2, § 171, Anm. 11. Aus dem Bereicherungsanspruch des § 951 (Rechtsverlust aus den Spezifikationsparagraphen 946—950) erwächst nur eine vom Verf. betroffene Forderung. —

Kein Aussonderungsanspruch erwächst dem Gläubiger, der einen Kaufvertrag wegen Kreditbetrugs um deswillen anficht, weil der Antrag auf Vergleichsanordnung bald nach dem Kreditkauf erfolgte (Recht 1916, 404).

b) Voraussetzungen und Einzelheiten.

Der Anspruch auf Aussonderung setzt, wie schon unter a) erwähnt, ein dingliches oder persönliches Recht voraus, auf Grund dessen die Herausgabe eines Gegenstandes oder Ausantwortung eines Rechtes, als eines dem Anspruchsteller, nicht dem Vergleichsschuldner, gehörigen, verlangt werden kann. Als Aussonderungsansprüche werden folglich auch nach RG. 86, 240; JW. 96, 380, die actiones negatoriae, auf Beseitigung von Rechten des Schuldners an einer Sache des Beanspruchenden (Pfandrecht, Hypothek, Dienstbarkeit) erklärt. Ein Aussonderungsrecht steht demjenigen zu, der dem Schuldner zu einer Kautionsstellung mit der Abrede sein Geld geliehen hat, daß die Kautionssumme an ihn nach Beendigung des die Kaution bedingenden Verhältnisses wieder zurückzugeben sei. OLG. 21, 359. Auch die Aussonderung des eingebrachten Gutes der Ehefrau ist hier zu erwähnen. Maßgebend ist, daß der Gegenstand dem Vergleichsschuldner materiell und wirtschaftlich, nicht formell und juristisch, gehört (RG. 45, 80). Daher auch der Standpunkt des Reichsgerichts bezüglich des Absonderungsrechts (nicht Aussonderungsrechts) des Gläubigers, dem vom Schuldner (hier Vergleichsschuldner) ein Gegenstand zur Sicherung übereignet worden war.

Wenn der Schuldner oder die VP. eine Sache aus Irrtum herausgegeben hat, im Glauben, es sei die Aussonderungsforderung eines Dritten berechtigt, so hat dies nicht die Wirkung des Verlustes des Eigentums des Berechtigten, weil kein Veräußerungsgeschäft des Schuldners oder der VP. vorliegt. RG. 81, 141.

Der Schuldner oder die VP. haben gegenüber dem Aussonderungsanspruch die Einreden und Einwendungen, welche außerhalb des Vergleichsrahmens der Schuldner gegen den Anspruch geltend machen kann, also etwa den Einwand der Simulation und der Nichtigkeit des Veräußerungsgeschäfts oder den Einwand aus § 138 BGB., ferner wegen Irrtums oder Betrugs. Die Vindikation kann im Wege der Leistungs- oder Feststellungsklage erfolgen. Wenn ein Grund- oder ein anderes dingliches Recht vindiziert wird, so ist Grundbuchberichtigung zu beantragen. LZ. 1907, 230 bespricht den Antrag auf Löschung eines Warenzeichens. Sicherungen des Aussonderungsanspruchs durch einstweilige Verfügungen sind zulässig. RG. Gruchot 46, 677.

c) Zeitpunkt des Aussonderungsanspruchs.

Der Aussonderungsanspruch kann verfolgt werden, wenn seine Fälligkeit herangekommen ist. Er wird nicht etwa durch Anordnung des Präventivakkords fällig. Der Vertrag (z. B. Mietvertrag) muß unter Umständen beendigt sein, ehe die mit dem Vertrag übergebene Sache (z. B. vom Vermieter) herausgefordert werden kann. Der Vergleichsschuldner als Mieter ist verpflichtet, nach Beendigung der Mietzeit den gemieteten Gegenstand herauszugeben, gleichviel, ob vor oder nach Anordnung des Vergleichs er denselben gemietet hat.

d) Rechtsnatur des Verfolgungsrechts des Verkäufers oder Einkaufskommissionärs.

Es lautet:

KO. § 44.

Der Verkäufer oder Einkaufskommissionär kann Waren, welche von einem anderen Orte an den Gemeinschuldner abgesendet und von dem Gemeinschuldner noch nicht vollständig bezahlt sind, zurückfordern, sofern nicht dieselben schon vor der Eröffnung des Verfahrens an dem Orte der Ablieferung angekommen und in den Gewahrsam des Gemeinschuldners oder einer anderen Person für ihn gelangt sind.

Der § 44 KO. regelt das sogenannte right of stoppage in transitu, le droit de suite. Eine ursprünglich englische und dann dem code de commerce einverleibte Einrichtung. Die Fortbildung derselben hängt mit der Ausbildung der Konnossemente und der ihnen entsprechenden Warenpapiere zusammen. Man spricht von Arretieren oder Stoppen der Waren auf dem Transport. Die Ware ist noch nicht oder noch nicht ganz bezahlt und unterwegs. Hier ist ein besonderer Anspruch des Verkäufers oder Einkaufskommissionärs geschaffen. Er kann seine Waren zurückfordern. Der Rückforderungsanspruch entsteht bei uns im Augenblick der Vergleichsanordnung, während nach französischem Recht schon im Augenblick der Zahlungseinstellung der Anspruch entsteht. Die Bestimmung beugt den Bestrebungen böswilliger Schuldner vor, im letzten Augenblick möglichst viele Waren von auswärtigen Kaufleuten zu beziehen. Die Auffassungen über die Rechtsnatur des Verfolgungsrechts sind verschieden. Die einen erklären es für eine Art Restitution, ein Reszissionsrecht, die anderen für ein dingliches Recht, sonstige Rechtslehrer für ein persönliches Recht, wohl auch für ein gesetzliches Schuldverhältnis. Auch RG. 32, 19 und RG. 41, 334 beschäftigen sich mit dem Verfolgungsrecht: das Rückforderungsrecht des § 44 KO. verleiht einen persönlichen Anspruch auf Rückübertragung des Eigentums.

Die Grundlagen des § 44 KO. sind Einkauf- oder Tauschvertrag oder eine Einkaufskommission bezüglich Waren oder Wertpapiere. Die Waren brauchen nicht bestellt zu sein. Der Ablieferungsort braucht nicht Leistungsort zu sein. Die Ware muß aber von einem anderen Ort an den Schuldner (hier Vergleichsschuldner) abgesandt sein, es muß folglich ein Distanzkauf und kein Platzkauf vorliegen (JW. 1910, 394); ferner muß die Übersendung an den Schuldner (hier den Vergleichsschuldner) vor sich gegangen sein. Wenn der auswärtige Käufer oder eine für ihn handelnde Person beim Verkäufer selbst die Ware in Empfang nimmt, so wird aus dem Distanz- ein Platzgeschäft, wenn auch die Versendung hernach an den Käufer erfolgt. Ein solches Geschäft unterliegt nicht dem § 44 KO., fällt also nicht unter die privilegierten Forderungen der VerglO. Das Versendungsgeschäft kann auf Rechnung des einen oder anderen Vertragsteiles statthaben. Wer die Ware versandte, wer mit dem Spediteur oder Frachtführer kontrahierte, wer von den beiden Vertragsteilen die Beförderung besorgte, ob die Vertragsteile Kaufleute sind, ist unwesentlich (JW. 99, 165). Nicht trifft der § 44 KO. zu, wenn die Ware einem Dritten zuzusenden ist. Gleichgültig ist, ob der Verkäufer dem Käufer die Ware durch einen auswärts wohnenden Lieferanten zusenden läßt. Im Auftrage des Käufers darf die Ware nicht abgesandt sein. Die Ware ist abgesandt, wenn sie aus der Verfügungsgewalt des Verkäufers entfernt ist, um an den Käufer zu gelangen. Die Ware braucht den Absendungsort noch nicht verlassen zu haben, muß sich aber schon im Gewahrsam des vom Käufer bestellten Spediteurs oder Frachtführers befinden (RG. 73, 145; JW. 1899, 165). Dagegen ist das Verfolgungsrecht ausgeschaltet, wenn die Ware am Ursprungsorte einer für den Käufer ermächtigten Mittelsperson überantwortet und dann von letzterer an den Vergleichsschuldner abgesandt worden ist. Das Verfolgungsrecht ist erloschen, wenn die Ware zur Zeit der Vergleichsanordnung bereits in den Gewahrsam des Vergleichsschuldners übergegangen war.

Nur bei nicht vollständiger Bezahlung der Ware ist das Verfolgungsrecht gegeben. Wenn die Ware vollkommen bezahlt ist, so ist der Vertrag vom Schuldner erfüllt. Die Bezahlung muß sich bei der Einkaufskommission auch auf diejenige der Provision und Auslagen des Kommissionärs erstrecken. Der Zahlung sind die Zahlungssurrogate ebenbürtig. Stundung des Preises schaltet das Verfolgungsrecht nicht aus.

Beweispflichtig für die Identität der abgeschickten und verfolgten Ware ist der Verkäufer. Teilzahlungen und Vorschüsse, die der Schuldner geleistet hat, muß der Absender erstatten. Die vertrags- oder übungsgemäß vom Käufer zu tragenden Kosten der Lieferung hat der Verkäufer nicht zu erstatten. Ist die Grundlage des § 44 KO. gegeben, dann ist die Verfolgung durch eine vor der Anordnung des Vergleiches von dem Schuldner vorgenommene Weiterveräußerung ebenfalls nicht ausgeschlossen. Der Verkäufer kann sich wegen der Rückgabe auch an den dritten Erwerber der Ware halten. Der Erwerb des Dritten im guten Glauben ist geschützt. Hat der Verkäufer die Ware einem Spediteur mit dem Auftrag übersandt, sie zur Verfügung des Käufers zu halten und dieser Anweisung zur Verladung gegeben, die Ware ist aber noch nicht abgesandt, wenn ein Gläubiger des Käufers dessen Anspruch gegen den Spediteur auf Herausgabe pfändet, so berührt diese Pfändung ein vor derselben ausgeübtes Verfolgungsrecht des Verkäufers nicht (JW. 98, 486).

Etwas anderes als das Verfolgungsrecht des § 44 KO. ist das Rückbeorderungsrecht, welches der Absender gegenüber der Transportperson aus dem Transportvertrag hat (Postordnung vom 22. Dez. 1921). Der Frachtführer oder Schiffer darf dieser Forderung nur Folge leisten, wenn ihm der Ladeschein oder das Konnossement zurückgegeben wird. RG. 98, 338.

Der Verkäufer oder Einkaufskommissionär wird durch die Ausübung des Verfolgungsrechts von seiner kontraktlichen Leistung frei. Er verliert daher den Anspruch auf die Gegenleistung und muß das vom Schuldner bereits Geleistete vom Standpunkt der ungerechtfertigten Bereicherung zurückgewähren.

Eine Frist, innerhalb deren das Verfolgungsrecht auszuüben wäre, ist nicht bestimmt. Das Verfolgungsrecht endet, sobald die Ware nicht mehr unterwegs ist, d. h. in dem Zeitpunkt, in welchem der Käufer oder ein für ihn handelnder Dritter die tatsächliche Innehabung der Ware erlangt.

e) Der Aussonderungsanspruch der Ehefrau.

Es lautet:

KO. § 45.

Die Ehefrau des Gemeinschuldners kann Gegenstände, welche sie während der Ehe erworben hat, nur in Anspruch nehmen, wenn sie beweist, daß dieselben nicht mit Mitteln des Gemeinschuldners erworben sind.

Durch die Vorschrift des § 45 KO. sollen die Gläubiger des Ehemannes gegen fahrlässige oder arglistige Maßregeln der Eheleute oder des Ehemannes, welche eine Vermischung des Vermögens vorgenommen haben, tunlichst geschützt werden. Was die VerglO. anbetrifft, so sind verschiedene Maßnahmen zur Bekämpfung von Schiebungen der Eheleute, auf Grund der Erfahrungen im GeschAufsVerf., Gesetz geworden. Ich erinnere an §§ 3, 16 und 17 VerglO.

Weil in der Ehe des Schuldners Verschiebungen leicht möglich sind, so wird nach dem Gedankengang des § 45 KO. präsumiert, daß der Erwerb der Ehefrau während der Ehe mit Mitteln des Ehemannes erfolgt ist. Das Gegenteil hat die Ehefrau zu beweisen. Sie muß die Tatumstände behaupten und beweisen, die dartun, daß sie nicht mit Mitteln des Schuldners die Gegenstände erworben hat. Der nämliche Beweis liegt der Ehefrau ob, wenn bei einem Nachlaßverfahren im Sinne des § 92 VerglO. gegenüber der Ehefrau des Erblassers, die mit ihm nicht in Gütergemeinschaft gelebt hat, Gegenstände, als zum Nachlaß gehörig, in Anspruch genommen werden. Unterstellt wird ferner, daß der Erwerb der Frau während der Ehe mit Mitteln des Mannes dem Vergleichsschuldner gehört. Auf den Güterstand kommt es nicht an. Die Aussonderung der vor der Ehe von der Frau erworbenen Gegenstände fällt nicht unter den § 45 KO. Absichtlich erschwert im Interesse der Gläubigerschaft und zur möglichsten Hintanhaltung von Schiebungen ist der Nachweis, den der § 45 KO. von der Frau erfordert. Hier schlägt die sogenannte praesumtio Muciana des § 1362 BGB. ein. Er lautet in seinem 1. Absatz:

Zugunsten der Gläubiger des Mannes wird vermutet, daß die im Besitz eines der Ehegatten oder beider Ehegatten befindlichen beweglichen Sachen dem Manne gehören. (Dies gilt insbesondere auch für Inhaberpapiere und Orderpapiere, die mit Blanko-Indossament versehen sind.)

Der § 45 KO. verlangt aber noch mehr: den Nachweis nämlich, daß der Erwerb nicht mit Mitteln des Mannes erfolgte. Der Vergleichsschuldner oder die VP. hat daher dem Aussonderungsanspruch der Ehefrau den § 45 KO. entgegenzuhalten (Gruchot 47, 913).

Anders ist es bezüglich der zum persönlichen Gebrauch der Ehefrau bestimmten Waren. Hier gilt die umgekehrte Vermutung (§ 1362 Abs. 2 BGB.). Der Schuldner bzw. die VP. der Gläubigerschaft sind hier beweispflichtig hinsichtlich des Zeitpunktes und des Rechtsgrundes des Erwerbes.

Nicht von dem § 45 KO. betroffen sind die Mittel (Werte in ökonomischer Hinsicht), welche die Ehefrau von dem Ehemann durch wirksame Rechtshandlungen erlangt hat (wenn sie also etwa als seine Kassierin oder seine Geschäftsführerin nachweisbar vor Anordnung des Vergleiches angestellt war). Auch Schenkungen, soweit dieselben nicht anfechtbar sind, schließen die Anwendung des § 45 KO. aus. Unter die unentgeltlichen Zuwendungen, die der Ehemann der Ehefrau gemacht hat, ohne daß die Gläubigerschaft auf dem Wege des § 45 KO. dem Herausgabeanspruch der Ehefrau etwas anhaben kann, gehört auch eine Lebensversicherung zugunsten der Ehefrau. Solche Zuwendungen können indes möglicherweise anfechtbar sein. § 45 KO. bezieht sich nur auf die nach Eingehung der Ehe erworbenen Gegenstände. Bezüglich der zum Teile mit Mitteln des Mannes erlangten Gegenstände muß, wenn der Erwerb teilbar ist, die Aussonderung der Ehefrau zukommen, insoferne nicht mit Mitteln des Vergleichsschuldners die Gegenstände erworben sind. Bei unteilbaren Gegenständen ist die Sachlage so zu erledigen, wie wenn Miteigentum des Mannes und der Frau bestünde. Es ist also das Miteigentum im Sinne des § 16 KO. auseinanderzusetzen. Gewöhnlich wird es wohl so gehandhabt werden, daß man die Ehefrau in Güte bestimmt, den Wert der aus dem Vermögen des Vergleichsschuldners, ihres Mannes, zum Erwerb des Gegenstandes zum Teile verwendeten Mittel der Vergleichsmasse zurückzuführen. Statt des ursprünglichen Gegenstandes kann der an dessen Stelle erworbene beansprucht werden. Die Norm des § 45 KO. gilt für die jetzige Ehefrau, die Ehefrau des verstorbenen Mannes im Nachlaßfall, für die geschiedene Ehefrau und für die Rechtsnachfolger der einen oder anderen Ehefrau.

f) Die Ersatzaussonderung.

Es lautet:

KO. § 46.

Sind Gegenstände, deren Aussonderung aus der Konkursmasse hätte beansprucht werden können, vor der Eröffnung des

Verfahrens von dem Gemeinschuldner oder nach der Eröffnung des Verfahrens von dem Verwalter veräußert worden, so ist der Aussonderungsberechtigte befugt, die Abtretung des Rechts auf die Gegenleistung, soweit diese noch aussteht, zu verlangen. Er kann die Gegenleistung aus der Masse beanspruchen, soweit sie nach der Eröffnung des Verfahrens zu derselben eingezogen worden ist.

Der Aussonderungsanspruch des § 46 KO. ist ein ungewöhnlicher. Wenn der ursprüngliche Gegenstand, dessen Aussonderung in Betracht kam, durch eine dem Berechtigten gegenüber wirksame Verfügung des Schuldners in die Hände eines Dritten gelangt, so ist dem Verletzten ein Recht auf Aussonderung gewährt. Dieser Aussonderungsanspruch wäre an sich verwirkt, wenn der Vergleichsschuldner vor Anordnung des Vergleichsverfahrens über einen ihm nicht gehörigen Gegenstand verfügt hätte. Aus Billigkeit wird dem Anspruche auf Erstattung eine anormale Aussonderungsberechtigung verliehen. Der Beanspruchende kann sich an die Gegenleistung halten, die ihm abzutreten ist. Ferner kann er eine nach Anordnung des Vergleichsverfahrens zur Masse derselben einbezogene Gegenleistung selbst ansprechen (RG. 115, 264). Als Rechtsgrund bezeichnen die einen Rechtslehrer einen Masseanspruch, die anderen eine Anspruchsart sui generis, andere wiederum eine Kondiktion, während nach der herrschenden Ansicht ein Ausnahmefall der Vindikation vorliegt. Der § 46 KO. gilt nur für Aussonderungs-, nicht für Absonderungsrechte. Die Ersatzaussonderung aus § 46 KO. kommt nicht in Betracht, vielmehr die Aussonderung aus § 43 KO., wenn nach einer Gesetzesnorm ein anderer Gegenstand an die Stelle des ursprünglichen Aussonderungsobjektes tritt (dingliche Surrogation: RG. 94, 22).

Nicht nur durch Einigung und Übergabe übergegangene körperliche Gegenstände, sondern auch übertragene Rechte hat der § 46 KO. im Auge. Wenn der Schuldner schon vor Anordnung des Vergleichsverfahrens die Gegenleistung eingezogen hat, so hat der Eigentümer nur eine gewöhnliche, vom Verfahren betroffene, Forderung. Wenn der einbezogene Gegenstand noch ausscheidbar in der Vergleichsmasse vorhanden ist, so kann der Beanspruchende Herausgabe des Gegenstandes selbst verlangen. Ist der Gegenstand aber untergegangen, das Geld z. B. vermengt, so greift die Aussonderung nicht mehr Platz. Wenn eine im Augenblick der Anordnung des Vergleichsverfahrens nicht bezahlte Forderung des unter Vergleichsverfahren stehenden Verkaufskommissionärs, deren Abtretung der Kommittent nach § 43 KO. und § 392 Abs. 2 HGB. hätte ansprechen können, vom Schuldner einbezogen worden ist, ist dem Kommittent der Gegenwert herauszuzahlen. Der § 46 KO. ist darauf begründet, daß für die Veräußerung ein Äquivalent gegeben worden ist, d. h. eine auf Grund von Kauf- oder Tauschverträgen usw. in Betracht kommende Gegenleistung, der Kaufpreis, der Tauschgegenstand usw. Veräußerung bedeutet jede Vermögensänderung, und zwar durch ein dingliches Rechtsgeschäft. Hauptsächlich kommt beim § 46 KO. die entgeltliche Eigentumsübertragung des Aussonderungsgegenstandes mittels Kaufes oder Tausches, auch die entgeltliche Forderungsabtretung, in Betracht. Wenn Werte bei einem Darlehen hingegeben worden sind, so bildet der Anspruch auf Rückerstattung derselben das Entgelt der Darlehenshingabe. Nach § 46 KO. hat der Beanspruchende ein Recht auf Abtretung der Forderung auf das zugesicherte Darlehen. Das Entgelt ist nur insoweit auszusondern, als es als Gegenleistung für den veräußerten Aussonderungsgegenstand angesprochen werden kann. Wenn fremde Gegenstände mit Gegenständen des Schuldners veräußert worden sind, so fällt nur das nachweisbar für den fremden Gegenstand gewonnene Entgelt unter die Aussonderung. Bei der dinglichen Belastung des Gegenstandes kann der § 46 KO. ebenfalls Anwendung finden. Als Veräußerung nach § 46 KO. tritt auch die Zwangsversteigerung, sodann die Enteignung (RG. 94, 25), ferner die Einziehung einer fremden Forderung (RG. 98, 148), in Erscheinung.

Die Befugnisse, welche das Zivilrecht dem Berechtigten gewährt, die Sache von dem Dritten zu fordern, sollen weder eingeschränkt noch erweitert werden. Von dem Betrage der zur Vergleichsmasse gelangten Gegenleistung sind Kosten und Auslagen abzuziehen, welche die Gegenleistung erhöhen (JW. 99, 96). Wenn der Vergleichsschuldner eine Sache, welche demselben unter Eigentumsvorbehalt verkauft war, zu einem höheren Preise weiterverkauft hat, ohne den Kaufpreis bezahlt zu haben, so steht dem ersten Verkäufer die Ersatzaussonderung an der vom Vergleichsschuldner erzielten Kaufpreisforderung nur in Höhe des mit ihm vereinbarten Kaufpreises zu (OLG. 27, 253).

Wenn die Gegenleistung schon vor der Vergleichsanordnung vom Vergleichsschuldner eingezogen worden ist, so kann der zur Aussonderung Berechtigte seinen Anspruch auf Wertersatz oder auf Herausgabe der Bereicherung nur noch als gewöhnliche Konkursforderung geltend machen (RG. 94, 25, 307); nicht als Masseanspruch (RG. 66, 390).

Über den gesetzgeberischen Zweck der Ersatzaussonderung siehe ArchZivPrax. 68, 217; OLG. Kiel 28. Dez. 1913 (SeuffArch. Bd. 68 Nr. 163, II, S. 297); OLG. Stettin 3. März 1913 und 3. April 1913 (SeuffArch. Bd. 68 Nr. 163; ROLG. 27 S. 253) und RG. 19. Nov. 1926, 115 S. 264.

Zu V. Massekosten.

Der hier interessierende Teil des

§ 58 KO.

lautet:

Massekosten sind:

1. die gerichtlichen Kosten für das gemeinschaftliche Verfahren;

2. die Ausgaben für die Verwaltung, Verwertung und Verteilung der Masse;

3. die dem Gemeinschuldner und dessen Familie bewilligte Unterstützung.

Zu den gerichtlichen Kosten für das Vergleichsverfahren zählen die Gebühren und Auslagen nach dem deutschen Gerichtskostengesetz vom 21. Dez. 1922 (RGBl. 1923 I S. 12, 135, 813, 1186; 1924 I S. 135, 662; infolge § 99 VerglO. nun auch 1927 I S. 53). Dieses Gerichtskostengesetz erfährt durch den § 99 VerglO., auf welchen Bezug genommen wird, die erforderlichen Änderungen. Nach § 48 a des GKG. wird für das Vergleichsverfahren die volle Gebühr des § 8 des GKG. erhoben. Die Gebühr ermäßigt sich auf die Hälfte, wenn das Verfahren sich ohne Anberaumung eines Vergleichstermines erledigt, wenn also aus irgendwelchen Gründen es zu dem Vergleichstermin des § 59 VerglO. überhaupt nicht kommt. Wenn beispielsweise der Antrag vor Eröffnung des Vergleichsverfahrens zurückgenommen oder die Eröffnung des Vergleichsverfahrens nach den Gesichtspunkten der §§ 22 u. 23 VerglO. abgelehnt oder das eröffnete Verfahren vor Beginn des Vergleichstermines auf Grund der Vorschriften des § 79 VerglO. eingestellt wird. Es erschien billig, hier eine Ermäßigung eintreten zu lassen. Nach den ursprünglichen Vorschlägen des Reichsrats sollte die Gebühr sich auf $1/4$ ermäßigen, wenn der Antrag vor Eröffnung des VerglVerf. zurückgenommen oder die Eröffnung abgelehnt oder das eröffnete Verfahren vor Beginn des Vergleichstermines eingestellt wird. Die Reichsregierung und mit ihr der Rechtsausschuß erster Lesung wollte schlechthin für das VerglVerf. die Hälfte der vollen Gebühr erhoben sehen. Der Rechtsausschuß hat dann in zweiter Lesung beschlossen, an sich für das VerglVerf. die volle Gebühr anzusetzen, die Gebühr aber auf die Hälfte herabzusetzen, wenn das Verfahren sich ohne Anberaumung eines Vergleichstermines erledigt.

Wird das VerglVerf. durch Gerichtsbeschluß nach Prüfung der Sachlage organisch in das Konkursverfahren übergeleitet („Anschlußkonkurs" s. § 82 VerglO.), so wird die im VerglVerf. entstandene Gebühr auf die im § 42 des GKG. bestimmte Gebühr angerechnet. Wird bei Beendigung des VerglVerf. die Eröffnung des Konkursverfahrens abgelehnt, so wird die Gebühr des § 41 des GKG. überhaupt nicht erhoben. Für das Verfahren zur Abnahme des Offenbarungseides gemäß § 61 der VerglO. wird eine Gebühr nicht erhoben. Die in dem eben zitierten § 48 a GKG. bestimmten Gebühren werden nach dem Werte der Aktiven (§ 18 VerglO.) z. Zt. der Stellung des Antrages auf Eröffnung des VerglVerf.

erhoben. Was zu den Aktiven zählt, hat § 18 VerglO. spezifiziert. Übersteigt der Wert der Aktiven den Gesamtbetrag der Forderungen der am Verfahren beteiligten Gläubiger, so ist der Gesamtbetrag der Forderungen maßgebend.

Im VerglVerf. ist Schuldner der Gebühren und Auslagen der Vergleichsschuldner.

Zu den Ausgaben für die Verwaltung, Verwertung und Verteilung der Masse zählen insbesondere nach § 46 VerglO. die Auslagen und die Vergütung der VP. (aber nur die vom Vergl.-Gericht festgesetzten; s. hierüber m. Erläut. zu § 46 VerglO.). Nach § 46 VerglO. kann die VP. von dem Vergl.-Schuldner die Erstattung angemessener Barauslagen und eine angemessene Vergütung für ihre Geschäftsführung verlangen. Man hat früher immer mit gutem Grund in Konkursangelegenheiten zuerst von der Vergütung und dann von den Auslagen gesprochen. Bezeichnenderweise geschieht dies jetzt umgekehrt, weil man immer noch unter der Wirkung der außerordentlichen Kriegsverhältnisse zu stehen scheint, während deren der Schuldner berechtigterweise mit Glacéhandschuhen angefaßt wurde. Heute liegt die Sache denn doch etwas anders. Die VP. hat gar keinen Grund, unentgeltlich oder unter der Taxe oder unangemessen, tätig zu sein, wie ja auch mit Recht § 46 Abs. 1 VerglO. die Angemessenheit sowohl bei den Auslagen als auch bei der Vergütung unterstreicht. Zu Beginn des Krieges war die Anregung der reinen ehrenamtlichen Tätigkeit gegeben. Damals war die Länge des Krieges und die Dauer der Kriegsfolgen nicht vorauszusehen. Es war nicht vorauszusehen, welche Verantwortung der VP. erwachsen würde und welches Risiko sie folglich, auch in vermögensrechtlicher Hinsicht, übernehmen würde. Wenn sich somit die Liquidation ursprünglich mit Fug in bescheidensten Grenzen hielt, so durfte auf die Dauer nicht die Wahl weniger geeigneter Personen, die vielleicht billiger oder gar umsonst arbeiten, vorgezogen werden.

Die heutige Vertrauensperson bezieht ihre Vergütung aus dem schuldnerischen Vermögen. Die Höhe der Vergütung richtet sich nach Art, Ort, Größe, Zeitaufwand, Schwierigkeit, Erfolg und nicht zuletzt Verantwortlichkeit der Tätigkeit der VP.

Nicht etwa nur die notwendigen, sondern vielmehr die angemessenen, Barauslagen sind nach § 46 VerglO. zu ersetzen. Hiezu zählen Porti, Bestellgelder, Depeschen- und Telephongebühren, Stempelmarken, Aufwendung für Schreibwerk, Entschädigung eines Gehilfen, Straßenbahn und Reisekosten, Automobilauslagen.

Die Höhe der Auslagen und der Vergütung setzt das Vergleichsgericht fest. Es wäre wünschenswert, wenn die Landesjustizverwaltung für die der VP. zu gewährende Vergütung allgemeine Anordnungen treffen würde, da man mit den Einzelanordnungen der betreffenden Richter nicht immer günstige Erfahrungen gemacht hat. Man sollte nicht nur die förmlichen Sitzungen mit oder ohne Gläubigerausschuß, mit oder ohne Schuldner, mit oder ohne Gericht, mit oder ohne Gläubigerschaft, sondern auch die Tätigkeit bei Begutachtungen, Berichten, Rundschreiben, sehr wohl berücksichtigen. Nachdem §§ 41—47 VerglO. der VP. keine kleinen Pflichten und keine unbedeutenden Verantwortlichkeiten auflasten, ist auch eine würdige Entschädigung angezeigt. Die Handakten, Berichte und Aufzeichnungen der VP. sind Behelfe bei Bemessung ihres Äquivalents. Bei Meinungsverschiedenheiten erscheint es angezeigt, die Berufsvertretungen des § 20 VerglO. heranzuziehen. (Über maßgebende Tarife s. meine Erläuterungen zu § 46 VerglO.).

Unbegreiflich ist, daß bei dem § 48 VerglO. (Gläubigerausschuß) von einer Erstattung der Auslagen und einer Vergütung für die Geschäftsführung nichts gesprochen wird. Denn da der Gläubigerausschuß nicht obligatorisch ist, sondern nur fakultativ, wenn der besondere Umfang des Unternehmens des Schuldners die Einsetzung geboten erscheinen läßt, oder aber wenn die Interessierten (Schuldner, Gläubigermehrheit des § 16⁴, VP.) es beantragen, da ferner die Ausschußmitglieder nach § 48 und 49 VerglO. voll verantwortlich sind, so ist nicht zu verstehen, daß solche Kontrolleure umsonst amtieren sollen. (Es wird aber angenommen, da im Text nichts von einem Vergütungsanspruch steht. Es wird auch angenommen, daß der Ausschuß sein Amt nicht beliebig niederlegen kann. Rechtsähnlich: JW. 1917, 919; LZ. 1919, 420.) Ich würde — trotz Schweigen des Gesetzes, das hinsichtlich der GeschAufsVO. in der Praxis als Unzulässigkeit der Vergütung ausgelegt wurde — nach den allgemeinen Normen des BGB. Zubilligung einer angemessenen Entschädigung durch den Richter als dessen Recht ansehen. Ich würde — nach diesbezüglicher trüber Erfahrung — kein Amtieren als Gläubigerausschußmitglied empfehlen, wenn nicht der Schuldner eine Vergütung für die Geschäftsführung mit dem Gläubigerausschuß zuvor vereinbaren würde. (Über die Zulässigkeit derartiger Vereinbarung s. m. Erläuterung zu § 46 VerglO.) Die Zubilligung der Auslagen ist etwas so Selbstverständliches, daß kein Wort zu verlieren ist. —

Gewisse Steuern und Abgaben, Beiträge zu Genossenschaften und Versicherungsprämien, dann Kosten der Abschätzung von Sachen und der Versteigerung, gehören mit zu den Massekosten des Abs. 2 des § 58 KO. —

Zu betonen ist: jede Bevorzugung betr. Massekosten ist eng auszulegen. Die Vergleichsmasse soll nicht durch Befriedigung der bevorzugten Gläubiger aufgezehrt oder doch stark geschmälert werden. LG. Bonn 2. ZK. 8. Juli 1925, 2 O 166/25, Güthe-Schlegelberger, Kriegsbch. 3, S. 929, Kleinfeller JW. 1925, 2383.

VI.

Entsprechende Anwendung der §§ 5, 64—70 KO.

A. Entsprechende Anwendung des § 5 KO. (ausländische Gläubiger).

Es lautet:

KO. § 5.

Ausländische Gläubiger stehen den inländischen gleich. Unter Zustimmung des Bundesrats kann durch Anordnung des Reichskanzlers bestimmt werden, daß gegen einen ausländischen Staat, sowie dessen Angehörige und ihre Rechtsnachfolger ein Vergeltungsrecht zur Anwendung gebracht wird.

Sämtliche nichtdeutsche Gläubiger sind ausländische Gläubiger. Maßgebend ist die Staatsangehörigkeit, nicht etwa der Wohnsitz. Was die deutsche Staatsangehörigkeit anlangt, so ist der Art. 110 RVerf., das RGes. v. 22. Juli 1913 und das RG. v. 5. Nov. 1923 maßgebend. Die Angehörigen der nach dem Versailler Friedensvertrag abgetrennten Gebiete sind Ausländer, soweit sie nicht — cf. Oberschlesien, Eupen — für Deutschland optiert haben. Die Saargebietsbewohner bleiben Deutsche, insoweit sie dies vor dem Versailler Friedensvertrag waren. Zwischen den ausländischen und inländischen Gläubigern besteht Parität; freilich nur bezüglich der konkursrechtlichen Normen. Nicht in bezug auf Handlungs- und Geschäftsfähigkeit usw. In letzterem Betreff gelten die Normen der Statutenkollision des zwischenvölkischen Privatrechts.

Der § 5 Abs. 2 KO. hat ein Vergeltungsrecht im Auge: Reziprozität soll herrschen, wenn Angehörigen des Deutschen Reiches in einem fremden Staat die Gleichstellung im Konkurse mit dessen Staatsangehörigen nicht geboten wird. Was die alliierten und assoziierten Mächte anlangt, so steht Art. 276 d des Versailler Friedensvertrages jetzt dem § 5 Abs. 2 KO. und seiner Durchführung entgegen. Denn wir haben die Obliegenheit übernommen, den Angehörigen genannter Mächte keine Beschränkung aufzuerlegen, die nicht am 1. Juli 1914 auf sie schon anwendbar war, wenn nicht etwa unseren eigenen Staatsangehörigen die nämliche Beschränkung auferlegt wird. Soweit eine Reziprozität den übrigen Staaten gegenüber angewendet werden darf, hat der Reichskanzler nunmehr unter Zustimmung des Reichsrates zu funktionieren. Übergangsgesetz vom 4. März 1919. Reichsverfassung vom 11. Aug. 1919. Art. 179 Abs. 2. Der Reichsrat ist an die Stelle des Bundesrats getreten.

B. Absonderungsberechtigte als am Vergleichsverfahren beteiligte Gläubiger.

Der § 64 KO. besagt, daß der absonderungsberechtigte Gläubiger für den Betrag den verhältnismäßigen Anteil verlangen kann, zu welchem er auf abgesonderte Befriedigung verzichtet hat oder mit welchem er bei der abgesonderten Befriedigung ausgefallen ist. Während also oben — § 2 zu III — der absonderungsberechtigte Gläubiger in seiner Eigenschaft als vom Vergleichsverfahren nicht betroffener Gläubiger näher gewürdigt wurde, dreht es sich hier um den Absonderungsberechtigten, soweit er am Vergleichsverfahren teilnimmt. Er darf nicht für seine ganze Forderung das Pfand und außerdem das Vermögen des Schuldners ansprechen. Der absonderungsberechtigte Gläubiger darf nicht etwa zuerst aus der Masse, und dann für den Restbetrag aus dem Gegenstand der Absonderung, seine Befriedigung nehmen. Die persönliche Haftung kommt immer erst sekundär in Betracht. Freilich ist es dem Gläubiger unbenommen, ehe er die Befriedigung aus dem Pfand gefunden hat, seinen vollen Betrag im VerglVerf. bekanntzugeben (RG. 77, 75). Zweckmäßigerweise wird der Gläubiger, der Vergleichsschuldner und die VP. dafür sorgen, daß bei der Anmeldung, Eintragung, Bekanntgabe und Durchsprechung der Forderung eines absonderungsberechtigten Gläubigers der Zusatz erfolgt: „als Ausfallsforderung", oder „in Höhe des Ausfalls". Da ein solcher absonderungsberechtigter Gläubiger eine doppelte Eigenschaft in sich birgt, haben die §§ 18 und 62 VerglO. die Bestimmung getroffen, daß in der Übersicht des Vermögensstandes (VergleichsO. § 16) bei Passiven, deren Gläubiger im Falle des Konkurses abgesonderte Befriedigung beanspruchen können, die Höhe des mutmaßlichen Ausfalles anzugeben ist. Nur so kann man kalkulieren, ob überhaupt und in welcher Höhe solch ein Gläubiger als am Verfahren beteiligter Gläubiger mitzurechnen ist, was auf die Frage der Höhe der Passiven, der voraussichtlichen Dividende und des Stimmrechts Einfluß hat. Da man indes nicht voraus wissen kann, wie das Pfand sich realisiert, so hat das Vergleichsgericht zu entscheiden, ob und bis zu welchem Betrage Forderungen, für die abgesonderte Befriedigung beansprucht wird, zum Stimmen berechtigen. Der Richter muß sich bezüglich der hier nicht gleichgültigen Frage mit Schuldner, VP., Gläubigerausschuß und eventuell der sonstigen Gläubigerschaft ins Benehmen setzen, das Schreibwerk prüfen und danach die Stimmhöhe bemessen. Dem absonderungsberechtigten Gläubiger werden, sobald ein Vergleich zustande gekommen und bestätigt ist, die nach dem Gesichtspunkt des § 73 VerglO. und der oben erwähnten Faktoren (§§ 18 und 62) zu bemessenden Quoten zurückgehalten, aber nicht eher ausbezahlt, als bis die Frage feststeht, ob und inwieweit der absonderungsberechtigte Gläubiger als persönlicher Gläubiger in Betracht kommt. Jedenfalls hat er tunlichst bald für die Verwertung seines Pfandes zu sorgen. Denn die schließliche Vergleichsrate kann nur aus dem wirklichen, und nicht aus dem mutmaßlichen, Ausfalle berechnet werden. Eine bestimmte Form für den Verzicht auf abgesonderte Befriedigung besteht nicht. Die Verzichtserklärung kann gegenüber dem Gericht, dem Schuldner, der VP., erfolgen. Auch aus dem konkludenten Verhalten kann ein Verzicht geschlossen werden. Ein Vorbehalt, welcher mit dieser Verzichtsbekundung in Widerspruch steht, ist wirkungslos (RG. 77, 405). Der Verzicht geht dadurch vor sich, daß das Recht, das die Grundlage der abgesonderten Befriedigung bildet, uneingeschränkt aufgegeben wird.

§ 64 KO. enthält zwingendes Recht. Es geht daher nicht an, daß der Absonderungsberechtigte etwa rechtsgeschäftlich auf Grund einer Abmachung mit dem Vergleichsschuldner oder mit der VP. mit seinem ungekürzten Guthaben am Vergleichsverfahren sich beteiligen kann (JW. 1910, 29). Der Verzicht ist unwiderruflich. Er bleibt auch nach Vergleichsbeendigung bindend. RG. 64, 427; Bolze 17 Nr. 852.

Der Verzicht ist sowohl für den ganzen als auch für einen bestimmten Teilbetrag der durch das Absonderungsrecht gesicherten Forderung möglich. In der uneingeschränkten und vorbehaltlosen Anmeldung der Forderung im Vergleichsverfahren wurde ein Verzicht erblickt. OLG. München I. ZS. 5. Mai 1926, BR. L 1925/251. Bekämpft von Levy, beides JW. 1926, 2108. In der vorbehaltslosen Annahme der Zwangsvergleichsrate für den ganzen Betrag der Forderung kann ein Verzicht erblickt werden. Es ist aber nicht notwendig, einen Verzicht in der vorbehaltslosen Annahme zu finden. RG. JW. 1900, 1344. Wenn der Gläubiger abstimmt, wobei er sein Absonderungsrecht nicht erwähnt oder vorbehaltslos abstimmt, während sein Absonderungsrecht bestritten war, oder aber nichts zur Anerkennung seines Absonderungsrechtes unternimmt, so involviert dieses Verhalten einen Verzicht (RG. JW. 1910, 29; RG. 77, 403).

C. Betagte Forderungen.

Es lautet:

KO. § 65.

Betagte Forderungen gelten als fällig.

Eine betagte unverzinsliche Forderung vermindert sich auf den Betrag, welcher mit Hinzurechnung der gesetzlichen Zinsen desselben für die Zeit von der Eröffnung des Verfahrens bis zur Fälligkeit dem vollen Betrage der Forderung gleichkommt.

1. Im allgemeinen.

Im Rahmen des Vergleichsverfahrens soll natürlich das gesamte Schuldenwesen geordnet werden. Es werden deshalb bloß betagte Forderungen, die zur Zeit der Eröffnung des Vergleichsverfahrens zwar bereits begründet, aber noch nicht fällig sind, als fällig behandelt. Die Forderungen, deren Fälligkeit von einer Kündigung abhängig ist, fallen ebenfalls darunter. Die ratio legis will verhüten, daß den Gläubigern betagter Guthaben die Mittel weggenommen werden, ferner sollen nicht die ausmachenden Beträge bis zur Fälligkeit zurückgehalten werden. Unter die betagten Forderungen rangieren auch die Leibrentenforderungen (RG. 68, 342), die Rentenguthaben gemäß §§ 842 ff. BGB. und HaftpflichtG. § 7 (RG. 87, 85).

Wenn gegen den Vergleichsschuldner das Vergleichsverfahren außerhalb des Konkurses eröffnet worden ist, wird eine betagte Forderung nicht auch dem Bürgen gegenüber fällig (RG. 3, 357; ROLG. 6, 365). Umgekehrt tritt keine Fälligkeit zum Vorteile des Bürgen ein (RG., LZ. 1916, 243). Die Fälligkeit der betagten Forderung gilt also nur immer innerhalb des Vergleichsverfahrens, aber nicht gegenüber Mitverpflichteten (RG. 86, 249; 88, 375). Die Bestimmung betrifft ferner nur die an dem Vergleichsverfahren beteiligten Forderungen, nicht aber betagte Absonderungsrechte (Hypotheken, Grundschulden). Unter betagten Forderungen sind auch solche zu begreifen, deren Entstehung durch einen Anfangstermin hinausgeschoben ist (JW. 1902 Beilage 191).

Hinsichtlich aufgewerteter Hypotheken s. AufwG. v. 29. Nov. 1925 und Art. 22 DurchfVO.

2. Betagte unverzinsliche Forderungen.

Der § 272 BGB. besagt:

„Bezahlt der Schuldner eine unverzinsliche Schuld vor der Fälligkeit, so ist er zu einem Abzuge wegen der Zwischenzinsen nicht berechtigt."

Der Abs. 2 des § 65 KO. bildet hievon eine Ausnahme: Die unverzinsliche Forderung wird hienach um den Zwischenzins (Interusurium, Rabatt, Diskont) gekürzt. (Ebenso Österr. AusglO. § 14.) Schon das BGB. hatte sich für die Hoffmannsche Methode der Berechnung der Zwischenzinsen entschieden.

D. Forderungen unter auflösender Bedingung.

Es lautet:

KO. § 66.

Forderungen unter auflösender Bedingung werden wie unbedingte geltend gemacht.

Die Berücksichtigung dieser Forderungen unter auflösender Bedingung (§ 158, 2 BGB.) erfolgt im VerglVerf. auf ihre volle Höhe. Tritt die Bedingung im Laufe des VerglVerf. ein, so wird der Wegfall der Forderung durch Bestreiten geltend gemacht. Auch die Vollstreckungsgegenklage des § 767 ZPO. ist gegeben

(RG. 21, 331). Der verteilte Betrag kann wegen ungerechtfertigter Bereicherung herausverlangt werden (§ 812 BGB.). Der Gläubiger ist verpflichtet, Sicherheit für etwaige Rückzahlung zu leisten, wenn der Schuldner solche nach der Sachlage beanspruchen kann. Die Zurückbehaltung der Anteile auf eine auflösend bedingte Forderung tritt ein, wenn der Gläubiger hienach zur Sicherheitsleistung verpflichtet ist, die Sicherheit aber nicht leistet (§ 168 KO.). —

Hinsichtlich der Aufrechnung auflösend bedingter Forderungen s. § 54 KO., ferner RG. 68, 342.

E. Forderungen unter aufschiebender Bedingung.

Es lautet:

KO. § 67.

Forderungen unter aufschiebender Bedingung berechtigen nur zu einer Sicherung.

Solche Forderung liegt vor, wenn der Anspruch des Gläubigers vom ungewissen Eintritt einer künftigen Tatsache abhängt (incertum an). Gemeint sind nicht nur die rechtsgeschäftlichen Bedingungen des § 158 BGB., sondern auch die gesetzlichen Bedingungen (RG. 58, 11; 59, 56; JW. 97, 26; LZ. 1916, 1191). Es schlagen ein: Die Ansprüche der Bürgen und anderen Mitverpflichteten einer Forderung an den Vergleichsschuldner, auch derjenigen, die für eine Schuld des Vergleichsschuldners ein Pfand oder eine Hypothek gewährt haben, dann die Ansprüche gegen den Vergleichsschuldner aus einer Ausfallbürgschaft (RG. 69, 416; 85, 212). Wenn die Vergleichsquote höher ist, als der Restanspruch des eigentlichen Gläubigers, kann der Bürge den Mehranspruch verlangen, folglich in dieser Höhe am Vergleiche teilnehmen (RG. 59, 352; RGLG. 32, 386). Eine Kreditbürgschaft bringt keinen bedingten Anspruch über den gewährten Kredit mit sich (RG. JW. 1911, 447). Unter den § 67 KO. fallen auch die bedingten Forderungen auf ein Erfüllungsinteresse und auf Konventionalstrafe (RG. 59, 56; JW. 1906, 36). Nicht sind Forderungen unter aufschiebender Bedingung: die aus einer lebenslänglichen Leibrente (RG. 68, 340), auch nicht Schadensersatzansprüche, deren Höhe bei der Vergleichseröffnung noch nicht festgestellt werden können. Hier ist vielmehr § 69 KO. anzuwenden. Wenn der Vergleichsschuldner dem Bürgen ein Pfand gewährt hat, so ist er, auch wenn der eigentliche Gläubiger sich am Vergleich beteiligt, berechtigt, wegen des bedingten Regreßanspruchs seine Absonderungsberechtigung gegenüber dem Pfand anzuwenden (RG. 85, 58).

Nach § 62 VerglO. entscheidet das Vergleichsgericht, ob und zu welchem Betrag aufschiebend bedingte Forderungen zum Stimmen berechtigen. Ist die Existenz der Forderung ganz unbestimmt, so wird der Vergleichsrichter überhaupt keine Stimme hiefür gewähren; und umgekehrt, je nach Wahrscheinlichkeit der Existenz bzw. Bedeutung der Höhe nach.

Im alten § 43 GeschAufsVO. hieß es: „Bei der Entscheidung der Frage, ob die erforderlichen Zustimmungserklärungen vorliegen, sind die Gläubiger aufschiebend bedingter Forderungen nicht mitzuzählen.“ Diese Bestimmung ist nicht in die VerglO. übergegangen. Aber auch heute gilt noch Folgendes: Die Frage, wie weit und wann (incertum an, quando) die Gläubiger aufschiebend bedingter Forderungen überhaupt während des Vergleichsverfahrens zum Zuge kommen, ist meist nicht einfach. Es muß daher Klarheit herrschen, ob sie mitgezählt werden können oder nicht. Da die Durchführbarkeit ohne das Zustandekommen solcher Forderung vom Eintritt eines künftigen Ereignisses abhängt, ist es fraglich, ob und in welchem Umfange sie zu berücksichtigen ist. In diesem Dilemma wird der Vergleichsrichter im Sinne des § 62 Abs. 3 VerglO. zu einem Machtspruch ermächtigt. Er wird gut daran tun, die Interessenten zu hören und sich durch das Schreibwerk ein Bild von den Aussichten der betreffenden Forderungen zu machen.

Konsequent hätte der § 18 VerglO. auch die aufschiebend bedingten Forderungen — wie die vermutlichen Ausfallforderungen der Absonderungsberechtigten — erwähnen sollen. Nach meinem Dafürhalten müssen auch diese Verbindlichkeiten des Schuldners in der Übersicht des Vermögensstandes gemäß §§ 16 und 18 VerglO. figurieren. Die Forderung berechtigt zu der Sicherung des § 87 KO. unter allen Umständen (RG. 85, 212).

F. Gesamtschuldnerische Haftung.

Es lautet:

KO. § 68.

Wird über das Vermögen mehrerer oder einer von mehreren Personen, welche nebeneinander für dieselbe Leistung auf das Ganze haften, das Konkursverfahren eröffnet, so kann der Gläubiger bis zu seiner vollen Befriedigung in jedem Verfahren den Betrag geltend machen, den er zur Zeit der Eröffnung des Verfahrens zu fordern hatte.

Wenn mehrere Schuldner nebeneinander für die nämliche Forderung derart haften, daß ein jeder wegen des ganzen Betrages in Anspruch genommen werden kann (§§ 421, 431, 773 BGB.), über das Vermögen eines dieser Verpflichteten aber das Vergleichsverfahren eröffnet wird, und der Gläubiger berechtigt ist, zur Zeit der Eröffnung des Vergleichsverfahrens gegen den einen Schuldner, die Forderung gegen alle Schuldner zu betreiben, so kommt der § 68 KO. in Anwendung. Bezüglich abstrakten Schuldversprechens (§ 780 BGB.) s. RG. 70, 409; 77, 323. Bezüglich kumulativer Schuldübernahme, also eines echten Gesamtschuldverhältnisses, s. RG. 70, 410. Bezüglich unechten Gesamtschuldverhältnisses s. RG. 67, 128; 77, 323; 79, 290; 92, 408. Hinsichtlich der akzessorischen Natur der Bürgschaft auch im Falle des § 68 KO. s. RG. 23. Sept. 1907 VI 3/07. Der Rechtsgrund der Haftung ist bedeutungslos. Es kann sich um Vertrags- oder Deliktschulden, auch um Wechselschulden, drehen (RG. 74, 233; Bay. ObLG. 6, 47). Der Gläubiger kann seine Forderung zum vollen Bertage bei verschiedenen Vergleichsverfahren geltend machen (ebenso ÖsterrAusglO. § 18) und bleibt, ohne Rücksicht auf spätere Teilzahlungen, mit diesem Betrage am Verfahren beteiligter Gläubiger bis zu seiner vollen Befriedigung (RG. 74, 233). Die Teilnahmeberechtigung bemißt sich nach der Höhe des Guthabens zur Zeit der Eröffnung des Vergleichs. Teilzahlungen, welche vor der Eröffnung des Vergleichs erfolgt sind, vermindern das Guthaben. Teilzahlungen, welche der Gläubiger nach der Eröffnung des Vergleichsverfahrens von Seite eines anderen als dem Schuldner erhalten hat, werden nicht angerechnet (RG. Bolze 11 Nr. 938). Ist der Gläubiger zur Absonderung an einem Gegenstand berechtigt, so kann er in dem Vergleichsverfahren, zu dessen Masse der Gegenstand gehört, und in dem er das Absonderungsrecht ausübt, eine persönliche Forderung nur in Höhe des Ausfalls geltend machen (§ 64 KO.; RG. 52, 171). Bei denjenigen Vergleichsverfahren, bei welchen er nicht absonderungsberechtigt ist, ist er zum vollen Betrage teilnahmeberechtigt (RG. 52, 169; JW. 1910, 950). Ob die Masse des einen gegen den anderen Verpflichteten ein Rückgriffsrecht oder ein Recht auf Befriedigung durch Zahlung der Dividende hat, bestimmt sich nach dem Rechtsverhältnis unter den Mitverpflichteten (§§ 426, 774 BGB.; Art. 25, 29, 41 WO.; JW. 1900, 184; 1903, 245). Mehr als die an den Gläubiger gezahlte Dividende kann, auch wenn ein Rückgriffsrecht besteht und bei einem anderen Vergleichsverfahren geltend gemacht werden kann, in keinem Falle erstattet verlangt werden.

G. Abschätzung und Umwandlung.

Es lautet:

KO. § 69.

Forderungen, welche nicht auf einen Geldbetrag gerichtet sind, oder deren Geldbetrag unbestimmt oder ungewiß oder nicht in Reichswährung festgesetzt ist, sind nach ihrem Schätzungswerte in Reichswährung geltend zu machen.

Die Verteilung im Vergleichsverfahren kann nur in Geld vor sich gehen. (Ebenso ÖsterrKO. § 14 Abs. 1; AusglO. S. 552.) Ansprüche, welche nicht auf eine Geldsumme gerichtet sind, oder deren Geldbetrag nicht bestimmt, oder ungewiß, oder nicht in Reichswährung festgesetzt ist, müssen daher nach ihrem zur Zeit der Eröffnung des Vergleichsverfahrens bestehenden Schätzungswert

— unter Berücksichtigung der Zeit der Leistung in Reichswährung — umgesetzt werden, damit die Berechtigung der Teilnahme am Vergleichsverfahren auf einen bestimmten Geldbetrag festgesetzt werden kann. Solche Forderungen sind z. B. die Ansprüche auf Übereignung. Nicht auf einen Geldbetrag gerichtet sind Forderungen auf Leistung bestimmter Gegenstände, etwa aus einem Kauf- oder einem Tauschgeschäfte, die Verschaffungsansprüche (RG. 94, 64). Auch Forderungen auf Abtretung einer Grundschuld, zu welcher sich der Vergleichsschuldner gegen Entgelt verpflichtet hat, sind hieher zu rechnen (RG. 63, 231). Ein Anspruch auf Wandlung und Rücknahme eines verkauften Grundstückes wegen Mängel stellt ebenfalls eine solche Forderung dar (RG. 65, 132), dann auf Umschreibung einer Eigentümergrundschuld des Vergleichsschuldners in eine Hypothek (RG. 24. April 1918, V 383/17, Gruchot 53, 1125), auf Übergabe eines Grundschuldbriefs (RG. 77, 109). Weiter eine Forderung auf Rechnungslegung über die Geschäfte oder Geschäftsbesorgungen des Vergleichsschuldners (ObLGRspr. 25, 336). Ansprüche auf Übertragung bestimmter Gegenstände, Forderungen auf Leistungen in natura (Wohnung, Verköstigung, Beheizung, Kleidung) sind hier aufzuzählen. Bestritten ist, ob die Unterlassungsansprüche hier einzureihen sind. Ich bejahe die Frage im Hinblick auf Motive KO. II, 290. Ferner sind Forderungen eines ungewissen oder unbestimmten Geldbetrages anzuführen, oder solche, bei denen ein certum an, incertum quando vorliegt (Fälligkeit bei Tod). Unter den § 69 KO. fallen auch die Ansprüche auf wiederkehrende Leistungen, z. B. Leibrente (RG. 68, 432). In solchem Falle kann der gesamte kapitalisierte Betrag der Rente gefordert werden.

Die Veranschlagung des § 69 KO. ist Sache des Gläubigers. Bei dem Widerspruche gegen den angemeldeten Betrag und seine Höhe erfolgt die Feststellung im Rechtsstreite (RG. 24, 62; 65, 133). Nicht werden die Ansprüche in Geldforderungen verwandelt, sondern der § 69 KO. regelt nur den für die Beteiligung am Vergleichsverfahren einzuhaltenden Modus der Schätzung und Umwandlung. Wenn also z. B. der Vergleich abgelehnt (§§ 22, 23 VerglO.), zurückgenommen, verworfen oder das Vergleichsverfahren eingestellt wird, so lebt der Anspruch, welcher noch nicht erfüllt ist, in seiner früheren Form wieder auf. Zu bemerken ist noch, daß der § 69 KO. auf Aussonderungsansprüche keine Anwendung findet. Maßgebend ist der Schätzungswert zur Zeit der Eröffnung des Vergleichsverfahrens. Handelt es sich um eine spätere Zeit der Leistung, so ist der Wert festzustellen, welchen diese Leistung zur Zeit der Eröffnung des Vergleichsverfahrens hat.

Die Feststellung wirkt nicht nur für das Vergleichsverfahren, sondern auch für später (RG. 93, 213). Es kann für gewöhnlich nicht auf einen früheren Vollstreckungstitel wegen der nämlichen Forderung Bezug genommen werden (RG. 8. Jan. 1926 II, 112, 297).

Bezüglich des Umrechnens in Reichswährung (s. Reichsmünzgesetz vom 30. Aug. 1924 sowie die 2. DurchfVO. vom 12. Dez 1924. Auf die Papiermarkforderungen ist die VO. über Goldmarkrechnung anzuwenden. Bei Valutaforderungen vermag nach beendigtem Vergleich nicht ein früherer Vollstreckungstitel in ausländischer Währung hervorgeholt zu werden (RG. 8. Jan. 1926 II, 112, 297).

H. Kapitalisierung der wiederkehrenden Hebungen.

Es lautet:

KO. § 70.

Wiederkehrende Hebungen zu einem bestimmten Betrage und von einer bestimmten Zeitdauer werden unter Abrechnung der Zwischenzinsen (KO. § 65) durch Zusammenzählung der einzelnen Hebungen kapitalisiert. Der Gesamtbetrag darf den zum gesetzlichen Zinssatze kapitalisierten Betrag derselben nicht übersteigen.

Weil das Vergleichsverfahren eine Klarstellung der Vermögenslage des Schuldners herbeiführen soll, müssen wiederkehrende Hebungen, die nach Betrag und Zeitdauer bestimmt sind, und die nicht immer erst mit den einzelnen Raten und Terminen entstehen, kapitalisiert werden. Hebungen, deren Dauer unbestimmt ist, sind im Sinne des § 69 KO. (unter G) zu behandeln. Die Forderung besteht bei den wiederkehrenden Hebungen aus dem nunmehrigen Werte der Gesamtheit aller künftigen Hebungen, aus dem unter Anschlag der Zwischenzinsen und der anderen Tatumstände festzustellenden Kapitalbetrage (Motive, KO. II S. 291; ÖsterrAusglO. § 15). Die Kapitalisierung geht dadurch vor sich, daß die einzelnen Hebungen zusammengezählt werden, unter Abrechnung der Zwischenzinsen nach einem Zinsfuß, der dem jeweils gerichtlich zugebilligten Verzugszins entspricht, sich demnach an den veränderlichen Reichsbankdiskont und das Gesetz über Wechsel und Scheckzinsen vom 3. Juli 1925 (RGBl. S. 93) anlehnt. Der Gesamtbetrag darf den zum gesetzlichen Zinssatze kapitalisierten Betrag der einzelnen Hebungen nicht übersteigen. Im Auge gehabt sind Bezüge auf Grund vertraglicher oder testamentarischer Anordnungen. Auch hier gilt der Satz, daß der Gläubiger die Abschätzung vorzunehmen hat; ein Widerspruch gegen die Höhe der Schätzung muß streitig ausgetragen werden (RG. 24, 62; 65, 133). Dem Schuldner selbst gegenüber bleibt (wie oben unter G) die ursprüngliche Forderung bestehen, falls das Vergleichsverfahren nicht zu einem Abschlusse gebracht wird (Motive S. 292). Die auf den kapitalisierten Betrag fallenden Dividenden werden nicht etwa nur sichergestellt, sondern zur Auszahlung gebracht (Motive S. 291). Der kapitalisierte Betrag ist für das Stimmrecht der §§ 62 ff. VerglO. maßgebend.

Papiermarkforderungen sind in Goldmark umzurechnen (VO. über die Goldmarkrechnung).

Die Umwandlung besteht auch nach dem Vergleichsverfahren fort (RG. 93, 213; 112, 297).

§ 3.

Für Gläubiger, die später als am dreißigsten Tage vor der Stellung des Antrags auf Eröffnung des Vergleichsverfahrens durch Zwangsvollstreckung eine Sicherung oder Befriedigung erlangt haben, gelten die folgenden Vorschriften.

Ist der Gläubiger ohne die innerhalb der Frist vorgenommenen Vollstreckungsmaßregeln an dem Vergleichsverfahren beteiligt, so bleibt er an dem Verfahren beteiligt und wird von dem Vergleiche betroffen.

Ist der Gläubiger ohne die innerhalb der Frist vorgenommenen Vollstreckungsmaßregeln nur aus dem Grunde an dem Verfahren nicht beteiligt, weil sein Anspruch nach § 63 der Konkursordnung im Konkursverfahren nicht geltend gemacht werden kann, so bleiben gleichwohl die innerhalb der Frist vorgenommenen Vollstreckungsmaßregeln für das Vergleichsverfahren und einen sich anschließenden Konkurs (§ 82) außer Betracht (§§ 32, 33, 70, 74, 84).

Der Tag der Stellung des Antrags auf Eröffnung des Vergleichsverfahrens wird in die Frist nicht eingerechnet. Zwangsvollstreckung ist auch die Vollziehung eines Arrestes oder einer einstweiligen Verfügung.

Der § 3 VO. schafft einen Unterschied zwischen den Gläubigern, die vor dem 30. Tag und am 30. Tag vor der Vergleichsbeantragung als Vollstreckungsgläubiger aufgetreten sind, und denjenigen, die später vollstreckt haben. Die Gläubiger, die so rechtzeitig kamen, daß sie vor dem 30. Tag und am 30. Tag einschritten, bleiben privilegiert. Bei denen, die später kamen, sind besondere Schutzmaßnahmen zugunsten der übrigen Gläubigerschaft verhängt, weil erfahrungsgemäß diejenigen, die kurz vor der Veröffentlichung der Krisis noch zugriffen, mehr oder weniger sich der Zahlungsschwierigkeiten des Schuldners bereits bewußt waren. Um nun Vermögensverschiebungen zuungunsten des gemeinsamen Wohls der Vergleichsgläubiger hintanzuhalten und um einen der Konkursanfechtung ähnlichen Schutz (indirekten Vollstreckungsschutz, rückwirkende Vollstreckungssperre), der dem Geschäftsaufsichtsverfahren mangelte, zu bringen, sollen die Vollstreckungsverfahren, soweit ihre Entstehung nicht um mehr als 30 Tage vor dem Vergleichsantrag liegt, besonders unter die Lupe genommen werden. Wenn der Gläubiger ohne die erwähnten Maßnahmen des letzten Monats ohnedies beteiligter Gläubiger ist, so bleibt er beteiligter Gläubiger; er wird auch von dem Vergleich betroffen und ist insoweit nicht privilegiert. Wenn indes der Gläubiger nur deshalb privilegiert wäre, nicht beteiligt wäre, weil sein Anspruch vom Gesichtspunkt des § 63 KO. nicht geltend gemacht werden kann, so verliert er sein Privileg für das VerglVerf. und den konnexen (Anschluß-) Konkurs, d. i. den Konkurs, der gemäß § 82 VerglO. bei Ablehnung, Verwerfung oder Einstellung nach gerichtlicher Prüfung im engsten Anschluß an das nun nicht mehr in Betracht kommende VerglVerf. eröffnet wird.

(Näheres über die 30 Tage-Gläubiger siehe unten in meinen Erläuterungen zu § 33 VerglO., insbesondere über die Tatsache, daß im sogenannten Anschlußkonkurs die VerglO. für den besonderen Fall des § 33 (70) VerglO. mittelbar das Anfechtungsrecht der KO., insbesondere den § 30 Nr. 2 KO., ändert.)

Es lautet:

KO. § 63.

Im Konkursverfahren können nicht geltend gemacht werden:

1. die seit der Eröffnung des Verfahrens laufenden Zinsen;

2. die Kosten, welche den einzelnen Gläubigern durch ihre Teilnahme an dem Verfahren erwachsen;

3. Geldstrafen;

4. Forderungen aus einer Freigebigkeit des Gemeinschuldners unter Lebenden oder von Todes wegen.

Dieser Paragraph ist oben schon besprochen worden. Es besteht kein Anlaß, einen Gläubiger zu privilegieren, weil aus ganz anderen gesetzlichen Gründen der Anspruch eines solchen Gläubigers gemäß § 63 KO. unanmeldbar und nicht im Rahmen des Konkursverfahrens vorbringbar ist.

Die Regierungsvorlage und der Beschluß des Ausschusses in erster Lesung wollte die Formulierung anders:

Gläubiger, die im Wege der Zwangsvollstreckung eine Sicherung oder eine Befriedigung erlangt haben, sind an dem Vergleichsverfahren beteiligt und werden von dem Vergleiche betroffen, wenn im Falle der Bestätigung eines Vergleichs die Sicherung wirkungslos werden würde oder das als Befriedigung Erlangte herausgegeben werden müßte.

Nunmehr sind die betreffenden Kernpunkte in den § 70 VerglO. hereinverwoben. Denn der § 70 VerglO. lautet jetzt:

§ 70. Hat ein Gläubiger später als am dreißigsten Tage vor der Stellung des Antrags auf Eröffnung des Vergleichsverfahrens durch Zwangsvollstreckung eine Sicherung oder Befriedigung erlangt, so wird, sofern die Voraussetzungen des § 3 Abs. 2 oder 3 zutreffen, mit der Bestätigung des Vergleichs die Sicherung unwirksam und ist das zur Befriedigung Erlangte nach den Vorschriften über die Herausgabe einer ungerechtfertigten Bereicherung herauszugeben. Der Tag der Stellung des Antrags auf Eröffnung des Vergleichsverfahrens wird in die Frist nicht eingerechnet. Zwangsvollstreckung ist auch die Vollziehung eines Arrestes oder einer einstweiligen Verfügung.

Die Sicherung der Vollstreckungsgläubiger innerhalb der letzten 30 Tage und des 30. Tages vor dem Vergleichsantrag bleibt m. a. W. nach der VerglO. wirksam, wenn der Vergleich nicht zustande kommt. Kommt er aber zustande und wird er gemäß § 69 VerglO. bestätigt, so sind die Gläubiger der letzten 30 Tage einschließlich des 30. Tages von den Vollstreckungsvorzügen ausgeschlossen. Das zur Befriedigung Erlangte haben sie nach der Konditionsmethode, nach den Vorschriften der §§ 812 ff. BGB., an die Masse herauszugeben.

Eigentlich ist redaktionell die Darstellung des Vergleichsgesetzes etwas verzwickt. Man hat 2 Paragraphen, 3 und 70 VerglO., gebraucht, um einen verhältnismäßig einfachen Gedanken auszusprechen, der auch in rechtsähnlichen Normen, §§ 29—31 KO. und § 3 des AnfechtungsGes., etwas einfacher ausgedrückt ist. Allemal ist also die Rechtslage jetzt die, daß die Vollstreckungsgläubiger (nach §§ 70 am Ende und 34 VerglO., also auch die durch Arrest und einstweilige Verfügung geschützten) ihr Privileg einbüßen und nur gewöhnliche, im Sinne des § 2 VerglO. vergleichsbeteiligte, Gläubiger werden, wenn das Stadium und die Tatsache der Vergleichsbestätigung ihren problematischen Anspruch aufhebt.

Der § 33 VerglO., zumal sein 2. Abs., geht sehr weit. Er schreibt dem Vergleichsgericht nicht nur obligatorisch, d. i. in einer Mußvorschrift, die einstweilige Einstellung aller Vollstreckungen zur Zeit der Eröffnung des Vergleichsverfahrens zugunsten eines am Verfahren beteiligten Gläubigers, vor. Er stellt auch fakultativ dem Vergleichsrichter frei, definitiv die Vollstreckungen dieser Gläubiger einzustellen und die Vollstreckungsmaßregeln aufzuheben. Durch diesen § 33 VerglO. sind für das VerglVerf. alle diese Vollstreckungsgläubiger — nicht nur die des letzten Monats vor Vergleichsbeantragung — in einer prekären Lage. Es wird daher im Interesse der Gesamtgläubigerschaft, das ja auch der § 33 Abs. 2 im Auge hat, die Schwierigkeit, welche der § 21 letzter Absatz der GeschAufsVO. vom Jahre 1924 den Theoretikern und zumal Praktikern bereitet hat und über den eine Legion von Aufsätzen und Entscheidungen entstand, mit einem kühnen Federstrich des Gesetzgebers aus der Welt geschafft. Der § 33 VerglO. schafft jedenfalls ganze Arbeit und Klarheit.

Der Richter indes hat nur die Verantwortung, genau zu prüfen, ob und wo in der Tat eine definitive Einstellung und endgültige Vollstreckungsaufhebung berechtigt ist. Denn es ist heikel, zu entscheiden, ob die Verfügung über den von der Vollstreckung betroffenen Gegenstand im Interesse der an dem Vergl.-Verf. beteiligten Gläubiger geboten ist. (Über diese bedenkliche Vernichtung von Vollstreckungsrechten s. Fft. Ztg.: Saenger 25. Juni 1927 Abdbl.; Hochschild 4. Aug. 1927 Abdbl. Gegen diese, nicht überzeugend: Rheinstein Fft. Ztg. 20. Aug. 1927, 2. Morgenbl.

Was die Gläubiger gemäß § 63 KO. anlangt, so gelten die für die Zeit von der Eröffnung des Verfahrens bis zur Bestätigung des Vergleiches laufenden Zinsen der vom Vergleich betroffenen Forderungen, sowie die Kosten, die den Vergleichsgläubigern durch die Verfahrensteilnahme erwachsen sind, mit der Bestätigung des Vergleiches als erlassen (§ 74 VO.). Wird der Vergleich nicht bestätigt, so bleiben diese dem § 63 KO. homogenen Forderungen intakt.

Was die 30tägige Frist anbetrifft, so wird der Tag der Stellung des Antrages auf Eröffnung des VerglVerf. in die Frist nicht eingerechnet.

§ 4.

Gläubiger, deren Ansprüche auf einem gegenseitigen Vertrage beruhen, der zur Zeit der Eröffnung des Vergleichsverfahrens von dem Schuldner und von dem andern Teile noch nicht oder noch nicht vollständig erfüllt ist, sind an dem Verfahren nicht beteiligt und werden von dem Vergleiche nicht betroffen. Die Vorschrift des § 30 bleibt unberührt.

Während rein redaktionell die GeschAufsVO. vom Jahre 1916 in ihrem § 13 Abs. 2 die Gläubiger der gegenseitigen Verträge mit einbegriffen hatte in das Register der von dem Verfahren nicht betroffenen Gläubiger, hat das Vergleichsgesetz in seinem § 4 diese Gläubiger herausgehoben und zudem die Wirkung des abgelehnten gegenseitigen Vertrages in einem weiteren § 30 geregelt.

Vor allem ist zu betonen: Die ausdehnende Auslegung ist mit Zweck und Sinn der VerglO. unvereinbar. RG. 13. ZS. 25. Mai 1925. 13 U 3958/25 und Kleinfeller hiezu, beides JW. 1925, 2019 ff. (cf. auch RG. 13. ZS. 22. Dez. 1924, 13 U 9767/24).

Der Inhalt der §§ 4 u. 28 ff. hat noch neuerdings eine große Literatur hervorgerufen. Es wurde auch im Rechtsausschuß darüber länger debattiert.

Ein Abgeordneter fragte, ob es nicht zweckmäßig sei, unter

die am Verfahren beteiligten Gläubiger die Gläubiger aus Successivlieferungsverträgen mit aufzunehmen.

Ein Vertreter des Reichsjustizministeriums erwiderte, daß die Frage der Behandlung der Successivlieferungsverträge eingehend erörtert worden sei. Über die Behandlung des Successivlieferungsgeschäftes könne kein Zweifel bestehen. Der Gläubiger nehme, wenn er erst einen Teil geliefert habe, für den gelieferten und den noch ausstehenden Teil am Verfahren nicht teil und werde vom Vergleiche nicht betroffen. Der Schuldner und der Gläubiger hätten aber die Möglichkeit, das ganze Geschäft abzulehnen. Dann müsse der Gläubiger im ganzen seinen Schaden berechnen, könne also auch die bisherigen Lieferungen nur unter diesem Gesichtspunkte bezahlt verlangen. Mit dieser Ersatzforderung nehme der Gläubiger dann am Verfahren teil. Der Entwurf regele also die Frage ebenso, wie sie im Konkurse geregelt sei; auch hier habe der Konkursverwalter nur die Wahl, alles, also auch die Rückstände, zu erfüllen oder nichts. Eine Teilung des Successivlieferungsgeschäfts derart, daß die Forderung aus dem vor Eröffnung des Vergleichsverfahrens erfüllten Teil am Verfahren beteiligt und vom Vergleich betroffen sei und nur der noch nicht erfüllte Teil vom Verfahren unberührt bleibe, bedeute also eine Abweichung von der Regelung des Konkurses. Das sei nicht empfehlenswert. Denn, wenn das Vergl.-verf. scheitere und es zum Konkurs komme, würden dann Schwierigkeiten entstehen. Auch wirtschaftlich sei eine solche Zerreißung eines einheitlichen Geschäfts unzweckmäßig. Der Gläubiger werde bei einem Successivlieferungsgeschäft seinen Preis meist mit Rücksicht auf die ganze Lieferung berechnet haben. Man müsse ihn deswegen auch entweder einheitlich befriedigen oder ihm eine einheitliche Schadensersatzforderung geben. Bemerkenswert sei, daß auch aus Wirtschaftskreisen zunächst gleichfalls eine Teilung derartiger Geschäfte empfohlen, demnächst aber diese Anregung von selbst wieder zurückgenommen worden sei. Auch der Reichsrat habe sich einem gleichartigen Antrag gegenüber ablehnend verhalten. —

Zumal in Textilkreisen hatte die praktische Auswirkung des alten § 9 GeschAufsVO. über die gegenseitigen Verträge Wirkungen, die zu Verwahrungen und Gegenvorschlägen führten.

Die heutige Folge solcher Zweifel bedeutet einen gewissen wirtschaftlichen Ausgleich. Denn es ist nunmehr nicht nur der Schuldner berechtigt, mit Ermächtigung des Gerichts die Erfüllung eines solchen gegenseitigen Vertrages abzulehnen, sondern auch die andere Partei. Der § 28 VerglO. spricht, konform der Regierungsvorlage und dem Ergebnis der Rechtsausschußberatungen, von **jedem** Vertragsteile, der mit Ermächtigung des Gerichtes die Erfüllung oder die weitere Erfüllung verweigern darf.

Gegenseitige Verträge, die z. B. der Anordnung des Vergleiches von dem Vergleichsschuldner und seinem Vertragsgegner noch nicht oder noch nicht vollständig erfüllt sind, werden logisch und grundsätzlich an sich durch das VerglVerf. nicht berührt. Das Vorbild ist der § 17 KO. Dieser § 17 KO. gibt dem Konkursverwalter eine weitgehende Befugnis, nämlich das der Leistungsverweigerung. Er kann zwischen Erfüllung und Nichterfüllung wählen. Da aber das Gebilde des außergerichtlichen Zwangsvergleiches denn doch ein wesentlich anderes ist, wie das des Konkurses, und da, wie gesagt, der Einfluß des § 9 Gesch.-AufsVO. kein geringer in manchen Branchen war, so hat man die Situation von neuem seitens der Zentralbehörde geprüft und ist auf den Ausweg gekommen, Licht und Schatten durch die nunmehrige Formulierung des § 28 ff. VerglO. denn doch etwas gleichmäßiger zu verteilen, so daß die Eröffnung des VerglVerf. die Rechte des Kontrahenten des Schuldners nicht allzusehr schmälert. (Freilich bewirkt auch die berechtigte Ablehnung durch den Vertragsgegner zugunsten des VerglSchuldners Konzentration des Vertragsverhältnisses in einen Schadensersatz wegen Nichterfüllung, mit dem der Gläubiger am Verfahren beteiligt ist. Lucas, JW. 1927, 1667.) Näheres über die Auswirkung der §§ 28 und 30 VerglO. bei diesen Paragraphen. Zu §§ 28 ff. VerglO. findet sich auch Näheres über die oben erwähnten Successiv-Lieferungsverträge (Lieferungsschlüsse, bei welchen der Lieferpflichtige in Zeitraten liefert) und die nicht erfolgende Teilung gemäß §§ 4 sowie 28 ff. VerglO. in die vor Verfahrenseröffnung gemachten und nach Verfahrenseröffnung zu machenden Lieferungen. (RG. 85, 221; 98, 138, Rechtsausschußmotive)[1]).

§ 5 Absatz 1.

Der Vergleich muß allen von ihm betroffenen Gläubigern gleiche Rechte gewähren.

Grundsatz der Parität und seine Ausnahmen.

Die an dem Vergleichsverfahren beteiligten Gläubiger müssen gleichmäßig bedacht werden. (Ebenso ÖsterrAusglO.) Kein Gläubiger darf durch das Versprechen einer Sonderbegünstigung veranlaßt werden, für den Vergleich seine Stimme abzugeben. Dadurch sind alle Gläubiger, die am Verfahren beteiligt sind, auch an der Tatsache und Art des Vergleichsabschlusses gleichmäßig interessiert (RG. 28, 98; 61, 298; LZ. 1909, 571). Die Abrede, es sollten

---

[1]) Siehe auch S. 190. Ferner über Wasser-, Gas- u. Elektr.-lieferungen: Neff, Monopolbetriebe, LZ. 1927 S. 1090; Konk. u. Treuh., 1927, S. 119 u. 125.

die Gläubiger anerkannter Forderungen einen ziffernmäßig bestimmten Prozentsatz erhalten, ist mit Rücksicht auf den § 5 VerglO. so zu verstehen, daß die Rechte aus dem Vergleich allen Gläubigern zukommen, deren Forderungen bei dem Abschlusse des Vergleichs anerkannt sind oder später anerkannt werden (RG. vom 17. Sept. 1906 LZ. 1907, 283; RG. 67, 83). Das Nämliche ist hinsichtlich des Umfanges der Haftung eines Vergleichsbürgen der Fall (LZ. 1912, 792; ZZP. 11, 88; OLG. München vom 26. März 1915 ROLG. 32, 402; SeuffArch. 71 Nr. 200). Die VP., der Gläubigerausschuß und das Vergleichsgericht haben darüber zu wachen, daß die Parität eingehalten wird. Das Verbot des § 5 richtet sich gegen beide Teile (RG. 25, 258).

Künstliche Auslegungen des § 5 („Schleichgeschäfte", Jaeger, JW. 1917, 439) versagen vollständig. Die gleichmäßige Behandlung ist wirtschaftlich und materiell zu verstehen. Keiner der Gläubiger darf, hinsichtlich der praktischen Wirkung, im Enderfolg vor den anderen Gläubigern begünstigt sein. (Keine Verfehlung der gleichmäßigen Behandlung liegt vor, wenn der eine Gläubiger erst später, als der andere, auf Grund des rechtskräftigen Vergleichs vollstreckt und so zu kurz kommt.) Die Gleichmäßigkeit erstreckt sich auf alle einzelnen Bedingungen der Haupt- und Nebensache nach Art, Höhe sowie Zeitpunkt der Raten.

Jede Modalität der Zahlung wird von dem Erfordernis der unbedingten Gleichheit der Rechte ergriffen. Bestritten ist die Frage bei der Bestellung mehrerer gleichsicherer Bürgen je mit der Haftung für verschiedene Gläubiger, oder bei der Übernahme der Haftung durch mehrere Bürgen in der Art, daß jeder für einen bestimmten Prozentsatz aller Forderungen einsteht. Eine solche Abmachung verletzt die Parität nicht.

Der Grundsatz der Gleichmäßigkeit trifft alle an dem Vergleichsverfahren beteiligten, bekannten und unbekannten Gläubiger, ohne Rücksicht, ob sie in der Gläubigerliste des § 17 VerglO. verzeichnet sind oder nicht, ob sie mündlich oder schriftlich zugestimmt haben oder überhaupt nicht, ob sie an dem Verfahren teilgenommen haben oder nicht (§ 73 VerglO.).

Die *objektive* Bevorzugung genügt *nicht*. Vielmehr ist wenigstens das *Bewußtsein* der *Bevorzugung* auf seiten des Schuldners oder des bevorzugten Gläubigers notwendig (RG. 41, 42; 72, 47; LZ. 1908, 943). Es genügt jedoch, daß die eine Vertragspartei den Zweck des Abkommens kennt; daß sie auch weiß, daß sie gegen § 5 VerglO. verstößt, ist nicht erforderlich RG., JW. 1909, 723; SeuffArch. 45, 214). Der Vergleich als solcher muß in Betracht gezogen sein.

Eine unstatthafte Bevorzugung kann in dem Versprechen der Hingabe eines Wechselwertes für die ganze Forderung liegen (JW. 93, 427; RG. 72, 46). Eine unstatthafte Bevorzugung kann in dem Verkauf der Forderung zu einem höheren Betrage, als dem Prozentsatze des Vergleichsvorschlages, an einen Dritten, etwa den Vergleichsbürgen, liegen, um durch diesen Verkauf das Zustandekommen des Vergleichs zu ermöglichen (RG. 30, 22). Auch die Übernahme der Verpflichtung seitens eines Dritten, an den Gläubiger, nach Abzug der Vergleichsrate, den Rest der Forderung zu bezahlen, enthält eine gemäß § 5 VerglO. unzulässige Begünstigung (RG. 28, 96; 72, 46). Eine Bevorzugung kann bestehen in der Gewährung eines Darlehens seitens des Gläubigers an den Vergleichsschuldner, unter Bürgschaftleistung eines Dritten, behufs Ermöglichung des Zustandekommens des Vergleichs, mit der Abrede, daß die ursprüngliche Forderung des Gläubigers, entgegen den Vergleichsbedingungen, ganz bezahlt werden soll (JW. 88, 17). Auch ein bereits vor der Eröffnung des Vergleichsverfahrens seitens des Schuldners oder eines Dritten abgegebenes Versprechen, dem Gläubiger für den Fall des Vergleichs einen den in Aussicht genommenen Vergleichsprozentsatz übersteigenden Betrag oder eine bestimmte Summe außer diesem Prozentsatz zu bezahlen, bedeutet eine Verletzung des § 5 VerglO. (Gruchot 43, 1194; JW. 99, 96).

Keine Vergünstigung wurde in einer Vereinbarung erblickt, wonach ein Gläubiger für seine Vergleichsquote eine erhöhte Sicherheit durch Schuldübernahme seitens eines Dritten und Versicherungspolicen erhielt, dafür aber sich zu einer zehnjährigen Ratenbewilligung verstehen mußte, während die übrigen Gläubiger die Hälfte der Quote sofort, die andere Hälfte schon nach einem Jahre, bezogen (RG. VI. ZS. vom 19. Juni 1916 141/16, Frankfurt). Die nämliche Entscheidung erklärte die Zulässigkeit einer Vereinbarung, wonach ein Dritter bestimmten Gläubigern gegenüber die Zahlung der Vergleichsquote oder eines Teiles derselben neben dem Schuldner übernahm, als rechtlich bedenkenfrei. Rechtswirksam ist eine Vereinbarung, die vor dem Vergleich nur für den Fall einer anderweitigen Konkursbeendigung getroffen wurde, ohne mit dem Vergleich in ursächlichem Zusammenhang zu stehen (RG. 78, 185). Rechtswirksam ist eine Vereinbarung zwischen dem Vergleichsschuldner und einem absonderungsberechtigten Gläubiger, welche darauf hinausläuft, die zur abgesonderten Befriedigung geschaffene Sicherungshypothek in eine Darlehenshypothek umzuwandeln, weil der Gläubiger nur mit seinem Ausfall am Vergleichsverfahren teilnimmt, er aber bezüglich seiner Ausfallforderung durch diese Vereinbarung nicht bevorzugt wird (RLG. 25, 331).

Die Abhebung des Teiles einer Forderung durch einen vom Verfahren betroffenen Gläubiger enthält auch dann eine Bevorzugung, wenn die Forderung bereits einmal vor Vergleichsanordnung abgetreten, dann aber an den Vergleichsschuldner zurückübertragen war. Analog: Marienwerder 10. April 1919, LZ. 19, 1924.

Formen der unzulässigen Ungleichheit der Rechte sind auch

niedergelegt: RGLG. 32, 402; 61, 298, 26. Sept. 1905; 72, 46; 78, 184; 99, 100; Gruchot 43, 1194; JW. 1899, 96; Warneyer 1917 Nr. 241. In dem Fall vom 26. Sept. 1905 z. B. wurde ein Abkommen für nichtig erklärt, durch das der Schuldner einem einzelnen Gläubiger nach Abschluß und Bestätigung des Vergleiches den Ersatz des durch den Vergleich erlittenen Ausfalls versprochen hatte, weil das Abkommen vor Rechtskraft des Bestätigungsbeschlusses getroffen worden ist.

§ 5 Absatz 2.

Eine ungleiche Behandlung der Gläubiger ist nur zulässig, wenn die Mehrheit der zurückgesetzten Gläubiger zustimmt und die Gesamtsumme der Forderungen der zustimmenden Gläubiger mindestens drei Vierteile der Forderungen der zurückgesetzten Gläubiger beträgt.

Der betreffende Passus des § 34 GeschAufsVO. hatte gelautet:

Das Gericht kann jedoch eine ungleiche Bestimmung der Rechte zulassen, wenn die Mehrzahl der zurückgesetzten Gläubiger zustimmt und die Gesamtsumme der Forderungen der zustimmenden Gläubiger wenigstens drei Vierteile der Gesamtsumme der Forderungen der zurückgesetzten Gläubiger beträgt.

Nunmehr ist diese Frage nicht dem Gericht überlassen, sondern der Gäubigerautonomie.

Fraglich war früher, ob die ausdrückliche Einwilligung der zurückgesetzten Gläubiger mit einer ungleichen Bestimmung der Rechte außerhalb oder innerhalb des Vergleichstermines abgegeben werden muß (Willenbücher S. 245). Da das Vergleichsverfahren sich möglichst von jedem Formalismus freihält, genügt jetzt zweifellos, daß eine im Termine vorzulegende schriftliche Erklärung einläuft. Denn es kann ja auch die Zustimmung zu dem Vergleichsvorschlage selbst durch schriftliche Erklärung erfolgen (§§ 16 u. 60 VerglO.). Die Abgabe der Stimme (für einen Vergleichsvorschlag im Sinn des § 5 Abs. 2) reicht aus, ohne daß ausdrücklich die Zurücksetzung erwähnt wird.

Da eine ungleiche Bestimmung der Rechte nur mit ausdrücklicher Einwilligung der zurückgesetzten Gläubiger zulässig ist, ist den unbekannten Gläubigern stets das Recht des begünstigten und nicht des zurückgesetzten Gläubigers zu gewähren.

Beim § 5 VerglO., soweit er eine ungleiche Behandlung der Gläubiger zuläßt, ist an die Voll- oder Mehrzahlung an einige kleine Gläubiger gedacht, wie z. B. alle Gläubiger unter 50 RM, oder alle Lieferanten von Nahrungsmitteln bzw. sonstigen Waren für den häuslichen Bedarf des Schuldners. Schon früher ist bei Privatabkommen eine derartige Ausnahme üblich gewesen. Die größeren Gläubiger haben meist kein Interesse daran, daß diese kleinen Gläubiger, welche sonst gewöhnlich nicht zustimmen, nicht ihr ganzes Guthaben oder wenigstens eine größere Quote erhalten. Um nun möglichst den Bedürfnissen der Praxis zu entsprechen, ist die Ungleichmäßigkeit der Befriedigung zugelassen. Die Feststellung der hier vorgeschriebenen Mehrheiten erfolgt in der nämlichen Weise, wie die Feststellung der Mehrheiten für den Vergleich als solchen.

Es war für das Gericht beim GeschAufsVerf. nicht leicht, in solchen Fällen die richtige Grenze zu ziehen, weil es dem Erfordernis der Billigkeit Rechnung tragen mußte. Diese Aufgabe ist dem Vergleichsgericht nunmehr genommen. Die Gläubiger sind in diesem Punkt nun Herren im eigenen Hause, wie ja dies in der Industrie vor Erlaß der VerglO. dringend angestrebt wurde.

Immerhin ist es dem Gericht auch heute noch unbenommen, um Unzuträglichkeiten zu vermeiden, den Rat zu geben, im gedachten Sinne eine ungleiche Behandlung eines gewissen Teiles der Gläubigerschaft (etwa unter einer bestimmten Normalsumme der Einzelforderungen) zuzulassen. Das Gericht kann vor und in dem Vergleichstermin einen derartigen Rat geben. Als Mittelsperson ist die VP. und der Gläubigerausschuß geeignet. Sie können energische oder halsstarrige Gläubiger zu veranlassen suchen, conciliant durch derartige kleine Unebenheiten, durch Entgegenkommen insbesondere gegenüber den kleinen Gläubigern, das Zustandekommen des Vergleiches zu fördern. (Über die Berechnung der Mehrheiten bei verschiedener Benachteiligung mehrerer Gläubigergruppen im Vergleichsverfahren LG. Essen m. Beschl. 21. Okt. 1925, J T 1248/25, JW. 1926, 2119.)

Besteht Gefahr, daß die Ausnahmestellung illoyal mißbraucht oder gar zu irgendwelchen unsauberen Machenschaften benützt wird, so hat das Gericht immer noch das Heft in Händen, indem es gemäß § 68 VerglO. den Vergleich verwerfen kann,

1. wenn er unlauter, insbesondere durch Begünstigung eines Gläubigers zustande gebracht worden ist;
2. wenn er dem gemeinsamen Interesse der beteiligten Gläubiger widerspricht.

§ 5 Absatz 3.

Jedes andere Abkommen des Schuldners oder anderer Personen mit einzelnen Gläubigern, durch welches diese bevorzugt werden, ist nichtig.

Dieser Satz enthält ein Verbotsgesetz: jedes andere Abkommen des Vergleichsschuldners oder anderer Personen mit einzelnen Gläubigern, welches eine Bevorzugung durch Leistung einer besseren Sicherheit, oder durch Vollzahlung, oder durch Zusage einer höheren Summe, als die Vergleichsdividende, enthält, ist nichtig (RG. 72, 48). Die Nichtigkeit ist nicht heilbar (§ 139 BGB.). Sie tritt auch dann ein, wenn der Vergleich nicht zustande kommt oder wenn der bevorzugte Vergleichsgläubiger sich an der Abstimmung nicht beteiligt (RG. 28, 100; 30, 22; 37, 144; 39, 19; RG. VI. ZS. vom. 20. Jan. 1912, 5211, Recht 1912 Nr. 933; RG. 78, 183; RG., JW. 1893, 427; JW. 1912, 404). Jeder einzelne, auch der Vergleichsschuldner, darf sich auf die Nichtigkeit berufen. Auch das den Vergleich nur vorbereitende Sonderabkommen ist nichtig (LZ. 3, 553). Die Nichtigkeit betrifft nur das Privatabkommen. Der rechtskräftig bestätigte Vergleich selbst wird dadurch nicht berührt (JW. 93, 269).

Wie eingangs erwähnt, sind sowohl die Versprechungen des Vergleichsschuldners, als diejenigen Dritter, welcher zur Förderung des Vergleichs sich anheischig machen, nichtig (RG. vom 13. März 1907 BayZfR. 3, 236). Ein Sonderabkommen, durch welches ein Gläubiger ungünstigere Bedingungen geboten bekommt, als der Vergleich sie bietet, ist zulässig. Gleichgültig ist, ob das Sonderabkommen mit dem Zustandekommen des Vergleichs im ursächlichen Zusammenhang steht oder nicht. Schon die bloße Möglichkeit der Benachteiligung der Vergleichsgläubiger durch solche Sonderabkommen ist verpönt (RG. 28, 100; 39, 22). Steht ein Sonderabkommen, welches erst nach Bestätigung des Vergleichs abgeschlossen wird, nicht in ursächlichem Zusammenhang mit einer verbotswidrigen Abmachung, so schlägt der Abs. 3 des § 5 VerglO. nicht ein (RG. VI. ZS. vom 20. Jan. 1912, 5211, Recht 1912 Nr. 933; RG. 78, 183; JW. 1912, 404). Anders läge der Fall, und Nichtigkeit läge vor, wenn das nachträglich geschlossene Abkommen lediglich die Verwirklichung einer Sonderbegünstigung bildet, die bereits vor der Abstimmung über den Vergleich in Aussicht gestellt worden war (RG. 61, 297). Da jedes andere Abkommen des Vergleichsschuldners oder anderer Personen mit einzelnen Gläubigern, durch das diese bevorzugt werden sollen, nichtig ist, ist auch der Kauf einer dem Vergleich unterliegenden Forderung zur Ermöglichung desselben nichtig (RG. 30, 23; 61, 299).

Nach rechtskräftigem Abschluß des Vergleiches kann der Vergleichsschuldner einzelnen Gläubigern ein volles Zahlungsversprechen geben. Er kann auch sonst hinterher eine ungleichmäßige Behandlung dem einen oder anderen Vergleichsgläubiger zuteil werden lassen. Doch darf nicht vorher irgendein Zusammenhang zwischen einem solchen Abkommen und der schließlichen Vergleichsperfektion bestanden haben. Die Möglichkeit eines den übrigen Vergleichsgläubigern verderblichen Einflusses auf die Perfektion des Vergleiches muß ausgeschaltet sein (RG. 61, 298). Ein selbst nach Bestätigung des Vergleiches geschlossener Vertrag zwischen dem Vergleichsschuldner und dem Vergleichsgläubiger ist nichtig, wenn er nur zur Umgehung des § 5 VerglO. und mit der Absicht geschlossen worden ist, ein schon vor dem Vergleich bewußt ungültig getroffenes Abkommen zu bestätigen.

Die Nichtigkeit eines verbotenen Nebenabkommens bewirkt, daß aus ihm Forderungen des Begünstigten weder gegen den Vergleichsschuldner noch gegen einen Dritten (Mitschuldner, Bürgen, der sich zur Leistung anheischig gemacht hat) resultieren.

Leistungen, welche an der Hand eines verbotenen Nebenabkommens getätigt worden sind, können nach § 817 Satz 2 BGB. nicht zurückgefordert werden, wenn beide Vertragsteile sich der Rechtswidrigkeit im Augenblick der Leistung und Annahme bewußt waren: RG. 72, 46; 95, 349; 99, 166; 104, 54; 105, 272; 111, 151; JW. 90, 12; 1921, 1307; LZ. 1910, 784. —

Lucas S. 45 macht zusammenfassend darauf aufmerksam, daß nicht nur § 5 VerglO., sondern auch §§ 96, 77 VerglO. und § 823 BGB. die Rechtsfolgen rechtswidrig bevorzugender Rechtsgeschäfte regeln.

§ 6.

Der Vergleich muß, wenn er auf einen ziffernmäßig bestimmten, teilweisen Erlaß der Forderungen lautet, den Gläubigern mindestens dreißig vom Hundert ihrer Forderungen gewähren.

Ein heiß umstrittener Paragraph. Auch ich habe immer wieder (in der LZ., im Zentralblatt für Handelsrecht, in Recht und Handel, in der Monatsschrift für Konkurs- und Treuhandwesen) gegen die Absicht des Entwurfs, eine Mindestquote festzulegen, polemisiert, weil ich der Anschauung bin, daß jeder Fall des Vergleichsverfahrens ein anderer ist und daß in einem Falle eine gewisse Quote hoch, in einem anderen diese nämliche Zifferquote niedrig sein kann. Mit anderen Worten: ich wäre für Relativität und mit mir viele Praktiker. (Andere freilich neigen der obligatorischen Mindestquote nach ausländischen Mustern [Italien 40%, England 37½%, Ungarn 40%] und Vorschlägen zu. Im Gesetzentwurf der Tschechoslowakei über eine neue Ausgleichsordnung wurde die Mindestquote auf 40% innerhalb eines Jahres oder 50% innerhalb zweier Jahre erhöht. [Bisher 35% innerhalb 2 Jahren.] Das Ausgleichsverfahren darf nicht eingeleitet werden, wenn der Schuldner sein Geschäft nicht wenigstens 2 Jahre betreibt und wenn er in den letzten 5 Jahren schon in Konkurs oder Ausgleich war. Was Österreich anlangt, so haben die wirtschaftlichen Körperschaften, insbesondere auch der Hauptverband der österreichischen Kaufmannschaft, die Erhöhung der Ausgleichsquoten von 35—50% und die Verkürzung der Zahlungsfristen verlangt. [Mitteilungen des Hauptverb. der Kreditoren, Wien, 1927, Nr. 7]) (Lucas macht JW. 1927, 1667 darauf aufmerksam, daß Ungarn seine Ausgleichsquote auf Grund der mit ihr gemachten praktischen Erfahrungen nicht nur beibehalten, sondern kürzlich noch erheblich erhöht habe.)

Der nun aber zum Gesetz gewordene § 6 VerglO. verlangt, daß bei Erlaßvergleichen, wenn es sich um eine ziffermäßige Basis dreht, die Vergleichsgläubiger allermindestens 30 % (wenn auch ratenweise) bekommen müssen. (S. auch §§ 15—22 u. 79 VerglO. Vor allem s. auch § 23, 1: unter Umständen 50 %.)

Nach § 55 der GeschAufsVO. war der Vergleich zu verwerfen, wenn er den Gläubigern nicht mindestens den fünften Teil ihrer Forderungen gewährt und dieses Ergebnis auf ein unredliches Verhalten des Schuldners zurückzuführen ist. Der Vergleich konnte damals verworfen werden, wenn das gleiche Ergebnis auf ein leichtsinniges Verhalten des Schuldners zurückzuführen ist. Hier war also auch — mit einer gewissen Einschränkung und Voraussetzung — eine ziffermäßige Mindestvergleichsquote, mittels einer Istvorschrift und mittels einer Kannvorschrift, gegeben.

Nunmehr ist, unbekümmert um die Frage, ob es um einen débiteur malheureux et de bonne foi, wie das belgische Gesetz sich ausdrückt, also um einen redlichen und unglücklichen Schuldner, sich handelt oder nicht, m. a. W.: abgelöst von allen subjektiven Momenten, die reine objektive Tatsache, ob allermindestens 30 % geboten werden, zu untersuchen. Das ist ein ius cogens und kein ius dispositivum. Es wird sich zeigen, wie die Industrie das neue Experiment verträgt. Sie hat diese Bestimmung dringend verlangt, „damit dem Schuldner nicht mehr freigestellt sei, welches Minimum er den Gläubigern zu bieten wage".

§ 7.

Enthält der Vergleich einen teilweisen Erlaß der Forderungen, so ist im Zweifel anzunehmen, daß der Erlaß hinfällig wird, wenn der Schuldner mit der Erfüllung des Vergleichs in Verzug kommt oder wenn vor vollständiger Erfüllung des Vergleichs das Konkursverfahren über das Vermögen des Schuldners eröffnet wird.

Auch ein Novum: kassatorische Klausel hinsichtlich eines teilweisen Erlasses der Forderungen im Vergleich und zwar präsumtiv wirksam, wenn nichts anderes ausgemacht ist. Der § 63 GeschAufsVO. hatte bestimmt: eine Klage auf Aufhebung des Vergleiches wegen Nichterfüllung findet nicht statt. Die ausländischen Rechte kannten zum Teil solche Klage. In das System des Geschäftsaufsichtsverfahrens paßte, solange der Schuldner zu schonen war, die präsumtive obligatorische kassatorische Klausel nicht. Vertragsmäßig mag sie wohl ab und zu zur Anwendung gekommen sein. Denn die Aufnahme der Klausel in den Vergleich war zulässig (was freilich von einzelnen Rechtslehrern und Gerichten bestritten worden ist).

Die Frage ist dadurch kritisch, weil bei Nichtbestehen einer kassatorischen Klausel die Vergleichsgläubiger bloß den noch unbezahlten Teil der Vergleichsquote erhalten, wenn es zum Konkurs kommt.

Da der Wind heute anders weht und man primär der Gläubigerschaft und Gesamtwirtschaft nützen will, erschien die in der Literatur und Praxis seit einiger Zeit angestrebte Wiederauflebensklausel, wie sie in der amtlichen Begründung heißt, als gesetzliche Auslegungsklausel angezeigt.

Allein § 7 VerglO. bringt nicht ius cogens, sondern nachgiebiges Recht. Es kann auch Anderes im Vergleich ausgemacht werden. Wie die amtliche Begründung außerdem betont, betrifft dieser Satz durchaus nicht die Wirkung des gesamten Vergleiches, **sondern lediglich diejenige eines etwa gewährten, teilweisen Schuldnachlasses.**

Da ferner der § 78 VerglO. lautet: es kann nicht deshalb auf Aufhebung des Vergleiches geklagt werden, weil der Vergleich nicht erfüllt wird, so kann noch immer eine vollständig wirkende kassatorische Klausel nur vertraglich vereinbart werden, ohne gesetzlich bei Nichterfüllung des Vergleiches den Vergleich im ganzen umzuwerfen. (S. auch meine Erläuterung zu § 78 VerglO.)

Beim Treuhandvergleich (s. d. zu § 63 C u. D) können die Forderungen nicht im Sinne des § 7 wieder aufleben.

§ 8.

Auf das Vergleichsverfahren finden, soweit dieses Gesetz nichts anderes bestimmt, die Vorschriften der Zivilprozeßordnung entsprechende Anwendung.

Das Vergleichsverfahren in prozessualer Hinsicht.

A. Allgemeines Wesen der äußeren Einrichtung.

Der § 8 VerglO., welcher den Vergleichsbeteiligten einen prozessualen Schutz bietet, entspricht dem § 14 GeschAufsVO. (Diesbezügliche Richtlinien gegen Burger: Kleinfeller JW. 1925 S. 130.) Zunächst gelten die Ausnahmsvorschriften der VerglO. selbst. Hernach, subsidiär, gelten die Normen der ZPO. Die KO. findet auf das Verfahren des Vergleiches nur Anwendung, soweit es ausdrücklich vorgeschrieben ist (KG. 2. Jan. 1924; JW. 4444, 23; LG. Weimar, I. ZK. Beschl. 22. Jan. 1925, und meine Fußnote hiezu, JW. 1925, 2392). Die dem § 8 VerglO. folgenden Bestimmungen bieten zum Teil Erleichterungen gegenüber der ZPO., wenn auch diese freilich inzwischen durch Novellen mehr und mehr modernisiert und vereinfacht worden ist. Die §§ 10—12 VerglO. bedeuten solche Erleichterungen. Auch der § 14, der sich mit der Beschwerde befaßt, bringt im Interesse der Promptheit eine Reihe von beschwerdelosen Entscheidungen. Eine weitere Beschwerde, wie sie sonst in der ZPO. vorkommt, ist überhaupt im Interesse der Beschleunigung ausgemerzt.

Schon mit der AufsVO. vom 14. Dez. 1916 hub die Modernisierung prozessualer Schritte an. Die Novelle zur ZPO. in der Fassung vom 1. Juli 1924 ging diesen Weg folgerichtig weiter. Das Bürokratische ist mehr in den Hintergrund getreten. Ein Verfahren ist auch ohne Stelzen möglich.

Die rechtlichen Folgen des Vergleichsverfahrens setzen in dem Augenblick ein, in dem das Gericht seine Tätigkeit zu entfalten hat. Nach § 15 VerglO. muß der Antrag auf Eröffnung des Vergleichsverfahrens einen bestimmten Vergleichsvorschlag enthalten. Dem Antrag sind nach § 16 VerglO. gewisse Belege beizufügen. Der § 17 VerglO. regelt das Gläubiger- und Schuldenverzeichnis und der § 18 VerglO. regelt die Übersicht des Vermögensstandes. Schon der § 19 VerglO. zeigt das tätige Vergleichsgericht, denn es kann dem Vergleichsschuldner mangels ausreichender Anträge und Vorlagen im Sinne der §§ 16—18 VerglO. eine Nachholung bewilligen. Dann kann das Vergleichsgericht, welches an sich nach § 9 VerglO. Ermittelungen anzustellen hat und hiezu Auskunftspersonen sowie den Schuldner vernehmen kann, eventuell die Berufsvertretung zuziehen (was das Gericht nicht nötig hat, wenn die Istvorschrift des § 22 VerglO. eine nähere Untersuchung durch die Berufsvertretung überhaupt nicht nötig macht, weil zwingende Ablehnungsgründe vorliegen).

Nach § 21 VerglO. hat hierauf das Vergleichsgericht — wenn die Ermittelungen abgeschlossen sind und die Berufsvertretung sich geäußert hat oder die Frist des § 20 VerglO. unbenützt hat verstreichen lassen — zu entscheiden, ob das Vergleichsverfahren eröffnet wird. Das Gericht kann die Eröffnung ablehnen, wenn die Voraussetzungen des § 21 VerglO. am Ende vorliegen. Das Gericht muß die Eröffnung ablehnen, wenn die Gründe des § 22 VerglO. vorliegen. Das Gericht kann die Eröffnung wiederum ablehnen, wenn die Gründe des § 23 VerglO. vorliegen.

In dieser Weise greift das Vergleichsgericht in das Verfahren ein. Als das Geschäftsaufsichtsverfahren aufkam, hat man zunächst mit gutem Grund das Verfahren mehr und mehr innerhalb der vier Wände des Gerichts sich abspielen lassen, damit von der Geschäftsaufsicht so gut wie nichts nach außen dringe. Denn die wirtschaftliche Stellung des Schuldners sollte, wie die Reichstagsdenkschrift zur 1. VO. v. J. 1914 ausführte, möglichst wenig in Frage gestellt werden. Dazu gehörte aber unausgesprochen eine gewisse verschwiegene Handhabung. So kam es, daß schon die reine Tatsache der bestehenden Geschäftsaufsicht meist nur innerhalb des engeren Fachgewerbes des Schuldners bekannt wurde. Die Bekanntmachungen der Justizministerien (in Bayern JMBek. vom

21. Aug. 1914; BayJMBl. 1914) hielten im allgemeinen diese Richtlinien bei, die auch von den Gutachtern des DJT. 1914 für das gerichtliche Ausgleichsverfahren (Lieblich S. 322 ff.; Cahn S. 695 ff. z. B. S. 760 und 777 unten) anempfohlen worden waren. Der Ehrenpunkt sollte so viel wie möglich behütet werden. Leute, welchen der Schuldner nichts schuldete, sollten tunlichst gar nichts von der Anordnung der Geschäftsaufsicht wissen. Wollte man doch den Schuldner sein Geschäft fortbetreiben lassen. Dann durfte aber sein Kredit nicht vernichtet werden. Man behandelt ja auch Steuer-, Hypotheken-, Güter- u. dgl. Angelegenheiten seitens der betreffenden Behörden und Interessenten so diskret wie möglich. Das waren ungefähr die Sätze, die den angeführten Guatchten vorausgeschickt waren. —

Inzwischen hat sich — wie obige Einleitungen zu den verschiedenen Stadien und Fassungen der GeschAufsVO. zeigen — mancherlei geändert. Die Formulierung des Jahres 1924 brachte die Publizität. Unser jetziges Vergleichsgesetz zielt mehr auf den Gläubigerschutz und die Rücksicht auf das Gemeinwohl ab. Allein auch heute gilt noch, daß der Vergleichsschuldner, der den Konkurs abwenden will, nicht vom Regen in die Traufe kommen darf. (Ähnliche Gedanken bei Lucas, JW. 1927, 1665.) Die Prozedur darf nicht verwickelt, beschämend, langwierig, kostspielig und aufreibend sein. Entweder — oder. Erst recht sind Rechtszüge bei diesem Verfahren von übel (s. deshalb § 14 VerglO.). Aus den oben schon angegebenen Gründen darf eine Verwechslung der Hörer und Leser mit dem Konkurse gar nicht möglich sein. Das Kompromittierende ist zu vermeiden. Soll doch der Schuldner tunlichst sein Geschäft weiterführen. (Daher auch ev. beschränkte Aktieneinsicht § 13, Abs. 2.) Dagegen ist es selbstverständlich, daß die Autorität eines Richters die Zweifel und Weiterungen zu beheben hilft. Ebenso ist es vonnöten, daß der Präventivakkord dem Plazet des Gerichts unterliegt.

B. Mitwirkung des Gerichts.

Vorstehende Darlegung enthält nicht nur den Vorschlag einer gewissen geräuschlosen und taktvollen Regelung des neuen Verfahrens, sondern auch vor allem die Anregung, dasselbe unter gerichtlichen Schutz zu stellen. In dieser Hinsicht sind in der Literatur und Praxis die verschiedensten Meinungen kundgegeben worden. Bei aller wohlangebrachten Wahrung der Selbständigkeit der Gläubiger, wenn es sich um die Frage des Ja oder Nein, des Wieviel und Wann des Wertes und Vorschlages des Vergleichsschuldners dreht (da die Gläubiger selbst wissen müssen und meist wissen, was ihnen frommt, gut und not tut) muß die Aufsicht, Sichtung, Schlichtung, Schichtung, Überwachung, dem Berufsgericht überlassen bleiben. Die Tätigkeit des Vergleichsgerichts ist erforderlich für die Eröffnung des Verfahrens, Überprüfung der Voraussetzungen, für die Würdigung der Rechtsgeschäfte unklarer Art, für die Prüfung der Bedingungen sowie Unterlagen des Vergleichs, für die Bestätigung oder Nichtbestätigung zum Schutz gegen unlautere Handlungen sowie zum Schutz der Minderheit bei Machenschaften und Schiebungen oder bei zweifelhaften Abstimmungsergebnissen. Es erscheint auch angezeigt, die Ladung der Gläubiger, Leitung des Vergleichstermins und etwaiger sonstiger Gläubigerversammlungen, Feststellung des Stimmrechts, Prüfung des Vermögensstandes und der Einzelheiten des Vorschlages, dem Vergleichsgericht zu überlassen. Nur darf die Neigung der Gläubiger, auf einen Nachlaß einzugehen, da und dort ein Kompromiß zu schließen und ein Auge zuzudrücken — soweit nicht zwingendes Recht anderes vorschreibt — durch keine richterliche Maßnahme beeinträchtigt werden. Darauf laufen alle Vorschläge der Handels- und Industriewelt, der erfahrenen Praktiker, hinaus („Typ des Verfahrens ist ein Gemisch von Gläubigerautonomie und Gerichtsfürsorge", Lucas, JW. 1927, 1667). In letzterer Hinsicht soll daher die Einwirkung und Tätigkeit des Gerichts auf das allergeringste Maß beschränkt werden. Hier ist mehr ein Feld für die VP. und den Gläubigerausschuß.

Insbesondere ist — soweit nicht ausdrückliche gegenteilige Normen der VerglO., zumal §§ 21—23, dagegen sprechen — jede Einwirkung des Gerichts auf den Inhalt der Vergleichsofferte und jede Prüfung des Inhalts eines formell einwandfrei zwischen Schuldner und Gläubiger zustande gekommenen Vergleichs grundsätzlich auszuschließen, auch nicht unter dem Gesichtspunkte des Schutzes der überstimmten Minorität oder gar wegen angeblicher persönlicher Unwürdigkeit des Schuldners zuzulassen. Anders liegt die Sache, wenn verdächtigen Umtrieben zu begegnen ist, wenn der Vergleichsrichter die ehrlichen Gläubiger protegieren muß.

Nichts liegt bei Vergleichen von wirtschaftlicher Bedeutung näher, als der Versuch, auf unlautere Weise, sei es dem Schuldner, sei es einer Gläubigergruppe, zu rechtlich unzulässigen Vorteilen zu verhelfen. Hier hat der Berufsrichter ein weites Gebiet der Betätigung. Keine Einrichtung — selbst nicht diejenige des berufsmäßigen Parteivertreters — ist, wie des Berufsrichters, dazu angetan, unter Einsetzung seiner Autorität auf eine loyale Führung des Vergleichsverfahrens hinzuwirken. Die VP. wird, wie nun einmal die Dinge liegen, am zweckmäßigsten dem beruflichen Gerichte unterstellt, das auf den bisherigen konkursrechtlichen Pfaden nur weiterzuwandeln braucht, um Ordnung und Übersicht in die Angelegenheit zu bringen. Daß die Unterscheidungsmerkmale zwischen Vergleich und Konkurs dabei zu beachten sind, darf man bei einem einsichtigen Richter voraussetzen. Übrigens ist er durch die amtliche Erläuterung und die justizministeriellen Entschließungen angewiesen, möglichst wenig dogmatisch die VerglO. zu handhaben.

C. Vorschriften der Zivilprozeßordnung.

Wenn aber schon das Gericht die Unzuträglichkeiten schuldnerischer oder gläubigerischer Manipulationen am besten hintanhält, dann waren die erprobten Vorschriften der ZPO. wohl geeignet, soweit nicht besondere Vorschriften ergingen, herübergenommen zu werden. Übrigens hat auch das Gesetz über die Angelegenheiten der freiwilligen Gerichtsbarkeit die Vorschriften der ZPO. für anwendbar erklärt.

Aus allen diesen Gründen hat der § 8 VerglO. beinahe wörtlich die Bestimmung des § 72 KO. (bzw. des § 14 GeschAufsVO.), die ja ohnedies praktisch bereits jetzt angewendet worden war, herübergenommen. Das Konkursverfahren als solches ist ein Stück Zivilprozeß. Dies gilt nun auch von dem Vergleichsverfahren. Daß das Gerichtsverfassungsgesetz entsprechende Anwendung findet, dürfte zweifellos sein (Hahn, Materialien des GVG. S. 187 und 370).

Die Folge des § 8 VerglO. ist die Anwendung der Vorschriften über Prozeßleitung, Sitzungspolizei, Ladungen, Termine und Fristen, Niederschriften, gesetzliche Prozeßfähigkeit, Vertretung und Vollmacht, Ausschließung und Ablehnung von Gerichtspersonen, Handhabung und Einsicht der Akten, soweit nicht die §§ 11—13 VerglO. Sonderbestimmungen, meist zur Erleichterung und Vereinfachung, bringen. Diese Paragraphen erörtern die Fragen der fakultativen mündlichen Verhandlung (§ 10), Stoffsammlung von Amts wegen und Beweisaufnahme (§ 9), vereinfachte Art der Zustellung (§ 11), und besondere Art der öffentlichen Bekanntmachungen (§ 12), spezielle Regelung der Akteneinsicht und Abschrifterteilung (§ 13), schließlich Beschränkung des Rechtsmittelverfahrens auf Ausnahmefälle (§ 14). [Die Tätigkeit des Richters wurzelt hier z. T. im Offizialverfahren, wie bei den Terminsbestimmungen, z. T. in dem U n t e r s u c h u n g s p r i n z i p (Klärung, Information, Ermittelung).] Auch die §§ 24—27 enthalten prozessualen Stoff, was die Eröffnung des Vergleichsverfahrens und die Anberaumung des Vergleichstermines anlangt.

Die Bestimmungen der ZPO. über Zwangsvollstreckung schlagen nach der ratio legis meist hier nicht ein, soweit nicht die sehr wichtigen §§ 766, 767, 772, die freilich nicht sowohl den Vergleichsrichter, als den V o l l s t r e c k u n g s r i c h t e r, berühren, hier zu erwähnen sind. Sondervollstreckungen eines vom Vergleich betroffenen Gläubigers, während der Dauer des Vergleichsverfahrens, die gemäß §§ 32 ff. VerglO. verboten sind, sind gemäß § 766 ZPO. anfechtbar. Näheres hierüber s. OLG. Nürnberg II. ZS. Beschl. 4. Juni 1926 BR. 335/26, Stein A IV/2 zu § 766; Sydow-Busch A 8 zu § 766, JW. 1926, 2116. Siehe ferner Spezialbestimmungen über Zwangsvollstreckung in den §§ 32 und zumal 33 VerglO. Die §§ 50—58 VerglO. bringen einschneidende Befugnisse des Vergleichsgerichts in bezug auf generelle und einzelne Verfügungsbeschränkungen bzw. Veräußerungsverbote mit Eintragung von Register- und Grundbuchvermerken als Auswirkung. —

Ein fakultativer Eid, der die Richtigkeit und Vollständigkeit der schuldnerischen Vermögensaufstellung bekräftigen soll, ist im § 61, letzter Abs., VerglO. vorgesehen. Wenn ein Gläubiger den Antrag stellt, ist der Eid dem Schuldner im Vergleichstermin abzunehmen. Da alle diese Bestimmungen nicht mechanisch aufzufassen sind, kann das Gericht, wenn nicht communis opinio der Gläubigerschaft oder besondere Verdachtsmomente für die Eidesleistung des Schuldners sprechen, den einzelnen Gläubiger oder einzelne Gläubiger, welche etwa pedantisch oder rigoros auf diesem Offenbarungseid bestehen, durch vernünftigen Zuspruch veranlassen, von einem unnötigen Eid abzusehen. Dies ist besonders angebracht, wenn der Schuldner oder die VP. oder der Gläubigerausschuß eine befriedigende Aufklärung über das, was hauptsächlich Gegenstand des Offenbarungseides sein könnte und sollte, geben.

Aus alledem ergibt sich, daß die Anwendung der ZPO. eine dem besonderen Zwecke des Vergleichsverfahrens sich anpassende sein muß und daß der Sinn der VO. auf möglichste Geschmeidigkeit und neuzeitliche Formlosigkeit abzielt.

Daß das Vergleichsverfahren ein Verfahren der streitigen Gerichtsbarkeit sei, wie Kiesow, S. 145, ausführt, kann ich nicht zugeben. Die Vorschriften der ZPO. werden rechtsähnlich angewendet. Damit ist der Charakter des lis noch nicht gegeben. (So kommt Kiesow z. B. (S. 505) dazu, bei der Materie des Nachlaßvergleichs die obligatorische Unterbrechung des Verfahrens im Falle des Todes des Vergleichsschuldners dem Rechtsstreitverfahren zu entlehnen, was ich nicht richtig finden kann.

§ 9.

Das Gericht hat alle das Verfahren betreffenden Ermittlungen anzustellen. Es kann zu diesem Zwecke insbesondere den Schuldner hören, Zeugen und Sachverständige vernehmen und eine Gläubigerversammlung berufen. Für diese Gläubigerversammlung genügt an Stelle der Ladungen öffentliche Bekanntmachung des Termins.

Das Gericht ist angehalten, ohne weiteres aufklärende Ermittelungen zu pflegen, freilich im allgemeinen wohl nur dann, wenn es verlangt, beantragt, angeregt, wird, sei es von dem oder jenem Beteiligten. Es kann der Anregende der Schuldner, ein

Gläubiger, ein Gläubigerorgan, eine Versammlung eines Teiles oder aller Gläubiger, die VP., der Gläubigerausschuß, sein.

Insofern nicht § 393 ZPO. im Wege steht, sind prinzipiell die Auskunftspersonen zu beeidigen. Doch werden bei der Geneigtheit der am 1. Juni 1924 in Kraft getretenen ZPO. vom 13. Mai 1924, unnötige Eide zu vermeiden, meist uneidliche Vernehmungen ausreichen, wie ja heute auch ganz formlose (meist etwa fernmündliche und durch Kartenanfragen erfolgende) Ermittelungen und schriftliche Beantwortungen der Beweisfragen, unter eidesstattlicher Versicherung ihrer Richtigkeit, nach der neuen ZPO. möglich sind.

Die Berufung der Gläubigerversammlung behufs Erörterung der Verhältnisse ist in Form einer Kannvorschrift dem Gericht anheimgestellt.

Es ist zu empfehlen, daß, wenn nicht ganz übersichtliche Verhältnisse herrschen, der Vergleichsrichter diese Kannvorschrift auch benützt. Durch mündliche Aussprache wird oft mehr geklärt, als durch noch so viele Briefe und Beschlüsse. Manche Gläubiger haben nicht die Fähigkeit oder die Lust, brieflich sich offen auszusprechen. Rede erzeugt Gegenrede. Was verwickelt schien, wird — zumal wenn die VP. und der Gläubigerausschuß sachgemäß mitwirken — häufig leicht in einer Versammlung klargestellt. Übrigens kann sich auch der Richter die Sache erleichtern, wenn er — was sein gutes Recht ist — keine Vollversammlung einberuft, sondern im einzelnen Falle nur besonders interessierte oder informierte, einflußreiche oder gewandte, am Ort befindliche, Gläubiger zusammenberuft. Wenn auch die VerglO. keine Istvorschrift enthält, wie die letzte GeschAufsVO. von 1924 im § 16 für den Fall, daß besondere Anträge gestellt waren und für den Fall, daß 20 % der beteiligten Gläubiger die Anregung zur Berufung der Vollversammlung geben, so wird diese heute getilgte Bestimmung dennoch dem Vergleichsrichter einen gewissen Fingerzeig geben.

Es ist keineswegs gesagt, daß an der Gläubigerversammlung lediglich vergleichsbeteiligte, vom Verfahren betroffene, Gläubiger teilnehmen dürfen. Eine gemeinsame Besprechung aller Kreditoren kann unter Umständen zur besseren Aufklärung führen. Die Gläubiger können zum Zwecke der Tätigkeit des § 9 im Offizialbetrieb durch das Gericht, wohl aber auch durch die VP. und den Gläubigerausschuß oder einzelne Gläubiger oder den Schuldner, zusammengebracht werden. Tunlichste Vermeidung des Formalismus ist, was die Mobilmachung solcher Versammlungen anlangt, den Beteiligten zur Pflicht zu machen.

Ob diese Gläubigerversammlungen, die früher gemäß § 170 GVG. geschlossen waren, jetzt öffentlich sind oder nicht, ist nirgends ausgesprochen. Ein grundsätzlicher Anlaß zur Heimlichkeit der Gläubigerversammlung ist nicht einzusehen. Besteht in einzelnen Fällen ein Bedürfnis hierzu, so besteht kein Hindernis, durch Wahl des Ortes oder der Tageszeit den Zugang Dritter, die vielleicht der schuldnerischen Existenz oder dem Zustandekommen eines Vertrags schädlich sein könnten, zu hindern.

Die Majorität der Gläubigerschaft soll sich rühren und durch das Plenum in dunkle Machenschaften hineinleuchten, das Cliquenwesen einzelner Kreditoren ausschalten, das Hinausziehen eines VerglVerf. hindern, unberechtigten Zuständen ein Ende machen, zivil- oder strafrechtliche Verfolgung in die Wege leiten dürfen.

Der § 9 enthält — wie gesagt — eine Kannvorschrift: das Gericht ist befugt, diese Maßregeln zu treffen, braucht sie aber nicht zu treffen, wenn ohnedies der Sachverhalt durch die Erklärungen des Schuldners oder der VP. oder auch nur einzelner Gläubiger, mündlich oder auch nur schriftlich erstattet, klar zutage liegen. Naturgemäß müssen gerade diejenigen Maßnahmen richtig aufgeklärt und ermittelt werden, welche von Bedeutung sind: Widersprüche bezüglich der Vermögensangaben, des Gläubigerverzeichnisses, Unstimmigkeiten zwischen VP. und Schuldner, Widerstand des Schuldners, Pflichtverletzungen der VP., Verzögerungen von Erklärungen, unpünktliche oder ungenaue Berichte der VP., insbesondere auch unzuverlässige oder widerspruchsvolle Erklärungen der Beteiligten im Vergleichsverfahren. Mit anderen Worten: der § 9 sieht eine mündliche Informierung des Gerichts vor, die oft besser und rascher zum Ziele führt, als viele schriftliche Erklärungen. Diese Information kann das Gericht in jedem Stadium des VerglVerf. einziehen. Die Ermittelung kann mit und ohne Antrag der Beteiligten beschlossen und vorgenommen werden. Durch den im § 9 vorgesehenen Aufklärungsmodus können Streitigkeiten oder gar Rechtsstreite zwischen den Beteiligten vermieden oder geschlichtet werden. (Z. B. prozeßersparende Klärung des Begründetseins von Aus- oder Absonderungsansprüchen, oder von Mängelrügen oder von Tatumständen bei gegenseitigen Verträgen). So ist die Ersparung von Zeit und Kosten hiedurch möglich; der Richter kann auch durch Fragen, Anordnung der Vorlage von Belegen, Anhörung von Zeugen und Sachkundigen, Treibereien des Schuldners oder von Gläubigern unterbinden, was zumal angezeigt erscheint, wenn die VP. den diesbezüglichen Antrag gestellt hat, um etwa die in den §§ 40 und 47 VerglO. vorgesehene, Verpflichtung des Schuldners diesem durch das Gericht einprägen zu lassen.

Die im § 9 vorgesehenen gerichtlichen Maßregeln haben ihre Grenzen in dem Grundsatz, daß die VP. für gewöhnlich die Unterstützung und Überwachung des Schuldners betreibt, die erforderlichen Maßnahmen (gegen welche der Rechtsweg unzulässig ist, Hamburg vom 7. Oktober 1916 Bf. VI 214/16; Recht 1917, 78 Nr. 115) hiezu trifft und über Art und Person der Geschäftsführung verfügt, sich Einsicht und Auskunft verschafft, und überhaupt den rechten Weg findet, um den Vorschriften der §§ 40 ff. gerecht zu werden. Erfüllt die VP. diese Funktionen, liegen keine Vernachlässigungen oder Überschreitungen derselben vor, so würde das Gericht taktisch nicht klug handeln, wenn es in die Rechte und Pflichten des an sich zur Prüfung und Überwachung Berufenen sich einmischen würde. Nur da, wo das Gericht sich die Kenntnis der tatsächlichen Hergänge auf dem eben gekennzeichneten normalen Wege nicht verschaffen kann, wo es von dem einen oder anderen Beteiligten im Stich gelassen oder berechtigterweise zu Hilfe gerufen wird, wo Spannungen vorhanden sind, wo sich der eine oder andere Beteiligte seiner Pflicht entzieht, wo Eigenmächtigkeiten vorgekommen sind, greift das Gericht mit Fug ein. Dazu kommt noch, daß die VP. zwar sich über tatsächliche Geschehnisse oder Fachfragen bei Vernehmungspersonen informiert, gegen dieselben, wenn sie nicht auskunftbereit sind, aber keine Zwangsmaßnahmen vornehmen kann. Wenn mehrfach den Gerichten empfohlen wird, weit mehr als bisher, bei den Konkursfragen, die amtliche Ermittelung in Anspruch zu nehmen, so ist vom Vergleichsgericht zu sagen, daß eine gewisse Vorsicht und Zurückhaltung des richterlichen Organs für die Regelfälle angezeigt erscheint.

Die Aufklärung kann in der Anordnung der Zuziehung von Akten, Einholung von Auskünften durch Private oder Behörden, Verschaffung von Auszügen usw. bestehen. Als Zeugen können Beamte, Angestellte, Geschäftsführer, Bedienstete, Verwandte, Fachgenossen des Vergleichsschuldners gehört werden. Die Vernehmungspersonen unterliegen den Bestimmungen der ZPO. hinsichtlich der Pflicht, auf Ladung (auch formlose, z. B. telephonische) zu erscheinen, auszusagen und die Aussage zu beschwören. Die übrigen prozessualen Normen (Zwangsmittel, Entschädigung, Beeidigung oder Nichtbeeidigung, Ablehnung des Sachverständigen, Zeugnisverweigerungsrecht) schlagen ebenfalls ein (OLG. Nürnberg vom 18. Juni 1919 OLGRspr. 19, 222). [Da der Vergleichsschuldner Partei ist, kommt auch das Zeugnisverweigerungsrecht seiner Angehörigen in Betracht.]

Aber auch hinsichtlich der materiellen Seite der Ermittelungen hat die Bestimmung des § 9 ihre Grenze. Wohl kann der Vergleichsschuldner angehalten werden, freilich nur bei Meidung der Einstellung des VerglVerf. (§ 79 Nr. 4) den Vergl.-Organen Einsicht in seine Geschäftsbücher und sonstiges Schreibwerk zu gewähren, auch Auskunft über den Status zu erteilen. Zu diesem Zwecke muß er seine Handelsbücher und andere Schriftstücke sowie Aufzeichnungen zur Verfügung stellen, auch dem Gericht, wenn es angeordnet wird, behändigen. Allein das Ermittlungsrecht geht nicht so weit, Gläubigern und anderen dritten Personen diese Einsicht und Auskunft vorzuschreiben. Derartiges kann im Rahmen der StPO., wenn hinreichender Verdacht eines Reates vorliegt, allenfalls der Strafrichter anordnen. Ein Rechtsmittel ist gegen die Anordnung der Ermittelung nicht zulässig.

Um die Gläubigerversammlung (die, wie gesagt, auch nur eine Rumpfversammlung zu sein braucht, etwa der Lokalgläubiger) rasch beieinander zu haben und den Apparat der Ladungen tunlichst einzuschränken, können die Ladungen wegfallen. Sie brauchen nicht wegzufallen. An Stelle der Ladungen tritt dann eine öffentliche Bekanntmachung des Versammlungstermines in der gerichtsüblichen Weise, etwa durch Bekanntmachung im Amtsblatt. Hier schon mag daran erinnert werden, daß die öffentlichen Bekanntmachungen auch mit einer gewissen Schonung des Schuldners erfolgen können, wenn nur nicht die Gläubigerinteressen dadurch vernachlässigt werden (weil ja letzten Endes der Vergleich die starken Konkursauswirkungen hintanhalten soll). Es ist auch möglich (wenn etwas Wichtiges im Spiele ist, und damit womöglich nicht nach Quantität oder Qualität wichtigere Gläubiger unbenachrichtigt bleiben) den Termin — außer dem Amtsblatt — noch in anderen Blättern (auswärtigen Zeitungen, Fachorganen) bekanntzumachen oder auch sonstwie die Veröffentlichung noch zu erweitern.

§ 10.

Die Entscheidungen des Gerichts können ohne mündliche Verhandlung ergehen.

Der § 10 stellt die mündliche Verhandlung frei. Sie untersteht dem richterlichen Ermessen. Zu laden sind, je nach der Art des Falls, Schuldner, VP., Gläubiger. Schriftliche Äußerungen der Beteiligten sind zulässig, ohne die Pflicht des Erscheinens grundsätzlich aufzuheben. Im VerglVerf. sind deshalb die Entscheidungen keine Urteile, sondern Beschlüsse. Die Anfechtbarkeit ist im allgemeinen ausgeschlossen; in einigen wenigen Fällen aber zulässig. Für die Regelfälle wird also der Beschluß mit der Erlassung rechtskräftig. Für die Ausnahmefälle ist die sofortige Beschwerde des § 14 VerglO. mit einwöchiger Frist das vorgeschriebene Rechtsmittel. Unter Entscheidungen werden alle Akte des Gerichts verstanden.

Die Zustellungen der Entscheidungen sind durch § 11 VerglO. vereinfacht. Der § 25 VerglO. bestimmt, daß in dem Beschlusse, durch den das Vergleichsverfahren eröffnet wird, die Stunde der Eröffnung angegeben wird. Ist dies versäumt worden, so gilt als Zeitpunkt der Eröffnung die Mittagsstunde des Tages, an dem der Beschluß erlassen worden ist. Diese Norm des § 25 VerglO. ist bedeutsam, da der Augenblick der Eröffnung des Vergleichsverfahrens alle möglichen Wirkungen in Bezug auf Rechtsgeschäfte, Vollstreckungen, Fristen usw. ausstrahlt. Die Bekanntmachung des Eröffnungsbeschlusses ist gemäß § 27 VerglO. Sache des Gerichtsschreibers. Antrag auf Eröffnung nebst Anlagen und etwaiges Ermittelungsergebnis sind auf der Gerichtsschreiberei gemäß § 27 VerglO. niederzulegen.

Weil die Entscheidungen ohne mündliche Verhandlungen erfolgen können, sind auch alle schriftlichen Erklärungen des Schuldners, der VP. und der Gläubiger zuzulassen und zu prüfen. Die Entscheidungen sind mit Gründen zu versehen. Diese Vorschrift ist für die Fälle, in welchen sofortige Beschwerde möglich ist, selbstverständlich, aber auch in den der Beschwerde entzogenen Fällen, nach den allgemeinen prozessualen Grundsätzen nicht zu umgehen. Entscheidungen, welche nicht in Gegenwart der Beteiligten verkündet werden (OLG. 15, 245), sind denselben zuzustellen, damit die Interessenten Gelegenheit haben, sie kennen zu lernen, darnach zu handeln und, wenn zulässig, anzufechten.

Die Zustellung hat, soweit sie vorgeschrieben ist, an alle Gläubiger oder nur den einzelnen Antragsteller zu erfolgen. Vor maßgebenden Entscheidungen muß sinngemäß den Beteiligten Gelegenheit gegeben werden, sich zu äußern. (Sind Zweifel vorhanden, wer vergleichsbeteiligt ist, oder nicht, sein will oder nicht [s. den Fall des OLG. München 5/5/26 BRL. 1925/25, I, JW. 1926, 2108], so ist zu bedenken: superfluum non nocet. Zustellung lieber an einen Gläubiger zu viel, als an einen Gläubiger zu wenig.)

§ 11.

Die Zustellungen erfolgen durch Aufgabe zur Post; die Postsendung ist, wenn die Person, an die zugestellt werden soll, sich im Auslande befindet, mit der Bezeichnung „Einschreiben" zu versehen.

Zustellungen an Personen, deren Aufenthalt unbekannt ist, finden nur statt, wenn die Person einen im Inland wohnenden, zur Empfangnahme von Bestellungen befugten Vertreter hat, der dem Gerichte bekannt ist.

Einer Beglaubigung des zuzustellenden Schriftstücks bedarf es nicht.

Der § 11 VerglO. ist mit einigen redaktionellen Änderungen dem § 17 der GeschAufsVO. und zum Teil dem § 77 KO. gleich. Das vereinfachte Zustellungs- und Ladungswesen ist nunmehr auch einigermaßen auf den II. und III. Titel der ZPO. vom 13. Mai 1924 übergegangen. Den an dem Vergleichsverfahren beteiligten Organen ist jedenfalls zu empfehlen, daß sie sich im Interesse der Promptheit, Billigkeit und Einfachheit tunlichst von allen bureaukratischen Fesseln freimachen und bedenken, daß wir im Zeitalter des Telephons, Automobils und Flugpostwesens stehen, sodaß eingeschrumpfte Manieren vergangener Zeiten heute in das Vergleichsverfahren nicht hereinpassen.

Die Vereinfachung der Zustellungen beim VerglVerf., für welche der Offizialbetrieb vorgesehen ist, soll nun zunächst darin bestehen, daß es einer Beglaubigung des zuzustellenden Schriftstückes nicht bedarf. Die Zustellung besteht nach der ZPO., wenn eine Ausfertigung zugestellt werden soll, in deren Übergabe, in den übrigen Fällen in der Übergabe einer beglaubigten Abschrift, des zuzustellenden Schriftstückes. Solche ordnungsmäßige Beglaubigung der Abschrift ist nach der ZPO. wesentlich. Es genügt, wenn sich auf der Abschrift ein Vermerk befindet, der in förmlicher Weise die Übereinstimmung des Inhalts der Abschrift mit dem Inhalte der Urkunde ausprägt (OLG. 9, 92). Mangelt es an der Beglaubigung, so ist die Zustellung unwirksam (RG. 6, 361; JW. 91, 178; 96, 187; 1900, 654). Diese Verpflichtung zur Beglaubigung kommt durch den § 11 in Wegfall. (Womit aber nicht gesagt ist, daß die Beglaubigung, die in concreto angezeigt, erscheinen kann, wegfallen muß.) Schon die KO. hatte im § 77 Abs. 2 die Mitteilungen des Verwalters von den komplizierten Vorschriften über Zustellung befreit und außerdem eine Beglaubigung der Abschrift des neben der öffentlichen Bekanntmachung etwa noch zuzustellenden Schriftstückes erlassen. Während also im übrigen für die Zustellungen von Amts wegen die Beglaubigung durch den Gerichtsschreiber vorgeschrieben ist, ist für das ganze Gebiet des Vergleichs diese Form als entbehrlich erklärt. Der Apparat soll eben tunlichst formlos und, da eine größere Anzahl der Beteiligten in Betracht kommen kann, tunlichst rasch und billig sein. Weder der Schuldner, noch die VP., sondern das Gericht, sorgt für Ladung zu den von letzterem anberaumten Terminen.

Mit der Aufgabe zur Post gilt die Zustellung als bewirkt, selbst wenn die Sendung als unbestellbar zurückkommt.

Das Gericht und die VP. kann Mitteilungen an Vergleichsbeteiligte ganz formlos, auch mündlich und telephonisch, machen. Wenn aber das Gericht und die VP. ganz sicher gehen und z. B. Gewährleistungsansprüche vermeiden wollen, so empfiehlt sich ein Einschreibebrief oder noch besser eine Zustellung durch den Gerichtsvollzieher, selbst wenn es sich nicht um Auslandsbriefe dreht.

Eine zweite Erleichterung ist für die Zustellung an Personen, die sich im Auslande befinden, vorgeschrieben. Nach den strengen Regeln der Prozeßordnung müßte nämlich die Zustellung im Auslande auf umständliche Weise erfolgen. An Stelle dieses Apparates tritt eine einfache Zustellung durch Aufgabe zur Post. Die betreffenden Schriftstücke erfolgen eingeschrieben. Gläubiger mit unbekanntem Aufenthalt erhalten überhaupt keine Zustellung, wenn sie nicht einen dem Gericht bekannten oder bekanntzumachenden Inlandsvertreter haben. Auch kann bei ausschlaggebenden Fällen das Gericht mit einer Abwesenheitspflegschaft helfen.

Der § 11 soll nach alledem zur Erleichterung, Verbilligung, Beschleunigung und Entlastung dienen. Durch ihn ist aber nicht vorgeschrieben, daß in einem einzelnen Falle, soweit durchführbar, wenn besondere Vorsicht geboten, eine Verwechslung möglich, ein sehr maßgebender Adressat zu berücksichtigen, ein besonders verlässiger Nachweis anzustreben, ist, die Zustellung auf Einzelanordnung in minder einfacher Form zu betätigen ist. So kann z. B., wenn im Vergleich eine Abstimmungs- oder Mehrheitsfrage auf dem Spiele steht, vom Vergleichsgerichte ausnahmsweise eine Beglaubigung des zuzustellenden Schriftstückes verfügt werden.

§ 12.

Öffentliche Bekanntmachungen erfolgen durch mindestens einmalige Einrückung in das zur Veröffentlichung amtlicher Bekanntmachungen des Gerichts bestimmte Blatt; die Einrückung kann auszugsweise geschehen. Die Bekanntmachung gilt als bewirkt mit dem Ablauf des zweiten Tages nach der Ausgabe des die Einrückung oder die erste Einrückung enthaltenden Blattes.

Die Bekanntmachung ist auszugsweise in den Deutschen Reichsanzeiger einzurücken; auch kann das Gericht weitere Bekanntmachungen anordnen.

Die öffentliche Bekanntmachung gilt als Zustellung an alle Beteiligten, auch wenn dieses Gesetz neben ihr eine besondere Zustellung vorschreibt.

In der Bekanntmachung soll der Schuldner genau bezeichnet werden, insbesondere sollen seine Anschrift und sein Geschäftszweig angegeben werden.

Während bis zum Jahre 1924 die Geschäftsaufsicht sozusagen unter Ausschluß der Öffentlichkeit vor sich ging, um den durch Krieg und Kriegsfolgen geschädigten Schuldner tunlichst zu schonen, hat man bereits in der Novelle von 1924 diesen Standpunkt verlassen. Das Prinzip der Publizität des Verfahrens ist nun auch in der VerglO. weitgehend befolgt. Der § 12 VerglO. regelt im Einzelnen die Art und Weise, durch die die Öffentlichkeit über die Vorgänge des Verfahrens ausreichend informiert werden soll. M. a. W.: von dem Anbeginn der Entwicklung der reichsdeutschen Sanierungsnormen an bis jetzt bringt zum ersten Male der § 12 VerglO. eine vollständige Durchführung des Grundsatzes der

Öffentlichkeit und Veröffentlichung. Die amtliche Begründung zu dem § 12 stellt das Anwendungsgebiet des § 12 m. a. W.: die Einzelvorgänge, die der Veröffentlichung unterliegen, zusammen:

Eröffnungsbeschluß § 27 Abs. 1; erster Vergleichstermin § 27 Abs. 1; Bekanntmachung der Person der VP. § 42; Anordnung eines allgemeinen Veräußerungsverbots oder einer einzelnen Verfügungsbeschränkung § 52 Abs. 2; Aufhebung einer angeordneten Verfügungsbeschränkung § 58 Abs. 2; Aufhebung des Vergleichsverfahrens nach Bestätigung des Vergleiches § 69 Abs. 1; Verwerfung des Vergleiches § 72 Abs. 1; Einstellung des Vergleichsverfahrens ohne Konkurseröffnung § 81 Abs. 1.

Damit ein vereinfachter Zustellungsnachweis besteht, gilt die öffentliche Bekanntmachung als Zustellungsnachweis (gleichviel, ob jeder Gläubiger faktisch Kenntnis erhielt, RG. III, 16. April 1926, III, 2. Aug. 1925, RG. 113, 248; JW. 1926, 2084), so daß das Gericht selbstredend die betreffenden Zeitungsblätter als Nachweise zum Akte zu nehmen hat, was zweckmäßigerweise auch die VP. und der Gläubigerausschuß tut. Damit ist nicht gesagt, daß nicht außerdem noch die Zustellungen des § 11 VerglO. vor sich gehen.

Die Veröffentlichung ist, damit kein Gläubiger übersehen und damit jedes Munkeln im Dunkeln erschwert wird, eine logische Konsequenz der heutigen Vergleichsbehandlung. Wo ein Bedürfnis besteht, kann durch mehrmalige Einrückung oder Inserierung in mehreren Blättern geholfen werden. Wo indes der Umfang des Vergleichsverfahrens unbedeutend und das Auftreten sowie der Vorschlag des Schuldners übersichtlich, loyal und bedenkenfrei (das Milieu m. a. W. harmlos) ist, erscheint es geraten, zur Schonung seiner Person, seines Geschäftes und seiner Kassa tunlichst die Veröffentlichung einzuschränken. Das Minimum der Publikation ist

1. einmalige Einrückung, ganz oder auszugsweise,
2. auszugsweise in den Reichsanzeiger,
3. in das Amtsblatt.

Was darüber hinausgeht, ist Ermessenssache; doch darf die Bekanntmachung z. B. nicht in voller Breite im Reichsanzeiger erfolgen, sondern nur im Exzerpt.

Es erschien angezeigt, Vor-, Zuname, Wohnung und Stand (Einzelbranche) aufzunehmen, damit die Fachleute wissen, um wen es sich handelt und da eine unklare Bezeichnung keine wahre Veröffentlichung bedeutet.

Im großen und ganzen entspricht der § 12 VerglO. dem § 76 KO.

Als bewirkt gilt die Bekanntmachung mit dem Ablauf des zweiten Tages nach der Ausgabe des die einmalige oder die erste Inserierung enthaltenden Blattes. Maßgebend ist die wirkliche Ausgabe, nicht das Datum des Blattes, falls dieses vielleicht, wie manchmal Vormittagsblätter, schon am Vorabend ausgegeben wird. Der Tag der Ausgabe wird nicht mit eingerechnet. Es handelt sich bei dem § 12 VerglO. um eine Frist, von deren Ablauf eine Rechtswirkung abhängig ist, so daß § 222 ZPO. einschlägt. Für den Beginn der Frist der sofortigen Beschwerde ist der Zeitpunkt von Bedeutung, an welchem die öffentliche Bekanntmachung als bewirkt gilt. Von diesem Moment ab läuft die Beschwerdefrist, gleichviel, wann die Veröffentlichung im Reichsanzeiger oder die Zustellung an die einzelnen Interessierten erfolgt (RG. JW. 1889, 139; RG. VII 9/1/23, 106, 163). Die Einzelzustellung ist nur dadurch bedeutsam, als durch sie der Beweis des Zuganges gegen den Zustellungsempfänger geführt werden kann.

Im engsten Zusammenhang mit der Publizitätsfrage stehen auch der § 13 (Art und Umfang der Akteneinsicht) und § 37 (Firmenzusatz „im Vergleichsverfahren" bei Kaufleuten als Vergleichsschuldnern), sodann die Einträge in das Handelsregister (§ 37) und, was Veräußerungsverbote anbetrifft, in das Grundbuch (§ 53).

§ 13.

Der Schuldner, die Vertrauensperson (§ 40) und jeder Gläubiger können die Akten einsehen; der Schuldner und die Vertrauensperson können sich auch Abschriften daraus erteilen lassen. Auf die Akteneinsicht durch andere Personen findet die Vorschrift des § 299 Abs. 2 der Zivilprozeßordnung entsprechende Anwendung.

Gläubigern kann die Einsicht in solche Teile der Akten versagt werden, deren Kenntnis für die Gläubiger ohne Bedeutung ist oder deren Geheimhaltung nach Angabe des Schuldners für die Fortführung seines Unternehmens erforderlich ist.

Ein Stück Öffentlichkeit ist auch die Akteneinsicht. Gemeint sind die Gerichtsakten. Daß der Schuldner die seine eigenen Angelegenheiten betreffenden Akten einsehen darf, ist in der Regel etwas Selbstverständliches. (Wenn nicht Machenschaften das Gegenteil gebieten.) Daß die VP. nur funktionieren kann, wenn ihr die Akten zur Verfügung gestellt werden, bedarf keiner Erwähnung. Dazu ist ja die VP. da, daß sie gemäß § 40 ff. VerglO. die Verhältnisse prüft, die Geschäfts- und Lebensführung des Schuldners überwacht und neben den Büchern und dem Schreibwerk des Schuldners die einschlägigen Akten, Bilanzen, Gläubigererklärungen, Briefe der Gläubigerschaft mit dem Schuldner, Urteile, Zahlungsbefehle, Klagen, Vollstreckungstitel, Arrestbefehle, einstweilige Verfügungen, Grundbuchmitteilungen, Grundbuchausfertigungen, Rechnungen, Buchauszüge, Belege, Quittungen, Schuldscheine, Wechsel, Schecks, kennen lernt. Der Schuldner und das Gericht müssen der VP. bei Informierung behilflich sein. Es steht weiterhin nichts im Wege, daß Schuldner und die Vertrauensperson sich Abschriften aus den Gerichtsakten erteilen lassen, damit sie die betreffenden Posten, Urkunden, Anmeldungen, Verwahrungen, Korrespondenzen, mit anderem Schreibwerk oder mit mündlichem Vorbringen vergleichen können. Ein Recht auf Abschrift kann den Gläubigern nicht gewährt werden. Dieses Recht könnte den Geschäftsbetrieb des Gerichtes lahmlegen.

Was nun die Akteneinsicht durch andere Personen anlangt, so bestand aller Grund, mit Vorsicht an diese Frage heranzugehen. Auch der § 299 ZPO., der vom § 13 VerglO. zitiert ist, sagt, daß dritten Personen der Vorstand des Gerichts, wenn es sich um Prozeß-Akten dreht, ohne Einwilligung der Parteien die Einsicht der Akten nur gestatten kann, wenn ein rechtliches Interesse glaubhaft gemacht wird. Hier schlägt § 294 ZPO. ein: wer eine tatsächliche Behauptung glaubhaft zu machen hat, kann sich aller Beweismittel, mit Ausnahme der Eideszuschiebung, bedienen. Es muß also dem Gericht plausibel gemacht werden, daß nicht Neugierde, Sensationslust, Konkurrenzbestrebung, zu dem Wunsche der Akteneinsicht führt. Wenn beispielsweise ein Freund oder Verwandter einspringen und sich zu diesem Zweck durch die Akten informieren will, so kann ihm dies nicht verübelt und versagt werden. Ebenso ist es, wenn der Dritte sich als Bürge oder Mitschuldner ausweist, oder wenn es sich um eine Anstellung des Vergleichsschuldners, um einen neuerlichen Vertrag mit diesem, eine Darlehensgewährung diesem gegenüber usw. usw. dreht.

Das Recht der Einsichtnahme ist grundsätzlich auf die Einsichtnahme bei der Gerichtsschreiberei beschränkt. Die Versendung der Akten nach einem anderen Orte kann nicht verlangt werden. OLG. 25, 96. Ausnahmsweise kann das Gericht bekannten oder ihrem Leumund nach bedenkenfreien Persönlichkeiten, wie Rechtsanwälten, Bücherrevisoren, Treuhandgesellschaften usw., für ihr Bureau oder für das Anwaltszimmer die Akteneinsicht gestatten, wie dieselben auch nach Ermessen des Vorstandes bei geeigneten Fällen in die Wohnung verabfolgt werden dürfen. RG. 7, 342; OLG. 1, 224.

Was ferner die Einsicht der Akten seitens einzelner Gläubiger anbetrifft, so hat nach Wegfall der Kriegs- und Kriegsfolgeverhältnisse das Wirtschaftliche wieder den Vorrang. Wir müssen die Belange gutgläubiger Dritter respektieren, die Quertreibereien der Schuldner hintanhalten, die traurigen Erfahrungen der letzten Jahre verwerten. Die GeschAufs. war eine Kriegserscheinung mit der guten und üblen Eigenart einer solchen. Nunmehr ist also im großen und ganzen ein gewisses Erkundigungsrecht, zumal der Gläubigerschaft, am Platze. Dazu gehört auch die Akteneinsicht. In dieser Hinsicht muß grundsätzlich jedes Sentiment in den Hintergrund treten. Wer Geld im Spiele hat und allenfalls einbüßen soll, hat das gute Recht, zu wissen, wie er daran ist und insbesondere auch die maßgebenden auskunftgebenden Urkunden, Anträge, Belege, Reverse, Bilanzen usw. einzusehen. Die Öffentlichkeit im breiteren Sinn hat sich durchgerungen; sie kann nur konsequent durchgeführt werden, wenn die anständige und lautere Gläubigerschaft die Zusammenhänge durch Akteneinsicht kennen lernt. (Das bezieht sich zumal auch auf die Delegierten der Gläubigerschaft, den Gläubigerausschuß. cf. LG. Stargard 26. Okt. 1925, JW. 1926, 2122 und § 49 VerglO., wo überall auch die Einsicht der Bücher des Schuldners besonders hervorgehoben ist).

Allein das VerglVerf. ist nicht dazu da, um unnötig den Schuldner an den Pranger zu stellen, ihn, soweit nicht glaubhaft zu machende Interessen des einzelnen Gläubigers oder gar der Gesamtgläubigerschaft auf dem Spiele stehen, zu diskreditieren. Der schuldnerische Geschäftsbetrieb soll ja nicht lahmgelegt werden. Treibereien und Schikane, Neugierde, Sensationslust, vor allem aber einem über den Rahmen der Beteiligung hinausgehenden Konkurrenztreiben soll die Akteneinsicht nicht Vorschub leisten. Auch gehen die Privatverhältnisse des Schuldners unter Umständen den Gläubiger nichts an. Der Gläubiger darf vor allem die Einsicht nicht begehren, um Lieferanten und Kunden des Vergleichsschuldners zu erforschen und so seine, des Gläubigers, Wettbewerbsmöglichkeiten zu erhöhen. In den Gerichtsakten werden auch bisweilen wichtige Geschäftsgeheimnisse, Bezugsquellen, Kundenlisten, Rezepte, Schutzrechte des Schuldners zur Erörterung gelangen. Diese können gegen seinen Willen nicht ohne weiteres vom Vergleichsgericht preisgegeben werden. Vertrauliche Schriftstücke, z. B. über Maßregeln, Disziplinierung und Entlassung der VP., sind ebenfalls diskret zu behandeln.

Der § 13 VerglO. sieht deshalb vor, daß der Vergleichsschuldner intervenieren und protestieren kann gegen die Akteneinsicht, welche über den Rahmen ihres Zweckes hinausgeht. Seine, des Schuldners, Angabe ist in dieser Hinsicht bedeutsam. Wenn er dartut, daß seine geschäftliche oder gewerbliche Existenz geschädigt wird, wenn ein Gläubiger sich durch die Akteneinsicht in Dinge mischt, die ihn nichts angehen, und Kenntnis von Umständen bekommt, die ihm, dem Vergleichsschuldner, Einbuße bereiten, so kann, nicht muß, das Gericht die Akteneinsicht versagen. Das Gericht kann ja auch finden, daß der schuldnerische Einwand unbegründet oder sogar schikanös ist, vielleicht ebenfalls aus minder edlen Wettbewerbsgründen. Der Richter oder eine von ihm beauftragte Persönlichkeit der Gerichtsschreiberei kann solchen Streit der Meinungen dadurch glätten, daß man — unter Umständen in Gegenwart des Schuldners oder der

VP. — dem Gläubiger das Verlesen der betreffenden Stellen oder Herausnahme des betreffenden Aktenstückes, dessen Kenntnis keinem Bedenken unterliegt und mit der Art der Beteiligung des Gläubigers harmoniert, ermöglicht, so aber Indiskretionen, Erstreckung der Einsicht auf Unnötiges, hindert. Kiesow, S. 156, empfiehlt eventuell separate Verwahrung derartiger Aktenteile.

JW. 1926 S. 692 hat Lehner-Fürth i. B. sich eingehend über die Akteneinsicht und Anordnung der Erteilung von Abschriften ausgesprochen, wobei er darlegt 1. daß die vom Verfahren nicht betroffenen Gläubiger keineswegs desinteressiert seien, so daß auch ihnen die Akteneinsicht gestattet werden dürfe und könne; 2. daß der Gerichtsschreiber nicht befugt sei, die Akteneinsicht zu gewähren; 3. daß der Gerichtsvorstand darüber zu verfügen habe, wogegen Dienstbeschwerde möglich sei (Verweis auf die Bayer. Geschäftsanweisungen, Dienstvorschriften und das Bayer. KostG.); 4. daß der Vergleichsschuldner nicht jedem Einzelgläubiger offenbarungspflichtig sei und daß nur im Rahmen des Vergleichsverfahrens die offenbarende Eidespflicht bestehe (sodaß die Akten nur beschränkt zugänglich seien); 5. daß keine Auskunftspflicht der Aufsichtsperson (jetzt Vertrauensperson) gegenüber Einzelgläubigern bestehe; und daß 6. eine Regelung der Aktenbildung und -Einsicht durch die Landesjustizverwaltung wünschenswert sei. Letzterer Anregung schließe ich mich an. Siehe ferner Beschl. des LG. Stargard vom 26. Okt. 1925 (JW. 26, 2122) und meine Besprechung ebenda.

§ 14.

Die Entscheidungen des Gerichts können nur insoweit angefochten werden, als dieses Gesetz es bestimmt.

Soweit eine Anfechtung stattfindet, erfolgt sie durch sofortige Beschwerde. Die Beschwerdefrist (Notfrist) beträgt eine Woche. Sie beginnt mit der Verkündung der Entscheidung; wenn diese nicht verkündet wird, mit der Zustellung; eine weitere Beschwerde findet nicht statt.

Rechtsmittel.

A. Anlaß und Werdegang des heutigen § 14.

Der § 11 der GeschAufsVO. hatte folgenden Wortlaut: die Entscheidungen des Gerichts sind unanfechtbar. Diese Bestimmung fand nicht allgemeinen Beifall. Vor allem wurde behauptet, daß die Unanfechtbarkeit der amtsgerichtlichen Entscheidungen die Einheitlichkeit der Rechtsprechung beeinträchtige. Aus der Praxis heraus äußerten sich insbesondere Vertreter von Gläubigern, die anscheinend ungünstige Erfahrungen mit Versagung der Akteneinsicht usw. gemacht hatten, gegen die vollständige Ausschaltung von Rechtsmitteln. Man beklagte die übermäßige Verantwortung des Amtsrichters und bedauerte, daß die Unanfechtbarkeit zu einem Alleinherrschertum, einer Selbstherrlichkeit (appréciation souveraine), führe.

Aber es wurde auch betont, durch den § 11 der ältesten VO. v. 1914 sei der Gefahr vorgebeugt, daß allgemeine Rechtssätze aus den Entscheidungen höherer Gerichte das freie Ermessen und die Berücksichtigung aller Umstände des Einzelfalles beeinträchtigen und an ihre Stelle schablonenmäßig wirkende Rechtseinheit setzen. Man habe offenbar den Aufsichtsrichter so freistellen wollen, wie nur möglich. Was an einem Orte sehr zweckmäßig sein könne, könne es an einem anderen Orte nicht sein. Zugegeben wurde, daß die Unzulässigkeit von Rechtsmitteln gegen die amtsgerichtlichen Verfügungen zweifellos in Einzelfällen eine schwer empfundene Härte bedeuten könne. Sie vermehre auch die Verantwortung des Einzelrichters, der so manchen zwecklosen Einwürfen ausgesetzt sein könne. Es gebe Richter, die ihre durch den § 11 der Bekanntmachung v. 1914 geschaffene Infallibilität lästig empfinden. Aber die Maßnahme sei trotzdem gesund. Ein Instanzenzug benähme die Vorzüge der Einrichtung: Schnelligkeit, Unauffälligkeit, Unaufschiebbarkeit (Cahn, Recht und Wirtschaft 1914, 221).

Der § 19 der AufsVO. vom Jahre 1916 hat dann auch die Unanfechtbarkeit als Grundsatz beibehalten und nur einige wenige Fälle der sofortigen Beschwerde ermöglicht, dabei aber ausdrücklich bestimmt, daß eine weitere Beschwerde in keinem Falle zulässig sei.

B. Die Regel der VergleichsO.: Unanfechtbarkeit.

Dieses Prinzip der Unanfechtbarkeit der Entscheidungen des Gerichts hat wohlweislich im großen und ganzen die VergleichsO. herübergenommen, denn nur so kann von einer sachgemäßen Erledigung die Rede sein. Die Vergleichsrichter erhielten und erhalten mit der Zeit eine gewisse Routine, die durch die Kautelen der VerglO. noch erhöht wird. Für äußerste Fälle bleiben den Parteien die Syndikats- und Regreßklagen gegen das Gericht (BGB. §§ 839, 840, 1848, 1915; RG. 62, 369; HessRspr. S. 65; OLG. Dresden vom 12. März 1913; SächsArchRechtspfl. S. 380). —

Schließlich sei zweier Auswege gedacht: 1. der Vorstellung gegen gerichtliche Entscheidungen, um eine Überprüfung des Gegenstandes derselben zu erreichen; 2. der Wiederholung des Antrags mit verbesserten Gründen oder unter veränderten Umständen.

Der gesetzliche Beschwerdeausschluß hindert weder Einwendungen gemäß § 766 ZPO., noch sofortige Beschwerden gegen die Entscheidungen des Vollstreckungsgerichts (Colmar v. 27. April

1916 DJZ. 1916, 739; Recht 1916, 462 Nr. 919; ElsLothZ. 16, 244; JW. 16, 1355; LZ. 16, 1198; SächsArchRechtspfl. 16, 397 [Dresden FS.]).

Wenn auch nach § 14 gewisse Beschlüsse des Amtsgerichts, z. B. der Beschluß, der die Ermächtigung der Kündigung eines Mitgliedschaftsrechts, gemäß § 28 VerglO. ausspricht, unanfechtbar sind, so kann dennoch nicht die Entscheidung, ob überhaupt ein Fall des § 28 vorliegt, dem Prozeß entzogen werden.

RG. IV 518/19 vom 29. April 1920, DJZ. 1920 S. 719.

C. Die Fälle der sofortigen Beschwerde.

Nach ZPO. § 577 Abs. 2 ist die Frist der sofortigen Beschwerde: 2 Wochen. Nach § 14 VerglO. ist die Frist der sofortigen Beschwerde: 1 Woche. Damit wird die Beschleunigung gefördert.

Die sofortigen Beschwerden im Falle der §§ 71 und 80 VerglO. haben Suspensiveffekt, aufschiebende Wirkung. Die sofortigen Beschwerden im Falle der §§ 24, 45 und 46 VerglO. haben keinen Suspensiveffekt.

Am Prinzip der Einschränkung der sofortigen Beschwerde auf wenige Fälle ist erfreulicherweise wenig durch die VerglO. geändert.

Nur in einigen besonderen Fällen ist die sofortige Beschwerde durch die VerglO. zugelassen:

1. gegen die Festsetzung einer Ordnungsstrafe in Richtung gegen die VP. steht der VP. (sonst niemand) die sofortige Beschwerde zu. Das Vergleichsgericht kann der Beschwerde abhelfen. § 45 VerglO. Dieses System der Abhilfe kennt die ZPO. sonst nur bei der eigentlichen oder einfachen Beschwerde, nicht bei der sofortigen Beschwerde. Denn es heißt zwar bei § 571 ZPO.: Erachtet das Gericht oder der Vorsitzende dessen Entscheidung angefochten wird, die Beschwerde für begründet, so haben sie derselben abzuhelfen. Allein bei der sofortigen Beschwerde des § 577 ZPO. heißt es ausdrücklich: Das Gericht ist zu einer Änderung solcher der Beschwerde unterliegenden Entscheidung nicht befugt. (Diese Fassung der ZPO. vom 1. Juni 1909 entspricht der ZPO. von 1877, aber nicht der vom 17. Mai 1898.).

2. Gegen den Beschluß des Vergleichsgerichts auf Festsetzung der Auslagen und der Vergütung der VP. findet die sofortige Beschwerde statt. Dies ist allgemein gehalten; also steht jedem Betroffenen die sofortige Beschwerde zu. Auch hier kann das Vergleichsgericht der Beschwerde abhelfen (s. oben unter 1.) § 46 VerglO.

3. Gegen die Entscheidung des Vergleichsgerichtes über die Eröffnung des Konkursverfahrens im Falle der Ablehnung der Eröffnung des Vergleichsverfahrens

(gemäß § 24 VerglO.) steht dem **Vergleichsschuldner** (sonst niemand) die sofortige Beschwerde zu. Mit ihr kann auch geltend gemacht werden, daß die Eröffnung des VerglVerf. zu Unrecht abgelehnt worden sei. § 24 VerglO. Eine Abhilfe durch das Vergleichsgericht als ersten Rechtszug ist hier nicht möglich, so daß sich also primär das Vergleichsgericht und in 2. Linie das Beschwerdegericht (Landgericht) mit dem Fall zu beschäftigen hat.

Wird aber die Eröffnung des Vergleichsverfahrens abgelehnt und wird bei der automatisch sich anschließenden gerichtlichen Entscheidung nicht die Eröffnung des Konkurses beschlossen, so steht dem Vergleichsschuldner nicht die sofortige Beschwerde zu. (Das ist inkonsequent, weil durch den Ablehnungsbeschluß als solchen — auch ohne sich anschließenden Konkurs — der Schuldner sich beschwert fühlen kann).

4. Gegen die Entscheidung über die Eröffnung des Konkurses im Falle der Verwerfung des Vergleichs (gemäß § 71 VerglO.) steht dem **Vergleichsschuldner** (sonst niemand) die sofortige Beschwerde zu. Mit ihr kann auch geltend gemacht werden, daß der Vergleich zu Unrecht verworfen sei. § 71 VerglO. Eine Abhilfe durch das Vergleichsgericht als ersten Rechtszug ist hier nicht möglich, so daß sich also subsidär das Beschwerdegericht (Landgericht) mit dem Fall zu beschäftigen hat.

Wird aber der Vergleich verworfen und wird bei der automatisch sich anschließenden gerichtlichen Entscheidung nicht die Eröffnung des Konkursverfahrens beschlossen, so steht dem Schuldner nicht die sofortige Beschwerde zu. (Das ist inkonsequent, weil durch den Verwerfungsbeschluß als solchen — auch ohne sich anschließenden Konkurs — der Vergleichsschuldner sich beschwert fühlen kann).

Die Beschwerde hat Suspensiveffekt: die Entscheidung, die den Vergleich verwirft und die Entscheidung auf Eröffnung des KV. werden erst mit der Rechtskraft wirksam. § 71 VerglO. letzter Abs.

5. Gegen die Entscheidung über die Eröffnung des Konkursverfahrens im Falle der Einstellung des Verfahrens (§ 80 VerglO.) steht dem **Vergleichsschuldner** (sonst niemand) die sofortige Beschwerde zu. Mit ihr kann auch geltend gemacht werden, daß die Einstellung des VerglVerf. zu Unrecht erfolgt sei. § 80 VerglO.

Wird aber das Verfahren eingestellt, und wird bei der automatisch sich anschließenden gerichtlichen Entscheidung nicht die Eröffnung des Konkursverfahrens beschlossen, so steht dem Vergleichsschuldner nicht die sofortige Beschwerde zu. (Das ist inkonsequent, weil durch den Einstellungsbeschluß als solchen — auch ohne sich anschließenden Konkurs der Vergleichsschuldner sich beschwert fühlen kann).

Die Beschwerde hat Suspensiveffekt: die Entscheidung über die Einstellung des Verfahrens und über die Eröffnung des Konkursverfahrens werden erst mit der Rechtskraft wirksam. § 80 letzter Absatz. (Bezüglich der Inlaufsetzung der Beschwerdefrist s. Entsch. 9. Jan. 1923 RG. 106, 164).

Warum ist nun wohl in den 5 Fällen der Instanzenzug in der VerglO. eingeführt?:

Es könnte, zumal in den kleineren Amtsgerichtsbezirken, eine zu gute oder zu schlechte Beziehung zwischen VP. und Richter Unzuträglichkeiten zeitigen, wenn die Disziplinierungs- und Festsetzungsfrage nur einen Rechtszug passieren dürfte. Einschneidend ist sodann auf dem Vergleichsgebiete die Verbescheidung des Antrages auf Eröffnung des Vergleichsverfahrens. Gegen den Zurückweisungs- (nicht gegen den Zulassungsbeschluß) ist die sofortige Beschwerde zulässig. Gegen den Beschluß, durch den der Vergleich verworfen wird, steht dem Schuldner die sofortige Beschwerde zu. Gegen den Beschluß, durch den das Vergleichsverfahren eingestellt wird, steht dem Schuldner die sofortige Beschwerde zu. Was die 2 Fälle des §§ 71 und 80 VerglO. anlangt, so gewährleistet und will die VerglO. offensichtlich die Möglichkeit der Nachprüfung der schwerwiegenden amtsgerichtlichen Entscheidungen und zwar so, daß die Rechtsmittel mit aufschiebender Wirkung ausgestattet sind. Gegen den Bestätigungsbeschluß des § 67 existiert keine Beschwerde.

Damit genug. Einen noch umständlicheren Apparat will die VerglO. nicht errichten. Die landgerichtlichen Beschlüsse beschreiten die Rechtskraft. Die Entscheidungen des zweiten Rechtszuges in den 5 obigen Fällen sind unanfechtbar, wie nunmehr expressis verbis bestimmt ist. Ein Dreiinstanzenapparat wäre zu umständlich.

Mit Versagung der Rechtsmittel gegen die neuesten Entscheidungen des Vergleichsgerichts ist nicht gesagt, daß bei einer nachfolgenden beschwerdefähigen Entscheidung die vorausgegangene nicht gerügt werden kann, soweit damit der Verfahrensmangel, durch den sich der Beschwerdeführer beschwert fühlt, mit erörtert wird. Argumento: Stein-Jonas §§ 539 und 575 ZPO.; Lucas S. 54.

2. Abschnitt:

Eröffnung des Verfahrens.

§ 15.

Der Antrag auf Eröffnung des Vergleichsverfahrens muß einen bestimmten Vergleichsvorschlag enthalten und ergeben, ob und wie die Erfüllung des Vergleichs sichergestellt werden soll. Der Vorschlag muß dem § 6 genügen.

In dem Antrag hat der Schuldner anzugeben:

1. ob innerhalb der letzten fünf Jahre vor dem Tage des Antrags im Inlande die Geschäftsaufsicht, das Konkursverfahren oder das Vergleichsverfahren zur Abwendung des Konkurses über sein Vermögen rechtskräftig eröffnet oder die Eröffnung eines dieser Verfahren mangels Masse rechtskräftig abgelehnt worden ist;
2. ob innerhalb derselben Frist von ihm der Offenbarungseid auf Grund des § 807 der Zivilprozeßordnung geleistet oder gegen ihn zur Erzwingung eines solchen Eides die Haft angeordnet worden ist;
3. wann und wo er geboren ist.

Zu Nr. 1 und 2 des Abs. 2 ist anzugeben, bei welchem Gericht das Verfahren anhängig ist oder wann und bei welchem Gericht es anhängig gewesen ist.

Die Richtigkeit der Angaben (Abs. 2, 3) hat der Schuldner an Eides Statt zu versichern oder durch öffentliche Urkunden nachzuweisen.

Die Unterlagen des Vergleichsantrags.

A. Der Inhalt des schuldnerischen Vergleichsvorschlages im Allgemeinen.

Als es sich um den Antrag auf Anordnung der Geschäftsaufsicht handelte, war selbstredend noch kein greifbarer und positiver Vergleichsvorschlag des Schuldners möglich bzw. nötig. Deshalb schied sich auch jenes Geschäftsaufsichtsverfahren des öfteren in zwei Teile, das der eigentlichen Geschäftsaufsicht im engeren Sinne und das des Zwangsvergleiches. Es ergab mithin erst der Gang der Dinge, erst die Präparierung durch Schuldner, Aufsichtsperson, Gläubigerbeirat und Gericht, ob ein Zwangsvergleich außerhalb des Konkurses überhaupt möglich sei. So steht es in der Gesch.-AufsVO. vom Jahre 1916 in den §§ 33 und zumal 41.

Nun ist das Primäre der Vergleichsvorschlag. In ihm verankert sich das ganze Verfahren. Er bildet die Spitze des Vorgehens. Er hat bestimmt und konkret zu sein, nicht allgemein und verschwommen. Redensarten nützen die Gläubigerschaft nichts. In dem Antrag, der den Vorschriften der ZPO. unterliegt und somit schriftlich oder zu Protokoll des Gerichtsschreibers, vom Schuldner oder von seinem bevollmächtigten Vertreter eingereicht werden muß, muß klar und deutlich ausgesprochen werden, was eigentlich der Schuldner vorschlägt. Der Schuldner; nicht ein anderer, der die Obliegenheiten auf sich nimmt. Was für das Konkursrecht gilt, hat im Vergleichsrecht keinen Platz, weil die ganze gesetzliche Konstruktion auf das Rechtssubjekt des Vergleichsschuldners und seine Rechtshandlungen zugestutzt ist. Der andere müßte m. a. W. als Garant auftreten.

Man muß aus dem Vergleichsvorschlag ersehen, was geboten wird. Man muß wissen, wie man daran ist. Sprüche, wie man in Bayern sagt, haben keinen Wert. Solch ein Vorschlag, von dem so viel abhängt, muß sich der Schuldner, der nun zum Vergleichsschuldner werden und die Pflichten und Lasten eines solchen auf sich nehmen will, sehr wohl überlegen. Reussiert der Vergleichsvorschlag nicht, so hat er in 3 Stadien (der Ablehnung oder Verwerfung oder Einstellung) die organische Folge, daß der Schuldner den Entscheid über den Konkurs unweigerlich über sich ergehen lassen muß.

Es prüfe zudem, wer sich durch einen Vergleichsvorschlag des § 15 bindet, das Ob und Wie einer S i c h e r s t e l l u n g des Vergleiches. Mit einem Vorschlag des Vergleiches allein ist es nicht getan. Das Papier ist geduldig. Aber ungeduldig wird Richter, VP. und Gläubiger, wenn der vom Schuldner angestrebte Vergleich sicherungslos dasteht. Sicherungen sind nicht so einfach.

B. Der Vergleichsvorschlag.

Lucas führt JW. 1927, 1665, aus: „Das Gesetz verweist den ersten Teil des bisherigen Geschäftsaufsichts- und Vergleichsverfahrens, die das Vergleichsverfahren vorbereitende GA., in ein a u ß e r g e r i c h t l i c h e s Vorstadium. Das gerichtliche Verfahren beginnt künftig erst da, wo bisher die reine GA. endigte. Der Schuldner muß, um überhaupt das gerichtliche Verfahren zu erreichen, schon einen bestimmten Vergleichsvorschlag vorlegen. Diese Regelung birgt die Gefahr in sich, an Stelle der GA. den Konkurs in den Sattel zu setzen." —

Die §§ 15 und 16 Abs. 1 Nr. 4 bilden nach der gesamten Konstruktion den Kernpunkt der VerglO.

Dieser so wichtige Vergleichsvorschlag kann nach Gestalt und Art verschieden sein.

Die Verschiedenheiten der Antragsmöglichkeit gipfeln — soweit zulässig — in den Fragen:

1. Erlaß oder Stundung. (Ein teilweiser Erlaß der Forderungen ist nicht unbedingt eine Charakteristik des Vergleichs.) Es kann indes auch ein Vorschlag des Vergleichsschuldners dahin gehen, daß die Forderungen zu 100% befriedigt werden, daß ihm indes eine zeitlich genau im Vergleich festzulegende Stundung gewährt werde. Ferner kann Quotenzahlung und Stundung kumuliert werden.

2. Welche Quoten (mit oder ohne Stundung), wobei die Normen über die Mindestquoten unter gewissen Umständen zu berücksichtigen sind. (Über die in der VerglO. weder ausdrücklich erwähnte noch ausdrücklich versagte und daher zulässige Form des Treuhandvergleiches s. meine Erläuterungen zu § 61 VergleichsO.)

Der § 15 VerglO. fußt mit ausdrücklichen Worten auf § 6 VerglO. (Minimalquote von 30% beim Erlaßvergleich), wobei außerdem § 23, 1 VerglO. nicht übersehen werden darf, der lautet:

Die Eröffnung kann abgelehnt werden, wenn die Gläubiger bei einem Vergleich, der auf einen ziffermäßig bestimmten teilweisen Erlaß ihrer Forderungen lautet, nicht mindestens die Hälfte ihrer Forderungen erhalten sollen und die amtliche Berufsvertretung das Angebot als unzureichend bezeichnet. —

Das Gesetz normiert m. a. W. eine Allermindestquote des § 6 und eine allenfallsige Mindestquote des § 23.

Der Vorschlag muß klar machen, wie, wann und wodurch der Vergleichsschuldner seine Gläubiger befriedigen, ob, wie, wann und wodurch er Sicherheiten gewähren will. Der Schuldner soll veranlaßt werden, sein Anerbieten so übersichtlich zu gestalten, daß sich die Gläubiger schon vor dem Vergleichstermin ein Bild über die Annehmbarkeit des Vergleiches zu machen vermögen (LG. Plauen I. ZK. 3. Nov. 1924, B. C. 22/24, JW. 1925, 665). Der Vorschlag muß sich also z. B. darüber aussprechen, wieviel Prozent die Gläubiger empfangen sollen, zu welchem Zeitpunkt, in welchen Raten, oder wie lange gestundet werden soll. Die Frage, ob Sicherheit geboten werden kann, nach welchen Formen des § 232 BGB. oder auf andere Art (etwa Schuldübernahme kumulativer oder privativer Form), darf nicht außer acht gelassen werden, weil sie einen hauptsächlichen Anhaltspunkt für Brauchbarkeit des Vorschlages überhaupt bildet. Unstimmigkeiten können zur Ablehnung der Eröffnung führen, entschuldbare Ungenauigkeiten freilich nur zur Steckung einer Nachholungsfrist im Sinne des § 19 VerglO.

Es genügt nicht die Angabe einer Gesamthöchstsumme, die etwa zur Verfügung gestellt werden kann. Jeder Einzelgläubiger muß ersehen, was auf seine Forderung entfallen wird, zumal Forderungen vorhanden sein können, die in den §§ 16—18 VerglO. noch nicht figurieren.

C. Der Konduitenbogen des Vergleichsschuldners in den letzten 5 Jahren.

Der Tag des Antrages auf Vergleichseröffnung ist der Stichtag. Von diesem zurückgerechnet, ist zu konstatieren, welche Stellung Vergleichsschuldner in dem letzten Jahrfünft zur Gantfrage und zur Manifestierung eingenommen hat. Die Ansicht von Kiesow, daß Tag des Vergleichsantrags nicht der der Einreichung (also offensichtlich der der Fertigung sei), widerspricht dem sonstigen zivilprozessualen Brauche. Ich bin vielmehr der Auffassung, daß der Tag des gerichtlichen Einlaufs gemeint ist. Sonst könnte ja grundsätzlich das Datum eines im Pult liegen gebliebenen alten Antrags, was zudem schwer kontrollierbar ist, den Ausschlag geben. Die Begründung von Kiesow, es heiße zu § 15 Abs. 2 [1] — im Gegensatz zum Wortlaute der §§ 3, 70, 84 VerglO. — nicht „Stellung des Antrags", erscheint mir nicht schlüssig.

Die Angaben des § 15 Abs. 2 Nr. 1 sind um deswillen wichtig und müssen an Eides Statt vom Vergleichsschuldner versichert oder durch öffentliche Urkunden nachgewiesen werden, weil der § 23 (Kannvorschrift) Nr. 2 wörtlich mit diesem § 15 korrespondiert. Die Eröffnung des Vergleichsverfahrens kann nämlich vom Vergleichsgericht abgelehnt werden, wenn eines der Gantverfahren (Geschäftsaufsicht oder Konkursverfahren oder Vergleichsverfahren) rechtskräftig innerhalb des letzten Jahrfünfts eröffnet oder mangels Masse (d. i. bei Konkursreife, aber nicht einmal solcher Potenz, daß die Konkurskosten zahlbar waren) rechtskräftig abgelehnt worden ist. Wer sozusagen gewohnheits- und gewerbsmäßig sich abschüttelt von seinen Verpflichtungen, der soll unter die Lupe genommen und, wenn sein Unwert vorliegt, möglicherweise mit seinem Vergleichsantrag zurückgewiesen werden. Redaktionell richtiger müßte es heißen: Konkursverfahren oder Geschäftsaufsicht oder Vergleichsverfahren.

Der § 22 (Istvorschrift) sagt in seinem Abs. 3, daß die Eröffnung abzulehnen ist, „wenn gegen den Schuldner wegen betrügerischen Bankrotts eine gerichtliche Untersuchung oder ein wiederaufgenommenes Verfahren anhängig oder der Schuldner wegen betrügerischen Bankrotts verurteilt ist". Hier haben wir das schlimmste kriminelle Gantverfahren. Wenn ein solches bereits bestanden hat, dann muß die Eröffnung abgelehnt werden, weil man Schuldnern mit solch schlechtem Konduitenbogen, solch verdächtigem Vorleben, nicht trauen darf und soll, weil ein solcher minderwertiger Schuldner nicht die Wohltat des Vergleichsverfahrens verdient. Denn es ist und bleibt das Vergleichsverfahren eine Wohltat, wenn auch heute nicht mehr in dem leichten Maße, wie z. Zt. der — zumal der ersten zwei — Geschäftsaufsichtsverfahren, Schuldner durch den Vergleich vom Konkurse und seinen schweren Folgen loskommt.

Die Definition des betrügerischen Bankrotts (in der KO. hieß und heißt es noch zum § 239 betrüglichen Bankerutts) sind aus dem § 239 KO. ersichtlich. Es bedeutet eine Schonung gegenüber der Regierungsvorlage des § 18, jetzt § 22 VerglO., daß heute nur noch dieses einschlägige und zwar schlimmste Reat bei der Istvorschrift der Eröffnungsablehnung herausgegriffen wurde. Denn dort hieß es: einfacher Bankrott, Gläubigerbegünstigung, Betrug, Untreue, Glücksspiel, Vereitelung der Zwangsvollstreckung, Wucher. Aus der Praxis heraus haben wir dagegen polemisiert. Es handelt sich doch nicht um Schul- oder Lehr- oder Arbeitszeugnisse. Das Vorbestraftsein kann doch hier nur insoweit interessieren, als auf dem eigentlichen Gantgebiet der Schuldner sich als ein sehr verdächtiges Individuum bereits gezeigt hat.

Durch die obligatorische Angabe des Schuldners im Sinne des § 15 Abs. 2 Nr. 1 kann sich Vergleichsgericht, Vertrauensperson, Gläubigerausschuß und Gläubigerschaft überhaupt hinsichtlich der Antezedentien des Schuldners unterrichten und mit der nötigen Vorsicht die weiteren Ermittelungen anstellen, zu denen ja das Gericht nach § 21 VerglO. verpflichtet ist. Selbstredend ist die Tatsache des § 15 Abs. 2 Ziff. 1 für sich allein noch kein Grund zur Ablehnung, weshalb ja auch der § 23 Abs. 2 VerglO. nur eine Kannorm bildet.

Nicht ganz so schlimm wirkt sich der § 15 Abs. 2 Ziff. 1 aus. Immerhin ist aber auch hier ein Zwang für den Schuldner gegeben, sich über seine Stellungnahme zum Offenbarungseid innerhalb des letzten Jahrfünfts auszusprechen. Die Richtigkeit der Angaben über die Eidesfrage hat der Vergleichsschuldner ebenfalls an Eides Statt zu versichern oder durch öffentliche Urkunden nachzuweisen, wobei es zweckmäßiger heißen müßte: durch öffentliche Urkunden nachzuweisen oder an Eides Statt zu versichern. Denn das einfachere, das Gewissen des Vergleichsschuldners weniger Belastende, ist doch der Nachweis durch öffentliche Urkunden. Man legt mit einer Handbewegung einen Konkurseröffnungsbeschluß oder eine Offenbarungseidesladung oder einen Haftbefehl oder Zuschriften des Gerichts oder eines Anwaltes dem Vergleichsgericht vor bzw. zeigt demselben durch öffentliche Urkunden, daß diese betreffenden Fragen günstig und nicht belastend für den Vergleichsschuldner hinausgegangen sind. Das ist doch weniger kompliziert, als eine Versicherung an Eides Statt, die nach dem Strafgesetzbuch bei unwahrer Angabe sogar kriminelle Folgen haben kann. Deshalb soll auch das Vergleichsgericht zunächst die öffentlichen Urkunden verlangen und erst, wenn etwas nicht klappt oder verdächtig ist, die schuldnerische eidesstattliche Versicherung. Eide und eidesstattliche Versicherungen muß man nach der heutigen ethischen und wirtschaftlichen Auffassung tunlichst auszuschalten suchen.

Nach § 807 ZPO. gilt Folgendes: Hat die Pfändung zu einer vollständigen Befriedigung des Gläubigers nicht geführt oder macht dieser glaubhaft, daß er durch Pfändung seine Befriedigung nicht vollständig erlangen konnte, so ist der Schuldner auf Antrag verpflichtet, ein Verzeichnis seines Vermögens vorzulegen, in Betreff seiner Forderungen den Grund und die Beweismittel zu bezeichnen sowie den Offenbarungseid dahin zu leisten, daß er nach bestem Wissen sein Vermögen so vollständig angegeben habe als er dazu imstande sei.

Der § 901 ZPO. sagt: Gegen den Schuldner, welcher in dem zur Leistung des Offenbarungseides bestimmten Termin nicht erscheint oder die Leistung des Eides ohne Grund verweigert, hat das Gericht zur Erzwingung der Eidesleistung auf Antrag die Haft anzuordnen.

Also sowohl derjenige Schuldner, welcher gemäß §§ 807 ff. ZPO. manifestiert hat, als auch derjenige, welcher gemäß § 901 ungehorsam war oder die Eidesleistung verweigerte, wird besonders vom Vergleichsgericht beobachtet. Er wird Gegenstand sorgfältiger Ermittelungen.

Die Eröffnung des Vergleichsverfahrens kann gemäß § 23 Nr. 3 abgelehnt werden, wenn innerhalb der letzten fünf Jahre vor dem Tage des Antrags auf Eröffnung des Vergleichsverfahrens der Schuldner im Inland den Offenbarungseid auf Grund des § 807 ZPO. geleistet hat oder im Inland gegen ihn zur Erzwingung dieses Eides die Haft angeordnet worden ist.

Festzustellen ist folgendes: Der § 15 Abs. 2 Nr. 1 VerglO. spricht davon, daß im Inland sich das Gantverfahren innerhalb der letzten 5 Jahre ereignet haben muß. Unter Inland ist das deutsche Reichsgebiet zu verstehen.

Der § 15 Abs. 2 Nr. 2, der sich auf den Manifestanten bezieht, spricht nichts vom Inland.

Dagegen spricht der § 23 VerglO. (Kannvorschrift) zweimal vom Inland.

Diese Regelung ist nicht folgerichtig. Da ja doch nur Kannvorschriften beim § 23 VerglO., sowohl Ziff. 1 wie Ziff. 2 vorliegen, müßte m. E. jedes Gantverfahren und jedes Offenbarungseidesverfahren, ob es sich im Inland oder Ausland ereignete, nachkontrolliert werden, um feststellen zu können, welche Mentalität, welches Vorleben, welcher Grad von Untüchtigkeit oder Gewissenlosigkeit, Unzuverlässigkeit oder Unehrlichkeit, bei diesem Schuldner vorlag oder ob er nur ein unglücklicher Mensch ist bzw. ein solcher, der unverschuldet unter die Räder gekommen ist. Inland oder Ausland kann eigentlich dabei keine nuancierende Rolle spielen. Man denke an das Unikum, daß z. B. in Danzig das Gantverfahren innerhalb der Frist vorgekommen, aber mangels der Inlandseigenschaft von D. nicht im Sinne des § 15 ², ¹ VergleichsO. zu registrieren wäre.

Noch weniger war es angebracht, in bezug auf die 2 Einzelbestimmungen sowohl des § 15 als auch des § 23 VerglO. hier inkonsequente Einengungen („im Inlande") zu treffen. —

Wenn es auch selbstverständlich zu den Personalien, die der Vergleichsschuldner dem Gericht zur Ausfindigmachung seiner Angelegenheiten, Akten, Zeugnisse, Register, bekanntzugeben hat, gehört, daß der Vergleichsschuldner seinen Geburtsort und seine Geburtszeit angibt, so mutet es doch etwas eigenartig an, daß in dem Zusammenhang mit den Gant- und Offenbarungseidesfragen der Schuldner in dem Antrag anzugeben habe, wann und wo er geboren ist. Es müßte vielmehr redaktionell in dem § 16 VerglO. heißen, daß alle sachdienlichen Personalien, Geburtstag, Geburtsort, Elternbezeichnung, Schulenbesuch, Militärdienst, und ein diesem ähnliches Verhältnis, früherer Wohn- und Aufenthaltsort, frühere geschäftliche, gewerbliche, dienstvertragliche Tätigkeit und derzeitige Berufsangelegenheiten, anzugeben sind.

Allemal darf diese Angabe gemäß § 15[3] vom Vergleichsschuldner nicht übersehen werden. Das Gericht tut gut daran, auch die soeben von mir skizzierten übrigen persönlichen Verhältnisse in einem kleinen curriculum vitae einzuverlangen. (Kiesow behauptet S. 171 [anscheinend authentisch], daß dem Vergleichsgericht durch die vorgeschriebenen Angaben des Geburtstags und -Orts die Einholung eines Strafregister-Auszuges ermöglicht werden soll, um festzustellen, ob der Ablehnungsgrund des § 22 Nr. 3 vorliege. Das ist ein einleuchtendes Motiv. Allein ohne diese Aufklärung versteht man schwerer, wieso diese an sich harmlose einzelne Personalienangabe redaktionell an diese Stelle zu stehen kommt.)

Hinsichtlich der gewesenen Gant- und Offenbarungseidesverhältnisse ist das einschlägige Gericht anzugeben. Es empfiehlt sich, die seinerzeitige Gerichtsnummer und den Betreff zuzusetzen.

§ 16.

Dem Antrag sind beizufügen:

1. ein Verzeichnis der Gläubiger und der Schuldner unter Angabe der einzelnen Forderungen und Schulden;
2. eine Übersicht des Vermögensstandes des Schuldners;
3. eine Erklärung des Schuldners darüber, ob innerhalb des letzten Jahres vor dem Tage des Antrags zwischen ihm und seinem Ehegatten vor oder während der Ehe, seinen oder seines Ehegatten Verwandten auf- und absteigender Linie, seinen oder seines Ehegatten voll- und halbbürtigen Geschwistern oder den Ehegatten einer

dieser Personen eine Vermögensauseinandersetzung stattgefunden hat, sowie darüber, ob und welche Verfügungen über Vermögensgegenstände er innerhalb des letzten Jahres vor dem Tage des Antrags zugunsten einer dieser Personen vorgenommen hat; Verfügungen, die ausschließlich gebräuchliche Gelegenheitsgeschenke zum Gegenstande hatten, bleiben außer Betracht;

4. die schriftliche Erklärung der Mehrheit der an dem Verfahren beteiligten Gläubiger, die zugleich mehr als die Hälfte der Gesamtsumme der von dem Vergleiche betroffenen Forderungen darstellen müssen, daß sie mit der Eröffnung eines Vergleichsverfahrens einverstanden sind; Gläubiger, deren Stimmen zugunsten eines Vergleichs nicht gezählt werden (§ 64) bleiben bei der Berechnung der Mehrheiten außer Betracht; die Mehrheiten sind auf Grund des Gläuberverzeichnisses (Nr. 1) zu berechnen;

5. wenn für die Erfüllung des Vergleichs Sicherheit geleistet werden soll, die genaue Bezeichnung der Sicherheiten und, wenn die Sicherheit in einer Bürgschaft besteht, die Bürgschaftserklärung;

6. die Erklärung des Schuldners, daß er bereit sei, den Offenbarungseid zu leisten.

Der Antrag und seine Anlagen sollen in zwei Stücken eingereicht werden.

Die Unterlagen des Vergleichsantrages.

A. Allgemeines.

Dem Vergleichsantrag muß die Vorlage des Gläubigerverzeichnisses und eines Status vorangehen. Zulässig im Prinzip ist die Vergleichsbeantragung auch dann, wenn dem Schuldner nur ein einziger Gläubiger gegenübersteht.

Über die rechtlichen Merkmale einer Gläubigerliste (so daß sie Wirkungen im Sinne eines gültigen Vergleiches auslösen kann) läßt sich LG. Plauen, I. ZK., 3/11/24, B.C. 22/24, JW. 1925, 664; OLG. Karlsruhe IV. ZK. 16. Febr. 1925, 4. ZS. 124/24, JW. 1926, 2121; auch OLG. München 30. Dez. 1925, L. 777/25/I, JW. 1926, 614 und RG. VI 3. Nov. 1925; 254/25, JW. 1926,

1552; weiter OLG. Königsberg 7. Febr. 1927 3 U 430/26, JW. 1927, 1330 und RG. 16. April 1926, 113 S. 246 ff. näher aus.

Ein Zwangsvergleich wirkt nicht gegen einen Wechselinhaber, wenn dieser nicht selbst, aber sein Indossant, im Gläubigerverzeichnis aufgeführt ist (OLG. Köln 5. ZS. 23/2/27, 5 U 192/26, JW. 1927, 1110).

Die §§ 17 und 18 der VerglO. enthalten die Einzelheiten über das Gläubigerverzeichnis einerseits und den Status andererseits. Die Einzelheiten sind in der VerglO. obligatorisch vorgeschrieben, weil sie dem Antrag auf Eröffnung des Vergleichsverfahrens als Grundlage dienen.

Durch die Vorlage des Gläubigerverzeichnisses soll das Gericht einigermaßen von Anbeginn orientiert werden. Der Schuldner hat das Gläubigerverzeichnis einzureichen. Dem Antrage sind beizufügen usw. usw. d. h.: es ist unumgänglich. Das Gläubigerverzeichnis muß die und die Gläubiger enthalten. (§§ 17 und 18 VerglO.) Es ist notwendig, die Wohnung beizufügen. (§ 17 letzter Abs.) Man muß dem Schuldner zumuten, daß er so verlässig und genau, wie nur möglich, das Gericht und dadurch indirekt die VP., wohl auch den einen oder anderen Gläubiger, über Zahl, Name, Adresse, Art und Bedeutung des Gläubigers, orientiert.

Gerade die Höhe der Kreditoren gibt ein gutes Bild von den Voraussetzungen des VerglVerf. Damit die Beteiligten aber auch zweckentsprechend das Verhältnis der vom Verfahren betroffenen und nicht betroffenen Gläubiger aus der schuldnerischen Liste ersehen, sind die von dem Verfahren nicht betroffenen Gläubiger, getrennt von den gewöhnlichen Gläubigern, kenntlich zu machen. (§ 17 Vergl.O.) Unbestrittene und bestrittene Posten sind ebenfalls separat aufzuführen. (§ 17 VerglO.) Bei denjenigen Gläubigern, die abgesonderte Befriedigung ansprechen können, soll zugleich die Höhe des mutmaßlichen Ausfalles angegeben werden. (§ 18 VerglO.) Bei keinem der Gläubiger darf die Adresse fehlen; folglich auch nicht bei den privilegierten Gläubigern.

B. Die schuldnerische Vermögensaufstellung.

Sach- und zweckmäßig wird eine gruppenartige Aufführung der Vermögensbestandteile (Waren, Bargeld, Außenstände, Grundstücke, Hypotheken) sein.

Unter Umständen muß die Vorlage einer alten Papiermarkbilanz und der Goldbilanz verlangt werden. Im übrigen siehe VO. zur Durchführung der VO. über Goldbilanzen vom 5. Febr. 1924 RGBl. Teil I Nr. 8 S. 49. 2. VO. Ferner vom 28. März 1924. RGBl. Teil I Nr. 28 S. 385. Reichsanzeiger 28. März 1924 Nr. 75.

Bei dubiosen Forderungen ist der wahrscheinliche Wert, bei den Schulden auch der Schuldgrund (Kauf, Darlehen, Mietvertrag, Dienstvertrag, Anerkenntnis usw.) anzugeben. Zunächst sind die Aktiva anzugeben, bei Dubiosen der Wahrscheinlichkeitswert: bei Waren der augenblickliche Verkaufswert; bei Außenständen die Namen, Adressen, Beträge, Rechtsgründe, Wechsel nach Höhe, Beschrieb und Fälligkeitstag, Aktivhypotheken nach Höhe, Grundbuchfolium, Zinsen und Kündbarkeitsklausel, Nebenbedingungen, Angaben notarieller Urkunden. Die Aufstellung muß eben so sein, daß man sich sofort auskennt. Sie muß richtige und wahrhaftige Angaben enthalten. Müssen sie doch gemäß § 61 VerglO. auf Verlangen auch nur eines Vergleichsgläubigers beschworen werden und zwar im Vergleichstermin. Die Angaben dürfen aber auch nicht oberflächlich und unüberlegt sein, also etwa Ziffern, Namen, Werte und Urkunden in sich bergen, die in Wirklichkeit längst überholt sind. Wird das Gericht, die VP. und der Gläubiger-Ausschuß durch absichtlich oder unabsichtlich falsche Aufstellungen irregeführt, so wird gerade die entgegengesetzte Wirkung des Zweckes einer solchen Vermögensaufstellung erzielt. Ein Schuldner, der derartige Aufschreibungen vorlegt, kann sich unter Umständen eines Betrugs oder Betrugsversuches schuldig machen. Wer erdichtete Forderungen geltend macht, gewärtigt ferner Bestrafung aus § 95 VerglO. Der Anlaß der geradezu kasuistischen Form der §§ 16—18 VerglO. ist also tunlichste Verhütung unheilvoller Ungenauigkeiten oder gar wesentlicher Unrichtigkeiten und Verschleierungen.

Dem Kaufmann darf man eine bilanzartige Gegenüberstellung von Soll und Haben, eine Saldierung, zumuten. Die letzte Jahres-Bilanz vorzulegen, ist der Vollkaufmann, nicht aber der Minderkaufmann (HGB. § 4) verpflichtet, während derjenige Schuldner, der kein kaufmännisches oder gar kein Geschäft betreibt, sich mit nicht buch- oder kontokorrentförmiger Aufzählung begnügen darf. Auch die Schuldner und Schulden sind einzeln anzugeben. Eine Bilanz- bzw. Summenziehung, mindestens eine Ausgleichung des Aktiven- und Passiven-Standes, ist von dem den Vergleich Anstrebenden zu verlangen. Die nämliche Verpflichtung, wie dem Schuldner selbst, obliegt natürlich, wenn er unter Vormundschaft steht oder eine juristische Person ist, seinem Gewalthaber, Vertreter, Vormund, Pfleger, Geschäftsführer, Vorstand, Liquidator.

Rigoros darf der Richter nicht handeln, wenn der Schuldner und sein Antrag keinen ungünstigen oder gar auffälligen Eindruck machen, Gläubiger aber drängen und die Nichtanordnung des Vergleichs Vollstreckungen sowie Veränderungen der ganzen Sachlage, zuungunsten des Schuldners, zeitigen würde. Hier werden dem Gerichte auch minder genaue Verzeichnisse und Aufstellungen vorerst genügen müssen, zumal wenn die Einzelaufstellung in dem Waren- oder Fabrikgeschäft eine Arbeit von Wochen erfordern würde.

Deshalb ist der kategorische Satz: „Keine Entscheidung ohne

die Listen" zwar heute allgemeine Richtlinie für den Vergleichsrichter, aber doch nicht ausnahmslos und nicht mit unnachsichtlicher Strenge durchzuführen.

Wenn der Schuldner es unterläßt, dem Antrage die Anlagen beizufügen, welche im § 16 VerglO. genannt werden, oder wenn die Vorschriften der §§ 15—18 nicht beachtet sind, so wird das Gericht gemäß § 19 VerglO. zunächst einmal — falls der Mangel entschuldbar erscheint — eine Nachholung anregen. Diese Nachholung soll regulär innerhalb einer Woche vor sich gehen. Wenn aber ein Antrag auf Eröffnung des Konkursverfahrens gegen den Schuldner gestellt worden ist, so ist eine Nachholung der dann vielleicht verwickelteren Aufklärungen — zur Widerlegung des Konkursantragstellers — innerhalb 2 Wochen zulässig. Wenn es gar nicht anders geht, da die Aufstellung vielleicht — was vom Schuldner glaubhaft zu machen ist —, außerordentliche Mühe und Zeit beansprucht, kann die Nachholungsfrist auch auf 4 Wochen ausgedehnt werden.

Die Frist beginnt mit den Tag, an dem die einschlägige gerichtliche Verfügung der Post übergeben wurde. § 221 ZPO. § 11 VerglO.

Was diese verschiedenen Richtlinien für den Vergleichsrichter anlangt, so kann er herauf und herunter entgegenkommender oder strenger verfahren; ersteres dann, wenn auffällige, verdächtige, heimliche oder offene Maßregeln des Schuldners oder einer Gläubigerklique nicht vorzuliegen scheinen.

C. Vermögensauseinandersetzung und Verfügungen über Vermögensgegenstände gegenüber Gatten, Verwandten, Verschwägerten.

Erfahrungsgemäß machen Schuldner, welchen das Wasser an den Hals geht, gerne Verträge zugunsten ihres Ehegatten oder zugunsten von Verwandten und Verschwägerten. Solche Verträge sind bewußt oder unbewußt häufig suspekt. Der § 31 KO. hat die im letzten Jahre vor Eröffnung des Verfahrens geschlossenen entgeltlichen Verträge des Schuldners mit seinem Ehegatten, vor oder während der Ehe, mit seinen oder seines Ehegatten Verwandten in auf- und absteigender Linie, mit seinen oder seines Ehegatten voll- und halbbürtigen Geschwistern, oder mit dem Ehegatten einer dieser Personen, sofern durch den Abschluß des Vertrages die Gläubiger des Gemeinschuldners benachteiligt werden und der andere Teil nicht beweist, daß ihm zur Zeit des Vertragsabschlusses eine Absicht des Gemeinschuldners, die Gläubiger zu benachteiligen, nicht bekannt war, als anfechtbar erklärt (Absichtspauliana oder Absichtsanfechtung). Diese Voraussetzung liegt vor, wenn zwischen Schuldner und diesem nahestehenden Persönlichkeiten ein kollusives Einverständnis zur Zeit des Vertragsabschlusses herrschte.

Der § 32 KO. erklärt:

Anfechtbar sind:

1. *die in dem letzten Jahre vor der Eröffnung des Verfahrens von dem Gemeinschuldner vorgenommenen unentgeltlichen Verfügungen, sofern nicht dieselben gebräuchliche Gelegenheitsgeschenke zum Gegenstande hatten;*
2. *die in den letzten zwei Jahren vor der Eröffnung des Konkurses von dem Gemeinschuldner vorgenommenen unentgeltlichen Verfügungen zugunsten seines Ehegatten.*

Alle diese Bestimmungen laufen auf dasselbe hinaus: Abschiebungen an nahe Angehörige, mit denen entweder ein eheliches Verhältnis besteht oder bestand oder die in einem solchen Simulationen nahelegenden intimeren Verwandschaftsverhältnis stehen, sind genau zu prüfen, damit nicht fremde Gläubiger geschädigt werden, damit nicht (unter der Marke und Maske eines Vertrags, einer Auseinandersetzung, einer Verfügung, simulatorischer oder anfechtbarer Art) Gelder und sonstige Vermögensstücke sozusagen in ein vertragliches Versteck vom Schuldner gebracht werden.

Der § 16³ VerglO. bezweckt zunächst nur, dem Vergleichsrichter, der VP., Gläubigerausschuß oder aber der Gläubigerschaft überhaupt, Gelegenheit zu geben, sich umzusehen und solche Verträge sich näher anzusehen, damit dann allenfalls im Interesse der unverdächtigen Gläubigerschaft die eine oder andere Konsequenz daraus gezogen werden kann.

Insbesondere muß auch vom Schuldner, wenn er nicht die unangenehmen Folgen der Ablehnung oder später Verwerfung oder Einstellung gewärtigen will, klipp und klar angegeben werden, daß es sich überhaupt um solche Verwandte oder Verschwägerte dreht, da man durch die Namen und Forderungen allein dies nicht immer aus den Listen ersehen kann. Die Benennung der so beteiligten Persönlichkeiten und ihre Eigenart ist um so bedeutsamer, als bei Berechnung der Mehrheiten der Ehegatte des Schuldners, soweit er für den Vergleich stimmt, und sein Zessionar unter den Umständen des § 64 VerglO. bei der Berechnung der Mehrheiten außer Betracht zu bleiben hat.

Es kann auch veranlaßt sein, gegenüber einer dieser Persönlichkeiten oder in Anbetracht verdächtiger Rechtsbeziehungen zu einer derselben ein Veräußerungsverbot oder das Verbot der Verfügung über einzelne Vermögensgegenstände gemäß § 50 oder aber § 51 VerglO. seitens des Gerichtes zu erlassen.

Im Auge gehabt ist seitens des § 16³ VerglO. nur ein Rechtsgeschäft oder eine Verfügung innerhalb des letzten Jahres vor dem Tage des Antrags, da es übertrieben wäre, auch noch Angelegenheiten, die weiter zurückliegen, einzubegreifen. Allerdings könnten verdächtige oder gar verbrecherische Geschäfte und

Verfügungen mit solchen Persönlichkeiten, die vor dieser Zeit liegen, unter Umständen sehr wohl noch eine Handhabe für eine Versagung der Eröffnung des VerglVerf. oder für die Verwerfung oder Einstellung des Vergleiches bilden. Denn die Mentalität des Vergleichsschuldners mit oder ohne andere derartige Handlungen und Unterlassungen könnte gerade aus solchen vor dem Sperrjahr liegenden Handlungen sich ergeben.

Zunächst hat der § 16 ^{3} VerglO. nur im Auge eine Vermögensauseinandersetzung und Verfügung über Vermögensgegenstände. Es sind hier entgeltliche und unentgeltliche Rechtsgeschäfte, reine Erfüllungsgeschäfte, positive und negative Rechtshandlungen, denkbar. Sicherstellung oder Rückgewähr eines Heiratsgutes oder des gesetzlich in die Verwaltung des Vergleichsschuldners als Ehemannes gekommenen Vermögens seiner Ehefrau, Abmachungen mit den Kindern oder Geschwistern zu Lasten des Vergleichsschuldners, Erlasse, Veräußerung von Gegenständen unter dem Wert, Bezahlungen oder Anerkennung einer Nichtschuld, Sicherungsübereignungen, Bürgschaftsübernahmen, Versicherungsverträge, Prämienzahlungen, Leibrentenverträge, Auszahlungen von Sparkassenguthaben, Ausschlagungen von Erbschaften oder Vermächtnissen, vor allem auch Hingabe von Werten ohne äquivalente Gegenwerte, fallen darunter.

Gebräuchliche Gelegenheitsgeschenke, die sich im Rahmen von Geschenken halten und das übliche Maß nicht überschreiten, sind ausgenommen: Geburtstags-, Namenstags-, Weihnachts-, Neujahrs-, Ostergeschenke. Geschenke anläßlich bestandener Prüfungen von Kindern, Gaben an die Ehefrau anläßlich einer Entbindung. Nur müssen natürlich nach Quantität und Qualität die Gaben den Verhältnissen des Gebers entsprechen. Es ist ein Unterschied, welchen Standes, Berufes und normalen Einkommens der Geber ist. Es ist daher die Orts-, Standes-, Berufs-, Konfessionssitte, der betreffende Kirchenbrauch, eine längere Gewöhnung (die man ja zur Nachprüfung aus den Büchern und Aufschreibungen ersehen kann) zu berücksichtigen. Ungewohntes, Auffälliges, Abnormes wird nicht gestützt, sondern fällt unter die Hauptregel.

Die Bestimmungen des BGB. sind einschlägig für die Frage der Verwandtschafts- und Schwägerschaftsverhältnisse. Es schlagen ein die Verträge, die der Vergleichsschuldner mit seinen Deszendenten und Aszendenten, auch denjenigen seiner Frau, oder mit deren Gatten, dann mit seinen oder seiner Gattin voll- oder halbbürtigen Geschwistern bzw. deren Ehegatten, geschlossen hat. Die Ehe des Schuldners und die Ehe des Verwandten der Ehefrau muß, soweit es sich um Verträge mit Verwandten des Ehegatten oder deren Ehegatten dreht, im Augenblick des Vertragsschlusses bereits bestanden haben (s. auch RG. 63, 93).

Auf juristische Personen, Aktiengesellschaften, Gesellschaften mit beschränkter Haftung usw., welche Vergleichsschuldner sind, findet § 16 [3] VerglO. keine Anwendung.

D. Einverständniserklärung der Gläubigermehrheiten.

Damit die Angelegenheit des Vergleiches sich nicht über Gebühr hinzieht, muß der künftige Vergleichsschuldner an das Vergleichsgericht zugleich mit einem Antrage eine schriftliche Erklärung der Mehrheit der Vergleichsgläubiger und der Hälfte der Gesamtsumme der von dem Vergleich betroffenen Forderungen vorlegen. Da es nicht so einfach ist, festzustellen, welche Forderungen von dem Vergleich betroffen werden, so wird dem Schuldner, dessen Unterlassung ja schwere Folgen haben kann, nahe zu legen sein, sich zuvor genau umzutun und zu erkundigen. Man beachte nur obigen § 2 VerglO. und seine Erläuterungen. Diesen ist zu entnehmen, wie kompliziert die Frage ist, welche Gläubiger an dem Verfahren beteiligt sind. Es kommt aber sehr genau gerade im Hinblick auf den § 16 Passus 3 auf die Höhe der Forderungen und auf die Zahl derjenigen an, die vom Vergleich betroffen, d. i. nicht privilegiert, sind.

Der Schuldner muß jetzt schon die Bekundungen dieser Gläubiger beibringen. Je mehr zu seinen Gunsten, desto besser. Superfluum non nocet. Der eifrige, sein eigenes Interesse und seine Reputation gut beachtende Schuldner kann gar nichts Besseres tun, als an alle seine Gläubiger, die vom Vergleich betroffen werden, heranzugehen. Bringt er auch ein Einverständnis der bevorrechtigten Forderungen, so kann schon jetzt festgestellt werden, daß, soweit sie auf den Sonderschutz verzichten oder bei der Sondervollstreckung ausfallen werden, ein Einverständnis vorhanden, m. a. W.: der jeweilige Absonderungsberechtigte, soweit er mitgezählt werden darf, mitzuzählen ist.

Es genügt nicht, daß der Gläubiger telephonisch oder mündlich dem Gericht sein Einverständnis erklärt. Er muß dies schriftlich tun, wenn anders der Schuldner seine Erklärung zugunsten der Stimmberechnung verwenden will.

Da gemäß § 63 VerglO. zum Abschlusse eines Vergleiches zunächst erforderlich ist, daß die Mehrheit der stimmberechtigten Gläubiger dem Vergleiche zustimmt, so ist die Bekundung des Einverständnisses in dieser Ausdehnung als Vergleichsantragsgrundlage erforderlich. Erforderlich ist Kopfmehrheit und Stimmenmehrheit. Die Mehrheiten werden addiert, so wie die Antragsbeilage des § 16 Abs. 1 Nr. 1 sie ersehen läßt. —

Der § 64 Vergleichsordnung besagt:

Bei der Berechnung der Mehrheiten bleibt der Ehegatte des Schuldners außer Betracht, wenn er für den Vergleich gestimmt hat.

Das gleiche gilt von dem, dem der Ehegatte des Schuldners nach der Eröffnung des Vergleichsverfahrens oder in dem letzten

Jahre vorher eine Forderung gegen den Schuldner abgetreten hat, soweit das Stimmrecht auf der abgetretenen Forderung beruht. Diese Vorschrift findet keine Anwendung, wenn der Ehegatte zu der Abtretung durch Gesetz oder durch einen Vertrag verpflichtet war, der früher als ein Jahr vor der Eröffnung des Vergleichsverfahrens geschlossen worden ist.

Folgerichtig sind diese Gläubiger zugunsten des Vergleiches nicht mitzuzählen, wohl aber zuungunsten. Man kann vom gesetztechnischen und ethischen Standpunkt aus verschieden über letzteren Standpunkt denken, wie ich dies auch de lege ferenda in diesem Betreff geäußert habe. Allein de lege lata fallen die im § 64 VerglO. als nicht stimmberechtigt angeführten Personen bei der Feststellung der 50%igen Kopf- und Stimmenmehrheit weg. Es fallen weg der Ehegatte und sein Zessionar, bezüglich dessen eine Abtretung nach Vergleichseröffnung oder im letzten Jahre vorher in Betracht gekommen ist. Eine rechtskräftig vom Vergleichsschuldner geschiedene Persönlichkeit und der Gatte einer vollkommen nichtigen Ehe kommt für den § 64 VerglO. und deshalb § 16 Passus 3 nicht in Betracht. Der Gatte der unvollkommenen nichtigen und anfechtbaren Ehe fällt während der Schwebezeit unter den § 64, d. i. auch § 16 Passus 3 VerglO. Auch durch die rechtskräftige Aufhebung der ehelichen Gemeinschaft wird das eheliche Band nicht vollkommen gelöst, so daß in letzterem Falle die betreffende Persönlichkeit nicht zugunsten des Schuldners bei den Mehrheiten gerechnet wird.

Bei der Berechnung der Majoritäten wird auch der Rechtsnachfolger des Ehegatten unter der Voraussetzung ausgeschlossen, daß die Forderungsabtretung nach eröffnetem VerglVerf. oder im letzten Jahre vor Anordnung derselben erfolgte und das Stimmrecht auf der abgetretenen Forderung beruht. Der gute Glaube und die Redlichkeit des Rechtsnachfolgers ist bedeutungslos. Unter Abtretung ist zunächst diejenige des § 398 BGB. zu verstehen, dann die Anweisung, Pfändung und Nießbrauchbestellung.

Das Stimmrecht des Ehegatten versagt auch beim Vergleich einer offenen Handelsgesellschaft. Beim Vergleichsverfahren über den Nachlaß ist der Ehegatte des Erben und Miterben ebenfalls im Falle des § 64 und damit des § 16 Passus 3 beschränkt.

Bei der Berechnung der Mehrheiten bleibt der Rechtsnachfolger des Ehegatten des Vergleichsschuldners nicht außer Betracht, wenn der Ehegatte zur Abtretung verpflichtet war:

a) durch das Gesetz. Es wird hier auf die §§ 255, 281, 346 BGB. verwiesen;

b) durch einen Vertrag, der früher als ein Jahr vor Eröffnung des VerglVerf. geschlossen wurde.

In diesen beiden Fällen wird auch der zustimmende Rechtsnachfolger bei der Majoritätenberechnung mitgezählt. (Motive zur GeschAufsVO. 1916, S. 204.)

E. Bezeichnung der Sicherheiten und Beilage der Bürgschaftsurkunden.

a) Allgemeines.

Damit die Leistungen, die der Vergleichsschuldner verspricht, möglichst klar und belegt sind, muß im einzelnen angegeben werden — und zwar als Beilage des Vergleichsantrages —, welche Sicherheitsleistungen geboten werden. [Richtlinien: LG. Plauen 3. Nov. 1924 B. C. 22/24, JW. 1925, S. 664.] Damit ist nicht gesagt, daß die Sicherheiten in diesem Augenblick schon erfolgen und daß etwa die betreffenden Scheine, Effekten, Nachweise bereits in Vorlage gebracht werden. In diesem Stadium ist es nur erforderlich, daß spezifiziert die betreffenden Sicherheiten angegeben werden. Eine Ausnahme macht der 4. Absatz des § 16 VerglO. nur hinsichtlich einer Bürgschaft. Denn wenn die Sicherheit in einer Bürgschaft besteht, muß die einschlägige Bürgschaftserklärung mit dem Antrag bereits vorgelegt werden.

Die Sicherstellung ist durchaus keine notwendige Voraussetzung des Verfahrens. Es ist vielmehr den Gläubigern anheimzustellen, ob und inwieweit sie Sicherstellung verlangen wollen. Demnach wird schon für dieses Stadium der Schuldner, wenn er es zu einem Vergleich bringen will, bei den einzelnen Gläubigern sich erkundigen, ob sie eine Sicherung verlangen, und welche. Er wird die betreffende Erklärung sich ausbitten und vorlegen.

Was versteht man unter solchen Sicherheiten, die für die Erfüllung des Vergleiches geleistet werden sollen?

Es schlägt der § 232 BGB. ein. Der § 232 sagt über die Sicherungsmittel: „Wer Sicherheit zu leisten hat, kann dies bewirken durch Hinterlegung von Geld oder Wertpapieren, durch Verpfändung von Forderungen, die in das Reichsschuldbuch oder in das Staatsschuldbuch eines Bundesstaates eingetragen sind, durch Verpfändung beweglicher Sachen, durch Bestellung von Hypotheken an inländischen Grundstücken, durch Verpfändung von Forderungen, für die eine Hypothek an einem inländischen Grundstücke besteht, oder durch Verpfändung von Grundschulden oder Rentenschulden an inländischen Grundstücken. Kann die Sicherheit nicht in dieser Weise geleistet werden, so ist die Stellung eines tauglichen Bürgen zulässig." —

Bezüglich Bürgschaft und insbesondere Rücknahme der Bürgschaft s. LG. Cleve I. ZK. 22. März 1926, I 69/26, LZ. 1926, 858. —

Wertpapiere, das sind Urkunden über Vermögensrechte, die mit voller Wirksamkeit und zugleich mit der Urkunde verwertet werden können, sind — wenn es später gilt — mit Zins-, Renten-, Gewinnanteil- und Erneuerungsscheinen zu hinterlegen. Mit Wertpapieren kann Sicherheit nur in Höhe von drei Vierteilen des Kurswertes geleistet werden (§ 234 BGB.). Oft wird Sicherheit in der Weise geleistet, daß neben dem Schuldner ein Angehöriger oder

Freund desselben für seine Verbindlichkeiten sich verbürgt u. anheischig macht. Auch ein Gesamtschuldverhältnis ist dem Garantiezwecke dienlich (§ 421 BGB.).

Ob ein Dritter — wenn die Gläubigerschaft es billigt — statt des Schuldners den Vergleichsvertrag mit den Gläubigern schließen kann, ist bestritten. Wirtschaftlich kann m. E. kein Zweifel bestehen, wenn auch formell und rein rechtlich der Schuldner als Kontrahent zu erscheinen hat. Jedenfalls ist die Zulässigkeit einer Vereinbarung, wodurch ein Dritter bestimmten Vergleichsgläubigern gegenüber die Zahlung der Vergleichsquote oder eines Teiles derselben neben dem Schuldner übernimmt, rechtlich bedenkenfrei (RG. VI. ZS. vom 19. Juni 1916, 141/16).

Die Haftung des Vergleichsbürgen erstreckt sich, wenn sie allgemein gehalten ist, wenn nach dem Vergleichsvorschlage die Gläubiger der anerkannten Forderungen eine bestimmte Quote erhalten sollen, und wenn nicht ausdrücklich eine Beschränkung auf die in das Verzeichnis eingetragenen Forderungen ausgesprochen worden ist, nicht nur auf den vergleichsmäßig anerkannten, sondern auch auf diejenigen Forderungen, die späterhin vor und nach dem Vergleichsverfahren allenfalls durch Feststellungs- oder Leistungsklage festgestellt werden, selbst wenn sie dem Bürgen zunächst unbekannt sind. Der Mangel der vergleichsmäßigen Feststellung bewirkt nur, daß es gegen den Bürgen noch eines besonderen Titels der Zwangsvollstreckung bedarf (Colmar vom 1. März 1912 LZ. 1912, 792; Colmar vom 21. Nov. 1912 LZ. 1913, 407; OLG. München vom 26. März 1915 OLGRspr. 32, 402; SeuffArch. 71 Nr. 200; Soergel, Rspr. 1916, 839; LZ. 1915, 1468). —

Alle die einschlägigen Bürgschaftsbekundungen müssen mit dem Vergleichsantrag dem Gericht unterbreitet werden. —

Die Belastung von Grundstücken mit einer Höchstbetragshypothek (§§ 1115 und 1190 BGB.) bietet eine weitere Sicherheit. Sie kann ferner auf fiduziarischem Wege bestellt werden, nämlich durch Übereignung und Abtretung von Rechten sowie Forderungen (RG. 24 Nr. 31; 30 Nr. 80). —

Allemal sind auch außerhalb der Möglichkeiten des § 232 BGB. Sicherheiten stellbar und können daher gemäß § 16 Nr. 5 angeboten werden, beispielsweise durch Schuldübernahme eines Dritten (kumulative oder privative).

Unter Umständen kann eine Sicherstellung auf einen **Teil** der vorgeschlagenen Quote beschränkt werden. —

Wenn der Vergleichsschuldner einen Besserungsschein anbietet, so muß auch dieser zusammen mit oder getrennt von dem Hauptvorschlag vorgelegt werden. [Über die ursprüngliche Gesetzgebungsidee des obligatorischen Besserungsscheins s. Samolewitz, Komm., S. 78.]

b) Besondere Sicherstellungen.

Vor Eintritt des künftigen Ereignisses, von dessen Zustandekommen die Forderung bei einer aufschiebenden Bedingung abhängt, also während der Schwebe, hat zwar der Gläubiger einen Anspruch auf die Anerkennung der Forderung und Sicherung, nicht aber auf Auszahlung der Quote. Diese Quote für eine aufschiebend bedingte Forderung gibt im Vergleichsverfahren ein Recht auf Sicherung durch Hinterlegung der fällig gewordenen Vergleichsrate. Auch bezüglich der aufschiebend bedingten, ferner hinsichtlich der bestrittenen Forderungen und hinsichtlich des mutmaßlichen Ausfalles der absonderungsberechtigten Forderungen (§§ 18, 62 VerglO.) muß bei dem Vergleichsantrag ziffermäßig oder, soweit dies möglich ist, kalkulatorisch, angegeben werden, welche Real- oder Personalsicherung erfolgt; in letzterem Falle unter Vorlage des Bürgschaftsscheines.

F. Erklärung der Bereitschaft zum Offenbarungseid.

Schließlich muß der Vergleichsschuldner erklären, daß er bereit ist, den Offenbarungseid zu leisten. Damit ist noch nicht gesagt, daß er ihn unbedingt leisten muß. Es kommt darauf an, ob im Vergleichstermin ein Gläubiger gemäß § 61 VerglO. diesen Antrag stellt.

Es ist jedenfalls vernünftig, daß man dem Schuldner jetzt schon den Ernst der Situation klarmacht. Er soll jede Flunkerei in bezug auf seine Vermögensangaben und die Angaben seiner Verbindlichkeiten unterlassen, er soll sein Gewissen genau prüfen bei den Anträgen der §§ 16—18 VerglO. Denn er hat ja, sobald auch nur ein Gläubiger es anregt, zu manifestieren. Dazu kommt noch, daß der Vergleichsschuldner die Strafe des § 95 VerglO. riskiert, wenn er dazu beiträgt, daß erdichtete Forderungen geltend gemacht werden.

Eine rein geschäftsmäßige, technische, Vorschrift ist, daß der Antrag und seine Anlagen mit Duplikat vorgelegt werden. Das eine Formular ist für die Berufsvertretung. Damit soll nämlich, wie die amtliche Begründung darlegt, die Stellungnahme der Berufsvertretung gemäß § 20 VerglO. erleichtert und beschleunigt werden.

Nunmehr sind durch die §§ 16—18 VerglO. die bei dem früheren Aufsichtsverfahren in mehrere Stadien geteilten Vorlageerfordernisse auf einen Zeitpunkt zusammengezogen: auf den Antrag, der die Eröffnung des Vergleichsverfahrens abzweckt.

Die Einreichung bzw. Vervollständigung der Anlagen 1—5 kann innerhalb einer auf Antrag vom Gericht zu bestimmenden Frist gemäß § 19 VerglO. nachgeholt werden, welche regulär nicht über eine Woche, unter Umständen nicht über 2 Wochen, keineswegs über 4 Wochen, zu bemessen ist.

§ 17.

In die Verzeichnisse der Gläubiger und der Schuldner (§ 16 Abs. 1 Nr. 1) sind alle Gläubiger und Schuldner aufzunehmen. Gläubiger, deren Forderungen der Schuldner bestreitet, und Schuldner, die ihre Schuld bestreiten, sind unter Angabe dieser Tatsachen aufzuführen. Gläubiger, die von dem Verfahren nicht betroffen werden, sind getrennt von den übrigen Gläubigern aufzuführen. Ist einer der im § 16 Abs. 1 Nr. 3 genannten Angehörigen Gläubiger oder Schuldner, so ist dies anzugeben. Ebenso ist anzugeben, wenn ein Gläubiger oder ein Schuldner mit dem Schuldner in einem Gesellschafts- oder anderen Gemeinschaftsverhältnisse steht; das Gesellschafts- oder andere Gemeinschaftsverhältnis ist genau zu bezeichnen.

Bei allen Gläubigern und Schuldnern ist ihre Anschrift anzugeben. Wohnt ein Gläubiger im Ausland oder ist sein Wohnort unbekannt, ist jedoch dem Schuldner ein im Inland wohnender zur Empfangnahme von Zustellungen befugter Vertreter bekannt, so ist auch dessen Anschrift anzugeben.

Den richtigen Überblick erhält das Gericht, wenn ihm sogleich 2 verschiedene Verzeichnisse vorgelegt werden:

a) der Gläubiger,
b) der Schuldner.

Die Liste muß vollständig sein. Sonst entstehen üble Folgen. Da alle Gläubiger aufzunehmen sind, sind auch die bestrittenen, dann die von dem Verfahren nicht betroffenen, absonderungsberechtigten, aussonderungsberechtigten, gemäß § 61 KO. usw. privilegierten (s. oben Erläuterung zu § 2 VerglO.) aufzunehmen.

Auch Verwandtenforderungen sind aufzunehmen. (Wer die wirtschaftlichen Verhältnisse der letzten Jahre kennt, muß sich ja wundern, daß man jede Verwandtenforderung ohne weiteres und von vorneherein mit einem gewissen Makel versieht. Denn wenn es im § 17 VerglO. heißt, daß die im § 16 Abs. 1 Nr. 3 genannten Angehörigen, wenn sie Gläubiger oder Schuldner des Vergleichsschuldners sind, aufzunehmen sind, so ist doch noch nicht ohne weiteres gesagt, daß sie auch Verträge der im § 16 Abs. 1 Nr. 4 besagten Art mit dem Vergleichsschuldner abgeschlossen haben.) Angehörige der im § 16 Abs. 1 Nr. 3 gekennzeichneten Art müssen gesondert bezeichnet werden. Die Angabe bietet event. Handhabe zur Anfechtung von übertriebenen Aussteuer- und Verwandten-Gut-haben, auch suspekten Übereignungen.

Am besten sind tunlichst gesonderte Verzeichnisse je nach den einzelnen Eigenschaften und Rubriken anzulegen. Da der Schuldner sich oft nicht auskennt, darf er unter keinen Umständen vom Verfahren nicht betroffene Gläubiger ausnehmen. Er muß z. B. auch alle Vindikanten nennen und ebenso die Absonderungsberechtigten irgend welcher Kategorie. Sache des Richters, der VP., des Gläubigerausschusses, ist es dann, zu separieren und die Gläubiger nach den einzelnen Privilegien usw. zu sondern.

Unter Umständen kann auch die Bestreitung einer Forderung seitens des Schuldners unbegründet sein, weil er die Rechts- und Sachlage irrig auffaßt, Verpflichtungen und Verträge unrichtig auslegt und optimistisch die Haftung eines Gläubigers gegen ihn beurteilt. Sache des Vergleichsgerichts, dem die VP. und der Gläubigerausschuß an die Hand zu gehen haben, ist es dann, die Berechtigung oder Nichtberechtigung der Forderung des Gläubigers oder angeblichen Gläubigers nachzuprüfen.

Mehrere Ansprüche eines Gläubigers sind alle in das Verzeichnis einzutragen, auch soweit sie vom Schuldner bestritten werden. München 20. Dez. 1925. BayZ. 26, 95.

Was die Rechtsnatur der Aufnahme eines Gläubigers in das Gläubigerverzeichnis anlangt, so kann nicht etwa der Vergleichsschuldner einen nach § 2 VerglO. usw. am VerglVerf. nicht beteiligten Gläubiger dadurch zum Beteiligten machen, daß er ihn in das Gläubigerverzeichnis aufnimmt und seine Forderung anerkennt. AG. Stuttgart I, 18. Nov. 1925 WürttG. 26, 205.

Aus der schuldnerischen Liste müssen auch die Gläubiger ersehen werden, die abgesonderte Befriedigung ansprechen können, zumal die Höhe des mutmaßlichen Ausfalles in Vorbereitung des Vergleichstermines berechnet werden kann. Auch Mitschuldner und Bürgen des Schuldners, sowie die Rechte aus einem für die Einzelforderung bestehenden Pfandrecht, aus einer für sie bestehenden Hypothek, Grundschuld oder Rentenschuld, oder aus einer zu ihrer Sicherung eingetragenen Vormerkung, sollen aus dem Verzeichnisse ersichtlich sein.

Kurz: kein Gläubiger und kein Schuldner — auch kein Schuldner, der seine Schuld bestreitet — soll fehlen in dem Verzeichnis des § 17 VerglO. Aus dem Verzeichnis muß auch ersichtlich sein, welche Gläubiger oder Schuldner mit dem Vergleichsschuldner in einem Sozietäts- oder irgend welchem sonstigen Gemeinschaftsverhältnis stehen. Die Art und Weise desselben (offene Handelsgesellschaft, G. m. b. H., Direktoreigenschaft, Geschäftsführereigenschaft, stille Gesellschaft, Kommanditist, Komplementär, Konsortialverhältnis, Konzern-, Kartell-, Interessengemeinschaft) soll, am besten unter Hinweis auf die maßgebenden Verträge und Vertragsbriefe, wenn möglich unter Vorlage derselben, verzeichnet werden.

Nicht nur die Beträge, sondern auch die Rechtsgründe der Ansprüche sind anzugeben.

Der Ordnung halber liegt nahe, daß diese Gläubiger- und Schuldnerangaben mit Adressen (Vor- und Zunamen, Wohnung, Straße, Stand usw.) versehen sind.

Wie die anderen Adressenangaben, so sind selbstverständlich auch diejenigen im Ausland zu benennen. Existiert für Gläubiger, die im Ausland wohnen (Auslandsdeutsche oder Ausländer), oder für Gläubiger, deren Wohnort unbekannt ist, ein inländischer Zustellungsbevollmächtigter, so ist auch die Adresse desselben vom Vergleichsschuldner anzugeben.

Diese verschiedenen Verhältnisse braucht das Gericht nicht nur, um ein Bild von der Situation und Bilanz, der Vergleichswürdigkeit und den Vergleichsaussichten zu bekommen, sondern zunächst auch rein formell und technisch deshalb, weil nach § 27 VerglO. das Gläubiger- und Schuldnerverzeichnis zur Ermöglichung der im § 27 Abs. 2 vorgeschriebenen Ladungen zu dem Vergleichstermin dient. Denn dem Schuldner und den aus dem Gläubigerverzeichnis ersichtlichen, an dem Verfahren beteiligten, Gläubigern ist der Eröffnungsbeschluß bekanntzugeben und mit ihm die Vergleichsterminsladung.

§ 18.

In der Übersicht des Vermögensstandes (§ 16 Abs. 1 Nr. 2) müssen sämtliche Vermögensgegenstände (Aktiva) und Verbindlichkeiten (Passiva) einzeln unter Angabe ihres Betrags oder Wertes aufgeführt und einander gegenübergestellt werden. Bei Forderungen ist die Person des Schuldners, bei Verbindlichkeiten die Person des Gläubigers, bei beiden der Schuldgrund anzugeben. Bei allen Aktiven und Passiven sind etwaige Nebenrechte, insbesondere zur Sicherung übertragenes Eigentum, Hypotheken, Pfandrechte und Bürgschaften, sowie Ansprüche aus zur Deckung erhaltenen oder begebenen Wechseln zu bezeichnen, bei Forderungen auch die vorhandenen Beweismittel. Bei Passiven, deren Gläubiger im Falle des Konkurses abgesonderte Befriedigung beanspruchen können, ist auch die Höhe des mutmaßlichen Ausfalls anzugeben. Uneinbringliche oder zweifelhafte Aktiva sind als solche kenntlich zu machen.

Ist der Schuldner Kaufmann, so hat er auch die letzte Bilanz einzureichen.

Wie schon oben unter § 16 VerglO. näher erläutert, müssen die einzelnen Vermögens-Aktiven und -Passiven einander gegenübergestellt werden, damit durch den Vergleichsschuldner selbst oder die VP. und das Gericht eine Abgleichung zur Gewinnung des augenblicklichen Vermögensbildes erfolgen kann. (Auf Grund einer lediglich im Kopfe vorgenommenen Gegenüberstellung der Aktiva und Passiva besteht keine Antragsunterlage. Rechtsähnlich: RG. II 10. Jan. 1927, 2 D 977/26, JW. 1927, 1380.)

Der Inhalt des § 18 VerglO. ist eigentlich nur ein anderer Ausdruck für Bilanz, während Übersicht des Vermögensstandes mit Inventar (HGB. § 39) identisch ist. Die Bilanz ist förmlich und im eigentlichen Sinne des Wortes für den Vollkaufmann vorgeschrieben, während ein anderer Vergleichsschuldner sozusagen nach seiner Art und Façon im Rahmen des § 18 dieser Vorschrift genügen muß. Unter Umständen müssen, zur Kontrolle durch das Gericht und VP., sowohl eine Papiermarkabschlußbilanz, als auch eine Goldmarkeröffnungsbilanz, vorgelegt werden. Nur die Jahresschlußbilanz ist vorzulegen. Bei Neugründungen kommt für gewöhnlich nur eine Eröffnungsbilanz in Frage. Dabei ist der gegenwärtige Vermögensstand zugrunde zu legen. Zumal die Aktiven sind nach dem gegenwärtigen Realisationswert einzusetzen. Es ist also der Wert anzugeben, welcher vermutlich bei einer Veräußerung (bei größeren Posten entweder en bloc oder bei Einzelabnahme) im Zeitpunkt der Anlage des Verzeichnisses erzielt werden könnte. Die Einsetzung des Anschaffungspreises wird nicht angebracht sein. Die zweifelhaften Außenstände (Dubiosen) sind nach dem wahrscheinlichen Werte einzusetzen. Der Zweck der Vorschrift, eine richtige Beurteilung der Verwertbarkeit der Vermögensgegenstände zu ermöglichen, darf keinesfalls außer acht gelassen werden.

Bei dem Verzeichnis der einzelnen Gläubiger sind alle Eigenarten zu vermerken. Wenn beispielsweise vom Vergleich nicht betroffene Gläubiger in Betracht kommen, so sind die Sicherungsübereignungen, Pfandbestellungen, Eigentumsvorbehalte, anzugeben; immer wieder unter Angabe des Datums und am zweckmäßigsten des Inhaltes des Vertrages oder betreffenden Rechtsgeschäftes.

Wechsel, Schuldscheine, Schecks, Bürgschaftsurkunden sind zu benennen, noch besser beizulegen. Der Zeitpunkt der Fälligkeit ist anzugeben. Die Angabe der Höhe und des Zeitpunktes der Entstehung der Schulden, der Daten der Klagen, Zahlungsbefehle, Urteile, Arreste, einstweiligen Verfügungen, Vollstreckungstitel, Offenbarungseidesladungen, der Daten der Zustellungen, ist zu verlangen; jeweils am zweckmäßigsten durch Vorlage der einschlägigen Urkunden.

Dreht es sich um Mobilien, so sind die Waren, Maschinen,

Vorräte zu benennen und zu spezifizieren. Nummernangaben, Fakturen und Listen sind beizulegen. Das bezieht sich auch auf Bankguthaben.

Nicht ganz so leicht ist die Einschätzung des mutmaßlichen Ausfalles bei Absonderungsberechtigten, denn niemand kann bestimmt voraussagen, was bei der Sonderverwendung des Pfandes herauskommen wird. In solchen Fällen wird es am klügsten sein, sich mit dem Gericht und der VP rechtzeitig ins Benehmen zu setzen, damit hier keine divergierenden Posten in die Bilanzierung kommen.

Der mutmaßliche Ausfall des Absonderungsberechtigten muß glaubhaft gemacht werden. Für die Glaubhaftmachung des mutmaßlichen Ausfalles besteht die Vorschrift des § 294 ZPO.: wer eine tatsächliche Behauptung glaubhaft zu machen hat, kann sich aller Beweismittel, mit Ausnahme der Eideszuschiebung, bedienen, auch zur eidesstattlichen Versicherung zugelassen werden. Diese Obliegenheit hat der Gläubiger. Er muß den Betrag der Forderung glaubhaft machen, für den er bei Ausübung des Absonderungsrechtes aus dem Deckungsobjekt keine Befriedigung zu erlangen glaubt. Da, wie gesagt, der Nachweis des Ausfalles sich mit Sicherheit erst führen läßt, wenn das Deckungsobjekt verwertet worden ist, so wird der Vergleichsschuldner, der gemäß § 18 VerglO. sein Verzeichnis komplettieren muß, am besten daran sein, wenn er oder das Gericht oder die im Auge gehabte VP. mit dem betr. Gläubiger unterhandelt und insbesondere die Stellungnahme des Gerichts über die mutmaßliche Schätzung erholt. Am zweckmäßigsten ist als Grundlage solcher Erörterungen eine schriftliche Erklärung des Gläubigers, die mit vorzulegen ist.

Die Wahrscheinlichkeit der Eintreibbarkeit der Außenstände des Vergleichsschuldners ist Posten für Posten zuzufügen.

Damit man keinen übertrieben günstigen Eindruck bekommt, ist es erforderlich, bei den einzelnen Debitoren anzugeben, welche Posten uneinbringlich oder nur zum Teil einbringlich oder sonstwie dubios erscheinen. Zur Klarheit der Bilanz dient es dann, wenn man in solchen Fällen Prozente der Bruttodebitoren, an Hand der Schätzung, als Nettodebitoren einsetzt.

§ 19.

Unterläßt es der Schuldner, dem Antrag die im § 16 Abs. 1 genannten Anlagen beizufügen, oder genügen der Antrag und die beigefügten Anlagen nicht den Vorschriften des § 15, des § 16 Abs. 1 und der §§ 17, 18, so kann das Gericht, falls der Mangel entschuldbar erscheint, dem Schuldner eine Frist zur Nachholung bewilligen. Die Frist soll in der Regel nicht über eine Woche, im Falle des § 1

Abs. 3 nicht über zwei Wochen, in keinem Falle aber über vier Wochen bemessen werden.

Rückgratähnlich wirkt der § 19 VerglO., weil er dem Gericht die Möglichkeit an die Hand gibt, hinsichtlich des Antrages des Schuldners sich auf gewisse Fristen zu berufen und ihm vorzustellen, daß eine dilatorische Behandlung von ihm als Vergleichsrichter nicht zugelassen werden darf. [Samolewitz-Saenger-Wassermann, Komm. S. 83, verweisen grundsätzlich darauf, daß dem Schuldner kein verstecktes Moratorium, dessen Beginn er durch seinen Antrag bestimmen dürfe, gewährt werden könne.]

Doch bedeutet der § 19 VerglO. immerhin eine Möglichkeit der Tolerierung. Das Vergleichsgericht hat zu prüfen, ob das Fehlen der Einzelheiten und Anlagen des Antrages oder seine Unvollständigkeit entschuldbar ist oder nicht. War oder ist der Schuldner krank, waren oder sind die Geschäftsverhältnisse sehr verwickelt, litt der Schuldner an irgendwelchen familiären oder beruflichen, zeitpolitischen, außerordentlichen Verhältnissen, so kann ihm auch besondere Nachsicht gewährt werden. Unterläßt der Schuldner aber frivol die richtigen und rechtzeitigen Angaben, merkt der Richter, eventuell nachdem er sich durch Erkundigungen stark gemacht hat, daß der Schuldner aus reinem Leichtsinn oder gar Frivolität den Anforderungen auf geordnete Vorlage nicht entsprochen hat, so darf der Richter schärfere Saiten aufziehen und braucht sich auf keine oder wenigstens keine längere Hinausziehung mehr einzulassen. M. a. W.: das Gericht kann entweder ohne weiteres oder nach kurzer und bündiger Aufforderung gemäß § 19 VerglO. die Eröffnung des Vergleichsverfahrens ablehnen, wenn es schuldhafte, dilatorische Behandlung seitens des Schuldners feststellt.

Die Nachholungsfristen, welche der § 19 VerglO. vorsieht, sind 3 zeitlich verschiedene. Nach der Regel soll die Frist nicht über eine Woche bemessen werden. Wenn aber gegen den Schuldner ein Antrag auf Eröffnung des Konkursverfahrens gestellt ist und dann der Schuldner gemäß § 105 KO. sowie § 1 VerglO. die Eröffnung des Vergleichsverfahrens beantragt, so soll, weil dann vielleicht die Lage diffizil und die Klarlegung etwas verwickelt ist, die Frist nicht über 2 Wochen bemessen werden. Die Maximalfrist soll 4 Wochen betragen.

Es sind dies übrigens alles Sollfristen, so daß das Gericht es in einem Ausnahmefalle auch verantworten könnte, wenn die Frist noch weiter ausgedehnt würde, als über 4 Wochen. Man denke z. B. an ein großes Fabrikunternehmen, an eine ausgedehnte Aktiengesellschaft oder an einen umfangreichen Nachlaß, jeweils mit minder übersichtlichen oder komplizierten Tatumständen, wobei eventuell Bücherrevisoren oder Treuhandgesellschaften die Vorbereitungen für die Unterlagen des Vergleichsantrages herstellen müssen. Hier können vielleicht die 4 Wochen des § 19 nicht genügen. Mit Fug betont auch Lucas S. 66, daß die §§ 15 und 18 ziemlich hohe und schwer zu erfüllende Anforderungen an die Antragssteller stellen, weshalb die Nachfristsetzung gestattet und dem Gericht ein milder Maßstab anzuempfehlen ist.

Gegen die Ablehnung der Eröffnung des VerglVerf., im Zusammenhang mit § 19, ist gemäß § 24 sofortige Beschwerde möglich, falls das Gericht hernach die Konkurseröffnung beschließt.

§ 20 Abs. 1.

Vor der Entscheidung über den Antrag hat das Gericht unbeschadet seiner Verpflichtung nach § 9, wenn der Schuldner Handel- oder Gewerbetreibender oder Landwirt ist, die zuständige amtliche Berufsvertretung des Handels (Industrie), Handwerks (Gewerbes) oder der Landwirtschaft zu hören. Die Vertretung hat sich über den Antrag unverzüglich, spätestens jedoch vor Ablauf einer Woche zu äußern; sie kann eine bestimmte Vertrauensperson (§ 40) benennen. Das Gericht kann die Frist auf Antrag der Vertretung um eine weitere Woche verlängern.

Im großen und ganzen entspricht der § 20 dem letzten § 21 Abs. 2 GeschAufsVO. (Berufsvertretung). Vor Verbescheidung des Antrages auf Vergleichsanordnung ist ohne weiteres die betreffende Berufsbranchevertretung zuzuziehen.

(Die Berufsvertretung kann für ihre gutachtlichen Äußerungen keine Vergütung beanspruchen. LG. Duisburg 9. März 1926, 4 T 50, 26, JW. 1615; Preuß. Gesetz über die Handelskammern vom 19. Aug. 1897. GS. 1897, 355; besonders § 23 Abs. 1 des Handelskammergesetzes. Auch für Bayern gilt die Unentgeltlichkeit der einschlägigen Handelskammerauskünfte.)

U. a. siehe über Berufsvertretung: GVBl. Bayern 1927, 233.

Nicht nur „in geeigneten Fällen", wie es vor 1924 hieß, sondern immer hat das Gericht die Berufsvertretung zu hören. Das ist jetzt conditio, sine qua non. Dabei darf bemerkt werden, daß in Bayern, zumal in den Verkehrszentren, längst dies quasi obligatorisch gehandhabt worden war. Man hat schon im August 1914 in München einen vollständigen Apparat mit drei nach dem schuldnerischen Beruf gesonderten Untergruppen der Beschäftigungsart behufs prompten Funktionierens der gesonderten Eingänge von Aufsichtsanträgen geschaffen (Bayer. JMBl. 14, 175) und die Amtsgerichte in München, Nürnberg, Augsburg, Würzburg haben, von bagatellmäßigen Fällen abgesehen, nie ohne Einvernahme und Anhörung der Handels- bzw. Gewerbekammern geamtet. Die Amtsgerichte haben mit gutem Grunde schon deshalb eine Zuziehung der Berufsvertretungen nicht unterlassen, weil ihnen diese die beste Rückendeckung in Grenzfällen schuf.

Die Industrie- und Handelsk. Berlin, die bereits bisher durch ihre Syndici den Aufsichtsgerichten zur Seite stand, hat sich unmittelbar nach Erlaß der VerglO. zur Erfüllung der Obliegenheiten gemäß § 20 VerglO. eingerichtet. —

Die Möglichkeit, von der Anhörung der Berufsvertretung abzusehen, die für dringende Fälle nach § 21 der jüngsten GeschAufsVO. dem Richter zu Gebote stand, ist in der VerglO. fallen gelassen worden. Es gibt heute nur 2 Möglichkeiten, sich von der Anhörung der Berufsvertretung seitens des Vergleichsrichters zu emanzipieren:

1. wenn einer der Fälle der Istvorschrift des § 22 VerglO. vorliegt, m. a. W.: ein ernster Fall des Ablehnungsrechtes und der Ablehnungspflicht des Richters. Dann kann, wenn solcher Ablehnungsgrund überhaupt nicht beseitigt werden kann — wie z. B. im krassen Falle des § 22 Abs. 6 — oder die Beseitigung mit Sicherheit nicht zu erwarten ist, das Gericht sich über eine Befragung der Berufsvertretung hinwegsetzen (§ 20 [2] VerglO.). Ich würde als Vergleichsrichter nicht gern und nicht leicht von solcher Emanzipierung Gebrauch machen, weil ich der Anschauung bin, daß eine Rückendeckung sehr zu empfehlen ist und weil Fachleute immerhin den einen oder anderen Aufschluß geben können. Die richtige Beurteilung von Fachkenntnissen ist nicht jedem Richter zuzumuten. Vielleicht klärt sich doch ein Fall des § 22 VerglO. zugunsten des Vergleichsschuldners auf, oder es ist wenigstens praktischer, auch zur Vermeidung einer sofortigen Beschwerde rätlicher, die Berufsvertretung zur sachkundigen Äußerung zuzuziehen. Zumal, wenn der Fall so liegt, daß die Beseitigung eines Ablehnungsgrundes des § 22 VerglO. mit Sicherheit nicht zu erwarten ist, halte ich es für rätlich, allemal die Berufsvertretung zu hören.

2. Wenn die Berufsvertretung die Äußerung verzögert. Sie hat sich (Hatvorschrift, nicht Sollvorschrift) über den Vergleichsantrag unverzüglich, spätestens jedoch vor Ablauf einer Woche, zu äußern. Auf ihren Antrag kann — nicht: muß — das Vergleichsgericht die Frist um eine weitere Woche verlängern. Unterläßt es dies, so steht der Entscheidung des Gerichts, ob das Vergleichsverfahren zu eröffnen ist, nichts mehr im Wege (§ 21 VerglO.). M. a. W.: die Berufsvertretung soll Gelegenheit haben, ihre Anschauung kundzugeben, aber sie hat keinen Anspruch darauf, über die Fristen des § 20 VerglO. hinaus gehört zu werden. Nach meinem Dafürhalten soll man diese Angelegenheit nicht pro stylo erledigen. Eines schickt sich nicht für alle. Bald ist lange, bald kurze, Verbescheidung möglich oder am Platz. Die Erfahrung lehrt, daß man in pressanten Fällen die betreffende Berufskammer brevi manu, etwa telephonisch, unterrichten und unverzüglichen Bescheid einholen kann. Das sind die Fälle der unverzüglichen (d. i. ohne Verzug nach Lage der

Geschäftsordnung der Berufsvertretung erfolgenden) Erledigung durch die zuständige Berufskammer. Die betreffende amtliche Vertretung darf selbstredend die Beantwortung nicht bureaukratisch oder gar dilatorisch behandeln. Sie hat prompt spätestens innerhalb einer Woche sich zu erklären. Damit ferner nicht die Gläubigerschaft durch Außerachtlassung praktischer Maßnahmen gefährdet wird, kann das Amtsgericht ex officio schleunige Anordnungen treffen, etwa sich gewisse Schlüssel, Bücher, Urkunden, Wechsel, Schecks und Effekten ausliefern oder einem Treuhänder übergeben lassen, provisorisch einen Kontrolleur, etwa die im Auge gehabte endgültige VP., aufstellen und ihm gewisse Weisungen zum Schutze der Gläubiger erteilen, konkrete Handlungen, die zum Schaden der letzteren zu befürchten sind, bei Meidung von Strafen verbieten.

Faßt man die Bestimmung des § 20 VerglO. dermaßen praktisch auf und mutet man überhaupt dem Gericht keine mechanische Tätigkeit zu, so braucht durch die Befragung der Berufsvertretung keine Zeit versäumt zu werden. Der § 20 VerglO. hat ja auch ausdrücklich erklärt, daß das Gericht seine Funktionen gemäß § 9 VerglO. nicht zurückzustellen braucht. Das Gericht hat alle Ermittelungen anzustellen und kann alle eiligen Vernehmungen besorgen, trotzdem der Akt — mit dem vorgeschriebenen Duplikat — gemäß § 20 der VerglO. zur betreffenden Berufsvertretung gewandert ist. —

Der § 20 bringt außerdem ein Novum: die betreffende Berufsvertretung kann eine VP. benennen (nominieren). Das Gericht wird wohl meistens den Vorschlag berücksichtigen. Die Fachkreise kennen die geeigneten VP.; aber das Gericht muß nicht darauf reagieren. Oft kennen die Berufsvertretungen geeignete Leute der Spezialbranche. (Die Industrie- und Handelsk. Berlin hat sich gerade z. B. darauf eingerichtet.) Das Gericht hat wiederum eine geschickte Rückendeckung, wenn solch ein von fachmännischer Seite vorgeschlagener Herr — es kann prinzipiell auch eine Dame sein — als VP. aufgestellt wird. Letzten Endes hat aber die Auswahl nach § 41 VerglO. das Gericht zu treffen. Da auch die Gläubigermehrheit des § 16 Abs. 1 Nr. 4 VerglO. ein Vorschlagsrecht hat, unter Umständen sogar diesem Vorschlag der Gläubigermehrheit seitens des Vergleichsgerichtes — gemäß § 41 VerglO. Abs. 2 — stattgegeben werden muß, kann man nicht ohne weiteres sagen, daß Vorschläge der Handels- oder Gewerbe- oder Landwirtschaftskammer immer bejahende Berücksichtigung finden müssen.

§ 20 Abs. 2.

Die Anhörung der Berufsvertretung unterbleibt, wenn der Eröffnung des Vergleichsverfahrens einer der im § 22

bezeichneten Gründe entgegensteht, und die Beseitigung dieses Grundes nicht möglich oder mit Sicherheit nicht zu erwarten ist.

Es unterbleibt die Befragung und Anhörung der Berufsvertretung allemal dann, wenn das Unternehmen des Schuldners zweifellos kein lebensfähiges ist und wenn seine wirtschaftliche Unwürdigkeit außer Zweifel steht. Das ist dann der Fall, wenn er flüchtig ist oder sich verborgen hält, wenn er wegen betrügerischen Bankerotts rechtskräftig verurteilt ist, wenn eine diesbezügliche Untersuchung gegen ihn schwebt. Das sind die Fälle des § 22 Passus 2 und 3.

Die anderen Fälle des § 22 scheinen mir nicht dermaßen irreparabel. Ist es doch denkbar, daß eine andere Berechnung der Aktiven und Passiven die Mindestquote ermöglicht (§ 6 VerglO.). Ist es doch möglich, daß den Erfordernissen der §§ 15 bis 19 VerglO. noch genügt und hinterher eine ausreichende Entschuldigung für die Verzögerung beigebracht wird. Ist es doch möglich, daß man die Verursachung des schuldnerischen Vermögensfalls minder pessimistisch beurteilt und daß auch in bezug auf die Vergleichskostenfrage ein konzilianter Standpunkt gewonnen wird. Das sind alles Gründe, um der die Verhältnisse ihres Berufsgenossen vielleicht milder einschätzenden Berufsvertretung doch Gelegenheit zu geben, sich über diese und die anderen Faktoren des Vergleiches zu äußern. Es ist fraglich, ob der § 20 Abs. 2 VerglO. für seine erste Alternative (Nichtmöglichkeit der Beseitigung des Ablehnungsgrundes des § 22 VerglO.) zwingendes Recht enthält. Das Wort „unterbleibt" ist ein ungewöhnlicher terminus technicus unserer Gesetzesform. Ich erblickte kein ius cogens in der einschlägigen Bestimmung, so daß der Vergleichsrichter m. E. weiteste Rücksicht üben kann.

Allemal ist dies der Fall hinsichtlich der Frage, ob die Beseitigung des Ablehnungsgrundes des § 22 VerglO. nicht mit Sicherheit zu erwarten ist. Denn ich halte es für unsicher, ob eine Beseitigung der oben von mir gekennzeichneten Ablehnungsgründe mit Sicherheit zu erwarten ist. Die Berufsvertretung berechnet vielleicht die Aktiven und Passiven etwas anders, so daß sie das Vorhandensein der Mindestquote herausrechnet. Die Berufsvertretung beurteilt vielleicht den Anlaß des schuldnerischen Vermögensverfalls optimistischer. Alles dies spricht für eine möglichste Anhörung der Berufsvertretung, selbst für die Fälle des § 20 Abs. 2 VerglO. resp. der Istvorschriften des § 22.

Im Rechtsausschuß war beantragt, die Äußerungen der Handelskammer gegenüber dem Schuldner und der Gläubigerschaft vertraulich zu behandeln. Ein Vertreter des Reichsjustizministeriums wandte sich gegen die Anregung. Wenn das Gutachten der Berufsvertretung vor den Beteiligten geheimgehalten werde, so verschließe man den Gläubigern eine wichtige Erkenntnisquelle für den wirtschaftlichen Stand des Schuldners und mache es dem Schuldner tatsächlich unmöglich, eine etwaige Ablehnung seines Antrags anzufechten. Denn den Hauptanfechtungsgrund werde doch in der Regel die Beurteilung abgeben, die seine wirtschaftliche Lage in dem Gutachten gefunden habe. Wenn man von jedem Sachverständigen erwarte, daß er sein Gutachten vertrete, dann müsse man das auch von den Berufsvertretungen verlangen

§ 21.

Nach Abschluß der erforderlichen Ermittlungen, insbesondere nach Eingang der Äußerung der amtlichen Berufsvertretung oder nach Ablauf der im § 20 Abs. 1, Satz 2, 3 bezeichneten Frist, entscheidet das Gericht, ob das Vergleichsverfahren zu eröffnen ist.

Sobald das Vergleichsgericht in die Lage versetzt ist, sich über die Voraussetzungen und Bedürfnisse des Vergleiches schlüssig zu machen, hat es eine Entscheidung zu treffen. Als Grundlage dient in erster Linie das Ergebnis der Aktprüfung durch die Berufsvertretung. Die Handelskammer in Nürnberg beispielsweise hat ihren ständigen Referenten für solche Fälle. Sie läßt den Vergleichsschuldner kommen und erkundigt sich nötigenfalls, soweit sie nicht selbst Wissenschaft hat, bei den maßgebenden Gläubigern, oder einem derselben. Der betreffende Berichterstatter der Handelskammer läßt sich schildern, wieso es zu dem Zusammenbruch gekommen ist und klärt allenfallsige besondere Erscheinungen auf. (Ähnlich verfahren die Syndici der Industrie- und Handelsk., Berlin.) Das ist allein für den Richter schon ein Stück Ermittelung. In den größeren Städten sind die gewandten Mitglieder der Handelskammer mit den Hauptbranchen vertraut. Sie kennen, wenn nicht das Einzelgeschäft, so doch führende Angehörige des betreffenden Sonderberufs. Innerhalb des Sonderberufs kennt man sich wieder gegenseitig, so daß die Handelskammer sehr wohl in der Lage ist, zu prüfen, ob ein lebensfähiges oder lebensunfähiges Geschäft vorhanden ist. Denn *lebensunfähige Geschäfte sollen nicht gewaltsam über Wasser gehalten werden. Was im Kern gesund ist, verdient die weiteste Berücksichtigung durch die Berufsvertretung, das Gericht, die VP., den Gläubigerausschuß und die Gläubigerschaft selbst.* Liegen nur augenblickliche Schwierigkeiten vor, so kann dann eine wohlunterrichtete Berufsvertretung dem Richter — der ja übrigens auch gewöhnlich längere Zeit amtiert und Übung hat — gewisse Winke geben, die für denselben sehr brauchbar sind. Es ist dem Richter unbenommen, die

Mitteilungen der Berufsvertretung zu ergänzen und zu vervollständigen. Da die betreffenden Kammern der Berufsvertretung naturgemäß beste Beziehungen haben, können die Geschäftsfreunde der Kammern nicht nur befragt, sondern auch darauf aufmerksam gemacht werden, ein Auge auf die z. B. kranke Unternehmung zu richten und so entweder helfend zu raten und taten, oder einen Strich durch eine Sache zu machen, die in Wahrheit nicht auf die Dauer haltbar ist.

Nach den Intentionen des Gesetzgebers soll heute bei der Nachprüfung ein strengerer Maßstab, wie in den Jahren 1914 bis 1927, angelegt werden. Folglich muß die Berufsvertretung die Anträge gründlichst und nicht pro forma oder lax prüfen. Es darf nicht einseitig das Vorbringen des Schuldners und seiner Hintermänner, oder aber auch einer ihm nicht gutgesinnten Gläubigergruppe, berücksichtigt werden. Alle die Faktoren, welche hier einschlagen, Währungsschwankungen, Kreditnot, Stockung des Absatzes ins Ausland, unverhältnismäßige Ausgaben für Werkverbesserung, Mangel an Betriebsmitteln, sind zu berücksichtigen. Die Berufsvertretung erweist dem Richter einen guten Dienst, wenn sämtliche das gewollte Vergleichsverfahren betreffenden Tatumstände aufgeklärt und hernach dem Vergleichsgericht, unter Hinweis auf die Einzelheiten, unter Hinweis auf die weiteren möglichen Auskunftspersonen, unter Hinweis auf bestimmte Urkunden, an die Hand gegeben werden. So sachmäßig, wie es der betreffende Kaufmann oder Handwerksmeister oder Techniker oder Landwirt vermag, kann der Richter für sich Informationen nicht einholen.

Der Vergleichsrichter kann sich aber auch sonstwie unterrichten. Er braucht sich nicht auf die Berufsvertretung zu verlassen. Er kann neben ihr andere Persönlichkeiten ausforschen. Vor allem ist ihm anzuraten, alle Akten, Verträge und sonstige Aufzeichnungen beizuziehen, die mit der Sache etwas zu tun haben und die von der einen oder anderen der interessierten Gruppen erwähnt worden sind. Die Ermittelungen bestehen also z. B. in Einsicht oder Zuziehung von Zivilakten, Strafakten, Nachlaßakten, notariellen Urkunden, Grundbuchauszügen oder in Befragung der betreffenden Richter und Beamten, Interpellierung beteiligter Rechtsanwälte, Notare oder anderer Berater, Befragung beteiligter Bankiers oder Revisoren oder Treuhänder.

Hat das Gericht Grund zu der Annahme, daß die Berufsvertretung die gutachtliche Behandlung übermäßig sowie unbegründet hinauszieht und trotz einer etwaigen Nachrist des Schlußsatzes des § 16 VerglO. nicht auf die Anfrage reagiert, so kann das Gericht auch ohne Eingang des Bescheides der Berufsvertretung — was allerdings für gewöhnlich vermieden werden möge — seine Entscheide treffen.

Insbesondere wird das Gericht nicht lange zaudern, wenn

der Schuldner längst Belege und informatorische Behelfe in Aussicht stellte, aber nicht Wort hält, kurz: schuldhaft nicht zur Aufhellung der Situation beiträgt.

§ 22.

Die Eröffnung ist abzulehnen:

1. wenn den Erfordernissen des § 15, des § 16 Abs. 1 oder der §§ 17, 18 nicht genügt ist und der Mangel auch nicht innerhalb der nach § 19 gesetzten Frist beseitigt wird;
2. wenn der Schuldner flüchtig ist oder sich verborgen hält oder auf eine an ihn ergehende Ladung des Gerichts (§ 9) ohne genügende Entschuldigung ausbleibt;
3. wenn gegen den Schuldner wegen betrügerischen Bankrotts eine gerichtliche Untersuchung oder ein wiederaufgenommenes Verfahren anhängig oder der Schuldner wegen betrügerischen Bankrotts rechtskräftig verurteilt ist;
4. wenn sich, insbesondere aus der Übersicht des Vermögensstandes (§ 16 Abs. 1 Nr. 2, § 18), der nach § 16 Abs. 1 Nr. 3 vom Schuldner abzugebenden Erklärung oder aus der Bilanz (§ 18 Abs. 2) ergibt, daß der Schuldner seinen Vermögensverfall durch Unredlichkeit oder Leichtsinn herbeigeführt hat, daß er den Antrag auf Eröffnung des Vergleichsverfahrens böswillig verzögert hat, oder daß der Vergleichsvorschlag der Vermögenslage des Schuldners nicht entspricht;
5. wenn das Vermögen des Schuldners unter Berücksichtigung der in dem Vergleichsvorschlag übernommenen Verpflichtungen nicht ausreicht, um die gerichtlichen Kosten des Verfahrens einschließlich der einer Vertrauensperson zu gewährenden Vergütung zu decken; die Ablehnung unterbleibt, wenn ein zur Deckung dieser Kosten ausreichender Geldbetrag bei Stellung des Antrags vorgeschossen oder sonst hinreichend sichergestellt wird.

Obligatorische Ablehnung der Eröffnung.

A. Vorgeschichte und Vorverhandlungen.

Grundsätzliches. Die Mindest- und Allermindestquote (50 bzw. 30%).

Dieser Paragraph und der Inhalt des § 23 VerglO. hat innerhalb des letzten Jahres eine große Literatur gezeitigt. Der § 22 trägt deshalb heute auch ein verändertes Gesicht. Der ursprüngliche (einschlägige) § 18 der Regierungsvorlage enthielt eine ganze Reihe kasuistischer Bestimmungen. Bei jeder halbwegs erheblichen wirtschaftlichen Unzuverlässigkeit sollte dem Schuldner der Zutritt zum Vergleich verwehrt sein. Das war übertrieben.

Es ist in dieser Hinsicht lehrreich, wie sich zunächst das Reichsjustizministerium zu der Frage der schuldnerischen Unwürdigkeit gestellt hat. Im Rechtsausschuß wurde diese Materie mehrfach gründlich erörtert. Ein Vertreter des Reichsjustizministeriums führte aus, daß bei der Beurteilung des § 18 der Regierungsvorlage der grundsätzliche Standpunkt von entscheidender Bedeutung sei, von dem man bei der Regelung des Verfahrens ausgehe. Wer der Meinung sei, daß es allein darauf ankommen könne, ob der einzelne Gläubiger im einzelnen Fall bei einem Zusammenbruch seines Schuldners möglichst gut abschneide, der werde sich gegen die meisten Ablehnungsgründe des § 18 der Regierungsvorlage aussprechen. Stelle man aber mit dem Entwurf die Rücksichten auf die Gesamtwirtschaft in den Vordergrund und sehe in dem Konkurs ein Mittel, die Gesamtwirtschaft von lebensunfähigen Unternehmungen zu entlasten, dann werde man den Gesichtspunkt der wirtschaftlichen Würdigkeit als eine notwendige Voraussetzung des Vergleichsverfahrens anerkennen müssen. Der Entwurf habe es nicht für richtig erachtet, diese Voraussetzung in eine allgemeine Formel zu fassen. Eine solche lasse sich nicht finden, wie die Erfahrungen bei der Geschäftsaufsicht gezeigt hätten. Der Entwurf mache daher den Versuch, den Begriff der wirtschaftlichen Würdigkeit kasuistisch zu umgrenzen; man hoffe, damit eine gleichförmigere Rechtsanwendung zu erreichen, als mit einer allgemeinen Richtlinie. Zuzugeben sei, daß sich bei dieser Methode in Grenzfällen Härten ergeben könnten. Das sei der Nachteil jeder Kasuistik. Es frage sich, ob man diesen Mangel oder den nach der Auffassung des Entwurfs weit größeren Nachteil in Kauf nehmen wolle, der mit einer allgemeinen Bestimmung über die Voraussetzung des Vergleichsverfahrens verbunden sei. Halte man den Weg des Entwurfs für gangbar, so könne man jedenfalls nicht alle Ablehnungsgründe des § 18 der Regierungsvorlage in das Ermessen des Richters stellen. Grundsätzlich müsse vielmehr der Gesetzgeber die Verantwortung für die Durchführung eines Gedankens übernehmen, den er als richtig anerkannt habe. Eine allgemeine Kannvorschrift stelle den Richter vor Entscheidungen, die er ohne eine gesetzliche Richtlinie gar nicht treffen könne. Eine andere Frage sei, ob man alle Tatbestände des § 18 der Regierungsvorlage zu zwingenden Ablehnungsgründen machen solle und ob der Entwurf mit der Fassung der einzelnen Tatbestände das Richtige getroffen habe. Insbesondere scheine die Nr. 6 des ursprünglichen § 18 — die eine Reihe von vergleichshindernden früheren schuldnerischen Vergehen kasuistisch aufzählte — änderungsbedürftig zu sein. —

Was die Aussprache der Praktiker und Kenner des Stoffes anbetrifft, so war man — kurz gesagt — der Meinung, daß allerdings einem gänzlich unwürdigen Schuldner die Wege nicht zu ebnen seien, daß aber nicht die Anstellung eines Beamten oder gar die Bewerbung um den Nobelpreis auf dem Spiele stehe. Die gegenwärtige Wirtschaftslage kann einen vollwertigen Ersatz der GeschAufsVO. nicht entbehren. Deshalb darf man aber nicht gar zu übertriebene Anforderungen an die Charaktereigenschaften und das Vorleben des Schuldners stellen. Der § 18 (heutige § 22) war in seiner ursprünglichen Formulierung extrem. Die Quintessenz ist doch schließlich, daß eine nicht gar zu verdorbene Unternehmung erhalten wird und die Gläubigerschaft tunlichst glimpflich dabei wegkommt. Reate also oder gar nur Unregelmäßigkeiten, die nicht im direkten Zusammenhange mit dem jetzigen Zusammenbruch stehen, als vergleichshindernd aufzunehmen, erschien abwegig. Man mußte doch nicht von einem Extremen zum anderen übergehen, d. h. man mußte doch nicht gestern in der AufsVO. den Schuldner mit Glacéhandschuhen anfassen, um ihn morgen in der VerglO. seiner Pein zu überlassen. Auch hier liegt die Wahrheit in der Mitte: Wenn einmal durch die Ermittelungen und den Bericht der Berufsvertretung ein voller Überblick über die Verhältnisse des Schuldners gewonnen ist, so soll man ihn zum Vergleich zulassen, wenn ein halbwegs günstiges Resultat bevorsteht.

Auch im Rechtsausschuß gab es mit Fug Anhänger einer konziliianteren Auffassung.

Ein Redner meinte, daß ein gewisser Widerstreit zwischen den Bestimmungen der KO. und denjenigen des Entwurfs der VerglO. gegeben sei. Erblicke man die Aufgabe der Vergleichsordnung darin, wirtschaftlich unzuverlässige Elemente vom Wirtschaftsleben fernzuhalten, dann habe die Bestimmung einen Zweck. Sollte aber der Entwurf dem Gläubiger nach Lage der Sache in rascher, wirtschaftlich möglichst wenig bemerkbarer, Weise zu einer möglichst großen Quote verhelfen, dann müsse man die Mußvorschriften in Kannvorschriften umwandeln. Andernfalls würde man gerade mittlere Betriebe, die sich nur schwer Mittel beschaffen könnten, unter allen Umständen in den Konkurs hineintreiben. Ein anderer Redner schlug vor, die Bestimmungen der Konkursordnung zu übernehmen und einen weiteren Paragraphen aufzunehmen, wonach dem Richter in gewissen Fällen die Ablehnung gestattet sei. Über die Fälle, in denen sie zulässig sein solle, werde man sich unterhalten müssen.

Dann frage er, weshalb man einen Gläubiger hindern solle, unter einer Quote von 30 v. H. einen Vergleich abzuschließen, den er rebus sic stantibus für den besten halte, um sich einen Teil der Forderung zu sichern. Über die Quote werde erst abgestimmt, wenn die Gläubiger einen vollen Überblick über die Verhältnisse des Schuldners hätten. Könnte der Schuldner nach ihrer Ansicht mehr als 30 v. H. zahlen, so würden sie einer geringeren Quote nicht zustimmen.

Ein Vertreter des preußischen Justizministeriums hielt die Mindestquote von 30 v. H. für angebracht. Sie sei vom wirtschaftserzieherischen Standpunkt aus grundsätzlich durchaus zu begrüßen. Der Schuldner solle gezwungen werden, rechtzeitig an die Gläubiger heranzutreten. Im Laufe der Zeit würde sich das zum Heile der Gesamtwirtschaft auswirken. Die Höhe der Quote sei Ermessenssache. Die Quote von 30. v. H. sei ein Kompromiß zwischen dem Standpunkt der Generalprävention und dem der Interessenbefriedigung der Gläubiger.

Nicht minder tobte der Kampf um den § 18 der Regierungsvorlage, jetzigen § 22 der VerglO., und vor allem um die Frage der Mindestquote, in der Fachpresse. Da die Industrie der Mindestquote günstig gesinnt war, siegten schließlich deren Anhänger.

Was aber sonst in die Debatte geworfen wurde, fand vielfache Berücksichtigung. Man entschied sich schließlich doch, mehr für den Schutz des Erhaltungswürdigen, als für die Ausmerzung des moralisch und wirtschaftlich Schwachen, einzutreten. Das volkswirtschaftliche Interesse an der Abwendung von Konkursen liegt vor. Die Anschauung, welche vielfach im Textilhandel und in der Konfektion gehört wurde, daß erst wieder Ordnung einkehren würde, wenn eine Firma, die ihre Verpflichtungen nicht erfüllen könne, rücksichtslos durch Gesetz und Richter ausgemerzt würde, fand keine Mehrheit. Es mag sein, daß das Geschäftsaufsichtsverfahren dem Schuldner das Leben etwas zu leicht machte, weil ursprünglich der Schuldner als Kriegskamerad geschont werden sollte. Wenn man auch mit Recht darauf hinwies, daß seit der Inflationszeit eine größere Übersetzung des Gewerbes eingetreten sei, so daß es notwendig sei, auf diesem Wege eine gewaltsame Säuberung und Reduktion eintreten zu lassen, und so berechtigt auch die Beschwerden über die gewissenlosen Schuldner waren, die, wenn man sie scharf anfaßte, mit der Geschäftsaufsicht drohten, so wird man doch die Notwendigkeit eines Konkursabwendungsverfahrens grundsätzlich bejahen müssen. Man kann nicht schlechthin sagen, daß Zahlungsunfähigkeit gleich Lebensunfähigkeit sei. Durchaus solide und entwickelungsfähige Geschäfte kommen durch säumige Zahlung ihrer Schuldner in die Lage, ihre Gläubiger nicht befriedigen zu können. Wenn man solche Schuldner unter dem strengen Gesichtswinkel der wirtschaftlichen Unzuverlässigkeit prüfen würde, würden viele von ihnen abhängige Existenzen damit ins Unglück gestürzt.

Nach alledem erschien schließlich der § 18 der ursprünglichen Vorlage in vielen Punkten verunglückt. Dies galt vor allem von dem Absatz 6, welcher nicht nur die einschlägigen Reate des Bankrotts, sondern auch die des Betrugs, der Untreue, des Glücksspiels, der Vereitlung der Zwangsvollstreckung und des Wuchers, unter gewissen Umständen als vergleichshindernd erklären wollte. Es war ein gesunder Gedanke, einen weiteren **§ 18 a** (jetzt § 23) zu schaffen mit **Kann**vorschriften, gegenüber dem **§** 18 (jetzt § 22) mit Istvorschriften. Damit stellte man, wenn es sich um geringere Grade der Unzuverlässigkeit drehte, die Beurteilung auf das richterliche Ermessen ab, was um so berechtigter erschien, als doch nicht e i n Fall so liegt, wie der a n d e r e.

Auch konnte man sehr wohl damit abhelfen, daß man die Verfügungsmacht des Schuldners nach verhängtem VerglVerf. etwas einengte (§ 50—58 VerglO.) und die Machtbefugnis der VP. ebenfalls von Fall zu Fall verstärkte. —

Was die Höhe der Mindestquote anlangt, so schwankte man zwischen 30 und 50 %. Die Zentralbehörde ließ ausführen:

Der Zwang für den Schuldner, seinen Gläubigern einen bestimmten Mindestbetrag ihrer Forderungen zu bieten, wenn er dem Konkurs entgehen wolle, solle erzieherisch wirken. Der Schuldner solle sich rechtzeitig an seine Gläubiger wenden und nicht erst dann, wenn er die letzten Vermögensstücke verwirtschaftet habe. Die Mindestquote werde daher auch fast einhellig von der Wirtschaft gefordert. Die Höhe der Quote sei eine Maßfrage. Der Entwurf verlange zur Zulassung des Vergleichsvorschlags 30 v. H. Vergleiche, bei denen die Gläubiger weniger als 50 v. H. erhielten, bedürften zum Zustandekommen einer erhöhten Mehrheit. Auch im Auslande sei vielfach eine Mindestquote für den Zwangsvergleich vor dem Konkurs vorgeschrieben; so verlange England 37 ½ v. H., Italien 40 v. H., Ungarn ganz neuerdings ebenfalls 40 v. H., Österreich je nach der Dauer der Stundung 35 bis 50 v. H.

In letzterer Hinsicht kam man schließlich auf die heutige Formulierung des heutigen § 23 1. Absatz: U n t e r B e i b e h a l t u n g d e r A l l e r m i n d e s t q u o t e v o n 30 %, ü b e r l i e ß m a n e i n e M i n d e s t q u o t e v o n 50 % d e m V e r g l e i c h s g e r i c h t, w e n n e i n E r l a ß v e r g l e i c h v o r g e s c h l a g e n w i r d u n d w e n n d i e a m t l i c h e B e r u f s v e r t r e t u n g d a s A n g e b o t a l s u n z u r e i c h e n d b e z e i c h n e t. Id est: V o m V e r g l e i c h s g e r i c h t u n d d e r B e r u f s v e r t r e t u n g h ä n g t j e t z t d i e F r a g e a b, o b 30 o d e r 50 % a l s W e n i g s t d i v i d e n d e v e r l a n g t w e r d e n.

Das ist eine sehr verantwortungsvolle Aufgabe für den Berufsrichter und die Berufsvertretung, weshalb sie wohl alle dazu gehörigen Fragen aufrollen müssen, um Klarheit zu schaffen und um der Person sowie dem Vorschlag des Schuldners gerecht zu werden. Die Bestimmung ist eine starke Verneinung des autonomen gläubigerischen Bedürfnisses.

B. Die einzelnen obligatorischen Ablehnungsgründe des § 22 [1]).

1. wenn den Erfordernissen des § 15, des § 16 Abs. 1 oder der §§ 17, 18 nicht genügt ist und der Mangel auch nicht innerhalb der nach § 19 gesetzten Frist beseitigt wird.

Unklarheit, Unwahrhaftigkeit, Ungenauigkeit der Angaben und Belege des Antragstellers hat die strikte Ablehnung zur Folge. Um so peinlicher muß der Antragsschuldner, der als Laie sich dabei nicht leicht tut, die zwingenden Erfordernisse seiner Angaben und Vorlagen überprüfen. Es ist ihm nahezulegen, richtig und rechtzeitig Sachkenner zuzuziehen, da Unterlassungen sich schwer rächen können. Denn die Normen der §§ 15—19 VerglO. zerfallen in viele, dem Laien nicht leicht fallende, Einzelheiten, die oben gewürdigt sind und auf die Bezug genommen wird. — —

2. wenn der Schuldner flüchtig ist oder sich verborgen hält oder auf eine an ihn ergehende Ladung des Gerichts (§ 9) ohne genügende Entschuldigung ausbleibt.

Wenn es auch richtig ist, daß ein Schuldner oft den Kopf verlieren und aus Verzweiflung oder Schamgefühl leicht alles liegen und stehen lassen kann, um vorübergehend oder dauernd das Weite und anderswo eine neue Existenz zu suchen, wo er sich weniger zu schämen und zu ducken braucht, so ist es doch begreiflich, daß man seitens des Gesetzgebers das Benefizium des Vergleichs einem flüchtigen Schuldner versagt. Allerdings ist hier — angesichts der Istvorschrift — die Norm des Vergleichsverfahrens strenger, wie diejenige des Zwangsvergleiches im Konkurs.

Denn der § 175 KO. sagt:

Ein Zwangsvergleich ist unzulässig:

s o l a n g e der Gemeinschuldner flüchtig ist.

Die Unzulässigkeit des Schuldners besteht also im Konkurs nur für die Z e i t, w ä h r e n d deren der Schuldner flüchtig ist. Hernach kann er des Zwangsvergleiches im Konkurs aus diesem Grund ruhig wieder teilhaftig werden, während der § 22 VerglO. schlechthin den flüchtigen Schuldner ausschließt. Auf den ersten Blick müßte man nun meinen, daß, wenn z. B. am 15. März die Vergleichsfrage geprüft werden soll und der Schuldner auf der Flucht ist, dessen Berechtigung zu einem Vergleich nun ein für allemal beseitigt ist. Allein solche rigorose Auslegung kann unmöglich be-

---

[1]) Von Samolewitz S. 85 mit dem Superlativ: „Katalog der Würdelosigkeit" bezeichnet.

absichtigt sein. Es muß vielmehr so sein, daß, wenn der Schuldner nach besagtem 15. März wieder zurückkommt, die Vergleichsprüfung von neuem durch den Richter getätigt wird. Es muß ja doch allermindestens bereits ein Antrag des Vergleichsschuldners mit Beilagen vorliegen; sonst würde ja schon vom Gesichtspunkte des § 22 VerglO. 1. Passus die Vergleichseröffnung zurückzuweisen sein. M. a. W.: Wenn der Schuldner rabiat wird oder sich unglücklich fühlt und vorübergehend ausreißt, so schadet ihm dies auf die Dauer nichts. Anders formuliert: Es müßte eigentlich „so lange" (wie in der KO.) und nicht „wenn" heißen. Der Schuldner ist ja schließlich kein zu disziplinierender Schüler. Steht er nach Rückkehr Rede und Antwort, verweigert er die vorgeschriebenen Angaben nicht, so muß man ihn anhören und, wenn die übrigen Merkmale und Voraussetzungen zutreffen, zum Vergleich zulassen. Gleichwertig mit der Flucht ist ein Sichverborgenhalten, etwa am Orte selbst oder in der Nähe. Auch dann liegt übrigens Flucht vor, wenn der Aufenthalt des Vergleichsschuldners zwar bekannt ist, er sich aber von einem Wohnort ohne sichtbaren und entschuldbaren Grund entfernt hat.

Die Regelung des Aufenthaltes mit Einverständnis des Gerichts und die Bereitwilligkeit zur Auskunftserteilung und Eidesleistung beseitigt die Unzulässigkeit. Es kann z. B. dem Vergleichsschuldner in seinem materiellen oder familiären Interesse gestattet sein, ein anderes Domizil zu haben oder zu wählen — etwa bei einer bisherigen Filiale —, wenn er für Gericht, VP. usw. auf Ladung oder Anruf oder Zuschrift hin jederzeit zu haben ist.

Die Unzulässigkeit des Vergleichsvorschlages trifft auch zu, wenn mehrere Personen als Vergleichsschuldner in Betracht kommen, wie die Erben im Nachlaßvergleich und Gesellschafter einer offenen Handelsgesellschaft, und zwar dann, wenn auch nur einer derselben flüchtig ist. Das nämliche trifft zu bei einem mehrerer gesetzlichen Vertreter (Vorstandsmitglieder, Geschäftsführer) einer GmbH. oder AG. Die ratio legis ist hier, daß die Flucht als eine unlautere Absichten und Maßregeln vermutlich in sich bergende Aktion anzusehen ist. — —

Weiteres s. zum Thema: Verwerfung (§ 68 [2]) und Einstellung (§ 79 [6]). — —

3. wenn gegen den Schuldner wegen betrügerischen Bankrotts eine gerichtliche Untersuchung oder ein wiederaufgenommenes Verfahren anhängig oder der Schuldner wegen betrügerischen Bankrotts rechtskräftig verurteilt ist.

Der gravierende Fall des § 22 ist im Passus 3 verkörpert.

Was die strafprozessuale Seite anlangt, so ist nach §§ 151 ff. StPO. die Eröffnung einer gerichtlichen Untersuchung durch die Erhebung einer Klage bedingt. (Die Einleitung eines staatsanwaltschaftlichen Ermittelungsverfahrens ist einer gerichtlichen Untersuchung nicht ebenbürtig. Muß doch nach §§ 160 ff. StPO. die Staatsanwaltschaft, sobald sie durch eine Anzeige oder auf anderem Wege von dem Verdacht einer strafbaren Handlung Kenntnis erhält, behufs ihrer Entschließung, ob die öffentliche Klage zu erheben ist, den Sachverhalt erforschen und nötigenfalls ihre Anträge gemäß § 162 StPO. bei dem Amtsrichter stellen, ohne daß das Fundament irgendwie erheblich zu sein braucht.) Zur Erhebung der öffentlichen Klage ist die Staatsanwaltschaft berufen. Solange die gerichtliche Untersuchung (Voruntersuchung StPO. §§ 175 bis 197) nicht dadurch beendet ist, daß das Gericht beschließt, das Hauptverfahren nicht zu eröffnen oder den Angeschuldigten außer Verfolgung zu setzen (§ 204 StPO.) oder das Verfahren vorläufig einzustellen (§ 205 StPO.), schwebt die gerichtliche Untersuchung. Ist die Eröffnung des Hauptverfahrens durch einen nicht mehr anfechtbaren Beschluß abgelehnt, so kann die Klage nur auf Grund neuer Tatsachen oder Beweismittel wieder aufgenommen werden (§ 211 StPO.). Dann kommt aber auch die Wiederaufnahme eines durch rechtskräftiges Urteil geschlossenen Verfahrens zugunsten des Verurteilten (§ 359 StGB.) und zuungunsten des Angeklagten (§ 362 StGB.) in Betracht.

Gerichtliche Untersuchung in irgendeinem Stadium oder wiederaufgenommenes Verfahren oder rechtskräftige Verurteilung — so daß kein Rechtsmittel und kein Instanzenzug mehr möglich ist — ist ausschlaggebend. —

In materieller strafrechtlicher Hinsicht ist auf Grund der Zwangsvorschrift des § 22 VerglO. lediglich der schwere oder betrügerische Bankbruch (Bankrott) das obligatorisch vergleichshindernde Reat. Das Gesetz bedroht den Schuldner, der gemäß § 259 KO., in der Absicht der Gläubigerbenachteiligung

1. Vermögensstücke verheimlicht oder beiseite geschafft hat,

2. Schulden oder Rechtsgeschäfte anerkannt oder aufgestellt hat, welche ganz oder teilweise erdichtet sind,

3. Handelsbücher zu führen unterlassen hat, deren Führung ihm gesetzlich oblag, oder

4. Handelsbücher vernichtet oder verheimlicht oder so geführt oder verändert hat, daß dieselben keine Übersicht des Vermögensstandes gewähren.

(Näheres Liszt zu § 137 S. 451, Meyer-Allfeld zu § 104 S. 532 und Frank S. 527; Jaeger KO. zu § 239; Mentzel KO. 1926 S. 539.) Der betrügerische Bankrott wird vor allem dadurch gekennzeichnet, daß die einzelnen Bankrotthandlungen begangen werden in der Absicht der Gläubigerbenachteiligung.

Objektive Gläubigerbenachteiligung liegt vor, wenn der Erlös verkaufter Gegenstände nicht in die Masse geflossen, sondern zur Befriedigung nur einzelner Gläubiger verwendet worden ist. RG. 24. Febr. 1925, 377/24, LZ. 25, 870, SeuffArch. 79, 157. Hinsichtlich der Begünstigung s. DJZ. 1927, 1103; RG. II, 57, 24. Febr. 1927.

Subjektive Gläubigerbenachteiligung, Benachteiligungsabsicht, liegt vor, wenn bei dem vorgenannten Tatbestand der Schuldner damit rechnete, daß dieser Erlös nebst den übrigen Aktiven zur Befriedigung der unzweifelhaften und zweifelhaften Schulden nicht ausreichen werde (die nämliche RGEntscheidung).

Das Tatbestandsmerkmal, Absicht oder direkter Vorsatz, verträgt sich nicht mit dolus eventualis (RG. 27, 241). Tatbestandsmäßig mußte der Täter durch den Willen, die Gläubigerschaft zu schädigen oder durch die Möglichkeit, derselben Nachteile zuzufügen, zu seiner Unterlassung oder Handlung bestimmt worden sein. Hat er als Kaufmann aus Bequemlichkeit oder Gleichgültigkeit keine Bücher geführt, dann liegt betrügerischer Bankrott nicht vor. (RG. I 25. Febr. 1927 1 D 20/27 und meine Fußnote hiezu [Nr. 31]), JW. 1927, 1698).

Zu unterstreichen ist übrigens, daß nicht etwa der Vergleichsrichter in moralisch-juridischer Weise das Reat nachzuprüfen hat oder nachprüfen darf, sondern daß die rein strafprozessualen Gesichtspunkte: besteht eine gerichtliche Untersuchung oder ein wiederaufgenommenes Verfahren? maßgebend ist.

Eine Begnadigung ändert an der Wirkung des § 22 Passus 3 VerglO. nichts. Andererseits muß die Verurteilung eine rechtskräftige sein, damit die nötige Garantie für ein einwandfreies Strafurteil vorliegt. Wenn also der Schuldner zwischen dem Urteil des Landgerichts und der Entscheidung des Reichsgerichts stirbt oder geisteskrank wird, so liegt in bezug auf den Nachlaßvergleich oder Vergleich keine rechtskräftige Verurteilung und demnach nicht die Wirkung des § 22 Passus 3 VerglO. vor.

Wird der einzelne Erbe oder Miterbe oder Gewalthaber oder Vormund oder Geschäftsführer oder Vorstand oder Liquidator verurteilt oder besteht gegen ihn eine gerichtliche Untersuchung oder ein wiederaufgenommenes Verfahren, so tritt die Wirkung des § 22 Passus 3 VerglO. ein, weil auch der Repräsentant eine wirtschaftlich unzuverlässige Persönlichkeit nicht sein darf. Es ist also beispielsweise im Gesellschaftsvergleich die Verurteilung eines der gesetzlichen Vertreter der Gesellschafter oder Liquidatoren vergleichshindernd. — —

Der § 22[4] VerglO. schreibt die Ablehnung der Vergleichseröffnung vor,

4. wenn sich, insbesondere aus der Übersicht des Vermögensstandes (§ 16 Abs. 1 Nr. 2, § 18), der nach § 16 Abs. 1 Nr. 3 vom Schuldner abzugebenden Erklärung oder aus der Bilanz (§ 18 Abs. 2) ergibt, daß der Schuldner seinen Vermögensverfall durch Unredlichkeit oder Leichtsinn herbeigeführt hat, daß er den Antrag auf Eröffnung des VerglVerf. böswillig verzögert hat oder daß der Vergleichsvorschlag der Vermögenslage des Schuldners nicht entspricht.

Sehr auf des Messers Schneide steht der § 22 Passus 4 VergleichsO. Es ist für den Vergleichsrichter meist durchaus nicht leicht, zumal in diesem Stadium, festzustellen, ob und inwieweit zwischen dem verwerflichen oder leichtfertigen Lebenswandel des Schuldners und seinem Vermögensverfall ein ursächlicher Zusammenhang besteht. Zumal in der Großstadt, wo man sich oft nicht kennt und wo der Richter wohl meist zu den betreffenden Geschäftsleuten keine Beziehungen hat, ist solche Untersuchung äußerst schwierig und verantwortungsvoll. Um so notwendiger erscheint es hier, vom § 20 Abs. 2 VerglO. so wenig wie möglich positiven Gebrauch zu machen: Es ist eine bedeutende Erleichterung und Rückendeckung für den Berufsrichter, wenn er sich durch fachmännische Seite, in erster Linie die Berufsvertretung, über die Persönlichkeit und das bisherige private, zumal berufliche, Leben und Treiben des Schuldners unterrichten läßt. Denn die Zusammenhänge einer angeblichen Unredlichkeit oder leichtsinnigen Führung sind nicht leicht konstatierbar. Bei krassen Fällen ist das eigentliche Verschulden des Schuldners, das zur Krisis führte, leichter festzustellen. Bei Grenzfällen ist es mehr wie schwer, zu eruieren, ob ein unredliches oder leichtfertiges Tun schuld ist an dem Zusammenbruch.

Die Unredlichkeit ist u. a. in einem absichtlichen Hinausziehen des Vergleichsantrages zu erblicken. Ist aber der Schuldner das Opfer von allgemeinen Krisen und allgemeinen Zahlungsstockungen geworden, so ist es sehr fraglich, hier jeweils genau zu prüfen, ob er unredlich handelte, wenn er bessere Tage erhoffte. Gewissenloses Verschleudern von Waren, Unterlassung von Buchungen, m. a. W.: einer regel- und fachmäßigen geschäftlichen Kontrolle geschäftlicher Aktionen, Glücksspiel in unverhältnismäßiger Weise, gewissenlose Vergnügungssucht durch Reisen und sonstige Ausgaben, die über die Verhältnisse gehen, zweck- und sinnwidrige Einkäufe in großen Quantitäten, irrationelle Verkäufe oder Verschleuderungen, haltlose Großmannssucht (Halten eines Luxusautomobiles, Beteiligung an Wetten, Sportsübertreibungen), das sind rein grundsätzlich Kennzeichen des § 22 Passus 4. Gleichwohl kommt es stets auf den Einzelfall und auf die Verhältnismäßigkeit an.

Zum unredlichen Verhalten gehört eine vorsätzliche Handlung (Tun oder Unterlassen) des Schuldners. Handelt es sich um das Vermögen einer offenen Handelsgesellschaft oder einer anderen Gesellschaft oder eines Nachlasses, so genügt die Unredlichkeit des einen Gesellschafters, Vorstandes, Geschäftsführers, Miterben.

Alternierend kommt auch in Betracht, daß der Schuldner tendenziös den Antrag auf Vergleichseröffnung hinausgezogen hat, um sich erst einen Zustand nach seinen Wünschen zu schaffen, d. h. ihm nahestehende Gläubiger zu bedenken und die fremden links liegen zu lassen.

Verwandt ist mit dem Merkmal des § 22 Passus 4 VerglO. einigermaßen der einfache oder leichte Bankbruch (KO. § 240).

Er lautet:

Schuldner, welche ihre Zahlungen eingestellt haben, oder über deren Vermögen das Konkursverfahren eröffnet worden ist, werden wegen einfachen Bankerutts mit Gefängnis bestraft, wenn sie

1. *durch Aufwand, Spiel oder Wette oder durch Differenzhandel mit Waren oder Börsenpapieren übermäßige Summen verbraucht haben oder schuldig geworden sind;*
2. *in der Absicht, die Eröffnung des Konkursverfahrens hinauszuschieben, Waren oder Wertpapiere auf Kredit entnommen und diese Gegenstände erheblich unter dem Werte in einer den Anforderungen einer ordnungsmäßigen Wirtschaft widersprechenden Weise veräußert oder sonst weggegeben haben;*
3. *Handelsbücher zu führen unterlassen haben, deren Führung ihnen gesetzlich oblag, oder dieselben verheimlicht, vernichtet oder so unordentlich geführt zu haben, daß sie keine Übersicht ihres Vermögenszustandes gewähren, oder*
4. *es gegen die Bestimmung des Handelsgesetzbuchs unterlassen haben, die Bilanz ihres Vermögens in der vorgeschriebenen Zeit zu ziehen.*

Denn der einfache Bankrott ist nach RGSt. 11, 252; 14, 87 das leichtfertige, in den Bankrotthandlungen zum Ausdruck gebrachte Verhalten des Schuldners, der seine Zahlungen eingestellt hat. Das Verschulden kann in Fahrlässigkeit bestehen (RGSt. 45, 92 und 58, 305). Der Beweis schuldhafter Pflichtverletzung genügt (RGSt. 27, 317).

Der Berührungspunkt der Merkmale des § 22 Passus 4 VerglO. und § 240 KO. liegt also sehr nahe. Der Richter vermag durch Heranziehung der Merkmale des § 240 KO. sehr wohl die Sachlage im Sinne des § 22 Passus 4 VerglO. zu würdigen.

Ist dem aber so, dann ist auf diese Weise, wenn auch dem Arbitrium des Vergleichsrichters überlassen, nicht nur der betrügerische Bankrott des § 22 Passus 3 VerglO., sondern auch der einfache des § 240 KO., den allgemeinen Grundsätzen nach, vergleichshindernd. Dies aber geht zu weit. Der Vergleichsrichter und die ihm sekundierende VP. wird sonach jeweils mit aller Sorgfalt zu prüfen haben, ob besonders erschwerende Umstände vorliegen, da das rein unordentliche und inkorrekte Verhalten unmöglich infamierend wirken darf.

Kautschukartig schließlich ist der Endsatz des § 22 Passus 4 VerglO.: „oder daß der Vergleichsvorschlag der Vermögenslage des Schuldners nicht entspricht." Das ist so dehnbar, wie nur möglich. Ich verstehe darunter nur die Fälle, bei denen ein starker, unerträglicher Kontrast zwischen der wahren Lage und der im Vergleichsvorschlag geschilderten, etwa erdichteten und frisierten, gegeben ist. Unstimmigkeiten allein können wahrlich nicht genügen. Dies zu beurteilen sind ja schließlich die Gläubiger berufen, die abzustimmen haben .Wenn aber beispielsweise der Schuldner sich als armen Mann ausgibt, während es ihm geschäftlich oder privat gut geht, oder wenn er 35% bietet, während er glatt 60% bieten könnte, oder wenn erdichtete Schulden oder Rechtsgeschäfte evident in der Bilanz enthalten sind, dann ist ein so scharfer Gegensatz zwischen Wahrheit und Darstellung vorhanden, daß der Richter zweckmäßig die Eröffnung des Vergleiches ablehnt. Einem vorsichtigen Richter ist zu empfehlen, auf vage Wahrnehmungen die existenzwichtige Ablehnung nicht zu stützen.

Lucas S. 74 weist darauf hin, daß es auffalle, daß die VergleichsO. die §§ 23 Nr. 1 und 22 Nr. 4 nebeneinander enthalte, ohne über ihr Verhältnis untereinander etwas zu sagen. Dies erkläre sich aus der Vorgeschichte. § 22 Nr. 4 sei in der Regierungsvorlage enthalten gewesen, § 23 Nr. 1 im Reichstag eingefügt worden. Dabei sei man sich wohl über die Rückwirkung auf § 22 Nr. 4 nicht klar gewesen. (M. E. hätte der RedAusschuß dieses Nebeneinander — das auch mich zu obiger skeptischen Frage führte — beseitigen, m. a. W. § 22 Nr. 4 entsprechend kürzen müssen.) — —

Samolewitz, S. 86, verlangt die Ablehnung des zu wenig und des zu viel bietenden Schuldners. Letzterer Fall wird — zumal nach Belehrung durch die VP., den Gläubigerausschuß und durch das Gericht — kaum öfter aktuell werden. — —

Der § 22 VerglO. Passus 5 fordert die Ablehnung der Vergleichseröffnung,

5. wenn das Vermögen des Schuldners unter Berücksichtigung der in dem Vergleichsvorschlag übernommenen Verpflichtungen nicht ausreicht, um die gerichtlichen Kosten des Verfahrens einschließlich der einer Vertrauensperson zu gewährenden Vergütung zu decken; die Ablehnung unterbleibt, wenn ein zur Deckung dieser Kosten ausreichender Geldbetrag bei Stellung des Antrags vorgeschossen oder sonst hinreichend sichergestellt wird.

Hier besteht wiederum ein kleiner Berührungspunkt mit der KO.: Der § 204 KO. lautet:

„Das Gericht kann das Konkursverfahren einstellen, sobald sich ergibt, daß eine den Kosten des Verfahrens entsprechende Konkursmasse nicht vorhanden ist. Die Einstellung unterbleibt, wenn ein zur Deckung der im § 58 Nr. 1, 2 bezeichneten Massekosten ausreichender Geldbetrag vorgeschossen wird."

In unserem Falle wird gar nicht erst das VerglVerf. eröffnet, sondern wenn die Verpflichtungen des Vorschlages rechnerisch überprüft sind und dann bei Ausgleichung keine Masse da ist, um die Gerichtskosten des Vergleichsverfahrens (s. § 99 VerglO. und künftigen § 48a Gerichtskostengesetz), sowie die Kosten der VP. (§ 46 VerglO.), die — soweit gerichtlich festgesetzt — im Sinne des § 58 KO. bevorrechtigt sind, zu decken, ist die Eröffnung des Vergleichsverf. abzulehnen; es sei denn, daß ein Vorschuß für diese sämtlichen Kosten von irgendwelcher Seite geleistet oder durch Real- oder Personalsicherstellung garantiert ist.

Vergütung lege ich weiter aus, wie Kiesow S. 200. Nach meiner Auslegung ist — wenn auch nur pauschaliter und nicht auf den Pfennig berechnet — im großen und ganzen die Deckung alles dessen, was voraussichtlich der VP. gerichtlich zugebilligt werden wird, im Auge gehabt. Im Endeffekt mag freilich meist kein materieller Unterschied zwischen den Auffassungen sein, weil — wenn es im einschlägigen Fall nur auf die Deckung der Vergütung ankommt — weder das Gericht noch die VP. wegen eines bagatellmäßigen Unterschiedes es aufs Äußerste ankommen lassen wird. Auch Lucas S. 75 widerrät eine schematische Kalkulierung. — Übrigens wird wohl auch bei einem recht minimalen Überschuß der Vergleichsrichter die Eröffnung ablehnen, indem er sich dann mehr auf § 21 VerglO. stützt oder auf den Schlußsatz des § 22, Passus 4, da ja meist bei einer solch unbedeutenden Masse die Vergleichseröffnung zu keinem positiven Ziele führen kann.

§ 23.

Die Eröffnung kann abgelehnt werden,

1. wenn die Gläubiger bei einem Vergleich, der auf einen ziffermäßig bestimmten teilweisen Erlaß ihrer Forderungen lautet, nicht mindestens die Hälfte ihrer Forderungen erhalten sollen und die amtliche Berufsvertretung das Angebot als unzureichend bezeichnet;
2. wenn innerhalb der letzten fünf Jahre vor dem Tage des Antrags auf Eröffnung des Vergleichsverfahrens im Inland die Geschäftsaufsicht, das Konkursverfahren oder das Vergleichsverfahren zur Abwendung des Konkurses über das Vermögen des Schuldners rechtskräftig eröffnet oder mangels Masse rechtskräftig abgelehnt worden ist;
3. wenn innerhalb der letzten fünf Jahre vor dem Tage des Antrags auf Eröffnung des Vergleichsverfahrens der Schuldner im Inland den Offenbarungseid auf Grund des § 807 der Zivilprozeßordnung geleistet hat

oder im Inland gegen ihn zur Erzwingung dieses Eides die Haft angeordnet worden ist.

Fakultative Ablehnung der Eröffnung.

A. Fakultative Ablehnung eines Vorschlages unter 50%.

Die Kannvorschrift des früheren § 18 a des Redaktionsausschusses, jetzigen § 23 VerglO. ist eine Modifikation des § 18 der Regierungsvorlage in seiner ursprünglichen Gänze.

Ich verweise auf meine Ausführungen LZ. 1927 S. 226.

Zunächst ist hier der amtlichen Berufsvertretung ein weites Spiel eingeräumt. In dem Rahmen zwischen 30 und 50% bleibt ihr ein wichtiges Veto überlassen. Allerdings braucht ja das Vergleichsgericht nicht darauf einzugehen. Das Vergleichsgericht kann sich anderswie oder anderswo unterrichten und aufklären. Es kann aus sich heraus im Rahmen zwischen 30 und 50% der Dividende den Vorschlag — trotz gegenteiliger Auffassung der Berufsvertretung — als ausreichend ansehen. Die Grenze von 50% geht häufig über das hinaus, was dem Interesse der Gesamtgläubigerschaft dient. Es bedeutet also eine starke Bevormundung der Gläubigerschaft als solcher, dem Votum der amtlichen Berufsvertretung einen Gegenstand zu überlassen, dessen Würdigung strenge genommen, reine Gläubigersache ist.

Der § 23 VerglO., Passus 1, kann und wird eine starke crux für die Beteiligten insgesamt abgeben, zumal wenn verschiedene Parteien unter der Gläubigerschaft vorhanden sind. Er wird wohl am meisten zu sofortigen Beschwerden führen, wenn die Eröffnung abgelehnt werden wird, oder zu Vorstellungen an das Gericht, wenn die Eröffnung beschlossen werden wird. Denn bei dem § 23 VerglO. Abs. 1 kann ein Rätselraten einsetzen. —

Der Vergleichsrichter muß sich in diesem Betreff m. E. eine sehr minutiöse Beurteilung durch die Berufsvertretung ausbitten, wenn und insoweit sie den gebotenen Hundertsatz als unzureichend bezeichnen wird. Denn einerseits ist der Zwischenraum zwischen der obligatorischen Allermindestquote von 30% und fakultativen Mindestquote von 50% immer noch sehr groß. Andererseits ist die Beurteilung der wirtschaftlichen Potenz des Schuldners oft Empfindungssache. Es gibt Gläubiger, die eine volle Auspumpung des schuldnerischen Organismus anstreben. Es gibt noch mehr Gläubiger, welche eine nicht so streng rechnerische Heranziehung im Interesse der künftigen Lebens- und Leistungsfähigkeit des schuldnerischen Gewerbes vorziehen. Von böswilligen Schuldnern abgesehen, würde ich bei der Weitmaschigkeit der 20% Differenz zwischen Allermindestquote und fakultativer Mindestquote als Vergleichsrichter die schuldnerfreundlicheren Maßnahmen unterstützen. G e g e n d i e S p i t z e n v e r b ä n d e h a t m a n c h e r K e n n e r s i c h d a g e g e n a u s g e s p r o c h e n, d a ß d e r

Schuldner sich übernimmt und dadurch erst recht den künftigen Geschäftsgang lahmlegt. Schießt schon die ganze Idee des § 23 Passus 1 VerglO. über das Ziel, so soll nicht auch noch die Berufsvertretung, und erst recht nicht der ganz objektive Richter, über das Ziel schießen.

Zudem kommt alles auf den Einzelfall an. Man zwinge nicht den Vergleichsschuldner zu Anerbieten, die er nicht erfüllen kann, worauf dann die kassatorische Klausel und ein erst recht mißlicher Konkurs einsetzen müßte. Man forsche sehr genau nach den allenfallsigen eigennützigen Zwecken der oder jener Gläubigergruppe (die prinzipiell auch bei der amtlichen Berufsvertretung ein Ohr finden kann). Kurz, man überspanne den Bogen nicht. Die Erhaltung einer wirtschaftlichen Existenz und ihres Betriebes kann für die Allgemeinheit wertvoll sein. Es muß ein gerichtlicher Schutz vorhanden sein, daß nicht dissentierende Gläubiger, die — zumal in kleineren Orten — auch bei der Berufsvertretung sich Gehör verschaffen können, die Möglichkeit einer vergleichsweisen Behebung der Schwierigkeiten hintertreiben. (So mit mir: Samolewitz S. 87.)

B. Ablehnungsmöglichkeit, wenn innerhalb des letzten Jahrfünfts eine Gantform vorlag.

Zu diesem Punkt ist bereits zu § 15, 2. Abs., Passus 1, gesprochen worden: nicht vergleichswürdig ist ein Schuldner, welcher sozusagen aus der Gant in irgendeiner Form ein Geschäft macht, gewohnheits- oder gewerbsmäßig abhandelt und sich abschüttelt. Den eigentlichen Eröffnungen des Konkurs-, Geschäftsaufsichts- und Vergleichsverfahrens ist es ebenbürtig, wenn mangels Masse rechtskräftig ein solches Verfahren nicht eröffnet worden ist. Unter Umständen kann freilich ein Schuldner recht unschuldig in die wiederholte üble Lage versetzt worden sein.

Warum gerade „im Inland" das unglückliche Ereignis vorgekommen sein muß, ist nicht einzusehen. Wenn ein Deutscher oder Nichtdeutscher im Ausland einmal oder öfter innerhalb der verflossenen 5 Jahre bereits abgemacht hat mit seinen Gläubigern, so ist dies ganz gewiß nicht weniger suspekt.

Nebenbei bemerkt, könnte auch in einem Antrag auf Eröffnung eines der Gantverfahren bereits ein gutes Stück Verdächtigkeit gelegen sein. Auch dann kann m. E. der Vergleichsrichter die Eröffnung ablehnen, zumal, wenn sonst verschiedenes Nichteinwandfreies wahrzunehmen ist.

Ja der Richter wird auch dann die Ablehnung verantworten können, wenn vor den 5 Jahren solche Gantverfahren bereits rechtskräftig eröffnet waren. Denn der § 23 VerglO. kann doch wohl nur exemplifizierend gedacht sein, nachdem der § 21 VerglO. sehr allgemein gehalten ist und man bei den letzten Lesungen des Rechtsausschusses absichtlich von der Kasuistik des ursprünglichen

§ 18 der Regierungsvorlage (jetzigen § 22 VerglO.) abgegangen ist. Eine zu starke Kasuistik des Gesetzes lähmt die Geschmeidigkeit der richterlichen Einzelprüfung. Allein der Richter soll vor jedem Mechanismus bewahrt sein und den Einzelfall sich ansehen dürfen. Die Integrität des Schuldners kann auch durch sein Vorleben im Ausland und durch sein Vorleben vor den letzten 5 Jahren beeinträchtigt sein.

C. Ablehnungsmöglichkeit, wenn innerhalb des letzten Jahrfünfts Offenbarungseid oder Haftbefehl vorlag.

Grundsätzlich gilt hier so ziemlich dasselbe, wie oben unter B. Ob Inland oder letztes Jahrfünft oder ob Ausland und Epoche vor den letzten 5 Jahren, ändert an der Beurteilung der Person des Schuldners seitens des Vergleichsrichters eigentlich nicht viel. Freilich muß der Vergleichsrichter bei Fertigung seines Beschlusses in erster Linie sich an den Wortlaut des Gesetzes halten.

Der § 807 ZPO. bestimmt: Hat die Pfändung zu einer vollständigen Befriedigung des Gläubigers nicht geführt oder macht dieser glaubhaft, daß er durch Pfändung seine Befriedigung nicht vollständig erlangen könne, so ist der Schuldner auf Antrag verpflichtet, ein Verzeichnis seines Vermögens vorzulegen, im Betreff seiner Forderungen den Grund und die Beweismittel zu bezeichnen, sowie den Offenbarungseid dahin zu leisten, daß er nach bestem Wissen sein Vermögen so vollständig angegeben habe, als er dazu imstande sei.

Damit allein, daß vielleicht vor 4 Jahren der Vollstreckungsrichter zur Eidesabnahme schritt, weil damals ein rigoroser Vollstreckungsgläubiger davon nicht Umgang nahm, ist für die mangelnde Integrität des Schuldners, der nun den Vergleich anstrebt, ebensowenig erwiesen, wie damit, daß jener Vollstreckungsgläubiger vielleicht schließlich durch angebotene Raten sich zufrieden gab. Deshalb die Kannvorschrift des § 23 VerglO. Passus 3. Inzwischen kann sich der Schuldner sehr wohl wieder erholt haben. Gegen die sittliche Integrität spricht die Leistung des Offenbarungseides allein noch nicht, wenn man insbesondere die schwankende Konjunktur seit dem Kriege und den Kriegsfolgen in Betracht zieht.

Der § 901 ZPO. sagt: Gegen den Schuldner, welcher in dem zur Leistung des Offenbarungseides bestimmten Termin nicht erscheint oder die Leistung des Eides ohne Grund verweigert, hat das Gericht zur Erzwingung der Eidesleistung auf Antrag die Haft anzuordnen. Da aus religiösen oder sonstigen Beweggründen der Eid oft gescheut wird, beweist auch die Eidesweigerung noch nicht schlüssig die sonstigen Merkmale der Sachlage eines Manifestanten. Das Nichterscheinen beim Offenbarungseid kann auch noch andere nicht offenliegende Gründe gehabt haben. Daher die

Kannvorschrift des § 23 VerglO. Ziff. 3. Allemal ist das Merkmal des Passus 3 des § 23, und gerade die Haftanordnung behufs Eideserzwingung, nicht sehr gravierend, um ohne weiteres auf ihm die Vergleichsablehnung aufzubauen.

§ 24.

Wird die Eröffnung des Vergleichsverfahrens abgelehnt, so ist zugleich über die Eröffnung des Konkursverfahrens zu entscheiden. Für diese Entscheidung gilt der Antrag auf Eröffnung des Vergleichsverfahrens als Antrag auf Eröffnung des Konkursverfahrens, der nicht zurückgenommen werden kann.

Gegen die Entscheidung über die Eröffnung des Konkursverfahrens steht dem Schuldner die sofortige Beschwerde zu. Mit ihr kann auch geltend gemacht werden, daß die Eröffnung des Vergleichsverfahrens zu Unrecht abgelehnt worden sei.

Das Gericht hat, wenn es den Vergleich ablehnt, diese Ablehnung zu begründen. Dann geht die Sache zwangsläufig an das Konkursgericht, das der Person nach identisch sein kann mit dem Vergleichsgericht. In ganz großen Städten trifft dies vielleicht nicht zu. Die Personalunion des Richters hat natürlich das Gute, daß der Konkursrichter bereits genau die Vergleichsablehnung, ihre Gründe und Vorgeschichte, nach Akten und Personen kennt. Die Personalunion hat unter Umständen auch das üble, daß ein nichtbefangener Konkursrichter vielleicht anders urteilt, als der Vergleichsrichter.

Nach Lucas S. 80 wäre die eben aufgeworfene Frage gegenstandslos. Denn er behauptet, die VerglO. schreibe vor, daß beide Entscheidungen (über das Vergl.- und KonkVerf.) zugleich getroffen werden sollten, das heißt: in demselben Beschluß. Es mag sein, daß dies von der Gesetzgebungskommission gewollt war. Zugleich bedeutet aber an sich nicht in demselben Beschluß, so wahrscheinlich und berechtigt meist die gemeinsame Gelegenheit und Erledigung sein mag. Zugleich bedeutet an sich: zu gleicher Zeit. übrigens führt Lucas selbst Ausnahmefälle an, in denen die Erledigung in einem Beschluß gar nicht möglich ist, wenn z. B. das Vorliegen der konkursmäßigen Vermögenslage unklar ist und noch Ermittelungen erfordert. Lucas spricht folgerichtig selbst von der Möglichkeit eines zweiten Beschlusses.

Im Prinzip ist es nun denkbar, daß zwar der Vergleich abgelehnt ist, aber auch der Konkurs abgelehnt wird.

Ein Vertreter des Reichsjustizministeriums führte in der

2. Lesung des Rechtsausschusses aus, das Bedenken, daß nach dem Entwurf der Konkurs eröffnet werden könne, obgleich die Gläubiger das nicht wünschten, sei wohl nicht begründet. Der § 19 Abs. 1 Satz 1 der Regierungsvorlage (jetzt § 24 Abs. 1 VerglO.) bestimme nicht, daß beim Mißlingen des Vergleichsversuchs das Konkursverfahren zu eröffnen sei, sondern er schreibe nur vor, daß der Richter zu prüfen habe, ob der Konkurs zu eröffnen sei. Der Richter dürfe also den Konkurs nur eröffnen, wenn der Schuldner noch zahlungsunfähig sei. Das sei er aber nicht, wenn er sich außergerichtlich mit seinen Gläubigern geeinigt habe, oder wenn ihm Mittel zugeflossen seien, die eine Befriedigung der Gläubiger ermöglichten. Der Fall, daß der Schuldner zahlungsunfähig sei und die Gläubiger trotzdem weder einen Vergleich noch den Konkurs wollten, dürfte nicht vorkommen.

Dieses Vorbringen ist nicht ganz schlüssig. Denn es ist richtig, daß die Gläubigerschaft möglicherweise gegen einen Vergleich wie er vorgeschlagen ist, sich auflehnt, so daß diese Haltung dann zu einer gerichtlichen Ablehnung des Vergleiches führen kann, ohne daß die Gläubigerschaft einen Konkurs wünscht. Die Gläubigerschaft kann vielleicht einen außergerichtlichen Vergleich oder einen anderen gerichtlichen Vergleich wünschen. Die Gläubigerschaft verlangt vielleicht weit größere Anstrengungen des Schuldners und seiner Garanten, weil sie herausfühlt oder weiß, daß bei einiger Anstrengung diese Elemente mehr leisten könnten. Aber die Gläubigerschaft verlangt durchaus nicht oder noch nicht einen Konkurs. Das ist einer der Fälle, bei welchen das Gericht nach geeigneter Fühlungnahme mit der Gläubigerschaft, oder wenigstens mit der in Aussicht genommenen VP. oder mit der Berufsvertretung, den Konkurs nicht eröffnet.

Allemal hat der Richter nur zu prüfen, — alsbald nach der Ablehnung des Vergleichsantrages —, ob der Konkurs zu eröffnen sei.

Es kann sogar einen Ausnahmefall geben, wo sämtliche Beteiligte einig sind, daß es — bei Vergleichsablehnung ungeachtet — zu einem Konkursverfahren nicht kommen solle. Dann ist es allerdings dem Schuldner und jedem Gläubiger unbenommen, einen diesbezüglichen Antrag zu stellen.

Unter diesen Umständen kann sich also in diesem Moment dreierlei ereignen:

a) Es wird durch das Konkursgericht im unmittelbaren Anschluß an das abgelehnte Vergleichsverfahren das Konkursverfahren eröffnet. Dann gelten die normalen Konkurseröffnungsgrundsätze.

Zu bemerken ist, daß nach der ausdrücklichen Vorschrift des § 24 VerglO. es für das nunmehrige Stadium nicht eines neuen oder gesonderten oder ausdrücklichen Konkurseröffnungsantrages bedarf, d. i. weder seitens des Schuldners, noch seitens der Gläubiger. Vielmehr gilt der seinerzeitige Vergleichsantrag des

Schuldners als hilfsweiser latenter Konkursantrag. Diese Konstruktion ist, ethisch betrachtet, nicht schuldnerfreundlich. Denn das will ja meist zunächst kein Schuldner. Aber es ist nun einmal Gesetz, weshalb jeder Rechtsfreund des Schuldners diesen richtig und rechtzeitig darauf aufmerksam machen muß, daß er einen schweren Weg geht, wenn er den Vergleich beantragt. Er beantragt ja auch unausgesprochen den Konkurs, falls sein Vergleichsantrag scheitern sollte. Es wird auch nichts nützen, wenn er in diesem Stadium nach Ablehnung seines Vergleiches den Vergleichsantrag zurückziehen würde. (Anders, wenn er es schon tut, ehe sich das Vergleichsgericht nach § 21 mit seinem Antrag beschäftigt, zu ihm Stellung genommen hat.) Nach § 79 VerglO. kann der Schuldner an sich auch in diesem Stadium seinen Vergleichsantrag zurücknehmen, worauf freilich ebenfalls automatisch die Konkursfrage zu entscheiden ist. Er kann ihn zurücknehmen bis zur Beendigung der Abstimmung über den Vergleichsvorschlag. Allein dies gilt nur, wenn es nicht zu einer gerichtlichen Ablehnung des Vergleichsantrages kommt. Für letzteren Fall kann nach dem klaren Wortlaut des § 24 VerglO. die Zurücknahme nicht mehr erfolgen.

b) Es wird das Konkursverfahren durch das Konkursgericht nicht eröffnet.

c) Es wird das Konkursverfahren zunächst nicht eröffnet, sondern späterhin im mittelbaren Anschluß an das abgelehnte Vergleichsverfahren, oder ohne Zusammenhang mit dem abgelehnten Vergleichsvorverfahren. (Das sind an sich auch wieder zwei Fälle; doch interessiert hier an dieser Stelle der Unterschied nicht.)

Zu a): Gemäß § 24 VerglO. steht nun dem Schuldner eine sofortige Beschwerde zu. Sie geht an das Landgericht. Der Amtsrichter (Vergleichsrichter) kann der Beschwerde nicht abhelfen. Es ist auch kein Suspensiveffekt für sie vorgesehen.

Nun kann auch sofortige Beschwerde dahingehend erfolgen, daß die Eröffnung des VerglVerf. abgelehnt worden sei. Beide Beschwerden hat nur der Schuldner. Für einen Gläubiger oder sonst wen ist keine Beschwerde hier vorgesehen.

Zu b): Gegen die Entscheidung über die Ablehnung des Konkursverfahrens steht niemand eine Beschwerde zu. Es kann in diesem Falle auch nicht vom Schuldner oder sonst wem geltend gemacht werden, daß die Eröffnung des VerglVerf. zu Unrecht abgelehnt worden sei.

Zu c): Ein später eröffneter Konkurs ist ein Konkurs, wie jeder andere auch. Er hat keine der Eigentümlichkeiten des unmittelbaren Anschlußkonkurses. Er wird nach der KO. behandelt und hat mit den Eigentümlichkeiten der VerglO., zumal den §§ 82 bis 87 VerglO. (Überleitungsbestimmungen), nichts zu tun.

Die sofortige Beschwerde des Schuldners kann vor allem dahin gehen, daß mittlerweile der Konkursgrund weggefallen ist.

Es kann Einigung mit der Gläubigerschaft erfolgt sein. Schuldner kann, woher auch immer, zu Mitteln gekommen sein (Lotterielos, unvorhergesehene Geldeingänge, unvorhergesehener Erlaß, zumal von seiten verwandter oder befreundeter Gläubiger, Neuanstellung, Erbschaft, Vermächtnis, Prozeßausgang).

Über die Eigenart der sofortigen Beschwerde der VerglO. s. oben unter § 14 VerglO. Ihre Frist beginnt mit der Verkündung der Entscheidung; wenn diese nicht verkündet wird, mit der Zustellung. Die Frist der sofortigen Beschwerde (Notfrist) beträgt eine Woche, während sonst zwei Wochen nach der ZPO. vorgesehen sind.

§ 25.

In dem Beschlusse, durch den das Vergleichsverfahren eröffnet wird, ist die Stunde der Eröffnung anzugeben.

Ist dies versäumt worden, so gilt als Zeitpunkt der Eröffnung die Mittagsstunde des Tages, an dem der Beschluß erlassen worden ist.

Von dem markanten Moment der gerichtlichen Vergleichseröffnung hängt natürlich viel ab. Die GeschAufsVO. war — im Gegensatz zur KO. — hier nicht ganz genau. Die VerglO. ist wieder zur Genauigkeit zurückgekehrt und hat bestimmt, daß die Stunde der Eröffnung präzis anzugeben ist.

Es ist zwar nicht recht einzusehen, warum ein rite funktionierender Vergleichsrichter in diesem Augenblick vergessen sollte, die Stunde anzugeben. Aber unbewußt unter dem Eindruck der Mißlichkeiten der Unklarheit der GeschAufsVO. hat der Gesetzgeber vorgesorgt, falls der Vergleichsrichter etwa die Stunde zu fixieren übersieht. In diesem Betreff hat der Gesetzgeber im Anschluß an den § 108 KO. bestimmt, daß, wenn die Stunde der Eröffnung vergessen wird, anzugeben, als Zeitpunkt der Eröffnung die Mittagsstunde des Tages zu gelten hat, an welchem der Beschluß erlassen ist.

Hat der Richter den Beschluß unterzeichnet oder nach allenfallsiger mündlicher Verhandlung verkündet, so ist dies der maßgebende Moment (LG. Hamburg 28. April 1926 und Oetker JW. 1926, 2487). Die Zeitangabe ist bedeutsam wegen aller Folgen der Vergleichseröffnung und damit des Vergleichsbeschlusses. Beispielsweise sagt der § 28 VerglO.: „Ist ein gegenseitiger Vertrag zur Zeit der Eröffnung des VerglVerf. noch nicht oder noch nicht vollständig erfüllt". Hier kommt es unter Umständen sehr auf die Stunde an. Dann heißt es im § 32 VerglO.: „Nach der Eröffnung des Vergleichsverfahrens können die an ihm beteiligten Gläubiger keine Zwangsvollstreckungen mehr vornehmen", oder im § 33 VerglO.: „Zwangsvollstreckungen, die z. Z. der Eröffnung des Vergleichsverfahrens anhängig sind, sind einstweilen einzustellen". Für solche Vollstreckungsgläubiger ist der genaue Zeitpunkt daher sehr wichtig. Nach § 50 VerglO. hat bei der Eröffnung des VerglVerf. das Gericht die Frage der Verfügungsbeschränkungen zu prüfen. Wenn der Beschluß also keine Stundenangabe bringt, so ist die 12. Stunde mittags nach mitteleuropäischer Zeit maßgebend (Gesetz v. 12. März 1893 und 31. Juli 1895). RGBl. 1893 S. 93 und 1895 S. 426.

§ 26.

Bei der Eröffnung des Vergleichsverfahrens ist ein Termin zur Verhandlung über den Vergleichsvorschlag zu bestimmen.

Der Vergleichstermin ist nicht über einen Monat hinauszurücken.

Das Vergleichsgericht hat, wenn es selbst sofort das VerglVerf. eröffnet, nunmehr einen Vergleichstermin innerhalb eines Monats anzuberaumen. Hat, für den Fall der Ablehnung des Vergl.-Verf. durch den Vergleichsrichter, das Landgericht Eröffnungsbeschluß erlassen, so hat, unmittelbar nach Eingang des landgerichtlichen Eröffnungsbeschlusses, der Vergleichsrichter der 1. Instanz Vergleichstermin anzuberaumen. Da das ganze VerglVerf. rasch vor sich gehen soll, so wird, wenn kein Grund zur längeren Hinausziehung vorliegt, der Vergleichsrichter wahrscheinlich sehr bald Termin anberaumen. Er hat aber die Möglichkeit, dies innerhalb eines Monats zu tun. Dieser Paragraph ist der KO. (§ 179) und der GeschAufsVO. (§ 44) nachgebildet.

Während des Monats kann die VP., der Gläubigerausschuß und das Gericht mit den Gläubigern weiter verhandeln und deren Vergleichsgeneigtheit herbeiführen. Es können die bei dem Vergleichsgericht liegenden Papiere, Bilanzen, Rechnungen, Schuldscheine, Wechsel, Schecks, geprüft werden. Es kann mit absonderungsberechtigten und anderen privilegierten Gläubigern verhandelt werden. Es können die Chancen von Gläubigern, deren Guthaben betagt oder aufschiebend bedingt sind, geschätzt werden. Es kann der Stand von Rechtsstreitigkeiten geprüft werden.

Nicht etwa listenmäßig oder auf schriftlichem Wege spielt sich die Entscheidung der Gläubigerschaft über den Vergleichsantrag ab, der nicht vom Amtsgericht abgelehnt wurde, oder dessen Nichtablehnung das Landgericht auf schuldnerische sofortige Beschwerde beschloß, sondern in einem förmlichen Termin des Amtsgerichts, dem Vergleichstermin. Auch die zeitliche Bestimmung der KO. und der GeschAufsVO., daß dieser Termin nicht über einen Monat hinaus anberaumt wird, ist beibehalten. Der Vergleichstermin, die einzige obligatorische gerichtliche Versammlung i. e. S., welche überhaupt die VerglO. kennt, ist für das Zustandekommen des

Vergleiches von ausschlaggebender Bedeutung. Daher die Bestimmungen des folgenden § 27 VerglO.

Wenn der Schuldner, der ja im Termin für gewöhnlich persönlich erscheinen muß (§ 61 VerglO.), oder die VP. oder ein Rechtsanwalt, der den Schuldner vertritt, oder wichtige Gläubiger, bzw. deren Anwälte, sogleich nach Ansetzung des Vergleichstermines oder später verhindert sind oder werden (durch Krankheit, politische Ereignisse, Todesfälle, unvorhergesehene Umstände, auf die Vergleichsfrage stark einwirkende Begebenheiten oder Möglichkeiten), so kann der Richter einen neuen Vergleichstermin anberaumen. Es ist ganz unmöglich, daß dieser § 26 VerglO. starr aufzufassen ist, schon wegen der oben angegebenen beispielweisen Gründe. Der Richter selbst oder das Gericht kann ja auch verhindert sein, den ursprünglich angesetzten Termin wahrzunehmen. Tunlichst ist der Monat einzuhalten (trotz der Istvorschrift, die ja dann doch nur wieder vom Augenblick der neuerlichen Anberaumung aus gelten kann). Ultra posse nemo tenetur. Man denke nur an Ereignisse, wie die der Räterepublik, oder an irgendeine Epidemie oder an sonstige unvorhersehbare Vorkommnisse. —

Die ordentliche und normale Vertagung im Termin ist im § 66 geregelt. — S. auch § 79.

§ 27.

Der Gerichtsschreiber hat den Eröffnungsbeschluß und den Vergleichstermin sofort öffentlich bekanntzumachen.

Der Schuldner und die aus dem Gläubigerverzeichnis ersichtlichen, an dem Verfahren beteiligten Gläubiger, sowie die Vertrauensperson (§ 40) sind unter Bekanntmachung des Eröffnungsbeschlusses zu dem Vergleichstermine zu laden (§ 11).

Der Antrag auf Eröffnung des Vergleichsverfahrens nebst seinen Anlagen und das Ergebnis der etwaigen weiteren Ermittlungen wird auf der Gerichtsschreiberei zur Einsicht der Beteiligten (Abs. 2) niedergelegt. In der öffentlichen Bekanntmachung und in der Bekanntmachung an die Gläubiger ist darauf hinzuweisen.

A. Die öffentliche Bekanntmachung.

Der Beschluß der Eröffnung des VerglVerf. erfolgt durch die Gerichtsschreiberei und zwar nach den Normen des § 8 VerglO. durch mindestens einmalige — im Bedarfsfalle also öfter erfolgende — Einrückung in das zur Veröffentlichung dienende offizielle (Amts-) Blatt. Die Bekanntmachung gilt als bewirkt mit dem Ablauf des 2. Tages nach der Ausgabe des die (erste) Einrückung enthaltenden Blatts. Im Exzerpt erfolgt die Bekanntmachung im D. RAnz. Das Vergleichsgericht kann weitere Bekanntmachungen anordnen. (Beispielsweise wenn es sich um ein schuldnerisches Geschäft mit Filialen, ein Fabrikunternehmen mit Betrieben, die örtlich zerstreut sind, um ein anderes Unternehmen, das durch seine Eigenart Gläubiger in verschiedenen Orten des Reiches hat, handelt.)

Hier ist einzuschalten, daß die Annoncierung im Reichsanzeiger und im heimischen Amtsblatt, auch in den diesbezüglichen Fachblättern, noch lange kein Allheilmittel ist, sondern sehr wohl Gläubiger in der Ferne beide Blätter nicht zu Gesicht bekommen können, so daß es immer noch vorkommen kann, daß der auswärtige Gläubiger mit einem Vergleichsschuldner kontrahiert, ohne die Tatsache der VerglO. zu kennen.

Wo es sich um weitverzweigte Beziehungen (etwa eines großen Warenhauses) dreht, ist daher den Amtsgerichten tunlichste Publikation und weitreichende Kundgebung ohne schematische Beschränkung auf den Wortlaut der VO. zur Pflicht zu machen.

Die öffentliche Bekanntmachung des § 27[1] VerglO. gilt nach der Vorschrift des § 12 VerglO. als Zustellung an alle Beteiligten, trotzdem nach § 27[2] VerglO. noch eine besondere Zustellung vorgeschrieben ist. Diese Präsumption schützt gegen den etwaigen Einwand eines Gläubigers, es sei an ihn keine Zustellung ergangen und damit gegen jeden Gewährleistungsanspruch gegen das Vergleichsgericht oder die VP. oder den Vergleichsschuldner oder wen sonst.

Gegenüber der öffentlichen Bekanntmachung des Anordnungsbeschlusses ist es rechtlich bedeutungslos, ob er tatsächlich zur Kenntnis aller Gläubiger gelangt. RG. 16. April 1926, 218/25 III JW. 1926, 2084. —

Nicht vorgeschrieben, aber rätlich ist es, die sämtlichen Interessierten — z. B. den örtlich zuständigen Gerichtsvollzieher (Vollstreckungsbeamten) [so auch Lucas, S. 83] und Streitrichter — von der Vergleichseröffnung in Kenntnis zu setzen. S. insbes. § 32.

B. Ladungen.

Zu laden sind:

1. Der Vergleichsschuldner.
2. Die aus dem Gläubigerverzeichnis der §§ 16 ff. VerglO. ersichtlichen an dem Verfahren beteiligten Gläubiger (siehe meine Erläuterungen zu § 2 VerglO.).
3. Die VP., über die die §§ 40 ff. VerglO. Näheres enthalten.

Diesen ist a) der Vergleichseröffnungsbeschluß, b) der Vergleichstermin bekanntzugeben und Ladung zu letzterem zu übermitteln.

Wie zugestellt wird, schreibt § 11 VerglO. vor.

Es ist dem Vergleichsrichter unbenommen und nötigenfalls anzuraten, auch Auskunfts- und Aufklärungspersonen zum Vergleichstermin zuzuziehen und einzuladen. Es ist dem Vergleichsrichter unbenommen und nötigenfalls anzuraten, auch die an dem Verf. nicht beteiligten, privilegierten, Gläubiger zum Vergleichstermin zuzuziehen und einzuladen. So klären sich am besten, Auge in Auge, Widersprüche, Einwendungen, Proteste, Verwahrungen, Meinungsverschiedenheiten zwischen wem auch immer, Unklarheiten über Absonderungsberechtigte, deren ev. Verzicht und mutmaßlichen Ausfall, über Aussonderungsberechtigte (Vindikationslustige aller Art), Gläubiger im Sinne des § 61 KO., Angelegenheiten, die sich auf Zinsen und Kosten beziehen, auf.

Es ist dem Vergleichsgericht unbenommen und anzuraten, einschlägige Gerichtsakten, Notariatsakten, Patentamtsakten, Steuerakten, Grundbuchakten, zum Vergleichstermin zu adhibieren, Privatpersonen (Revisoren, Treuhänder, Anwälte, Notare), um Überlassung einschlägiger Akten, auf die sich ein Interessent bezog und bezieht, zu bitten.

C. Niederlegung auf der Gerichtsschreiberei.

Schuldnerischer Antrag, die Belege hiezu, das Ergebnis der Begutachtung der Branchevertretung und sonstiger Ermittelungen (§ 9 VerglO.) ist auf der Gerichtsschreiberei zur Einsicht der Beteiligten niederzulegen. Hinsichtlich der Akteneinsicht verweise ich auf § 13 VerglO. und meine Erläuterung.

In der öffentlichen Bekanntmachung des § 27[1] und in der Ladung des § 27[2] ist darauf aufmerksam zu machen, daß die besagten Akten, das besagte Schreibwerk, auf der Gerichtsschreiberei hinterlegt sind. Es wird aber zweckmäßig sein, beizufügen, was der § 13 über Akteneinsicht bestimmt, damit nicht einzelne Gläubiger glauben, nun ausnahmslos jedes Blatt Papier, das sich auf den Vergleichsschuldner bezieht, einsehen und exzerpieren zu dürfen.

III. Abschnitt:

Wirkungen der Eröffnung des Vergleichsverfahrens.

§ 28.

Ist ein gegenseitiger Vertrag zur Zeit der Eröffnung des Vergleichsverfahrens von dem Schuldner und von dem anderen Teile noch nicht oder noch nicht vollständig erfüllt, so kann jeder Vertragsteil mit Ermächtigung des Gerichts die Erfüllung oder die weitere Erfüllung ablehnen.

Das Gesuch um Ermächtigung zur Ablehnung der Erfüllung oder der weiteren Erfüllung muß binnen zwei Wochen nach der öffentlichen Bekanntmachung des Eröffnungsbeschlusses (§ 27) bei dem Gericht angebracht werden. Vor der Entscheidung soll das Gericht die bestellte Vertrauensperson (§ 40) und den Vertragsgegner hören. Dem Schuldner soll die Ermächtigung nur erteilt werden, wenn die Erfüllung oder die weitere Erfüllung des Vertrags das Zustandekommen oder die Ausführbarkeit des Vergleichs gefährden würde und die Ablehnung der Erfüllung dem anderen Teile keinen unverhältnismäßigen Schaden bringt.

Gegenseitige Verträge.

A. Allgemeines.

Der § 28 VerglO. in seinem Hauptgedanken bringt kein Novum. Das Novum wirtschaftlicher und rechtlicher Art besteht nur in dem ausgleichenden Moment, daß jetzt — entgegen der Methode der GeschAufs. — jeder Vertragsteil, nicht nur der Schuldner, die Ermächtigung des Vergleichsgerichts prinzipiell erbitten kann. Sagt sich keiner der Vertragsgegner los, so verbleibt es bei Erfüllung und Leistung.

Gegenseitige Verträge, welche zur Zeit der Eröffnung des VerglVerf. (§§ 21 ff. VerglO.) von dem Schuldner und seinem Vertragsgegner noch nicht oder noch nicht vollständig erfüllt sind, werden an sich durch die VerglO. nicht berührt. Es hat sich aber in der praktischen Anwendung der bisherigen Bestimmungen über die Geschäftsaufsicht die Notwendigkeit herausgestellt, ähnlich wie beim Konkurse (§ 17 KO.), vor Ablauf der den Schuldner belastenden (meist der langfristigen) Verträge eine Möglichkeit der Lösung eintreten zu lassen. Die amtliche Erläuterung zur GeschAufsVO. v. J. 1916 führt als Beispiel den bekannten Fall an, daß die Zinsen eines Mietvertrages dermaßen anschwellen, daß die Masse des Schuldners stark in Mitleidenschaft gezogen wird. Der Vermieter eines Grundstückes hat gemäß § 559 BGB. für seine Forderungen aus dem Mietverhältnis ein Pfandrecht an den eingebrachten Sachen des Mieters. Die ungehinderte Ausübung dieses gesetzlichen Pfandrechtes während der vertraglichen Dauer der Miete beeinflußt begreiflicherweise erheblich das durch die Vergleichsanordnung zu schützende Vermögen. Auch die Sukzessivlieferungsverträge und Anstellung teuerer Arbeitskräfte zehren unter Umständen erhebliche schuldnerische Vermögensteile auf. Eine vorzeitige Lösung dieser Vertragsbeziehungen erscheint häufig notwendig. Der Gegenpartei des Schuldners im Sinne der §§ 17 ff. KO. die nämliche

Berechtigung der verfrühten Lösung gegenseitiger Verträge zu gewähren, bestand nach der amtl. Begr. zur GeschAufsVO. kein Anlaß. Man sagte sich z. Zt. der Geschäftsaufsicht: Erfüllt der Schuldner seinen Vertrag, so ist ein Bedürfnis zur verfrühten Lösung desselben für die Gegenpartei des Schuldners nicht gegeben. Erfüllt der Schuldner seinen Vertrag nicht, so kann sein Kontrahent, durch ordentliche oder außerordentliche Kündigung, auch durch vertraglichen bzw. gesetzlichen Rücktritt, sich helfen.

Die grundsätzliche Gleichstellung der Vertragsgegner ist nach der VerglO. verwirklicht, weil die Rücksicht auf die allgemeine Wirtschaft nun wieder nach der ausdrücklichen Begründung der Regierungsvertretung in den Vordergrund gestellt ist. Wohl für die Zeit des Krieges und der bedrückenden Kriegsfolgen konnte man den Schuldner, der einen Vertrag der einschlägigen Art abgeschlossen hatte, privilegweise ausnehmen. Nicht so den Vergleichsschuldner von heute, der nun wieder im großen und ganzen in Reih und Glied mit den anderen Vertragsverpflichteten gesetzesethisch stehen muß. Es mußte daher die Schutzbestimmung, welche für die Gegenkontrahenten der Schuldner auf die Dauer zu schwach erschien, erweitert werden. Parität der Ermächtigungseinholung steht jetzt im Vordergrund. Beide Parteien dürfen die Verträge nun ev. vorzeitig abwickeln. Für beide Parteien kann jetzt die Möglichkeit einer vorzeitigen Lösung erwünscht sein. Für beide Parteien erscheint angesichts des VerglVerf. zwecks Abwendung des Konkurses eine alsbaldige Abwickelung der schwebenden Beziehungen nicht minder dringend, als im Konkurse.

Doch sollen derartige gegenseitige Verträge nur unter bestimmten Voraussetzungen, nur ausnahmsweise, lösbar sein. Zur vorzeitigen Lösung bedarf es daher einer besonderen, Fall für Fall der Verträge betreffenden, also nicht generell auf alle Verträge bezüglichen, vergleichsgerichtlichen Ermächtigung. Irrt sich das Gericht bei der Beurteilung, so ist dies ohne Einfluß auf die Wirksamkeit der Ermächtigung, weil es heißt: dem Schuldner soll die Ermächtigung nur erteilt werden (Lucas, S. 91). Die Ermächtigung soll nur erteilt werden, wenn die Lösung zur Erreichung des Zwecks der VerglO. geboten ist, d. i. wenn die Erfüllung oder Fortsetzung der Erfüllung des Vertrages das Zustandekommen oder Ausführen des Vergleiches gefährden würde. (Darin liegt freilich wieder implizite eine Begünstigung des VerglSchuldners.) Die vergleichsgerichtliche Ermächtigung soll indes nur erteilt werden, wenn die Ablehnung der Erfüllung dem Vertragsgegner keinen unverhältnismäßigen Nachteil bringt. Vor der Entscheidung hat das Vergleichsgericht den Vertragsgegner selbstverständlich zu hören und gegebenenfalls nach § 9 VerglO. Erhebungen anzustellen. Es ist dem Gericht auch unbenommen, ja anzuraten, bei den einschneidenden sich auf größere Werte beziehenden Verträgen bei der Berufsvertretung sich zu erkundigen, durch die VP. und den Gläubigerausschuß Recherchen anzustellen oder sonstige Sachkundige zu hören. Die Anhörung der VP. ist wegen der Tragweite der zu treffenden Entschließung regelmäßig geboten. Letzterer Satz ist in der amtlichen Begründung zur Bekanntmachung vom 14. Dez. 1916 rechtsähnlich enthalten, leider aber nicht förmlich in den §§ 9 GeschAufsVO. und 28 VerglO. hereinverarbeitet. So kommt es, daß in einem Rechtsstreite beim Landgericht Nürnberg die irrige Behauptung aufgestellt wurde, die Zuziehung einer VP. sei zu den Fällen des § 9 GeschAufsVO. überhaupt nicht vorgesehen.

Vorweg sei darauf hingewiesen, daß zwar prinzipiell Parteien für einen Einzelfall oder nach Branche Formularien vereinbaren können, daß §§ 28 ff. auf sie vorkommendenfalls keine Anwendung finden dürfen. Von solchen Bindungen kann indes ebenfalls der Vergleichsrichter lösen, so daß sie nur Nutzen haben, wenn die beiden Parteien der Vereinbarung treu bleiben.

Die VerglO., die im § 28² eine Ausschlußfrist für das Ermächtigungsgesuch vorsieht, sieht eine Frist für die gerichtliche Entscheidung und für die Erklärung gegenüber dem Kontrahenten nicht vor. Auch enthält sie nichts von einer Berechtigung oder Verpflichtung des Vergleichsgerichts zur Setzung einer Frist. (So auch Samolewitz S. 91 gegen Lucas S. 92.) Allein nach allgemein zivilrechtlichen Grundsätzen sei betont, daß der § 28 VerglO. die Feststellung eines stillschweigenden Erfüllungsverzichtes des VerglSchuldners bzw. der VP. durch überlanges Schweigen auch ohne ausdrückliche Aufforderung des Gegners nicht ausschließt. Rechtsähnlich: 3. Okt. 1919, 96, 292, R. 19 Nr. 2171. Es ist also allemal geboten, daß die verschiedenen Kontrahenten sich rechtzeitig nach Eröffnung des VerglVerf. rühren und nicht etwa glauben, durch Schweigen ihren Interessen zu dienen. Denn auch die §§ 28 ff. VerglO. sind auf den zivilrechtlichen Grundpfeilern: §§ 133, 157, 242 BGB., gestützt. Dem pflichtet auch das RG. VI. ZS. 3. Nov. 1925, 254/25, JW. S. 1552, zu dem meine Fußnote ebenda abgedruckt ist, bei: einer aus schlüssigen Handlungen zu entnehmenden Ablehnungserklärung von genügender Deutlichkeit ist die Wirksamkeit nicht abzusprechen (RG. 112, 57). —

Einer Zustellung durch das Vergleichsgericht bedarf es jedoch durchaus nicht (RG. 114, 384).

Will auch der eine Kontrahent den anderen veranlassen, sich zu erklären, so tut er dies am besten dadurch, daß er die Erfüllung anspricht und ihn auf diese Weise in Schuldnerverzug setzt. Der Vertragsgegner ist so gehalten, zu erfüllen oder behufs gewollter Ablehnung das Gericht anzugehen (Kiesow, Kommentar, VerglO. S. 231).

Es ist weiter zu bemerken, daß Erklärungen eines Vertragsgegners nur dem Schuldner und allenfalls der VP. gegenüber, nicht aber einem Mitglied des Gläubigerausschusses gegenüber, mit Wirksamkeit abgegeben werden können. Rechtsähnlich: RG. 2. Jan. 1920, R. 20 Nr. 3234; Jahrbuch Neumann 19. Jahrg. S. 494.

Da der Gegenkontrahent eine Benachteiligung gewärtigt, ist nach der nunmehrigen ratio legis seitens des Gerichts nur sehr behutsam (und — bei entsprechender Wichtigkeit — nur nach Zuziehung aller Organe und Gewährsmänner) diese höchst problematische Ermächtigung zu gewähren. Ein übermäßiges richterliches Arbitrium paßt schlecht in ein Rechtsverhältnis, bei dem im großen und ganzen der Vertragsgegner ein wohlerworbenes Recht für sich hat. Die amtliche Begründung zur VO. vom 14. Dez. 1916 erscheint mir bei heutiger Anwendung meist anachronistisch. Zu schonen ist heute prinzipiell und normal mehr der Vertragsgegner des Vergleichsschuldners.

(Daß letzten Endes dem anderen Teil — wenn der Vergleichsschuldner zur Vertragsaufhebung ermächtigt wird — nur der vom Verfahren betroffene Ersatzanspruch bleibt, geht einem loyalen Beurteiler in der Praxis meist gegen den Strich.)

Wenn keine anderen Abreden getroffen sind, kommt es nicht darauf an, daß beide Vertragsteile der Meinung gewesen sind, es solle nur noch für die noch zu liefernde Ware eine vom Verfahren nicht betroffene Schuld begründet werden. Innere Vorstellungen über die Rechtsfolgen der Erklärung sind unerheblich. Die §§ 28 und 30 VerglO. gelten auch dann, wenn der Vertrag durch Vereinbarung gleichzeitig geändert wird; es darf sich nur nicht um einen neuen Vertrag handeln. Rechtsähnlich: RG. 10. Febr. 1920; 97, 136; R. 20 Nr. 1669—70.

Die Mitgliedschaft eines Vereins kann nicht wie ein gegenseitiger Vertrag behandelt werden. Die Anwendung des § 28 VergleichsO. ist nicht zulässig. Die Kündigung der Mitgliedschaft wird durch Ermächtigung des Amtsgerichts nicht wirksam. Die Entscheidung, ob ein Fall des § 28 VerglO. vorliegt, kann dem Prozeßwege nicht entzogen werden. Der Amtsrichter hat nur über die Zweckmäßigkeitsfrage zu entscheiden. Schuldrechtliche Verbindlichkeiten infolge Aufnahme in den Verein beruhen auf einem einseitigen Schuldverhältnis der Mitglieder zum Verein. Es läßt sich nicht behaupten, daß der Verein als Entgelt für diese Leistung bestimmte Gegenleistungen übernommen habe. Die Ähnlichkeit zwischen Vereins- und Gesellschaftsvertrag läßt sich nicht verwenden, weil die gegenseitige Verpflichtung zu Leistungen, wie sie durch § 705 BGB. im Verhältnis der Gesellschafter untereinander bestimmt ist, zwischen Vereinsmitgliedern nicht besteht. RG. IV 518/19 vom 29. April 1920; RG. 100, 1, DJZ. 1920 S. 719.

Ebensowenig ist die aus der Aktienzeichnung resultierende Einlagenpflicht durch die Pflicht zur Aushändigung der Aktienurkunde bedingt. (Die nämliche Entscheidung, ferner RG. 79, 177.)

Nach fristlosem Ablauf der Nachfrist aus § 326 BGB. gehört der Gläubiger nicht mehr zu den Gläubigern eines gegenseitigen Vertrages. RG. 22. Nov. 1921; ROLG. 43, 37; RG. 22. Jan. 1922; RGBl. 22, 6; Recht 22 Nr. 871.

[Was die geschichtliche Entwicklung des heutigen § 28 VerglO. anlangt, so hat ein Teil der Industrie scharf gegen die Beibehaltung der Lösungsmöglichkeit, zumal zur Zeit und in der Form der GeschAufsVer. opponiert. Aus Kreisen des Textilhandels wurden energische Verwahrungen laut. Dort sind Sukzessivlieferungsverträge[1]) ganz und gäbe und es gab bedauerliche Verwickelungen im Zusammenhange mit dem alten § 9 Gesch.-AufsVO., denn die Gefahr von Mißbräuchen und unsachgemäßen Entschließungen ist nicht ausgeschlossen. Im Rechtsausschuß wurden Bedenken laut, daß der Rücktritt vom Vertrag an die Ermächtigung des Vergleichsgerichts geknüpft werden soll. In der Praxis werde es sehr schwer sein, die Entscheidung des Vergleichsgerichts so herbeizuführen, daß der andere Vertragsteil nicht allzu großen Schaden erleide. Dazu komme, daß die Ermächtigung des Gerichts nicht als Prozeßakt, sondern als Akt der freiwilligen Gerichtsbarkeit, erfolge. Daraus folge, daß der Staat für alle Fehler und Saumseligkeiten haftbar sei, die bei dieser Ermächtigung des Gerichts unterlaufen könnten. Man mute dem Vergleichsgericht, da es sich hier um kaufmännische Zweckmäßigkeitsfragen handele, eine Aufgabe zu, für die es nicht bestimmt sei. Aus dieser Vorschrift würde eine große Anzahl von Regreßprozessen hervorgehen. Schließlich würde die Einholung der zur Erteilung der Ermächtigung notwendigen Auskünfte längere Zeit in Anspruch nehmen.

Ein Vertreter des Reichsjustizministeriums hat, es beim Ermächtigungserfordernis zu belassen. Schon nach der Geschäftsaufsichtsverordnung könne der Schuldner nur mit Ermächtigung des Gerichts die Erfüllung ablehnen. Allerdings hafte der Staat für die Maßnahmen des Gerichts gemäß § 839 Abs. 1 des Bürgerlichen Gesetzbuchs in Verbindung mit dem Artikel 131 der Reichsverfassung und den Staatshaftungsvorschriften der Länder. Voraussetzung der Haftung sei aber, daß der Richter dem Schuldner oder dem Gläubiger gegenüber seine Amtspflicht vorsätzlich oder fahrlässig verletze, d. h. also das ihm obliegende Ermessen schuldhaft unrichtig ausgeübt habe. Daß sich Fälle dieser Art bei der Geschäftsaufsicht ereignet hätten, sei dem Reichsjustizministerium nicht bekannt geworden. Streiche man das Ermächtigungserfordernis, so fehle jede Gewähr dafür, daß

---

[1]) S. S. 102 (Ende des § 4). — Ferner über Wasser-, Gas- u. Elektr.-Lieferungen: Neff, Monopolbetriebe, LZ. 1927 S. 1090; Konk. u. Treuh., 1927, S. 119 u. 125.

bei der Erfüllungsablehnung auch den Interessen des anderen Teils Rechnung getragen werde. Zeitraubend würden die Ermittlungen des Gerichts nicht sein.

Weiter wurden Bedenken laut gegen die Auffassung, daß das Gericht nur für pflichtwidrige Ausübung des Ermessens zu haften habe; auch für unsachgemäße Entscheidung hafte das Reich.

Ein Vertreter des Reichsjustizministeriums teilte diese Auffassung nicht. Für die objektive Richtigkeit der richterlichen Entscheidung habe der Staat nicht einzustehen, sondern er hafte mangels eines Sondergesetzes nur, wenn der Richter seine Amtspflicht schuldhaft verletzt habe. Das Reich hafte für die richterlichen Beamten der Länder überhaupt nicht.]

Welche Gesichtspunkte für die Entscheidung des Gerichts in Betracht kommen, wenn der Gläubiger des Vergleichsschuldners die Ermächtigung nachsucht, bedarf angesichts der neuen Norm des § 28 VerglO., neuer Würdigung. Dem Gläubiger des Vergleichsschuldners wird die Ermächtigung zu versagen sein, wenn er trotz Sicherstellung der Erfüllung die Angelegenheit benützen will, um sich von einem für ihn ungünstigen Vertrage zum Nachteile des Schuldners und der übrigen Gläubiger loszumachen. Dem Gläubiger des Vergleichsschuldners wird aber die Ermächtigung zu erteilen sein, wenn angesichts des gebotenen Vergleichs und der Verhältnisse des Vergleichsschuldners die Fortführung für ihn ein nicht zumutbares Risiko bedeutet. Für die Ermächtigung des Vergleichsschuldners gelten die Richtlinien, wie bei der GeschAufsVO. § 9.

Während der Konkursverwalter frei wählen kann, ob er den bestehenden Vertrag weiterhin erfüllt oder ablehnt und letzteren Falles für die Zukunft, infolge der einfachen Erklärung des Konkursverwalters, die wechselseitigen Erfüllungsansprüche erlöschen (unbeschadet des Entschädigungsanspruches der Gegenpartei), hat der Vergleichsschuldner dieses Gestaltungsrecht nicht. Er darf die Erfüllung nur ablehnen, wenn das Vergleichsgericht ihn hiezu ermächtigt. Die Regel darf die Ermächtigung nicht bilden. Für gewöhnlich sind beide Parteien, der Vergleichsschuldner und sein Vertragsgegner, gleichmäßig schutzbedürftig vor dem Gesetze. Die Ausnahme tritt ein, das Vergleichsgericht soll dann, aber nur dann, die Ermächtigung zur Ablehnung der Erfüllung seitens eines der Kontrahenten erteilen, wenn wiederum zwei Voraussetzungen gegeben sind: Nichterfüllung des Vertrages muß zur Erreichung des Zweckes des Vergleiches geboten sein. Die Gegenpartei darf außerdem keinen unverhältnismäßigen Nachteil erleiden. Um dieses alles festzustellen, wird das Vergleichsgericht zur Aufklärung der Verhältnisse die erforderlichen Ermittelungen, insbesondere bei wichtigeren Fällen die allenfalsige Vernehmung von Zeugen und Sachverständigen, anordnen. Handelt es sich um einen sehr einschneidenden Fall, so kann zur Erörterung der Verhältnisse eine Gläubigerversammlung einberufen werden. Dem Vergleichsgericht ist in diesem Falle eine unter Umständen nicht unwichtige Entschließung anvertraut, denn die Stornierung an sich einwandfreier und vollwirksamer Verträge greift tief in zivilrechtliche Grundsätze ein (mein Gutachten zum Düsseld. JT. 1914, S. 768). Die Entscheidung von solcher Tragweite und von durchaus nicht rein prozessualem Charakter sollte daher vielleicht nicht einem einzigen Rechtszug anvertraut sein. Je gründlicher unter diesen Umständen das Vergleichsgericht die Meinungserklärung aller Beteiligten einholt, desto befriedigender wird der Ausfall seiner Entscheidung werden. Die Verantwortlichkeit der VP. ist in den Fällen der §§ 28 ff. VerglO. geringer, als die des Konkursverwalters, weil die gerichtliche Ermächtigung den Ausschlag gibt.

Die Zwecke des Vergleichs sind (im Gegensatz zu den Zwecken des Konkurses, die auf Versilberung gehen) die, dem wirtschaftlich schwachen Schuldner die Durchhaltung seiner Existenz möglich zu machen, dem Gläubiger zu einem prompten Abschluß und der allgemeinen Wirtschaft zu einer Gesundung zu helfen. Der Schuldner soll in die Lage versetzt sein, seinen Gewerbebetrieb fortzuführen. Deshalb soll ihm gestattet sein, die Erfüllung derjenigen beiderseitigen Verträge abzulehnen, welche drückende alte Verbindlichkeiten steigern bzw. drückende neue Verbindlichkeiten hervorrufen. Der Wirt, welcher an einen im Verhältnis zu dem kleinen Geschäft drückenden Bierlieferungsvertrag gebunden ist, kann ihn lösen, wenn die vertragsmäßige Durchführung ständig die Schuldenlast erhöhen würde. Der Insertionsvertrag kann gelöst werden, wenn das weitere Inserieren im Verhältnis zur jetzigen Lage des Vergleichsschuldners nicht mehr recht nötig oder gar überflüssig ist. Dasselbe gilt vom Mäkler-, Trödel-, Agentur-, Kommissions-, Speditions-, Fracht-, Möbelleih-, Verlags-, Versicherungs-, Dienst- und Werkvertrag, vor allem auch dem Kauf und Tausch, der Miete und der Pacht. Ebenso, wie die Belange des VS. zu würdigen sind, hat aber auch ex aequo et bono der Vergleichsrichter Lage und Ansichten des Vertragsgegners des Schuldners zu würdigen, wenn letzterer Befreiung vom Vertrag anregt.

Wenn die Erfüllung des Vertrages dem die Vertragsbefreiung Anstrebenden keinerlei bleibende Nachteile bringt und ihm nicht unverhältnismäßige Opfer auferlegt, soll die Ermächtigung zur Ablehnung gerichtlich nicht erteilt werden. Freilich verfolgt die VerglO. den weiteren Zweck, die Gläubigerschaft vor einem sich ungesund auswachsenden Konkurse zu behüten und der wohlwollenden Mehrheit einen in absehbarer Zeit durchführbaren Vergleich zu gewährleisten. Würde also die Erfüllung des Vertrages der gleichmäßigen Behandlung der an dem Vergleich beteiligten Gläubiger eine beträchtliche Einbuße bringen, wie zum

Beispiel ein jahrelang laufender Mietvertrag von nunmehr entbehrlichen Lagerräumen, oder das Fortlaufen hoher Saläre oder die Abnahmepflicht auf Grund alter Schlüsse, oder würde infolge der Nichterfüllung der Vermieter unfähig zur Zahlung seiner Hypothekzinsen oder würden die Abteilungsvorsteher usw. eines Warenhauses brotlos, so würde auch von diesem Gesichtspunkte aus das Gericht die Erfüllungsfrage zu behandeln haben.

Die Billigkeit gebietet, daß nicht nur der andere Vertragsteil schadlos gestellt, sondern auch, vor der gerichtlichen Genehmigung der Ablehnung, dessen Lage und Leistungsvermögen, auch die Folge der Ablehnung für diesen, gewürdigt werden muß. Der Begriff: „unverhältnismäßiger Schaden (Nachteil) für den anderen Teil" ist nicht ganz neu. Der § 1 VO. über die gerichtliche Bewilligung von Zahlungsfristen vom 7. August 1914 (RGBl. S. 359) enthielt das nämliche Merkmal bei Würdigung der Lage des Schuldners. Nur wenn die dem Schuldner zu gewährende gerichtliche Zahlungsfrist dem Gläubiger nicht einen unverhältnismäßigen Nachteil bringt, sollte die Bewilligung erfolgen. In beiden Fällen handelt es sich um das billige Ermessen, das der Richter seiner Entscheidung zugrunde legen soll. Das Gemeinsame ist der Gedanke, daß die richterliche Bewilligung bzw. Ermächtigung nicht über wohlerworbene Rechte des Gegners des Antragstellers hinwegschreiten darf: hier soll sorgfältig abgewogen werden, wer die Last am besten tragen kann. Falls nun der dem Gläubiger durch das Ausbleiben der Leistung aus dem zweiseitigen Vertrag drohende Schaden den dem Vergleichsschuldner bei Erfüllung des zweiseitigen Vertrages erwachsenden Nachteil überwiegt, soll das Gericht von der Ermächtigung des § 28 VerglO. Umgang nehmen (analog OLG. Augsburg vom 20. Oktober 1914 Recht 1914, 706). Et vice versa. Das Gericht hat überhaupt die Vermögensverhältnisse und die totale wirtschaftliche Lage der beiden Vertragsparteien zu untersuchen, das Für und Wider der Erfüllung und Nichterfüllung gegeneinander abzuwägen und danach festzustellen, wer der durch die eine oder andere Maßregel mehr Geschädigte ist. Denn auch der Vertragsgegner hat Verbindlichkeiten zu erfüllen; auch sein Geschäft darf nicht ruiniert, auch seine Gläubigerschaft muß befriedigt, kurz auch seine Lage in der kritischen Zeit muß wohlwollend gewürdigt werden.

Zu bedenken ist für den Richter der Umstand, daß der andere Teil Schadensersatz wegen Nichterfüllung verlangen kann. Ermöglichen also die in Betracht kommenden Rechtsvorschriften und Vermögensverhältnisse des Vergleichsschuldners, daß dem anderen Teil ein halbwegs ausgleichendes Äquivalent im Falle der Ablehnung zuteil wird, so kann die Ermächtigung leichter erteilt werden. Ein billiger Vergleich wird herüber und hinüber in den Grenzfällen anzuraten sein. Die VP. kann und wird es an ihren guten

Diensten nicht fehlen lassen, und das Gericht wird ihre Mitwirkung zur Ebnung der Sachlage nicht entbehren können.

Zu betonen ist schließlich, daß die ausdehnende Auslegung des einschlägigen Stoffes mit Zweck und Sinn der VerglO. unvereinbar ist. Die Richtlinien sind u. a. festgelegt: KG. 13. ZS. 22. Dezember 1924, 13 U 9767/24 und 13. ZS. 25. Mai 1925, 13 U 3958/25 JW. 1925. S. 2019 und Kleinfeller hiezu. —

Es ist in der neueren Literatur (z. B. Fuchs ZBl. H. 1927, 187 ff.) die Frage aufgeworfen worden, ob auch die Ermächtigung des Gerichts nur für die Kündigung von langfristigen Dienstverträgen oder überhaupt für jede Kündigung einzuholen ist, d. h. also, wenn beispielsweise ein Angestellter eine kürzere Kündigungsfrist hat, als die gesetzliche. Ist auch für diesen Fall die Ermächtigung des Gerichtes einzuholen? Verschiedene Gerichte (LG. Dresden 25. August 1926, 8. Dg. 273, 26; KG. Leipzig 1000/26; KG. Dresden VIII B R. 39/71) haben den strengen Standpunkt eingenommen und für jeden Fall, d. h. überhaupt für jede Kündigung durch den Sanierungsschuldner, eine Ermächtigung des Gerichtes verlangt. Dies würde aber zu unmöglichen Folgerungen führen; beispielsweise bei einem sehr großen Betriebe, der tausende von Angestellten beschäftigt. Der § 28 VerglO. würde dann eine Erschwerung, aber keine Erleichterung, bedeuten.

Vielfach ist angenommen worden, daß die Kündigungsschutzbestimmungen der Betriebsvertretungsmitglieder (§§ 81, 69 ff.) und der Schwerbeschädigten (§§ 13 ff.) durch die einschlägigen gantrechtlichen Bestimmungen nicht berührt werden. (Sell, Gewerbe- und Kaufmannsgericht 1926, 346; Gewerbegericht Plauen 28. April 1926, 400; desgleichen Hauptfürsorgestelle Berlin; Goerrig, JR. 1926, 476; Wandrey, KonkTreuh. 1927, 22). Andere haben die Ansicht vertreten (Erdel, Gewerbe- und Kaufmannsgericht 1926, 267, 386; Schalhorn ebenda, 302; Kaskel, Arbeitsrecht S. 136), daß durch die gantrechtlichen Bestimmungen genannte Kündigungsbestimmungen aufgehoben sind. Ich pflichte der letzteren Anschauung bei: die gantrechtlichen Bestimmungen sind die spezielleren Gesetze, die für die besondere Rechtslage der Sanierung Sondervorschriften treffen.

In diesem Zusammenhange ist auch die Kündigungsfrist bei der Entlassung älterer Angestellten gemäß Kündigungsschutzgesetz v. 9. Juli 1926 zu erwähnen. (Näheres Jur. Rundschau 1927, 58 und Wandrey, Konkurs- und Treuhandwesen 1927, 22.)

Die Stillegungsverordnung v. 8. Nov. 1920 resp. 15. Okt. 1923 kann nur den Vergleichsschuldner und nicht die VP., berühren, deren Aufgabenkreis, wie unter VerglO. §§ 40 ff. ausgeführt wird, nicht in derartige wirtschaftliche Maßnahmen einschlägt.

Die Beteiligung an einem Kartell kann nicht rein im Hinblick auf die Vergleichseröffnung nach § 8 KartellVO. außerordentlich und fristlos gekündigt werden. Samolewitz S. 92.

B. Die einzelnen Verträge.

Gegenseitige Verträge sind Verträge, bei welchen Leistung und Gegenleistung gegeneinander ausgetauscht werden sollen, der eine Teil aber nicht zur Vorleistung verpflichtet ist. Jeder Vertragsteil will in der Leistung des anderen den Gegenwert für seine Leistung haben (RG. 65, 47). Es reicht aus, wenn der Wille der Vertragsteile darauf aus ist, die Leistungen herüber und hinüber in ein bedingtes Verhältnis (synallagmatisches Verhältnis) zu bringen: RG. 81, 365. Einschlägig sind §§ 320 ff. BGB. Es kommen also in Betracht Kauf, Tausch, Miete, Dienstvertrag, Werkvertrag, Werklieferungsvertrag, Verwahrungsvertrag, wenn er entgeltlich ist, Lagerhaltervertrag, Hinterlegungsvertrag der Banken, Versicherungsvertrag *).

Bei einer großen Zahl von Ganten mehren sich neuerdings die Fälle, in denen ein langfristiger Inseratenvertrag im Sinne des § 28 VerglO. behandelt und dann die volle Höhe des Betrages oder nicht abgenommenen Inserates als Schadensersatzforderung angemeldet wird. Die Rechtsprechung hat sich zugunsten der Inseratenverträge ausgesprochen, in Anwendung der §§ 320, 252 BGB. So AG. Erfurt, 12 C 1330/24, 9 U 15564/21, 16 U 678/23 und 21 U 3818/19, KG., JW. 1926, 536. — Auch sonstige ständige Kunden-(Abonnements-)Verträge schlagen ein (Kiesow S. 234) wo in Voraussicht einer Lösung im Sinne der §§ 28 ff. ein fester Schadensersatzanspruch etwa in Form einer Konventionalstrafe, gefordert wird, was zulässig ist. Cf. RG. III, 23. Nov. 1926, 115, 271.

Nicht sind hier einschlägig unvollständige, zweiseitige Verträge, also nicht Auftrag, Leihe, unentgeltliche Verwahrung. Es ist auch kein gegenseitiger Vertrag die Aktienübernahme bei der Simultangründung, sowie die Aktienzeichnung einer Sukzessivgründung oder bei einer Kapitalerhöhung, weil Leistung und Gegenleistung hier nicht im Sinne der synallagmatischen Verträge zu kennzeichnen ist: RG. 79, 177; JW. 1919, 190. (Mentzel, KO. S. 85.)

Nicht unter § 28 VerglO. fallen einseitige Verträge: Schenkung, Verbürgung, Darlehen. Unter Umständen können auch sie den Charakter des gegenseitigen Vertrages haben, wie z. B. partiarisches Darlehen (JW. 1912, 462) oder Darlehen gegen eingetragene Hypothek: RG. JW. 1909, 309, oder Verbürgung gegen Gegenleistung: RG. 84, 228.

Eine nebenvertragliche Wettbewerbs- oder Konventionalklausel eines an sich gegenseitigen Hauptvertrages hat keinen synallagmatischen Charakter (RG. 54, 125) wohl aber eine während eines VerglVerf. festgestellte Prozeßkostenforderung aus einem nicht erfüllten Vertrage (OLG. Jena, 4. Aug. 1925, 1 U 755/25, DJZ. 1925, 1284).

*) Agenturvertrag, Gesellschaftsvertrag, Kommissionsvertrag, Lieferungsvertrag mit einer Kommune usw., Verlagsvertrag, Mäklervertrag, Trödelvertrag.

Die beiderseitigen Verbindlichkeiten zwischen den Mitgliedern eines EV. und diesem sind nicht synallagmatisch: RG. 100, 1; Gesellschaftsverträge ebenfalls nicht.

C. Auswirkung.

§ 28 VerglO. findet Anwendung, wenn keiner der Vertragsteile den gegenseitigen Vertrag vollständig erfüllt hat.

Bei einem vom Vergleichsschuldner bereits vollständig erfüllten Vertrag besteht das Recht aus § 28 VerglO. nicht mehr. Es steht dem Schuldner nur die Forderung auf Erfüllung zu. RG. IV. 7. Mai 1926, 51, 26, JR. 26 Nr. 1424, LZ. 26, 930, Warneyer 26, 163. Der gegenseitige Vertrag ist auch dann bereits bei Vergleichseröffnung erledigt, wenn nach allgemeinen Konditionen von Börsen die Vertragsabwickelung durch Glattstellung bei Zahlungseinstellung zu erfolgen hat (Kiesow S. 235).

Was den Zeitpunkt anbetrifft, so kann die Erfüllung eines gegenseitigen Vertrages im Vergleichsverfahren auch dann noch abgelehnt werden, wenn über den Anspruch ein vollstreckbarer Titel ergangen ist und auf Grund dieses Schuldtitels gepfändet ist. Durch die Ablehnung der Erfüllung seitens des Schuldners wird die Vollstreckung unzulässig und steht nicht mehr außerhalb des Vergleichsverfahrens. Rechtsähnlich: RG. VI 12. Okt. 1926, 257/26, Recht 26 Nr. 2547.

Über Erfüllung siehe § 364 und 378 BGB., sowie die zivilrechtlichen Grundsätze über Leistung an Erfüllungsstatt. Nicht vollständige Erfüllung ist gegeben, wenn ein Käufer den Kaufpreis bezahlt, die Kaufsache indes noch nicht abgenommen hat. (Über die Rechte des Verkäufers als Schuldners und die Gewährleistungsansprüche seines Vertragsgegners im Gantverfahren des Verkäufers s. Jaeger, KO. § 17, not. 23, § 59 not. 6, sowie Konkurs- und Treuhandwesen 1927 S. 1 ff., gegen ihn Mansfeld, LZ. 1927, 874, unter Bezugnahme auf RG. VI, 32, 1 und RG. II, LZ. 1927, Sp. 390, JW. 699, Warneyer, 30. Jaeger kennzeichnet die Ansprüche des Käufers als Masseschuldansprüche [§§ 17, 59 ² KO.], Mansfeld als gewöhnliche Konkursforderungen).

Nicht vollständige Erfüllung liegt vor, wenn eine geleistete Sache an Mängeln leidet. Nicht vollständige Erfüllung ist dann gegeben, wenn die Eigentumsübertragung noch nicht im Grundbuch eingetragen ist (RG. 84, 235; 90, 222). Nicht vollständige Erfüllung liegt vor, wenn die Besitzübergabe bezüglich einer eingetragenen Grunddienstbarkeit noch nicht vor sich gegangen ist.

Der Lieferant, der die gekaufte Ware nur teilweise ausgeliefert, aber noch nicht bezahlt hat, ist wegen des Preises nicht an dem Vergleichsverfahren des Käufers beteiligt. OLG. Breslau 2. ZS. 13. Dezbr. 1926, Z U 326/26, JW. 1927, 729.

Weitere einschlägige Entscheidungen: Eine vor Eintritt des Vergleichsverfahrens in eine Schadenersatzforderung gemäß § 326 BGB. umgewandelte Kaufpreisforderung gehört nicht zu den privilegierten Ansprüchen. Dresden 2. Juli 1926, Sächs. RA. 26, 441. RG. VI 3. Nov. 1925, 254/25, JR. 26 Nr. 410, R 112, 54, JW. 26, 1551.

Das OLG. Hamm I. ZS. Beschl. 26. April 1926, 1 W 84/26, JW. 1926, 2115 hat das Vorhandensein der Voraussetzungen des heutigen § 28 VerglO. (damaligen § 13 Abs. 1 Z. 2 GeschAufsVO.) in einem Falle verneint, bei dem der Käufer das Eigentum des Verkäufers dadurch aufgehoben hat, daß er die Kaufsache in fremde Gebäude eingebaut hat. Damid entfiel die vertragliche Verpflichtung des Verkäufers, dem Käufer das Eigentum zu verschaffen. Der geforderte Kaufpreis stellt also die Gegenleistung des vor Anordnung des Vergleichsverfahrens bereits vollständig erfüllten Kaufvertrages dar. Der Gläubiger gehört in solchem Falle zu den vom Verfahren betroffenen Gläubigern.

Wenn aber eine Sache unter Eigentumsvorbehalt verkauft und dem Käufer übergeben ist, so hat der Verkäufer den Kaufvertrag solange nicht vollständig erfüllt, als er noch Eigentümer der Hauptsache ist. RG. 64, 204, 334; 85, 403; JW. 1907, 315; JW. 1915, 100.

D. Einholung der Ermächtigung.

Das Gesuch um Ermächtigung darf nicht verschleppt werden. Ein anderes würde den Zwecken des Vergleichsverfahrens und der ausgleichenden Gerechtigkeit zuwiderlaufen. Von der öffentlichen Bekanntmachung des Eröffnungsbeschlusses an, also nicht von der einzelnen Zustellung an, muß binnen 2 Wochen die Ermächtigung des Vergleichsgerichtes erholt werden. („Befristung des Lossagungsrechtes“; Lucas, S. 87). Es muß also nur das Gesuch innerhalb der Ausschlußfrist dieser 2 Wochen eingereicht werden, nicht etwa während der 2 Wochen das Gesuch verbeschieden sein. (Für die Ermächtigungserteilung ist keine Frist gesetzt, ebensowenig für die Erklärung der Ablehnung nach außen hin). Denn das Vergleichsgericht muß die Frage erst eingehend prüfen. Das Vergleichsgericht soll — also nicht muß — die VP. und den Vertragsgegner hören. Zur Rückendeckung wird das Gericht es vorziehen, die ihm sekundierenden Hilfspersonen anzuhören.

Jeder, der eine Ermächtigung beim Vergleichsgericht erlangen will, also nicht etwa nur der Schuldner und die VP., sondern auch der andere Kontrahent des gegenseitigen Vertrages, der von der Erfüllung entbunden sein will, muß die 2wöchige Ausschlußfrist zur Einbringung des Gesuches einhalten.

An dieser Stelle ist zu prüfen, wie es mit der Zustellung der Gerichtsbeschlüsse steht, die (z. B. den Vergleichsschuldner) zur Ablehnung ermächtigen. Das RG. hat am 12. Okt. 1926 [RG. 114, 384; JW. 1927, 381] ausgesprochen: Die Ermächtigung ist eine auf einseitigen Antrag ergehende Verfügung, die dem

Gegenkontrahenten gegenüber erst dadurch Wirkung erlangt, daß der zur Ablehnung Ermächtigte die Ablehnung erklärt. Die vorgeschriebene entsprechende Anwendung der Verfügungsvorschriften der ZPO. führt daher nicht dazu, die Zustellung dieses (zur Ablehnung der Erfüllung ermächtigenden) Beschlusses an beide Vertragsteile zu verlangen, sondern, entsprechend den §§ 491, 922 Abs. 2, 936 ZPO., zu der Annahme, daß die Mitteilung an den Vertragsgegner (in dem konkreten Fall: an den Gläubiger) durch den zur Ablehnung vom Gericht Ermächtigten (in dem konkreten Fall: den Schuldner) bei Abgabe der Ablehnungserklärung geboten, aber auch ausreichend, sei.

Eine — beifallswerte, wie sich Oertmann JW. 1927, 1707 ausdrückt — Ergänzung erfuhr diese reichsgerichtliche Entscheidung durch Urteil des OLG. Hamm 12. ZS. 12. April 1927, 12 U 81/27, JW. 1927, 1706: Die gerichtliche Ermächtigung zur Ablehnung der Erfüllung eines Vertrages braucht dem anderen Vertragsteil nicht förmlich zugestellt zu werden. Die Ermächtigung ist, wie wiederum Oertmann es a. a. O. formuliert, kein selbständiger prozessualer Staatsakt, sondern bildet nur eine Wirksamkeitsvoraussetzung für die ihrerseits materiellrechtliche Ablehnungserteilung.

Cf. hiezu weiter RG. 3. Nov. 1925, 112, 57; einer aus schlüssigen Handlungen zu entnehmenden Erfüllungs-Ablehnungs-Erklärung von genügender Deutlichkeit darf die Wirksamkeit nicht abgesprochen werden.

Damit, daß die Ermächtigung eingeholt oder aber vom Vertragsgegner nach ihren Merkmalen u. Voraussetzungen an sich nicht bekämpft wird, ist nicht von der einen oder anderen Seite zugegeben, daß wirklich ein synallagmatischer Vertrag im Sinne des § 28 ff. vorliegt oder vorlag. Der Einwand des Nichtbestehens eines derartigen Vertrags kann späterhin trotzdem gebracht werden (RG. IV 29. April 1920, 518/9, 100, 1, zu vergleichen mit Güthe-Schlegelberger, Kriegsbuch 3, 915.

§ 29.

Auf Miet- und Pachtverträge, bei denen der Schuldner der Vermieter oder der Pächter ist, sowie auf Dienstverträge, bei denen der Schuldner der zur Dienstleistung Verpflichtete ist, finden die Vorschriften des § 28 keine Anwendung.

Auf Miet- und Pachtverträge, bei denen der Schuldner der Mieter oder Pächter ist und der Miet- oder Pachtgegenstand ihm vor der Eröffnung des Verfahrens bereits überlassen worden ist, sowie auf Dienstverträge, bei denen der Schuldner der Dienstberechtigte ist, finden die Vorschriften des § 28 mit folgenden Maßgaben Anwendung:

1. An die Stelle der Befugnis zur Ablehnung der Erfüllung oder der weiteren Erfüllung tritt die Befugnis, das Vertragsverhältnis ohne Rücksicht auf eine vereinbarte Vertragsdauer unter Einhaltung der gesetzlichen Frist zu kündigen.
2. Bei Mietverträgen über Grundstücke oder Räume kann nur der Schuldner gemäß Nr. 1 kündigen.
3. Wird ein Miet- oder Pachtvertrag auf Grund der vorstehenden Bestimmungen vorzeitig gekündigt, so kann das dem Vermieter oder dem Verpächter nach den §§ 559, 581, 585 des Bürgerlichen Gesetzbuchs zustehende Pfandrecht für einen infolge der vorzeitigen Beendigung des Vertrags erwachsenden Schadensersatzanspruch nicht geltend gemacht werden.

A. Allgemeines.

Die Normen des § 28 gelten für sämtliche gegenseitigen Verträge, bei welchen die Leistung der einen Seite — nach Willenskonsens beider — zugleich das Äquivalent für die Leistung der anderen Seite bildet. Einer besonderen Regelung bedürfen aber die Miet-, Pacht-, und Dienstverträge. Sie bleiben von dem Vergleichsverfahren unberührt, wenn der Vergleichsschuldner der Vermieter, der Verpächter oder Dienstverpflichtete ist. Die amtliche Begründung vom 7. Juni 1926 S. 24 geht davon aus, daß der Fall, daß der Vergleichsschuldner dienstverpflichtet sei, kaum praktische Bedeutung habe. Ein Anlaß, die Rechtsstellung des Mieters oder Pächters deshalb zu beeinträchtigen, weil der Vermieter oder Verpächter das Vergleichsverfahren beantragt habe, dürfte nicht bestehen. Auch im Konkurse blieben Miet- und Pacht-Verträge der Masse gegenüber wirksam, wenn der Schuldner Vermieter oder Verpächter sei und den Vertragsgegenstand bei der Konkurseröffnung dem Mieter oder Pächter bereits überlassen habe (KO. § 21). Sei der Gegenstand dem Mieter oder Pächter noch nicht überlassen, so könne der Konkursverwalter freilich gemäß § 17 KO. die Erfüllung ablehnen. Dies rechtfertige sich indes beim Konkurs durch die Notwendigkeit, das Vermögen des Schuldners zu liquidieren. Das Vergleichsverfahren müsse aber gerade umgekehrt dahin streben, in die rechtlichen Beziehungen des Vergleichsschuldners, der weiter wirtschaften solle, möglichst wenig einzugreifen.

(Das ist der Grund des § 29 VerglO., 1. Absatz.

Soweit der Vergleichsschuldner Vermieter ist, muß er übrigens die Vorschriften des Gesetzes über Mieterschutz und Mieteinigungsämter, auch des Wohnungsmangel-Gesetzes beachten. Zur Frage, wann Miete und wann Pacht vorliegt, cf. JW. 1924, 792, 802; BayZ. 1923, 119.)

B. Der Vergleichsschuldner als Mieter oder Pächter oder Dienstvertragsberechtigter.

Solche Eingriffe sind aber notwendig, wenn der Schuldner der Dienstberechtigte oder der Mieter oder der Pächter ist. Auch hier tritt die Wirkung der langfristigen Verträge hervor. Die wirtschaftliche Gesundung des Unternehmens macht es erforderlich, daß der Vergleichsschuldner die Zahl seiner Angestellten verringert. Es liegt in der Art der Durchführung des Vergleiches, daß die kostspieligen Wohn- und Geschäftsräume aufgegeben werden. Pachtverträge, deren Erfüllung die schuldnerische Existenz aufreibt, sollen gelöst werden können. Wenn in solchen Fällen der Miet- oder Pachtgegenstand dem Vergleichsschuldner noch nicht überlassen ist, so bewendet es bei der Hauptregel des § 28 VerglO.: jeder Teil kann mit Ermächtigung des Vergleichsgerichtes die Vertragserfüllung ablehnen.

Ratio legis ist — wie unter A ausgeführt — nicht, dem Vergleichsschuldner die gesetzliche Kündigung zu erschweren, die ihm ohne VerglVerf. zustünde. Deshalb bedarf — wie schon unter A erwähnt — nicht etwa jede Kündigung von Angestellten der Genehmigung des Gerichts. Vielmehr ist um die Ermächtigung nur bei langfristigen Verträgen nachzusuchen (LG. Bochum, Ferienzivilkammer, Urteil vom 26. Aug. 1926). Dies trifft auch für den Lehrvertrag zu. Mit Jaeger und Mentzel bejaht von Samolewitz S. 93.)

Nach außenhin ist die Kündigung des Arbeitgebers (Schuldners) auch ohne Ermächtigung wirksam. KfmGer. Elberfeld 22. April 1926, GewKfmG. 26, 432.

Die gerichtliche Ermächtigung zur Kündigung eines Angestellten **kann auch nach der Kündigung** erteilt werden. In diesem Falle ist die Kündigungsfrist jedoch erst von ihr aus zu rechnen. Hamburg, 11. Jan. 1926: RZArbR. 26, 426, HansGZ. 26, 181, HansGZ. 26 B 88, JR. 26 Nr. 1176.

C. Dienstverträge des Vergleichsschuldners als Dienstberechtigten u. Mietverträge des Vergleichsschuldners als Mieters, sowie Pächters, wenn der Gegenstand bei Vergleichseröffnung dem Schuldner übergeben ist.

Bei den Dienstverträgen, bei denen der Vergleichsschuldner der Dienstberechtigte ist, und bei Miet- und Pachtverträgen, bei denen der Vergleichsschuldner der Mieter oder Pächter ist, (wenn bei Vergleichseröffnung der Gegenstand bereits dem Vergleichsschuldner überlassen ist) soll an die Stelle des Rechts, die Erfüllung abzulehnen, die Befugnis zur Kündigung treten.

Diese Vorschrift des § 29 VerglO. Abs. 2 Nr. 1 hat eine **positive Bedeutung** für die Fälle, in denen das Vertragsverhältnis für bestimmte Zeit eingegangen ist. Hier kann ohne Rücksicht auf die vereinbarte Dauer unter Einhaltung der gesetzlichen Frist gekündigt werden. Wenn das Vertragsverhältnis ohnehin mit keiner längeren, als der gesetzlichen Frist, kündbar ist, so hat die Bestimmung nur eine **negative Bedeutung**, nämlich die, daß das Vertragsverhältnis nicht wegen des Vergleichsverfahrens fristlos gelöst werden darf und kann.

Im Dienstverhältnis zum Vergleichsschuldner stehen: Köchin, Stubenmädchen, Kindermädchen, Herrschaftsdiener, Waschfrau, Zuspringerin, dann Gärtner, Knecht, Stallmagd, Förster, Handlungsgehilfe, Gewerbegehilfe, Arbeiter, Techniker, Betriebsbeamter, Werkmeister, Portier, Buchhalter, Maschinenschreiber, Stenotypist, Kanzlist.

D. Bei Mietverträgen über Grundstücke oder Räume soll nur der Mieter das außerordentliche Kündigungsrecht haben (§ 29 Abs. 2 Nr. 2).

Das Vergleichsverfahren ist dazu da, das schuldnerische Unternehmen zu erhalten. Es widerspräche diesem Zweck, wenn der Vermieter dem Vergleichsschuldner sein gewerbliches Lokal wegnehmen könnte. Gleichwohl läuft der Vermieter durch die Fortsetzung des Mietverhältnisses keine Gefahr, da er hinsichtlich der invecta et illata gemäß § 559 sowie 580 BGB. ein gesetzliches Pfandrecht hat.

Versagt ist dem Vermieter übrigens nur das außerordentliche Kündigungsrecht durch § 29 Abs. 2 Nr. 1. Die sonst für den Vermieter bestehenden Möglichkeiten, das Mietverhältnis vorzeitig zur Aufhebung zu bringen, z. B. wegen Nichtzahlung der Miete (§ 554 BGB.), bleiben unberührt. S. m. Abhandlung LZ. 1927, S. 226.

E. Pachtverhältnisse.

Hier verbleibt es bei dem Kündigungsrecht beider Vertragsteile. Denn der Verpächter überläßt dem Pächter nicht nur Räume, sondern auch die Fruchtziehung.

F. Schadensersatzanspruch des Vermieters wegen vorzeitiger Vertragsbeendigung.

Der § 29 Abs. 2 Nr. 3 VerglO. beschränkt das Pfandrecht des Vermieters und Verpächters. Der Vermieter und der Verpächter sind nur mit einem infolge der vorzeitigen Vertragsbeendigung möglicherweise — nicht immer, da vielleicht andere Verwendung des Grundstückes oder Raumes möglich ist — entstehenden Schadensersatzanspruch vergleichsbeteiligt. Cf. RG. III 23. Nov. 1926; 540/25; JW. 1927, 382; JW. 1927, 1640 und Lion hiezu.)

G. Die Einzelheiten des Schadensersatzanspruches.

Der Vertragsgegner muß Grund und Höhe des Schadens beweisen. Er wird nicht unter allen Umständen entschädigt. Vielleicht hat er keinen wirklichen Schaden. Er kann durch einen anderweitigen Vertrag mit einem dritten Abnehmer die ihn sonst treffende Einbuße vielleicht von sich abwenden. Der Schadensersatzanspruch ist in Geld geltend zu machen. Bezüglich des zu verlangenden Geldbetrages fällt der Gläubiger im weiteren Verlaufe des Vergleichsverfahrens unter die Vorschriften des § 2 gegenwärtiger VO. Er ist also vergleichsbeteiligt. Der Gläubiger kann nicht nur das damnum emergens, sondern auch das lucrum cessans, ansprechen. Der Schaden kann abstrakt (RG. 60, 347) und konkret (RG. 61, 352) liquidiert, es kann von der einen zu der anderen Schadensform übergegangen werden. Ein Selbst- oder Mitverschulden des Vertragsgegners (§ 254 BGB.) kann in Betracht kommen.

H. Einzelheiten über Miete und Pacht.

Der Miete sind nur Sachen unterworfen (Mobilien, Fuhrwerk, Automobile, Wohnräume, Grundstücke, Musikinstrumente, Telephon-, Radioanlagen); der Pacht sind auch Rechte unterworfen (landwirtschaftliches Gut, Jagd-, Fischerei-, Patentrecht).

Miete und Pacht fließen oft ineinander, ebenso Pacht oder Miete und Kauf (RG. 26, 218; OLG. Braunschweig vom 9. April 1896 DJZ. 436 Nr. 10). Der § 29 VerglO. regelt auch die Beziehungen des Schuldners als Untermieters oder Unterpächters zu dem Dritten als Untervermieter oder Unterverpächter, ebenso wie der § 28 VerglO. die Verhältnisse des Vergleichsschuldners als Untervermieters oder Unterverpächters zum Dritten als Untermieter oder Unterpächter im Auge hat. Der § 29 bezieht sich weiter auf den Vergleichsschuldner als Mitmieter oder Mitpächter, was zumal bei Eheleuten in Betracht kommt. Eine Unterscheidung zwischen selbständiger und unselbständiger Mitmiete trifft der § 29 VerglO. nicht. Nach der ratio legis fällt daher die selbständige und unselbständige Mitmiete unter den § 29 VerglO.

§ 30.

Wird die Erfüllung oder die weitere Erfüllung eines gegenseitigen Vertrages auf Grund des § 28 abgelehnt, oder ein Miet-, Pacht- oder Dienstvertrag auf Grund des § 29 Abs. 2 vorzeitig gekündigt, so kann der Vertragsgegner des Schuldners Schadensersatz wegen Nichterfüllung verlangen. Er ist mit dem Ersatzanspruch am Vergleichsverfahren beteiligt und wird von dem Vergleiche betroffen.

Macht der hiezu nach §§ 28 u. 29 VerglO. berechtigte Vergleichsschuldner von der Befugnis zur Ablehnung der Vertragserfüllung Gebrauch und hat das Gericht, trotz billiger Rücksichtnahme auf das Interesse des Vertragsgegners, seine Ermächtigung hiezu erteilt, so tritt an die Stelle der erloschenen Erfüllungsansprüche eine gewöhnliche Schadensersatzforderung wegen Nichterfüllung des Vertrages. Der Erfüllungsanspruch selbst ist zwar privilegiert, nicht aber der Anspruch auf Schadensersatz, wie dies ausdrücklich im § 30 VglO. ausgesprochen ist. Weil der Betrag zum Nachteil der anderen Parteien unerfüllt bleibt, muß billigerweise die letztere schadlos gehalten werden.

Die Zweifelsfrage, ob ein Entschädigungsanspruch schlechthin oder nur ein solcher bestehe, den das allgemeine bürgerliche Recht anerkenne, ist (RG. 26, 95; 63, 73) in letzterem Sinne zu beantworten. Es müssen also die Voraussetzungen jedes Schadensersatzanspruches dargetan werden. (S. § 29 G.)

Nach der sogenannten Differenztheorie des Bürgerlichen Rechts wird das gegenseitige Vertragsverhältnis in einen einseitigen Anspruch des Vertragsgegners auf Schadensersatz wegen Nichterfüllung des Vertrages umgewandelt. (RG. 61, 87; 64, 207; 66, 67; 73, 63; 78, 94; 79, 211; 86, 250; 114, 384 [Urteil vom 12. Okt. 1926].) Dies äußert auch seine Wirkung bezüglich des Gerichtsstandes des Ortes der Erfüllung des in dieser Hinsicht fortwirkenden Vertrages. (§ 29 ZPO.; JW. 1894, 181, 11). Eine Vertragsstrafe kommt in Wegfall, wenn der Schuldner die Erfüllung ablehnt. (RG. 49, 192; 94, 907.) Der Vertragsgegner muß Grund und Höhe des Schadens dartun. Sein Anspruch auf Schaden ist zunächst ein theoretischer. Ob ihm de facto ein solcher erwuchs, ist er im einzelnen beweispflichtig.

Der ablehnende Vergleichsschuldner ist nicht schadensersatzberechtigt. Der Vergleichsschuldner ist auch nicht schadensersatzberechtigt, wenn sein Vertragsgegner ablehnt. Der Gläubiger des Vergleichsschuldners ist auch schadensersatzberechtigt, wenn er selbst die Vertragserfüllung ablehnt.

Bezüglich der Teilleistungen vor Eröffnung des Vergleichsverfahrens[1]) ist anzuführen:

[1]) Auch bei Sukzessivlieferungsverträgen (Wiederkehrschuldverhältnissen); s. S. 102 u. 190, nebst den Fußnoten.

Wenn das Gericht ermächtigt hat und die Erfüllung daraufhin abgelehnt wird, so ist es rechtlich bedeutungslos, ob die bereits getätigte Erfüllung den Hauptbestandteil der Leistung ausmacht und die noch nicht erfüllte Teilleistung demgegenüber minimal ist. Die Prüfung der hieraus entstehenden wirtschaftlichen Folgen obliegt dem Gericht. In dem weiteren Stadium ist der Gläubiger durch die gerichtlich konzedierte Erfüllungsablehnung mit seinem ganzen Guthaben aus der Masse der privilegierten Gläubiger ausgeschieden. Es bleibt ihm nur der vom Verfahren betroffene Ersatzanspruch, mag dies in der Praxis auch zu Härten führen. Das Gesetz geht von dem für das allgemeine Interesse richtigen Standpunkt aus, daß die Möglichkeit der Ausschaltung solcher privilegierter Gläubiger bestehen muß, wenn der Zweck des Verfahrens in vielen Fällen erreichbar bleiben soll.

§ 31.

Von der Stellung des Antrags auf Eröffnung des Vergleichsverfahrens bis zur Rechtskraft der Entscheidung, die das Verfahren beendet, ist die Entscheidung über einen Antrag auf Eröffnung des Konkursverfahrens ausgesetzt.

Die Norm des § 31 VerglO. zieht die prozessuale Folgerung aus dem Grundgedanken des Vergleichsverfahrens, dem Vergleichsschuldner die Abwendung des Konkurses zu ermöglichen. Den Voraussetzungen des Vergleichsverfahrens muß der Konkursantrag vollkommen Platz machen. Der Konkursantrag bleibt aber in Schwebe. Wird das Vergleichsverfahren aus irgendeinem Grunde nach Vergleichseröffnung aufgehoben, so ist sofort organisch im Anschluß hieran über den Konkursantrag zu entscheiden, ob es sich nun um Ablehnung oder Verwerfung oder Einstellung des Vergleiches dreht.

Der Schuldner kann einem Konkursantrag mit dem Antrag auf Eröffnung des Vergleichsverfahrens begegnen. Dann hat sein Antrag den Vorrang. Er wird zuerst geprüft. Aber auf der anderen Seite hat der Schuldner das Risiko, wenn er einen Vergleichsantrag gestellt hat, ohne seine weitere Initiative stets die richterliche Entscheidung über den Konkurs über sich ergehen lassen zu müssen, wenn das Vergleichsgericht in irgendeiner Form das Vergleichsverfahren aufhebt. (Hat dagegen nur ein Gläubiger den Konkursantrag gestellt, so ist die Prüfung der Konkursvoraussetzung dann keine zwangsläufige Folge des Antrags, wenn der Gläubiger den Antrag zurückzieht.) Insofern ist für den Schuldner sein Vergleichsantrag nicht risikolos. Vergleichsantrag und Stellungnahme des Gerichts nach Aufhebung desselben sind in der VerglO., wie die siamesischen Zwillinge, miteinander verbunden. Es geht nicht etwa an, daß der Schuldner nach aufgehobenem Vergleichsverfahren erklärt, daß er sozusagen eine restitutio in integrum anstrebe und nichts mehr durch das Gericht getan haben wolle. Vielmehr birgt jeder Vergleichsantrag, soweit er nicht vor Vergleichseröffnung zurückgezogen wird, den präsumtiven Konkursantrag in sich. Nur das Folgende ist möglich:

Zunächst kann der Vergleichsschuldner seinen Vergleichs-Antrag zurücknehmen, solange das Vergleichsgericht nicht zu diesem Antrag Stellung genommen hat.

Nach § 79 VerglO. ist ferner das bereits eröffnete Vergleichsverfahren einzustellen, wenn der Schuldner den Antrag zurücknimmt. Die Rücknahme des Antrages ist nach Vergleichseröffnung bis Beendigung der Abstimmung über den Vergleichsvorschlag zulässig. Die Rücknahme des Antrages ist aber nicht zulässig bzw. nicht mehr zulässig, wenn das Gericht durch einen Vergleichsablehnungsbeschluß oder später Vergleichsverwerfungsbeschluß oder Vergleichseinstellungsbeschluß von seinem richterlichen Entscheidungsrecht Gebrauch gemacht hat. Allein auch bei Zurücknahme des Antrages, soweit solche erst nach Vergleichseröffnung erfolgt, ist der Vergleichsschuldner nicht frei von den gerichtlichen Fesseln, in die er sich durch seinen Vergleichsantrag verstrickt hat. Denn auch für den Fall der Vergleichsantragszurücknahme nach Eröffnung des Vergleichsverf. kommt es nicht nur zur gerichtlichen Einstellung, sondern auch gerichtlichen Konkurs p r ü f u n g (§§ 79[1] und 80 VerglO. sowie meine Erläuterungen zu diesen).

Das Damoklesschwert des Konkurses schwebt also — von der Rücknahme des Antrags vor Eröffnung des VerglVerf. abgesehen — nach der Anlage und Absicht der VerglO. stets über dem Haupte des Vergleichsschuldners, solange er nicht den Vergleich rechtskräftig unter Dach und Fach gebracht hat.

Kommt es nämlich zu solchem Vergleiche, so gilt ein Antrag auf Eröffnung des Konkurses, über welchen die Entscheidung nach § 31 VerglO. ausgesetzt war, als nicht gestellt, und zwar gleichgültig, ob der Konkursantrag nach dem Antrag auf Eröffnung des Vergleichsverfahrens oder vorher angebracht worden war (§ 69 Abs. 3 Satz 2). Der Konkursantrag ist also dann verfahrensrechtlich endgültig erledigt.

Schon von der Stellung des A n t r a g e s auf Eröffnung des Vergleichsverfahrens bis zur R e c h t s k r a f t d e r E n t s c h e i d u n g , die das Verfahren beendet, gilt die Aussetzung, nicht etwa erst von der Eröffnung des Vergleichsverfahrens an.

§ 32.

Nach der Eröffnung des Vergleichsverfahrens können die an ihm beteiligten Gläubiger Zwangsvollstreckungen gegen den Schuldner nicht mehr vornehmen. Das gleiche gilt für solche Gläubiger, die nur deshalb an dem Vergleichsverfahren nicht beteiligt sind, weil ihre Ansprüche nach § 63 der Konkursordnung im Konkursverfahren nicht geltend gemacht werden können.

Vollstreckungssperre.

A. Allgemeines.

Die Konkursbeschränkung des § 31 VerglO. gilt ausnahmslos gegenüber allen Gläubigern, vom Vergleichsverfahren betroffenen und nichtbetroffenen, also auch privilegierten. Denn der Aufbau des Vergleichsgedankens beruht auf der Vermeidung des Konkurses.

Aus Worten, Aufbau und Zielen der Vergleichsordnung ergibt sich und aus der amtlichen Begründung zur GeschAufsVO. (Weißlers PreußArch. 1917 S. 55) folgt weiter, daß die Eröffnung des Sanierungsverfahrens keine allgemeine Stundung bewirkt. Nur Arreste, einstweilige Verfügungen und Zwangsvollstreckungen sind zugunsten der Vergleichsgläubiger unzulässig, solange das Vergleichsverfahren schwebt. (Dresden 31. Dez. 1925, Sächs. RA. 26, 195.) Die Verzugsfolgen an sich gehen auch während Schwebens des Verfahrens weiter. RG. 100, 65, RG. I 6. März 1926, 113, 56. (So erklärt sich auch der rein theoretische Standpunkt von Rheinstein, Frankf. Ztg. 20. Aug. 1927, 2. Morgenbl. gegen Bauer-Mengelberg 15. Juli 1927, 1. Morgenbl. und Hochschild 4. Aug. 1927, Abendbl., daß Vollstreckungen nach nislosem Vergleichsverlauf im Anschlußkonkurs wieder aufleben.)

Die Vollstreckungssperre gilt für die beteiligten Gläubiger.

Die Vollstreckungssperre des § 32 VerglO. (die sich auf die Zeit nach Eröffnung des Vergleichsverfahrens, nicht auf die Zeit der Beantragung, bezieht: cf. LG. III Berlin, 26. Jan. 1926, 4 T 76/26; JW. 1252, 1926) gilt für solche Gläubiger nicht, welche am Vergleichsverfahren nicht beteiligt sind. Ihre Ansprüche werden mit einer Ausnahme — die sofort erörtert werden wird — von dem Vergleich nicht betroffen. Die privilegierten Gläubiger, die vom Verfahren nicht betroffenen Gläubiger, sind während der Dauer des Verfahrens in den Zugriff auf das Vermögen des Vergleichsschuldners nicht beschränkt. Demgemäß können auch diejenigen Gläubiger gegen den Vergleichsschuldner während des Vergleichsverfahrens mit Zwangsvollstreckungsmaßnahmen vorgehen, welchen der Schuldner erst **nach** der Eröffnung des Vergleichsverfahrens etwas schuldig wird. (Z. B. die Neugläubiger der Masseschuldner des § 79 VerglO.). —

Das gleiche gilt für die von der Beteiligung im Konkurs ausgeschlossenen, dagegen vom Vergleichsverfahren betroffenen Unterhaltsberechtigten des § 3 Abs. 2 KO.

Der § 3 Abs. 2 KO. lautet nämlich:

Unterhaltsansprüche, die nach den §§ 1351, 1360, 1361, 1578 bis 1583, 1586, 1601—1615, 1708—1714 des Bürgerlichen Gesetzbuchs gegen den Gemeinschuldner begründet sind, sowie die sich aus den §§ 1715, 1716 des Bürgerlichen Gesetzbuchs ergebenden Ansprüche können für die Zukunft nur geltend gemacht werden, soweit der Gemeinschuldner als Erbe des Verpflichteten haftet.

Diese vom § 3 Abs. 2 KO. umfaßten familienrechtlichen Unterhaltsansprüche des gegenwärtigen und des früheren Ehegatten (auch des unschuldig geschiedenen), der Verwandten in gerader Linie, des unehelichen Kindes, auch die Ersatzansprüche der unehelichen Mutter (mit Ausnahme derjenigen der §§ 823, 825, 847, 1300 BGB., die gemäß § 15 KO. in die Konkursmasse nicht vollstrecken könnten, können im Sinn des § 2 VerglO. (s. dort A a) als persönliche Gläubiger, während des Vergleichsverfahrens einen Zugriff in das schuldnerische Vermögen vornehmen, wie ja unter gewissen Umständen selbst das unpfändbare Vermögen des Schuldners durch die Vollstreckung der Gläubiger derartiger Unterhaltsansprüche ergriffen werden kann (§ 708 Nr. 6; § 850 IV ZPO.). Auch nach Abschluß des Vergleichs kann ein Gläubiger derartiger Unterhaltsansprüche mit Zwangsvollstreckung gegen den Schuldner vorgehen.

B. Keine Zwangsvollstreckungen der Nichtprivilegierten.

Auch das Sondervorgehen einzelner Gläubiger, die vom Vergleichsverfahren betroffen werden, ist während des Vergleichsverfahrens ausgeschlossen. Die Weiterführung des Geschäftes soll, nicht behindert und nicht belästigt durch Pfändungen und Arreste (§ 34 VerglO.), sich weiter entwickeln können. Wie der Konkursschuldner, nachdem der Konkurs eröffnet worden ist, Gelegenheit bekommen soll, ein neues wirtschaftliches Dasein zu begründen (RG. vom 27. Okt. 1908 LZ. 1909 S. 75 Nr. 10 Mot. II S. 52), so soll erst recht der Vergleichsschuldner sein wirtschaftliches Dasein tunlichst kräftigen.

Der Zugriff ist sowohl gegenüber demjenigen Vermögen den nicht privilegierten Gläubigern unmöglich, welches gelegentlich des Beginnes des Vergleichsverfahrens in den Händen des Vergleichsschuldners war, als auch bezüglich des späterhin erworbenen. Würde der nicht privilegierte Gläubiger im Zwangswege ein Stück Aufteilung vornehmen, so wäre damit eine gleichheitliche Verwendung des Vermögens illusorisch gemacht.

Weil das Vermögen des Vergleichsschuldners dem Zwangszugriffe des nicht privilegierten Gläubigers verschlossen ist, ist eine Mobiliarvollstreckung, die der Gerichtsvollzieher gemäß §§ 724, 725, 811 ZPO. weigern oder die nach Vornahme mit § 766 ZPO. begegnet werden kann, ausgeschlossen. OLG. Jena, Beschl. 31. Mai 1926, 3 W 426/26; JW. 1926, 2462; OLG. Nbg. 4. Juni 1926; JW. 26, 2116; BayZ. 26, 291; JW. 1927, 404 (Pick).

Eine während des Vergleiches eingetragene Zwangssicherungshypothek ist nichtig. Rechtsähnlich: KGJ. 50 A 223. Zu der

Frage, wann die Pfändung von Geschäftsanteilen einer GmbH. erfolgt ist, s. JW. 1917, S. 705. Die Erlassung eines Pfändungsbeschlusses ist ebenfalls nicht zugelassen; letzteres auch dann nicht, wenn vor der Anordnung des Vergleichsverfahrens bereits eine Pfändungsnachricht ergangen war. Die Ansicht des Reichsgerichts vom 5. Dez. 1913 (Bd. 83, 334), die Pfändungsnachricht des § 845 ZPO. begründe bereits das Pfandrecht, wird in den weitesten Kreisen der Literatur mit Recht als unzutreffend bezeichnet. Die Pfändungsnachricht selbst begründet eben noch kein Pfandrecht. Mit der Zustellung der Pfändungsankündigung an den Drittschuldner entsteht nach Ansicht der einen ein durch fristgerechte Pfändung bedingtes Pfandrecht. Manche sprechen von einem aufschiebenden, andere von einem auflösend bedingten Pfandrecht. Wiederum andere führen den Begriff eines einstweiligen Pfandrechtes ein. In Wirklichkeit entsteht das Pfandrecht erst durch die gerichtliche Pfändung. (LG. Karlsruhe vom 5. März 1915 JW. 1915, 319; Recht 1915, 228; ZZP. 38, 461; Reichsgericht, VII. Zivilsenat vom 15. Febr. 1907; JW. 1907, 208.)

Die Fortsetzung der Vollstreckung, die durch Pfändung des Anspruches auf Herausgabe begonnen war, ist daher nach angeordnetem Vergleichsverfahren durch Herausgabe zulässig (OLG. Colmar vom 15. Juni 1915 Recht 1915, 440 Nr. 770; ElsLothZ. 40, 329).

Fortsetzung der Zwangsvollstreckung ist zulässig, wenn sie bereits durch Eingang des Vollstreckungsauftrages beim Gerichtsvollzieher eingeleitet war. LG. Stuttgart 31. Okt. 1924, JW. 25, 291.

Der Gläubiger, der vor Anordnung des Vergleichsverfahrens ein Pfändungspfandrecht erworben hat, kann die Pfänder auch nach der Anordnung versteigern lassen. Jena 5. Juni 1924, 3 W 307/24, mit Fußnote von Kleinfeller, JW. 24, 1191; KG. 3. Sept. 1924, mit Fußnote von Jaeger, JW. 24, 1614.

Die Verwertung aus Pfandobjekten auf Grund eines Kostenfestsetzungsbeschlusses, der vor der Anordnung der Sanierung erwirkt ist, ist nach Anordnung zulässig. AG. Charlottenburg, Beschluß 18. Okt. 1924 M 5356/24, JW. 1925, S. 845.

(Falls der Zeitpunkt einer Anordnung nicht nach ausdrücklichem Vermerk oder Gesetz feststeht und an demselben Tage zwei sich im Wege stehende Anträge des Schuldners und Gläubigers einlaufen, so kann — wenn es darauf ankommt — Gleichzeitigkeit des Einlaufes nicht schlechthin, sondern erst dann angenommen werden, wenn ein genauer Zeitpunkt sich feststellen läßt. Oberstes Landesger. München Beschl. 15. Mai 1926 Reg. III Nr. 36/26; Entscheidungen Bayer. Oberst. Landger. 25, S. 204 Nr. 73.)

Ein Arrestbefehl, welcher vor Anordnung des Vergleichsverfahrens erlassen worden ist, ist nach Anordnung nicht vollziehbar. Auch wenn ein Arrestbefehl vor Zustellung an den Schuldner, sowie vor Anordnung des Vergleichsverfahrens, vollzogen worden ist, kann nicht mehr im Sinne des § 929 Abs. 3 ZPO. nach Eröffnung des Vergleichsverfahrens der Arrestbefehl mit der Wirkung zugestellt werden, daß Schuldner die Vollziehung anerkennen muß. Der Arrestvollzug würde der Gleichstellung der Gläubiger im Wege sein. Auch der persönliche Sicherheitsarrest steht unter dem Verbote des § 32 VerglO.

(Arreste der von dem Vergleichsverfahren betroffenen Gläubiger sind, auch wenn das Vergleichsverfahren unter dem früheren Rechte eröffnet war, insoweit wirksam, als durch sie die mit dem Vergleichsverfahren bezweckte Sanierung vereitelt wird. Dresden, 14. Okt. 1924, JW. 25, 816.)

Grundsätzlich und unabhängig von der Frage des § 35 VerglO. schließt die Vollstreckungssperre des § 32 VerglO. nicht aus, daß ein von ihr berührter Gläubiger Klage stellt und Verurteilung — erwirkt. (So auch Lucas S. 99.)

Handelt ein Gläubiger dem § 32 VerglO. zuwider, so steht dem Vergleichsschuldner, allenfalls einem anderen Gläubiger oder mehreren derselben, ein Schadensersatzanspruch konform §§ 823 ff. BGB. zu.

Das Verwaltungszwangsverfahren ist ebenfalls während des Vergleichsverfahrens unzulässig, falls nicht die Voraussetzung einer Privilegierung vorliegt.

Der nicht privilegierte Gläubiger, welcher vor dem Vergleichsverfahren ganz oder teilweise erfolglos mit Zwangsvollstreckung gegen den Schuldner vorgegangen war, kann denselben nicht zur Ableistung des Offenbarungseides vorladen, ebensowenig Haftbefehl gegen denselben beantragen. Ein Haftbefehl, welcher vor dem Vergleichsverfahren verkündet war, ist der Vollziehung nicht fähig. Da jeder Teil der Haftbelassung ein Stück Zwangsvollstreckung bedeuten würde, ist der verhaftete Schuldner aus der Haft zu entlassen. Die Ladung der einzelnen Gesellschafter einer offenen Handelsgesellschaft zum Offenbarungseide auf Grund persönlichen Titels ist zulässig, auch wenn die betr. offene Handelsgesellschaft unter Vergleichsverfahren gestellt ist. Nur erstreckt sich die Offenbarungspflicht nicht auf das Gesellschaftsvermögen (OLG. Dresden vom 6. März 1915 ROLG. 32, 282; Recht 1916, 403 Nr. 788).

Zwangshypotheken im Sinne der §§ 866 ff. ZPO. dürfen zur Sicherung von Forderungen vom Verfahren betroffener Gläubiger nicht eingetragen werden. Die in den §§ 883 ff. ZPO. bestimmte Erzwingung von nicht geldmäßigen Ansprüchen fällt auch in das Verbot des § 32 VerglO.

C. Das Vergleichsverfahren schließt auch die Vollstreckung aus Urteilen auf Vornahme und Unterlassung von Handlungen aus.

Weder der Wortlaut und Sinn des § 32 VerglO., noch die amtliche Begründung vom 7. Juni 1926 zur Drucksache Nr. 2340 des Reichstages I a 2576 RS. 25 zu § 32 VerglO. bringt irgendeine Einengung der Vollstreckungssperre etwa zugunsten der Vollstreckung aus Urteilen auf Vornahme und Unterlassung von Handlungen.

Ansprüche auf Vornahme nicht vertretbarer Handlungen, zur Ausstellung eines Zeugnisses, zur Rechnungslegung, zur Aufstellung und Mitteilung eines Inventars und dergleichen sollen nämlich nach Jaeger JW. 1917, 190 B und neuerdings nach Lucas S. 98 von der Vollstreckungssperre ausgenommen sein. Man sagt, ein Vollstreckungszwang nach § 888 ZPO. müsse Platz greifen, da die Vollstreckung derartiger Urteile dem Schuldner keine Vermögenswerte entziehe, ihn in seinen geschäftlichen Entschließungen in keiner Weise behindere und auf die Möglichkeit der Durchhaltung seines Unternehmens keinerlei Einfluß ausübe. Eine Vollstreckung vertretbarer Handlungen nach § 887 ZPO. solle dagegen nur insoweit unstatthaft sein, als der Schuldner die Kosten der Handlung zu tragen habe. Das Prozeßgericht werde den Gläubiger auf seinen Antrag ermächtigen dürfen, die Handlung auf Kosten des Schuldners vorzunehmen. Nur solle in diesem Falle der Anspruch auf Erstattung der Kosten nicht vollstreckbar sein. (Ebenso Karlsruhe vom 25. Juli 1916 DJZ. 1916, 1179; Recht 1917, 31 Nr. 44). Für die Forderungen auf Unterlassung hat man ebenfalls den Satz aufgestellt, die Vollstreckung sei zuzulassen, wenn die treffende Forderung nicht auf eine Minderung der Substanz des schuldnerischen Vermögens gerichtet sei, wenn deren Vollstreckung vielmehr auf die Solvenz oder Insolvenz des Schuldners ihrer Natur nach keinerlei Einfluß übe. In solchen Fällen würde die Stundung die Gläubiger nur schädigen und dem Schuldner entweder überhaupt nichts nützen oder ihm einen offensichtlich rechtswidrigen Vorteil verschaffen. Dies treffe zu, wenn der Schuldner verurteilt sei, die Verletzung eines Patentes, eines Musterschutzes, eines Warenzeichenrechtes, zu unterlassen, keinen unlauteren Wettbewerb zu treiben, keine kreditschädigenden Behauptungen aufzustellen. Demgegenüber ist geltend zu machen, daß der Grundsatz des alten § 6 GeschAufsVO. und des heutigen § 32 VerglO. dem Wortlaute und Sinne nach so klar ist, daß auch die sozialen Betrachtungen vorstehender Art nichts an seiner Wirksamkeit ändern können. (Es bedarf daher gar nicht der Untersuchung, ob die Stundung solcher Ansprüche auf Vornahme oder Unterlassung von Handlungen bloß die Gläubiger schädigen und dem Schuldner keinen Nutzen oder einen offensichtlich unbegründeten Vorteil verschaffen würde.) Angenommen, es sei der Schuldner vor Anordnung des Vergleichsverfahrens verurteilt worden, die Verletzung eines Schutzrechtes zu unterlassen. (Nebenbei bemerkt, sind für gewöhnlich Schadensersatzansprüche mit solcher Klage verbunden.) Es fühlt sich nun der Schuldner beschwert. Er müßte also Berufung einlegen. Die

Information, der Kostenaufwand, die Wahrnehmung der Termine und alle die damit verbundene Aufregung beeinträchtigt die Tätigkeit für das ohnedies notleidende Geschäft. Muß der Vergleichsschuldner Rechnung legen oder ein Inventar aufstellen, so versäumt er Zeit, hat allenfalls Kostenaufwand hierauf und es wird, wenn nicht direkt, so doch indirekt, die Substanz des schuldnerischen Vermögens, sicherlich aber die ungestörte Geschäftsführung durch die judikatsmäßigen Maßnahmen belastet. Damit ist nicht gesagt, daß ein loyaler Schuldner und eine ebenso loyale VP. nicht z. B. für Ausstellung eines Zeugnisses außergerichtlich sorgen werde.

D. Einstweilige Verfügungen.

Die Vollstreckungssperre gilt auch für die Vollziehung einstweiliger Verfügungen (§ 34 VerglO.). Es rechtfertigt sich eine gleichmäßige Behandlung der Arreste und einstweiligen Verfügungen. Der § 6 GeschAufsVO. hob nur die Arreste hervor, so daß im Wege der Interpretation abgeholfen werden mußte. Es wurde angeführt, daß Arreste nur ein allgemeiner Begriff seien, zu welchen auch die einstweiligen Verfügungen zählen. Diese zutreffende erweiternde Auslegung ist nun nicht mehr nötig, nachdem der § 34 VerglO. deutlich gesprochen hat.

E. Urteile auf Abgabe einer Willenserklärung.

Der § 894 ZPO. und der Vollstreckungsvorbehalt im Urteil

Die Frage ist bereits oben gestreift worden. Der § 894 ZPO. spricht aus: „Ist der Schuldner zur Abgabe einer Willenserklärung verurteilt, so gilt die Erklärung als abgegeben, sobald das Urteil die Rechtskraft erlangt hat.“ Eine Zwangsvollstreckung außerhalb dieses Urteils ist daher unnötig. Trotz dieser Vollstreckungswirkung ist aber die Entscheidung in die Zwangsvollstreckungen, welche im Sinne des § 32 VerglO. ausgeschaltet sind, nicht einzureihen. Mit anderen Worten: eine Entscheidung im Sinne des § 894 ZPO. vermag auch von einem nicht privilegierten Gläubiger erwirkt zu werden (OLG. Düsseldorf vom 4. Dez. 1914 LZ. 1915, 158 Nr. 22; DJZ. 1915, 216.) Der § 32 VerglO. steht also der Eintragung im Grundbuch auf Grund einer urteilsmäßigen Eintragungsbewilligung nicht entgegen, obschon der Beklagte Vergleichsschuldner ist und obschon der Gläubiger zu den betroffenen Gläubigern gehört. Das Grundbuchamt muß demnach ein Urteil im Sinne des § 894 ZPO. zur Vollziehung bringen. Der Schuldner und die VP. können indessen einem Urteil gemäß §§ 894 ff. ZPO .die sofortige Vollstreckungswirkung durch Beantragung eines entsprechenden Vollstreckungsvorbehaltes im Urteilstenor nehmen (Soergel, Kriegsrechtsprechung und Kriegsrechtslehre 1914/15 S. 121 und die dort zitierten Entscheidungen;

RG. 26, 79; OLG. Karlsruhe Recht 1915, 137 in Nr. 324; Entsch. OLG. München vom 22. August 1916 JW. 1916, 1212.

F. Zweiter Satz des § 32 VerglO.

Eine Ausnahme von der Regel, daß nicht im Vergleichsverfahren beteiligte Gläubiger während des Vergleichsverfahrens vollstrecken dürfen, enthält der Satz 2 des § 32 VerglO.: Die seit der Eröffnung des Vergleichsverfahrens laufenden Zinsen, die Kosten, welche den einzelnen Gläubigern durch ihre Teilnahme am Vergleichsverfahren erwachsen, Geldstrafen und Forderungen aus einer Freigebigkeit des Vergleichsschuldners, behandelt das Gesetz als Forderungen minderen Rechts und schließt sie deshalb im § 63 KO .von der Geltendmachung im Konkursverfahren aus. Das hat zur Folge, daß sie im Konkurse regelmäßig völlig ausfallen. Dieses Ergebnis würde man für das Vergleichsverfahren in sein Gegenteil verkehren, wenn man diesen Forderungen die Möglichkeit unbeschränkter Zwangsvollstreckung während der Dauer des Vergleichsverfahrens gewähren würde. Nach der Regel des Satzes 1 des § 32 VerglO. wäre das aber der Fall. Denn die im § 63 der Konkursordnung bezeichneten Forderungen nehmen nach dem Grundsatz des § 2 Absatz 1 der VerglO. am Vergleichsverfahren nicht teil. Der Satz 2 des § 32 VerglO. unterwirft daher die bezeichneten Ansprüche der Vollstreckungssperre, obgleich sie am Vergleichsverfahren nicht beteiligt sind. Diese Regelung ist für die Zinsen, Kosten und die Ansprüche aus einer Freigebigkeit auch noch aus einem anderen Grunde geboten. Die gedachten Forderungen sind zwar am Verfahren nicht beteiligt, werden aber nach § 74 VerglO. von einem Vergleich betroffen. Es wäre offenbar höchst unzweckmäßig, ihnen erst eine unbeschränkte Zwangsvollstreckung zu gestatten, demnächst aber die auf diese Weise erlangten Rechte wieder abzunehmen.

Die ungeachtet des § 32 VerglO. vorgenommenen Zwangsvollstreckungen sind schlechthin nichtig, also nicht bloß den am Verfahren beteiligten Gläubigern gegenüber unwirksam. Die Nichtigkeit kann auch der Vergleichsschuldner geltend machen, und sie bleibt bestehen, wenn es wegen Erfolglosigkeit des Vergleichsversuchs gemäß § 82 VerglO. zum Konkurse kommt.

§ 33.

Zwangsvollstreckungen, die zur Zeit der Eröffnung des Vergleichsverfahrens zugunsten eines an ihm beteiligten Gläubigers gegen den Schuldner anhängig sind, sind für die Dauer des Verfahrens einstweilen einzustellen. Das gleiche gilt für Zwangsvollstreckungen zugunsten solcher

Gläubiger, die nur deshalb an dem Vergleichsverfahren nicht beteiligt sind, weil ihre Ansprüche nach § 63 der Konkursordnung im Konkursverfahren nicht geltend gemacht werden können.

Das Vergleichsgericht kann die endgültige Einstellung und die Aufhebung der Vollstreckungsmaßregeln auf Antrag der Vertrauensperson anordnen, wenn die Verfügung über den von der Vollstreckung betroffenen Gegenstand im Interesse der an dem Vergleichsverfahren beteiligten Gläubiger geboten ist.

Im Gegensatz zum § 12 österreich. Ausgleichsordnung, fehlte bis jetzt leider im Geschäftsaufsichtsverfahren eine Bestimmung dahin, daß Vollstreckungen und Beschlagnahmen aus den letzten Tagen und Wochen vor Verhängung der Geschäftsaufsicht der Absonderungskraft ermangeln. [Eine Entscheidung des KG. 8. ZS. 21. Jan. 1927, 8 W 223/27, eilte, wie sie Levy richtig kennzeichnete — s. beides JW. 1927, 728 — ihrer Zeit voraus; de lege lata war sie noch nicht begründet]. Nunmehr hat sich nach den Erfahrungen der Gedanke durchgesetzt, daß die während der vorgerichtlichen und privaten Vorverhandlungen über die schuldnerische Lage orientierten Gläubiger mit Vollstreckungsmaßnahmen in 12. und 11. Stunde vor Eröffnung des gerichtlichen Vergleichsverfahrens den Schuldner überschwemmen; somit in einem Zeitpunkt, in welchem der gerichtliche Vollstreckungsschutz an sich dem die Sanierung anstrebenden Schuldner noch nicht zur Seite steht. Zur Verhütung der Wirkung solcher Vergleichsschädigung (die man nach Begr. d. RJM. vor allem seitens der Warengläubiger als der „typischen Vergleichsgläubiger" gewärtigte) ist die Norm des § 33 VerglO. im Zusammenhang mit derjenigen des § 70 VerglO. geschaffen worden.

Der § 33 VerglO. fällt in 2 Teile:

a) in eine Istvorschrift und
b) in eine Kannvorschrift.

Zu a) Vollstreckungsmaßnahmen von beteiligten Gläubigern, anhängig zur Zeit der Eröffnung des Vergleichsverfahrens, **sind** für die Dauer des Verfahrens **einstweilen** einzustellen.

Zu b). Das Gericht **kann** bez. der unter a) genannten Gläubiger **endgültige Einstellung und Vollstreckungsaufhebung** anordnen.

Die erste Maßnahme ist eine bedenkenfreie. Die zweite Maßnahme ist ein starker Eingriff in wohlerworbene Rechte und daher nicht bedenkenfrei.

A. Zur Istvorschrift des § 33 Absatz 1 VerglO.:

Im Konkurse wird die par condicio creditorum insoweit mittelbar durch die Möglichkeit der Anfechtung gewährleistet. Dieser Weg kann im Vergleichsverfahren nicht beschritten werden. Die Einfügung eines Anfechtungsverfahrens würde die Durchführung des Vergleichsverfahrens auf unabsehbare Zeit hinauszögern. Will man daher auch im Vergleichsverfahren dem Gedanken Rechnung tragen, daß sich nicht einzelne Gläubiger zum Nachteil der übrigen kurz vor dem Zusammenbruche eine bevorzugte Stellung verschaffen dürfen, so wird sich dies nur dadurch ermöglichen lassen, daß man zunächst, d. h. solange das Vergleichsverfahren währt, die Vollstreckungen einstellt. (Amtl. Begr.)

Man hat in dem jetzt zum Gesetz gewordenen § 33 VerglO. die zur Zeit der Eröffnung des Vergleichsverfahrens zugunsten eines beteiligten Gläubigers gegen den Schuldner anhängigen Zwangsvollstreckungen dieser einstweiligen Einstellung unterstellt. (Das Wort: einstweiligen zeigt, daß, wenn nach zurückgewiesenem oder verworfenem Vergleich das Konkursverfahren nicht eröffnet wird, die einstweilige Einstellung aufzuheben ist. Argumento: OLG. Dresden JW. 1926, 2113.) Man hat also auch — entsprechend der ursprünglichen Regierungsvorlage und der einschlägigen amtlichen Begründung vom 21. Juni 1926 S. 26 — die nach der Stellung des Antrages, aber vor der Entscheidung darüber anhängigen Vollstreckungen einbegriffen. Solche Vollstreckungsverfahren (die leicht vorkommen können, die auch an der Hand der GeschAufsVO. des § 21 in der Fassung vom 14. Juni 1924 oft vorkamen und Anlaß zu großen Kontroversen der Literatur und Judikatur gaben) sind durch den klaren Wortlaut des § 33 VerglO. durch die Istvorschrift betroffen.

B. Inhalt und Wirkung des Vollstreckungsschutzes.

Vollstreckungsmaßnahmen, einschließlich der aus Arresten und einstweiligen Verfügungen hergeleiteten, die zur Zeit der Eröffnung des Vergleichsverfahrens seitens der beteiligten Vergleichsgläubiger anhängig sind, sind einstweilen einzustellen. Die Einstellung hat das Vollstreckungsorgan (Gerichtsvollzieher oder Vergleichsgericht) von Amts wegen vorzunehmen, sobald es von der Eröffnung des Verfahrens erfährt. Die Einstellung soll nur einstweilig sein, weil sich bei der Eröffnung des Verfahrens noch nicht übersehen läßt, ob es zum Vergleich oder bei Erfolglosigkeit des Vergleichsverfahrens zum Konkurse kommen wird. Geht das Vergleichsverfahren erfolglos aus, so kann die Zwangsvollstreckung fortgesetzt werden; denn die Einstellung geschieht nur für die Dauer des Verfahrens (§ 33 Abs. 1 VerglO.).

C. Die privilegierten Gläubiger des § 63 KO.

Einstweilen einzustellen sind auch die Vollstreckungsmaßnahmen, welche zur Zeit der Vergleichseröffnung anhängig sind, zugunsten solcher Gläubiger, die nur deshalb an dem Vergleichsverfahren nicht beteiligt sind, weil ihre Ansprüche nach § 63 KO. im Konkursverfahren nicht geltend gemacht werden können.

Von diesen war in den Erläuterungen schon öfter die Rede (im § 3 VerglO., ferner im obigen § 32 VerglO.). Es wird auf diese verwiesen.

D. Die Kannvorschrift des § 33 Abs. 2 VerglO.

Für den erfolgreichen Fortgang des Vergleichsverfahrens kann es geboten sein, über einen Gegenstand zu verfügen, der von einer nach § 33 Abs. 1 nur einstweilen einzustellenden Vollstreckungsmaßnahme ergriffen worden ist. Nach § 33 Abs. 2 soll deshalb das Vergleichsgericht auf Antrag der Vertrauensperson die endgültige Einstellung und die Aufhebung der Vollstreckungsmaßnahme, die ein beteiligter Gläubiger oder ein bloß gemäß § 63 KO. nicht beteiligter Gläubiger vorgenommen hat, anordnen können. (Eine im Augenblick der Vergleichseröffnung bereits abgeschlossene Vollstreckung kann nicht rückgängig gemacht werden.) Es ist nicht zu verkennen, daß hiedurch dem betroffenen Gläubiger Nachteile entstehen können, wenn es später nicht zum Vergleiche kommt. (Denn die Anordnung, die lediglich während des VerglVerf. möglich ist, wirkt über dieses hinaus. Durch die gerichtliche Anordnung des § 33² wird unwiederbringlich das betreffende Vollstreckungsrecht zerstört.) Diese Nachteile müssen aber in Kauf genommen werden. Dies ist wenigstens die Ansicht der amtlichen Begründung vom 7. Juni 1926.

Es ist nicht meine Ansicht. Denn die gerichtliche Ausführung der Kannvorschrift bedeutet einen gewissen Gewaltstreich. (Es hätte daher m. E. eine Regelung Platz greifen müssen, wonach bei Erfolglosigkeit des Vergleichsversuches das Vollstreckungspfandrecht an dem veräußerten Gegenstand wieder auflebt oder der Erlös bzw. Gegenwert dem Pfandgläubiger ersetzt werden muß. Solche Regelung wurde leider nicht in Betracht gezogen. Die nämlichen schweren Bedenken äußerten in der Frankf. Ztg. Bauer-Mengelberg und Hochwild; s. hierüber oben § 32.) Es muß deshalb der Vergleichsrichter sehr behutsam mit der VP., dem Ausschuß und allenfalls sonstigen Auskunftspersonen diese Frage prüfen. —

Zu den beteiligten Gläubigern, die durch § 33 in Mitleidenschaft gezogen sind, gehören nicht die Hypothekengläubiger, da sie absonderungsberechtigt sind.

Es handelt sich nicht um Arreste und Zwangsvollstreckungen, wenn das Steuerfestsetzungs- oder ein schwebendes Rechtsmittelverfahren gegen den Vergleichsschuldner persönlich fortgesetzt wird.

Reichsfinanzhof IV, 23. März 1927, IV A 46/26 JW. 1927, 1784, unter Besprechung von RFH. 25. Okt. 1926, StE. 1/23 RFH. 19, 355 und RFHB. 11. Febr. 1927 V A 941/26; Bühler, hiezu, JW. 1927, sowie Bühler, Steuerr. I, 491 ff., Lewin, DStZtg. 1926, 213 ff.).

E. „Die Verfügung über den Vollstreckungsgegenstand ist im Interesse der Vergleichsgläubiger geboten."

Ich halte diesen Gedanken für verunglückt. Denn es ist selbstverständlich immer im Interesse der durch keine Sicherheit geschützten Gläubiger geboten, daß einzelne Gläubiger keinen Sonderschutz genießen. Was will also mit diesem eigentümlichen Satz gesagt und gedient sein? Offensichtlich das Folgende: Falls sich der Vergleichsschuldner bedeutend leichter tut, wenn gewisse Vollstreckungsobjekte in die Masse fallen, so soll ein Machtspruch des Vergleichsrichters nach § 33 Abs. 2 VerglO. solch ein Vollstreckungsobjekt zu einem Nichtvollstreckungsobjekt erklären können. Man müßte daher vielmehr den Gedanken so ausdrücken: **Wenn der Vergleich scheitert, weil das betreffende Vollstreckungsobjekt im Wege steht, so kann der Richter gemäß § 33 Satz 2 VerglO. abhelfen.** Aber ungerecht und gegen jeden sonstigen Rechtsgrundsatz bleibt solcher Eingriff allemal.

Die Versagung des Vollstreckungsschutzes aus Gründen des Gemeinwohls der Gläubigerschaft ist um so bedenklicher, weil prinzipiell der Schuldner durch einen Vergleichsantrag bewirken kann, daß sein Gläubiger sich kein Absonderungsrecht beschafft, was natürlich die Stellungnahme des Gläubigers im Konkurs bedeutend verschlechtert.

F. Die Vollstreckungen der letzten 30 Tage vor Vergleichsantragsstellung.

Kommt es zum Vergleiche, so verlieren die zwangsweisen Sicherungen, die innerhalb der letzten dreißig Tage vor der Stellung des Antrags vorgenommen worden sind, von Rechts wegen ihre Kraft (§ 70 Satz 1 VerglO.). Auf die Gläubiger, die nach Stellung des Antrags und vor Eröffnung des Verfahrens vollstreckt haben, bezieht sich dies erst recht. Das gilt ohne Rücksicht darauf, ob die Zwangsvollstreckung gemäß § 33 Abs. 1 Vergleichsordnung vorläufig eingestellt worden ist. Diese Regelung ist geboten, um eine Gläubigerbegünstigung zu verhüten. Hat ein Gläubiger in der genannten Frist im Wege der Zwangsvollstreckung eine Befriedigung erlangt, so muß er das Erlangte nach den Vorschriften über die ungerechtfertigte Bereicherung herausgeben. Der Bereicherungsanspruch gehört zum Vermögen des Schuldners. Macht er ihn nicht geltend, so kann er von seinen Gläubigern gepfändet werden. (S. §§ 70 und 84 VerglO.)

G. Folgen der §§ 8, 70 und 84 VerglO. für den Fall des Konkurses.

Würde sich die VerglO. darauf beschränken, die Unwirksamkeit der Zwangssicherungen und die Herausgabepflicht für den Fall eines Vergleiches anzuordnen, so würden voraussichtlich die Gläubiger, die im Falle eines Vergleiches einen solchen Nachteil zu fürchten hätten, dem Vergleichsabschlusse mit allen Kräften widerstreben und den Schuldner in den Konkurs treiben. Denn im Konkurse könnten sie damit rechnen, daß möglicherweise die nach § 30 der KO. drohende Anfechtung nicht zum Erfolge führt. Die VerglO. ist deshalb einen Schritt weiter gegangen. Sie läßt im Falle der 30-Tage-Gläubiger die Folgen, welche im Falle des Zustandekommens eines Vergleiches eintreten, auch für den Konkurs gelten, wenn dieser wegen der Erfolglosigkeit des Vergleichsverfahrens eröffnet wird. Dies spricht der § 84 VerglO. aus.

Damit ändert die VerglO. für einen besonderen Fall mittelbar das Anfechtungsrecht der KO., insbesondere den § 30 Nr. 2 KO. (Amtl. Begr.)

Der § 30 Nr. 2 KO., **welcher für einen gewöhnlichen Konkursfall** gilt, lautet:

„Anfechtbar sind:

die nach der Zahlungseinstellung oder dem Antrage auf Eröffnung des Verfahrens oder in den letzten zehn Tagen vor der Zahlungseinstellung oder dem Eröffnungsantrage erfolgten Rechtshandlungen, welche einem Konkursgläubiger eine Sicherung oder Befriedigung gewähren, die er nicht oder nicht in der Art oder nicht zu der Zeit zu beanspruchen hatte, sofern er nicht beweist, daß ihm zur Zeit der Handlung weder die Zahlungseinstellung und der Eröffnungsantrag, noch eine Absicht des Gemeinschuldners, ihn vor den übrigen Gläubigern zu begünstigen, bekannt war.“ —

Für einen Konkurs, der, **im Rahmen und in Konsequenz der VerglO.**, auf Grund gerichtlicher Entscheidung, etwa nach Ablehnung des Vergleichsantrages, Verwerfung oder Einstellung des Vergleiches, einsetzt, gelten aber die den Vollstreckungsgläubigern ungünstigeren Bestimmungen der §§ 33, 70 und 84 VerglO. Das ist eine wenig homogene Regelung des Vollstreckungskomplexes im Gantrecht.

H. Konsequenzen der §§ 33, 70 und 84 Vergleichsordnung. Wirtschaftlicher Ausblick.

Bezüglich der Zwangsvollstreckungsakte sind die §§ 33, 70 und 84 VerglO. viel radikaler und schärfer, als die Vorschriften der KO. § 29—31. Nach letzteren kommt nur eine Frist von 10 Tagen, nicht von 30 Tagen, in Betracht, ferner sind die in diesen 10 Tagen vorgenommenen Zwangsvollstreckungen keineswegs alle und ohne weiteres anfechtbar. Bei der VerglO. werden aber alle innerhalb der letzten 30 Tage vorgenommenen Vollstreckungen ohne weiteres hinfällig gemacht. Die VerglO. ist bewußt in diesem Maße von der KO. abweichend gestaltet.

Auf diese Weise hat es der Schuldner und mit ihm eine ihm nahestehende Gläubigergruppe in der Hand, je nachdem, ob er Vergleichs- oder Konkursverfahren beantragt, entweder die eine oder andere Regelung, die völlig verschieden sind, automatisch ins Werk zu setzen.

Es muß darauf aufmerksam gemacht werden — an der Hand gleichlautender Einwürfe des Preuß. Justizministeriums und verschiedener Mitglieder des Rechtsausschusses —, daß das System der Einzelvollstreckung und damit das ganze Kreditprinzip durch die rigorosen Bestimmungen der §§ 33 Abs. 2, 70 und 84 VerglO. außerordentlich ins Schwanken geraten. Die Gläubiger, zumal die das Hauptkontingent der Vergleichsgläubiger bildenden Warengläubiger, können sich auf die Möglichkeit und Stabilität einer Pfändung nur noch schwer verlassen. Ein Kreditgeber z. B. muß sich sagen, daß ihm der Wechsel des Schuldners und die Schleunigkeit des Wechselprozesses möglicherweise nichts nützt. Es liegt die Gefahr nahe, daß die Einzelvollstreckungen zurücktreten, dagegen Vergleichsverfahren sich vermehren, weil die Schuldner geneigt werden, Vergleichsanträge zu dem Zweck zu stellen, um vorgenommene Pfändungen an der Hand der §§ 33, 70 und 84 VerglO. loszuwerden. Diese Auswirkungen auf die Kreditfähigkeit Deutschlands sind, wie im Rechtsausschuß betont worden ist, im Augenblick nicht zu übersehen.

Alle diese Umstände legen die Empfehlung für die Vergleichsgerichte nahe, wenigstens bezüglich der Handhabung der Kannvorschrift des § 33 Abs. 2 VerglO. größte Vorsicht walten zu lassen.

§ 34.

Zwangsvollstreckung (§§ 32, 33) ist auch die Vollziehung eines Arrestes oder einer einstweiligen Verfügung.

Hier wird ausdrücklich ausgesprochen, daß auch die **Vollziehung** der Arreste und einstweiligen Verfügungen, der provisorischen Maßnahmen, den übrigen Vollstreckungshandlungen gleichgewertet sind. (Nicht etwa Arrest und einstw. Verf. als solche.) Gerade derartige rasche und energische Zwangszugriffe sind kurz vor dem Zusammenbruch üblich. Angesichts der Vergleichstendenz verdienen sie keinen besonderen Schutz. Näheres oben unter § 32 VerglO. —

Wenn der Arrest oder die einstw. Verf. bereits vor Verfahrenseröffnung vollzogen wird, so kann hinterher sehr wohl gemäß § 929 [3] ZPO. zugestellt werden. Nicht trifft dies bezüglich der Pfändungsbenachrichtigung nach § 845 ZPO. zu, die vor Verfahrenseröffnung erwirkt wurde. (S. oben § 32 B meine Erläut. gegen RG. 83, 334.)

§ 35.

Erhebt ein am Vergleichsverfahren beteiligter Gläubiger nach Eröffnung des Verfahrens Klage auf Leistung, so fallen ihm die Prozeßkosten zur Last, wenn der Schuldner den Anspruch sofort anerkennt. Dies gilt nicht, wenn der Gläubiger bei der Erhebung der Klage die Eröffnung des Vergleichsverfahrens nicht kannte oder aus besonderen Gründen an alsbaldiger Erlangung des Urteils ein berechtigtes Interesse hatte.

Die Prozeßkosten bei Anerkennung.

A. Allgemeines.

Der § 35 VerglO. entspricht einer dringenden Anforderung der Praxis. OLGE. München vom 23. August 1916 M 434/16 I JW. 1916, 1212; Recht 1916, 552 Nr. 1058; Güthe-Schlegelberger, Kriegsbuch I, 344; II, 110. Wird der Konkurs eröffnet, so erfolgt Unterbrechung der zurzeit der Eröffnung anhängigen Prozesse im Sinne des § 240 ZPO. Wird das Vergleichsverfahren eröffnet, so erfolgt keine Unterbrechung. Wird das Vergleichsverfahren eröffnet, so erfolgt auch keine generelle Stundung, kein Generalmoratorium. (S. oben das Systematische unter § 32 A.) Folglich wird durch Vergleichseröffnung kein schuldnerischer Verzug in Richtung gegen einen Vergleichsgläubiger aufgehoben. (RG. 113, 54.) Um nun gleichwohl Rechtsverluste tunlichst hintanzuhalten, das Vergleichssystem nicht zu stören und die Vergleichsmasse zu schützen, ist nach dem Muster der GeschAufsVO. der § 35 VerglO. geschaffen worden.

Die Frage, wer die Prozeßkosten einer Leistungsklage zu tragen habe, wenn der Vergleichsschuldner derselben keinen Widerstand entgegensetzt, war schon im § 12 GeschAufsVO. vom 14. Dez. 1916, wie heute, geregelt.

Der § 35 VerglO. huldigt einer milden Auffassung. Ihm genügt, daß der Vergleichsschuldner den Anspruch sofort anerkennt, wenn der nicht privilegierte Gläubiger Leistungsklage erhebt. Die VerglO. stellt also die Entscheidung im Kostenpunkt auf das **eine** Merkmal des § 93 ZPO. ab, welcher lautet:

„Hat der Beklagte nicht durch sein Verhalten zur Erhebung der Klage Veranlassung gegeben, so fallen dem Kläger die Prozeßkosten zur Last, wenn der Beklagte den Anspruch sofort anerkennt."

Die Anwendung des § 93 ZPO. und somit auch des § 35 VerglO. hat zur Voraussetzung, daß Schuldner dem Klageanspruch sich pure unterwirft (BayObLG. vom 4. Jan. 1904 Recht 8, 106). Dies sollte nach dem Rechte des § 93 ZPO. in der mündlichen Verhandlung erfolgen (KG. vom 18. Dez. 1901 OLG. 3, 434). Mit dem Geiste der VerglO. und dem speziellen Zwecke des § 35 VerglO., welcher mit Recht als Erweiterung des § 93 ZPO. bezeichnet wird, wäre dieser formalistische Standpunkt aber nicht zu vereinbaren. Sofortige Anerkennung irgendwelcher anderen Art, wenn die Leistungsklage gestellt ist (nachweisbar mündlich, telephonisch, erst recht schriftlich und zumal in einem förmlichen Schriftsatze) muß ausreichen, um Schuldner vor den Kosten zu schützen. Sein ganzes Verhalten nach der Klageerhebung kommt folglich in Betracht (KG. vom 20. März 1905 KGBl. 1916, 61; Stuttgart vom 23. Febr. 1904 WürttJ. 1916, 313; Stuttgart vom 1. Okt. 1907 WürttZRV. 1, 412; Posen vom 13. Juni 1904 Pos. Monatsschr. 1904, 113; KG. 13. ZS. 255, 15, 13 U 3958/25 JW. 1925, 2019). Nimmt der nicht privilegierte Gläubiger Versäumnisurteil und der Vergleichsschuldner legt Einspruch ein, worauf er anerkennt, so reicht sogar dies aus, um die Wirkung des § 35 VerglO. dem Vergleichsschuldner zugute kommen zu lassen. (A. M.: KG. 7. ZS. 24. Juni 1926, 7 U 5051/26, JW. 1926, 2460.) Denn wenn auch die Worte des § 93 ZPO.: „hat der Beklagte nicht durch sein Verhalten zur Erhebung der Klage Veranlassung gegeben", nicht im § 35 VerglO. enthalten sind, so läuft doch die Tendenz des letzteren auf den nämlichen Grundzug hinaus: es soll nicht unnötig gerichtliche Hilfe in Anspruch genommen (Braunschweig vom 17. Jan. 1907 BraunschwZtg. 54, 26), es soll ohne Klage durch den nicht privilegierten Gläubiger eine Feststellung der Bereitwilligkeit des Vergleichsschuldners zu erreichen versucht, es soll der Vergleichsschuldner tunlichst vor (ev. kostspieligen) Klagen bewahrt werden. Mit anderen Worten: hat der Vergleichsschuldner dem nicht privilegierten Gläubiger keinen vernünftigen Grund zu der Annahme gegeben, daß derselbe ohne Klageerhebung nicht zu seinem Rechte gelangen werde (Hamburg vom 13. Febr. 1905 HansGZ. 26 B 87; EntschOLG. 11, 54), so treffen den Gläubiger die Kosten.

Erhebt ein Arrestgläubiger Klage gegen seinen unter Vergleichsanordnung stehenden Schuldner und erkennt dieser den Anspruch an, dann treffen den Kläger die Prozeßkosten, falls im Laufe des Verfahrens der Arrest als von Anfang an unbegründet aufgehoben wurde. Karlsruhe 14. Febr. 1922 BadRspr. 22, 140.

Über die Unzulässigkeit der Räumungsklage des Zwangsverwalters mangels eines Rechtsschutzbedürfnisses, s. LZ. 1918, 257.

Auf die Klage und Vollstreckung eines Hypothekengläubigers hat das Vergleichsverfahren keinen Einfluß. RG. LZ. 1918, 257.

B. Keine Erfüllungsbereitschaft erforderlich.

Der besonders für den allgemeinen Geltungsbereich des § 93 ZPO. von verschiedenen Gerichten (Hamburg vom 1. Febr. 1907 OLGEntsch. 1915, 87; KG. vom 2. Dez. 1905 KGBl. 1906, 16; KG. vom 19. Sept. 1906 KGBl. 1906, 108) — m. E. mit Unrecht verlangte schuldnerische Nachweis der Erfüllungsbereitschaft kommt natürlich für den besonderen Geltungsbereich des § 35 VerglO. in Wegfall. Denn der Vergleichsschuldner darf nur, soweit seine Mittel reichen, leisten, muß überdies in vielen Angelegenheiten die Weisungen der VP. und die Anordnungen des Gerichts beachten und hat gegenüber dem ihn mit der Leistungsklage bedrängenden nichtprivilegierten Gläubiger letzten Endes den Schutz des § 32 und 33 VerglO. Der gerechtfertigte Anlaß der Leistungsklage des Nichtprivilegierten ist somit in dem Augenblicke widerlegt, in welchem der Vergleichsschuldner ihm die Beruhigung der Anerkennung verschafft. Darüber hinaus hat der letztere in diesem Stadium keinerlei Verbindlichkeit.

C. Die Kosten treffen den Schuldner:

1. wenn der klagende Gläubiger die Vergleichsanordnung nicht kannte.

Diesen Nachweis muß natürlich der Gläubiger führen. Der Vergleichsschuldner und die ihn unterstützende VP. können durch ihre Beweismittel, oder auch nur Indizien, dieses Vorbringen entkräften. Erkundigungen, Äußerungen, auffällige Maßregeln, Beziehungen zu Eingeweihten, können dargetan werden, um den bösen Glauben des Nichtprivilegierten dem Prozeßgerichte, das über die Kostenpflicht zu urteilen hat, plausibel zu machen. Zur Kenntnis des Vergleichsverfahrens ist nicht eine amtliche Nachricht erforderlich, vielmehr genügt jede, auch private, Mitteilung. LG. Breslau 10. Juli 1926, 3 S 420/26, JW. 1926, 2118.

Die Klagepartei ist auch dann kostenpflichtig, wenn nicht sie, sondern ihr Prozeßbevollmächtigter, bei Erhebung der Klage die Vergleichsanordnung kannte. LG. Fürth i. B. 31. Aug. 1926,

HKB. 380/26, JW. 1927, 870; Scanzoni, JW. 1927, 870. Jedenfalls ist aus der Bestimmung des § 35 VerglO. — zur Vermeidung der die Vergleichsmasse belastenden Kosten — die gute Lehre für Schuldner — der so allemal von den einschlägigen Prozeßkosten verschont bleibt — und VP. zu ziehen, die Mitteilung an alle Gläubiger gemäß § 11 VerglO. recht gründlich und tunlichst nachweisbar zu besorgen bzw. im Laufe des Verfahrens nichts zu unterlassen, was einen in den Büchern oder sonstigem Schreibwerk eingetragenen Gläubiger über die Tatsache der bestehenden Vergleichsanordnung aufklärt.

Der Gläubiger muß bei Erhebung der Klage in gutem Glauben sich befunden haben. Die Erhebung der Klage erfolgt durch Zustellung eines Schriftsatzes im Sinne des § 253 ZPO. Durch ein ohne Klageerhebung eingeleitetes Verfahren wird ein Rechtsstreit im Sinne der ZPO. überhaupt nicht eröffnet (RG. vom 7. Dez. 1899 RG. 45, 395). Die Zustellung des Güteantrags bedeutet keine Klageerhebung. Ebenso liegt erst dann ein Klageverfahren nach § 35 VerglO. vor, wenn nach Widerspruch gegen den Zahlungsbefehl in das Streitverfahren nach § 696 ZPO. eingetreten wird.

Für die Frage nun, ob der Nichtprivilegierte im guten Glauben sich befindet, d. h. von dem Vergleichsverfahren ununterrichtet ist, ist der Zeitpunkt maßgebend, in dem die Zustellung der Klageschrift nebst Angabe des Verhandlungstermines gegenüber dem Schuldner erfolgt (RG. vom 21. Juni 1884 JW. 1884, 233; RG. 13, 334). Erfährt der Gläubiger vor diesem Zeitpunkte, also etwa nach Fertigung der Klageschrift, vor oder nach Beisetzung der Terminsnote, bei Übergabe der Klage an den Gerichtsvollzieher, von dem bestehenden Vergleich, so ist sein guter Glaube zerstört. Er könnte dann höchstens die Auslagen an das Gericht, Anwalt und Gerichtsvollzieher bis zu dem Zeitpunkte begehren, bis zu welchem sein ungestörter, guter Glaube währte. (So auch OLG. Breslau 2. ZS. 23. Sept. 1926, 2 U 46/26, JW. 1927, 729.)

2. wenn der Gläubiger aus besonderem Grunde an alsbaldiger Erlangung des Urteils ein berechtigtes Interesse hatte.

Besonderer Grund und berechtigtes Interesse an alsbaldiger Erlangung des Urteils — sind nicht abgegrenzte Begriffe. (Jaeger, JW. 1917, 918 erblickt in der allgemeinen Formulierung einen Vorzug, weil dem Richterermessen der nötige Spielraum belassen werde.) Im Bereich der GeschAufsVO. gaben die gleichlautenden Worte des § 12 GeschAufsVO. Anlaß zu Meinungsverschiedenheiten und Prozeßstreitigkeiten. Auch die amtliche Erläuterung zum § 12 GeschAufsVO. vom 14. Dez. 1916 stillt den Wissensdurst nicht. Nur negativ warnt sie gewissermaßen vor der Ansicht, besondere Gründe lägen etwa schon in der Erwägung, daß Schuldner nicht gezahlt habe, und daß die vorsorgliche Beschaffung eines Titels für den Fall der Beendigung dem Gläubiger stets Vorteil bringe. Diese Selbstverständlichkeit bringt uns keinen Schritt weiter. Denn anderenfalls müßten ja den Schuldner immer die Kosten treffen. Der besondere Grund muß also anderweitig aufgespürt werden. Er muß in der Eigenart des Gläubigers oder Schuldners oder der Schuld oder des Zeitpunktes des Urteiles liegen. Das reine Anerkenntnis muß bei dem besonders gelagerten Fall vom Standpunkte der Billigkeit aus nicht ausreichen. Vielleicht sind die Verhältnisse zwischen dem betreffenden Gläubiger und dem Vergleichsschuldner so gespannte, daß letzterem nach der zu beweisenden Sachlage eine Intrigue, Schiebung, Verschleppung, Kollusion in bezug auf Beweismittel, zuzumuten ist. Vielleicht sind Anhaltspunkte vorhanden, daß Schuldner das Anerkenntnis nicht ernst nimmt und bestimmte Einwendungen oder Prozeßmanipulationen, dieses Anerkenntnisses ungeachtet, vor hat. So müssen Anhaltspunkte dafür vorhanden sein, daß ohne Urteil, vielleicht ohne den bereitliegenden Vollstreckungstitel, der betreffende Gläubiger Schaden nimmt. Es kann auch an eine wesentliche Verschlechterung der Verhältnisse vom Augenblicke der Anordnung des Vergleichsverfahrens bis zu demjenigen der Urteilserwirkung und das nachweisbar nahe Bevorstehen eines Beschlusses auf Vergleichsaufhebung (etwa Einstellung gemäß § 79) gedacht werden. Allemal muß der Begriff: alsbaldige Erlangung des Urteils unterstrichen und als Regel die Kostenfreiheit des Schuldners im Auge behalten werden.

Verurteilung des Schuldners zur Leistung wird grundsätzlich durch das angeordnete Vergleichsverfahren nicht gehindert. Sache des Beklagten wird es sein, sich im Fall der Zwangsvollstreckung gemäß § 766 ZPO. auf seine Vergünstigung zu berufen. Hamburg, 12. Juni 1918, Recht 18 Nr. 1426.

Ein besonderer Grund für die alsbaldige Erlangung eines Urteils wurde vom OLG. Dresden IV 2 S. 40, 30/17 am 15. Mai 1917 verneint. DJZ. 1918, S. 131. Weitere Entscheidungen: Bloße Zweckmäßigkeitsgründe genügen nicht. Königsberg, 15. Sept. 1924, JW. 25, 831. Bestreiten vor Klageerhebung durch den Schuldner kann aber das besondere Interesse begründen. Celle, 28. Juli 1925, Recht 25 Nr. 1802.

Das Anerkenntnis muß im Prozeß abgegeben sein, um Kostenbefreiung herbeizuführen. KG. 24. Juni 1926, JW. 26, 2460. Die schuldnerische Erklärung kann aber formlos sein.

Heutzutage werden meist Akzeptant, Aussteller und Girant zusammen verklagt. So kann es leicht vorkommen, daß — mindestens — einer der Beklagten im Vergleichsverfahren sich befindet. Da ist es Recht und Pflicht des Gläubigers, Klagen gegen alle wechselmäßig Haftenden zu stellen, auch gegen den Vergleichsschuldner. Verschiedene Gerichte entschieden in meinem Sinne. (LG. Fürth i. B. 17. Sept. 1924, HKB. 395/24; u. a. Aufsatz Bernstein JW.

1925 S. 290). In allen diesen Fällen hat der klagende Gläubiger an alsbaldiger Erlangung des Urteils auch gegen den Vergleichsschuldner ein berechtigtes Interesse. Man kann ihm nicht zumuten, hinterher nochmals eine besondere Klage gegen den zur Zeit im Vergleichsverfahren befindlichen Wechselaussteller zu stellen. So auch nach meinem Antrage LG. Nürnberg III KfHS. 8. Juli 1924. Das OLG. Nürnberg hob aber das Urteil auf und erblickte in dem Fall der mehreren Wechselschuldner keinen Ausnahmefall. OLG. Nürnberg 20. Dez. 1924, M 586/24, JW. 1925, 658. Ebenso OLG. Königsberg 3. FerSen. 15. Sept. 1924 JW. S. 831, 1925; Wechselmann ebenda; OLG. Dresden 1. ZS. 25. Febr. 1926, 1/O 212/25, JW. 1926, 1604; LG. Leipzig, 4 Du 1/24; Samolewitz, S. 98. (Das ähnliche Sachverhältnis ergibt sich bei anderen Korrealschuldnern.)

§ 36.

Ein Gläubiger, der nach der Eröffnung des Vergleichsverfahrens Zwangsvollstreckungen in das Vermögen des Schuldners nicht mehr vornehmen kann (§ 32), bleibt zur Aufrechnung befugt; die Vorschriften der §§ 54, 55 der Konkursordnung finden entsprechende Anwendung. Soweit die Aufrechnung hiernach statthaft ist, wird die Befugnis dazu durch die Wirkungen des Vergleichs nicht berührt.

Der durch die Vollstreckungssperre des § 32 VerglO. an Vornahme von Vollstreckungen in das schuldnerische Vermögen behinderte Gläubiger ist zur Aufrechnung berechtigt, jedoch nur im Rahmen der §§ 54 und 55 KO.

Es lautet:

KO. § 54.

Die Aufrechnung wird nicht dadurch ausgeschlossen, daß zur Zeit der Eröffnung des Verfahrens die aufzurechnenden Forderungen oder die eine von ihnen noch betagt oder noch bedingt war, oder die Forderung des Gläubigers nicht auf einen Geldbetrag gerichtet war.

Eine betagte Forderung des Gläubigers ist zum Zwecke der Aufrechnung nach der Vorschrift des § 65 (KO.) zu berechnen.

Zum Zwecke der Aufrechnung einer aufschiebend bedingten Forderung bei dem Eintritte der Bedingung kann der Gläubiger Sicherstellung insoweit verlangen, als die Forderung der von ihm einzuzahlenden Schuld gleichkommt.

Eine nicht auf Geld gerichtete Forderung des Gläubigers ist zum Zwecke der Aufrechnung nach den Vorschriften der §§ 69, 70 (KO.) zu berechnen.

Die Aufrechnungsmerkmale des § 54 KO. unterscheiden sich von jenen des § 387 BGB. Denn die Aufrechnung im Konkurs kommt auch in Betracht, wenn die Forderung des Schuldners oder des Gläubigers oder aber beide Forderungen zur Zeit der Eröffnung des Gantverfahrens noch betagt oder bedingt, also noch nicht fällig, waren, und außerdem, wenn die Forderung des Gläubigers nicht gleichartig war. Diese für den § 54 KO. eigenartige Aufrechnungsart hat aber nur der Gläubiger in der Hand. RG. 79, 131; RG. LZ. 1910, 232. Eine vor der Ganteröffnung erfolgte Aufrechnungserklärung, welche unwirksam war, weil das Gegenguthaben nicht fällig war, wird durch die Ganteröffnung nicht wirksam. Sie muß vielmehr nach derselben rechtsförmlich wiederholt werden und zwar nach dem Gesichtspunkt des § 387 BGB. RG. Urteil vom 14. März 1918, VII 467/17.

Es lautet:

KO. § 55.

Eine Aufrechnung im Konkursverfahren ist unzulässig:

1. *wenn jemand vor oder nach der Eröffnung des Verfahrens eine Forderung an den Gemeinschuldner erworben hat und nach der Eröffnung etwas zur Masse schuldig geworden ist;*
2. *wenn jemand dem Gemeinschuldner vor der Eröffnung des Verfahrens etwas schuldig war und nach derselben eine Forderung an den Gemeinschuldner erworben hat, auch wenn diese Forderung vor der Eröffnung für einen anderen Gläubiger entstanden war;*
3. *wenn jemand vor der Eröffnung des Verfahrens dem Gemeinschuldner etwas schuldig war und eine Forderung an den Gemeinschuldner durch ein Rechtsgeschäft mit demselben oder durch Rechtsabtretung oder Befriedigung eines Gläubigers erworben hat, falls ihm zur Zeit des Erwerbes bekannt war, daß der Gemeinschuldner seine Zahlungen eingestellt hatte, oder daß die Eröffnung des Verfahrens beantragt war. Die Vorschrift des § 33 (KO.) findet entsprechende Anwendung.*

Die Aufrechnung ist zulässig, wenn der Erwerber zur Übernahme der Forderung oder zur Befriedigung des Gläubigers verpflichtet war und zu der Zeit, als er die Verpflichtung einging, weder von der Zahlungseinstellung, noch von dem Eröffnungsantrage Kenntnis hatte.

Es würde dem Vergleichszwecke zuwiderlaufen, wenn ein die Krisis kennender Gläubiger sich noch im letzten Augenblick durch die Manöver, welche § 55 KO. im Auge hat, ein Recht an der Masse sichern könnte. Derartige Forderungen wären oft billig zu erlangen und würden, wenn der § 55 KO. nicht im Wege stünde, zum vollen Betrage compensando angerechnet werden

(RG. 85, 41). Die Gegenseitigkeit muß daher bereits im Zeitpunkt der Ganteröffnung vorhanden gewesen sein. Der Gläubiger muß seine Forderung gutgläubig erworben haben. Es soll sich niemand zum Nachteil der Masse und daher der Gantgläubiger aus Eigennutz durch Erwerb einer Aufrechnungsforderung nach Ganteröffnung oder Zahlungseinstellung oder Eröffnungsantrag in Kenntnis dieser Tatsachen, von einer Schuld befreien dürfen. Unzulässig ist folglich die Aufrechnung mit einer vor oder nach Ganteröffnung an den Schuldner erworbenen Forderung gegen eine nach Ganteröffnung entstandene Schuld an die Masse, ferner mit einer nach Ganteröffnung erworbenen Forderung gegen eine vor Ganteröffnung entstandene Schuld an den Schuldner bzw. gegen eine derartige Schuld mit einem Guthaben, das der Schuldner vor der Ganteröffnung, jedoch nach der Einstellung oder dem Eröffnungsantrag, bewußt erworben hat, wenn nicht das Merkmal des letzten Satzes des § 55 KO. vorliegt.

Die generelle Zulässigkeit der Aufrechnung würde gewisse Schiebungen ermöglichen. Der nicht vom Vergleichsverfahren betroffene Gläubiger könnte sich hinterher eine Gegenforderung verschaffen und damit einen Zugriff in das Vermögen des Vergleichsschuldners vornehmen. Die Masse aber ist zur gemeinsamen und möglichst gleichmäßigen Befriedigung der Gläubigerschaft bestimmt. Es muß also die hinterherige Möglichkeit der Aufrechenbarkeit verhütet werden. Die Anwendbarkeit des § 55 KO. wird der Absicht der Nichtschmälerung der Vergleichsmasse gerecht.

Der § 36 VerglO. enthält ius cogens: eine gegenteilige vertragliche Abmachung zwischen dem Vergleichsschuldner und dem Gläubiger ist eo ipso unwirksam (RG. 40, 125; LZ. 1911, 82).

Es ist unwesentlich, auf welchem Wege die Forderung hinterher erworben wurde. Es kann dies auf dem Wege des Wechselverkehrs (Giro, Indossament) durch Pfändung, Zession oder Überweisung, oder auch im Wege des Erbganges, geschehen.

Der § 36 VerglO. bezweckt, die Aufrechnung nur eingeschränkt zuzulassen, um eine im Wege der Aufrechnung mögliche Bevorzugung einzelner Gläubiger auszuschließen. Rechtsähnlich: RG. III, 9. Jan. 1917, Bd. 89 S. 203.

Das Aufrechnungsverbot verliert mit der Beendigung des Vergleichsverfahrens jede Wirkung auch für die Zukunft. Dies gilt auch dann, wenn sich die Konkurseröffnung unmittelbar dem Vergleichsverfahren anschließt. Hamburg, 2. Juli 1926, HansRZ. 26, 780.

Bezüglich der Aufrechnung im Genossenschaftsvergleich mit Forderungen, welche ein Genosse erst während des Vergleichsverfahrens erworben hat, gegenüber den Nachschüssen s. Genossenschaftsgesetz § 105 Abs. 5.

§ 37.

Ist der Schuldner Kaufmann, so hat er von der Zustellung des Beschlusses über die Eröffnung des Vergleichsverfahrens bis zur Bekanntmachung des Beschlusses über die Beendigung des Verfahrens seiner Firma den ausgeschriebenen Zusatz „im Vergleichsverfahren" beizufügen. Auf den im § 15a der Gewerbeordnung vorgesehenen Gebrauch der Firma findet diese Vorschrift keine Anwendung.

Die Vorschriften des § 32 und des § 37 Abs. 1 des Handelsgesetzbuchs finden entsprechende Anwendung. Der Gerichtsschreiber hat eine beglaubigte Abschrift der Formel des Eröffnungsbeschlusses und der Entscheidung, welche das Vergleichsverfahren beendet, dem Registergericht mitzuteilen.

Der Firmenzusatz.

A. Allgemeines.

Die Spitzenverbände der Industrie und des Handels regten u. a. diesen Zusatz — ein Stück Publizität — an. (Cf. meinen Aufsatz über die Richtlinien der Verbände. JW. 1925 S. 192.)

Es liegt freilich in der Vorschrift eine kleine Degradierung, eine gewisse Prangerstellung. Allein diese Pflicht zur Beifügung eines Firmenzusatzes, welche sich formell an die Vorschriften über die Liquidation von Handelsgesellschaften anlehnt, dient nicht bloß dem Interesse der beteiligten Gläubiger. Die Zusatzpflicht soll auch dritte Personen, die mit dem Schuldner in Geschäftsbeziehungen treten, vor unliebsamen Überraschungen schützen. Es ist während des Bestehens der GeschAufsVO. häufig genug vorgekommen, daß ein Lieferant sich nicht im Klaren war, wen er als Auftraggeber vor sich hatte. Es ist das gute Recht jedes Warenlieferanten und Darlehens- bzw. Kreditgebers, zu wissen, daß sein Vertragsgegner zur Zeit im Vergleichszustande sich befindet. Er wird sich bezüglich des Grundes und Umfanges seiner Lieferung und Kreditgewährung, Ziele, Stundung, Sicherung usw. danach richten.

Der Firmenzusatz des § 37 VerglO. soll vor allem unlauteren Machenschaften des Vergleichsschuldners vorbeugen. Der Firmenzusatz soll insbesondere verhüten, daß der Schuldner Wechsel zieht und Schecks ausstellt, ohne daß der Nehmer des Wechsels weiß, daß er es mit einem zahlungsunfähigen Schuldner zu tun hat.

Man hat u. a. gegen die Pflicht, den Zusatz zu führen, eingewendet, es sei ja nicht einmal im Konkurs ein solcher Firmenzusatz vorgeschrieben. Ganz abgesehen davon, daß die KO. ein älteres Gesetz ist und in manchen Punkten einer Verjüngung bedürfte — sogar nach Ideen der VerglO. — liegen die Verhältnisse im Konkurse doch etwas anders. Im Konkurse wird das Geschäft nicht weitergeführt, sondern allmählich aufgelöst. Der Konkursverwalter zeichnet nicht einfach die Firma des Gemeinschuldners, sondern tritt im Verkehr als Konkursverwalter auf[1]). Eine Täuschung der Öffentlichkeit über die Sachlage ist also im Konkurs nicht zu besorgen.

B. Vollkaufleute.

Folgerichtig hätte man diese Vorschrift des § 37 VerglO. jedem Vergleichsschuldner gegenüber anwenden müssen[2]). Die Pflicht zur Beifügung des Firmenzusatzes besteht aber nur für Kaufleute und auch für diese nur, wenn sie zur Führung einer Firma verpflichtet sind. Demgemäß gilt die Bestimmung nicht für die im § 4 des Handelsgesetzbuches genannten Gewerbetreibenden. Es sind dies Handwerker und Personen, deren Gewerbebetrieb nicht über den Umfang des Kleingewerbes hinausgeht (Minderkaufleute). Näheres s. Staub-Könige 13. Aufl. I. Bd. § 4 S. 69 ff.

C. Wo und wie wird der Zusatz geführt?

a) Bei allen Unterschriften, Briefformularen, Umschlägen, sonstigem Schreibwerk, Inseraten, Plakaten, Avis, Bescheinigungen, Quittungen, Anweisungen, Wechseln, Schecks, Postschecks, Aufschriften, Propaganda- und Werbedrucksachen, Stempeln, Faksimilen, kurz: jedweder Firmenbekundung.

b) Ausnahme für Firmenaufschriften.

Der § 15a der Gewerbeordnung schreibt vor:

I. Gewerbetreibende, die einen offenen Laden haben oder Gast- oder Schankwirtschaft betreiben, sind verpflichtet, ihren Familiennamen mit mindestens einem ausgeschriebenen Vornamen an der Außenseite oder am Eingang des Ladens oder der Wirtschaft in deutlich lesbarer Schrift anzubringen.

II. Kaufleute, die eine Handelsfirma führen, haben zugleich die Firma in der bezeichneten Weise an dem Laden oder der Wirtschaft anzubringen; ist aus der Firma der Familienname des Geschäftsinhabers mit dem ausgeschriebenen Vornamen zu ersehen, so genügt die Anbringung der Firma.

III. Auf offene Handelsgesellschaften, Kommanditgesellschaften, und Kommanditgesellschaften auf Aktien finden diese Vorschriften mit der Maßgabe Anwendung, daß für die Namen der persönlich haftenden Gesellschafter gilt, was in Betreff der Namen der Gewerbetreibenden bestimmt ist.

IV. Sind mehr als zwei Beteiligte vorhanden, deren Namen hiernach in der Aufschrift anzugeben wären, so genügt es, wenn

---

[1]) Über die Rechtsstellung des Konkursverwalters s. Heinemann, LZ. 1927, 964. — [2]) Cahn, LZ. 1927, 226.

die Namen von zweien mit einem das Vorhandensein weiterer Beteiligter andeutenden Zusatz aufgenommen werden. Die Polizeibehörde kann im einzelnen Falle die Angabe der Namen aller Beteiligten anordnen. —

Auf die Aufschrift des § 15a GewO. bezieht sich also die Vorschrift über Beifügung des Firmenzusatzes: „Im Vergleichsverfahren" nicht.

D. Wer führt den Firmenzusatz? Die Registrierung im Handelsregister und die Mitteilung der Formel an das Registergericht.

Physische und juristische Personen, Handelsgesellschaften, Aktiengesellschaften, Gesellschaften m. b. H., Genossenschaften, soweit es sich um einen Vergleichsschuldner dreht und soweit dieser Kaufmann ist, führen sämtlich den Zusatz.

Gemäß § 32 HGB., auf welchen der § 37 VerglO. Bezug nimmt, ist die Vergleichsanordnung in das Handelsregister einzutragen. Das gleiche gilt von der Aufhebung des Eröffnungsbeschlusses, sowie von der Einstellung und Aufhebung des Vergleiches (wie HGB. § 32).

Der § 37 HGB. besagt in seinem Absatz 1: „Wer eine nach den Vorschriften dieses Abschnittes ihm nicht zustehende Firma gebraucht, ist vom Registergericht zur Unterlassung des Gebrauches der Firma durch Ordnungsstrafen anzuhalten" (§§ 132 ff. FGG.; Einzelstrafe: bis 1000 *RM*; VO. 6. Febr. 1924; 12. Dezbr. 1924).

Die Tätigkeit des Registerrichters tritt auch im Umfange der Vorschrift des § 37 Absatz 2 VerglO. ein: Das Registergericht hat dafür zu sorgen, daß ein Vollkaufmann seine Firma während der im § 37 Abs. 1 VerglO. vorgeschriebenen Zeit mit der Beifügung anwendet.

Damit das Registergericht die Erfüllung der Zusatzpflicht überwacht, ist der Gerichtsschreiber gehalten, eine beglaubigte Abschrift der Eröffnungsbeschlußformel (und umgekehrt später der Entscheidung, welche das Vergleichsverfahren beendet) dem Registergericht mitzuteilen. —

E. Persönliche Wirkung des Firmenzusatzes.

Weder die Tatsache des Vergleichs noch der Firmenzusatz beeinflußt die persönliche Ehrenstellung des Vergleichsschuldners, der Ämter und Funktionen gleichwohl bekleiden kann. —

Über die Wirkung der gerichtlichen Veräußerungsverbote im Sinn der §§ 50 ff. s. meine — nicht unbestrittene — Anschauung zu diesen Paragraphen.

§ 38.

Der Schuldner darf während der Dauer des Verfahrens die vorhandenen Mittel nur insoweit für sich verbrauchen, als es zu einer bescheidenen Lebensführung für ihn und seine Familie unerläßlich ist.

Zu einem beneficium competentiae, zu einer Unterstützung des Schuldners und seiner Familie (im Sinne des § 58, 3. Passus 159 und 132 KO.) bestand im Rahmen der VerglO. kein Anlaß. Doch läßt sich auch hier grundsätzlich ein Fall denken, in welchem ein Bedürfnis einer Subvention besteht. Es geschieht dies gesetzlich nur deshalb nicht, weil ja an sich die Verwaltung des Vermögens dem Vergleichsschuldner nicht, wie beim Konkurs, entzogen ist.

Freilich kann auch ein Vergleichsschuldner nicht von der Luft leben. Aber man hat die Berechtigung, ihm den Brotkorb höher zu hängen: Er, der im weitesten Maße auf ein Entgegenkommen seiner Gläubiger rechnen muß, darf pro domo nur so viel verwenden, als seinen augenblicklichen Verhältnissen entspricht. Die Mittel, die dem Schuldner für seine Lebensführung gelassen werden, sollen nicht reichlich sein, weil er sonst das Interesse an Promptheit verliert. Kostspielige Wohnungen sind aufzugeben oder einzuschränken. Alle unnötigen Ausgaben müssen wegfallen.

Zum übermäßigen Verbrauch im Gegensatz zur bescheidenen Lebensführung: RGStR. II, 4. April 1927, 2 D 10. April 1927, JW. 1927, 1761.

Bescheiden ist nicht dürftig oder notdürftig (BGB. § 1611), auch nicht standesmäßig (BGB. § 1610), d. h. der Lebensführung der gesellschaftlichen Stellung entsprechend. Der erste Faktor wäre für den Schuldner zu ungünstig, der zweite Faktor zu günstig. Der Vergleichsschuldner genießt durch den § 38 VerglO. einen der Tendenz derselben entsprechenden Vorzug vor dem Gemeinschuldner des Konkurses. Letzterer hat nur notdürftigen Unterhalt anzusprechen, der Unterhalt muß zur Befriedigung der allereinfachsten Lebensbedürfnisse ausreichen. Der Anspruch des Gemeinschuldners ist ferner nicht obligatorisch. Es haben vielmehr die Konkursverwaltungsorgane darüber zu verfügen, ob Unterhalt zu gewähren ist (KO. § 129 M. 4 S. 198). Da der Vergleichsschuldner sein Geschäft weiterbetreibt und verfügungsberechtigt bleibt, soll er nicht ein Benefizium ansprechen dürfen; die Grenze bildet vielmehr die bescheidene Lebensführung. Ist auch der Begriff der Standesmäßigkeit nicht zugrunde zu legen, so muß doch die Auslegung individuell sein. Was bei dem Leiter eines industriellen Unternehmens bescheiden ist, kann bei dem kleinen Gewerbetreibenden unbescheiden sein. Fraglich ist, ob die Lebensführung der Familie ausdehnend auszulegen ist, d. h. ob die geschiedene Ehefrau oder das uneheliche Kind des Schuldners einzubegreifen sind. Die Mehrheit der Schriftsteller begreift diese Kategorien nicht in die Familie des Schuldners ein, und zwar mit Recht, weil doch wohl nur der Hausstand (wenn auch in weiterem Sinne) in Betracht kommt, wohl also die von dem Schuldner getrennt lebende Ehefrau, die rechtlich jederzeit den Anspruch auf Rückkehr in den gemeinschaftlichen Haushalt hat. Dagegen scheint mir die Formel, es seien Unterhaltsansprüche von Familienmitgliedern auch ohne besondere Eingehung von Verträgen insoweit privilegiert, als sie einer bescheidenen Lebensweise des Unterhaltsberechtigten dienen, zu weit zu gehen. Die VerglO. hätte die Möglichkeit einer diesbezüglichen Redigierung gehabt, wollte sie aber offenbar nicht.

Die Einhaltung einer bescheidenen Lebenshaltung hat die VP. zu überwachen (§ 40 VerglO.). Verletzt der Vergleichsschuldner diese Obliegenheit, so gilt § 79 Passus 5 VerglO.: „Das Vergleichsverfahren ist einzustellen, wenn der Schuldner durch einen nach Lage der Sache unangemessenen Aufwand der Vorschrift des § 38 zuwiderhandelt". Es ist begreiflich, daß sich die Gläubigerschaft und das Gericht nicht bieten lassen werden, daß aus der Tasche der Gläubigerschaft der Schuldner gut lebt. Näheres über unangemessenen Aufwand s. in meinen Erläuterungen zu § 79, Passus 5 VerglO.

Ob der Schuldner bescheiden lebt, wird nach dem § 38 VerglO. kontrolliert. Die VP. muß jeweils hierüber berichten. Eine freilich im Großstadtleben oft grotesk anmutende Zumutung für die VP., erst recht, wenn der Schuldner eine Gesellschaft ist, wobei zweifelhaft ist, ob die Vorstände, Geschäftsführer (ohne besondere Norm) mit ihren hohen Gehältern und Tantiemen, mit ihren Auto-, Villen- und Reisegewohnheiten, überhaupt unter § 38 VerglO. fallen. Die Anwendbarkeit gegenüber den Gesellschaftsorganen wird meist bejaht. Ich würde mich als VP. auch nicht besinnen, diesen gegenüber von den §§ 38, 79 VerglO. Gebrauch zu machen[1]).

§ 39.

Die Verjährung der Ansprüche der an dem Vergleichsverfahren beteiligten Gläubiger ist von der Eröffnung des Vergleichsverfahrens bis zur Rechtskraft der Entscheidung, die das Verfahren beendet, gehemmt.

Die Verjährung ist nicht (im Sinne des § 217 BGB.) unterbrochen, sondern mit den Folgen des § 205 BGB. gehemmt. Nach Aufhebung des Vergleichsverfahrens läuft die Frist fort. Dadurch, daß die rechtskräftige Beendigung des Vergleichsverfahrens jeweils öffentlich bekanntgemacht wird, ist dem Gläubiger die Möglichkeit sofortigen Einschreitens gegen den Vergleichsschuldner gewahrt.

[1]) Einschlägiges: Hamburger, Konk. u. Treuh. 1927, 113.

RG. 28. Sept. 1920 (Bd. 100 S. 65) führt — rechtsähnlich — aus: Die Einleitung (des Verfahrens) nimmt den bestehenden Verbindlichkeiten des Schuldners in ihrer Allgemeinheit gewisse Merkmale der Fälligkeit und gerade die entscheidenden. (Eine Begriffsbestimmung, die in ihrer etwas zu allgemeinen Form übrigens RG. I 6. März 1926, 74/25, 113/54 einengte; cf. meine Erläuterung zu § 35, A, Eingang.) (Es muß der von dem Verfahren betroffene Gläubiger die Prozeßkosten tragen, wenn der Schuldner den Anspruch sofort anerkennt. Vollstrecken darf er sein Urteil überhaupt nicht. Der Schuldner kann also zur Bezahlung der von dem Verf. betroffenen Forderungen nicht mehr gezwungen werden. Es läuft das der Tatsache nach auf eine Stundung der Forderungen hinaus und das erkennt auch die VO. selbst an, indem sie die Verjährung des Anspruchs während der Dauer des Verfahrens gehemmt sein läßt, wenn der Gläubiger von dem Verfahren betroffen wird. Die Wirkungen des Verfahrens gehen aber sogar über die einer bloßen Stundung oder über die Gewährung des Rechts, die Leistung vorübergehend zu verweigern, hinaus. Der Schuldner, der vor Einleitung des Verfahrens bloß nicht zahlen konnte, darf nachher überhaupt nicht mehr zahlen. Der § 39 VerglO. bezieht sich auf die Verjährungs-, nicht etwa auch Ausschluß-Fristen (Inventarfrist im Nachlaßverfahren). Der § 39 VerglO. bildet eine gewisse Gegenleistung des Gesetzgebers, der, wie eben dargelegt (RG. 100 S. 65) ein wirklich praktisches Vorgehen der vom Verfahren nicht betroffenen Gläubiger unmöglich gemacht hat. Zwar können diese Klage stellen: sie sind aber nicht mehr dazu genötigt, die Verjährung zu unterbrechen, weil nunmehr durch den § 39 VerglO. („Waffenruhe" Jaeger, JW. 1917, 194 D a) eine Hemmung der Verjährung festgelegt ist. Erhebt ein Gläubiger, welcher zu den privilegierten gehört, trotzdem der Schuldner seinen Anspruch anerkennt, gleichwohl während der Dauer des VerglVerf. eine Leistungsklage, so fallen ihm nach § 35 VerglO. die Prozeßkosten zur Last. Dies gilt nicht, wenn der Gläubiger aus besonderem Grund an der alsbaldigen Erwirkung eines Urteiles ein berechtigtes Interesse hatte. Die Befürchtung der Verjährung gibt indes kein derartiges berechtigtes Interesse ab, weil ja nun der Gläubiger infolge der Bestimmung des § 39 VerglO. sich auf diese nicht mehr berufen kann. Die Hemmung, die unabhängig von irgendeiner Tätigkeit oder Willenserklärung des Gläubigers eintritt, so daß die Dauer des VerglVerf. nicht in die Verjährungsfrist eingerechnet wird, ist keine Unterbrechung im Sinne des § 217 BGB., reicht aber aus, weil nach rechtskräftiger Beendigung des VerglVerf. der von dieser benachrichtigte Gläubiger freie Hand gegen den Schuldner erhält, wenn nicht ein Vergleich geschlossen wurde. Der Vergleich enthält für den Fall der Stundung eine weitere Hemmung (§ 202 BGB.).

§ 40.

Das Gericht hat bei der Eröffnung des Vergleichsverfahrens zur Prüfung der Verhältnisse des Schuldners und zur Überwachung seiner Geschäftsführung sowie der Ausgaben für die Lebensführung des Schuldners und seiner Familie während des Verfahrens eine oder mehrere Vertrauenspersonen zu bestellen.

Von der Bestellung einer Vertrauensperson kann abgesehen werden, wenn sie aus besonderen Gründen, insbesondere wegen der Einfachheit und Klarheit der Verhältnisse oder wegen des geringen Umfanges des Geschäftsbetriebs des Schuldners entbehrlich erscheint. Eine Vertrauensperson muß jedoch auch in diesem Falle bestellt werden, sobald ein Gläubiger oder der Schuldner es beantragt oder sich im Laufe des Verfahrens herausstellt, daß die Voraussetzungen des Satz 1 nicht oder nicht mehr vorliegen.

Die Vertrauensperson (VP.)

A. Allgemeines.

An die Stelle der Aufsichtsperson tritt nun die Vertrauensperson. Das unschönste war das Attribut selbst. Doch wurde es im Volksmunde noch häßlicher. Einzelne Bücherrevisoren nannten die AP. Aufsichter. Man sollte doch die deutsche Sprache nicht gar so sehr verstümmeln. Erträglicher wäre doch: Aufsichtsführer oder Vertrauensmann. In der Begründung zu dem Gutachten des Reichswirtschaftsrats vom 2. Febr. 1926 heißt es: „Sprachlich schöner wird das Wort „„Vertrauensmann““ sein. Die Gefahr, daß deshalb ein Gericht auf den Gedanken kommt, daß Frauen nicht zu Vertrauensmännern gewählt werden können, kann als ausgeschlossen betrachtet werden".

Es heißt aber dann in der Begründung des Reichswirtschaftsrates — was weit wichtiger ist — noch weiter: „Nach dem System des Vergleichsverfahrens soll der Vertrauensmann erst nach der Einleitung des Vergleichsverfahrens in Wirksamkeit treten. Das Gericht ernennt ihn. Die Gläubigermehrheit, deren Zustimmung zur Eröffnung des Vergleichsverfahrens vorausgesetzt ist, kann eine bestimmte Person in Vorschlag bringen. Dann soll diese vom Gericht bestellt werden. Hat man nun aber sich zu einer Regelung des Verfahrens vor der Epoche des Zwangsvergleiches entschlossen, so muß *folgerichtig auch schon in dieser Zeit der Vertrauensmann vorhanden sein.* In gleicher Weise wird man auch den Gläubigerausschuß im Gesetze anzuerkennen haben.

Nun kann man allerdings nicht sofort mit der Eröffnung des Gesamtverfahrens durch die Fristsetzung erwarten, daß die Gläubiger einen Mann ihres Vertrauens bezeichnen. Das mag hier und da vorkommen. Es setzt voraus, daß schon vorher der Schuldner sich mit den Gläubigern in Verbindung gesetzt hat, aber noch zu keinem greifbaren Ergebnis gediehen ist. In zahlreichen Fällen fehlt es noch an dem Zusammenschluß der Gläubiger. Sie treffen sich meist erst, wenn sie der Schuldner zusammenruft. Dem Gericht unbedingt die Bestellung des Vertrauensmannes bei der Einleitung des Verfahrens zu überlassen, erschien nicht ratsam. Die Gefahr liegt nahe, daß sich dann eine Anzahl von regulären Vertrauensmännern bildet, die vom Gericht bestellt zu werden pflegen. Es soll daher das Gericht einen Vertrauensmann erst dann bestellen, wenn die Gläubiger nicht innerhalb der kurzen Frist von einer Woche ihrerseits den Vertrauensmann bezeichnen. Dabei erscheint es ratsam, daß die Berufsvertretung eine Anzahl geeigneter Personen dem Gericht benennt. Hierdurch wird die Vertrauenswürdigkeit vorher geprüft. Die Befugnis der Gläubiger, einen anderen Vertrauensmann zu ernennen, bleibt ihnen erhalten".

B. Die Provenienz. Wer erkürt die Vertrauensperson?

De lege lata ist in positiver Hinsicht bestimmt, daß bei Vergleichseröffnung die VP. vom Gericht aufgestellt wird. § 40 VerglO. Das Gericht, welches nicht mechanisch arbeiten soll, kann aber ebensogut bereits vorher eine geeignete Persönlichkeit ins Auge fassen. Wir leben ja im Zeitalter des Telephons. Das Bürokratische ist auch hier auszuschalten. Schon der § 20 VerglO. besagt, daß die Berufsvertretung bei ihrer Äußerung über den Vergleichsantrag auch eine bestimmte VP. benennen kann. Die Gerichte, die meistens mit den Handelskammern usw. zusammen eine derartige Personenwahl vornehmen, weil diese die beste Personen- und Sachkenntnis auf dem Gebiet haben, können ja bereits vor dem eigentlichen Moment der Eröffnung des § 40 VerglO. sich über die geeignete VP. schlüssig machen.

Kumulierend sagt wiederum der § 41 der VerglO., daß die Gläubigermehrheit des § 16 Abs. 1 Nr. 4 VerglO. (Majorität der Kopf- und Stimmzahl) eine bestimmte VP. vorschlagen kann. Ein kluger und praktischer Richter wird hierhin und dorthin hören. Er wird dann beschließen, was er für richtig findet. Er kann ja der Gläubigermehrheit vor seinem Beschluß bekannt geben, wen die Berufsvertretung, und er kann dann wieder der Berufsvertretung bekanntgeben, wen die Gläubigermehrheit erkoren hat oder zu erküren gedenkt.

(Schon vor Inkrafttretung der VerglO. [v. 1. Okt. 1927] hat die Industrie- und Handelskammer Berlin Schritte zur Bereitstellung geeigneter VP. getan und bekanntgegeben.)

C. Aufgabenkreis der Vertrauensperson.

Der Konkursverwalter hat eine gewisse Omnipotenz[1]). Die Aufsichtsperson hatte von 1916 an — nicht schon von 1914 an — einen erhöhten Rechte- und Pflichtenkreis, aber doch mehr nach innen, als nach außen; s. § 3 der GeschAufsVO. und meinen Hauptkommentar, S. 64.

Weniger Rechte, wenn auch nicht viel weniger Pflichten, hat die VP. Jaeger (DJZ. 1. Jan. 1926) nennt sie ein ganz blutleeres Gebilde. Jaeger fährt fort: „Daß von ihrer Bestellung unter Umständen abgesehen werden kann, begreift man, wenn man die Schemenhaftigkeit der Stellung würdigt. Um so verwunderlicher, daß „die Person" bestellt werden muß, wenn irgendein Gläubiger (etwa mit einer Forderung auf 1,50 *RM*) dies beantragt."

Man kann dieser Kritik die Berechtigung nicht versagen. Wenn es natürlich auch begreiflich ist, daß der — gegen die Jahre 1916—1924 — etwas eingeengte Zuständigkeitskreis der VP. einer geringeren Mühewaltung und minder spezifizierten Geschäftsordnung im Gesetze bedarf. —

Es soll die VP. zunächst nur die Verhältnisse des Schuldners prüfen, also alles eruieren und berichten, was in Einklang oder Widerspruch zu den Angaben des Schuldners gemäß §§ 1, 2, 15—18 VerglO. steht. Wer und was ist der Schuldner? Woher stammt er, was trieb er bis jetzt? Wieso geriet er ins Abwesen? Wer sind die Seinigen? Liegt ein verdächtiger Einfluß dieser oder einer Gläubigergruppe vor? Sind suspekte Forderungen herüber und hinüber vorhanden? Liegen Tatsachen vor, die auf den ersten Blick oder bei näherer Prüfung für Ablehnung des Vergleiches sprechen? Was bietet der Schuldner? Wie will er dies sichern? Wer sind überhaupt seine Hintermänner und Garanten? Sind viele privilegierte Gläubiger vorhanden? Welcher Art und Unterart? Wie sieht die Aktivmasse aus? Wie prosperiert das Geschäft? Warum und seit wann nicht mehr? Was vor allem veranlaßt die Zahlungseinstellung oder Überschuldung? Wer sind die Leiter der schuldnerischen Gesellschaft? Wer steckt hinter ihnen? Wer sind die Geldgeber der Gesellschaft? Wer war (im Nachlaßfall) der Verstorbene? Wer sind seine Erben und Vermächtnisnehmer? Wie ist die Stimmenzahl bei den Genossen (im Genossenschaftsvergleich)? Wer ist der Revisionsverband; wie ist er organisiert? Wie sind die güterrechtlichen Verhältnisse beim Gesamtgut?

So und ähnlich muß die VP. den Schuldner und die Gläubiger ausforschen, sie muß sich die einschlägigen Urkunden, Belege, Auszüge, Akten, Schuldscheine, Wechsel, verschaffen oder einsehen. Sie muß auch die einschlägigen Privatverhältnisse prüfen und überwachen. (Nur die einschlägigen).

---

[1]) Heinemann, LZ. 1927, 964.

Es dreht sich bei der VP. durchwegs um ein Amt. Der Schuldner hat an sich nur einen abgeschwächten Anspruch auf Berücksichtigung seiner Wünsche bezüglich der Person des Vertrauensmannes. Handelt es sich aber um einen ordentlichen und verlässigen Schuldner — nach Art seines Eindruckes —, so kann der Wunsch oder die Anregung des Schuldners auch sehr wohl Berücksichtigung finden.

Wird der Personenvorschlag der Gläubigermehrheit nicht mit dem Vergleichsantrag des § 15 VerglO. verbunden, so sind vor der Entscheidung sowohl der Schuldner, als auch die einschlägige Berufsvertretung, anzuhören. Diese können dann unter Umständen eine andere VP. vorschlagen, oder bei Bedarf mehrere.

Nach der redaktionellen Form der §§ 20 und 41 VerglO. ist es schwer zu sagen, ob die Vorschläge der Gläubigermehrheit, der Berufsvertretung und allenfalls des Schuldners mehr sekundärer oder tertiärer Natur sind. Primärer Natur scheint nach dem Abs. 2 des § 41 VerglO. mehr das Votum der Gläubigermehrheit zu sein. Aber allemal trifft das Gericht seine Entschließung und die Gläubigermehrheit hat nur ein Nominierungsrecht, wenn noch keine andere VP. bestellt ist. Auch kann ja das Gericht seinen erhöhten Einfluß immer dadurch in die Wagschale werfen, daß es den Vorschlägen der Vorschlagenden nachgeht und ihre eventuelle Begründetheit nachprüft, wobei es letzten Endes die einen oder anderen Anregungen respektieren kann, oder nicht. Kann doch das Gericht jederzeit feststellen, daß Tatsachen vorliegen, die die vorgeschlagenen Personen als ungeeignet erscheinen lassen (§ 41 VerglO.)

D. Einführung in das Amt.

Die Nachforschungs- und Überwachungsbefugnisse erhält die VP. mit der Annahme des Amtes, welche übrigens schon vor der Bestellung betätigt werden kann. Eine besondere Annahmeerklärung ist nicht vorgeschrieben, wird aber zur Vermeidung von Weiterungen übungsgemäß allgemein eingeführt werden. Eine förmliche Verpflichtung der VP., etwa wie beim Laienrichter oder Vormund, ist nicht vorgeschrieben. Immerhin ist das Gericht durch Vollzugsvorschriften gehalten, die VP. einzuweisen und auf ihre Obliegenheiten hinzuweisen. Rechtsähnlich vorläufig Bayr. JMBl. 1914, 159. Geschieht dies nicht, ist die Funktion der VP. nicht minder gültig. Verpflichtet ist die VP. zur Annahme des Amtes nicht. Bei manchen Amtsgerichten bestehen Verzeichnisse von Personen, welche, teils als Masseverwalter, teils als Aufsichtspersonen, nun wohl auch VP., sich bestellen zu lassen, ein für allemal ihr Einverständnis erklärt haben.

Wenn die aufgestellte VP. ihr Amt ablehnt, oder wenn die Erwähnung der VP. im Anordnungsbeschlusse unterblieben ist, berührt dies die Anordnung des Vergleichsverfahrens selbst nicht.

Es ist also grundsätzlich denkbar, daß zwischen der Anordnung des Vergleichsverfahrens und der Bestellung der VP. ein kleiner zeitlicher Zwischenraum liegt, wenn dies auch in der Regel kaum vorkommt.

E. Wer eignet sich?

Da nur natürliche Personen vom Gerichte aufgestellt werden können, ist es unzulässig, juristischen Personen oder Firmen das Amt einer VP. zu übertragen. (A. M. mit Unrecht: Bankarchiv 1927, 230 [Schwabe]. Nur die physische Person gewährleistet die Anforderungen der ratio legis.) Wohl aber können persönlich haftende Gesellschafter und gesetzliche Vertreter juristischer Personen, als Einzelindividuen, zu VP. bestellt werden. Bei dem Vergleichsverfahren über Genossenschaften ist zweckmäßigerweise meist die VP. aus den Kreisen der genossenschaftlichen Sachverständigen, besonders der Verbandsrevisoren oder Verbandsdirektoren, zu bestellen (GenossenschBl. 1915, 393).

Rein theoretisch und abwegig erscheint mir die Erörterung über die Zuziehung von Geschäftsunfähigen (soweit sie nicht geisteskrank sind), z. B. Minderjährigen (18jährigen Handlungsgehilfen etwa); als VP. (wie dies z. B. Bendix, LZ. 1915, 191 untersucht). Das Amt erfordert solche Reife und ein solches Verantwortungsgefühl, daß der Einrichtung auch nur mit der Prüfung solcher der Praxis nicht förderlichen Fragen m. E. nicht gedient ist. Ein Richter, der eine solche Auswahl treffen würde, würde ebenso weltfremd sein, wie ein Gesetzgeber, der derartige Kandidaten für das Amt im Auge gehabt hätte.

Es liegt nahe, daß nur wirklich tüchtige, verlässige, sittlich einwandfreie, erfahrene und tunlichst mit den einschlägigen rechtlichen Angelegenheiten vertraute Personen aufgestellt werden. Eine Bestimmung, daß Frauen nicht aufgestellt werden können, besteht nicht. Nachdem laut Bekanntmachung über die Verwendung weiblicher Hilfskräfte im Gerichtsschreiberdienste, die Wahrnehmung von Amtsgeschäften der Gerichtsschreiber Frauen übertragen werden kann, wird vielleicht an dem einen oder anderen, zumal kleineren Platze, das Gericht sich entschließen müssen, eine Frau als VP. aufzustellen. Im übrigen können alle natürlichen Personen bestellt werden: Kauf- und andere Geschäftsleute, Revisoren, gewerbsmäßige oder nicht gewerbsmäßige Masseverwalter, häufig wohl auch Rechtsanwälte, die die gesamte prozessuale und konkursrechtliche Rechtsprechung beherrschen. Denn das Amt ist ein sehr verantwortungsvolles, vielleicht noch mehr deshalb, weil der Pflichtenkreis nur zum Teil fest umschrieben ist. Es kamen, wie die Praxis im Geschäftsaufsichtsverfahren zeigt, und kommen viele Verwickelungen vor, was ganz gewiß unter der Herrschaft der VerglO. noch zunehmen wird. Die rechtliche und tatsächliche Komplikation, die wirtschaftliche Verantwortlichkeit, macht Vertrauenspersonen erforderlich, die ihrem Amte und jeder eintretenden Verwickelung gewachsen sind.

Ungeeignet erscheinen daher gewerbliche Konkurrenten des Schuldners (BayrJMBl. 1914, 175); m. E. auch Verwandte des Schuldners. Es empfiehlt sich ferner nicht, Gläubiger oder deren Vertreter als VP. aufzustellen. Die VP. soll unbefangen sein, ein am Verfahren beteiligter Gläubiger ist ganz gewiß nicht unbefangen. Der Schuldner selbst kann nicht als VP. bestellt werden, ebensowenig sein gesetzlicher Vertreter. Leute, die selbst unter Vergleichsverfahren stehen, eignen sich nicht als VP. anderer. Denn die Vertrauenswürdigkeit einer VP. soll eine große sein. Wer aber selbst in ungeordneten Verhältnissen ist, und sich in seine geschäftliche Verwaltung dareinreden lassen muß, besitzt nicht die erforderliche Zuverlässigkeit als VP. Das Nämliche trifft erst recht für Gemeinschuldner eines Konkurses zu. Irgendwelche befangene Persönlichkeiten eignen sich naturgemäß als VP. nicht. Gleichwohl kann nicht von vorneherein ausgesprochen werden, daß jeder bisherige Rechtsbeistand des Schuldners als VP. ungeeignet wäre. Dies alles hängt von individueller Beurteilung ab. Eine allzu peinliche Kasuistik ist unmöglich. Sie läßt sich überdies an kleineren Orten und bei kleiner Auswahl geeigneter Personen praktisch schwer durchführen.

F. Mehrheit der Vertrauenspersonen.

Das Gewöhnliche ist die Bestellung einer VP. Allein bei besonders großen oder mehrere Geschäftszweige umfassenden oder an verschiedenen Orten geführten Betrieben oder Anlagen, die etwa einen Techniker und Kaufmann oder Juristen oder gar diese drei Kategorien als Leiter erfordern, kann die Mehrheit vonnöten sein. Es fragt sich nun, ob diese kollektiv bzw. samtverbindlich zusammen wirken (BayerJMBl. 1914, 158; Bayer.-VollzVorschr. IV, 8: „gemeinschaftliche Führung der Aufsicht") oder ob die Sparte jedes einzelnen für sich, der Leitung und Haftung nach, in Betracht kommt. Diese Einteilung kann von Anfang an beschlußmäßig getroffen werden. Die Bestimmung des § 79 KO.: „Wenn die Verwaltung verschiedene Geschäftszweige umfaßt, so können mehrere Konkursverwalter ernannt werden. Jeder von ihnen ist in seiner Geschäftsführung selbständig", ist nicht in die VerglO. übergegangen. Dagegen stimmt die amtliche Begründung zu § 22 AufsVO. mit meiner obigen Erläuterung überein: werden mehrere Aufsichtspersonen bestellt, so hat das Gericht zu bestimmen, ob sie die Aufsicht gemeinschaftlich führen oder ob jede innerhalb eines bestimmten ihr zugewiesenen Geschäftskreises selbständig ist. Ersterenfalls haftet jede VP. nicht nur für eigene Pflichtwidrigkeit und Schadenzufügung, sondern auch für solche der Amtsgenossen (gesamtschuldnerische), freilich bloß dann, wenn das positive oder negative Verschulden der letzteren verursacht ist durch den Mangel der eigenen Diligenz (§§ 249, 254 BGB.). Der Ersatzanspruch ist der 30jährigen Verjährung bzw. der im § 852 BGB. unterworfen.

Die Frage: „was soll geschehen, wenn zwei VP. bestellt sind, diese aber in einer wichtigen Frage uneinig sind?" ist zu beantworten: bei Meinungsverschiedenheiten entscheidet das Gericht.

G. Unter Umständen keine Vertrauensperson.

Aus besonderen Gründen kann von Aufstellung einer VP. überhaupt abgesehen werden. Im Text des § 40 VerglO. heißt es, daß Umgang genommen werden kann, wenn die Verhältnisse einfach und klar liegen. Es mag sein, daß dies vorkommt. Es mag sein, daß dies nicht vorkommt. Wenn Verhältnisse gar so einfach und klar liegen, so braucht man meist gar kein Gericht. Dann geht es gewöhnlich auch auf dem Wege des Privatarrangements. Man kann doch, wenn die Verhältnisse allenfalls weniger kompliziert sind, eine VP. wählen, die aus irgendwelchen Gründen ein geringeres Honorar liquidiert oder aus irgendwelchem Entgegenkommen von solchem überhaupt absieht. Man kann einen Verwalter aufstellen, der ohnedies seitens des Gerichts öfter bedacht wird und deshalb im einzelnen Falle die Vertrauenstätigkeit billiger gestaltet, der auch so viel Routine hat, daß ihm die Überwachung nicht sehr viel Mühe verursacht. Für meinen Teil bin ich nämlich aus prinzipiellen Gründen gegen eine Nichtaufstellung einer VP. Aus Erfahrung bin ich in allen solchen Fällen für Rückendeckung, für gemeinsame Verantwortlichkeit, womöglich auch für Zusammenarbeiten eines beamteten Juristen (Richters), mit einem Laien oder nichtbeamteten Kontrollführer. Was der eine nicht beobachtet, beobachtet der andere. Ein Richter kann auch nicht wohl in der Stadt herumlaufen und Nachforschungen anstellen. Dazu kommt noch der Vorzug der Neutralität und die Beliebtheit des nichtrichterlichen Elements bei der — zumal auswärtigen — Gläubigerschaft.

Ist freilich der Geschäftsbetrieb des Schuldners gar so gering, so mag von seiten des Gerichts aus die Aufstellung der VP. zunächst unterbleiben. Ein Gläubiger kann übrigens diese Maßnahme durchkreuzen; also grundsätzlich ein Gläubiger, der 1 RM. zu beanspruchen hat. Dies zeigt schon die geringe Stabilität der Ausnahmsnorm des § 40 VerglO.

Wenn im Laufe des Vergleichsverfahrens sich herausstellt, daß der Umfang größer ist, daß mehr Arbeit und Verantwortung vorliegt, wie vorausgedacht, so kann hinterher, falls es vorher nicht geschehen ist, eine VP. aufgestellt werden. Es ist auch möglich, daß hinterher statt eines einzigen eine Mehrzahl von VP. aufgestellt wird.

H. Unterstützung und Überwachung.

Wie dem auch sei, die VP. muß nach dem ganzen Zusammenhang auch heute beide grundlegenden Funktionen ausführen: Unterstützung und Überwachung der Geschäftsführung, nicht nur Unterstützung, wie manche meinen, auch nicht nur Überwachung (weil der Gesetzestext des § 40 von Unterstützung nicht spricht). In Betracht kommen beispielsweise: Indienststellung der geschäftlichen und juristischen Kenntnisse, Indienststellung der geschäftlichen und persönlichen Beziehungen, des Ansehens der VP.

Den vollständigen Komplex des Vermögens, der vermögensrechtlichen Beziehungen, der geschäftlichen, wirtschaftlichen und rechtlichen Angelegenheiten, soll die VP. unterstützen und überwachen, damit Schuldner und Gläubigerschaft, die mit dem unangenehmen Zustande zu rechnen haben, tunlichst vor Schaden bewahrt werden. Der Geschäftsführung untersteht auch das von Bediensteten, Bevollmächtigten, Handlungs- und Gewerbegehilfen besorgte Gebiet. Wird über das Vermögen einer Gesellschaft das Vergleichsverfahren verhängt, so unterstehen der Geschäftsführung auch die von Vorständen, Geschäftsführern und Aufsichtsratsmitgliedern besorgten Angelegenheiten. Zu den vermögensrechtlichen Beziehungen des Schuldners sind auch die auf Grund gesetzlichen ehelichen Güterrechts des Ehemannes aus dem Frauenvermögen fließenden ehemännlichen Ansprüche zu zählen. Die kontroverse Frage, ob die Nutzungen des eingebrachten Gutes der Gläubigerschaft zufließen und daher der Geschäftsführung unterstehen oder ob bloß die bei Verhängung des Sanierungsverfahrens angefallenen Früchte zu dem ehemännlichen Vermögen gehören, ist im ersteren Sinne zu beantworten.

Zwischen dem vor und nach der Anordnung des Vergleichsverfahrens erworbenen Vermögen macht — wie dies für den Zeitpunkt der Konkurseröffnung § 1 KO. tut — die VO. keinen Unterschied. Es unterliegt also — wie bereits zu § 1 am Ende von mir ausgeführt — das gesamte Vermögen und damit die gesamte Geschäftsführung, einschließlich des nach der Anordnung des Vergleichsverfahrens angefallenen, der Unterstützung und Übermachung. Unter die Geschäftsführung fallen alle Emolumente des unter Vergleichsanordnung stehenden Angestellten oder Agenten oder Kommissionärs. Nicht unter das Vergleichsverfahren fallen die der Verpfändung entzogenen Vermögensteile, die nicht vermögensrechtlichen Angelegenheiten des Schuldners und fremden Vermögen, deren Gewalthaber, Pfleger, Vormund, Geschäftsführer, Liquidator der Schuldner ist.

Die VP. soll dem Schuldner zur Seite stehen, um sein Geschäft wieder gesund zu gestalten. Insofern unterstützt die VP. den Schuldner. Die VP. wird aber weiterhin im Interesse der Gläubiger ernannt, für sie kontrolliert er den Schuldner, sein geschäftliches Tun und Lassen. Insofern überwacht die VP. den

Schuldner. So liegt bei der VP. eine Art Personalunion vor; nicht ist der einzige und hauptsächliche Zweck des Rechtsinstituts die Assistenz zugunsten des Schuldners.

Unterstützung und Überwachung sind also zweierlei an sich voneinander total verschiedene, in ihrer sach- und zweckgemäßen Ausführung sowie bei der vorausgesetzten wohlwollenden und tatkräftigen Vollziehung freilich ineinanderfließende Funktionen der VP. Rat und Tat, geistige und tätige Mitarbeit, hat die VP. dem Vergleichsschuldner zur Verfügung zu stellen. Das Unkundige des letzteren hat er durch seine Erfahrung und Geschäftskenntnis auszugleichen. Mangelhafte Buchführung, Bilanzierung, Kalkulation, Ein- und Verkaufstätigkeit, Handhabung und Auslegung der Verträge ergänzt — je nachdem — seine Sach-, Handels-, Rechtskunde, technische Fähigkeit. Die VP. nützt die Konjunktur, rät praktische Hypothekenauseinandersetzung an, verhandelt mit dem Vermieter und führt Ratenvergleiche herbei. Insoweit unterstützt sie den Schuldner. Sie ist sein Berater und Helfer (nicht ein Zwangsliquidator).

Überwachungsrecht und -pflicht liegt an sich auf einem anderen Gebiet. Die VP. sorgt, daß das Vermögen nicht verschleudert, daß einzelnen Gläubigern oder Gläubigergruppen keine Begünstigungen gewährt werden, daß unlautere Machenschaften unterbleiben, daß die Buchführung eine vorschriftsmäßige, übersichtliche und von Verschleierungen freie sei, daß die Kassaverhältnisse den Zwecken des Vergleichsverfahrens entsprechen, daß Ein- und Auszahlungen einwandfrei besorgt, verwendet, gebucht werden, daß die Mittel zur Befriedigung der Gläubiger verwendet, und zwar — wenn dies auch nicht ausdrücklich die VerglO. ausspricht, unter entsprechender Berücksichtigung der Ziele und Zwecke des Vergleiches und seines Paritätssystems, — unter entsprechender Anwendung der Grundsätze der Konkursordnung, verteilt werden, daß die Lebensführung des Schuldners der Sachlage entspricht und bescheiden ist, daß das Vermögen keine wesentliche, die Gläubiger schädigende, Veränderung oder Verschiebung erfährt, daß Wechsel- und Scheckumlauf nach den vorhandenen Mitteln sich regelt, daß Ein- und Verkauf zweckentsprechend, brancheüblich, praktisch und reell vor sich geht, daß die bisher vielleicht schädlich einwirkenden Handlungen, Unterlassungen, Verfügungen und Eigenschaften des Schuldners oder seiner Angehörigen oder einzelner Gläubiger und -gruppen — ev. unter Anregung und Anwendung der Maßnahmen der § 50 ff. — hintangehalten und gerade durch geeignete Kontrolle abgestellt werden. So sind z. B. Scheinübertragungen von Einkünften an dem Schuldner Nahestehende überwachungsbedürftige Handlungen.

Die Überwachung ist aber nur möglich, wenn im Sinne des § 47 der VerglO. (siehe dort) der VP. Einsicht und Auskunft gewährt wird.

Richtig ist — und das darf nicht übersehen werden — daß (im Vergleich mit der GeschAufsVO. und der AP.) nach dem Wortlaut der VerglO. die Funktionen der VP. geringere sind. Selbst, wenn sie im Einzelfalle genau so schwerwiegend und verantwortungsvoll sein mögen. Allein die VP. kann schon deshalb nicht die vollen Müheleistungen der gewesenen AP. ausführen, weil die Geschäftsaufsicht im engeren Sinne (der Vorhof des Vergleiches) ja weggefallen ist. Es dreht sich im Kern nur noch um den Vergleich. Eine Veränderung des Geschäftsbetriebes, eine wirtschaftliche Umgestaltung desselben, die Anordnung oder Einstellung von Geschäftsreisen, die Herstellung anderer, geeigneterer, Bank-, Wechsel-, Scheckverbindungen oder -behandlungen, die Neugestaltung des Außenständewesens, kurz alles auf längere Zeitepochen Abgezweckte, fällt weniger unter die Sparte der VP. Wohl kann auch da mancher Wink dem Vergleichsverfahren nützen. Doch größere Transaktionen bleiben für gewöhnlich inhaltlich und zeitlich der VP. erspart.

Die VP. muß allemal beachten, daß der Schuldner tunlichst im Rahmen der gesetzlichen Vorschriften seine Geschäfte besorgt. Z. B. hat der Schuldner kein Recht, die nach allgemeinem oder besonderem Recht gebotene Aufwertung abzulehnen. Die vom Aufwertungsgesetz, dann die vom RG., zu § 242 BGB. getroffenen Entscheidungen zu Aufwertungsfragen, gelten auch für den Vergleichsschuldner. (JW. 1924, 1, 291, 671; BayZ. 1924, 124, 127, 139; LZ. 1924, 230, 260.)

Die VP. kann, da sie immerhin die Geschäftsführung und Haushaltung im Hinblick auf den abzuschließenden Vergleich zu überwachen hat, dennoch das Verhältnis zur Gläubigerschaft durch zweckentsprechende Unterhandlungen und Vorstellungen derart ordnen, daß diese und der Vergleichsschuldner in ein Einvernehmen gelangen. Die VP. kann insbesondere auch den Schuldner und damit die loyalen Gläubiger gegen das unberechtigte und selbstsüchtige Vorgehen von Gläubigern schützen.

Zu erhalten, nicht aufzulösen, ist Sache der VP. Nur da, wo alle Mühe offenbar umsonst und der Weiterbetrieb des gewerblichen Unternehmens zwecks Durchführung des Vergleiches bloß mit Kosten verknüpft ist, welche der Gesamtgläubigerschaft schaden, hat — im Sinne des § 47 letzter Absatz VerglO. — die VP. ihre, sozusagen negative Funktion zu entwickeln. Wenn ihr Tatsachen bekannt werden, die ein Einschreiten des Vergleichsgerichtes zu rechtfertigen vermögen, so hat sie ihre Pflicht in dieser Hinsicht zu tun. Sie hat vor allem auch alle Tatumstände dem Gericht zu unterbreiten, die dieses pflichtgemäß dazu bestimmen können oder müssen, Ablehnung oder Verwerfung oder Einstellung des Vergleiches in die Wege zu leiten. Die VP. hat dem Vergleichsgericht jede sachdienliche Auskunft zu erteilen und beim Höhepunkt der Situation, beim Vergleichstermin, dem Richter als right-hand-man Unterstützung zu leihen. —

In zwei Fällen ist der VP. eine **gehobene Stellung** anvertraut:

1. im Falle des § 57 VerglO., wo — unter Umständen und bis auf weiteres — **ihre Zustimmung** einer schuldnerischen Verfügung, trotz entgegenstehender richtiger Verfügungsbeschränkung, Kraft verleiht,
2. im Falle des § 86 VerglO., wo **mit ihrer Zustimmung** Darlehen zur Bezahlung von Löhnen und dergl. oder im Interesse des Zustandekommens bzw. der Ausführung des Vergleiches, zumal zur Befriedigung von Kleingläubigern, aufgenommen werden dürfen, einer Zustimmung, die in ihrer Auswirkung diese Forderungen zu begünstigten Masseschulden stempelt. —

Kommt es zum Anschlußkonkurs (§§ 24, 71, 80 und 82 VerglO.), so ist die VP. berechtigt, den Konkurs anzuregen und das Sachliche dem Gericht vorzutragen. Es empfiehlt sich unter Umständen, daß die VP., wenn möglich, Konkursverwalter wird. Allerdings ist dann eine Kollision möglich, wenn die persönlichen Ansprüche der VP. noch nicht beglichen oder wenigstens sichergestellt sind.

I. Die Zuständigkeit der Vertrauensperson. Ihre formellen Rechte.

Um sachgemäß amtieren zu können, ist die VP. zum Betreten der Geschäftsräume des Vergleichsschuldners und zu allen Recherchen dortselbst berechtigt. Nicht nur der Vergleichsschuldner, sondern auch seine Angestellten, sind auskunftspflichtig, soweit dieselben nicht zur Wahrung des Berufsgeheimnisses verpflichtet und vom Vergleichsschuldner nicht entbunden sind.

Die VP. braucht nicht jeweils den Schuldner aufzusuchen. Sie kann auch, wenn es im Interesse der Sache liegt und wenn die Geschäftseinteilung es mit sich bringt, einen Besuch des Vergleichsschuldners verlangen. Durch die Obliegenheit der Auskunft wird diejenige zur Einsichtgewährung vervollständigt.

Die von der VP. eingesehenen Geschäftsbücher und Aufzeichnungen müssen unter Umständen, zumal wenn Unklarheiten vorliegen, verdeutlicht werden. Die Auskunftspflicht der juristischen Personen, Vereine, Gesellschaften seitens ihrer Vorstände und Geschäftsführer gegenüber der VP. ist die nämliche. Auch die Vorstände und Liquidatoren der Genossenschaft, die elterlichen Gewalthaber, Vormünder, Pfleger, Abwesenheitspfleger usw. haben die VP. auf Ansuchen sachgemäß zu unterrichten. M. a. W.: *die Organe der im Vergleichsverfahren stehenden Gesellschaften haben die nämliche Obliegenheit, wie die Einzelschuldner.*

Zu den Geschäftsbüchern von Aktiengesellschaften, Kommanditgesellschaften, Gesellschaften m. b. H. gehören auch die Bücher, Protokolle und Geheimbücher des Aufsichtsrates bzw. der Versammlung der Gesellschafter.

Ob und inwieweit die VP. ihre Befugnisse auf einen Dritten übertragen darf, welche Rechte der nach § 25 RAO. bestellte Vertreter eines Rechtsanwalts hat (im Zweifel ist die amtliche Funktion der VP. rein persönlich und nicht substituierbar), daß ferner das Vergleichsgericht einen amtlichen Vertreter der — erkrankten, verreisten, verhinderten — VP. und für bestimmte Teile des Geschäftes eine 2. VP. ernennen darf, s. LZ. 1918, 417. Über die Rechtsstellung der VP. in diesen Betreffen überhaupt: cf. LZ. 1917, 160 ff.

K. Einzelheiten der Einsicht des Schreibwerks und der Akten; Zuziehung von Hilfspersonen hiezu.

Bei allen Arten der Schuldner ist die Informierung der VP. dadurch zu erreichen oder zu vervollständigen, daß der VP. alle Schriftstücke (Berechnungen, Quittungen, Belege anderer Art, Frachtbriefe, Briefe von Gläubigern, Schuldtitel, Kaufbriefe, Notariats-, Anwalts-, Prozeßakten u. dgl.) zu unterbreiten sind, die in der Lage sind, die Vermögensangelegenheiten aufzuklären. (Gläubigerverzeichnis, Gegenüberstellung von Aktiven und Passiven, letzte Bilanz, falls Schuldner Kaufmann ist.) Es ist anzufügen, daß die dem Gerichtsakte beiliegenden, mit den Anträgen auf Anordnung des VerglVerf. übergebenen Schriftstücke und Ergebnisse etwaiger Ermittelungen kaum ausreichen, weil diese Behelfe sich nur auf den Zeitpunkt der Eröffnung des Verfahrens beziehen und nur einen Auszug oder Abriß darstellen, die eigentlichen Originalbuchungen, Einträge und den Briefwechsel mit Lieferanten und Kunden jedoch nicht enthalten. Zu den Geschäftsbüchern gehören alle diejenigen gebundenen oder losen Schriftstücke, welche die Handelsgeschäfte des Schuldners und die Lage seines Vermögens ersichtlich machen. Ob diese Bücher nach den Grundsätzen ordnungsmäßiger Buchführung angelegt sind, ob die abgesandten Handelsbriefe im Durchschlag von dem betreffenden Schuldner zurückbehalten zu werden pflegen und ob die empfangenen Handelsbriefe geordnet aufbewahrt werden (HGB. § 38), ist für die Anwendung des § 40 VerglO. nicht wesentlich. Die Bezeichnung Geschäftsbücher ist somit nicht im engeren Sinne zu verstehen. Was im Zusammenhang mit den Aktiven und Passiven des Schuldners geschrieben und noch vorhanden ist (also auch Diarien, Kladden, Notizbücher, Lohn- und Kundenregister, Karteien), ist der VP. zu behändigen.

Das Einsichtsrecht ist keine Einsichtspflicht. Die VP. wird nur dasjenige Buchwerk einsehen, dessen Kenntnis ihr für ihr Amt erforderlich erscheint. Sie wird sich daher allenfalls mit Stichproben begnügen.

Die VP. ist nicht verpflichtet, das Buchwerk selbst einzusehen oder zu exzerpieren. Sie kann diese Aufgabe — am zweckmäßigsten nicht ohne gerichtliche Genehmigung — einem Spezialsachverständigen, einem Bücherrevisor, einer Treuhandgesellschaft übertragen. Auch diesem Beauftragten der VP. hat der Schuldner sich zu fügen. Nur dann kann der Schuldner in allen diesen Fällen dem Begehren der Einsicht Widerspruch entgegensetzen, wenn diese mißbraucht wird (§ 13). Eine Klage auf Einsichtgewährung, der Rechtsweg, ist ausgeschlossen. (S. aber auch § 79, 1 Nr. 4.)

Da die VerglO. ebensogut auf die größten Unternehmungen, wie auf den kleinsten Handwerksbetrieb, Anwendung findet, ist es begreiflich, wenn vorstehende Erläuterungen auf Eventualitäten eingehen, die bei Bagatellunternehmungen natürlich keinen rechten Sinn haben. Wo aber ein größerer Betrieb in Mitleidenschaft gezogen ist, kann die VP. pflichtgemäß — zumal unter Heranziehung des Vergleichsgerichts — sich entsprechender Gehilfen, Unterbeamten und Hilfsrevisoren bedienen oder für Angestellte ad hoc, zur Abwickelung des VerglVerf., im Betriebe sorgen.

L. Die Überwachung der Lebensführung.

Wie schon im § 38 und im gegenwärtigen § 40 oben entwickelt, hat die VP. auch die heikle Aufgabe, die Lebensführung des Schuldners und seiner Angehörigen — selbstredend nur vom Gesichtspunkt der Vermögens- und Einkommensbehandlung aus — zu kontrollieren. Vormundsrechte in bezug auf das persönliche Tun und Treiben des Vergleichsschuldners oder gar seiner Angehörigen hat die VP. keineswegs. In manchen Fällen steht diese Obliegenheit der VP. nur auf dem Papier, wobei selbstredend wieder ein großer Unterschied zu machen ist zwischen Großstadt und Kleinstadt, zwischen dem Großunternehmen und winzigen Betrieb.

Der Satz über die Lebensführung des Schuldners und seiner Familie enthält m. E. und nach praktischen Erfahrungen in dieser allgemeinen Form nichts Epochemachendes. Derartige Umschau ist meist oberflächlich. Solche Berichte an das Gericht werden in diesem Betreff gewiß oft mechanisch erstattet. Die VP. kann dem Schuldner einen guten Rat geben, kann ihn in Form ernster Mahnung verschärfen, kann ihn zu einer Drohung mit Aufhebung des VerglVerf. verdichten. Aber wie in aller Welt kann z. B. in einer großen Stadt die VP. stets verlässig kontrollieren, ob dies oder jenes Familienmitglied und der Schuldner selbst bescheiden ihr Leben führen? Das „üppige Leben" kann der Schuldner auch im Verborgenen führen. (Was unter bescheidener Lebensführung zu verstehen ist, ist zu § 38 VerglO. erörtert.) [Ich bin freilich, falls eine Gesellschaft unter Aufsicht ist, der Meinung, daß auch die großen Saläre der Direktoren[1]) und Geschäfts

[1]) S. Hamburger, Konk. u. Treuh., 1927, 113.

führer, die Lebensführung in der Art der heutigen großstädtischen Bourgeoisie, von der VP. zugunsten der Gläubigerschaft überwacht, zum Gegenstand des Berichts gemacht, gewaltig eingeschränkt, und, wo letzteres nicht geschieht, zum Anlaß der Aufhebung, zumal Einstellung des Verf. (§ 79 [1] Nr. 5), genommen werden können.] Im großen und ganzen halte ich den einschlägigen Passus des § 40 VerglO. für einen Beschwichtigungsversuch gegenüber den mit dem bisherigen Institut der GeschA. unzufriedenen gewerblichen Verbänden und Schriftstellern. Heraus kommt unter Umständen durch diese Kautel so gut wie nichts, wenn die VP. es noch so ernst meint.

§ 41.

Die Vertrauensperson wird vom Gericht ausgewählt.

Die im § 16 Abs. 1 Nr. 4 genannte Gläubigermehrheit kann eine bestimmte Vertrauensperson vorschlagen, solange nicht eine andere bestellt ist. Das Gleiche gilt nach der Entlassung einer bestimmten Vertrauensperson (§ 45 Abs. 2). Einem solchen Vorschlag ist stattzugeben, es sei denn, daß die vorgeschlagene Person ablehnt oder daß Tatsachen vorliegen, die sie als ungeeignet erscheinen lassen. Der Beschluß, durch den die Bestellung einer vorgeschlagenen Vertrauensperson abgelehnt wird, ist zu begründen und den Gläubigern, die den Vorschlag gemacht haben, zuzustellen. Wird der Vorschlag nicht mit dem Antrag (§ 15) verbunden, so sind vor der Entscheidung der Schuldner und die zuständige amtliche Berufsvertretung (§ 20) zu hören.

Auf die Auswahl der zu bestellenden oder, nach der Entlassung einer früheren, neu zu bestellenden VP. haben, abweichend von den Bestimmungen der GeschAufsVO. und der KO., die Gläubiger einen weitgehenden Einfluß (§ 41 Abs. 2 VergleichsO.). Der Entwurf erfüllt damit einen aus Wirtschaftskreisen geäußerten Wunsch, zu dessen Begründung darauf hingewiesen wird, daß die Persönlichkeit der VP. für die Neigung der Gläubiger zum Vergleiche nicht selten von ausschlaggebender Bedeutung sei. Unter Bezugnahme auf meine Erläuterungen zum § 40 VerglO., bemerke ich, daß mit einer Istvorschrift das Vergleichsgericht gehalten ist, den Mehrheitsvorschlag der Gläubigerschaft — wenn er rechtzeitig, vor der richterlichen Auswahl, geltend gemacht wird— durchzuführen. Wenn aber einerseits die in Betracht gezogene Persönlichkeit ablehnt — denn gezwungen ist niemand zur Annahme — und wenn andererseits bestimmte Tatsachen vorliegen, die sie dem Gericht ungeeignet erscheinen lassen, ist von Aufstellung des Vorgeschlagenen abzusehen.

Unter der zweiten Möglichkeit kann man sich vielerlei vorstellen. Das Gericht ist immer in der Lage, sich, wenn ihr der Vorgeschlagene nicht paßt, hinter die Klausel der Ungeeignetheit zu verschanzen. Freilich ist die Zurückweisung des Vorgeschlagenen zu begründen und ist der Beschluß den Gläubigern, die den Vorschlag dem Gericht unterbreiteten, zuzustellen. Allein auch diese Begründung kann dem Vergleichsgericht nicht allzuschwer fallen.

Ungeeignetheit ergibt sich vom objektiven Standpunkt aus durch mangelnde Qualitäten (mangelnde Kenntnisse, mangelnde Unbefangenheit, mangelnde Solidität u. dgl.).

Wer sind nun die Gläubiger, die eventuell „vorschlagen" bzw. „den Vorschlag gemacht haben"? Spricht doch der 2. Absatz 1. Satz von der im § 16 Abs. 1 Nr. 4 VerglO. genannten Gläubigermehrheit. Ich empfehle, im Falle der Zustellung des Ablehnungsbeschlusses allen Vergleichsgläubigern, die in der Liste stehen, den Beschluß zuzustellen. Genützt wird durch diese Maßnahme der Zustellung der vorschlagenden Gläubigerschaft nicht viel. Höchstens könnte die Gläubigerschaft zu einer (neuen) Vorstellung an das Gericht veranlaßt werden. Eine Beschwerde i. e. S. gegen die Ablehnung des Gläubigervorschlages existiert nämlich nicht.

Es ist dem Gericht — um gegen Vorwürfe und Dienstaufsichtsbeschwerden gedeckt zu sein — allemal anzuempfehlen, vor der endgültigen Entscheidung über die Persönlichkeit der VP. den Schuldner hierüber anzuhören und auch die Meinung der amtlichen Berufsvertretung — die ohnedies gemäß § 20 VerglO. grundsätzl. ein Nominierungsrecht hat — einzuholen. Wenn der Vorschlag über die Person der VP. nicht mit dem Vergleichsantrag vereinigt wird, sind ohnedies Schuldner und Berufsvertretung über diese Personenfrage einzuvernehmen. (Wie oben zum § 20 VerglO. von mir unter Zitaten dargelegt ist, kann die Berufsvertretung für ihre Hilfstätigkeit kein Entgelt ansprechen.)

Die weitergehende Befugnis der Gläubigerschaft zur Entlassung der VP. war in den Vorbesprechungen zum Gesetz vorgeschlagen, ging aber nicht durch. Daß gleichwohl — wenn sich die Notwendigkeit herausstellt — eine bereits aufgestellte VP. entlassen werden kann (falls eine Gläubigermehrheit Plausibles für diese Maßnahme vorbringt), bestimmt der § 45 VerglO., denn dieser sagt: Das Gericht kann die VP. aus wichtigen Gründen ihres Amtes entlassen. Als ein wichtiger Grund soll es namentlich werden, wenn der Gläubigerausschuß oder in einer Gläubigerversammlung die im § 16 Absatz 1 Nr. 4 bezeichnete Mehrheit der Gläubiger die Entlassung beantragt.

Die einzige obligatorische Glverſ. iſt der Vergleichstermin des § 59 VerglO. Aber es ſind auch weitere fakultative Verſammlungen im § 9 VerglO. vorgeſehen. Die Mehrheit des § 16 VerglO., die die Abſetzung der VP. anregt (weil ſie die oder jene üble Erfahrung mit der VP. gemacht hat), kann nun nicht im Wege des Umlaufs eines Schriftſtücks oder gar durch mündliche oder fernmündliche Rückſprache und Abzählung feſtgeſtellt werden. Es iſt vielmehr als Grundlage des immerhin eingreifenden Votums der Mehrheit des § 16 VerglO. die Einberufung eines Plenums im Sinne des § 9 VerglO., unter Berückſichtigung der Mehrheitsvorſchrift des § 16 Abſ. 1 Nr. 4, erforderlich.

Da im § 45 Abſ. 2 der Ausſchuß als ſolcher in bezug auf den Abſetzungsantrag der Gläubigerverſamml. gleichgeſetzt iſt, wird das Gericht, wenn es keinen Fehlgriff begehen will, ſehr wohl unterſuchen, ob ihm beiſpielsweiſe ein Drei-Männer-Kollegium des Ausſchuſſes oder gar die Mehrheit eines ſolchen, ausreicht, zumal wenn eine quantitativ große und qualitativ verſchiedene Gläubigerſchaft vorhanden iſt. Exiſtieren gegneriſche Gruppen, ſo iſt die Einberufung einer Verſammlung im Sinne des § 9 VerglO. allemal anzuraten.

Es empfiehlt ſich, möglichſt bald ein ſchriftliches Einverſtändnis des zur VP. Vorgeſchlagenen oder Erkorenen zu verſchaffen, damit durch die Einholung keine Zeit verſtreicht.

§ 42.

Der Gerichtsſchreiber hat den Namen der Vertrauensperſon öffentlich bekanntzumachen und dem Schuldner und den aus dem Gläubigerverzeichnis erſichtlichen, an dem Verfahren beteiligten Gläubigern ohne beſondere Form mitzuteilen. Die Vorſchriften des § 11 Abſ. 2 und des § 12 Abſ. 3 finden entſprechende Anwendung.

Im Wege des § 12 VerglO. iſt die Perſon der VP. zu publizieren. Sie iſt als Mittelsmann zwiſchen den Intereſſierten und dem Gericht bedeutſam. Meiſt aus der ſchuldneriſchen oder einer verwandten Branche ſtammend, vermag ſie über den Beſtand an Waren, die Bilanzverhältniſſe, die Vollſtreckungszuſtände, die privilegierten Gläubiger, allenfallſige Prozeſſe, Arreſte u. dgl., Auskunft zu geben. An die VP. wendet ſich gerne der Fachmann, da er ſich eine branchekundige Entgegnung erwarten darf. Schon deshalb ſollte man nur in den ſeltenſten Ausnahmefällen einen Vergleich ohne VP. organiſieren. Einem Fachgenoſſen bringen die Kaufleute, wie die Erfahrung lehrt, ein größeres Zutrauen entgegen als dem Berufsrichter, vor dem ſie eine gewiſſe, wenn auch meiſt unbegründete, Scheu haben. Im Vergleichsverfahren ſpielen die Warengläubiger die Hauptrolle und dieſe

(Lieferanten) sind es hauptsächlich, welche, wenn sie den Namen der VP. lesen, sich sogleich und ungeniert an sie wenden. Um so bedeutsamer ist die öffentliche Ausschreibung.

Außerdem ist im § 42 VerglO. noch vorgesehen, daß formlos der Schuldner und die aus der Gläubigerliste ersichtlichen Vergleichsgläubiger unterrichtet werden, wer zur VP. ausersehen ist. Diese doppelte Aufgabe obliegt dem Gerichtsschreiber. Er kann, wenn er es für angebracht hält — zumal wenn es eilt — telephonieren. Am besten tut er ja immer daran, wenn er schriftlich den Namen der VP. kundgibt. Kommt es in Anbetracht der Masse und Anzahl der Gläubiger verhältnismäßig nicht zu teuer, so deckt er sich am besten gegen spätere Vorhalte (da man es auch mit unzufriedenen oder gar rabiaten Elementen zu tun hat), wenn er im Wege des eingeschriebenen Briefes, so daß er die betreffenden Posteinlieferungsscheine zum Gerichtsakte bekommt, die Vergleichsgläubiger benachrichtigt. Dabei ist das zu beachten, was die §§ 11 und 12 VerglO. enthalten. Die öffentliche Bekanntmachung gilt als die offizielle und maßgebliche Zustellung; als Nachweis für Tatsache der Mitteilung, ihr Datum und ihre Frist (RG. III, 16. April 1926, 218/25, Bd. 113 S. 246 ff.).

Ein Gläubiger, dessen Aufenthalt unbekannt ist, wird von der Tatsache des § 42 für den Fall, daß er einen Zustellungsbevollmächtigten im Inland hat, in Kenntnis gesetzt.

§ 43.

Der Vertrauensperson ist eine urkundliche Bescheinigung über ihre Bestellung zu erteilen. Die Bescheinigung ist bei Beendigung des Amtes dem Gerichte zurückzugeben.

Bestallung der Vertrauensperson.

A. Inhalt, Rechtsnatur, Wirkungen der Bestallungsurkunde.

Zum Nachweis gegenüber Dritten, zum Ausweis gegenüber Ämtern, ist der VP. eine Bestallungsurkunde seitens des Gerichtes zu erteilen.

Die Bestallungsurkunde soll die VP. legitimieren. Es ist im Prinzip denkbar, daß dies gegenüber dem Schuldner erforderlich ist. Erst recht kann dies gegenüber den Gläubigern notwendig erscheinen. Vielleicht muß die VP. Reisen antreten (wenn etwa Filialen oder verschiedene Betriebsstätten des Schuldners vorliegen). Dann kann der Ausweis vonnöten sein. Im Interesse des Verkehrs und zur Erleichterung des Nachweises der Bestallung ist darum die urkundliche Bescheinigung vorgeschrieben. Vorsorglich wird Vor- und Zuname, Stand, Wohnort und Adresse, genau angegeben werden. Die Bestallungsurkunde ist keine Vollmacht im engeren Sinne. Die VP. ist ja auch nicht der Bevollmächtigte des Schuldners oder des Gerichts oder der Gläubiger. Die Bestallung ist — ähnlich wie beim Vormund, § 1791 BGB. — eine gerichtliche Bescheinigung, daß die VP., welche als solche durch die Urkunde legitimiert wird, vom Gericht bestellt worden ist. Es ist eine öffentliche, deklaratorische, aber nicht konstitutive, Urkunde. Das Rechtsverhältnis wird durch sie nicht geschaffen, sondern bestätigt. Es können aus einer irrig ausgefertigten Bestallungsurkunde unter Umständen Ansprüche gegen das Gericht erwachsen, falls ein Gläubiger sich auf den Inhalt der Bestallungsurkunde verlassen hat. Es könnte dadurch an eine unrichtige Person gezahlt, es könnte mit solcher ein Vertrag abgeschlossen, es könnte ein Vertrag ihr gegenüber oder auch durch sie gekündigt werden. Wer in gutem Glauben an eine solche Person etwas geleistet hat, wird durch die Leistung nicht ohne weiteres befreit (Motive KO. IV S. 1079 ff.). Freilich darf der Dritte jeweils nur voraussetzen, daß die Bestallung einer VP. den Rahmen der normalen Befugnisse der VergleichsO. nicht überschreitet, so daß die Vertretung oder Bevollmächtigung des Schuldners z. B. dem Dritten gegenüber anders, wie durch eine Bestallungsurkunde des Gerichts, nachgewiesen werden müßte. Geht eine Bestallungsurkunde verloren, so kann eine neue ausgestellt werden. Kraftlos braucht die zuerst ausgestellte nicht erklärt zu werden. Sie ist eben nur Legitimationspapier.

B. Die Modalitäten und Begleitumstände bei der Bestallung.

Das Vergleichsgericht verpflichtet die VP. und macht sie nachdrücklich auf ihre Rechte und Obliegenheiten aufmerksam. Bei größeren Gerichten bestehen gewisse Formulare zur Einweisung. In diesen sind die einschlägigen Paragraphen des Gesetzes enthalten, die die Zuständigkeit, Verantwortlichkeit, den Pflichtenkreis und die Abgrenzung der Rechte, normieren. Die VP. wird vom Vergleichsrichter darauf aufmerksam gemacht, daß Unregelmäßigkeiten des Schuldners oder einzelner Gläubiger dem Gericht zu melden sind, jede suspektive Maßnahme unverzüglich dem Gericht bekanntzugeben und vor, sowie in dem Vergleichstermin über die Chancen des Vergleiches Bericht zu erstatten ist.

Auf die Rechte und Pflichten des § 57 VerglO. (Ausnahmsbefugnis der Zustimmung zu einer sonst unzulässigen Verfügung) u. des § 86 VerglO. (allenfallsige Zustimmung zur Kontrahierung von Masseschulden) wird die VP. noch besonders hinzuweisen sein, weil diese Paragraphen eine gehobene und außerordentliche Tätigkeit der VP. zum Gegenstand haben (vgl. § 40, H.)

Wird ein Gläubigerausschuß bestellt, so weist der Vergleichsrichter die VP. auch darauf hin, daß die VP. in gewisser Hinsicht der Kontrolle des Ausschusses untersteht und daß ein gutes Einvernehmen mit diesem den Vergleichszweck fördert, daß aber auch dem Gläubigerausschuß gegenüber die VP. nicht blindlings erbötig zu sein, sondern bei keiner Maßnahme die Richtlinien und Erfordernisse des Vergleiches außer acht zu lassen, hat.

Die Bestallungsurkunde ist nach Ablauf der Funktion seitens der VP. dem Vergleichsgericht wieder zurückzugeben. Das Amt der VP. und der Mitglieder des Ausschusses endigt — wenn nicht anormal und vorzeitig durch Kündigung, Erkrankung, Ableben, Entlassung — normal mit der Aufhebung des VerglVerf. (Ablehnung oder Verwerfung oder Einstellung.)

Läuft das Amt ab, sei es auf normalem Wege der rechtskräftigen Aufhebung des VerglVerf., oder der von der VP. beantragten und vom Gerichte genehmigten Niederlegung des Amtes — die Genehmigung ist z. B. rechtsähnlich nach BayJMBl. 1914, 162 erforderlich — oder auf anormalem Wege der Entlassung, die unter Umständen infolge eines Antrags sich zutragen kann; § 45 (nicht aber infolge Ausschußantrags oder Mehrheitsbeschlusses der Gläubiger sich zutragen muß), so ist die Bestallungsurkunde dem Gerichte zurückzugeben. Von einer rechtswirksamen Kündigung gegenüber dem Schuldner kann keine Rede sein (JW. 1926, 29). Die Zurückgabe der Bestallung ist ein Zeichen dafür, daß die VP. keine weiteren Funktionen ausüben darf. Die Vorschrift ist gegeben, damit die Urkunde nicht mißbraucht wird (siehe § 1893 BGB.). Gibt die VP. die Bestallungsurkunde nicht freiwillig heraus, so ist eine Ordnungsstrafe gemäß § 45 VerglO. möglich, weil auch die Herausgabe der Urkunde noch unter die amtliche Obliegenheit der VP. fällt. Ein Klageanspruch des Gerichts oder Schuldners auf Rückgabe der Bestallungsurkunde ist nicht zulässig. Wenn eine unberechtigte Persönlichkeit oder die VP. nach Beendigung des Amtes Funktionen ausübt, kommt sie als falsus procurator (§§ 177 ff. BGB.) in Betracht.

§ 44.

Die Vertrauensperson ist für die Erfüllung ihrer Pflichten dem Schuldner und den am Verfahren beteiligten Gläubigern verantwortlich.

Verantwortlichkeit der Vertrauensperson.

A. Pflichtenkreis, Willenserklärungen.

Der § 44 VerglO. umschreibt den Pflichtenkreis der VP. Er ist nicht gering. Die rechtliche Stellung der VP. gegenüber dem Schuldner (die nicht als Dienst- oder Werkvertrag gekennzeichnet werden darf, JW. 1926, 29) unterscheidet sich in vielen wesentlichen Punkten von der des Konkursverwalters. Der Konkursverwalter übt das Verwaltungs- und Verfügungsrecht für den Gemeinschuldner aus. Der Konkursverwalter bekleidet die Stellung eines Zwangsvertreters oder gesetzlichen Vertreters[1]). Der Ver-

[1]) Heinemann, LZ. 1927, 964.

gleichsschuldner aber verwaltet sein Vermögen weiter und bleibt verfügungsfähig — rechtsähnlich RG. LZ. 1918, 257 —, soweit nicht, eben auf ev. Antrag der VP., gemäß §§ 50 ff. Verfügungsbeschränkungen und Veräußerungsgebote des Vergleichsgerichts einsetzen.

Die VP. ist in der Regel nicht befugt, ohne Vollmacht des Schuldners Verträge, z. B. Vergleiche und Erlaßverträge, zu schließen. Hamburg 15. Dez. 1925, SeuffArch. 80, 158, HansGZ. 26, 37 H RG. 26, 345.

In seinen Rechtsstreiten ist der Vergleichsschuldner — im Gegensatz zum Gemeinschuldner — Partei und nicht als Zeuge vernehmbar. Die VP. ist nicht gesetzlicher oder rechtlicher oder bevollmächtigter Vertreter, nicht Vormund und nicht Rechtsnachfolger des Schuldners.

B. Verhältnis zum Schuldner.

Tritt nach außen ein Widerspruch zwischen VP. und Vergleichsschuldner in Erscheinung, so gilt unter Umständen (jedoch praesumtio unter Beibehaltung der Regel unter oben A) der Grundsatz des § 164 BGB.: „Eine Willenserklärung, die jemand innerhalb der ihm zustehenden Vertretungsmacht im Namen des Vertretenen abgibt, wirkt unmittelbar für und gegen den Vertretenen. Es macht keinen Unterschied, ob die Erklärung ausdrücklich im Namen des Vertretenen erfolgte oder ob die Umstände ergeben, daß sie in dessen Namen erfolgen soll."

Ohne ausdrückliche Vollmacht kann — wie oben unter A dargelegt — die VP. nicht für den Vergleichsschuldner handeln und es ist, in der Auslegung der alten AufsVO., sogar bestritten worden, ob der Schuldner die Aufsichtsperson durch Vollmacht als Vertreter aufstellen, ihn zum Abschluß von Verträgen, zur Führung von Rechtsstreiten, ausersehen kann. Diese Bestreitung der möglichen Vertreterstellung nach außen ist aber unbegründet und bleibt es für den Vergleichsbereich. Es wurde auch im Rahmen der alten AufsVO. geltend gemacht, zwar bestehe gegen diese Vertretungsmacht an sich kein rechtliches Bedenken, doch dürfe der Aufsichtsherr nicht in ein Abhängigkeitsverhältnis zum Beaufsichtigten treten. Auch diese Auffassung ist abwegig. Weder entsteht durch Ausstellung einer Vollmacht und Betrauung mit der Vertretung ein Abhängigkeitsverhältnis, noch entwürdigt sonst die Verbeistandung des Beaufsichtigten die AP. oder aber jetzt die VP. Ob mit, ob ohne Vollmacht, steht die VP. im Dienste der Beteiligten, darunter des Schuldners. Aber nicht jeder Dienst schafft Abhängigkeit. Weder die Unterstützung noch die Überwachung nimmt Schaden, wenn die, wie kein anderer, zur Verbeistandung des Vergleichsschuldners fähige und berufene VP. bei Vertragsschlüssen, im Rechtsstreit, als Antragsteller, mit Vollmacht des Schuldners auftritt. Jedenfalls muß Umsicht mit Takt und Selbstbeherrschung gepaart sein, will die VP. ihrem Amte gerecht werden. —

Mit den Angestellten des Vergleichsschuldners tritt für gewöhnlich die VP. nicht in direkte Beziehung. Sie wird nicht ihr Vorgesetzter, dessen mittelbare Weisungen sie zu befolgen haben. Er wird nicht ihr Vertragsgegner in bezug auf Rechte und Pflichten der Angestellten. Aber in allgemeinen oder besonderen Fällen des Bedürfnisses, falls entweder der Vergleichsschuldner unfähig, unzuverlässig, verhindert und verreist oder in concreto eine Weisung im Interesse des Betriebes ist, kann die VP. anordnen, daß ein unmittelbarer Verkehr des schuldnerischen Personals mit der VP. hergestellt wird.

Ergibt sich ein Widerspruch zwischen Vergleichsschuldner und VP., so entscheidet das Vergleichsgericht. Einen diesbezüglichen interessanten, sich auf eine Aktiengesellschaft unter Geschäftsaufsicht beziehenden Fall teilt Levis-Pforzheim im Recht vom 10. Mai 1915, 193 mit. Somit kann das Vergleichsgericht dem einen oder anderen Recht geben bzw. bestimmte sonstige Maßnahmen treffen.

Die Disziplinargewalt des Vergleichsgerichts gegen die VP. ist in § 45 VerglO. geregelt. Ordnungsstrafe und Entlassung steht dem Vergleichsgericht zu Gebote.

In einer Kannvorschrift des § 45 VerglO. sind Gläubigerausschuß und Gläubigermehrheit Antragsrechte gegenüber dem Gericht in diesem Betreff eingeräumt. Bestehen Unklarheiten im Hinblick auf Handlungen, Unterlassungen, Verfehlungen der VP., so kann das Vergleichsgericht Ermittelungen anstellen und Vernehmungen pflegen (§ 9 VerglO.).

Was die Stellung der VP. **nach außen** anlangt, so darf ein Dritter präsumtiv — wiederum — davon ausgehen, daß eine von der VP. aufgestellte Person Geschäftsführerin oder aber Vertreterin des Schuldners ist. Wenn sich demnach eine Person dem Protestbeamten als Vertreter der VP. vorstellt, so darf, ja muß der Protestbeamte, wenn er rechtskundig ist, daraus den Schluß ziehen, daß er einen bevollmächtigten Vertreter des Wechselschuldners (Vergleichsschuldners) vor sich habe. (RG. II 25. Jan. 1927, 392/6, und meine Fußnote hiezu, JW. 1927, 848.) —

Auch der § 84 VerglO. spielt eine bedeutsame Rolle für das Verhältnis der VP. zum Schuldner. Es dreht sich um die allenfallsige, dem pflichtmäßigen Ermessen der VP. anheimgestellte, Zustimmung zur Eingehung von Masseschulden gegenüber Neugläubigern (s. § 84 u. m. Erl.).

C. Verhältnis zur Gläubigerschaft.

Der Vergleich ist nicht nur ein Benefizium für den Schuldner. Schon von diesem Gesichtspunkte aus muß sich die VP. eine gewisse Mitwirkung der Gläubigerschaft hinsichtlich der Geschäftsführung gefallen lassen. Naturgemäß hat die Gläubigerschaft ein Anrecht auf angemessene Auskunft und Akteneinsicht, wenn auch zur Vermeidung eines unlauteren Wettbewerbs und zur Erhaltung der künftigen Existenz des Schuldners der § 13 VerglO. eine gewisse Abwehr gegen etwaige Indiskretionen eines Gläubigers oder einer Gläubigergruppe gestattet.

Der rücksichtslose Wettbewerb soll nicht unter der Flagge des rechtlichen Interesses des Gläubigers segeln. So ist mit Fug (vom AG. Hamburg am 21. Nov. 1914 DJZ. 1915, 322; Recht 1915, 171) das Interesse des Gläubigers verneint worden, der, als Konkurrent des Schuldners, obwohl dem Gläubiger die VP. genügende Auskunft erstattete, die Einsicht der Bücher begehrte. Weiteres zu dieser Frage s. unter § 13. —

Gleichwohl hat der in gehöriger Form anfragende Gläubiger — zumal auch der auswärtige, der weniger leicht persönlich sich von den Einzelheiten überzeugen kann — das Anrecht auf die Nachfrage, wie es mit der Zahlungsunfähigkeit bzw. Überschuldung stand und steht, wie sie verursacht wurde, wie sie nunmehr behoben wird, ob und in welcher Höhe Gläubiger befriedigt sind. Durch die Ermöglichung der Einberufung einer Gläubigerversammlung (§§ 9 und 45 VerglO.), durch Einsetzung des fakultativen Gläubigerausschusses (§ 48 VerglO.), dessen Mitglieder die VP. zu unterstützen, zu beraten, aber auch zu überwachen haben, ist die gläuberische Mitwirkung gesteigert.

An sich ist ein Zusammenarbeiten der VP. und der Kreditoren das Natürliche. Noch enger ist die Beziehung zwischen Gläubigerschaft im Hinblick auf die Vergleichszwecke.

Der einzelne Gläubiger hat keinen Anspruch auf gewisse Betätigungen der Verwaltung, Unterstützung und Überwachung (analog: SeuffArch. 55, 59; GruchotsBeitr. 31, 1129). Ihm ist anheimgestellt, das die VP. beaufsichtigende Gericht anzugehen, welches die VP. angemessen unterstützen, Berichte von ihr einfordern, ihr einen Ausschuß beigeben, aber auch in Streitfällen entscheiden, einschreiten, Ordnungsstrafen verhängen und die VP. aus wichtigen Gründen ihres Amtes entlassen kann.

Die Gläubigerschaft muß sich gefallen lassen, daß die VP. die Vergütung und Auslagen für ihre Mühewaltung dem schuldnerischen Vermögen entnimmt. Da ferner die Vergütung und Auslagen der VP. sowohl im Vergleichs-, als auch im Konkursverfahren, welches im Anschluß an eine VerglO. ausbricht, als Massekosten zu behandeln sind, wird die VP., soweit noch nicht befriedigt, in diesem Falle selbst Gläubiger.

D. Umfang der Verantwortlichkeit.

Die Verantwortung der VP. geht — wie oben unter C entwickelt — nicht so weit, daß sie den Gläubigern jede Auskunft zu erteilen hätte. Dazu ist sie nur in beschränktem Maße verpflichtet. Es kann im Gegenteil häufig ihre Aufgabe sein, nicht einseitig Gläubiger oder Gläubigergruppen zu unterrichten (RG. vom 3. März 1906 LZ. 1907, 297.

Der § 44 VerglO. hat knapp und klar die Verantwortlichkeit der VP. für die Erfüllung der ihr obliegenden Pflichten festgelegt. Der Vergleichsschuldner ist von einer gewissenhaften VP. mit Sorgfalt zu betreuen. Die vom Verfahren betroffenen Gläubiger dürfen sich ebenfalls auf die Sorgfalt der VP. verlassen. Die vom Verfahren nicht betroffenen Gläubiger können aber auch in Betracht kommen (Rechtsähnlich RG. 69, 92; 74, 109; 75, 156; 99, 210). Solche Inanspruchnahme ist möglich, wenn die vom Verf. nicht betroffenen Gläubiger oder einzelne derselben durch eine Gesetzwidrigkeit, durch Nichtbeachtung der Normen der VerglO. seitens der VP., Schaden nehmen.

E. Umfang der Haftung.

Die VP. haftet für Vorsatz und Fahrlässigkeit (§§ 276, 827 BGB.). S. RG. 36, 96; 89, 238. Selbst wenn die VP. unentgeltlich ihr Amt führt, ist die Verantwortung nicht auf die diligentia quam in suis, nicht auf die Sorgfalt, die sie in eigenen Sachen anzuwenden pflegt, beschränkt. Mangel an Beaufsichtigung der Lebens-, Geschäfts-, Buch- und Kassen-Führung des Schuldners, des Wechsel- und Scheckverkehrs, der Hypothekenregelung, des Ein- und Verkaufes, kann die Grundlage einer Verantwortlichkeit der VP. bilden. Insbesondere können ihr aus Verfehlungen gegen §§ 47, 57, 86 VerglO. (s. gegenw. § 44 Erläuterungen am Ende) Ersatzansprüche entgegengehalten werden. Ein Rechtsirrtum ist von ihr in der Regel zu vertreten. Er kann aber entschuldbar und die Haftung daher ausgeschlossen sein (JW. 99, 491; 19, 73; Gruchot 44, 1224; 45, 1182; RG. 27, 113; 36, 94; 39, 100; JW. 1900, 73 [8]; cf. ferner RG. 110, 17). Wenn die VP. Laie ist, kann die Entschuldbarkeit des Rechtsirrtums leichter durchschlagen (JW. 1900, 73 Nr. 8; RG. vom 28. Nov. 1894 Bolze 19 Nr. 809). Die Pflichtwidrigkeit der VP. kann auch durch eine Unterlassung vor sich gehen. Sie kann eine Eigenschaft verschweigen, nicht genügend informieren, eine nach Lage der Sache pflichtgemäße Zustimmung unterlassen, ein Veto gegen schuldnerische oder gläubigerische Maßregeln nicht erheben (RG. 34, 26; 78, 187), eine Kassaüberwachung nicht vornehmen. Durch den Umstand allein freilich, daß eine Handlung oder Unterlassung der VP. für den Geschäftsbetrieb des Vergleichsschuldners nachteilig ist, ist der Nachweis einer Fahrlässigkeit noch nicht erbracht. RG. JW. 1896, 34 [23]. Darauf darf sich die VP. nicht berufen, daß sie mit der Geschäftsführung, Überwachung oder Beaufsichtigung nicht vertraut gewesen sei. Denn dieser Umstand hätte sie bestimmen müssen, entweder das Amt abzulehnen oder niederzulegen oder sich, soweit tunlich, zu informieren, beziehungsweise durch Sachverständige beraten zu lassen. Ob und in welchem Umfange allenfalls die VP. verantwortlich ist, entscheidet sich nach bürgerlichem Rechte. Da in einer Reihe von Angelegenheiten das Ermessen der VP. maßgebend ist, so kann, wie gesagt, naturgemäß in einer dem Ermessen der VP. anheimgestellten Verfügung oder Weisung selbst dann kein Verschulden liegen, wenn diese Verfügung oder Weisung für einen Gläubiger schädlich ausgefallen ist. Denn nur dann wird eine persönliche Entschädigung (arg. OLG. Colmar v. 23. Nov. 1911 LZ. 1912, 247) von der VP. verlangt werden können, wenn dieselbe die ihr obliegende Sorgfalt nicht betätigt und durch ihr Verschulden einen Schaden derjenigen Personen verursacht hat, zu welchen sie kraft ihres Amtes in einem dauernden Rechtsverhältnisse steht. Das Unzweckmäßige und Unvorteilhafte involviert noch keine Verantwortlichkeit im Sinne des § 44 VerglO. (RG. vom 7. Nov. 1895 JW. 1896, 34 Nr. 23). Die Grundsätze der §§ 249 ff. BGB. und 286 ff. ZPO. sind für den Schadensersatzanspruch maßgebend. Die §§ 839 und 852 BGB. scheiden mangels eines Beamtenreats i. e. S. aus. (RG. 52, 140; RStr. 19, 86.) Der Ersatzanspruch gegen die VP. ist an sich kein Anspruch aus unerlaubter Handlung (§ 823 BGB.), der aber kumulativ dazu kommen kann, vielmehr ein Anspruch wegen Pflichtverletzung gemäß § 149 BGB., bezüglich deren Haftpflichtversicherung möglich ist. Der Beweis der Verschuldung ist von dem Kläger zu führen, welcher Ersatz beansprucht (RG. vom 7. Nov. 1895 JW. 1896, 34 Nr. 23). Exkulpieren kann sich die VP. gemäß § 827 Abs. 1 u. 2, auch § 254 BGB. Bezüglich des Verletzten ist jeweils die Frage des Selbst- oder Mitverschuldens zu prüfen (RG. vom 10. Mai 1912, LZ. 6, 694; LZ. 1912, 696, RG. 87, 151; OLG. 19, 224; SeuffArch. 68 Nr. 30).

Wenn eine Gläubigerversammlung oder der Gläubigerausschuß die betreffende Handlung der VP. genehmigt haben oder das Gericht seine Zustimmung erteilt hat, wird für gewöhnlich die VP. von ihrer Verantwortlichkeit gemäß § 44 VerglO. frei. (OLG. München vom 4. Mai 1916 LZ. 1916, 972.) Es sei denn, daß die VP. einen dieser Beschlüsse erschlichen oder, ihrer Pflicht zuwider, in Streitfällen das Gericht nicht gegen Beschlüsse der Gläubigervertretung angerufen hat. Die Frage ist streitig, wenn Gläubigerversammlung oder Gläubigerausschuß oder sonstige Gläubigervertretung anzuhören keine Verpflichtung bestand (OLG. Celle vom 8. April 1908, OLG. 19, 223; OLG. Köln vom 26. Jan. 1909 LZ. 1909, 406).

Der Anspruch verjährt gemäß § 852 BGB. nicht in 3, sondern erst in 30 Jahren (RG. 78, 190; LZ. 695; RG. v. 24. April 1900 OLG. 1, 440; §§ 187 ff., 195 BGB.).

Was im einzelnen die Verantwortlichkeit der VP. gegenüber die Gläubigerschaft anlangt, so besteht gegen sie ein Anspruch auf Schadensersatz, wenn durch ihre Schuld das Vermögen des

Schuldners verkürzt wird. RG. 89, 237; Gruchot 63, 348.

Sehr verantwortungsvoll ist die durch § 86 VerglO. der VP. gedachte Funktion. Die Verletzung der Sorgfalt auf diesem Gebiet ist sehr wohl denkbar, daher in diesem Betreff der VP. denkbar penible Prüfung und tunlichste Rückendeckung durch Gericht und Gläubigerausschuß anzuempfehlen (s. auch meine Erläut. zu § 86).

Über die Tragweite des Amtes besteht nicht durchwegs Einigkeit. Das OLG. Dresden hat früher den Standpunkt eingenommen, daß der Aufsichtsführer nicht die Pflicht habe, den Vertragsgegner des Schuldners darauf aufmerksam zu machen, daß ein Sanierungsverfahren besteht. JW. 1917, 741. Diese Anschauung ist nicht gebilligt worden, da sie sich mit den Grundsätzen von Treu und Glauben nicht verträgt. Die Folge dieser strengeren Auffassung ist Schadenshaftung der VP. gemäß § 44 VerglO.

F. Haftung der VP. anderen Personen gegenüber.

Diese ist sehr wohl denkbar, wurde auch durch die Gesch.-AufsVO. § 24 geregelt, regelt sich aber heute lediglich nach den Grundsätzen des § 823 BGB. wegen deliktischen Verschuldens (was auch von der einschlägigen Verjährungsfrist gilt).

§ 45.

Die Vertrauensperson steht unter der Aufsicht des Gerichts.

Das Gericht kann gegen sie Ordnungsstrafen im Betrage von einer bis zu eintausend Reichsmark festsetzen und sie aus wichtigen Gründen ihres Amtes entlassen. Als ein wichtiger Grund soll es namentlich angesehen werden, wenn der Gläubigerausschuß oder in einer Gläubigerversammlung die im § 16 Abs. 1 Nr. 4 bezeichnete Mehrheit der Gläubiger die Entlassung beantragt.

Vor der Entscheidung ist die Vertrauensperson zu hören.

Gegen die Festsetzung einer Ordnungsstrafe steht der Vertrauensperson die sofortige Beschwerde zu. Das Vergleichsgericht kann der Beschwerde abhelfen.

Die gerichtliche Aufsicht.

A. Zweck und Tragweite.

Der 1. Absatz des § 38 entspricht vollständig dem § 83 KO. Der 2. Absatz des § 45 ist z. T. dem § 84 KO. nachgebildet.

In seinem weiteren Teil ist der 2. Absatz die Folge der energischen Anregung der Industrie (s. m. Erläuterungen unter § 41 VerglO.). Schon oben ist über das Verhältnis der VP. zum Gericht Näheres auseinandergesetzt. Das Amtsgericht ist das Kontrollgericht nicht nur gegenüber dem Schuldner, sondern auch gegenüber der VP. Dies hängt mit dem Prinzip der ganzen Einrichtung zusammen, welche unter gerichtliche Obhut genommen ist. Die hiebei vom Gericht einzuhaltenden Linien sind nicht ganz einfach. Es ist vor allem daran festzuhalten, daß das Gericht nicht etwa die Tätigkeit der VP. leitet. Es beaufsichtigt dieselbe nur. Es schreitet gegen Pflichtverletzungen der VP. gebietend und verbietend nötigenfalls ein. Ordnungsstrafen zur Erfüllung der Verbindlichkeiten stehen dem Gericht zur Verfügung. Die VP. ist dem Gericht gegenüber im weitesten Maße bericht- und auskunftpflichtig. Das Verhältnis ist ähnlich, wie dasjenige des Vormundschaftsgerichts (§§ 1837, 1915 BGB.). Das Gericht kann die VP. zur Vollziehung ihrer Pflichten anhalten. Die VP. hat kein Imperativ-Mandat des Gerichts. In Ermessungsfragen werden der VP. keine Vorschriften gemacht. Entscheidend ist immer die Frage, ob in der Handlung oder Unterlassung der VP. eine Pflichtwidrigkeit liegt (Motive II KO. 306; RG. 29, 83; Seuff.-Arch. 55 Nr. 59; LZ. 1907, 297; OLG. Bamberg vom 10. Nov. 1906 LZ. 1907, 365; s. insbesondere auch meine obigen Erläuterungen § 44 VerglO. D u. E).

Ein Richter, welcher sich in das ganze System eingelebt hat, weiß, wo sein Einfluß auf die VP. anfängt und aufhört. Ein Konfliktsstoff wäre gegeben, wenn das Gericht sich unbefragt und, ohne daß eine Verfehlung der VP. vorläge, in die Verwaltung einmischen würde. Die Aufsicht des Gerichts beginnt und endigt mit dem Anfang und Ende des Amtes der VP. (s. §§ 40 u. 41 VerglO.). Die Aufsicht wird seitens des Gerichts, in Vollziehung der öffentlichen Gewalt, ausgeübt (EG. BGB. Art. 77 JW. 1904, 85 Nr. 1). Der Richter kann bei Verletzung seiner Aufsichtspflicht gemäß RVerf. Art. 131 und § 839 BGB. zum Schadensersatz verpflichtet sein (JW. 1904, 85; RG. 102, 166, 392, 392; 104 291; 106, 36). Dies trifft zu, wenn ein Verschulden des Vergleichsrichters festzustellen ist, zumal wenn er von der Pflichtwidrigkeit der VP. Kenntnis hatte (argumento e contrario: HessRspr. 6, 65). Der Schuldner und jeder Gläubiger haben die Berechtigung, ein Vorgehen des Vergleichsgerichts zu beantragen. Ein besonderes Recht ist dem Ausschuß und einer Gläubigerversammlung im Sinne der §§ 9 u. 16 Abs. 1 Nr. 4 VerglO. durch § 45 VerglO. eingeräumt.

Näheres unter § 41 VerglO. sowie unten im gegenwärtigen § 45 VerglO. zu C.

Selbstredend wird nicht wahllos der Richter auf solche Anträge reagieren, wenn er sie auch sorgfältig zu prüfen hat. Selbstsüchtigen Quereleien bei Versagung von Wünschen ist erfahrungsgemäß immer ein gewisses Bedenken entgegenzusetzen. Eine Beschwerde bei Vorgehen oder Nichtvorgehen steht den Beteiligten nicht zu. Die sofortige Beschwerde ist aber zugunsten der VP. im Falle des § 45 letzter Absatz zugelassen. Näheres unten unter D.

B. Das Einschreiten.

Hat die VP. die richterlichen Anordnungen nicht beachtet, so kann Zwang zur Erfüllung dieser Anordnungen angewendet werden. Nur eine Geldstrafe ist möglich. Der Betrag von 1000 *RM* bildet das Maximum. Die Geldstrafe kann aber wiederholt ausgesprochen werden. Zweifellos ist, daß die uneinbringliche Geldstrafe in eine Haftstrafe umgewandelt werden kann. Dagegen hat der § 45 VerglO. eine vorherige Androhung nicht vorgeschrieben. Immerhin wird bei nicht rigorosem Vorgehen des Gerichts eine solche Androhung, im Sinne des § 23 des Gesetzes betreffend freiwillige Gerichtsbarkeit, vorausgehen, wenn die VP. Anstalten macht, sich ihren Pflichten und gerichtlichen Anordnungen zu entziehen. Vorgeschrieben ist für den Fall des äußersten Vorgehens, der Entlassung, eine Anhörung, also Gelegenheit zur Rechtfertigung. Es liegt nahe, daß nur bei besonderen Umständen der Vergleichsrichter von seiner diesbezüglichen Machtbefugnis Gebrauch macht. Meist wird der Antrag des Schuldners oder der Gläubigerschaft vorausgehen. Weiteres s. unten unter C. Untauglichkeit, Befangenheit, Einseitigkeit, Parteilichkeit, Unzuverlässigkeit, Unbotmäßigkeit, Schikane, Unwürdigkeit, Erkrankung, Vermögensverfall der VP. wird den Anlaß geben (§ 1886 BGB.; Bayer. VollzVorschr. betr. Bekanntmach. vom 8. Aug. 1914, IV, 11). Auch hier wird das Vergleichsgericht zunächst der Aufklärungsmöglichkeiten des § 9 VerglO., nötigenfalls der Einberufung einer Gläubigerversammlung, sich bedienen. Die Entlassung wirkt von Zustellung des diesbezüglichen gerichtlichen Beschlusses an.

Die VP. kann ihr Amt nicht gegenüber dem Vergleichsschuldner kündigen (etwa nach §§ 626, 671 BGB.). Kontrovers ist, ob die VP. ohne weiteres ihr Amt niederlegen kann. Es dürfte vielmehr anzunehmen sein, daß dieselbe eine Enthebung — wegen Dissidien mit Schuldner oder Gläubigern, Erkrankung, Unabkömmlichkeit, Befangenheit, Unzulänglichkeit — beantragen muß (OLG. Köln vom 8. September 1906 Recht 1910 Nr. 29, 16; Bayer. VollzugsVorschr. IV/1).

C. Die wichtigen Gründe der Entlassung und die Gläubigeranträge.

Das Drängen der Industrie und des Handels, denn doch eine einschneidende Gläubigerautonomie walten zu lassen, hat bewirkt, daß das Gesetz den Einfluß der Gläubigerschaft erhöht hat. Diese kann mittels zweier Ventile Abhilfe schaffen, wenn die VP. sich nach Charakter oder Tüchtigkeit oder Tatkraft nicht eignet: sowohl der Ausschuß als auch die Mehrheit des § 16 Abs. 1 Nr. 4 VerglO. — diese aber nur im Rahmen einer förmlichen Gläubigerversammlung — können anregen, daß die VP. entlassen werden möge. [Solche Gläubigerversf. kann auch der Vergleichstermin sein.] Bei § 16 VerglO. ist die Mehrheit der an dem Verfahren beteiligten Gläubiger (Kopfmehrheit), welche zu gleicher Zeit die Hälfte der beteiligten Gesamtforderungen darstellen muß (Mehrheit der Forderungen) im Auge gehabt. Allein der § 45 VerglO. bleibt absichtlich auf halbem Wege stehen: es dreht sich nur um eine Beantragung. Das entscheidende Forum bezüglich der Entlassung bleibt doch das Gericht. Dieses hat nach pflichtmäßigem Ermessen den Antrag auf Entlassung zu verbescheiden, ohne genötigt zu sein, ihm stattzugeben (RDLG. 23, 305). Dabei wird das Vergleichsgericht nachprüfen, ob die Geschäftsführung durch die VP. ersprießlich, ob die VP. körperlich, geistig und seelisch der Aufgabe gewachsen, ist. Die VP. kann auch gegen die Anregung des Gläubigerausschusses oder der besagten Gläubigermajorität ihre Einwendungen vorbringen und den Antrag stellen, daß der Sache durch das Gericht weiter nachgegangen werde.

D. Sofortige Beschwerde der Vertrauensperson.

Form und Frist derselben ist im § 14 VerglO. besprochen. Das Eigenartige dieser sofortigen Beschwerde ist, daß

1. ihre Frist 1 Woche — statt 14 Tage der regulären sofortigen Beschwerde der ZPO. — beträgt,
2. daß das Vergleichsgericht der sofortigen Beschwerde abhelfen kann, sie also nicht dem Landgericht vorzulegen braucht, wenn sie abhelfen will.

Dem Gläubigerausschuß oder aber der Gläubigerversammlung mit der Mehrheit des § 16 VerglO. steht keine Beschwerde zu, also auch nicht, wenn das Vergleichsgericht den Antrag auf Entlassung abgelehnt hatte.

Nach dem Wortlaut des § 45 VerglO. fällt wohl die Ordnungsstrafe, aber sonderbarerweise nicht die Entlassung unter das Beschwerderecht der VP., obwohl doch letztere Maßnahme die einschneidendere ist. Offensichtlich wollte der Gesetzgeber dem Vergleichsrichter freieste Hand lassen bezüglich der allenfallsigen Abberufung der VP. und ihn auch nicht etwa im Instanzenweg zwingen, seine letzten, vielleicht dem VerglVerf. sehr förderlichen, aber diskreten, Abberufungsgründe offenzulegen. Dazu mag noch das Beschleunigungsbedürfnis kommen und die Befürchtung, bei Beschwerdeeinlegung könne ein unbefriedigender Schwebezustand einsetzen (Kiesow, S. 302).

Die Entlassung der VP. wird wirksam, wenn ihr der Entlassungsbeschluß bekanntgemacht worden ist.

§ 46.

Die Vertrauensperson kann von dem Schuldner die Erstattung angemessener barer Auslagen und eine angemessene Vergütung für ihre Geschäftsführung verlangen.

Die Höhe der Auslagen und der Vergütung setzt das Vergleichsgericht fest.

Gegen den Beschluß findet die sofortige Beschwerde statt. Das Vergleichsgericht kann der Beschwerde abhelfen.

Die Landesjustizverwaltung kann für die der Vertrauensperson zu gewährende Vergütung allgemeine Anordnungen treffen.

Die persönlichen Ansprüche der Vertrauensperson.

A. Allgemeines.

Um einheitliche Grundsätze für die Höhe der Vergütung durchführen zu können, insbesondere dem Anspruch etwaiger unangemessener Forderungen entgegenzutreten, bestimmt § 46 Abs. 4 VerglO., in Anlehnung an den § 85 Abs. 2 KO., daß die Landesjustizverwaltung über die der VP. zu gewährende Vergütung allgemeine Anordnungen treffen kann. In der Befugnis des Vergleichsgerichts, die Höhe der Auslagen festzusetzen, liegt auch das Recht, die Zahlung von Vorschüssen anzuordnen (was aber seltsamerweise von einzelnen Schriftstellern und Gerichten bestritten ist). Bei der Entscheidung über die Vergütung und die Auslagen wird das Gericht zweckmäßig einen etwa bestellten Gläubigerausschuß hören.

Im großen und ganzen ist daran zu erinnern, daß jeder Arbeiter seines Lohnes wert und heute keine Kriegszeit mehr ist, in der man von der VP. verlangen kann, für ein Wenig oder gar ein Nichts tätig zu sein. [cf. meine grundsätzliche Anschauung hierüber u. a. in JW. 1925 S. 842 gegen die hypersoziale Auffassung des LG. Hamburg Beschl. 1. Febr. 1925, JW. 1925 S. 842. Ähnlich leider, wie Hamburg: LG Cleve I. ZK. 30. Jan. 1926, 1 T 17/26 Nr. 1/25, LZ. 1926, 767]. Der Vergleich ist nun eine ständige, den wirtschaftsschädlichen Konkurs womöglich ersetzende, bedeutsame Einrichtung des deutschen Wirtschaftslebens und Gantrechtes. Dieser Einrichtung wirksam und unter Einsetzung aller Kräfte zu dienen, kann nur angemessen dotierten VP. zugemutet werden.

Die VP. bezieht ihre Vergütung aus dem Vermögen des Vergleichsschuldners, der ja heute auch von dem Gesetz nicht mehr verhätschelt wird. Die Geschäftsführung der VP. kann nach den Normen des Auftrages, noch mehr aber nach denen des Dienstvertrages, beurteilt werden. Da Verantwortung und Risiko nicht gering sind, darf und muß die Vergütung der sonst für solche Tätigkeit üblichen entsprechen. Umfang, Verantwortung, Zeitaufwand, Schwierigkeit, Art, Ort, Größe, erreichter Erfolg bilden den Maßstab. Die Kenntnisse, Vorbildung, Erwerbs- und Einkommensverhältnisse der VP. sind unter Umständen mit ausschlaggebend. Sämtliche Auslagen, welchen Namen sie auch haben mögen, für Fahrt, Porti, Telegramme, Telephon, Aufwendung für Schreibwerk, Zehrgelder, Auslagen für Automobile, sind zu vergüten.

Die Tätigkeit, die ein als VP. aufgestellter Rechtsanwalt oder Notar außerdem im anwaltschaftlichen oder notariellen Dienste entwickelt, wird durch die Vergütung des § 46 VerglO. nicht mit abgegolten. Die Prozeßführung bzw. notarielle Verlautbarung richtet sich vielmehr nach den Gebührenordnungen. Der Rechtsanwalt kann z. B. die Vergleichsgebühr beanspruchen (LZ. 1910, 489; OLG. Colmar). Bei Reisen wird es darauf ankommen, ob er sie als VP. oder in Vollziehung eines Rechtsstreites unternimmt.

Fraglich ist, in welchem Zeitpunkt der Anspruch der VP. erwächst, ob nach gewissen Zeitabschnitten oder erst nach Beendigung des Amtes. Unter Umständen sind Teilvergütungen zu gewähren. Eine allmähliche, etwa quartaliter erfolgende, Vergütung entlastet überdies den Schuldner mehr, als die Geltendmachung auf einmal.

Herabsetzung der verlangten Vergütung setzt keinen Herabsetzungsantrag voraus.

Die Festsetzung ist auch nach rechtskräftiger Bestätigung des Vergleiches und nach formeller Aufhebung des Vergleichsverfahrens möglich.

Eine Vereinbarung zwischen Vergleichsschuldner und VP. über die Vergütung bindet das Vergleichsgericht nicht. LG. Heilbronn, 22. April 1926, WürttZ. 26, 117.

Es wird behauptet, die VP. könne neben der gerichtlich festgesetzten Vergütung eine besondere Entschädigung für ihre Tätigkeit weder mit dem Vergleichsschuldner noch mit dem Gläubigerausschuß vereinbaren. So z. B. Ansicht des AG. Forst (Lausitz) 29. Dez. 1925 ZZP. 50, 424. Nach dessen Auffassung verstößt solche Vereinbarung gegen § 134 BGB. Ich bin nicht dieser Ansicht. Auch Jaeger erklärt derartige Vereinbarungen grundsätzlich für zulässig, wenn sie nicht etwa aus irgendeinem besonderen Grund gegen die guten Sitten im Sinne des § 138 BGB. verstoßen. Letzteres ist möglich, wenn z. B. die VP. unter Ausbeutung der wirtschaftlichen Abhängigkeit des Schuldners oder für vergleichszweckwidrige Sonderbegünstigungen desselben Vorteile sich ausbedingt (Jaeger, Enzyklopädie; OLG. 27, 255). Nunmehr maßgebend RG. VI 18. März 1927, 581/26, JW. 1927, 1518, und Friedlaender, Fußnote hiezu, wo gesagt ist, daß zwischen Schuldner und dem Aufsichtsführer (nun VP.) Abmachungen über ein Honorar wirksam sind, daß freilich Massekosten im Anschlußkonkurs nur die gerichtlich festgesetzten Gebühren darstellen.

B. Festsetzung der Einzelheiten durch das Gericht.

Nicht der Gerichtsschreiber, welcher nach der heutigen Prozeßordnung zunächst die Verbescheidung der Festsetzungsgesuche vorzunehmen hat (die Erinnerungen hiegegen verbescheidet das Gericht), sondern das Amtsgericht hat zunächst die Festsetzung der Vergütung und Auslagen vorzunehmen. Über die Höhe entscheidet das freie, vernünftige Ermessen des Gerichts. Dabei ist — wie unter A vermerkt — in erster Linie stets auf die besonderen Umstände der einzelnen Liquidate Rücksicht zu nehmen. Die Bedeutung der Arbeitsleistung und der damit übernommenen Verantwortlichkeit muß ins Gewicht fallen. Auch der Zeitverlust, die allenfalls im übrigen Beruf entstandene Einbuße und die Ersprießlichkeit der Tätigkeit ist ausschlaggebend (analog: OLG. Karlsruhe vom 21. Febr. 1914 BadRspr. 1915, 19).

Nach der VerglO. unterliegt der Festsetzungsbeschluß der sofortigen Beschwerde. Die Unanfechtbarkeit gäbe zu Mißhelligkeiten Anlaß. Aus den gerichtlichen Festsetzungsbeschlüssen findet auch, ehe sie rechtskräftig sind, die Zwangsvollstreckung statt, weil diese sofortige Beschwerde keinen Suspensiveffekt hat. (Der § 794 Nr. 3 ZPO. sagt, daß aus Entscheidungen, gegen welche das Rechtsmittel der Beschwerde stattfindet, die Zwangsvollstreckung stattfindet. S. außerdem RG. 61, 261.)

Die Beschwerde können der Schuldner, die VP. (OLG. Karlsruhe vom 27. August 1906 BadRspr. S. 284) und ein Gläubiger, der sich durch die Festsetzung in seinen Rechten verkürzt glaubt (für das frühere [Aufsichts-]recht: OLG. Colmar v. 19. Jan. 1909 LZ. S. 331; a. M. OLG. 19, 220), ergreifen. Ein sonst interessierter Dritter — auch der Gl.ausschuß — kann die Beschwerde nicht ergreifen (OLG. Kiel vom 8. Oktober 1907; Schl.-HolstAnz. S. 331). Das Beschwerdegericht hat die Höhe und Angemessenheit der Vergütung sowie die Auslagen zu prüfen. Die sofortige Beschwerde, für welche gemäß § 14 VerglO. eine Notfrist von 1 Woche gilt, nimmt mit der Zustellung des Festsetzungsbeschlusses ihren Anfang. Das Amtsgericht ist zu einer Änderung seiner der Beschwerde unterliegenden Entscheidung befugt (§ 46 VerglO. vorletzter Absatz).

Weder das Amtsgericht noch das Beschwerdegericht braucht vor der Festsetzung den Schuldner oder einen Gläubiger oder den Gläubigerausschuß zu hören, kann und wird aber in Zweifeln die VP., nötigenfalls auch den Schuldner und den eventuell bestellten Gläubigerausschuß, hören bzw. Ermittlungen anstellen, um Einseitigkeiten zu vermeiden.

C. Maßstab für die Bezahlung.

Im Heft 4 der Monatsschrift „Konkurs- und Treuhandwesen“ f. 1927 bemerkt Jaeger, die Wirtschaft habe das größte Interesse daran, daß die Verwaltung der Konkurse den tüchtigsten Konkursverwaltern übertragen werde. Denn der Tüchtigste erziele die besten Erfolge. Sei auch die Tätigkeit eines Konkursverwalters für einen arbeitsfreudigen und tatkräftigen Mann schon wegen der vielen Möglichkeiten, Erfahrungen, Kenntnisse, Fähigkeiten, Willenskraft zu entfalten, erstrebenswert, so müsse ihr doch noch ein besonderer Anreiz dadurch verliehen werden, daß sie gut bezahlt werde. Die Vergütung der Konkursverwalter müsse im Einklang stehen mit dem Aufwand an Mühe und Zeit, mit dem Erfolg und mit dem Werte der verwalteten Konkursmassen. In Preußen beschäftigen sich, wie mitgeteilt wird, zurzeit amtliche Stellen mit dem Entwurf eines Tarifs für Konkursverwalter und Vertrauenspersonen. Verschiedene Konkursrichter seien um ihre gutachtliche Äußerung angegangen worden.

Als Anhaltspunkt für die jetzige Handhabung wird der von den Konkursrichtern des Amtsgerichts Berlin-Mitte aufgestellte neueste Gebührentarif nebst den beigegebenen Richtlinien bekanntgegeben. Nach diesem Tarif erhalten die Konkursverwalter

von den ersten	5 000 *RM*	10%
von den weiteren . . . 5—	20 000 *RM*	6%
von den weiteren . . . 20—	50 000 *RM*	4%
von den weiteren . . . 50—	100 000 *RM*	2%
von den weiteren . 100 000—	1 000 000 *RM*	1%
von den Mehrbeträgen		½%

Wenn das Verfahren durch einen Zwangsvergleich beendet werde, der bis zum allgemeinen Prüfungstermin oder bald danach angeboten sei, werden nur $^2/_3$ vorstehender Sätze zugebilligt. Die Gebührensätze seien nach der Höhe der Aktivmasse (zugrundegelegt sind meist Nettoüberschüsse) abgestuft, weil erfahrungsgemäß der Umfang der Tätigkeit im allgemeinen in entsprechendem Verhältnis zum Umfang der Masse stehe. Der Tarif solle die Regel bilden, indem davon ausgegangen werde, daß mühevolle Verwaltungen (Vergleichsverfahren) mit geringer Masse sich durch einfache Sachen mit hoher Masse ausgleichen. Ein Hinausgehen über den Tarif sei daher nur ausnahmsweise, aus besonders zwingenden Gründen, angängig. Für die Fälle, in denen die Tarifsätze nicht angemessen erscheinen, behalten sich die Konkursrichter das Recht vor, von ihnen abzuweichen und die Vergütung nach freiem Ermessen zu bestimmen. Ein besonderer Fall könne z. B. vorliegen, wenn der Verwalter längere Zeit das Geschäft des Gemeinschuldners fortgeführt oder Häuser verwaltet hatte, ohne daß sich die Aktiven dadurch nennenswert erhöht haben. Es komme dann hierfür eine besondere Vergütung in Frage. Dasselbe gelte, wenn im Verfahren mehrere Verteilungen stattgefunden haben. Andererseits sei es am Platze, daß die Vergütung hinter den Tarifsätzen zurückbleibe, wenn der Verwalter die Masse schon mehr oder weniger verwertet empfangen habe (Liquidationsmasse, Verwalterwechsel, Nachlaßkonkurs), wenn es sich um eine ungewöhnlich hohe Aktivmasse ohne entsprechend vermehrte Tätigkeit handelte, ferner, wenn aus besonderen Gründen die Mühewaltung eine besonders geringe gewesen sei (Aufhebung des Eröffnungsbeschlusses, vorzeitige Einstellung des Verfahrens). Ob und in welcher Höhe für Nachtragsverteilungen eine besondere Gebühr festzusetzen sei, müsse der Entscheidung im Einzelfalle vorbehalten werden.

Vorauszahlungen auf die später festzusetzenden Konkursgebühren oder Auslagen können nur in besonderen Ausnahmefällen erfolgen, z. B. bei mehrjähriger Dauer der Verwaltung oder ungewöhnlich hohen Auslagen. Durch die Vergütung werden das gesamte Schreibwerk, die Auslagen für Telephongespräche und die sonstigen Bürounkosten mit abgegolten. Dies gelte auch dann, wenn der Verwalter mit Rücksicht auf eine umfangreiche Verwaltung sein Personal über die übliche Zeit (in Überstunden) habe beschäftigen oder besonderes Bürohilfspersonal habe einstellen müssen. Ausnahmsweise aus besonderen Billigkeitsgründen könnte der Ersatz solcher erhöhten Aufwendungen in Frage kommen. Bei der Annahme sonstiger Hilfskräfte lasse sich nur nach Lage des Einzelfalles entscheiden, ob die dafür gemachten Aufwendungen als Masseschuld (§ 59 KO.) anzusehen und ohne weiteres in die Schlußrechnung einzustellen seien, oder ob es sich um eine von dem Gericht festzusetzende Auslage (§ 85 KO.) handele. Zwecks Festsetzung der Auslagen des Verwalters sei mit der Gebührenberechnung ein besonderes Verzeichnis der Auslagen einzureichen; nur die festgesetzten Auslagen dürfen in die Schlußrechnung bzw. in den Nachtrag zur Schlußrechnung eingestellt werden.

Die vor der Anordnung des Konkurses ausgeführte Ermittlung werde nur dann nach der Gebührenordnung für Sachverständige honoriert, wenn dem Beauftragten nicht die Konkursverwaltung oder die Sanierung übertragen werde; andernfalls gelte jene Tätigkeit durch die allgemeine Gebühr als abgegolten. Werde das VerglVerf. aufgehoben und der Konkurs eröffnet, so könne die für das VerglVerf. festgesetzte Gebühr zum Teil auf die Konkursgebühr angerechnet werden, falls durch das vorausgegangene Vergleichsverfahren wesentliche Vorarbeit für die Konkursverwaltung geleistet sei.

Diese — rechtsähnlich und etwas modifiziert anzuwendenden — Ausführungen und Mitteilungen von Jaeger sind dankenswert. Doch kann ich — analog — nicht seiner Ansicht beipflichten, daß die Spesen nicht besonders zu berechnen seien. Der Wortlaut des § 46 VerglO. spricht m. E. gegen die Auffassung von Jaeger, wenn es auch richtig ist, daß der § 46 VerglO. nur bare Auslagen nennt. Nach meinem Dafürhalten ist es dem Ermessen des Gerichts überlassen, zu beurteilen, welche Spesen im Interesse der Sache gelegen waren. Ob die Liquidation dann als Vergütung exklusive oder inklusive Spesen dem Gericht zur Festsetzung unterbreitet wird, läuft auf das nämliche hinaus. Eine Tarifierung, etwa in skalenartiger Bemessung, seitens der Justizverwaltungen der einzelnen Länder wäre nach alledem wünschenswert. Bis jetzt ist außer dem oben — auch durch Levy, Konkurs- und Treuhandwesen 1927, S. 55 — erwähnten und besprochenen Tarif des Amtsgerichts Berlin-Mitte (seit dem 1. Jan. 1910) und der Braunschweiger Vergütungsstaffel (LZ. 1908, 144) nur die Tarifregelung von Preußen, Württemberg und Baden bekannt.

Neuerdings hat übrigens das OLG. Düsseldorf (am 2. Juli 1925, JW. 1925, 2367) gegen eine unzeitgemäße, untersetzte Vergütung sich ausgesprochen.

Über die Festsetzung der Vergütung, wenn mehrere VP. vorhanden sind oder wenn mehrere sich folgen, cf. LZ. 1919, 1050.

D. Die Vergütung der Vertrauensperson ist vom Verfahren nicht betroffen.

Das vom Gericht festgesetzte Honorar und die vom Gericht festgesetzten Auslagen der VP. sind Massekosten. Die VP. ist Massegläubigerin gemäß § 58 Nr. 2 und § 85 VerglO. (Rechtsähnlich: OLG. 31, 65; RG. 61, 261.) Näheres s. in meinen Erläuterungen zu § 2 und oben zu § 46 VerglO. am Schlusse von A.

Der Vergleichsschuldner haftet der VP. persönlich für die festgesetzten Auslagen und für die festgesetzte Vergütung. Dagegen haftet der Staat, soweit etwa die VP. mit ihren Forderungen ausgefallen ist, nicht. (Rechtsähnlich: RG. 43, 62.) Schließlich hat die VP. auch kein Retentionsrecht an Massegegenständen.

Für den im organischen Anschluß an ein Vergleichsverfahren ausbrechenden Konkurs (Anschlußkonkurs: §§ 82 ff. VerglO.) sind die gerichtlich festgelegten Gebühren und Auslagen der VP. als Massekosten (§ 58 KO.) privilegiert.

Im Sinne des § 85 VerglO. sind mangels besonderer Vorschrift **nicht** privilegiert die Gebühren und Auslagen eines vorläufigen Kontrolleurs, wie ich den noch nicht rite gekürten und bestellten Vertrauensmann nenne. (Den terminus technicus [vorläufige Aufsichtsperson] wählten Gerichte, z. B. AG. Landau am 9. Febr. 1926, was ich eben wegen der verschiedenartigen Behandlung der Forderungen im anschließenden Konkurs bekämpfe.) Dagegen sind die Gebühren und Auslagen des vorläufigen Kontrolleurs, der sich vergeblich um ein außergerichtliches Arrangement bemühte, sowohl im Vergleichsverfahren als auch im Anschlußkonkurs, als vom Verfahren betroffene Forderungen besonders zu berücksichtigen, auch wenn der Kontrolleur später zur Vertrauensperson bestellt wurde.

§ 47.

Der Schuldner hat der Vertrauensperson von der Aufnahme eines Darlehens oder dem Erwerbe von Gegenständen auf Kredit Anzeige zu machen. Er hat der Vertrauensperson Einsicht in seine Bücher und Geschäftspapiere zu gestatten; er und seine Angestellten haben ihr alle erforderlichen Auskünfte zu erteilen. Die Vertrauensperson ist berechtigt, die Geschäftsräume des Schuldners zu betreten und dort Nachforschungen anzustellen.

Die Vertrauensperson hat dem Gerichte sofort anzuzeigen, wenn ihr Tatsachen bekannt werden, die ein Einschreiten des Gerichts, insbesondere den Erlaß von Verfügungsbeschränkungen, die Einstellung des Vergleichsverfahrens oder die Verwerfung des Vergleichs zu rechtfertigen vermögen. Sie hat dem Gericht auf Erfordern jederzeit Auskunft zu erteilen und in dem Vergleichstermin über die Sachlage, insbesondere über die Aussichten auf Erfüllung des Vergleichs, zu berichten.

Während die AP. obligatorisch — mindestens im Innenverhältnis — über alle Einzelheiten des schuldnerischen Geschäftes unterrichtet sein durfte und im gewissen Sinne sein mußte — s. meinen Hauptkommentar zur GeschAufsVO. S. 64 ff. — ist heute der Kreis der obligatorischen Bekanntgaben durch den Schuldner einigermaßen eingeengt. Es ist richtig, daß der Aufgabenkreis der VP. im § 40 VerglO. dahin umschrieben ist, daß die VP. die Verhältnisse des Vergleichsschuldners zu prüfen, auch seine Lebenshaltung und Geschäftsführung zu überwachen, habe. Die Folge ist, daß auf allen mit dem Vergleich im Zusammenhang stehenden Gebieten der Vergleichsschuldner seine VP. einweihen und unterrichten muß.

Allein der § 47 VerglO. greift noch einzelne besondere Punkte heraus, die unter keinen Umständen der VP. entgehen dürfen: es ist von großem Einfluß, ob und inwieweit der Schuldner ein Darlehen aufnimmt — z. B. größeres Bankdarlehen —, ferner ob und inwieweit er den Kredit seiner Lieferanten usw. in Anspruch nimmt. Es heißt nun nicht etwa, der Schuldner habe zuvor, vor Aufnahme des Darlehens oder vor Erwerb von Waren auf Kredit, der VP. Kenntnis zu geben, so daß sie etwa nötigenfalls ein Veto einlegen kann. Es heißt vielmehr, daß von der Aufnahme des Darlehens und dem Erwerb von Gegenständen auf Kredit Anzeige zu machen sei. Wenn also der Vergleichsschuldner will, so braucht er nach dem gesetzlichen Wortlaut nur das fait accompli, die geschehene Tatsache, seiner VP. mitzuteilen. Es wird aber dem Vergleichsschuldner zu empfehlen sein, vorher sich zu vergewissern, was die VP. zu der Kreditierung sagt. Es wird der VP. zu empfehlen sein, vorher sich so zurechtzufinden und auszukennen in den schuldnerischen Verhältnissen und Beziehungen, daß sie Gelegenheit und rechtzeitigen Einfluß hat, zu den Transaktionen ja oder nein zu sagen. Denn, wenn die VP. halbwegs zweckentsprechend arbeitet und ihrer Aufgabe gewachsen ist, muß sie am ruhigsten und objektivesten die Sachlage überblicken und die Grenzen des schuldnerischen Könnens beurteilen. Ein Schuldner kann ja leicht in solcher Situation aufgeregt sein. Er kann sich zuviel oder zu wenig zutrauen. Auch der Gläubiger ist wohl zunächst auf seinen eigenen Vorteil aus. Die VP. aber soll ja gerade neutral und unparteilich sichten. Der § 47 VerglO. sagt, welche Mittel der VP. zur Erfüllung dieser Aufgaben zur Verfügung stehen, und welche Folgerungen sich für ihre Amtierung aus der Aufgabe ergeben. Die VP. braucht sich, um die nötigen Auskünfte zu erhalten, nicht stets an den Schuldner selbst zu wenden; sie kann auch seine Angestellten fragen. Es wird hiebei auf die Kennzeichnung der Kompetenzen in den vorausgehenden Paragraphen verwiesen. Verweigern die Angestellten die Auskunft, so trifft den Schuldner ein Nachteil (§ 79 VerglO.) nur, wenn die Weigerung von ihm veranlaßt worden ist oder sonst in seinem Einverständnis, mit seiner Duldung, geschieht.

Der § 47 Abs. 1 Satz 3 VerglO. stellt klar, daß die VP., selbst gegen den Willen des Schuldners, die Geschäftsräume betreten und dort Nachforschungen anstellen darf. Wird der VP. Widerstand oder gar förmliche Gewalt entgegengesetzt, so kann sie, wenn sie sich nicht selbst physisch helfen kann (allenfalls unter Zuziehung eines Schlossers, eines Polizeiorganes), gerichtliche Beschlüsse oder Verfügungen erwirken. Diese Frage ist aber nicht glatt. Es kann vielmehr ein Grenzfall des Hausfriedensbruchs sich zutragen. Alle Kompetenzen der VP. und des Ausschusses sind mehr oder weniger vom guten Willen des Vergleichsschuldners abhängig. Nur die erlaubte Pression der Aufhebung des Vergleichsverfahrens, zumal der Einstellung, steift die Vergleichsorgane gegen Ungehörigkeiten des Vergleichsschuldners.

Von dem RA. des Schuldners darf die VP. nicht Auskünfte und Handaktenvorlegung anfordern, aber der Schuldner muß der VP. Ermächtigung zur Einsicht der Handakten seines RA. erteilen. RG. JW. 21, 636; Samolewitz, S. 107.

Daß die VP. das Recht und die Pflicht hat, bei Schiebungen des Schuldners, die den Verfahrenszweck gefährden, nach Maßgabe des § 22 Nr. 4 VerglO., § 79 Nr. 2 die Einstellung des Verfahrens anzuregen und so die Gläubiger gegen solche Machenschaften zu schützen, ist bereits in den allgemeinen Bemerkungen zu diesem Abschnitt hervorgehoben worden.

Weitere Befugnisse der VP. enthalten die §§ 48 (Antrag auf Bestellung des Gläubigerausschusses), 50 (Antrag auf Anordnung einer Verfügungsbeschränkung), 53, 55 (Antrag auf Eintragung eines Veräußerungsverbots in das Grundbuch; und zwar gemäß § 53 — s. d. Initiativrecht der VP. —, 57 (Möglichkeit, einer Verfügung des Schuldners trotz allgemeinem Veräußerungsverbot durch Zustimmung Wirksamkeit zu verleihen).

Ein besonderer Pflichtenkreis ist der VP. zugewiesen, um die am Verfahren beteiligten Gläubiger gegeneinander zu schützen und Begünstigungen einzelner Gläubiger zu verhindern. Vor der Zulassung eines Vergleichsvorschlags, der Gläubiger gegen ihren Willen zurücksetzt, ist die VP. zu hören (§ 5 Abs. 2). Die VP. kann eine gerichtliche Entscheidung über das Stimmrecht einer Forderung herbeiführen (§ 62 Abs. 2) und durch Widerspruch gegen eine Forderung die Vollstreckungswirkung des bestätigten Vergleiches für diese Forderung verhindern (§ 62 Abs. 4 Satz 2, § 75 Abs. 1). Vor der Bestätigung des Vergleichs ist die VP. zu hören (§ 67 Abs. 2).

Hinsichtlich der Gl.benachteiligung ist die Zustimmung der VP. zugunsten des Schuldners beachtlich, aber nicht ohne weiteres entscheidend. RG. 106, 166.

Eine der einschneidendsten Funktionen und Rechte der VP. enthält der § 86 VerglO. Hier hängt von seiner Zustimmung, die ausdrücklich im § 86 als solche bezeichnet ist, viel ab. Ich verweise auf meine Erläuterungen zu § 86 VerglO.

Das Gericht wird Wert darauf legen, stets die Autorität der VP. zu stützen. Die heutige Neigung der Parteien zur Disziplinlosigkeit ist bekannt. Um so mehr muß alles geschehen, was der Respektlosigkeit der Schuldner vorbeugt und entgegenarbeitet. Ein guter Richter wird übrigens sein Prestige nur in Notfällen einsetzen und für gewöhnlich sich in halbwegs korrekte Anordnungen der VP. nicht einmischen. Subordination der schuldnerischen Organe gegenüber den Vertrauensleuten (VP. oder Ausschuß) nützt der Einrichtung.

§ 48.

Zur Unterstützung und Überwachung der Vertrauensperson kann das Gericht aus der Zahl der an dem Vergleichsverfahren beteiligten Gläubiger oder ihrer Vertreter einen Gläubigerausschuß bestellen, wenn der besondere Umfang des Unternehmens des Schuldners dies geboten erscheinen läßt. Ein Gläubigerausschuß ist zu bestellen, wenn der Schuldner, die im § 16 Abs. 1 Nr. 4 bezeichnete Gläubigermehrheit oder die Vertrauensperson es beantragen.

Das Gericht kann die Bestellung zum Mitglied des Ausschusses jederzeit widerrufen.

Die Mitglieder des Ausschusses sind für die Erfüllung ihrer Pflichten dem Schuldner und den an dem Vergleichsverfahren beteiligten Gläubigern verantwortlich.

Ein Beschluß des Ausschusses ist gültig, wenn die Mehrheit der Mitglieder an der Beschlußfassung teilgenommen hat und der Beschluß mit der Mehrheit der abgegebenen Stimmen gefaßt worden ist.

Der Gläubigerausschuß.

A. Die neuzeitliche Literatur und Praxis für die Autonomie der Gläubigerschaft (verkörpert im Gläubiger-Ausschuß).

Für gewöhnlich braucht das Gericht keinen Gläubigerausschuß aufzustellen, so daß bei Vergleichsverfahren geringen Umfanges davon abgesehen werden kann. Wenn aber der Vergleichsschuldner selbst zu seiner Beruhigung oder die VP., der das Mitraten und Mittaten rätlich erscheint, oder die Gläubigermehrheit des § 16 Abs. 1 Nr. 4 VerglO. es beantragt, ist ein Gläubigerausschuß zu bestellen. —

Über den größeren Einfluß, welchen seit dem Jahre 1924 die Spitzenverbände in diesem Betreff und hinsichtlich der Gläubigerschaft überhaupt anstreben, s. Dove, JW. 1924, 1065 und meine Abhandlung JW. 1925 S. 192. Auch die amtliche Begründung (Drucksache Nr. 2340 Reichstag III. Wahlperiode 1924/26; 7. Juni 1926) verweist auf den von den Handelsverbänden mit Fug ausgeübten diesbezüglichen Druck. Siehe ferner die Äußerungen des vorläufigen Wirtschaftsrats zu der amtlichen Begründung vom 2. Febr. 1926 (Hachenburg); die Beratungen der Deutschen Zivilprozeßlehrer mit dem Hauptreferat Bley am 19. Okt. 1926 (ZBl. HR., 1926, 442) und dessen Aufsatz in der ZZP. sowie meine Abhandlung hierüber in der LZ. 1927; besonders auch Jaeger, DJZ. Jan. 1926.

Weiter sind zur Kennzeichnung dieser wichtigen Bewegung anzuführen: Lederwarenzeitung, 22. Okt. 1925; Bickel, Industrie- und Handelszeitung, Nr. 282, 13. Dez. 1925; Eyck, Magaz. Wirtsch., 1925, 1510; Hachenburg, Frankfurter Zeitung 1926, S. 4; Mußfeld, Mitteilungen der Industrie- und Handelskammer Berlin, 1926, 727; Manasse, Magazin der Wirtschaft, 1925, 1509; Evek, ebenda, 1511; AGR. Levy, Manufacturist, 1926, 1226; Leo, Wirtschaftsdienst, 8. Jan. 1926; Victor Rosenfeld, Präventivakkord; Wolff, Bank-Archiv, 1926, 211; Weber, Z-Industrie Düsseldorf, 1926, 19; Richter, ZBl. HR., 1926, 201; Selle, Grundeigent., 1925, 2213; Schulz, Das Geschäft, 1926, 98; Schumann,

Creditreform, 1926, 87, 146; Spedition-Zeitung, 1926, 49; Kornhauser-Budapest, Auslandsrecht, 1926, Nr. 5/6; Creditreform, 1926, 10, 49, 67; Danziger Gesetz, Auslandsrecht, 1926, Nr. 5/6; Frank, Recht und Handel, 1926, 71; Mayer, Morgenbl., Nr. 236, 1926, 7; Berg, Morgenblatt, 1926, Nr. 236, S. 7; Niemeyer, Recht und Handel, 26, 835; Wienecke, Recht und Handel, 26, 67; Köppel, ZentrBl. f. HR., 1926, 40; Bach, Deutsche Börsenzeitung, 1926, Nr. 575; Nawatzki im Fränkischen Kurier, 24. Juni 1926 Nr. 173 S. 9; Fränkischer Kurier, 12. Juli 1926 Nr. 191 S. 3 (Kithil); 8. Nov. 1895, Nr. 749 S. 4 (Philippe); Schumann, LZ. 1926, 415; Becker, Recht und Handel, 1926, 67; Michalke, Deutsche Wirtschafts-Zeitung, 1926, 6; Frankfurter Zeitung, 11. Dez. 1925 Nr. 921, S. 2; 8. Jan. 1926, S. 4 ebenda; 4. Febr. 1926, Nr. 93, S. 3; 7. Nov. 1926, Nr. 831, S. 3; Berliner Tageblatt, 19. Jan. 1926 Nr. 30, 2. Beibl.; 15. Juni 1926, Abd. Nr. 278 (Weinberg).

Die Mehrheit dieser Kundgebungen bezweckte, daß die Gläubigerschaft eines Vergleichsverfahrens „Herrin im eigenen Hause" sei und durch den Gläubigerausschuß diese Herrschaft so unabhängig, wie nur durchführbar, ausübe.

B. Der Gläubigerausschuß, wie er in der VerglO. aussieht.

Gleichwohl überläßt der § 48 es dem Gericht, aus der Zahl der Vergleichsgläubiger oder ihrer Vertreter (etwa Anwälte) einen Gläubigerausschuß zu bestellen. Nicht gewählt wird also dieser Gläubigerausschuß (etwa von einer Gläubigerversammlung), sondern vom Gerichte ernannt. (Offizialprinzip, siehe Rintelen, ÖsterrAusglO. S. 505.) Damit ist nicht gesagt, daß nicht das Gericht Vorschläge der Gläubigerschaft, sei es in Bezug auf die Tatsache der Einsetzung, sei es in Bezug auf die aufzustellenden Persönlichkeiten, berücksichtigen kann. (Ebenso ÖsterrAusglO. § 36 Abs. 1) Im Gegenteil: ein seiner Aufgabe gewachsenes Gericht wird sehr wohl sachgemäße und angemessene Vorschläge der Gläubigerschaft beachten, wenn derselben auch klar gemacht werden kann, daß sie einen formellen Anspruch auf solche Vorschläge nicht hat. Der vorläufige Ausschuß im Konkursverfahren wird vor der ersten Gläubigerversammlung (§ 110 KO.) vom Gerichte ebenfalls nach freiem Ermessen bestellt. Erst der endgültige Ausschuß wird von der Gläubigerversammlung berufen (§ 87 KO.). Das aufgestellte Ausschußmitglied ist nicht verpflichtet, die Bestellung oder Wahl anzunehmen. Ebensowenig ist das Gläubigerausschußmitglied des VerglVerf. verpflichtet, die Bestellung anzunehmen. Der Gläubigerausschuß kann aus natürlichen oder juristischen Personen bestehen, weil er aus der Zahl der Gläubiger oder ihrer Vertreter bestellt ist, ein Gläubiger aber auch eine juristische Person sein kann. Rätlich ist der Abstimmung halber eine ungerade Zahl der Mitglieder. Es ist nicht vorgeschrieben, daß der Gläubigerausschuß aus mindestens drei Mitgliedern bestehen muß; zu empfehlen ist dies immerhin. Ein Ausschuß von nur zwei Gläubigern erfordert Stimmeneinheit (OLG. Düsseldorf vom 24. April 1913 LZ. 1913, 572).

Der Gläubigerausschuß muß nicht bestellt werden. (Selbst nicht bei Genossenschaften; anders § 103 GenG.) Wenn die Verhältnisse einfach liegen, ist er zwecklos. Es ist statistisch festgestellt, daß nur bei 1/3 aller Konkurse Gläubigerausschüsse bestellt sind, wenn auch in der letzten Zeit der Prozentsatz bedeutend, und zwar fast bis zur Hälfte aller Konkurse, gestiegen ist, was vor allem bei den Großstädten zutrifft. (Siehe Vierteljahrsheft zur Statistik des Deutschen Reiches und die übrigen bei Jaeger, KO. zu § 87 gegebenen statistischen Ziffern). Das durch den Umfang des Unternehmers des Schuldners gegebene Erfordernis einer Bestellung des Gläubigerausschusses ist natürlich ein dehnbarer Begriff. Man wird aber davon ausgehen dürfen, daß bei unansehnlichen Vergl.-Verf. die Beigabe eines Ausschusses nicht erforderlich ist. Die österreichische Ausgleichsordnung hat obligatorisch einen etwas zu großen Verwaltungsapparat (siehe Rintelen § 89: Die Subjekte des AusglV.) festgelegt (Cahn, JW. vom 15. Mai 1916 ff.; Seyferth, Vortr. Leipz. Anwaltsv. vom 24. Mai 1916 JW. 1916, 301), und es ist zu begrüßen, daß die VerglO. sich eine größere Beschränkung auferlegt hat. In den meisten Fällen ist wohl eine wirksame und ausreichende Überwachung der VP. ohne den Gläubigerausschuß möglich. Dann aber, wenn, nach der ganzen Situation, die Verantwortung für die VP. doch zu groß wäre und eine gewisse Rückendeckung angezeigt erscheint, wird — sei es von Anfang an, sei es, wenn sich dieser Umfang herausstellt — die Beigabe eines Gläubigerausschusses zu empfehlen sein.

Die der VP. zustehenden Funktionen stehen dem Gläubigerausschuß nicht zu. Er ist nur im Innern tätig, hat also keinerlei Vertretungsmacht. Es wird ihm deshalb auch keine Bestallungsurkunde erteilt, wie der VP. Der Gläubigerausschuß ist in Bezug auf seine Geschäftsordnung selbständig. Vorschriften hierüber bestehen nicht. Hinsichtlich der Gültigkeit seiner Beschlüsse siehe § 48 VerglO. letzter Absatz. Das Gericht kann bloß Gläubiger oder Vertreter von solchen zu Ausschußmitgliedern bestellen. Es genügt, daß das Gericht die betreffenden natürlichen oder juristischen Personen als Gläubiger kennt, sei es aus dem schuldnerischen Verzeichnis, sei es auf Grund der Berichte der VP. Die Bestellung ist jederzeit widerruflich (ebenso ÖsterrAusglO. § 36 Abs. 3), sei es, weil es sich herausstellt, daß das vom Gericht bestellte Ausschußmitglied kein Gläubiger ist, sei es, weil sich die Ungeeignetheit oder Unzuverlässigkeit des betreffenden Gläubigers herausstellt. Das Gericht wird es vorziehen, keine Gläubiger als Ausschußmitglieder zu bestellen, die in Rechtsstreite mit dem Schuldner verwickelt sind, mit ihm, oder der VP. zu gut oder zu schlecht stehen, Sonderberücksichtigung irgendwelcher Art beanspruchen. Die Aufstellung privilegierter Gläubiger oder ihrer Vertreter ist daher durch § 48, Abs. 1 VerglO. wohlweislich ausgeschlossen. Wo über drei (ÖsterrAusglO. § 36 Abs. 3—5) Gläubigerausschußmitglieder oder wo allenfalls Ersatzmitglieder bestellt sind, kann ein für die Beratung oder Beschlußfassung einer bestimmten Angelegenheit beteiligtes oder befangenes Mitglied vorübergehend ausscheiden.

Die VerglO. hat nicht vorgesehen, daß auch dritte unbeteiligte Personen vom Gericht aufgestellt werden können. Folglich kann auf dem Spezialgebiet der VerglO. ein Gläubiger, der nach seiner Aufstellung sein Guthaben zediert hat, nicht Gläubigerausschußmitglied bleiben, sondern muß vom Gericht abberufen werden (Argumentum e contrario RG. 30, 25).

Die Mitglieder des Ausschusses (deren Vertretung nur auf eigene Gefahr und Kosten denkbar [ebenso ÖsterrAusglO.; Rintelen S. 513], für die aber keine Annahmepflicht vorgeschrieben ist [strenger: ÖsterrAusglO. § 36 Abs. 2]) sind für die Erfüllung der ihnen obliegenden Pflichten dem Vergleichsschuldner und den beteiligten Gläubigern gegenüber verantwortlich (RG. 31, 119; Entsch. 25. Jan. 1904, 376/03; LZ. 1910, 159). Das Einzelausschußmitglied haftet aus Pflichtverletzungen, die ihm selbst oder dem Gesamtausschuß zu Lasten fallen. Für Verfehlungen des gesamten Ausschusses haftet das einzelne Mitglied desselben freilich nur dann, wenn ein Verschulden festzustellen ist. Wenn z. B. ein Ausschußmitglied die in §§ 48 u. 49 VerglO. geregelten Obliegenheiten vernachlässigt hat, wenn ferner ein Kausalzusammenhang zwischen der Vernachlässigung und der eingetretenen Entschädigung besteht, ist ein Haftungsfall gegeben (RG. vom 2. April 1906, 63, 133; OLG. Dresden vom 9. Juli 1914 SeuffA. 71 Nr. 151). Mehrere Ausschußmitglieder haften als gesetzliche Gesamtschuldner (BGB. §§ 421, 426; RG. vom 16. Sept. 1909 LZ. 1910, 159). Da die Mitglieder des Gläubigerausschusses für die Erfüllung der ihnen obliegenden Pflichten allen Beteiligten verantwortlich sind, wird es angezeigt erscheinen, daß die VP., wohl auch das Gericht, eine Belehrung über ihre Pflichten eintreten läßt, wie dies für den konkurslichen Gläubigerausschuß und seine Pflichten, gemäß § 89 KO., nach Übung und ministerieller Weisung geschieht (BayJMBl. 1907, 227; PrJMB. vom 23. Mai 1907 I 726).

C. Die Vergütung des Ausschusses.

Nachdem die Verantwortung des Gläubigerausschusses keine geringe und auch — analog — von der Judikatur (RG. 31, 119; LZ. 1910, 159) streng beurteilte ist, will mir die bisher gehandhabte Auffassung bei der Geschäftsaufsicht, daß ein Anspruch auf Vergütung oder gar auf Erstattung barer Auslagen den Mitgliedern des Ausschusses nicht zusteht, in keiner Weise einleuchten.

Wie man Leuten im Beruf, um die es sich wohl meist dreht, eine unter Umständen materiell sehr bedeutsame Verantwortung zumutet, ohne sie irgendwie zu entschädigen, ist mir nicht faßbar. Derartige unentgeltliche Funktionen übernimmt niemand gerne, der das Risiko eines beträchtlichen Regresses läuft. Nach alledem bin ich nach wie vor der festen Überzeugung, daß jedes Gericht und jede VP. die Festsetzung der Auslagen und der Vergütung des Gläubigerausschusses verantworten kann, wenn auch gegen den Beschluß die sofortige Beschwerde nicht anwendbar ist. (Lucas Kom. erklärt S. 123, daß gesetzlich kein Anspruch auf Vergütung bestehe, auch kein Anspruch auf Ersatz von gesetzlichen Auslagen. § 670 BGB. sei nicht anwendbar, denn die Mitglieder des Gläubigerausschusses seien weder Beauftragte des Schuldners noch Beauftragte des Gläubigers. Es stehe aber nichts im Wege, Auslagenersatz oder auch eine Vergütung zu vereinbaren. Werde derartiges mit dem Schuldner vereinbart, so seien die Ansprüche der Ausschußmitglieder aus dieser Vereinbarung im VerglVerf. nicht beteiligten Forderungen, in einem etwa anschließenden Konkursverfahren aber — anders als nach § 85 die Ansprüche der VP. — gewöhnliche Konkursforderungen.) Nach meiner Auffassung liegt ein Dienstvertrag, wenn auch vielleicht sui generis, vor. Entgeltlichkeit ist zu präsumieren. Aber die Vereinbarung ist allemal rätlich.

D. Die Neutralität des Ausschusses.

In den Kaufmanns- und Gewerbekreisen faßt man, wie die praktische Beobachtung zeigt, den Zweck, die Pflicht, die Zusammensetzung, des Gläubigerausschusses oft recht irrig auf. Einzelne Gläubigergruppen, etwa ein einzelnes, bei einem falliten Bankunternehmen besonders beteiligtes Handwerk, meint, besondere Rechte, Anspruch auf eine bestimmte Zahl der Ausschußmitglieder, zu haben, denselben sozusagen ein Imperativmandat erteilen zu dürfen und können. Diese Auffassung ist verkehrt und verordnungswidrig. (RG. 31, 122; 36, 368; JW. 1895, 329; Gruchot 43, 509.) Der Gläubigerausschuß handelt in seinem Komplex für die Gläubigerschaft, nicht für einen oder einzelne Gläubiger. Deshalb ernennt ja auch das Gericht den Gläubigerausschuß. Er wird nicht von den Gläubigern gewählt. Das Gericht kann Vorschläge beachten.

Der Gläubigerausschuß ist ein selbständig handelndes amtliches Organ, das als solches auch dem Vergleichsschuldner gerecht zu werden hat. Besorgnis der Befangenheit eines Sachverständigen wird daher im Strafprozeß nicht ohne weiteres durch seine Eigenschaft als Mitglied des Gläubigerausschusses im VerglVerf. über das Vermögen eines Angeklagten begründet. RG. II 14. April 1924, 97/24, Recht 24, Nr. 1067. —

E. Die Sitzungen des Ausschusses.

Die VP., welche wohl gewöhnlich bei den Sitzungen des Gläubigerausschusses anwesend ist, (es sind Ausnahmen denkbar, wenn die Gläubigerausschußmitglieder etwa Ungehörigkeiten oder Ungeschicklichkeiten oder Einseitigkeiten der VP. unbeeinflußt zu beraten haben) und wohl gewöhnlich den Vorsitz im Gläubigerausschuß führt, — was aber durchaus nicht vorgeschrieben ist — darf die Teilnahme des von einem Mitgliede des Gläubigerausschusses zu dessen Sitzungen zugezogenen Rechtsanwalts nicht untersagen. Analog AG. Berlin-Mitte KGBl. 21, 72. Allein es besteht keine Berechtigung des Gläubigers oder der Gläubiger, deren Anwalt oder Vertreter im Ausschuß sitzt, ohne Erlaubnis der VP. und der Ausschußmitglieder zu erscheinen und sich an den Debatten (oder gar Abstimmungen) des Gläubigerausschusses zu beteiligen.

Soweit es sich um kollidierende Interessen insofern handelt, als ein Kontrahieren zwischen dem Schuldner und einem einzelnen Gläubiger in Betracht kommt, scheidet der letztere oder sein Anwalt oder Bevollmächtigter bei der Beratung und Abstimmung im Gläubigerausschuß zweckmäßig aus. (S. aber unten letzter Satz v. E.)

Ein Beschluß des Gläubigerausschusses ist gültig, wenn die Mehrheit der Mitglieder an der Beschlußfassung teilgenommen hat und der Beschluß mit der Mehrheit der abgegebenen Stimmen gefaßt worden ist. Im § 90 KO. heißt es: absoluter Mehrheit.

Eine Geschäftsordnung vermag nicht zu bestimmen, daß etwa die Stimmenregelung anders gehandhabt wird. Denn der § 48 VerglO. enthält ius cogens. Es kann also z. B. nicht ausgemacht werden, daß die Stimme des Vorsitzenden — wenn solcher überhaupt gewählt wird — bei Gleichheit der Stimmen entscheidet. Wie der Ausschuß seine Kollegialbeschlüsse herbeiführt, ist ihm vollständig überlassen. Es ist hier an die Motive II zu KO. S. 313 zu erinnern, wo es heißt: der Festsetzung des kompletten Ausschusses bleiben vorbehalten „die Form der Berufung, die Leitung der Verhandlungen, die Art der Abstimmung, welche unbedenklich in geeigneten Fällen auch auf schriftlichem Wege geschehen kann, die Beurkundung, Mitteilung und Ausführung der Beschlüsse". Für gewöhnlich wird die VP. den Ausschuß einberufen und ihm den Entwurf einer Tagesordnung vorlegen. Der Ausschuß wird meist gerne sich an diese Tagesordnung halten, wenn er davon überzeugt ist, eine pflichteifrige und verlässige VP. vor sich zu haben. Aber gerade in der Ergänzung der Tagesordnung kann die Ausübung der Rechte des Gläubigerausschusses gelegen sein. Die VP. wird wohl auch, wie dies bei Konkursen üblich ist, die Beschlußfassung sowie Abstimmung geeignet herbeiführen, ferner für die Niederschrift, Unterzeichnung und Zirkulation der Beschlüsse Sorge tragen. Wenn die Tagesordnung einfacher Natur ist, oder wenn die angeregte Beschlußfassung sich nur auf einzelne Punkte erstreckt, kann im Wege der Kurrende (des Umlaufs) ein Beschluß herbeigeführt werden. Die Niederschriften über Ausschußsitzungen sind nicht den Gerichtsakten einzuverleiben, zumal die Beschlußfassung sich auf Angelegenheiten von Gläubigern beziehen kann, die so Kenntnis der Entschließungen des Ausschusses sich verschaffen können, welche im Interesse der Geschäftsführung und des Vergleichs geheimzuhalten sind.

Da eine entsprechende gesetzliche Norm nicht vorliegt, darf grundsätzlich ein Ausschußmitglied auch in eigener Sache und pro domo mitstimmen, was freilich unter Umständen zu einem Schadensersatzanspruch im Sinne des § 48 Abs. 3 VerglO. führen kann. Aus diesem Grunde sind ja gerade Ersatzausschußmitglieder anzuraten.

§ 49.

Die Mitglieder des Gläubigerausschusses sind berechtigt, die Bücher und Geschäftspapiere des Schuldners und der Vertrauensperson einzusehen und Aufklärung über hierbei sich ergebende Fragen zu verlangen. Sie haben dem Gerichte sofort anzuzeigen, wenn ihnen Tatsachen bekannt werden, die eine Entlassung der Vertrauensperson, ein Einschreiten des Gerichts gegen den Schuldner, insbesondere den Erlaß von Verfügungsbeschränkungen, die Einstellung des Vergleichsverfahrens oder die Verwerfung des Vergleichs zu rechtfertigen vermögen.

Unter Umständen kann dieser § 49 VerglO. mit § 13 VerglO. im Widerspruch stehen, denn es kann — etwa indiskreten — Gläubigern die Einsicht in solche Aktenteile vom Gericht untersagt werden, deren Kenntnis für die Gläubiger als solche ohne Bedeutung ist und allenfalls nur aus Konkurrenzbestrebungen verlangt wird. Es kann auch Gläubigern die Akteneinsicht vom Vergleichsgericht verboten werden, deren Geheimhaltung der Vergleichsschuldner als existenzwichtig angibt. (Die Mitglieder des Gläubigerausschusses haben an sich gemäß § 49 das Recht, die Bücher des Schuldners einzusehen [auch früher bejaht vom LG. Stargard, 26. Okt. 1925, JW. 1926, 2122]). Liegt ein solcher Widerspruch zwischen § 13 letzter Absatz und § 49 VerglO. in concreto vor, so entscheidet eben, wenn sich der Ausschuß oder das Ausschußmitglied mit den Weisungen der VP. nicht begnügt, das Vergleichsgericht. Als Aufgabe des Gläubigerausschusses bezeichnet der § 48 VerglO., in Anlehnung an § 88 Abs. 1 Satz 1 KO., die Unterstützung und Überwachung der VP. Der § 49 VerglO. erläutert im Anschluß an § 47 Abs. 2

VerglO., was hierunter zu verstehen ist. Insbesondere ergibt sich daraus in Verbindung mit § 79 Abs. 1 Nr. 2 VerglO., § 22 Nr. 4 VerglO., daß auch die Mitglieder des Gläubigerausschusses Rechtshandlungen des Schuldners, die den Vergleichszweck gefährden, mit der Anregung auf Einstellung des Verfahrens entgegentreten können. Entzieht sich der Schuldner gegenüber den Mitgliedern des Gläubigerausschusses seiner Aufklärungspflicht, so droht ihm gleichfalls die Einstellung des Verfahrens (§ 79 Nr. 4). Weitere Befugnisse des Gläubigerausschusses enthalten der § 50 Abs. 2 (Antrag auf Anordnung einer Verfügungsbeschränkung) und der § 67 Abs. 2 (Anhörung vor der Entscheidung über die Bestätigung eines Vergleiches).

Nach dem Wortlaute des § 31 GeschAufsVO. und § 49 VerglO. ist der Wirkungskreis des Gläubigerausschusses des Vergleichsverfahrens etwas eingeengter. Die VP. wird sich aber der Unterstützung des Ausschusses gern bedienen.

Über Zuständigkeiten, Pflichten, Dienstverhältnisse, Amtsbeendigungsperiode der Gläubigerausschußmitglieder s. Bley, Konkurs- u. Treuhandwesen, 1927, S. 99, und die dortigen sorgfältigen Ausführungen zu dieser Spezialfrage.

Der Ausschuß kann von Bedeutung werden, wenn ein größeres Unternehmen unter Aufsicht steht, dessen Verwaltung kaufmännische, technische und rechtliche Fragen verwickelterer Art aufrollt. Hier setzt insbesondere die Beratungsberechtigung und -Verpflichtung ein. Eine gewandte und weitblickende VP. wird praktisch die Sache so handhaben, daß sie, wie dies auch im Konkursverfahren geschieht, von Zeit zu Zeit den Stoff, der nicht glatt geregelt werden kann, zusammenstellt, um ihn als Tagesordnung periodisch wiederkehrender Gläubigerausschußsitzungen vorzutragen und durch Beschlußfassung erledigen zu lassen. Die Beschlußfassung wird zumal dann angezeigt erscheinen, wenn die Eigenart des schuldnerischen Geschäftes sachkundige Mitwirkung erheischt. Jedenfalls handelt die VP. verständig, wenn sie bei minder einfachen Punkten sich der Unterstützung und des Rates der Mitglieder des Ausschusses bedient, weil sie dann selbst für die Erfüllung der ihr obliegenden Pflichten sachkundige Personen mit heranzieht.

Aber auch ohne und gegen den Wunsch und Willen der VP. kann und muß der Ausschuß tätig werden. Stellt sich innerhalb oder außerhalb einer Sitzung etwa heraus, daß der Schuldner oder (und) die VP. die Einnahmen und Ausgaben in ganz unübersichtlicher Weise bucht, so daß die vereinnahmten und verausgabten Beträge in umständlicher Weise erst auf Grund der Notizen in den Handakten der VP. festgestellt werden könnten und so der Kassenbestand ermittelt werden müßte, so ist es Sache des Ausschusses, auf das Ordnungswidrige in der Geschäftsführung der VP. hinzuweisen und den Erfolg dieser Rüge in möglichst kurzer Zeit zu kontrollieren. Hat ferner Schuldner oder die VP. Gelder des Vergleichsverfahrens in ein auf Namen des Schuldners oder der VP. laufendes Bankbuch der Hinterlegungsstelle eingelegt, in dem schon Einlagen aus der Zeit vor dem Vergleichsverfahren enthalten waren, so hat der Ausschuß dafür zu sorgen, daß dieser schon mit Rücksicht auf die Zinsberechnung ordnungswidrige Zustand beseitigt wird und die Gelder des Vergleichsverfahrens in ein neues Buch eintragen werden, dessen Bezeichnung zu ergeben hat, daß es sich um Geld des Vergleichsverfahrens handelt (analog: OLG. Dresden vom 9. Dez. 1914 SächsArchRechtspfl. 1915, 106).

Um in der gedachten Weise funktionieren zu können, muß natürlich der Ausschuß sich selbst geeignet informieren. Es ist daher jedes einzelne Mitglied des Ausschusses ermächtigt, sich über den Gang der Geschäfte Klarheit zu verschaffen. Dasselbe kann von den Aufzeichnungen, Briefen und Geschäftsbüchern sowohl des Schuldners als auch der VP. — sei es auch nur mittels Stichproben — Kenntnis nehmen und sich davon überzeugen, wie es mit der Kasse bestellt ist. (S. indeß Eingang der Erl. oben zu § 49.) Würde der Schuldner oder die VP. berechtigten diesbezüglichen Wünschen eines Ausschußmitgliedes Widerstand entgegensetzen, so würde das Gericht einschreiten können. Die Bekanntgabe von Unregelmäßigkeiten der VP. seitens des Plenargläubigerausschusses oder eines seiner Mitglieder kann insbesondere auch zu einer Entlassung der VP. seitens des Gerichtes im Sinne des § 45 VerglO. führen.

Da der Komplex der Bestimmungen über Verfügungsbeschränkungen bzw. Veräußerungsverbote der §§ 50—58 VerglO. neu ist, findet auch im § 49 VerglO. zum ersten Male die Bestimmung Platz, daß diejenigen Tatsachen durch die Ausschußmitglieder dem Vergleichsgericht bekanntzugeben sind, die den Erlaß von Verfügungsbeschränkungen rechtfertigen können. Welcher Art diese Rechtsgeschäfte und Handlungen, die zu einem solchen Einschreiten Anlaß geben, sind, ergibt sich aus den genannten §§ 50—58 VerglO. Besondere Verpflichtungen zur Sicherung der Gläubiger sind angebracht, da ohne diese Verpflichtungen der Schuldner vielleicht zuungunsten der Gesamtgläubigerschaft Schritte ergreifen würde, indem insbesondere der Schuldner über einzelne Gegenstände seines Vermögens zum Schaden der Gläubigerschaft verfügt oder zu verfügen sich anschickt.

Eine größere Dimension im Rahmen der Mitwirkung des Ausschusses nehmen auch die Tatsachen ein, welche zur Einstellung des Vergleichsverfahrens (§ 79 ff. VerglO.) führen können. Wenn nämlich der Schuldner beispielsweise dem Ausschuß gegenüber eine Aufklärung verweigert oder die nach Lage der Sache gebotene Bücher- und Schreibwerkeinsicht nicht gewährt (§ 79 VerglO. Passus 4) oder wenn der Schuldner sich gegen die Verfügungsbeschränkungen des Vergleichsgerichtes auflehnt bzw. gegen sie sich vergeht (§ 79 VerglO. Passus 3) oder wenn der Schuldner unverhältnismäßigen Aufwand trotz Verwarnung treibt (§ 79 VerglO.

Passus 5), kann der Ausschuß oder eines seiner Mitglieder sich an die VP. oder an das Vergleichsgericht wenden, damit die Einstellungsfrage geprüft werde. Diese dem Gläubigerausschuß durch § 49 VerglO. zur Pflicht gemachte Intervention kann auch zur Versagung der Bestätigung des Vergleiches im Sinne des 5. Abschnittes des §§ 68 ff. führen.

§ 50.

Bei der Eröffnung des Vergleichsverfahrens hat das Gericht zu prüfen, ob und welche Verfügungsbeschränkungen dem Schuldner aufzuerlegen sind.

Das Gericht kann jederzeit während des Verfahrens von Amts wegen oder auf Antrag der Vertrauensperson, eines Mitglieds des Gläubigerausschusses oder eines an dem Verfahren beteiligten Gläubigers Verfügungsbeschränkungen anordnen.

Verfügungsbeschränkungen.

A. Allgemeines über besondere gerichtliche Maßnahmen. Zu §§ 50—58: Zur Sicherung der Gläubiger (Verfügungsbeschränkungen und Veräußerungsverbote).

Der amtlichen Begründung sind etwa die folgenden Gedanken zu entnehmen. Nach § 3 Abs. 2 GeschAufsVO. konnte das Gericht dem Schuldner auf Antrag der Aufsichtsperson besondere Verpflichtungen zur Sicherung der Gläubiger auferlegen. (Diese gesetzliche Bestimmung verlieh der AP. eine gewisse Prärogative, wenn nicht nach außen — was beklagt war —, so doch nach innen. [Der Konkursverwalter steht ja in dieser Hinsicht weit über den anderen Sanierungsorganen]).

An den Gedanken des § 3 Abs. 2 GeschAufsVO. knüpft die VerglO., die eine **gesetzliche** Verfügungsbeschränkung ablehnt, an. Sie verpflichtet das **Gericht** (§ 50 Abs. 1 VerglO.), bei der Eröffnung des Vergleichsverfahrens von Amts wegen, von Fall zu Fall, zu prüfen, ob und welche Verfügungsbeschränkungen dem Schuldner aufzuerlegen sind. Ebenso können während der Dauer des Verfahrens nicht nur auf Antrag, sondern auch von Amts wegen, derartige Anordnungen ergehen (§ 50 Abs. 2).

Das Antragsrecht soll neben der VP. und den Mitgliedern des Gläubigerausschusses jedem beteiligten Gläubiger zustehen[1]). Man würde die Rechte des Gläubigers ohne Grund beschränken, wenn man, wie vorgeschlagen worden ist, das Antragsrecht nur einer bestimmten Minderheit der Gläubiger gewähren würde. Die Anordnung von Verfügungsbeschränkungen kann unter Umständen die Ein-

[1]) Vor Mißbrauch warnt: Weinberg-Manasse, S. 105.

stellung des Verfahrens vorbereiten. Zunächst schützt sie bei drohendem Fehlschlagen des Vergleichsversuches einstweilen die Gläubiger. Möglich ist aber auch, daß die Gläubiger sich nur unter der Voraussetzung solcher Verfügungsbeschränkungen auf Vergleichsverhandlungen einlassen wollen. Hier ermöglicht die Anordnung das vom Schuldner erstrebte Zustandekommen eines Vergleiches.

Die Verfügungsbeschränkung kann darin bestehen, daß dem Schuldner die Verfügung über einzelne Gegenstände seines Vermögens — Sachen oder Forderungen — verboten wird. Das Gericht kann aber auch ein allgemeines Veräußerungsverbot an den Schuldner erlassen. Beide Arten der Verfügungsbeschränkung fallen unter den Begriff des Veräußerungsverbotes des § 136 BGB. Die VerglO. regelt ihre Wirkungen, jedoch, in Anlehnung an die Konkursordnung, etwas abweichend von dem Bürgerlichen Gesetzbuch. Zur Klarstellung der Rechtslage spricht daher § 51 Satz 2 VerglO. aus, daß sich die Wirkungen der Verfügungsbeschränkungen nur nach den Vorschriften der §§ 54—57 VerglO. bestimmen.

Ist dem Schuldner verboten, über einzelne Gegenstände zu verfügen, so ist eine diesem Verbote widersprechende Verfügung zugunsten der am Verfahren beteiligten Gläubiger unwirksam (§ 55 Abs. 1). Sie können also nach Abschluß des Verfahrens das Vermögensstück zu ihrer Befriedigung in Anspruch nehmen, ohne daß es einer Anfechtung des Erwerbes bedarf. Kommt es im Anschluß an das Vergleichsverfahren zum Konkurse, so gehören die im Widerspruche mit dem Verfügungsverbote weggegebenen Gegenstücke zur Konkursmasse (§ 83 VerglO.).

Entsprechend den allgemeinen Vorschriften des BGB. über die richterlichen Veräußerungsverbote (BGB. §§ 135, 136) soll auch gegenüber einem für einzelne Vermögensstücke bestehenden Verfügungsverbote der Schutz des guten Glaubens gelten. Dies sprechen §§ 55 und 56 VerglO., ersterer durch Bezugnahme auf § 135 Abs. 2 BGB., aus. Daraus ergibt sich, daß bei einem Verbot, über bestimmte bewegliche Sachen zu verfügen, für die Gläubiger ein Rechtsverlust eintritt, wenn der Erwerber in dem nach den §§ 932 ff. BGB. maßgebenden Zeitpunkt das Verfügungsverbot weder kannte noch infolge grober Fahrlässigkeit nicht kannte. Bezieht sich das Verfügungsverbot auf ein Grundstück, ein Recht an einem Grundstück oder ein Recht an einem solchen Rechte, so ist es nach § 892 Abs. 1 Satz 1 BGB. einem Dritten gegenüber nur wirksam, wenn es aus dem Grundbuch ersichtlich oder dem Erwerber in dem nach §§ 892 ff. BGB. entscheidenden Zeitpunkt bekannt ist. § 55 Abs. 2 VerglO. in Verbindung mit § 53 trifft daher Vorsorge dafür, daß das Verfügungsverbot alsbald in das Grundbuch eingetragen wird. Welche Bedeutung der gute Glaube des Erwerbers eines mit dem Verfügungsverbote belasteten Anspruchs, insbesondere einer Forderung, oder der gute Glaube des Schuldners an die Fortdauer der unbeschränkten Verfügungsbefugnis seines Gläubigers, hat, ist in der Rechtslehre streitig. Nach der wohl als herrschend zu bezeichnenden Ansicht kommt ein Schutz des guten Glaubens in Fällen dieser Art nicht in Betracht. Aus Zweckmäßigkeitsgründen bestimmt indessen die VerglO., im Anschluß an die Vorschriften über die Zwangsvollstreckung (zu vergleichen § 829 ZPO., § 22 Abs. 2 des Ges. über die Zwangsversteigerung und die Zwangsverwaltung von Grundstücken), daß das Verfügungsverbot dem Drittschuldner zugestellt und ihm die Leistung an den Schuldner verboten werden muß (§ 55 Abs. 3 VerglO.). Das Verbot, über einzelne Gegenstände zu verfügen, äußert seine Wirkung nur gegenüber rechtsgeschäftlichen Verfügungen. Auf die Zulässigkeit von Vollstreckungsmaßnahmen ist es ohne Einfluß. Das ergibt sich daraus, daß im § 55 Abs. 1 Satz 2 VerglO. nur der § 135 Abs. 2 BGB. angeführt ist. Die Frage, in welchem Umfange Vollstreckungsmaßnahmen während des Vergleichsverfahrens statthaft sind, ist im § 32 VerglO. abschließend behandelt.

Unter Umständen wird das Verbot, über einzelne Gegenstände zu verfügen, zum Schutze der Gläubiger nicht ausreichen. Die VerglO. läßt daher neben dem Einzelverbot ein allgemeines Veräußerungsverbot zu. Der Erlaß eines solchen Verbots nähert das Vergleichsverfahren dem Konkurse. Die VerglO. behandelt das Verbot daher ähnlich wie die Konkurseröffnung. Bei der Anordnung muß die Tagesstunde der Anordnung angegeben werden (§ 52 Abs. 1 VerglO. in Verbindung mit § 25). Das Verbot muß öffentlich bekanntgemacht und in das Grundbuch eingetragen werden (§ 52 Abs. 2, § 53). Auch die Wirkungen des allgemeinen Veräußerungsverbotes sind im Anschluß an § 7 KO. gestaltet. Verfügungen, die der Schuldner im Widerspruche mit dem Verbot über das ihm zur Zeit seines Erlasses gehörende Vermögen trifft, sind ebenso, wie bei dem Einzelverbote, den am Verfahren beteiligten Gläubigern gegenüber unwirksam. In gleicher Weise, wie bei dem Einzelverbot, erstreckt sich die Wirkung des allgemeinen Veräußerungsverbotes auch auf einen dem Vergleichsverfahren sich anschließenden Konkurs (§ 83 VerglO.). Die Verfügung im Wege der Zwangsvollstreckung wird ebenfalls durch das allgemeine Veräußerungsverbot nicht berührt. Abweichend vom Einzelverbote wird der gute Glaube des Erwerbers gegenüber einem allgemeinen Veräußerungsverbote nur geschützt, wenn es sich um Verfügungen über Grundstücke, Rechte an Grundstücken oder Rechte an solchen Rechten handelt (§ 54 Abs. 3 VerglO.).

Nicht betroffen von dem allgemeinen Veräußerungsverbote wird die Annahme einer Leistung. Die Annahme der Leistung enthält zwar nach der herrschenden Meinung eine Verfügung über die durch die Leistung getilgte Forderung. Diese Verfügung besteht aber nicht in einer Veräußerung. Das durch die Leistung Erlangte wird nicht ohne weiteres von dem allgemeinen Veräußerungsverbot ergriffen. Es steht natürlich nichts im Wege, daß dem Vergleichsschuldner die Verfügung über die Forderung oder das aus ihrer Erfüllung Erlangte besonders verboten wird.

Das allgemeine Veräußerungsverbot legt, weil es den Schutz des guten Glaubens für den Erwerb beweglicher Sachen ausschließt, den Geschäftsbetrieb des Vergleichsschuldners von Rechts wegen völlig lahm. Es ist deshalb bei seiner Anwendung Vorsicht durch das Vergleichsgericht geboten.

Die Wirksamkeit der Verfügungsbeschränkungen ist, von den erörterten sachenrechtlichen Folgen abgesehen, dadurch gesichert, daß der Schuldner, der ihnen vorsätzlich zuwiderhandelt, sich der Gefahr einer Einstellung des Vergleichsverfahrens und damit der Konkurseröffnung aussetzt (§ 79 Nr. 3).

Das allgemeine oder besondere Veräußerungsverbot verliert für die Zukunft seine Kraft, wenn es aufgehoben wird (§ 58 VerglO.) oder wenn der Vergleich zustande kommt (§ 69 Abs. 2). Wird im Anschluß an ein erfolgloses VerglVerf. der Konkurs eröffnet, so bleiben die vor der Eröffnung des Konkurses entgegen einem Veräußerungsverbote vorgenommenen Verfügungen den vom Vergleichsverfahren betroffenen Gläubigern gegenüber auch im Konkurse wirkungslos (§ 83).

Die im Konkurse selbst vorgenommenen Veräußerungen und sonstigen Verfügungen werden dagegen zugunsten der Konkursgläubiger von einem im VerglVerf. erlassenen Veräußerungsverbote nicht in Frage gestellt (zu vergleichen § 13 der Konkursordnung).

Zulässig sind Sicherungsmaßregeln im Rahmen und in der Abgrenzung des § 50ff. VerglO., nicht Maßregeln im Rahmen und in der Abgrenzung des § 106 KO., wenn sie auch wirtschaftlich auf dasselbe hinauslaufen. Deshalb halte ich auch die Konstruktion von Lucas S. 95, es sei zwar gemäß § 31 VerglO. die Entscheidung über die Eröffnung oder Ablehnung des Konkursverfahrens ausgesetzt, jedoch nicht betroffen die Entscheidung über die Maßnahmen des § 106 KO., höchstens dann dem System des § 31 VerglO., daß die Konkursfrage sozusagen der Vergleichsfrage zunächst Platz machen muß, entsprechend, wenn die Maßnahmen mit der Begründung des § 106 KO. bereits gerichtlich verhängt sind, ohne daß der Konkurs eröffnet ist (was aber nicht leicht vorkommt).

B. Zu § 50.

Die erste praktische Frage des § 50, ob überhaupt Verfügungsbeschränkungen erforderlich sind und die zweite Frage der Auswahl der Verfügungsbeschränkungen ist dem pflichtmäßigen Ermessen des Vergleichsgerichtes überlassen. Beide Fragen sind unmittelbar bei Vergleichseröffnung vom Richter ins Auge zu fassen; das positive oder negative Ergebnis dieser Würdigung wird zweckmäßig ad acta festzuhalten sein, womöglich unter Zuziehung eines Gerichtsschreibers; der Verantwortlichkeit halber. Es ist durchaus nicht an dem, daß bei jeder Eröffnung des Vergl.-Verf. Verfügungsbeschränkungen aufzuerlegen sind. Es ist doch auch nicht im Rahmen des § 3 GeschAufsVO. letzter Absatz, jeweils jedem Schuldner eine besondere Verpflichtung zur Sicherung der Gläubiger auferlegt worden.

Der § 50 VerglO. bedeutet eine Einschränkung der schuldnerischen Bewegungsfreiheit. Offenbar stellte sich in den letzten Jahren ein Bedürfnis zur Möglichkeit scharfer schuldnerischer Sicherheit heraus. Auf Anregung der VP. kann das Vergleichsgericht bestimmen, daß der Vergleichsschuldner über den Rahmen der gesetzlichen Verpflichtungen hinaus, für Sicherstellung der Gläubiger Sorge trägt. Das Gericht soll also normalerweise nicht ohne den Antrag der VP. handeln. Allerdings kann im Sinne des § 50 VerglO. das Gericht auch ohne den Antrag der VP. eine derartige Maßregel treffen, wenn z. B. ein Gläubiger oder eine Gläubigergruppe diesen Antrag stellt und die VP. in diesem Falle zu milde die Sachlage beurteilt. Es ist grundsätzlich nicht unmöglich, daß der Vergleichsschuldner zum Schutz gegen Gläubiger oder Gläubigergruppen die Initiative zur Beschränkung seiner eigenen Dispositionen gibt (so auch Kiesow, S. 318). Es kann dem Schuldner auferlegt werden, die eingehenden Gelder bei einer Bank zu hinterlegen. Er kann verpflichtet werden, in gewissen Zeitabschnitten zu inventieren und bilanzieren. Es kann ihm erklärt werden, daß nur dann das VerglVerf. aufrechterhalten wird, wenn die oder jene Schulden durch Personal- oder Real-Verbürgung sichergestellt werden. Das Verbot der Wechselzeichnung kann erlassen, der Einkauf neuer Waren kann untersagt werden. Mit dem Grundsatz der VerglO. als solchem stehen derartige besondere Sicherungen natürlich nicht im Widerspruche. Es kann auch angeordnet werden, daß die zur Fortführung des Geschäftes erforderlichen Verbindlichkeiten der ausnahmsweisen Zustimmung der VP., des Gläubigerausschusses, des Gerichtes, bedürfen. Der Schuldner kann leichtsinnig, unerfahren oder kränklich, dem Rate oder Einfluß einzelner Gläubiger oder Gläubigergruppen allzu zugänglich sein. Unter solchen Umständen besteht ein Bedürfnis, ihn auch im Betriebe der normalen Fortführung des Geschäftes nicht allein schalten und walten zu lassen. Wo somit die Handhabung der VP. zu verantwortungsvoll gegenüber der Gläubigerschaft erscheint, kann die außerordentliche Maßregel des § 50 VerglO. Platz greifen.

Die Verfügungsbeschränkung kann aber noch weiter gehen. Es kann das Vergleichsgericht ein generelles Verbot der Veräußerung in Richtung gegen den Schuldner erlassen. Dies wird besonders dann angezeigt erscheinen, wenn nach der Art und Weise des schuldnerischen Vorgehens vor der VerglO. dies zu gewärtigen ist, wenn m. a. W.: bereits üble Erfahrungen mit dem Schuldner gemacht worden sind, oder wenn ihm mindestens zuzutrauen ist, daß er Waren verschleudert, sein Geschäft oder Haus veräußert, etwa um das Weite zu suchen. Die Gläubigerausschußmitglieder oder Vergleichsgläubiger, die in dieser Hinsicht etwas Ungünstiges über den Schuldner oder seine Maßnahmen und Pläne wissen, können und sollen sich dem Gericht gegenüber äußern, damit es nach dem Rechten sieht und nötigenfalls sein Verbot erläßt.

Beispielsweise kann das Gericht dem Vergleichsschuldner verbieten, Wechsel oder Schecks zu ziehen, Waren oder Maschinen in das Ausland auszuführen, zumal wenn eine Schiebung zu befürchten ist. Es kann mit dem Veräußerungsverbot auch ein Schutz bestimmter einzelner Gläubiger bezweckt sein. (Übrigens auch der Gläubiger, die vom Verfahren nicht betroffen sind, zumal, wenn diese Maßnahme dann wiederum den Vergleichsgläubigern zugute kommt.)

Verbotswidrige Verfügungen führen zur Unwirksamkeit zugunsten der vergleichsbeteiligten Gläubiger. Die Personen, deren Schutz das Veräußerungsverbot bezweckt, können die Unwirksamkeit nicht nur gegen den Verfügenden, sondern auch gegenüber Dritten, geltend machen. Über den Schutz des gutgläubigen Erwerbers s. oben unter A) (Allgemeines).

Während der § 50 Absatz 1 von dem Zeitpunkt bei Eröffnung des VerglVerf. spricht, handelt der § 50 Absatz 2 davon, daß auch jederzeit während des Verfahrens Verfügungsbeschränkungen der gedachten Art angeordnet werden können; ex officio oder auf Antrag eines Vergleichsorganes oder eines einzelnen Vergleichsgläubigers.

§ 51.

Die Verfügungsbeschränkungen können darin bestehen, daß an den Schuldner ein allgemeines Veräußerungsverbot erlassen wird, oder daß dem Schuldner die Verfügung über einzelne Vermögensgegenstände verboten wird. Die Wirkungen dieser Maßnahmen bestimmen sich ausschließlich nach den Vorschriften der §§ 54 bis 57.

Wie oben angeführt, kann ein allgemeines Veräußerungsverbot unverhältnismäßig schlimme Folgen bezüglich des Geschäftsbetriebes haben, wenn auch gegen üble Maßregeln des Schuldners oder einer Gläubigergruppe damit ein Riegel vorgeschoben wird. Wo es daher angeht, wird — mindestens zunächst

— das kleinere Übel genügen. Es kann dem Vergleichsschuldner die Deponierung von Wertpapieren aufgegeben, die Eintragung einer Vormerkung oder eines Sperrvermerkes im Grundbuch angeordnet werden, ehe man zum Äußersten schreitet und so eine existenzwichtige Bindung oder Ausschaltung vornimmt. Das Veräußerungsverbot ist das schneidigste Instrument dem Schuldner gegenüber. Unter Umständen kann die Verfügungsmöglichkeit des Schuldners über sein Vermögen in wirksamer Weise auch bereits durch den einen Modus des § 51, das Verbot der Verfügung über einzelne Gegenstände, beschränkt werden. Nützt auch dies nichts, so kann ja hernach von der schwereren Waffe, dem allgemeinen Veräußerungsverbot, Gebrauch gemacht werden.

Es ist nirgends bestimmt, daß fakultativ — im Gegensatz zu der obligatorischen Bestimmung des § 121 KO. — eine der Maßnahmen des § 51 nicht auch die Postsperre sein kann.

Die §§ 51 ff. gehen wesentlich energischer gegen den Vergleichsschuldner vor, wie die AufsVO.

Zwar bewirkt, wie schon zu § 47 VerglO. erwähnt ist, die Vergleichseröffnung nicht etwa eine Unwirksamkeit der Geschäfte, die der Vergleichsschuldner ohne Anzeige der VP. (deren Einverständnis nach der reinen Norm des § 47 nicht eingeholt zu werden braucht) unternommen hat. Aber der § 51 bietet immerhin eine stärkere oder starke Handhabe zur Ausschaltung der schuldnerischen Verfügungen. Eine Durchbrechung dieser gerichtlichen Maßnahmen durch den Schuldner oder seinen Kontrahenten hat nach §§ 54 bzw. 55 VerglO. die relative Unwirksamkeit der schuldnerischen Verfügungen im Gefolge. Damit sind auch nach außen derartige Versuche unwirksam.

§ 52.

Auf das allgemeine Veräußerungsverbot finden die Vorschriften des § 25 entsprechende Anwendung.

Das allgemeine Veräußerungsverbot ist nach Maßgabe des § 12 öffentlich bekanntzumachen und dem Schuldner sowie seinen Schuldnern nach Maßgabe des § 11 zuzustellen.

Der § 52 VerglO. enthält nur eine Ordnungsvorschrift. Ist ein allgemeines Veräußerungsverbot gerichtlich verhängt, so kommt es natürlich auf den genauen Zeitpunkt an, weil von ihm Rechtsgeschäfte aller Art abhängen. Nach § 52 Abs. 1 ist das Verbot durch Beschluß zu erlassen und hiebei — konform § 25 — die Stunde der Eröffnung anzugeben; wurde dies übersehen, so ist 12 Uhr mittags des Beschlußtages maßgebend. Wirksam wird die allg. VV. mit Ablauf des 2. Tags nach Bekanntmachung.

Nach § 52 2. Abs. schlagen die Ordnungsvorschriften des § 11

(Zustellungen) insoferne ein, als das Veräußerungsverbot dem Schuldner und den Drittschuldnern (Schuldnern des Vergleichsschuldners) zuzustellen ist, und des § 12 insofern, als das Veräußerungsverbot öffentlich einzurücken ist.

Lucas, Komm. S. 135 und Kiesow, Komm. S. 319 äußern die Ansicht, daß der Erlaß eines allgemeinen Veräußerungsverbots eine Minderung der staatsbürgerlichen Rechte des Schuldners nach sich ziehe, weil solche Folge bei Personen, welche infolge gerichtlicher Anordnung in der Verfügung über ihr Vermögen beschränkt sind, eintrete. Ganz abgesehen davon, daß bejahendenfalls aller Anlaß bestanden hätte, hier im Gesetz sich auszulassen resp. die Anordnung des GVG., der RAO., des PatAnwGes., des Börsengesetzes, des Arbeitsgerichtsgesetzes, des Mieterschutzgesetzes usw. auch hier herbeizuführen, bezweckten doch GeschAufsVO. und VerglO. einmütig, die krassen und zum Teil infamierenden Rechtsfolgen der KO. hintanzuhalten. Warum ferner, wenn die Ansicht von Lucas und Kiesow zuträfe, das scharfe Einzelverfügungsverbot keine Vermögensbeschränkung des Schuldners mit denselben öffentlich-rechtlichen Nachteilen bedeuten soll, ist nicht einzusehen. Ich gebe also nicht zu, daß das Verbot des § 52 die persönliche Nachwirkung hat.

§ 53.

Das allgemeine Veräußerungsverbot ist in das Grundbuch einzutragen:

1. bei den Grundstücken, als deren Eigentümer der Schuldner im Grundbuch eingetragen ist;
2. bei den für den Schuldner eingetragenen Rechten an Grundstücken oder an eingetragenen Rechten, wenn nach der Art des Rechtes und den obwaltenden Umständen bei Unterlassung der Eintragung eine Beeinträchtigung der an dem Vergleichsverfahren beteiligten Gläubiger zu besorgen ist.

Das Vergleichsgericht hat, soweit ihm solche Grundstücke oder Rechte bekannt sind, das Grundbuchamt von Amts wegen um die Eintragung zu ersuchen; die Eintragung kann auch von der Vertrauensperson beantragt werden.

Erwirbt der Schuldner während des Bestehens des allgemeinen Veräußerungsverbots ein Grundstück, ein Recht an einem Grundstück oder ein Recht an einem solchen Rechte, so finden die Vorschriften der Abs. 1 und 2 entsprechende Anwendung.

Die Eintragung von Vermerken auf Grund der vorstehenden Vorschriften geschieht gebührenfrei.

Das redaktionell Auffällige der Regierungsvorlage (Gebot statt Verbot) ist durch die Korrektur der ersten Lesung, welche der Redaktionsausschuß übernahm, ausgemerzt worden. —

Der Veräußerungsvermerk erfolgt in das Grundbuch bei den dem Schuldner oder dem Schuldner mit anderen gemeinsam gehörigen Grundstücken sowie bei den für den Schuldner oder für den Schuldner mit anderen gemeinsam eingetragenen Rechten. Immobiliarrechten, Hypothek, d. i. Eigentümergrundschuld, Grund- und Rentenschuld, Dienstbarkeit, Nießbrauch, Reallast, dingliches Vorkaufsrecht, Bergwerkseigentum, Erbbaurecht, Erbpachtrecht, Mineralrecht. Bei den dem Schuldner gehörigen Grundstücken ist der Sperrvermerk obligatorisch. Bei den für den Schuldner eingetragenen Rechten an Grundstücken oder an eingetragenen Rechten ist der Sperrvermerk fakultativ, d. h. nur dann, wenn nach der Art des Rechtes und nach den in Betracht kommenden Umständen mangels einer Eintragung ein gläubigerischer Nachteil zu bebefürchten wäre.

Der 2. Absatz des § 53 schreibt vor, daß sowohl das Vergleichsgericht, als auch die VP., der hier ausnahmsweise — und nicht ersichtlich, warum — ein Initiativrecht eingeräumt ist, die Eintragung beim Grundbuchamt beantragen können. Dieses hat den Sperrvermerk je nach den landesgesetzlichen Normen, Verfügungen, Dienstvorschriften in den dort vorgesehenen Abteilungen des Grundbuches (in Bayern in Abt. II gem. § 364 der Dienstanweisung vom 25. Februar 1905) zu tätigen (Kiesow, S. 327). Der § 53, 3. Absatz, schreibt vor, daß auch diejenigen Grundstücke — obligatorisch oder fakultativ, je nach den Merkmalen der §§ 53, 1. Absatz, Passus 1 oder 2 — den Sperrvermerk erhalten, welche bereits während des Bestehens des allgemeinen Veräußerungsverbotes vom Vergleichsschuldner erworben werden.

Den letzten Absatz des § 53 bildet eine Gerichtskostenbestimmung: Die Eintragung solcher Sperrvermerke ist gebührenlos. Wie es mit den Barauslagen steht, ist nicht ausdrücklich vorgesehen. Diese hat nach allgemeinen gesetzlichen Regeln der Vergleichsschuldner gemäß §§ 99 VerglO., 48 c GKG., zu ersetzen.

§ 54.

Das allgemeine Veräußerungsverbot hat die Wirkung, daß Verfügungen, die der Schuldner nach seinem Erlaß über sein Vermögen trifft, den am Vergleichsverfahren beteiligten Gläubigern gegenüber unwirksam ist.

Hat der Schuldner eine Verfügung am Tage des Erlasses des allgemeinen Veräußerungsverbots getroffen, so wird vermutet, daß er sie nach dem Erlasse des Verbots getroffen habe.

Die Vorschriften der §§ 892, 893 des Bürgerlichen Gesetzbuchs bleiben unberührt.

A. Die relative Unwirksamkeit.

Von der relativen Unwirksamkeit der verbotsverletzenden Verfügungen ist bereits oben unter den allgemeinen Betrachtungen zu §§ 50—58 VerglO. die Rede.

Als Verfügungen — inter vivos — sind u. a. zu kennzeichnen: Eigentumsübertragung, Errichtung eines dinglichen Rechts und Verzicht auf dieses, Übertragung und Verpfändung einer Forderung, Aufrechnung, Erlaß, Kündigung, Rücktritt, Vereinbarung und Ausschließung gewisser eherechtlicher Güterstände. (S. auch RG. 90, 399.)

Nicht absolut, sondern nur den vergleichsbeteiligten Gläubigern gegenüber sind verbotswidrige Verfügungen der Wirksamkeit entkleidet. Diese Gläubigerkategorie allein ist befugt, von der Unwirksamkeit Gebrauch zu machen, sie vorzuschützen. Über die Folgen der Zuwiderhandlung gegen ein gerichtliches allgemeines Veräußerungsgebot cf. auch ROLG. 23, 307 (relative Unwirksamkeit), sowie KommRGR. § 135 (nicht Nichtigkeit ipso jure).

Vollstreckungen, Arreste und einstweilige Verfügungen, welche in ein durch das Veräußerungsverbot geschütztes schuldnerisches Vermögensstück vorgenommen worden sind, sind wirksam (soweit nicht § 32 im Wege steht).

An seine eigene Verfügung ist der Vergleichsschuldner gebunden, wenn z. B. das allgemeine Veräußerungsverfahren aufgehoben wird. RG. 29, 29; Samolewitz, S. 113. Die exceptio doli kann Platz greifen.

B. Die Präsumtion zum Schutz der Gläubiger.

Der 2. Absatz des § 54 VerglO. enthält einen latenten Verdacht gegen den Vergleichsschuldner, sowie eine Präsumtion zum Schutz der Gläubigerschaft und des Vergleichszwecks. Wenn am Erlaßtage eine erlaßwidrige schuldnerische Verfügung seitens des Vergleichsschuldners ergeht, so ist — bis zum Beweise des Gegenteiles durch den Schuldner — anzunehmen, daß sie nach dem Erlaß des Verbots getroffen ist.

Dabei wird an § 25 VerglO. erinnert. Der Veräußerungserlaß trägt gemäß §§ 52 Abs. 1 und 25 normalerweise die Stunde der Eröffnung (z. B. 9 Uhr vormittags oder 4 Uhr nachmittags), anormaler und subsidiärer Weise die 12. Mittagsstunde, wenn die spezifizierte Stundenangabe unterblieben ist. An diese Stundenbestimmung reiht sich also auch die gesetzliche Vermutung des § 54 Abs. 2 an.

C. Die Vorschriften der §§ 892, 893 BGB.

In dem 3. Absatz des § 54 VerglO. heißt es: Die Vorschriften der §§ 892, 893 BGB. bleiben unberührt.

Der § 892 BGB. lautet:

Zugunsten desjenigen, welcher ein Recht an einem Grundstück oder ein Recht an einem solchen Rechte durch Rechtsgeschäft erwirbt, gilt der Inhalt des Grundbuchs als richtig, es sei denn, daß ein Widerspruch gegen die Richtigkeit eingetragen oder die Unrichtigkeit dem Erwerber bekannt ist. Ist der Berechtigte in der Verfügung über ein im Grundbuch eingetragenes Recht zugunsten einer bestimmten Person beschränkt, so ist die Beschränkung dem Erwerber gegenüber nur wirksam, wenn sie aus dem Grundbuch ersichtlich oder dem Erwerber bekannt ist.

Ist zu dem Erwerbe des Rechtes die Eintragung erforderlich, so ist für die Kenntnis des Erwerbers die Zeit der Stellung des Antrags auf Eintragung oder, wenn die nach § 873 BGB. erforderliche Einigung erst später zustande kommt, die Zeit der Einigung maßgebend.

Der § 893 BGB. lautet:

Die Vorschriften des § 892 BGB. finden entsprechende Anwendung, wenn an denjenigen, für welchen ein Recht im Grundbuch eingetragen ist, auf Grund dieses Rechtes eine Leistung bewirkt oder wenn zwischen ihm und einem anderen in Ansehung dieses Rechtes ein nicht unter die Vorschriften des § 892 fallendes Rechtsgeschäft vorgenommen wird, das eine Verfügung über das Recht enthält.

Aus diesen zwei Paragraphen des BGB. ergibt sich das oben (A. Allgemeines zu §§ 50—58 VerglO.) Ausgeführte: Wenn sich der Verfügungserlaß auf irgendein Immobile bezieht, so ist es einem Dritten gegenüber bloß wirksam, wenn es aus dem Grundbuch ersichtlich oder dem Erwerber in dem gemäß §§ 892 ff. BGB. maßgebenden Zeitpunkt bekannt ist.

§ 55.

Das Verbot der Verfügung über einzelne Vermögensgegenstände hat die Wirkung, daß die Verfügung über den Gegenstand den am Vergleichsverfahren beteiligten Gläu-

digern gegenüber unwirksam ist. Die Vorschrift des § 135 Abs. 2 des Bürgerlichen Gesetzbuchs findet Anwendung.

Ist dem Schuldner die Verfügung über ein Grundstück, ein Recht an einem Grundstück oder ein Recht an einem solchen Rechte verboten worden, so finden die Vorschriften des § 53 Abs. 1, 2, 4 entsprechende Anwendung.

Ist dem Schuldner die Verfügung über einen Anspruch, insbesondere die Einziehung einer Forderung, verboten worden, so ist das Verbot auch dem Verpflichteten nach Maßgabe des § 11 zuzustellen; dabei hat ihm das Gericht zugleich die Leistung an den Schuldner zu verbieten.

Der § 55 VerglO. regelt die Wirkungen des gerichtlichen Verbots über einzelne schuldnerische Gegenstände (Sachen, Rechte, erstere mit Bestandteilen und Zubehör). Dieser § 55 VerglO. korrespondiert einigermaßen mit dem § 106 KO. Das Vergleichsgericht kann dementsprechend Anordnungen jeder Art beschlußmäßig erlassen, wenn sie nach der Sachlage zur Sicherung der Vergleichsmasse zweckmäßig erscheinen und wenn Verschleuderung oder Beiseiteschaffung von Waren, die Masse benachteiligenden neue Abschlüsse, nach dem Vorleben und Charakter des Schuldners, der Vergleichsmasse gefährliche Inkassi, zu befürchten sind. Unter Umständen kann es sich auch um die Zwangsverwaltung einzelner Grundstücke, um eine Sequestereinsetzung oder um die Siegelung gewisser Räume oder Warenvorräte drehen.

Wenn ein Immobile (Recht am Grundstück oder Recht am Recht) durch die Einzelverfügung getroffen ist, so sind die Bestimmungen anzuwenden, die der § 53 VerglO. im Hinblick auf das allgemeine Veräußerungsverbot trifft.

Wenn dem Vergleichsschuldner durch das Einzelverbot die Einziehung einer Forderung verboten ist, so richtet sich diese Maßregel grundsätzlich nach den Bestimmungen der ZPO. (Gebot und Verbot bei außergerichtlicher Pfändungsankündigung, sowie bei amtsgerichtlicher Forderungspfändung). Doch braucht dem Vertragsgegner des Vergleichsschuldners gegenüber die Zustellung nur im vereinfachten Rahmen des § 11 VerglO. zu geschehen. Das Nähere s. oben bei § 50 (A. Allgemeines).

§ 56.

Einem Schuldner des Schuldners gegenüber werden Verfügungsbeschränkungen, soweit sich nicht aus den Vorschriften des § 893 des Bürgerlichen Gesetzbuchs anderes ergibt, erst mit dem Zeitpunkt wirksam, in dem sie ihm bekannt werden. Ist die Anordnung der Verfügungsbeschränkung dem Schuldner des Schuldners zugestellt (§ 52 Abs. 2, § 55 Abs. 3) oder das allgemeine Veräußerungsverbot öffentlich bekanntgemacht (§ 52 Abs. 2), so wird die Kenntnis vermutet.

Anlangend den Vertragsgegner des Vergleichsschuldners enthält der § 56 VerglO. die Einzelheiten über den Schutz des gutgläubigen Erwerbs und den Wegfall desselben für den Fall der Notifikation im Sinne der §§ 52, 55, 25, 11 und 12 der VerglO.

Ausnahme: der oben zitierte § 893 BGB.

Bei Überleitung des Vergleichsverfahrens in das Konkursverfahren (Anschlußkonkurs) bleibt nach § 83 VerglO. ein im Vergleichsverfahren erlassenes allgemeines oder besonderes Veräußerungsverbot wirksam. Der Zweck dieser Vorschrift ist, das durch diese Verbote beschlagnahmte Vermögen auch für den Anschlußkonkurs — nicht einen später sich ereignenden Konkurs — zu sichern. Der § 83 VerglO. läßt diese Sicherung zugunsten der sämtlichen Konkursgläubiger zu. Da der Erlaß eines Veräußerungsverbotes wirtschaftlich den Konkurs einigermaßen vorbereitet, ist es folgerichtig, diese Vorbereitungsmaßnahme allen Konkursgläubigern des Anschlußkonkurses zugute kommen zu lassen.

§ 57.

Eine Verfügungsbeschränkung steht der Wirksamkeit einer Verfügung nicht entgegen, wenn die Vertrauensperson der Verfügung zustimmt. Das Gericht kann abweichendes bestimmen.

Die Zustimmung der VP. zu einzelnen Verfügungen und die Stellungnahme des Gerichtes zu der Zustimmung.

Hier ist — in Rückerinnerung an die Bestimmung des § 3 Abs. 2 GeschAufsVO. — der VP. der Regel nach ein Zustimmungsrecht i. e. S. gewährt. (Grundsätzlich kann das Vergleichsgericht selbst dieses Recht nicht ausüben oder ersetzen; s. aber unten.) Je nach vorheriger oder hinterheriger Zustimmung ist nach den Vorschriften des BGB. die Zustimmung als Einwilligung oder Genehmigung (§§ 184, 185 BGB.) zu kennzeichnen. Letztere verleiht der Verfügung vorkommendenfalls Wirksamkeit ex tunc (RG. IV 106, 44; 12. März 1923, 596/22; cf. auch RG. VII, 24. Okt. 1922, 105, 295). Eine Einzelverfügung soll passieren und zwar trotz grundsätzlichem Gerichtsverbot, wenn die VP. ihr zustimmt. Damit soll die in concreto als Härte empfindbare gerichtliche Verfügungsbeschränkung im Ausnahmsfall durch die VP. ausgeschaltet werden können. Und doch siegt schließlich der Richter, wenn er die Ausschaltung durch sein letzten Endes maßgebendes Veto nicht zugibt.

Fraglich ist, wie es mit einem gerichtlichen Verbot steht, das nach Wirksamwerden der Zustimmung der VP. ergeht. M. E. kann das Vergleichsgericht die Wirksamkeit nicht inhibieren. — —

Ein gefährliches Kapitel. Eine Quelle von Meinungsverschiedenheiten und Mißverständnissen. Eine Machtprobe auf die Autorität der Vergleichsorgane. (S. meine Abhandlg. LZ. 1927 S. 227.)

Es sei denn, daß der Richter — was nach dem Wortlaut des § 57 VerglO. sehr wohl möglich ist — sofort mit der Verfügungsbeschränkung verfügt, daß ausnahmslos oder in bezug auf einen bestimmten Komplex Zustimmungen der VP. ausgeschaltet werden. Dann wissen die Beteiligten sofort bei Erlaß der Verfügungsbeschränkungen, wie sie daran sind.

§ 58.

Eine angeordnete Verfügungsbeschränkung ist aufzuheben, wenn für sie kein Bedürfnis mehr besteht.

Die Aufhebung ist in derselben Weise zuzustellen, öffentlich bekanntzumachen und in das Grundbuch einzutragen, wie die Anordnung (§ 52 Abs. 2, § 53, § 55 Abs. 2, 3).

Der § 58 VerglO. bringt die Beendigung der Verfügungsbeschränkungen und ihre Wirkung. Ebenso wie das Bedürfnis bei Erlaß der Beschränkungen zu prüfen ist, so ist auch das Bedürfnis zu prüfen, falls veränderte Umstände eintreten, es etwa nach Lage der Vergleichsverhandlungen auf den betreffenden Gegenstand oder auf das betreffende Grundstück nicht mehr ankommt oder der Schuldner oder eine hinter ihm stehende Gläubigergruppe statt der gerichtlichen Sperre andere Sicherungen — durch Hinterlegung oder Eintragungen usw. — bieten kann. Die Notifikation ist natürlich die nämliche, wie beim Erlaß der einschlägigen Verfügungsbeschränkung.

IV. Abschnitt.

Verhandlung im Vergleichstermin.

§ 59.

In dem Vergleichstermine wird über den Vergleichsvorschlag verhandelt, das Stimmrecht der Forderungen, soweit es bestritten wird, festgestellt und abgestimmt. Die an dem Vergleichsverfahren nicht beteiligten Gläubiger können in dem Vergleichstermin erscheinen und sind auf ihren Antrag zu hören.

Der Vergleichstermin.

A. Die Vorbereitung.

Die Vorschrift des § 59 VerglO. entspricht im wesentlichen den Bestimmungen der GeschAufsVO., wie überhaupt der 4. Abschnitt (Verhandlung im Vergleichstermin) dem Vorgesetz angepaßt ist. Die Geschäftsaufsichtverordnung hatte sich ihrerseits wiederum in den Grundzügen an die Regel des Zwangsvergleichsverfahrens im Konkurse angelehnt.

Der Vergleichstermin ist normalerweise längst zwischen Schuldner, Gericht, den Vergleichsorganen vorbereitet und das Stimmenverhältnis längst erörtert, so daß im Termin selbst eigentlich mehr einer Form genügt wird.

Das Gericht kann den Termin nicht im Wege der Rechtshilfe (Requisition) durch ein anderes Gericht abhalten lassen. München 4. Mai 1920. BayZ. 20, 213; ROLG. 42, 76; Recht 22 Nr. 1449.

B. Die erscheinenden Personen.

Der Vergleichstermin, welcher den Höhepunkt des ganzen Verfahrens bedeutet, von welchem ab normalerweise das Verfahren wieder seinem Ende zuneigt, wird vom Vergleichsgericht geleitet. Die Bestimmung der ÖsterrAusglO. § 37, daß der Schuldner in der Regel persönlich zu erscheinen hat, ist herübergenommen (§ 61 VerglO.).

Das persönliche Erscheinen des Vergleichsschuldners ist — von der Zwangsvorschrift abgesehen — auch deshalb sehr rätlich, weil die Abgabe von Erklärungen und eine allenfallsige Eidesleistung vorgeschrieben ist, der Vergleichsschuldner am besten sich in seinen gewerblichen Angelegenheiten auskennt, Zweifel, Unebenheiten und Unklarheiten also persönlich leichter beseitigt, schließlich auch eine Verwerfung des Verfahrens oder Einstellung des Verfahrens riskiert, wenn dem Gerichte eine Pflichtverletzung erheblicher Art vorzuliegen scheint. In der unentschuldigten Abwesenheit des Schuldners an sich ist eine Pflichtverletzung zu erblicken. Der Schuldner kann sich nur ausnahmsweise eines Bevollmächtigten bedienen. Ist er minderjährig oder bevormundet oder eine juristische Person usw., so wird wiederum das persönliche Erscheinen seines gesetzlichen Vertreters die Regel sein.

Die V P. hat erst recht im Vergleichstermine anwesend zu sein. Denn sie hat sich über die wirtschaftliche Lage und Geschäftsführung des Schuldners, auch wohl, wenn es gefordert wird, über die Ursachen seines Vermögensverfalles, über die Angemessenheit des Vergleichsvorschlages, über die Einbringlichkeit der Außenstände, über den mutmaßlichen Ausfall der absonderungsberechtigten Forderungen, kurz über alle Umstände auszusprechen, welche für die Entschließung der Gläubigerschaft wesentlich sind. Die VP. hat ja auch das Recht und die Pflicht, gegen das ihr nicht zutreffend erscheinende Stimmrecht eines Gläubigers Widerspruch zu erheben und sich über die Art, Höhe, auch Angemessenheit, der gebotenen Sicherheiten, auszulassen. Bevor der Gerichtsschreiber das Ergebnis der Abstimmung in das Verzeichnis der Gläubiger einträgt, kann und muß die VP., falls die Forderung nicht in Ordnung geht, Widerspruch erheben. Sie bildet also sozusagen die rechte Hand des Vergleichsgerichts im Vergleichstermine. Sind der Schuldner oder die VP., allenfalls auch der in die Verhältnisse eingeweihte Richter, aus wichtigen Gründen abgehalten zu erscheinen, so liegen Anlässe vor, welche eine Vertagung des Termines rechtfertigen, wenn auch formell nur bei den Voraussetzungen des § 66 VerglO. eine Terminverlegung möglich ist.

Die Gläubiger müssen nicht erscheinen. Sie können erscheinen, ihr Stimmrecht geltend machen, verhandeln und abstimmen. Die Gläubiger dürfen auch vertreten sein. Sie können aber, soweit ihre Forderungen nicht schon vom Schuldner in das Gläubigerverz. aufgenommen sind, auch schriftlich oder zu Protokoll der Gerichtsschreiberei sich beteiligen. Geschieht dies in Form einer Forderungsanmeldung rechtzeitig, d. i. bis zum Abstimmungsbeginn, so erfolgt die Berücksichtigung bei der Abstimmung gemäß § 62. In dem vollständigen Untätigbleiben eines Gläubigers gegenüber dem Vergleichstermin kann übrigens unter Umständen ein nach Maßgabe des Vergleichsvorschlags wirksamer Verzicht gefunden werden (RG. VI. ZS. vom 27. März 1916 14/16 [Breslau]).

Gläubiger, welche in keiner Weise also auch nicht eventuell, mitstimmen können, haben im Vergleichstermine an sich keinen Platz. Der § 59 2. S. VerglO. gestattet aber, nach der Entschließung des Rechtsausschusses, das Erscheinen auch der nicht beteiligten Gläubiger (privilegierten Gläubiger des § 2 VerglO.). Bitten sie ums Wort, so ist ihnen dies zu gestatten. Es mag unter Umständen sehr dienlich sein, sie anzuhören, da sie über die Lage und Einzelheiten wohl unterrichtet sein können, die Frage, ob das Vermögen ausreicht, aufgeworfen werden kann. Doch kann es durch diese Zulassung zum Termin auch Komplikationen geben, zumal wenn zahlreiche Vorrechtsgläubiger den Zutritt begehren. Kiesow (S. 354) nennt die Arbeiter und Angestellten eines Fabrikunternehmens, offenbar im Sinn des § 61 ¹ KO.

Schließlich dürfen auch die Garanten des Schuldners zum Vergleichstermin sich einfinden. Ihre Anwesenheit ist wünschenswert, wenn sie über ihre Bereitwilligkeit zur Sicherstellung sich auslassen.

C. Sitzungsleitung und Stimmrecht.

Zunächst werden wohl die Fragen der Vollmacht und Vertretungsmacht erledigt werden. Das Gericht kann das Wort erteilen und entziehen. Eine Niederschrift der Sitzungsvorgänge entspricht der ZPO. Gemäß § 163, 3. Abs. der ZPO. kann jetzt von der Zuziehung eines Protokollführers i. e. S. nach Bestimmung des Vorsitzenden abgesehen werden (nicht eines Gerichtsschreibers, der gemäß § 62 Abs. 4 funktioniert).

Das Stimmrecht gewähren nur die an dem Vergleichsverfahren beteiligten Forderungen. Ist ein Gläubiger, z. B. aus einem Pfande, bereits voll befriedigt, so scheidet er als stimmberechtigt aus. Der Gläubiger einer bestrittenen Forderung scheidet nicht ohne weiteres als stimmberechtigt aus. Im Falle des Widerspruchs ist vielmehr über die Frage, ob und in welcher Höhe ihm ein Stimmrecht zu gewähren sei, zu verhandeln. Kommt keine Einigung zustande, so entscheidet das Gericht über die Frage des Stimmrechts. Diese Entscheidung gilt auch für den allenfallsigen zweiten Termin (§ 66 VerglO.), solange nicht rechtskräftig durch Urteil des Prozeßgerichts die Forderung aberkannt ist. Ein neuer Widerspruch in der neuen Tagung ist also unmöglich. Auch in eigenen Angelegenheiten besteht die Stimmberechtigung (LZ. 1911, 796; Recht 1912, 282). Die Gläubiger, deren Rechte durch den Vergleich nicht beeinträchtigt werden, weil sie vollberücksichtigt werden, oder weil es sich um betagte verzinsliche Ansprüche dreht, die erst nach dem Zeitpunkt der zu gewährenden Stundung fällig werden, haben aber kein Stimmrecht.

D. Verhandlung und Abstimmung über den Vergleichsvorschlag.

Durch die Veröffentlichung und Zustellung des Gerichtsbeschlusses nebst Niederlegung des Vergleichsvorschlages gemäß § 27 Abs. 3 VerglO. sind die Gläubiger über den Gegenstand der Verhandlung unterrichtet. Die am Vergleichsverfahren beteiligte Gläubigerschaft konnte sich über den Gegenstand der Verhandlung weiterhin durch Einsicht der im § 27 Abs. 3 aufgeführten Urkunden unterrichten.

Eine — dem § 98 KO. ähnliche — Vorschrift, daß der Gegenstand, über welchen ein Beschluß gefaßt werden soll, vorher bekanntgemacht werden muß, so daß die Nichtbekanntmachung Nichtigkeit nach sich zöge (LZ. 1910, 798: argumentum e contrario: JW. 1893, 487), existiert nicht.

Auch die Gläubiger derjenigen Forderungen können sich an der Verhandlung und Abstimmung beteiligen, welche bei den schriftlichen Erklärungen im ersten Stadium noch nicht aufgeführt waren.

Der Gang der Verhandlung ist insbesondere durch den § 62 VerglO. geregelt. Die unten im § 60 angeführten, schriftlichen und protokollarischen bis zum Abstimmungsbeginn erfolgten, Anmeldungen sind der ursprünglichen schuldnerischen Liste zuzufügen. Eine vorherige Vereinbarung zwischen Schuldner und Gläubiger, daß letzterer verpflichtet ist, den Vorschlag anzunehmen, und ersterer berechtigt ist, gemäß § 894 ZPO. die Verurteilung des letzteren zur Annahmeerklärung herbeizuführen, ist unzulässig.

Da die Anwesenheit des Schuldners zwar vorgeschrieben, rätlich und für gewöhnlich schon des eventuellen Eides halber (§ 61 VerglO.) nicht leicht zu entbehren, immerhin nicht gesetzlich unumgänglich, ist, so kann grundsätzlich die Verhandlung und Abstimmung auch ohne seine Anwesenheit vor sich gehen. Die Motive II, KO. S. 412, sagen in dieser Hinsicht rechtsähnlich: „Der Schuldner wird sich allerdings seiner Pflicht, Auskunft zu erteilen (§§ 100, 101 KO.), nicht entziehen dürfen: er wird auch im eigenen Interesse dem Erscheinen ohne Not sich nicht entziehen wollen. Zu einer gesetzlichen Vorbedingung für den Abschluß ist dasselbe aber nicht zu machen. Der Abschluß kann auf Grund des urkundlich festgestellten Vorschlags, und die Verhandlung über diesen kann [sc. nötigenfalls, wenn der Schuldner sein Fernsein durch Glaubhaftmachung entschuldigt, § 61 VerglO.] durch einen Vertreter des Schuldners erfolgen. Oft mag sogar, von Krankheits- und Verhinderungsfällen abgesehen, eine Vertretung des Schuldners für den Abschluß förderlicher sein, als dessen persönliches Erscheinen."

Ist Schuldner entschuldigt abwesend und wird sein Eid verlangt, so kann nach § 66 vertagt werden.

§ 60.

Ein am Verfahren beteiligter Gläubiger, dessen Forderung in das Gläubigerverzeichnis (§ 16 Abs. 1 Nr. 1, § 17) nicht aufgenommen ist, wird bei der Abstimmung nach Maßgabe des § 62 berücksichtigt, wenn er seine Forderung bis zum Beginne der Abstimmung über den Vergleichsvorschlag schriftlich oder zu Protokoll des Gerichtsschreibers anmeldet.

Die Anmeldung hat den Betrag und den Grund der Forderung zu enthalten; urkundliche Beweisstücke sind in Urschrift oder in Abschrift der Anmeldung beizufügen und im Vergleichstermine vorzulegen.

Der Gerichtsschreiber hat das Gläubigerverzeichnis nach den Anmeldungen zu berichtigen.

Der Verhandlung im Vergleichstermin muß das von dem Schuldner eingereichte Gläubigerverzeichnis zugrunde gelegt werden. Aber auch diejenigen Gläubiger werden noch bei der Abstimmung im Sinne des § 62 berücksichtigt, welche bis zum Beginn der Abstimmung schriftlich oder protokollarisch unter Angabe des Betrages und Grundes ihre Forderung anmelden und zum Beweis sich auf vorgelegte bzw. vorzulegende Belege beziehen. Da ferner das vom Vergleichsschuldner hergestellte und vorgelegte Gläubigerverzeichnis der §§ 16 ff. VerglO. unter Umständen nicht vollständig sein kann, weil der Schuldner bewußt oder unbewußt, im Eifer oder in der Aufregung, von seinem Standpunkt aus allenfalls mit Recht, Gläubiger ausgelassen haben kann, so haben in dem nunmehrigen Stadium des Verfahrens — aber auch schon früher — die Gläubiger das Recht, die Angaben des Schuldners durch eigene Anmeldung zu ergänzen. Für die weiteren Erörterungen ist dann diese Ergänzung maßgebend.

Der Vergleichstermin hat nicht die Bedeutung eines Prüfungstermines im Sinne der Konkursordnung. Denn das Vergleichsverfahren verfolgt nicht den Zweck, durch Verteilung des Vermögens des Schuldners die Gläubiger im Rahmen des Verfahrens zu befriedigen. Es besteht demgemäß kein allgemeiner Prüfungszwang für die angemeldeten Forderungen. Jede angemeldete Forderung nimmt vielmehr, sofern der Gläubiger nur zum Kreise der im § 2 VerglO. bezeichneten Gläubiger gehört, an dem Verfahren unter der Bedingung teil, daß sie besteht. Deshalb kann die Anmeldung einer Forderung auch noch im Vergleichstermine zugelassen werden. Wird ihr Stimmrecht dann streitig, so gilt § 62 Abs. 2 Satz 2—5.

Waren Wechsel nicht vorgelegt, so ist dies bis zum Vergleichstermin nachzuholen.

Es ist nach § 60 letzter Absatz VerglO. Sache des Gerichtsschreibers, das ursprünglich vom Schuldner dem Gericht unterbreitete Gläubigerverzeichnis einerseits nach den schriftlichen und protokollarischen Anmeldungen der Gläubiger vor dem Vergleichstermin, andererseits nach den Anmeldungen der Gläubiger in dem Vergleichstermin zu komplettieren und zu berichtigen. Nach diesem berichtigten Gläubigerverzeichnis werden dann die Einzelforderungen im Vergleichstermin erörtert.

Konform § 193 KO. und der Anmeldeberechtigung des § 60 VerglO. — entgegen § 60 GeschAufsVO. — werden von dem Vergleich die Gläubiger betroffen, die teilnahmeberechtigt waren und sind, selbst wenn sie an dem Vergleichsverfahren nicht teilnahmen.

Die Anmeldung des § 60 VerglO. erstreckt sich auf das Vergleichsverfahren, jedoch nicht auf das Anschlußkonkursverfahren des § 82 VerglO. oder gar eines sonstigen hinterherigen Konkurses. In letzterem Betreff bleibt es bei der Bestimmung der KO. § 136.

§ 61.

Der Schuldner hat in dem Vergleichstermine persönlich zu erscheinen.

Er darf sich nur vertreten lassen, wenn er glaubhaft macht, daß ihn besondere Gründe am Erscheinen verhindern.

Auf Verlangen eines am Verfahren beteiligten Gläubigers hat der Schuldner im Vergleichstermine den Offenbarungseid dahin zu leisten, daß er nach bestem Wissen sein Vermögen und seine Verbindlichkeiten so vollständig angegeben habe, als er dazu imstande sei.

Pflichten des Schuldners im Termine.

A. Begriffsbestimmung des Vergleiches.

Wie schon im allgemeinen als Einleitung dieses 4. Abschnittes zum § 59 VerglO. oben bemerkt ist, ist es die Pflicht und Schuldigkeit des Vergleichsschuldners, zu kommen, wenn über seine Lage in Form seines Vergleichsvorschlages die Gläubigerschaft die ausschlaggebende Entscheidung trifft. Ist doch der Vergleich nichts anderes, wie ein Vertrag, ein zweiseitiges Rechtsgeschäft. (Die 2 Fälle des Zwangsvergleiches [im Konkurs- und Vergleichsverfahren] sind Prozeßvergleiche, abgeschlossen vor Gericht, in einem gerichtlichen Verfahren. Es reicht aus, daß der Richter das Verfahren eröffnet und schließt, auch von Amts wegen in das Verfahren eingreifen kann. So Kleinfeller zur Entsch. RG. 7. ZS. 21/I. 1926, 7 W 7087/25; JW. 2110 ff.).

Unter einem Vergleiche des 4. Abschnittes der Vergleichsordnung ist nämlich — vom Stundungsvergleich abgesehen — ein zwischen den nichtbevorrechtigten, allenfalls auch bevorrechtigten, Gläubigern und dem Schuldner abgeschlossener, der Bestätigung des Gerichtes bedürfender, Vertrag zu verstehen, mit welchem, gegen Vereinbarung und allenfallsige Sicherstellung einer von der Gläubigerschaft nach freiem Ermessen, jedoch mit der Einschränkung der zwei Mindestquoten, zu genehmigenden Dividende, einerseits, und gegen unbeschränkten Verzicht auf die unbezahlten Prozente andererseits, mit Zwangswirkung gegen die nicht beigegangenen, nicht bevorrechtigten, allenfalls auch bevorrechtigten, Gläubiger die Eröffnung des Konkurses abgewendet werden soll, ohne daß bei Scheitern oder Nichtbestätigung des Vergleichs die Konkurseröffnung von Amts wegen zu erfolgen hat, wenn auch zwangsweise die

Entscheidung über den Konkurs dem Scheitern oder der Nichtbestätigung auf dem Fuße zu folgen hat.

B. Erscheinenspflicht des Schuldners.

Aus dieser Begriffsbestimmung ergibt sich: der Schuldner hat das Interesse, das Recht und vor allem die Pflicht, anwesend zu sein, wenn es sich um seine ureigene Angelegenheit, die seine Existenz ausmachen kann, dreht. Die Gläubiger indes haben einen Anspruch darauf, sich ein Bild von der Person, dem Auftreten und der Eigenart gerade dieses Schuldners, zu machen. Obligatorische Gläubigerversammlungen sieht die VerglO. sonst nicht vor. Der Vergleichstermin bildet die Ausnahme. Der Vergleichstermin ist die eigentliche und unumgängliche Gläubigerversammlung. Nur bei dieser Gelegenheit können also die Gläubiger verlässig unmittelbare persönliche Auskunft von dem Schuldner über seine Verhältnisse fordern. Deshalb verpflichtet § 61 VerglO. den Schuldner, persönlich in dem Vergleichstermin zu erscheinen, und gestattet ihm nur ganz ausnahmsweise — d. i. etwa bei Erkrankung des Schuldners oder naher Angehöriger, force majeure, den Fällen des iustitium — eine Vertretung. Kommt der Schuldner nicht und läßt er sich auch nicht, soweit dies überhaupt zulässig ist, vertreten, so setzt er sich der Gefahr aus, daß das Verfahren eingestellt wird (zu vergleichen § 79 Abs. 1 Nr. 6, Abs. 2, 3). Reicht die Entschuldigung dem Vergleichsgericht aus, so wird der Vergleichstermin abgehalten. Reicht die Entschuldigung dem Vergleichsgericht nicht aus, so wird abgestimmt, ob die Mehrheit — $^3/_4$ der anwesenden beteiligten Gläubiger — die Weiterführung des VerglVerf. beschließen. Bejahendenfalls verkündet das Gericht Beschluß auf einen 2. Termin (§ 66, § 79 VerglO.). Verneinendenfalls wird nach § 79 Abs. 3, 1 verfahren. Das Vergleichsgericht muß bis zum 3. Werktag nach dem 1. Vergleichstermin pausieren und abwarten, ob sich Vergleichsschuldner genügend entschuldigt, d. h. die nicht vermeidbar gewesene Abhaltung ausweist.

C. Der Offenbarungseid des Schuldners.

Entsprechend dem im § 16 Abs. 1 Nr. 6 geforderten Erbieten hat der Schuldner auf Verlangen eines am Verfahren beteiligten Gläubigers im Vergleichstermin den Offenbarungseid zu leisten (Abs. 3). Der Gläubiger braucht zu diesem Zwecke in dem Vergleichstermine nicht zu erscheinen; es genügt, wenn er die Eidesleistung vorher schriftlich verlangt hat. Man hat gefordert, daß das Recht auf Leistung des Offenbarungseides nicht jedem Gläubiger zustehen solle, sondern nur einer bestimmten Minderheit. Die VerglO. entspricht dieser Forderung nicht. Auch in der Zwangsvollstreckung (zu vergleichen § 807 der Zivilprozeßordnung) und im Konkurse (zu vergleichen § 125 der Konkursordnung) kann jeder beteiligte Gläubiger von dem Schuldner den Offenbarungseid fordern. Von Amts wegen kann dem Schuldner ebensowenig wie in der Zwangsvollstreckung und im Konkurse der Offenbarungseid abgenommen werden. Trauen die Gläubiger ihrem Schuldner, so hat das Gericht keinen Anlaß, die Berechtigung dieses Vertrauens zu untersuchen. Weigert sich der Schuldner, den Eid zu leisten, so finden nicht die Zwangsmittel der Zivilprozeßordnung (§§ 899 ff.) Anwendung; denn für ihre Durchführung ist in dem VerglVerf. nicht genügend Zeit. (Dies ist von Lucas S. 137 angesichts des § 8 VerglO. als nicht unzweifelhaft erklärt, jedoch mit der Begründung, daß § 79 Vergl. die Folgen der Eidesleistung erschöpfend regelt, letzten Endes gebilligt.) Vielmehr ist der einzige, aber einschneidende, Rechtsnachteil, der den Schuldner treffen kann, die Einstellung des Verfahrens und ev. die Eröffnung des Konkurses (§ 79 Abs. 1 Nr. 7, Abs. 2).

Die Leistung des Offenbarungseides im VerglVerf. befreit den Schuldner nicht von der Pflicht, in einem anschließenden Konkursverfahren erneut den Offenbarungseid zu leisten (§ 125 der Konkursordnung).

Der Vergleichsschuldner soll wahrheitsgetreu den Stand seines Vermögens den ihn überwachenden Organen darlegen und erläutern. Von Zwangsmitteln zur Erlangung derartiger Aufklärungen (Vorführung, Haftnahme, Beschlagnahme, Zwang, den Wohnort nicht zu verlassen; § 101 KO.), überhaupt von allen in die persönliche Rechtssphäre des Schuldners eingreifenden gerichtlichen Anordnungen (§ 101 KO.), hat die VerglO. Umgang genommen. (S. indes meine Erläuterungen zu §§ 50 u. 51 VerglO.) Nur der indirekte Zwang, bestehend in Aufhebung des VerglVerf., wenn der Schuldner in erheblichem Maße seine Pflichten verletzt oder den Interessen der Gläubiger zuwiderhandelt, d. h. die Auskunft verweigert, Zustimmung oder Ermächtigung nicht einholt oder Zweckwidriges gegen Gebot und Verbot vornimmt, ist gegeben.

Zur Bekräftigung seiner Angaben über seinen Status kann dem Schuldner der Offenbarungseid abgenommen werden. Um aber das Unfreie, Demütigende und nach den Ansichten der Gewerbewelt in gewissem Umfange Degradierende jedes den Vermögensstand erhärtenden Eides dem Vergleichsschuldner womöglich zu ersparen und ihn von einer Maßregel zu verschonen, die ihm für die Dauer einen gewissen Makel anheften könnte, soll, wenn angängig, auch dieser Eid vermieden werden.

Geht doch ein Zug auf Abschaffung unnötiger Eide (Reichstag II. Session 1909/11, Drucksache Nr. 731 S. 2 ff.) durch unser ganzes Rechtsleben. Die beklagenswertesten Eidesverletzungen beobachtet man da, wo der Schwur Vermögen und Existenz zu erhalten vermag. So hat die Vorschrift eines Vergleichseides letzten Endes nur eine doktrinäre Bedeutung, wenn es sich um nicht skrupulöse Schuldner dreht, die man doch vor allem treffen will. Die Beeidigung des Schuldners im VerglVerf. muß daher, nach wie vor, als bedenklich erklärt werden.

Weil dies vielfach erkannt wird, hat man wohl auch die nicht zwingende Leistung des Offenbarungseides, sondern ihn nur als äußerstes Mittel eingeführt, während für gewöhnlich in den Abstimmungsmehrheiten, der Überwachung durch Gericht und VP., auch dem Bestätigungsbeschluß, eine ausreichende Gewähr gegen Unklarheiten und Schiebungen erblickt wurde (s. Eingabe des Deutschen Anwaltvereins vom 18. Juni 1916).

Trotzdem der Wortlaut des Eides sich mit demjenigen des § 807 ZPO. deckt, hat er alles mögliche Besondere an sich. In der Tat befreit auch die Leistung dieses Eides im VerglVerf. nicht von der Leistung des Offenbarungseides im Zwangsvollstreckungsverfahren (KG. vom 7. April 1902 KGBl. 13, 60; OLG. 1, 245).

Im Zwangsvollstreckungsverfahren beschwört der Schuldner nach erfolgloser Pfändung auf Antrag des Gläubigers sein Unvermögen. Beim konkurslosen Vergleich beschwört der Vergleichsschuldner auf Antrag eines Gläubigers weniger sein Unvermögen, als den Stand seiner Aktiven und die Nichtverschweigung von Gläubigern. Mit anderen Worten: der Endzweck beider Eide ist ganz verschieden. Dort ist er eine Art Vollstreckungsakt; hier ist er ein Auskunfts- und Zwangsmittel. Dort muß der Bestand der Forderung des ladenden Gläubigers und die nicht gelungene Vollstreckung dargetan werden, hier geht grundsätzlich keinerlei Vollstreckung voraus. Die Voraussetzung der Eidespflicht des § 61 ist das Vergleichsbegehren des Vergleichsschuldners. Schließlich begreift der Vergleichseid des § 61 auch die Schulden ein („seine Verbindlichkeiten"), so daß — im Gegensatz zum gewöhnlichen Offenbarungseid — eine unrichtige Angabe der Gläubiger im Vergleichseid Bestrafung wegen Meineids bzw. fahrlässigen Falscheids zur Folge hat.

Ist der Schuldner im Vergleichstermine nicht anwesend, so kann er herbeigerufen werden. Eine Erzwingung der Eidesleistung durch Anordnung der Haft (§§ 901 ff. ZPO.) ist ausgeschlossen, einerseits weil der § 61 VerglO. nichts derartiges anwendet, andererseits weil der Gesetzessinn solche starke Willensbeugung des Schuldners ausschließt.

Ist der Schuldner prozeßunfähig oder aber eine Körperschaft, so leistet sein gesetzlicher Vertreter (Vater, Gewalthaber, Vormund, Vorstand, Geschäftsführer, Liquidator) den Eid. War der Schuldner prozeßunfähig, und wird im Laufe des Vergleichsverfahrens prozeßfähig, so leistet er selbst, und nicht sein gesetzlicher Vertreter, den Eid (BayZ. 1907, 283). Der Erbe leistet den Eid bei dem Vergleich zur Abwendung des Konkurses über einen Nachlaß (§ 92). Die Mitglieder einer offenen Handelsgesellschaft, über welche das Vergleichsverfahren verhängt ist (§ 89), leisten sämtlich den Eid des § 61.

Nach Vorstehendem kann der Vergleichsrichter, wenn er nicht selbst diese nachdrückliche Erhärtung der schuldnerischen Angaben nach Lage der Sache und Art der Persönlichkeit für rätlich hält, autoritativ der Gläubigerschaft in dem einzelnen Falle empfehlen, dem Vergleichsschuldner den Eid zu erlassen. Als Beispiel für eine anzuempfehlende Coulanz gegenüber dem Vergleichsschuldner in letzterem Sinn ist der Fall anzuführen, daß der frühere Geschäftsführer einer G. m. b. H. gewöhnlich noch so lange zur Leistung des OE. für die G.m.b.H. verpflichtet ist, als nicht ein neuer Geschäftsführer oder Liquidator der G. m. b. H. bestellt ist. OLG. Frankfurt a. M. 4. Dez. 1926 JW. 1927, 726.

Aber das letzte Wort haben die Gläubiger, deren einer schon, wenn er darauf besteht, den schuldnerischen Eid über Vermögen und Verbindlichkeiten durchsetzen kann.

Ist nun der Vergleichsschuldner nicht anwesend im Vergleichstermin bzw. nur vertreten und wird der OE. durch einen beteiligten Gläubiger beansprucht, so ist die Anberaumung eines zweiten Termins gemäß § 66 VerglO. erforderlich.

§ 62.

Die Forderungen der am Verfahren beteiligten Gläubiger werden an der Hand des berichtigten Gläubigerverzeichnisses erörtert; der Schuldner hat sich über sie zu erklären.

Soweit gegen eine Forderung weder der Schuldner noch ein beteiligter Gläubiger noch die Vertrauensperson Widerspruch erhebt, gilt sie als stimmberechtigt. Soweit widersprochen wird, ist zu erörtern, ob und zu welchem Betrag ein Stimmrecht gewährt werden soll. Einigen sich der Schuldner, die im Termin erschienenen, am Vergleichsverfahren beteiligten Gläubiger und die Vertrauensperson nicht, so entscheidet das Gericht. Es kann seine Entscheidung auf Antrag des Schuldners, eines im Termin erschienenen, am Verfahren beteiligten Gläubigers oder der Vertrauensperson bis zum Beginne der Abstimmung über den Vergleichsvorschlag ändern. Die Wirkung der Entscheidung beschränkt sich auf die Frage des Stimmrechts.

In gleicher Weise entscheidet das Gericht, ob und zu welchem Betrag aufschiebend bedingte Forderungen sowie

Forderungen, für die abgesonderte Befriedigung beansprucht wird, zum Stimmen berechtigen.

Der Gerichtsschreiber hat nach der Erörterung einer jeden Forderung das Ergebnis in das Verzeichnis der Gläubiger einzutragen. Soweit gegen eine Forderung weder der Schuldner noch ein an dem Verfahren beteiligter Gläubiger noch die Vertrauensperson Widerspruch erhoben hat, ist in dem Verzeichnis zu vermerken, daß die Forderung anerkannt ist.

Verlauf des Termines.

A. Allgemeines.

Aus den amtl. Gr.: Anders als im Konkurse, findet im Vergleichsverf. eine förmliche Prüfung und Feststellung der Forderungen nicht statt. Es wäre indessen äußerst unzweckmäßig, der Tatsache, daß bei der gerichtlichen Erörterung einer Forderung weder der Schuldner noch die Vertrauensperson noch ein beteiligter Gläubiger gegen ihr Bestehen Widerspruch erhoben hat, überhaupt keine Bedeutung beizumessen. Die VerglO. schreibt daher in Übereinstimmung mit der GeschAufsVO. (GeschAufsVO. § 47 Abs. 4 Satz 2, § 61) vor, daß Forderungen dieser Art in dem Gläubigerverzeichnis ausdrücklich als anerkannt zu bezeichnen sind (VerglO. § 62 Abs. 4 Satz 2) und daß nach Bestätigung des Vergleiches die anerkannten Forderungen vollstreckbar sind (VerglO. § 75 Abs. 1).

Die anerkannten Forderungen sind selbstverständlich stimmberechtigt (§ 62 Abs. 2 Satz 1). Wird eine Forderung nicht anerkannt, so muß für das VerglVerf. wenigstens die Frage geklärt werden, ob und zu welchem Betrage sie stimmberechtigt sein soll. Auch hier ist zunächst eine Verständigung der Beteiligten zu versuchen; gelingt sie nicht, so entscheidet das Gericht (§ 62 Abs. 2 Satz 2, 3). Die VerglO. schließt sich damit der Regelung der Konkursordnung (§ 95) an. Nach der Geschäftsaufsichtsverordnung (GeschAufsVO. § 47 Abs. 2 Satz 3, 4) sollte der Gläubiger, über dessen Stimmberechtigung eine Verständigung nicht zu erzielen war, zunächst an der Abstimmung teilnehmen; das Gericht sollte über das Stimmrecht erst entscheiden, wenn es auf die Stimme ankam. Diese Regelung hatte den Vorteil, daß das Gericht seltener zu einer Entscheidung genötigt wird, als nach der nunmehrigen VerglO.; ihr überwiegender Nachteil bestand aber darin, daß sie das Gericht in eine schwierige Lage bringen konnte, wenn mehrere Forderungen streitig waren, deren Gläubiger verschieden gestimmt hatten. Das Gericht kann seine Entscheidung, gegen die es natürlich kein Rechtsmittel gibt, ändern, aber, um es nicht dem Vorwurfe auszusetzen, daß es das Abstimmungsergebnis sachlich beeinflußt habe, nur bis zum Beginne der Abstimmung.

über die Höhe der Forderungen wird im VerglVerf. nur insoweit verhandelt und entschieden, als es sich um das Stimmrecht handelt. Der Umstand, daß eine Forderung im Vergleichstermin ganz oder zum Teil bestritten, auch ihr Stimmrecht vor Gericht nicht anerkannt wird, schließt die spätere Geltendmachung der Forderung in der durch die Vergleichsquote begrenzten Höhe nicht aus. RG. VI. 3. Nov. 1925, 254/25, JR. 26 Nr. 410 RG. 112, 54, JW. 26, 1551.

B. Tagesordnung des Vergleichstermines.

a) Die Erörterung der Forderungen.

Das Verzeichnis, welches nach § 16ff. hergestellt und nötigenfalls zu ergänzen, sowie zu berichtigen ist, bildet die Grundlage der Erörterung der Forderungen. Eine Gläubigerliste, die im Termin zur Abstimmung über einen vom Vergleichsschuldner herrührenden Vergleichsvorschlag zum Gegenstand der Verhandlung gemacht und von dem anwesenden Vergleichsschuldner nicht beanstandet worden ist, gilt als ein von dem Schuldner überreichtes Gläubigerverzeichnis im Sinne der §§ 16, 62 und 73 VerglO. Zweckmäßig wird die Durchsicht des Verzeichnisses durch das Gericht und die Anlegung einer förmlichen Stimmliste bereits vor dem Termine sein. Sie dient zur Ausmerzung und demnach Berichtigung unbrauchbarer gläubigerischer Erklärungen — etwa einer solchen in außerdeutscher Sprache und Währung[1]), oder eines nicht rite vertretenen Gläubigers — und erleichtert den Gang der Verhandlung. Sie ist unter Leitung der VP. herzustellen, die ihrerseits sich bei dem Schuldner, allenfalls bei Gläubigern oder bei dem Gläubigerausschuß, näher informiert. Im Termine werden dann die einzelnen Posten, die im Verzeichnisse stehen und vorbereitend in die Stimmliste übertragen sind, durchgegangen. Bedenken sind in allen Variationen möglich. Mehrere Anwärter einer und derselben Forderung — etwa in einem Erbschaftsfalle oder bei einer Wechselforderung, oder bei Gesamtgläubigern, oder bei einer Abtretung — können auftreten: eine Forderung kann von einem und demselben Gläubiger öfter geltend gemacht werden. Hier kann vorsorgliche Bestreitung am Platze sein.

Die Erörterung geht nun — äqual derjenigen beim konkurslichen Prüfungstermin — dermaßen vor sich, daß Name, Klagegrund, Betrag, Urkunde, auf die sich der Gläubiger bezieht und Vorrecht bei Ausfallforderungen, Posten für Posten, vorgelesen werden. Der Schuldner, oder der gesetzliche Vertreter (Vater, Vormund, Vorstand, Geschäftsführer, Liquidator) oder der Bevollmächtigte desselben, dann aber zumal die VP., äußern sich mit

---

[1]) Bedenken bei Schwankungen der Valuten: Weinberg-Manasse, S. 117.

Ja oder Nein, Auskunft erteilend oder Widerspruch ergreifend, im Termine. Widerspricht dem einzelnen Posten weder der Schuldner, noch die VP., noch ein Gläubiger, der an sich rechtlich im Falle der Bestreitung für sich allein und nicht für die Gläubigerschaft handelt (RG. 58, 374), so steht das Stimmrecht fest. Erfolgt aber Widerspruch, der nicht auf schriftlichem Wege ergreifbar, dagegen zurücknehmbar und — im Gegensatz zum konkurslichen Prüfungsverfahren — sinngemäß wegen seiner Konsequenzen, begründet werden muß, so wird in eine Verhandlung über die Frage eingetreten, ob und in welcher Höhe das Stimmrecht zu gewähren sei. Wird nach Besprechung des Für und Wider (Vorlage weiterer Belege durch die Gläubiger, Erholung der Geschäftsbücher des Schuldners oder des betr. Gläubigers, mündliche oder telephonische Auskunfteinziehung) Einigung erzielt, das heißt das Stimmrecht anerkannt, so kann es sofort ausgeübt werden. Die Einigung ist dem Schuldner, den erschienenen Vergleichsgläubigern (nur diesen) und der VP. anheimgestellt. Verbleibt es beim Protest, so entscheidet das Gericht die Stimmrechtsfrage. Das Gericht kann — ein Novum — seine Stimmrechtsentscheidung bis zum Abstimmungsantrag auf Antrag 1. des Schuldners, 2. eines erschienenen Vergleichsgläubigers, 3. der VP., ändern. Das Nämliche gilt, wenn bei Ausfallgläubigern die Höhe des Ausfalls bestritten ist oder behauptet wird, daß überhaupt keine persönliche Forderung des Absonderungsberechtigten seine Mitwirkung im Vergleichsverfahren ermöglicht, endlich bei aufschiebend bedingten Ansprüchen.

b) Das Problem des Stimmrechts.

Dieses Problem bildet einen wichtigen Teil des ganzen Vergleichsrechtes überhaupt. Nach dem französischen Rechte (Ges. vom 4. März 1889 Art. 12) war — wie im deutschen Konkursrechte §§ 141 ff. KO. und im österreichischen Entwurfe von 1904 resp. 1910 — für den Präventivakkord ein eigener Prüfungstermin vorgesehen. Die ÖsterrAusglO. vom Dezember 1914 hat aber schon eine wichtige Schwenkung vorgenommen. Sie ging dabei von der Erwägung aus, „daß die Prüfung der Forderung sich lediglich auf das Stimmrecht bezieht und insbesondere keinerlei Rechtskraft für die angemeldete Forderung hervorruft, so daß die Bedeutung der Prüfung und ihr Einfluß auf das Verfahren wesentlich herabgemindert wird. Zu einer Prüfung der Forderung kommt es daher nur, wenn und so weit die einzelne Forderung für die Mehrheitsbildung entscheidend ist. Da sich dies aber erst aus der Abstimmung ergibt, so bestimmt die Ausgleichsordnung nach dem Beispiele des belgischen, schweizerischen, italienischen, norwegischen und dänischen Rechtes, daß Gläubiger, deren Stimmrecht bestritten ist, vorläufig an der Abstimmung teilnehmen" (Rintelen, Ausgleichsrecht § 94 S. 557; ÖsterrAusglO. § 44). Diese Methode wird bei der eigentlichen Bestreitung, aber auch bezüglich der Höhe des Ausfalls Absonderungsberechtigter, angewendet.

In diesem Punkte wirkte das schwesterliche Vorbild nicht günstig. M. E. ist diese — von der VO. vom 14. Dez. 1916 herübergenommene, in die VerglO. allerdings verändert übergegangene — Lösung keine glückliche, weil nur die Prüfung aller, zumal der bedenklichen, Forderungen eine verlässige Kontrolle gewährleistet und eine bloß fakultative Prüfung die Sachlage erschweren kann. Dazu kommt, daß die ÖsterrAusglO. einen Rekurs in diesem Betreff vorsieht, während der gewichtige gerichtliche Entscheid des § 47 VO. vom 14. Dez. 1916 und des § 62 VerglO. der Nachprüfung eines weiteren Rechtszuges entbehrt.

Allemal ist deshalb dem Gerichte und der VP. eingehendste Vorbereitung des Vergleichstermines oder, wenn Bedenken über den Gegenstand der fakultativen Prüfung überraschend im Vergleichstermin sich einstellen und nicht gütlich behoben werden sollten, falls gemäß § 66 VerglO. durchführbar, Vertagung, behufs Anstellung solcher Vorarbeit, anzuempfehlen.

c) Eintragung in das Verzeichnis.

Diese Maßnahme entspricht dem Vorgange im Prüfungstermin der KO. § 145. Der Gerichtsschreiber, unter dem Vorsitz des Vergleichsrichters, trägt, sobald der betreffende Posten besprochen ist, das Ergebnis in das Verzeichnis der Gläubiger ein, für welches vermutlich einheitliche Formulare geschaffen sind oder werden. Diese Formulare werden bestimmte Rubriken aufweisen, die den Anforderungen der §§ 16 ff. VerglO. entsprechen. Einzutragen ist Bestand, Betrag nach Haupt- und Nebensache (Kapital, Zinsen, Kosten), allenfalls Ausfall-, Betagungs-, Bedingungseigenschaft, Bevorzugung, Person des Widerspruch Ergreifenden, Umfang des Widerspruches (nicht der Bestreitungsgrund), Gewährung des Stimmrechts in Ansehung der Eigenheiten des § 62.

Außer dem **Eintragungsvermerk** erfolgt der **Anerkennungsvermerk**, soweit Widerspruch von keiner Seite erfolgt ist. Er wirkt gegenüber dem Schuldner und den Gläubigern, gleichviel ob letztere im Vergleichstermine anwesend waren, schriftlich oder mündlich ihre Zustimmung erklärt an dem Verf. teilgenommen oder gegen den Vergleich gestimmt haben (RG. 37, 2; § 73).

Das Gläubigerverzeichnis nebst Eintragungs- und Anerkennungsvermerken ist nach dem Vergleichstermine mit den Unterschriften des terminsleitenden Richters und des Gerichtsschreibers zu versehen. Wird der Vergleich rechtskräftig bestätigt, so findet aus demselben gemäß § 75 in Verbindung mit einem Auszuge aus dem berichtigten Gläubigerverzeichnis wegen der in denselben als anerkannt vorgemerkten Forderungen gegen den Schuldner und seine Garanten die Zwangsvollstreckung unter Anwendung der §§ 724—793 ZPO. und 146, 3 KO. statt. RG. 16, 35; 46, 16; 55, 160. Mit anderen Worten: durch die rechtskräftige Bestätigung wird der Anerkennungsvermerk des § 62 zu einem vollstreckbaren Titel bereift. (Argumento: RG. 37, 388; RG. 55 160; JW. 1911, 118.) Vollstreckungsgegenklage gemäß § 767 ZPO. ist gleichwohl, wie gegenüber einem Urteile, zulässig (RG. 21, 331; 57, 271; 85, 54; 75, 188; JW. 1915, 1437). Auch für spätere Rechtsstreite schafft der Anerkennungsvermerk eine unverrückbare Grundlage (RG. 55, 60; 75, 158; RG. 21. Juni 1918, 93, 209; RG. VI, 4. April 1921, JW. 1921, 1363). Er wirkt gegen den Schuldner, falls er keinen Widerspruch erhoben hat, für die Zeit nach dem VerglVerf. (Arg.: Gruchot 27, 1129; RG. 35, 80; 93, 213; JW. 95, 329; 97, 110).

Die Eintragung der Anerkennung in das Verzeichnis ist rechtswirksam, auch wenn bei der Anerkennung und den Vorarbeiten übersehen wurde, daß die Forderung nicht vor Gericht geltend gemacht werden darf. Stuttgart 22. Febr. 1918. R. 18 Nr. 321.

Dadurch, daß etwa der Schuldner oder die VP. oder der Ausschuß oder die Gläubigerschaft als solche in dem Termine bei Anerkennung einer Forderung sich geirrt haben, kann die Rechtskraft des Verzeichnisses nicht in Frage gestellt werden. Analog: RG. 5. Febr. 1918 LZ. 18, 859.

Für die Auslegung der Eintragung in das Verzeichnis ist der Inhalt der Anmeldung maßgebend. Rechtsähnlich: KG. 25. Nov. 1921. ROLG. 42, 76.

Behauptet wurde, daß ein Anerkennungsvermerk gegen den durch die Anerkennung an sich geschützten Gläubiger selbst in der Art wirkt, daß er hinterher ein Vorrecht nicht geltend machen könne (RG. 20, 413). Diese Auffassung erscheint nicht begründet, wie ja auch die Meinung vorwiegt, daß der Gläubiger seine Forderung trotz des Anerkennungsvermerks noch erweitern könne (GruchotsBeitr. 42, 1127; JW. 98, 417). Eine Wiederaufnahme ist, wie beim Urteile, auch gegenüber dem Anerkennungsvermerk möglich (§§ 578 ff. ZPO.; KO., Motive II S. 364; RG. 37, 386; 57, 271). Auch die Restitutionsklage des § 580, 7 ZPO. ist zulässig (RG. 37, 386; 57, 271; LZ. 1918, 859). Hinterherige Zurücknahme der Anmeldung schaltet die Rechtskraftwirkung aus. RG. 8. Jan. 1926, RG. 112, 297.

Der Eintrag in das Register gemäß § 62 VerglO. letzter Absatz hat auch als Vollstreckungstitel gemäß Anfechtungsgesetz § 2 und § 13 Absatz 5 zu gelten. RG. 35, 80; JW. 1895, 329; 1897, 110; Hartmann-Meikel, S. 100, 312 ff. Nachträglicher Widerspruch der VP. oder eines Vergleichsgläubigers ist wirkungslos RG. 57, 274.

Wie im § 73 VerglO. näher angeführt werden wird, ist die Wirksamkeit nur eine relative; nicht gegen Dritte.

Rechtsmittel gegenüber dem einzelnen Verzeichniseintrag bestehen nicht. Insbesondere gibt es auch keine Beschwerde. LG. Hamburg 20. Mai 1925. HansRZ. 25, 569; HansGZ. 25 B 127. Hat das Vergleichsgericht sich geirrt, so kann unter Umständen mit dem § 319 ZPO. geholfen werden, falls Flüchtigkeitsversehen vorliegen.

Sollte die oben erwähnte Restitutionsklage gemäß § 580 ZPO. versäumt sein, so könnte, wenn die Voraussetzungen vorlägen, immer noch dolus geltend gemacht werden, wenn etwa die Feststellung im Register erschlichen sein sollte. RG. 61, 359; LZ. 1918, 859.

Die Forderungen der Vindikanten, Absonderungsberechtigten und Masseanspruchsberechtigten sind nicht anmeldungs- und feststellungsbedürftig. Wenn eine absonderungsberechtigte Forderung angemeldet wird, so wird durch den Registereintrag kein Absonderungsrecht, jedoch die Forderung als solche, rechtskräftig festgestellt: RG. 55, 159.

Der Vergleich betrifft Forderungen, die in der Gläubigerliste als bevorrechtigte Forderungen aufgeführt sind und infolgedessen an der Abstimmung nicht teilgenommen haben, die aber in Wirklichkeit keine bevorrechtigten Forderungen waren. Näheres s. OLG. Königsberg 7. Febr. 1927, 3 U, 430/26. JW. 1927, 1330; cf. ferner RG. 113, 248.

Ein Vergleich wirkt nicht gegen einen Wechselinhaber, wenn dieser selbst nicht, aber sein Indossant, im Gläubigerverzeichnis aufgeführt ist. OLG. Köln 5. ZS., 23. Febr. 1927, 5 U 192/26, JW. 1927, 1110.

§ 63.

Zum Abschluß eines Vergleichs ist erforderlich, daß

1. die Mehrheit der stimmberechtigten Gläubiger dem Vergleiche zustimmt und
2. die Gesamtsumme der Forderungen der zustimmenden Gläubiger mindestens drei Vierteile der Forderungen der stimmberechtigten Gläubiger beträgt.

Die Mehrheiten berechnen sich nach dem berichtigten Gläubigerverzeichnisse.

Lautet der Vergleichsvorschlag auf einen ziffermäßig bestimmten teilweisen Erlaß der Forderungen und gewährt er den Gläubigern nicht mindestens die Hälfte ihrer Forderungen, so muß die nach Abs. 1 Nr. 2 erforderliche Gesamtsumme der Forderungen der zustimmenden Gläubiger mindestens vier Fünfteile der Forderungen der stimmberechtigten Gläubiger betragen.

Soll der Vergleich nur auf Stundung bis zur Dauer von längstens einem Jahr nach der Bestätigung, allein oder in Verbindung mit einem Erlasse von Zinsen für die Dauer der Stundung, gehen, so genügt es, wenn die nach Abs. 1 Nr. 2 erforderliche Gesamtsumme mehr als die Hälfte der Gesamtsumme der Forderungen der stimmberechtigten Gläubiger beträgt.

Mehrheiten.

A. Allgemeines.

Der Schuldner schließt den Vergleich mit der Gläubigermehrheit ab. So verbunden ist sie vielfach als Interessengemeinschaft gekennzeichnet.

Die doppelte Mehrheit des Abs. 1 (absolute Mehrheit der Köpfe, Dreiviertelmehrheit der beteiligten Forderungen) entspricht der Konkursordnung (§ 182 Abs. 1) und der Geschäftsaufsichtsverordnung (§ 37)*. Die Anforderungen an die Mehrheit werden — ebenfalls nach dem Vorbilde der Geschäftsaufsichtsverordnung (§ 38) — gemildert, wenn der Vergleich nur auf Stundung bis zu einem Jahre mit oder ohne Zinserlaß gehen soll; hier verringert sich die Forderungsmehrheit auf die Hälfte (Abs. 4). Andererseits wird die Forderungsmehrheit auf vier Fünfteile heraufgesetzt, wenn der Vergleichsvorschlag besonders ungünstig ist, nämlich den Gläubigern bei einem ziffermäßigen Erlasse nicht einmal die Hälfte der Forderungen bietet (Abs. 3). Letztere Bestimmung birgt eine gewollte Erschwerung im Verhältnis zu den sonstigen Zwangsvergleichen.

B. Die Vergleichsmehrheiten.

Zur absoluten Kopfmehrheit ist die Mehrzahl der stimmberechtigten Gläubiger nötig. Ein Gläubiger mit mehreren Forderungen wird hier nur einmal aufgezählt. Auch juristische Personen und Gesellschaften werden nur als eine Kopfstimme gerechnet. Gesamtgläubiger können mehrere — homigene — Stimmen abgeben. In Betracht kommt die Zahl der im Gl.Verz. eingetragenen, dem Stimmrecht nach nicht bestrittenen oder gemäß § 62 gerichtl. festgestellten Gläubiger. Der Ehegatte des Schuldners und der Zessionar desselben, der innerhalb des letzten Jahres von ihm eine Forderung erwarb, sind gem. § 64 von der Abstimmung ausgeschlossen, wenn dieser suspekte Gl. für den Vergleich stimmt. Auch ist erforderlich, daß die Gesamtsumme der Forderungen der zustimmenden Gläubiger mindestens Dreiviertelle der Gesamtsumme der Forderungen der zum Stimmen berechtigten Gläubiger ausmacht.

---

*) Doch leistet es bei GeschAufsVO. beteiligten Gläubigern.

Maßgebend ist nicht das erste, vom Schuldner vorgelegte, Gläubigerverzeichnis, sondern das inzwischen durch den Schuldner oder die Gläubiger ergänzte und berichtigte Gläubigerverzeichnis.

Wer stimmen will, muß erscheinen oder nach § 65 schriftlich seine Stimme abgeben.

Gläubiger, deren Ansprüche durch den Vergleich keinerlei Einbuße erleiden, werden weder bei der Kopf-, noch bei der Stimmensummenmehrheit mitgerechnet. (Lucas S. 142 ist a. M., weil der § 63 keine dem § 39 GeschAufsVO. entsprechende Vorschrift enthalte. Diese Anschauung kann deshalb nicht richtig sein, weil eine Mitabstimmung Uninteressierter gegen die Grundsätze der §§ 133, 157 BGB. verstoßen und das wahre Bild verwischen würde). Dies trifft für diejenigen Gläubiger zu, welche etwa — zum Beispiel als Kleingläubiger — 100 % ihrer Forderungen erlangen (§ 5 Abs. 2 VerglO.) oder die einen betagten Anspruch haben über den Termin des Stundungsvergleichs hinaus. (Lucas, ebenda).

C. Grundarten des Vergleichs.

Im § 63 ist nur die Rede von Erlaß oder Stundung. Die gewöhnlichste Art eines Zwangsvergleiches ist die des Erlasses. Die Gläubiger erhalten gewisse Prozente ihrer Forderungen. Es kann aber auch bloße Stundung den Gläubigern unterbreitet werden. Die Gläubiger erhalten ihre Forderungen später zu einem bestimmten Termin; auf einmal oder in Raten, nach festgelegten Monats- oder Jahresabschnitten. Erlaß und Stundung können verbunden sein: Gewisse Prozente werden erlassen, der Rest wird gestundet, d. h. in Teilzahlungen erledigt.*) Für den Fall der Stundung und für den Fall der Verbindung beider Arten sind Verbürgungen oder Hinterlegungen oder hypothekarische Einträge üblich. —

D. Der Treuhandvergleich.

a) Allgemeines.

Von einer anderen Form wird im § 63 nicht gesprochen. Gleichwohl ist auch ein Treuhand-Vergleich (oder Liquidationsvergleich) möglich. Denn durch den § 63 VerglO. wird grundsätzlich das Selbstbestimmungsrecht der Parteien nicht beschränkt.

Bei einem Treuhandvergleich werden die Vergleichsgläubiger anteilsmäßig aus dem Erlös der von einem Treuhänder zu verwertenden Masse befriedigt. (Daß dies beim Konkurs gestattet ist, ist in RG. 89, 131; JW. 1918, 287 ausgesprochen.) In solchen Fällen wird zunächst meist ein Teil der Forderungen in bar entrichtet. Hernach verwaltet ein Treuhänder, etwa die VP. oder wer auch immer, nach dem Beschluß der Gläubigerschaft die schuldnerische Masse, welche bis zur Versilberung in Händen des Vertrauensmannes der Gläubiger verbleibt.

---

*) Die Nebenbestimmungen ändern die Grundart nicht.

Wie gesagt: In der Vergleichsordnung ist eine ausdrückliche Bestimmung, daß nur Erlaß oder Stundung oder beides zusammen, aber kein drittes Verfahren, möglich ist, nicht enthalten. Aus diesem Grunde ist nicht einzusehen, weshalb im Prinzip dieses Verfahren nicht statthaft sein soll.

Die Erfahrungen, die allerdings mehr auf dem Gesetze der außergerichtlichen Treuhandvergleiche gemacht wurden, sind freilich nicht immer günstig, wie z. B. die Handelskammer München laut Berliner Tageblatt vom 18. Februar 1926 Nr. 82 2. Beiblatt, die Mißbräuche der Treuhänder gekennzeichnet und geraten hat, mehr und mehr den § 35 Absatz 3 der Reichsgewerbeordnung anzuwenden, d. h. gewissen unzuverlässigen Personen gewerbsmäßige Besorgung fremder Rechtsangelegenheiten zu untersagen. Allein grundsätzlich ist daran festzuhalten, daß das Vermögen des Schuldners laut Vorschlag und Beschluß einem Treuhänder oder einer Treuhandgesellschaft mit erwähnten Endzweck gemäß § 63 VerglO. übermittelt werden kann (s. auch OLG. Breslau 18. Febr. 1927, JW. 1927, 1391). —

Durch des § 7 VerglO. wird der THV. nicht tangiert. Die kassatorische Klausel kann erst dann praktisch werden, wenn der Vergleichsschuldner hinterher in Konkurs gerät. —

Zu den außergerichtlichen THVerf.: RG. 4. Okt. 1912, LZ. 1913, 158; BayZ. 1926, 338 (OLG. Augsburg 14. Juli 1926), Bay. Staatsztg. 19. Febr. 1927; Nord, 1927, Recht des Treuhänders; Grünberg, Konk. u. TreuhW., 1927, 116.

b) Durchführung des Treuhandvergleichs. Rechtsfolgen, Vollstreckungen in das Treuvermögen. § 419 BGB. Das Treuvermögen des Konkursschuldners.

Die Durchführung der bisher abgeschlossenen Treuhandvergleiche ist häufig auf Schwierigkeiten gestoßen. Die Vergleichsdurchführung geriet ins Stocken. Öfter kam es zur Eröffnung des Konkursverfahren über das Vermögen des ehemaligen Schuldners. Solch ein Konkurs ist unschwierig, wenn der Treuhänder das Treugut an den Konkursverwalter herausgibt. Das lehnen aber vielfach die Treuhänder ab. Der Konkursverwalter stützt sich in solchen Fällen auf die Entscheidung des RG. 84, 217; 91, 12; 94, 307. Hiernach involviert das Treugut nur formelles Eigentum des Treuhänders, während es materiell-wirtschaftlich Eigentum des Treugebers (Vergleichsschuldners) verbleibt. (Immerhin kann grundsätzlich auch dinglich-rechtlich der Vergleichsschuldner die Vermögensstücke dem Treuhänder überreichen, was aus § 419 BGB. Haftung des letzteren für die Schulden mit sich bringt [JW. 1927, 1346; Kiesow, S. 132].) Auch Jaeger steht auf dem

Standpunkt, daß die Rechtswirksamkeit der Treuhandübereignung unter der auflösenden Bedingung des Treugeberkonkurses stehe. Dieser Anschauung pflichte ich bei, da der Zweck der Treuhandübereignung unmöglich eine Benachteiligung der alten Gläubiger bedeuten darf. (Samolewitz S. 77 überläßt — an der Hand von Schumann, Konkurs- u. Treuhandwesen, 5. April 1927 — dem Treuhänder für den Fall des späteren Konkurses des Vergleichsschuldners die vorgesehene Abwickelung mit der Verpflichtung, den etwaigen Restbetr. dem KV. herauszugeben.)

Eine weitere Frage ist die, ob Rechtshandlungen des Vergleichsschuldners, die er während des Bestehens des Vergleiches vorgenommen hat, in dem sich anschließenden Konkursverfahren anfechtbar sind und inwieweit eine Treuhandübereignung unter diese Rechtsgeschäfte fällt. Die Anfechtbarkeit entfällt, wenn es dem Vergleichsschuldner gelungen war, während des Vergleichsverfahrens seine fälligen Verbindlichkeiten in ihrer Allgemeinheit wieder zu erfüllen (RG. 114, 202, s. auch 100, 62). (Näheres Konkurs- und Treuhandwesen, 5. April 1927, 4, Schumann.)

Eine äußerst verwickelte Frage ist schließlich die, welchen Erfolg eine Pfändung in ein dem Treuhänder übereignetes Treugut seitens eines Gläubigers des Vergleichsschuldners hat. Nach vielfacher, von mir geteilter, Anschauung kann der Treuhänder auf Grund dieser Übereignung die Widerspruchsklage (abgesehen von etwaiger Sittenwidrigkeit und abgesehen von den Fragen aus § 419 BGB.) mit Erfolg erheben, wenn der Pfandgläubiger entweder ein Gläubiger ist, der das Liquidationsabkommen im Vergleich des Schuldners mit abgeschlossen hat oder wenn er ein Neugläubiger ist, der durch die Liquidationsübereignung nicht benachteiligt worden ist. Näheres RG. 51, 65; JW. 1912, 1347; OLG. Hamburg HansRZ. 1926, 143 gegen GK. 12. Jan. 1926, 8 W 7251/25; Pick, Konkurs- und Treuhandwesen, 1927, 66. ZZP. 52, 207.

Die Frage, ob — vom Konkurs abgesehen — ein THV. nach dem Anfechtungsgesetz § 3 anfechtbar ist, wird vom OLG. Hamburg 25. Jan. 1927 HansGZ. 1927, Bbl. 69, verneint. Liegt schlechterdings eine Vermögensübernahme gemäß § 419 BGB. vor, so haftet der Treuhänder von diesem Gesichtspunkte aus (JW. 1927, 1346). —

Muster eines Liquidationsvergleichsvorschlags (Treuhandsvorschlag im VerglVerfahren): Levy, Konkurs- und Treuhandwesen, S. 110, 1927, Weinberg-Manasse, Kommentar, S. 184. —

Gegenüber dem Steuerfiskus haben bei Pfändungen sicherungsübereigneter Gegenstände die Treuhänder ein Interventionsrecht. Sie sind nicht auf vorzugsweise Befriedigung aus dem Erlös beschränkt. OLG. Frankfurt a. M., I. ZS. 7 April 1927, 1 W 37/27 (§§ 80, 301 RAbgO.); JW. 1927, 1766.

E. Andere Sanierungsformen.*)

Nicht ausgeschlossen ist, daß der Vergleich in der Form einer ad hoc zu gründenden Sanierungsvereinigung oder aber Interessengemeinschaft (A.-G., G. m. b. H. usw.) verankert wird. Samolewitz S. 77.

F. Besserungsschein.

Die Vereinbarung zwischen einem in Zahlungsschwierigkeiten geratenen Schuldner und einem Gläubiger oder mehreren Gläubigern dahin, daß bezüglich dieses Gläubigers oder dieser Gläubiger eine Ausnahme wegen des Verzichtes auf den nichtgetilgten Teil des Anspruchs eintrete, und Schuldner sich verpflichte, solchen Teil bzw. Prozente des Teiles zu bezahlen, wenn er in bessere Vermögensverhältnisse gerate, ist grundsätzlich vom RG. 94, 290, dann VII. 12. Juni 1906 (506/05 JW. 1906, 458), RG. I 3. Juni 1908 (373/07 JW. 1908, 478) RG. VI 11. Nov. 1909 (215/09, Recht Nr. 284 6/12), dann von Staub-Könige § 346 Note 19, gewürdigt und gebilligt worden.

Wenn der Besserungsschein — vom Standpunkt unseres Vergleiches beurteilt — eine Zuwiderhandlung gegen die par condicio creditorum in sich birgt, ist er eo ipso nichtig. Das ist aber im Prinzip nicht nötig, da es denkbar ist, daß eine Gläubigergruppe mit Übereinstimmung der übrigen Gläubiger gemäß § 5 Abs. 2 VerglO. bevorzugt oder den sämtlichen beteiligten Gläubigern — wie dies bei der jetzigen Beratung im Rechtsausschuß als obligatorisch vorgeschlagen, indeß im Hinblick auf das endgültige Gesundungsbedürfnis des Schuldners abgelehnt worden — ein Besserungsschein behändigt wird. (Kennt doch auch der Art. 25 des Belgischen concordat préventif de la faillite vom 29. Juni 1887 die clause de retour à bonne fortune). Siehe über die einschlägigen Fragen: Staub-Könige 13. Aufl. 1926 S. 32; Adler, Recht und Handel, 1927, S. 79, Künne (Einklagung des BS.), Konkurs- und Treuhandwesen, S. 102, Marx, Natur des BS., 1927, und meinen Auss.: Der Besserungsschein, in JR. 1927 S. 481.

Siehe auch meine Erläuterungen zu § 73 D hinsichtlich des erlassenen Forderungsteiles und des Besserungsscheines über diesen.

§ 64.

Bei der Berechnung der Mehrheiten bleibt der Ehegatte des Schuldners außer Betracht, wenn er für den Vergleich gestimmt hat.

Das gleiche gilt von dem, dem der Ehegatte des

---

*) Nach französischem Recht (Concordat par abandon) kann der Schuldner an Zahlungs Statt sein Vermögen der Gläubigerschaft überlassen, was bei uns rechtlich nicht geregelt ist. (Zulässig dagegen in Österreich; Rintelen S. 501). Näheres in meinem Gutachten z. DJT. 1914, S. 711. Gegen die Einführung: Jaeger KO. § 174 S. 316, Anm. 3.

Schuldners nach der Eröffnung des Vergleichsverfahrens oder in dem letzten Jahre vorher eine Forderung gegen den Schuldner abgetreten hat, soweit das Stimmrecht auf der abgetretenen Forderung beruht. Diese Vorschrift findet keine Anwendung, wenn der Ehegatte zu der Abtretung durch Gesetz oder durch einen Vertrag verpflichtet war, der früher als ein Jahr vor der Eröffnung des Vergleichsverfahrens geschlossen worden ist.

Der Ehegatte des Vergleichsschuldners.

A. Nichtberücksichtigung des Ehegatten.

Die Vorschrift entspricht dem § 183 KO. und § 40 GeschAufsVO.

Ich kann — im Gegensatz zur amtlichen Denkschrift der OsterrAusglO. S. 42 ff. — die dieser Norm zugrunde liegende Anschauung nicht billigen. Ist es schon erstaunlich, mit welcher Kaltblütigkeit und Unüberlegtheit viele Konkursverwalter und Gläubigerausschußmitglieder bei der Prüfung von Forderungen, Stimmrechtserteilung, Dividendenschätzung und konkursmäßigen Zwangsvergleichsfragen, Verwandtenguthaben wie ein reines Nichts behandeln, so ist die Festlegung eines Grundsatzes, daß Verwandtenforderungen nicht zu berücksichtigen seien, ein nicht zu billigender Eingriff in diese wohlerworbenen Rechte. Folgendes scheint in Vergessenheit geraten zu sein: so gut der Verwandte — was ganz richtig ist — oft Schiebe-Subjekt — und noch mehr — -Objekt bildet, so gut ist er doch auch durch die Natur der Verhältnisse derjenige, an welchen sich zuerst wahrhaftig und wirkungsvollst der notleidende Schuldner wendet. —

Die VerglO. hat nun freilich nur den jeweiligen Gatten (nicht einen sonstigen Angehörigen) als Gläubiger zweiten Grades*) behandelt. Man begründet die Bestimmung mit den Durchstechereien und Manipulationen, die ein reicher Ehegatte, wenn Gütertrennung da sei, in der Krisis des anderen Ehegatten zu machen imstande sei. Der Ehegatte könne sich leicht in den Besitz des größten Teiles der Forderungen setzen und die kleineren Gläubiger durch Zusagen zugunsten des Akkords umstimmen, so daß eine Schädigung der nicht zustimmenden Gläubiger möglich sei. Als ob die reichen Ehegatten und die unbegründeten Forderungen derselben die Regel und als ob durch diese Bestimmung allenfallsige Machenschaften vermeidbar wären. Dazu kommt die Ausschaltung jedes noch so gutgläubigen Zessionars! —

De lege lata ist auszuführen: Nur der Ehegatte bleibt außer Betracht, welcher für den Vergleichsvorschlag stimmt, nicht der gegen den Vorschlag stimmende. Selbstredend muß die betreffende Persönlichkeit zur Zeit der Berechnung der Mehrheiten Ehegatte des

*) Allerdings lediglich bei Vergl.abstimmungen.

Schuldners sein. Ein Verlobter, der am Vormittage einer nachmittags stattfindenden standesamtlichen Trauung seine Zustimmung erklärt, wird mitgezählt. Eine rechtskräftig vom Schuldner geschiedene Persönlichkeit (§ 1564 BGB.). und der Gatte einer vollkommen nichtigen Ehe (§§ 1317, 1324, 1329 BGB.) kommt für den § 64 nicht in Betracht. Der Gatte der unvollkommen nichtigen (§ 1323 BGB.) und anfechtbaren Ehe (§ 1330 BGB.) fällt während der Schwebezeit unter den § 64. Auch durch die rechtskräftige Aufhebung der ehelichen Gemeinschaft (§ 1575 und § 1586 BGB.) wird das eheliche Band nicht vollkommen gelöst, so daß in letzterem Falle die betreffende Persönlichkeit nicht zugunsten des Schuldners bei den Mehrheiten gerechnet wird (Staudinger, BGB. § 1586 Anm. 9; Dernburg, Familienrecht 1907 § 31). — Die Bestimmung des § 64 bezieht sich nicht auf den Vergleich einer juristischen Person, nicht auf den Nachlaßvergleich und nicht auf den Vergleich der offenen Handelsgesellschaft (LG. Insterburg 6. Juli 1903, PosMSchr. 1903, 132).

B. Der Rechtsnachfolger des Ehegatten.

Der gute Glaube und die Redlichkeit des Rechtsnachfolgers ist bedeutungslos. Unter Abtretung ist zunächst diejenige des § 398 BGB. zu verstehen, dann die Anweisung der Pfändung und Nießbrauchbestellung (RG. 45, 372). Nicht hieher gehört der Übergang der Forderung kraft Gesetzes (§§ 268, 426, 774 BGB.), nicht die Pfändung und Überweisung der Forderung, nicht die Abtretung von Todes wegen (Erbfolge, Vermächtnis). Der zweite und dritte Rechtsnachfolger scheidet ebenfalls bei der Berechnung der Mehrheiten aus. Handelt es sich um einen Vertrag, der vor dem Zeitpunkt eines Jahres vor Anordnung des Vergleichsverfahrens abgeschlossen wurde, so bleibt der Zessionar oder sonstige Rechtsnachfolger bei der Berechnung der Vergleichsmehrheiten nicht außer Betracht. Wenn in der maßgebenden Zeit — also während der Dauer des Vergleichsverfahrens oder in dem letzten Jahre vorher — die Forderung abgetreten wird und zur Zeit der Abstimmung die Persönlichkeit, welche die Abtretung vornahm, Gatte des Schuldners geworden ist, so bleibt der Zessionar oder Rechtsnachfolger bei der Berechnung der Mehrheiten außer Betracht (Cosack S. 121; Jaeckel S. 110). Wie nun, wenn in dem maßgebenden Jahre der Ehemann Zedent war und zur Zeit der Abstimmung eine der unter A behandelten Ehelösungen stattgefunden hat? M. E. ist auch für diesen Fall der § 64 anwendbar, weil zur Zeit des Vertragsabschlusses die Konspiration möglich war und die Verhütung jeder solchen der ratio legis entspricht. Nur dann ist der Rechtsnachfolger ausgeschaltet, wenn das Stimmrecht auf der abgetretenen Forderung beruht. Wenn dagegen der Rechtsnachfolger auf Grund einer anderen Forderung das Stimmrecht hat, gilt die Beschränkung des § 64 nicht. Bestritten ist die Frage, wie es zu halten ist, wenn ein Ehegatte, gemeinsam mit anderen Gläubigern, derart stimmberechtigt ist, daß er nur mit ihnen zusammen von seinem Stimmrechte Gebrauch machen kann, z. B. als Miterbe. Hier verneinen die einen die Ausschaltungsmöglichkeit des Gemeinschaftsgläubigers, die anderen bejahen sie. Nach der ratio legis soll jede mögliche Schiebung, die von seiten eines Ehegatten zugunsten des Schuldners stammen kann, verhütet werden. Es muß daher die strengere Lösung, nämlich die Ausschaltung des Gemeinschaftsgenossen, de lege lata angenommen werden.

§ 65.

Ein Gläubiger kann dem Vergleichsvorschlag auch schriftlich zustimmen; die Erklärung ist nur zu berücksichtigen, wenn sie dem Gerichte bis zum Schlusse der Abstimmung zugegangen ist.

Keine obligatorische mündliche Abstimmung.

Der Gedanke dieser Vorschrift ist aus § 51 Abs. 1 der Geschäftsaufsichtsverordnung übernommen. Da es genügen soll, wenn die Zustimmungserklärung dem Gerichte — nicht der VP., nicht dem Schuldner — bis zum Schlusse der Abstimmung zugegangen, d. i. in seinen Bereich gelangt ist, dem Richter aber diese Tatsache am Schlusse des Vergleichstermines unter Umständen nicht bekannt ist, so wird es sich empfehlen, überall da, wo nach Lage der Sache noch mit schriftlichen Zustimmungserklärungen zu rechnen ist, die Entscheidung über die Bestätigung des Vergleiches nach § 67 Abs. 3 auszusetzen, wenn im Vergleichstermine selbst die erforderliche Mehrheit nicht erreicht wird. (Bis zur allgemeinen Abstimmung ist übrigens diese Abstimmung zurücknehmbar).

Nicht formalistisch soll das ganze Verfahren sein, sondern einfach, rasch und sozusagen nicht bureaukratisch. Die Hauptsache ist, daß einwandfreie und hinsichtlich ihres Ursprunges nicht bestrittene Erklärungen der Gläubiger vorliegen. Ist doch gemäß § 63 die Zahl der faktisch Beteiligten maßgebend. Ob mündlich, wie im konkurslichen Zwangsvergleich, wo wenigstens der Bevollmächtigte des auswärtigen und nicht anwesenden Gläubigers abstimmen muß, oder schriftlich, ist gleichgültig. Durch die Schriftlichkeit kann gespart werden. Eine nachträgliche schriftliche Stimmenabgabe (wie sie binnen 10 Tagen nach dem Termin in der Schweiz möglich ist) kennt der § 65 VerglO. nicht. Es ist richtig, daß nur bei mündlicher Zustimmung vor Gericht eine erschöpfende Diskussion zu erwarten ist. Allein das Fernbleiben der Gläubiger wird seltener sein, wie beim Zwangsvergleich im Konkurs, da in dem einen Termine — im Gegensatz zu dem längeren Konkursverfahren mit mehreren Terminen — die Interessen der Gläubigerschaft intensiv behandelt und wesentliche Aufklärungen durch Schuldner und VP. erteilt werden.

Nicht zu verwechseln ist die Bekundung des § 65 mit derjenigen des § 16[1] Nr. 4, durch die grundsätzlich der Gläubiger für die Eröffnung des VerglVerf. stimmt, übrigens auch bereits dem Vergleichsvorschlag zustimmen kann.

Nicht zu verwechseln ist die Bekundung der Gläubiger gemäß § 60 VerglO. mit derjenigen gemäß § 65 VerglO.

Erstere betrifft die hinterherige Anmeldung eines im schuldnerischen Verzeichnisse der §§ 16 und 17 noch nicht aufgezählten Vergleichsgläubigers, der, wenn diese Anmeldung **bis zum Abstimmungsbeginn** getätigt ist, bei der Abstimmung nach Maßgabe des § 62 Berücksichtigung findet. Letztere betrifft die Möglichkeit der schriftlichen Zustimmung eines bereits früher eingetragenen, nicht anwesenden Gläubigers, die Berücksichtigung findet, wenn sie bis zum **Abstimmungsschluß** dem Vergleichsgericht zugeht.

Die Bekundung des § 65 ist erst mit Annahme des Vergleichsvorschlags durch die Mehrheiten des § 63 VerglO. bindend. Jaeger 1917, S. 87; Samolewitz, S. 121. Kann doch der Vergleichsschuldner den Vergleichsantrag bis zum Schluß der Abstimmung im Vergleichstermin zurücknehmen. Kiesow, S. 380 und dessen Zitate.

§ 66.

Der Vergleichstermin kann auf Antrag von drei Vierteilen der erschienenen, am Verfahren beteiligten Gläubiger vertagt werden, wenn zu erwarten ist, daß der neue Termin zu einem Vergleiche führen wird. Der Termin kann ferner vertagt werden, wenn der Schuldner sich in ihm zulässigerweise hat vertreten lassen (§ 61 Abs. 2) und die Leistung des Offenbarungseides verlangt wird (§ 61 Abs. 3). Der neue Termin ist alsbald zu bestimmen und soll in der Regel nicht über zwei Wochen hinaus anberaumt werden.

Verlegungen, Aufhebungen eines Termines, also auch des Vergleichstermines, vor Stattfinden desselben, sind nach Bedarf möglich (ZPO. § 227; vgl. § 8), wenn auch nach dem Gesetzessinn, tunlichst einzuschränken.

Vertagungen des Vergleichstermines stehen an sich im Widerspruche mit dem Grundgedanken der VerglO., schnell eine Entscheidung über Vergleich oder Konkurs herbeizuführen. Im Einzelfalle kann die Sache aber so liegen, daß eine Vertagung des Termines dem Zustandekommen des Vergleiches förderlich ist. Das wird z. B. zutreffen, wenn die bisher einem Vergleiche widerstrebenden Gläubiger auf Grund der mündlichen Darlegungen des Schuldners im Termine dem Vergleichsgedanken geneigter geworden sind, sich aber zu einer endgültigen Stellungnahme noch nicht entschließen können. Die Vergleichsordnung gestattet daher eine Vertagung des Termins, wenn drei Vierteile der im Termin erschienenen Gläubiger, berechnet nach der Kopfzahl, die Vertagung wünschen*). Ebenso soll eine Vertagung zulässig sein, wenn der ausgebliebene Schuldner sich zulässig hat vertreten lassen, von ihm aber der Offenbarungseid verlangt wird. Der neue Termin, welcher alsbald zu bestimmen ist, soll in der Regel nicht über zwei Wochen hinausgerückt werden. Es ist nicht ausgeschlossen, daß der neue Termin auf Antrag der genannten Gläubigermehrheit nochmals vertagt wird.

Findet der Vergleichsvorschlag keine Mehrheit und wird auch kein Vertagungsantrag gestellt oder der Vertagungsantrag abgelehnt, so ist das Verfahren einzustellen und über die Eröffnung des Konkurses zu entscheiden (§ 79 Abs. 1 Nr. 8).

Verschiedene ausländische Gesetze kennen den zweiten Termin. Die amtlichen Begründungen stehen grundsätzlich einer Vertagung nicht günstig gegenüber, weil der Vergleichszustand nicht unbeschränkt sein soll und eine alsbaldige Lösung erfordert. M. E. sollte eine Vertagung schlechthin möglich sein, wenn auch tunlichste Vermeidung derselben durch die VP. und eventuell den Ausschuß, die für rechtzeitige Klärung zu sorgen haben, anzustreben ist. Ein nicht seltener Fall wird der sein, daß zu einem geänderten oder zu ändernden Vergleichsvorschlag Stellung genommen und derselbe den Gläubigern bekanntgegeben werden muß, die ja zum Teil nicht erschienen sind und den neuen Vorschlag noch nicht kennen. Weitere Informationen können jetzt erforderlich werden. Die Änderung kann — wie wohl in der Überzahl der Fälle — eine Besserung, im Prinzip aber auch eine Verschlechterung, des Vorschlages sein, letzteren Falles, wenn bei der Berechnung die Undurchführbarkeit des besseren Vorschlags sich herausgestellt hat. Die Gläubigerschaft muß ein zweitesmal Gelegenheit bekommen, schriftlich vor oder mündlich in dem neuen Termine Stellung zu dem geänderten Vorschlage zu nehmen. [Allemal müssen die Allermindestetesquote des § 6 und ev. Minquote des § 23 berücksichtigt werden.]

Aus besonderen Gründen wird m. E. die Vertagung ebenfalls nicht zu vermeiden sein**). Der Schuldner, die VP., der gesetzliche Vertreter (Gewalthaber, Vormund, Vorstand, Geschäftsführer, Liquidator) oder Bevollmächtigte des Schuldners, ein maßgebendes Mitglied des Gläubigerausschusses, ein größerer Gläubiger, der allenfalls mit den Verhältnissen sehr vertraute Vergleichsrichter, können erkrankt oder gestorben sein, irgendein Fall der höheren

*) Weshalb tunlichstes Erscheinen der dem Vergl. wohlwollenden Gl. dringend anzuraten ist.

**) Auch Weinberg-Manasse S. 121 beanstandet starke Einschränkung des Vertagungsrechts.

Gewalt kann sich ereignen, ein politischer Feiertag kann angesetzt werden. Einer der oben erwähnten Interessenten kann den Zug versäumt haben. Die Vorlage einer wesentlichen Urkunde kann vorübergehend unmöglich geworden sein. Im letzten Augenblick kann eine Änderung der Gesinnung eines Gläubigers oder der Gläubigermehrheit telegraphisch durch den Schuldner herbeigeführt, aber förmlich noch nicht (mündlich oder schriftlich im Vollmachtswege) bekundbar geworden sein. Dies alles sind besondere Gründe einer Vertagung, die, wenn auch ein dritter Termin sicherlich unerwünscht ist, prinzipiell wiederholt in Erscheinung treten können.

Allerdings werden äußerlich und formell die im § 66 vorgesehenen Erfordernisse zu wählen sein: Mehrheit und Vergleichschance oder Eidesverlangen.

In dem neuen Vergleichstermin ist zwar das Verfahren formell zu wiederholen; die Anerkennung im Sinn des § 62 wirkt jedoch fort. Das Vergleichsgericht vermag seinen Entscheid über das Stimmrecht gemäß § 62 im neuen Termin zu ändern. —

Für den Fall der hinterherigen genügenden Entschuldigung des § 79, letzter Abs, ist ein förmlicher neuer Termin mit Ladungen, Bekanntmachungen durch das Vergleichsgericht zu bestimmen.

V. Abschnitt.

Entscheidung über die Bestätigung des Vergleichs. Wirkung des bestätigten Vergleichs.

§ 67.

Der angenommene Vergleich bedarf der Bestätigung des Gerichts.

Das Gericht hat vor der Bestätigung den Schuldner. die Vertrauensperson und den Gläubigerausschuß zu hören.

Die Entscheidung über die Bestätigung ist in dem Vergleichstermin oder in einem alsbald zu bestimmenden, nicht über eine Woche hinaus anzusetzenden Termine zu verkünden.

Bestätigung.

A. Allgemeines.

Die amtliche Begründung zur Regierungsvorlage bringt Folgendes:

Die Vorschrift spricht im Abs. 1 den Grundsatz des Bestätigungserfordernisses aus. Die Abs. 2 und 3 geben Verfahrensregeln für die Entscheidung über die Bestätigung. Wie im Geschäftsaufsichtsverfahren (§ 59 Abs. 1 der Geschäftsaufsichtsverordnung) ist die Entscheidung über die Bestätigung, mag sie auf Bestätigung oder Verwerfung lauten, stets zu verkünden. Die im Abs. 3 vorgesehene Frist entspricht dem Zwecke der VerglO., das Verfahren nach Möglichkeit zu beschleunigen. Auf ihre Bedeutung mit Rücksicht auf die Möglichkeit schriftlicher Zustimmungserklärungen ist bereits bei § 65 hingewiesen worden.

B. Verkündung bezw. Zustellung der Beschlüsse.

Der Bestätigungsbeschluß ist im Vergleichstermin selbst oder in einem weiteren Termin zu verkünden (§ 67). Nach bestätigtem Vergleich ist das Verfahren aufzuheben. Diese Aufhebung ist öffentlich bekanntzumachen. Der Verwerfungsbeschluß ist zuzustellen und öffentlich bekanntzumachen (§ 72). Der eine und andere Beschluß muß nicht mit Gründen versehen werden (RG. JW. 1900, 50). Damit ist nicht gesagt, daß eine Begründung ausgeschlossen und nicht häufig rätlich erscheint; zur Beruhigung und Aufklärung der Beteiligten, die m. E. einen moralischen Anspruch darauf haben, die Entscheidungsgründe des Gerichts kennen zu lernen. Die Bestimmung des § 67 Abs. 3 entspricht dem § 329 ZPO., wonach die auf Grund einer mündlichen Verhandlung ergehenden Beschlüsse des Gerichts verkündet werden müssen. Bei Verwerfung des Vergleiches kann von der Verkündung abgesehen werden, weil dies jederzeit, nicht erst in und nach irgendwelchem Stadium des mündlichen Vergleichsverfahrens, gerichtlich beschlossen werden kann.

Der Beschluß kann sehr wohl außerhalb des Termines erfolgen, sobald die Voraussetzungen dazu vorliegen.

C. Rechtsmittel.

Gegen die Bestätigung des Vergleiches und die dann zugleich erfolgende Aufhebung des Vergleichsverfahrens (§ 69) ist kein Rechtsmittel zugelassen. Sofortige Beschwerde ist vielmehr im Falle des § 71 zugelassen.

D. Im Besonderen: Die Bestätigung.

a) Die wirtschaftlichen und gesetztechnischen Grundlagen der Bestätigung.

Vollendet wird der Vergleich erst durch die Bestätigung. Das Charakteristische des konkurslichen und außerkonkurslichen Zwangsvergleiches ist gerade die gerichtliche Bestätigung. (Dieses System wurde vom Gutachter des Vorl. Reichswirtschaftsrats stark, weil autonomiewidrig, bekämpft.) Die Übereinstimmung zwischen Schuldner und seiner als Interessengemeinschaft zusammengeschlossenen Gläubigerschaft ist rein vertraglicher Natur (RG. 77, 404; 92, 187). Dazu kommt aber noch die gerichtliche Sanktionierung.

Lucas S. 147 spricht sich für Kombination der Vertrags- und Urteilstheorie aus. S. 148 nennt er die Bestätigung einen konstitutiven Staatsakt, der zu dem Konsens unter den Beteiligten hinzukomme. Die gerichtliche Bestätigung bildet, nach Jaeger und nach meinem Gutachten zum 32. DJT. 1914 S. 708, eine Art obervormundschaftlichen Konsenses. Sie hebt den rechtsgeschäftlichen Charakter des bestätigten Vertrages nicht auf. Sie überläßt nur dem Vergleichsgericht die Überprüfung eben in der Art der Tätigkeit des Amtsgerichts der freiwilligen Gerichtsbarkeit in gewissen Familiensachen.

Bei der Eigenart des Präventivakkords soll aus sozialen und ethischen Erwägungen das mitwirkende Gericht die wirtschaftliche Seite überprüfen. Es soll der Parteivereinbarung allein die Perfektionsmöglichkeit nicht überlassen bleiben. Das Ziel, zu dessen Erreichung die VerglO. beitragen will, ist ausgesprochenermaßen die Festigung der Gesamtwirtschaft, insbes. die Schaffung eines gesunden, auf Treu und Glauben ruhenden Kreditverkehrs. Hauptsächlich aus dieser Erwägung räumt die VerglO. den Gläubigern die Alleinherrschaft in dem Verfahren nicht ein und beschränkt den Vergleichsrichter nicht auf eine rein prozeßleitende Tätigkeit. Die VerglO. stellt vielmehr auch deshalb die Frage der endgültigen Perfektion des Vergleiches unter richterlichen Schutz, weil der Natur der Sache nach die Gläubiger ihre Entschließungen nur nach ihren einzelwirtschaftlichen Interessen treffen. Die VerglO. fordert vom Schuldner ein starkes Verantwortlichkeitsgefühl gegenüber seinen Gläubigern. Die VerglO. will nur einem Schuldner helfen, den Konkurs zu vermeiden, der nach seiner Geschäftsführung das Vertrauen der Gläubiger besitzt. Der Beurteilung aber dieser Mentalität und Leistungsbereitschaft soll sich das Gericht nach den Richtlinien des Gesetzgebers nicht entziehen können. Diese Verfügungsmöglichkeit wirkt sich aus durch die Möglichkeit der Bestätigung bzw. Verwerfung. Der Präventivakkord ist in allen Teilen dem konkurslichen Zwangsvergleich nachgebildet. Die Besonderheiten liegen auf einem anderen Gebiet. Gemeinsam ist zumal die gerichtliche Bestätigung des angenommenen Vergleichs.

Wenn das Gericht erkennt — was übrigens nicht immer leicht ist —, daß das Übereinkommen mit den Gläubigern auf irgendeine unlautere Weise zustande gekommen oder aber dem gemeinsamen Wohle der Gläubigerschaft nicht dienlich ist, dann muß der Richter die Bestätigung versagen.

Das Vergleichsgericht hat, zumal zum Schutze der Minderheit — welche durch den Majoritätszwang dem Vergleiche unterworfen wird — die Obliegenheit zu prüfen, ob die gesetzlichen Normen formell und inhaltlich beachtet worden sind. Wird ein Mangel dem Gericht kund, so muß das Gericht, wenn nicht der Mangel noch behoben werden kann, (etwa Vertretungsausweis), die Bestätigung unterlassen. Wenn die Vergleichsannahme unter einer Bedingung vor sich ging, etwa daß ein Bürge noch die in Aussicht gestellte Bürgschaft erklärt, so soll das Gericht die Bestätigung des § 67 VerglO. vor Erfüllung der Bedingung nicht erteilen. Tut das Gericht es doch, so wirkt die Bestätigung voll (RG. VII, 27. Nov. 1903, 312/03; 56, 70).

Der Irrtum bildet keinen Grund zur Anfechtung eines rechtskräftig bestätigten Vergleiches. (Hahn, Materialien zur KO., Bd. 4, S. 377; Löhr, ZZP. 16, 408; Jaeger, § 184 KO., Not. 5; § 189 KO., Not. 3; Kiesow, Komm. S. 386; Lucas, Komm. S. 147; RG. I 3. März 1904, 466/03; 57, S. 270.)

Dem Schuldner, der VP. und dem Gläubigerausschuß soll anheim gestellt sein, sich zu äußern, Einreden gegen die Bestätigung zu bekunden oder Anträge auf Verwerfung im Sinne des § 68 VerglO. vorzubringen. Diese Einreden können mündlich und schriftlich zur Kenntnis des Gerichtes gelangen.

b) Wesen der gerichtlichen Mitwirkung.

Die Bestätigung bezweckt den Schutz der Mehrheit und der Minderheit, die Verhütung der Umtriebe und Störungen des PrivatVergl. Die Bestätigung tritt in zivilprozessualer Form auf. Sie bedeutet die Konstatierung, daß der Vergleich vorschriftsmäßig zustande gekommen ist. Das Gericht hat die Verpflichtung, den rite angenommenen Vergleich zu bestätigen, nachdem es die Beteiligten gehört hat. Das Gericht hat die Verpflichtung, den Vergleich zu verwerfen, wenn die Vorschriften oder schuldnerischen Pflichten verletzt oder unlautere Machenschaften ausschlaggebend gewesen sind (§ 68). Maßgebend ist zunächst der Parteienvertrag. Er wird durch das Ergebnis der gesamten Abstimmung bekundet. Das gerichtliche Bestätigungsverfahren aber stellt fest, daß der ausschlaggebende Wille der vom Verfahren betroffenen Gläubiger im Vergleichstermine zustande gekommen und durch den Mehrheitsbeschluß die Minderheit gebunden ist.

c) Keine Beschwerde.

Im Gegensatz zu § 59, 2. Abs. der GeschAufsVO., behufs Beschleunigung.

§ 68.

Der Vergleich ist zu verwerfen,

1. wenn die für den Inhalt und den Abschluß des Vergleichs gegebenen Vorschriften sowie die Vorschriften über das nach der Eröffnung zu beobachtende weitere Verfahren in einem wesentlichen Punkte nicht beobachtet worden sind und das Fehlende nicht ergänzt werden kann;
2. wenn der Schuldner flüchtig ist oder sich verborgen hält, wenn gegen ihn eine gerichtliche Untersuchung oder

ein Wiederaufnahmeverfahren wegen betrügerischen Bankrotts anhängig ist, oder wenn sich ergibt, daß er wegen betrügerischen Bankrotts rechtskräftig verurteilt worden ist.

Auf Antrag eines an dem Verfahren beteiligten Gläubigers ist der Vergleich zu verwerfen.

1. wenn er unlauter, insbesondere durch Begünstigung eines Gläubigers, zustande gebracht worden ist;
2. wenn er dem gemeinsamen Interesse der beteiligten Gläubiger widerspricht.

Das Gericht kann eine Glaubhaftmachung der den Antrag (Abs. 2) begründenden Tatsachen erfordern.

Verwerfung des Vergleichs.

A. Allgemeines.

Die Verwerfungsgründe scheiden sich in die von Amts wegen zu berücksichtigenden (Abs. 1) und diejenigen, die auf Antrag eines an dem Verfahren beteiligten Gläubigers berücksichtigt werden (Abs. 2).

Die erste Klasse der Verwerfungsgründe umfaßt die Fälle der Unzulässigkeit des Verfahrens. In dem Stadium, in welchem der Vergleich noch nicht im Sinne des § 63 VerglO. zustande gekommen ist, führt die Unzulässigkeit des Verfahrens zu der im § 79 Nr. 2 VerglO. geregelten Einstellung. Unzulässig ist das Verfahren auch dann, wenn der ursprüngliche oder geänderte Vergleichsvorschlag den Erfordernissen des § 22 VerglO. nicht entspricht, oder wenn der Schuldner durch sein Verhalten die Erfüllung des abgeschlossenen Vergleichs gefährdet hat. Einer Vorschrift, wonach der Vergleich auch verworfen werden kann, wenn der Schuldner die ihm in dem Verfahren obliegenden Pflichten verletzt hat, bedarf es nicht. Soweit Rechtsnachteile für Pflichtverletzungen des Schuldners angebracht sind, ist dem durch die Möglichkeit der Einstellung des Verfahrens Rechnung getragen (§ 79 Abs. 1 Nr. 3 bis 7). Daß die Einstellung aus den im § 79 Abs. 1 Nr. 3 bis 7 aufgeführten Gründen auch noch im Bestätigungsverfahren ausgesprochen werden kann, ergibt sich mittelbar aus der im § 79 Nr. 2 enthaltenen Einschränkung „vor dem Zustandekommen des Vergleichs (§ 63)".

Die zweite Klasse der Verwerfungsgründe ist auf gläubigerischen Anträgen aufgebaut. Eines Antrages bedarf es zur Verwerfung, wenn die Verwerfung auf Tatsachen gegründet werden soll, die dem Richter aus dem Verfahren selbst nicht ohne weiteres bekannt sein können. Der Verwerfungsgrund des § 68 Abs. 2 Nr. 1 sichert die Einhaltung der Vorschriften des § 5 Absatz 1 Satz 1, Abs. 3. Über die Bedeutung des Abs. 2 Nr. 2 ist das Erforderliche bereits in den allgemeinen Bemerkungen zu diesem Abschnitt gesagt worden.

B. Nichtbeobachtung wesentlicher Vorschriften.

Der § 186 KO. spricht schlechthin von der Nichtbeobachtung der Vorschriften des Verfahrens und Vergleichsabschlusses. Die VerglO. betont nur die Nichtbeobachtung in einem wesentlichen Punkt und schließt die Fälle aus, bei denen das Fehlende ergänzt werden kann. Geschieden wird zwischen den Verfahrensvorschriften und den Vorschriften über den Abschluß des Vergleichs.

Wesentlich ist die Verletzung, wenn sie in das Wesen, den Kern, den Hauptzweck der Sache, eingreift. (Im Rechtsausschuß war davon die Rede, es sei bedenklich, in Abs. 1 Ziff. 1 des jetzigen § 68 von wesentlichen Punkten zu sprechen, ohne sie zu bestimmen; daraus könne eine große Unsicherheit entstehen. Das Reichsjustizministerium ließ erwidern, die Entscheidung könne man ruhig dem Gericht überlassen. Eine Kasuistik sei ganz unmöglich. Die diesbezügliche Fassung der GeschAufsVO. habe sich 10 Jahre lang bewährt.) Das gleiche Recht für alle, die vorgeschriebenen Mehrheiten, die Nichteinrechnung des Gatten, der Mangel der Nachweise, dann aber auch der Vertretungsmacht und Prozeßfähigkeit, sind wesentliche Fehler, die von Amts wegen, aber auch auf die Initiative der sich gemäß § 67 VerglO. äußernden Interessenten, zur Verwerfung des Vergleichs führen. In diesem Stadium noch kann eine Vollmacht, eine Zustimmung, eine Genehmigung, nachgebracht werden. Die Beseitigung heilbarer Fehler ist demnach, ehe es zum gerichtlichen Ausspruch kommt, noch möglich. Fraglich ist, ob Gläubiger nachträglich zustimmen und so die Mehrheiten zugunsten des Schuldners ändern können. Freilich betrifft dies nicht die Verfahrens- und Vergleichsabschlußvorschriften im engeren Sinne. Denn mit dem § 68 ist der Grundsatz, nicht aber die konkret ungenügende Beteiligung, gemeint. Immerhin entspricht die Zulassung hinterherigen Beitrittes von Gläubigern dem nicht formalistischen Standpunkte. Wird der Beitritt zugelassen und damit die Mehrheit erreicht, so kann wiederum dem Verfahrensmangel abgeholfen sein.

Die Verwerfung findet nicht statt, wenn das Fehlende ergänzt werden kann und dann auch faktisch ergänzt wird. Ergänzt werden kann die aus güterrechtlichen Gründen notwendige Zustimmung eines Ehegatten zur Abstimmung für eine zu einem Sondergut gehörige Forderung. Ergänzt werden kann die Genehmigung des Vormundes. Ergänzt werden kann der Nachweis der Vertretungsmacht. Nicht ergänzt werden kann die Unterlassung einer der grundlegenden Vorschriften über die Bekanntmachung oder Zustellung, über die Hinterlegung des Vergleichsvorschlages, über die obligatorische Anhörung eines Vergleichsorganes, zumals aber über die unrichtige Konstatierung einer der Mehrheiten des § 63, falls nicht eine Reparierung in der oben von mir gedachten Weise möglich ist.

C. Der flüchtige Schuldner.

Dem § 175 KO. angepaßt, aber anderweitig rechtlich ausgedacht, ist der Passus 2 des § 68. Denn der § 175 KO. leitet die Unzulässigkeit des Zwangsvergleiches aus diesem Fernsein ab. Solange die Unzulässigkeit besteht, darf das Konkursgericht dem Zwangsvergleichsvorschlag nicht folgen. Die VerglO. aber leitet zunächst einen Ablehnungsgrund aus § 22 Passus 5 daraus ab, wenn also in diesem Stadium des noch nicht eröffneten Vergleichsverfahrens die Abwesenheit des Schuldners vorliegt. Sie leitet aber auch einen Verwerfungsgrund daraus ab, wenn in dem reiferen Stadium des angenommenen, aber noch nicht bestätigten, Vergleiches der Schuldner flüchtig ist. Daß die Unzulässigkeit auch in dem vorgerückten Stadium nur solange besteht, als der Schuldner flüchtig ist, und daß auch die schuldhafte Abwesenheit der Gesellschafter als Voraussetzung genügt, ist oben zu § 22 Passus 5 von mir näher erläutert worden. Ich verweise auf meine Ausführungen hierüber und über das Verborgenhalten des Schuldners.

D. Verurteilung oder gerichtliche Untersuchung oder Wiederaufnahme wegen betrügerischen Bankrotts.

Hinsichtlich der strafprozessualen und strafrechtlichen Gesichtspunkte wird auf meine Erläuterung oben zu § 22 Passus 6 verwiesen. Die Einleitung eines staatsanwaltschaftlichen Ermittelungsverfahrens und der Verdacht des einfachen Bankrotts genügt nicht. Letztere Tatsache kommt aber jeweils als adminikulierender Umstand bei der Beurteilung des schuldnerischen Unwerts in Betracht. Die Vorschrift des Abs. 1 Nr. 2 des § 68 berechtigt den Vergleichsrichter nicht, den Vergleich ohne weiteres wegen eines Umstandes zu verwerfen, der zurzeit der **Eröffnung** des Vergleichsverfahrens vorlag, zurzeit des Vergleichsabschlusses aber bereits weggefallen war. So darf also beispielsweise der Vergleich nicht verworfen werden, wenn sich herausstellt, daß zur Zeit der Eröffnung eines Vergleichsverfahrens gegen den Vergleichsschuldner eine gerichtliche Strafuntersuchung wegen betrügerischen Bankrotts anhängig **war**, zur Zeit der Bestätigung des gerichtlichen Vergleiches indeß der Schuldner von der Anklage freigesprochen worden ist. Die zwingenden Ablehnungsgründe des § 22, 5 und 6 (Flüchtigsein, gerichtliche Untersuchung oder wiederaufgenommenes Verfahren) wirken nur dann als Verwerfungsgründe, wenn sie zur Zeit der Entscheidung über die Bestätigung des Vergleiches noch vorliegen. Nach § 22 Nr. 5 muß die Eröffnung des Vergleichsverfahrens auch abgelehnt werden, wenn der Schuldner einer an ihn ergehenden Ladung des Gerichts ohne genügende Entschuldigung nicht Folge leistet. Es bestand kein Anlaß, einen solchen Ungehorsam des Vergleichsschuldners auch als Verwerfungsgrund zu behandeln. Hatte der Schuldner seine Mitwirkung bei der Einleitung und Durchführung des Verfahrens durch unentschuldigtes Ausbleiben in einem Gerichtstermin versagt und hatten die Gläubiger gleichwohl sich zum Vergleich bereit finden lassen, so entspricht es dem Interesse aller Beteiligten, es dabei bewenden zu lassen. Die Folgen des Ausbleibens des Schuldners im Vergleichstermin sind ohnedies im § 79 VerglO. besonders geregelt. In allen diesen zuletzt erwähnten Punkten bedeutet die Fassung der VerglO. eine Milderung und Verbesserung der Fassung der Regierungsvorlage.

E. Gläubigerbegünstigung oder sonstige Unlauterkeit des Vergleichs.

Der zweite Teil des § 68 VerglO. entspricht dem § 188 KO. Der § 188 KO. und der § 68 VerglO. enthält eine wesentliche Kautel. Denn die Verwerfung ist in der KO. und der VerglO. abhängig von dem gläuberischen Antrag. Richtig ist, daß ein vorsichtiger Richter überhaupt die schwerwiegenden Entschließungen kaum ohne gläuberische Anträge treffen wird. Denn, wenn nicht rechtlich, so doch praktisch, muß das Gericht (da ja ein Parteienvertrag, der Vergleich, in Frage steht; [so wiederum KG. vom 25. Juni 1913 ROLG. 32, 400]) den zivilprozessualen Grundsatz mit Abmaß anwenden: ne eat iudex ultra petita partium. Stellt kein beteiligter Gläubiger den Antrag auf Verwerfung, so kann die Interessenschmälerung kaum gravierend sein. Eine Zurückhaltung des Gerichts hinsichtlich dieser Punkte ist folglich anzuempfehlen, mindestens eine sorgfältige zuvorige Ermittelung. In den Protokollen zur KO. (S. 112) ist bezüglich des § 188 KO. ausgesprochen, daß nur, wenn das Gericht die volle Überzeugung vom Vorliegen eines gesetzlichen Verwerfungsgrundes gewinne, es die Verwerfung auszusprechen habe. Wievielmehr in den Fällen des konkurslosen Vergleiches, wo einerseits der Sinn der Verordnung auf möglichst friedliche Paktierung der Parteien hinausläuft und andererseits der gläubigerische Antrag bei dem 1. Teil des § 68 ausgeschaltet, somit doppelte Vorsicht des Gerichts am Platze, ist.

Was nun die Unlauterkeit des Zustandebringens des Vergleiches anbetrifft, so wird darunter das Verwerfliche (corruptly — déloyale) verstanden. Das Unlautere ist gegenüber dem Strafbaren, also auch dem Betruge, der weitere Begriff (RG. 39, 21). Alles, was gegen Treu und Glauben im Rechts- und Handelsverkehr gegen das Anstandsgefühl aller gerecht und billig Denkenden, verstößt, ist unlauter (Protokolle, KO. S. 114). Die unlautere Weise ist der Oberbegriff, die Begünstigung eines Gläubigers nur der Unterbegriff. Die Begünstigung eines Gläubigers, welche also eine der Arten des unlauteren Zustandebringens des Vergleiches darstellt (DJZ. 1927, S. 1103, RG. II, 57/57, 24. Januar 1927), muß mit der Perfektion desselben im Zusammenhang stehen. Der Schuldner muß weiter den Willen gehabt haben, durch das unlautere Verhalten die Wirkung des Vergleiches hervorzurufen. Zweifellos muß aber der Gläubiger den Willen haben, die Bevorzugung zu erhalten. Der Vorsatz ergreift also die ursächliche Beziehung zwischen dem unlauteren Verhalten und der Bevorzugung (RG. 41, 42; OLG. Breslau, 2. Juli 1927, 5 U 96/27). Beispiele der Begünstigung sind den Ankauf gläubigerischer Ansprüche zu einem die Dividende des Vergleiches übersteigenden Betrage, die Teilung der Ansprüche zur künstlichen Erzielung der Kopfmajorität, die Geltendmachung erdichteter Forderungen, die nach § 95 VerglO., und der Stimmenkauf, der nach § 96 strafbar ist, Eingehung neuer überbezahlter Geschäfte.

F. Der dem gemeinsamen Gläubigerinteresse widersprechende Vergleich.

Das Ermessen des Gerichts hat zu entscheiden, ob der Vergleich nach seinem Inhalt und wirtschaftlichen Erfolge dem gemeinsamen Interesse der beim Vergleiche beteiligten Gläubiger zuwiderläuft. Diese [in der ÖsterrAusglO. § 51 Abs. 1 in eine Kannvorschrift gekleidete] richterliche Aufgabe ist weder leicht, noch mit der Vertragstheorie des Vergleichs bzw. der Gläubigerautonomie, gut vereinbar. Die Bestimmung ist z. B. anwendbar bei nicht genügender Sicherung der Erfüllung des Vergleichsversprechens, was dann vorliegt, wenn die persönlichen — etwa in früherem Konkurs- oder Geschäftsaufsichtsverfahren oder Vergleichsverfahren zutage getretenen — oder moralischen oder materiellen oder im konkreten Falle gegebenen schuldnerischen Verhältnisse keine Gewähr für die Durchführung des Vergleichsangebotes bieten oder wenn derartige ungünstige Aussichten bei dem Dritten vorliegen, welcher die quotale Befriedigung der Gläubiger garantiert oder übernommen hat. Der § 68 („gemeinsames Interesse") findet auch Anwendung, wenn die Vergleichsquote zu dem aus der Vergleichsmasse bei einigem Zuwarten zu erhoffenden Resultate in einem wesentlichen Mißverhältnis steht. Der § 68 findet ganz besonders dann Anwendung, wenn der Konkurs den beteiligten Gläubigern günstigere Aussichten bieten würde, vor allem deshalb, weil er die Unwirksamkeits- bzw. Anfechtungsmöglichkeiten gewährleistet, die dem Vergleichsverfahren — im Gegensatz zur ÖsterrAusglO. § 12 und ungar. AusglO. § 19 — versagt sind. Nicht in den § 68 einzureihen ist m. E. der Fall, daß der Vergleich durch die Stimmen von Verwandten des Schuldners zustande gekommen ist. Denn der Vergleich muß objektiv dem gemeinsamen Interesse der beteiligten Gläubiger zuwiderlaufen, was sich sehr wohl mit der eben erwähnten Abstimmung verträgt. Anders liegt der Fall, wenn offensichtlich das Gesamtinteresse der Gläubigerschaft infolge der Verwandtenstimmenmehrheit ad hoc nicht auf seine Rechnung kommt (ZZP. 8, 494; LZ. 1912, 719).

Da nach § 22 VerglO. Passus 4 die Vergleichseröffnung schon in dem vorausgegangenen Stadium durch Gerichtsbeschluß abgelehnt werden kann, wenn der Vergleichsvorschlag der Vermögenslage des Schuldners nicht entspricht, so ist eine gewisse Läuterung durch die bereits anfängliche Ablehnungsmöglichkeit dem Gericht schon vor der Prüfung der Vergleichsbestätigung gegeben. Unter diesem Gesichtswinkel kann der Vergleichsrichter bereits, ehe er überhaupt das Verfahren zuläßt, Weizen von Spreu sondern.

G. Glaubhaftmachung des Verwerfungsgrundes.

Die Erledigung des Antrages kann, abgesehen von der Prüfung, ob er wirklich von seiten eines vergleichsbeteiligten Gläubigers [nicht also eines Mindergläubigers des § 74] gestellt wird, davon abhängig gemacht werden, daß der Verwerfungsgrund, der vom Antragsteller vorgebracht wird, i. S. des § 294 ZPO. genügend glaubhaft gemacht wird (s. RG. JW. 1898, 359). Auf ein reines Gerede darf natürlich der Vergleichsrichter nichts geben. Es wird ja auch mancherlei geklatscht und es gibt Leute, die sich gern wichtig machen oder ihrer Schadenfreude Ausdruck verleihen. Der § 294 ZPO. sagt: „Wer eine tatsächliche Behauptung glaubhaft zu machen hat, kann sich aller Beweismittel, mit Ausnahme der Eideszuschiebung, bedienen, auch zur Versicherung an Eides Statt zugelassen werden. Eine Beweisaufnahme, welche nicht sofort erfolgen kann, ist unstatthaft.“ Die unbeeidigte Aussage, die schriftliche Bescheinigung oder die eidesstattliche Versicherung eines Dritten kann Berücksichtigung finden. Sydow S. 365. RG. 30, 376, JW. 93, 541. Es kann auch eine schriftlich abgegebene eidesstattliche Versicherung eines beteiligten Gläubigers berücksichtigt werden. RG. 50, 360. Zeugen können nur dann gehört werden, wenn sie zur Stelle gebracht werden. Die Vernehmung durch einen ersuchten Richter ist nicht zulässig. RG. 16, 369.

§ 69.

Wird der Vergleich bestätigt, so ist zugleich das Vergleichsverfahren aufzuheben. Die Aufhebung ist nach Maßgabe des § 12 öffentlich bekanntzumachen.

War eine Verfügungsbeschränkung angeordnet worden, so verliert sie für die Zukunft ihre Kraft. § 58 Abs. 2 findet entsprechende Anwendung.

Mit der Aufhebung des Vergleichsverfahrens endet das Amt der Vertrauensperson und der Mitglieder des Gläubigerausschusses. Ein Antrag auf Eröffnung des Konkursverfahrens, über den die Entscheidung nach § 31 ausgesetzt war, gilt als nicht gestellt.

Bestätigung des Vergleichs.

A. Allgemeines.

Die amtliche Erläuterung zur Regierungsvorlage läßt sich, wie folgt, aus:

Mit der Bestätigung des Vergleiches hat das Verfahren sein Ziel erreicht; es ist deshalb aufzuheben. Da die Eröffnung des VerglVerf. öffentlich bekanntgemacht wird, soll auch die Aufhebung öffentlich bekanntgemacht werden.

Eine etwa angeordnete Verfügungsbeschränkung ist gegenstandslos geworden. Sie verliert daher für die Zukunft ihre Kraft. An der Unwirksamkeit einer Verfügung, die den §§ 50ff. zuwider vorgenommen worden ist, wird nichts geändert. (Samolewitz S. 125 führt als Beispiel an, daß Anträge zum Grundbuchamt, die gemäß § 53[1] zurückgewiesen waren, nicht aufleben.) Der Wegfall der Verfügungsbeschränkung ist in derselben Weise zuzustellen, öffentlich bekanntzumachen und im Grundbuche einzutragen, wie die Anordnung (§ 69 Abs. 2 § 58 Abs. 2).

Über die im § 69 Abs. 3 behandelten Folgen der Aufhebung des Verfahrens ist bereits in anderem Zusammenhange die Rede gewesen.

Mit der Aufhebung des Verfahrens erlischt die Pflicht des Schuldners, seiner Firma den Vergleichszusatz beizufügen; der § 37 Abs. 2 Satz 3 bestimmt daher, daß der Gerichtsschreiber dem Registergerichte von der Aufhebung Kenntnis zu geben hat.

B. Die nächsten Folgen der Vergleichsbestätigung.

Der Zweck des VerglVerf. ist erreicht. Naturgemäß muß aber nun das Vergleichsgericht erst zuwarten, bis die hier einzusetzenden oder noch rückständigen Verwaltungsgeschäfte erledigt sind. Es muß, an der Hand der bisherigen Aufstellungen, eine Befriedigung der Masseansprüche, sowie Bevorrechtigten, eine Sicherstellung bestrittener und aufschiebend bedingter Forderungen, erfolgen. Alles dies muß indeß prompt vor sich gehen und das Vergleichsgericht muß diesen Gesichtspunkt beachten, damit der Vergleichsschuldner tunlichst bald über sein Vermögen wieder ungehindert verfügen kann. Rechtsähnlich: RG. 32, 72; 56, 72. Sobald der Aufhebungsbeschluß wirksam wird, hört Recht und Pflicht der VP. und der Ausschußmitglieder auf.

Der Aufhebungsbeschluß ist gemäß § 12 öffentlich bekanntzumachen: mindestens einmal im Amtsblatt und auszugsweise im Deutschen Reichsanzeiger.

C. Unwirksamwerden der gerichtlichen Verfügungen gemäß §§ 50—58 VerglO.

Eine bedeutsame Folge der Vergleichsaufhebung ist auch das Unwirksamwerden der außerordentlichen gerichtlichen Verfügungen der §§ 50—58, des generellen Veräußerungsverbotes oder aber der einzelnen Verfügungsbeschränkungen. Die Aufhebung ist in derselben Weise zuzustellen, öffentlich bekannt zu machen und in das Grundbuch einzutragen, wie die Anordnung (§§ 52, 53, 55 und 58 VerglO.). Lag ein Einzelverfügungsverbot vor, beispielsweise die Sperrung eines Bankguthabens, so ist es erforderlich daß der beteiligte Dritte, etwa der Bankier, verständigt wird.

Die VerglO drückt sich in ihrem § 69 Abs. 2 sehr vorsichtig aus, indem sie erklärt, daß **für die Zukunft** die eventuell angeordnete Verfügungsbeschränkung ihre Kraft verliert; also ex nunc, nicht irgendwie ex tunc.

D. Außerkrafttreten des Konkursantrages.

Der § 31 VerglO. lautet:

„Von der Stellung des Antrags auf Eröffnung des Vergl.-Verf. bis zur Rechtskraft der Entscheidung, die das Verfahren beendet, ist die Entscheidung über einen Antrag auf Eröffnung des Konkursverfahrens ausgesetzt."

In dieser Lage des Verfahrens wird nun rechtlich fingiert, daß der Konkurseröffnungsantrag, dessen Verbescheidung ausgesetzt war, nicht gestellt war. Er hat seine Wirkung durch den entgegenwirkenden, antragsvernichtenden, perfekten und bestätigten Vergleich eingebüßt. Diese interessante rechtliche Konstruktion, die sich nicht häufig in deutschen Gesetzen vorfindet, bildet eine befriedigende Lösung des maßgebenden Systemes der VerglO., des während des Vergleichsverfahrens schlummernden Konkursantrages.

Da nun überall da, wo eine Pflicht besteht, bei Konkursreife den Konkurs zu beantragen, dieser Pflicht auch durch den Vergleichsantrag genügt werden kann, so hat der Vorstand einer Aktiengesellschaft usw., wenn der Konkursgrund eingetreten war, entweder den Konkurs oder das Vergleichsverfahren zu beantragen*). Tut er eines von beiden, so hat er der ihm obliegenden Pflicht genügt. Strafbar und verantwortlich ist er erst, wenn er sich völlig untätig verhält. Mit Aufhebung des Vergleichsverfahrens im Falle des § 69 ist die Obliegenheit der Vorstände von Aktiengesellschaften usw. erledigt. Es ist unschwer zu prophezeien, daß bei Vorliegen des gesetzlichen Konkursgrundes vom Vorstand der A.-G. usw. in Zukunft nur noch der Vergleichsantrag gestellt werden wird. Dies wird schon wegen der Verantwortlichkeit gegenüber den Aktionären eintreten.

Ich verweise auf meine Erläuterungen zu § 88 VerglO. und mein dortiges Vorbringen über die Vorschriften des § 240 HGB. der Bekanntmachung vom 8. Aug. 1914 (RG. in LZ. 1919, 498), des § 14 GBB. und § 41, 2. DurchfV., der VO.en vom 28. April 1920 und 24. Dez. 1922, Quassowski-Susat, 2. Aufl., Anm. 1 zu

*) S. auch Hamburger, Konk. u. Freih., 1927, S. 113.

§ 149 GBB. und Staub-Pinner Komm., 13. Aufl. S. 275 Zusätze 3—5.

Schließlich beziehe ich mich auf RGSt. II, D 117/27 vom 7. April 1927, JW. 1927, 1696, über schuldhafte Verzögerung der Gantanmeldung bei e. G. m. b. H. und auf OLG. Königsberg vom 17. März 1927, 6 S. 54, 27; JW. 1927, 2084, über die strafbaren Handlungen der Vertreter.

E. Beendigung der Tätigkeit der Vertrauensperson und der Ausschußmitglieder.

Die Funktionen der VP. und Ausschußmitglieder bezweckten die Vorbereitung, Untersuchung, Förderung und Fundierung des Vergleiches. Sobald dieses Ziel erreicht ist, wird das Amt der Vergleichsorgane überflüssig. Damit ist natürlich nicht gesagt, daß dieselben am Tage der Aufhebung des Vergleichsverfahrens davongehen dürfen, wenn noch irgendwelche Verwaltungstätigkeit, Fertigstellung von Schriftstücken, Rechenschaftsablegung, Verrechnung, wahrzunehmen sein sollte, wie ja auch das Gericht den Aufhebungsbeschluß zweckmäßigerweise nicht zuvor erlassen sollte. Es liegt nahe, daß ein Mann oder eine Frau mit der Bezeichnung VP. auch noch, wenn hinterher irgendwelche Anfragen an das Gericht oder durch das Gericht kommen, pflichtgemäß und aus Anstand seine Mitwirkung und Auskunft nicht versagen darf.

Daß aus anderen Gründen (wichtigen Gründen, Wegfall der Geschäftsfähigkeit, sonstiger Insuffizienz, Kündigung, ernstem Zerwürfnis, Krankheit, Ableben) vorzeitig das Amt der VP. beendigt und daß die VP. vom Vergleichsgericht, unter dessen Disziplin sie steht, gemäß § 45 VerglO. entlassen werden kann, ist bereits zu den §§ 40—47 VerglO. entwickelt. Zum § 48 VerglO. ist auch dargetan, daß das Gericht die Bestellung zum Mitglied des Ausschusses jederzeit widerrufen kann.

Nach Beendigung des Amtes, also auch nach der normalen Beendigung des § 69 VerglO., hat die VP. die Bestallungsurkunde zurückzugeben (s. meine Erläuterung zu § 43 VerglO.).

Nunmehr ist auch, soweit es noch nicht geschehen ist, auf Grund der Liquidation der VP. die Honorierungsfrage zu ordnen (s. § 46 VerglO. und meine Erläuterung). Vorschüsse sind entsprechend zu verrechnen. Leistungspflichtig gegenüber der VP. ist der Schuldner, nicht die Staatskasse. Auf meine Tarifierungsbemerkungen zu § 46 VerglO. wird besonders verwiesen.

§ 70.

Hat ein Gläubiger später als am dreißigsten Tage vor der Stellung des Antrags auf Eröffnung des Vergleichsverfahrens durch Zwangsvollstreckung eine Sicherung oder Befriedigung erlangt, so wird, sofern die Voraussetzungen des § 3 Abs. 2 oder 3 zutreffen, mit der Bestätigung des Vergleichs die Sicherung unwirksam und ist das zur Befriedigung Erlangte nach den Vorschriften über die Herausgabe einer ungerechtfertigten Bereicherung herauszugeben. Der Tag der Stellung des Antrags auf Eröffnung des Vergleichsverfahrens wird in die Frist nicht eingerechnet. Zwangsvollstreckung ist auch die Vollziehung eines Arrestes oder einer einstweiligen Verfügung.

Wichtige Neuerung im Verhältnis zur GeschAufsVO.

Zur Erläuterung kann auf die einschlägige zu den §§ 3 u. 33 VerglO. verwiesen werden. Mit dem fertigen Vergleiche verlieren vom Gesichtspunkte der par conditio creditorum aus die zwangsweisen Sicherungen, die binnen der letzten 30 Tage vor Stellung des Antrages vorgenommen worden sind, ihre Kraft. Das von einem Gläubiger in der genannten Frist zwangsweise Erlangte muß nach den Vorschriften der §§ 812 ff. BGB. zum schuldnerischen Vermögen herausgegeben werden. Die Norm über die Herausgabe der ungerechtfertigten Bereicherung will nicht sowohl die causa, wie die Vollstreckungsmaßnahme, erfassen (Kiesow S. 396).

Kann der 30-Tage-Gläubiger nicht in natura herausgeben, so hat er den Wert im Augenblick des Erlangens zu ersetzen (RG. 101, 391; vgl. auch RG. 114, 211). Gehaftet wird vom Gläubiger vom Augenblick der Rechtshängigkeit (§ 818 BGB.).

Der Stichtag, d. i. derjenige der Stellung des Antrages auf Vergleichseröffnung, wird in die Frist nicht eingerechnet.

Daß unter Zwangsvollstreckung auch die Vollziehung eines Arrestes oder einer einstweiligen Verfügung verstanden wird, ergibt schon der § 34 VerglO.

Der § 70 enthält übrigens kein ius cogens. Das Gegenteilige kann in seiner Gänze oder z. T. im Vergleich vereinbart sein. (S. hiezu JW. 1925, 842, Kleinfeller). — Der, m. E. gegen ratio und Wortlaut des § 70 verstoßenden Meinung, die mehrfach — auch von Kiesow S. 116, § 3g, und S. 394, III, 1 — ausgesprochen ist, daß die Zahlung des jetzigen Vergleichsschuldners an den GV. keinen Fall des § 70 VerglO. involviere, kann — mit Samolewitz S. 125 — nicht beigepflichtet werden.

§ 71.

Wird der Vergleich verworfen, so ist zugleich über die Eröffnung des Konkursverfahrens zu entscheiden. Für diese Entscheidung gilt der Antrag auf Eröffnung des Vergleichsverfahrens als Antrag auf Eröffnung des Konkursverfahrens, der nicht zurückgenommen werden kann. Gegen die Entscheidung über die Eröffnung des Konkursverfahrens steht dem Schuldner die sofortige Beschwerde zu. Mit ihr kann auch geltend gemacht werden, daß der Vergleich zu Unrecht verworfen worden sei.

Die Entscheidung, die den Vergleich verwirft, und die Entscheidung über die Eröffnung des Konkursverfahrens werden erst mit der Rechtskraft wirksam.

Aus der amtl. Begr.: Die §§ 71 und 72 regeln die Folgewirkungen der Verwerfung des Vergleiches. Der § 71 ist einer der Pfeiler der VerglO. — über ihn ist bereits zum § 14, anläßlich der Rechtsmittel, gesprochen. Wo es sich um die Frage des wirtschaftlichen Lebens des Schuldners dreht, erfordert die Billigkeit, daß dem Schuldner eine solche Beschwerdemöglichkeit gegeben wird. Denn die Beschlüsse, welche als für das Verfahren grundlegend zu bezeichnen sind, d. h. diejenigen, welche die Eröffnung des Vergleichsverfahrens ablehnen (§ 24), den Vergleich verwerfen (§ 71) oder das Verfahren einstellen (§ 80), haben zur Folge, daß über die Frage der Eröffnung des Konkursverfahrens obligatorisch entschieden werden muß.

Gegen die Entscheidung über die Eröffnung des Konkursverfahrens hätte der Schuldner allerdings bereits nach § 109 KO. die sofortige Beschwerde. Mit der Beschwerde der Konkursordnung könnte er aber nicht geltend machen, daß zu Unrecht die Eröffnung des Vergleichsverfahrens abgelehnt, der Vergleich verworfen, das Verfahren eingestellt worden sei. Die VerglO. gewährt dem Schuldner daher diese Befugnis (zu vergleichen § 24 Abs. 2, § 71 Abs. 1 Satz 3, 4, § 80 Abs. 1 Satz 3, 4). Daß damit unter Umständen das Vergleichsverfahren unerwünscht in die Länge gezogen werden kann, läßt sich nicht in Abrede stellen. Das Bedenken muß aber gegenüber dem ganz überwiegenden Interesse des Schuldners zurücktreten.

Den Gläubigern versagt die VerglO. eine entsprechende Beschwerde. Sie haben kein Recht auf eine vergleichsweise Befriedigung ihrer Ansprüche, was darin zutage tritt, daß sie die Eröffnung des Verfahrens nicht beantragen können. Die Eröffnung des Konkursverfahrens im Anschluß an einen mißlungenen Vergleichsversuch beschwert sie gleichfalls nicht. Denn wenn der Schuldner die Konkurseröffnung ohne diesen Versuch beantragt hätte, stände ihnen gegen den Eröffnungsbeschluß auch kein Rechtsmittel zu (§ 109 KO.).

Der Beschluß, durch den der Konkurs eröffnet wird, äußert nach der Konkursordnung alsbald seine Wirkung. Die VerglO. beläßt es dabei für den Fall, daß der Konkurs in Anlehnung an die Ablehnung eines Vergleichsantrages eröffnet wird. Dies erfordert die Rücksicht auf die Gläubiger. Wird nachher auf Beschwerde des Schuldners der Konkurseröffnungsbeschluß aufgehoben und das VerglVerf. eröffnet, so sind die entstehenden rechtlichen Schwierigkeiten nicht größer, als wenn ein Konkurseröffnungsbeschluß auf eine gemäß § 109 KO. vom Gemeinschuldner erhobene Beschwerde beseitigt wird.

Eine andere Regelung muß dagegen Platz greifen, wenn der Konkurs im Anschluß an die Verwerfung eines Vergleiches oder an eine Einstellung eröffnet wird. Würde die Konkurseröffnung auch hier alsbald ihre Wirkungen äußern, so liefen bis zum Ablauf der Beschwerdefrist oder bis zur Entscheidung des Beschwerdegerichts zwei auf ein verschiedenes Ziel gerichtete Verfahren nebeneinander her. Das müßte zu rechtlichen Schwierigkeiten führen. Die VerglO. bestimmt daher in Abweichung von der Konkursordnung, daß in den beiden erwähnten Fällen die Entscheidung im Vergleichsverfahren und die Entscheidung über die Eröffnung des Konkursverfahrens erst mit der Rechtskraft wirksam werden (zu vergleichen § 71 Abs. 2, § 80 Abs. 2). Nachteile für die Gläubiger können hieraus nicht entstehen. Denn die Wirkungen des Vergleichsverfahrens dauern bis zur Rechtskraft fort. Die Gläubiger können also insbesondere auch noch die Anordnung von Verfügungsbeschränkungen nach Maßgabe des § 50 Abs. 2 beantragen.

Die Entscheidung über die Eröffnung des Konkursverfahrens, die sich an einen Vergleichsversuch anschließt, kann von dem Schuldner nur nach Maßgabe der VerglO., also nur innerhalb der im § 14 Abs. 2 Satz 2 vorgesehenen Frist und nur unter Ausschluß der weiteren Beschwerde (Satz 3 a. a. O.), angefochten werden. Eine Anfechtung nach § 109 KO. kommt in diesen Fällen für den Schuldner nicht in Frage. Auch darin liegt eine mittelbare Änderung der Konkursordnung.

Wenn der Konkurs eröffnet wird, so wird er nach den Vorschriften der KO. bekanntgegeben. Die Eröffnung des Konkurses wird wirksam, wenn der Konkurseröffnungsbeschluß die Rechtskraft beschritten hat. — Der letzte Abs. des § 71 ist nicht unwichtig für den Zeitpunkt der Erlöschung der Funktionen der Vergl.organe.

§ 72.

Der Beschluß, durch den der Vergleich verworfen wird, ist, wenn der Konkurs nicht eröffnet wird, nach Rechtskraft dem Schuldner, der Vertrauensperson und jedem an dem Verfahren beteiligten Gläubiger zuzustellen und nach Maßgabe des § 12 öffentlich bekanntzumachen.

Die Vorschriften des § 69 Abs. 2, Abs. 3 Satz 1 finden entsprechende Anwendung.

Kommt es — ausnahmsweise — nach der Verwerfung eines Vergleiches nicht zum Konkurse, so hat das Verfahren ebenso sein endgültiges Ende gefunden, wie bei der Aufhebung nach bestätigtem Vergleiche. Für die Bekanntmachung über die etwa angeordneten Verfügungsbeschränkungen, die Beendigung des Amtes der VP. und der Mitglieder des Gläubigerausschusses sollen daher die bei einer Aufhebung des Verfahrens geltenden Vorschriften (§ 69) entsprechend angewendet werden.

Dabei ist jedoch auf folgende Verschiedenheit hinzuweisen: Der Beschluß, der den Vergleich bestätigt und das Vergleichsverfahren aufhebt, ist unanfechtbar. Er wird daher mit der Verkündung (§ 67 Abs. 3) wirksam. Deshalb brauchte eine Zustellung des Beschlusses an die am Verfahren beteiligten Personen nicht vorgesehen zu werden. Die Kenntnis, welche sie sich durch Anwesenheit im Verkündungstermine beschaffen können, umfaßt alles, was für sie wesentlich ist. Die Entscheidung über die Eröffnung des Konkursverfahrens, die sich an die Verwerfung des Vergleiches anschließt, unterliegt dagegen der sofortigen Beschwerde und wird erst mit der Rechtskraft wirksam (§ 71 Abs. 1 Satz 3 Abs. 2). Die am Verfahren beteiligten Personen erhalten also durch Anwesenheit im Verkündungstermin (§ 67 Abs. 3) keine zuverlässige Kenntnis über den Ausgang des Verfahrens. Deshalb soll ihnen der Verwerfungsbeschluß, wenn es nicht zum Konkurse kommt, nach seiner Rechtskraft zugestellt werden. Auch die öffentliche Bekanntmachung, der Wegfall der Verfügungsbeschränkungen, die Beendigung des Amtes der VP. und der Gläubigerausschußmitglieder tritt anders, als bei der Bestätigung des Vergleiches, erst mit der Rechtskraft des Verwerfungsbeschlusses ein.

Vorstehenden Grundsätzen der amtlichen Begründung ist noch nachzutragen: Dem Gericht ist es natürlich überlassen, auch nichtvergleichsbeteiligten Gläubigern, mit denen irgendwelche schriftliche oder mündliche Unterhandlungen stattfanden, Kenntnis von der Verwerfung des Vergleiches und Nichteröffnung des Konkurses zu geben, da es nicht angezeigt erscheint, daß diese Gläubiger hinsichtlich ihrer Verträge, Vollstreckungen, Sicherungen und Rechtsstreite im Dunkeln gelassen werden. Meist wird es auch im Interesse des Schuldners liegen, die Tatsache des § 72 auch den nichtvergleichsbeteiligten Gläubigern zu notifizieren. Es liest ja nicht jeder das Amtsblatt und erst recht nicht jeder den Deutschen Reichsanzeiger.

Ein gewesener Vergleichsschuldner, dessen Vergleich verworfen und dessen Konkurs nicht eröffnet ist, stellt rechtlich eine persona sui generis dar. Die Fragen der Vollstreckung, Zahlungseinstellung usw. sind, zumal bei Neueingehung von Rechtsgeschäften und bei neuerlichen Vollstreckungen, eigenartig gelagert. Schuldner, die in dieser eigenartigen rechtlichen Lage sich befinden, können sich aus zwei Arten rekrutieren:

1. solchen, die überhaupt nichts haben, so daß sozusagen Hopfen und Malz an ihnen verloren ist, ein Vergleich und ein Konkurs keinen Zweck hat (was sich allerdings angesichts der sorgfältigen Vorprüfung eines Vergleichsantrages praktisch schwer denken läßt),

2. solchen, die neuerdings zu Geld gekommen sind (durch Erbschaft, neues Berufseinkommen, Losgewinn, Schenkung, Erlaß, Verträge usw.) und deren Vermögen bzw. Vergleichsmasse daher nunmehr so liegt, daß irgendein Gantverfahren jetzt nicht angebracht ist.

Die Literatur über diese Fälle des § 72 VerglO. verspricht interessant zu werden.

§ 73.

Der bestätigte Vergleich ist wirksam für und gegen alle an dem Verfahren beteiligten Gläubiger, auch wenn sie an dem Verfahren nicht teilgenommen oder gegen den Vergleich gestimmt haben.

Die Rechte der Gläubiger gegen Mitschuldner und Bürgen des Schuldners sowie die Rechte aus einem für die Forderung bestehenden Pfandrecht, aus einer für sie bestehenden Hypothek, Grundschuld oder Rentenschuld oder aus einer zu ihrer Sicherung eingetragenen Vormerkung werden, unbeschadet der Vorschrift des § 70 durch den Vergleich nicht berührt.

Folgen des bestätigten Vergleichs.

A. Allgemeines.

Der Abs. 1 des § 73 spricht den für den Vergleich wesentlichen Grundsatz aus, daß der Vergleich für und gegen alle Gläubiger wirkt, die überhaupt als beteiligt in Betracht kommen können. Der Entwurf übernimmt damit die Regelung des § 193 Satz 1 KO. Die Regelung im § 60 Abs. 1 GeschAufsVO., wonach der Vergleich nur für und gegen die Gläubiger wirkt, die in dem vom Schuldner vorgelegten Verzeichnis aufgeführt sind, trägt in das Verfahren eine durchaus unerwünschte Unsicherheit hinein. Dies gilt besonders dann, wenn auch die Ansprüche solcher Gläubiger unberührt bleiben, die sich absichtlich an dem Verfahren nicht beteiligt haben, wie dies in der Auslegung des § 60 GeschAufsVO. angenommen wird. (S. Cahn, Hauptkomment. S. 281). Wenn man im Konkurse verlangt, daß der Gläubiger sich selbst um seine Forderung kümmere, so läßt sich dieses Verlangen auch im Vergleichsverfahren aufstellen. Durch die Bekanntmachung des Eröffnungsbeschlusses und des Vergleichstermins sowie durch den Zwang des Firmenzusatzes ist für eine noch über die Vorschriften der Konkursordnung hinausgehende Öffentlichkeit des Verfahrens gesorgt. Auf den Schuldner wird durch die Pflicht zur Leistung des Offenbarungseides eingewirkt, daß er keine Gläubiger verschweigt. Tut er es dennoch, so bieten die Bestimmungen der §§ 76, 77 VerglO. hinreichende Handhaben, um den benachteiligten Gläubigern zu ihrem Rechte zu verhelfen. Dazu kommt noch die Auswirkung der Anmeldeberechtigung des § 60 VerglO. (s. d.).

Die Vorschrift des § 73 Abs. 2 entspricht dem § 193 Satz 2 KO. und dem § 60 Abs. 2 GeschAufsVO. Durch den Hinweis auf § 70 VerglO. wird klargestellt, daß sich ein Gläubiger selbstverständlich dann nicht auf seine Rechte aus einem Pfandrecht, einer Hypothek, Grundschuld oder Rentenschuld oder aus einer Vormerkung berufen kann, wenn diese Sicherung infolge der Bestätigung des Vergleichs wirkungslos geworden ist.

B. Die Wirksamkeit des Vergleiches je nach dem Charakter der Forderung.

Der Vergleich ist ein wirklicher Vergleich gemäß § 779 BGB., dem Prozeßvergleich nach der Auswirkung ebenbürtig (RG. 56, 333; 78, 286). (Von nun ab können weder Gläubiger noch Schuldner einseitig auf den ursprünglichen Inhalt ihres Anspruchs zurückgreifen [RG. 93, 213].) Das tertium comparationis bildet der rechtsgeschäftliche Charakter und die Einigung, nicht aber die Art des Zustandekommens (RG. JW. 1911, 550; RG. 89, 262; JW. 1911, 648; RG. VII 3. April 1908, 315/07.)

C. Einwirkung der rechtskräftigen Bestätigung auf Schuldgrund und Beschaffenheit.

Schuldgrund und Beschaffenheit der Forderung werden durch den rechtskräftig bestätigten Vergleich nicht geändert. (Cahn, LZ. 1927, S. 230.) Fraglich ist, ob der Vergleich einen Verzicht auf Einreden involviert. Das Reichsgericht (37, 144) hat erklärt, daß der Schuldner arglistig handelt, wenn er, unter Festhaltung der ihm durch den Vergleich gewährten Vorteile, eine Gegenforderung geltend machen will.

Gläubiger von Forderungen, welche nicht auf einen Geldbetrag gerichtet sind (§§ 36, 69 KO.), oder Gläubiger wiederkehrender Hebungen (§ 70 KO.) haben nach Rechtskraft des Vergleichs eine Geldleistung anzusprechen. Die Wirkung des rechtskräftig bestätigten Vergleichs erstreckt sich auch auf eine betagte unverzinsliche Forderung (§ 65 KO.). Bezüglich der aufschiebend bedingten Forderungen erwächst durch die Rechtskraft des Vergleichs ein Anspruch auf Sicherung.

D. Die erlassene Restforderung.

Der Schuldner ist von der späteren Erstattung des Ausfalles befreit. Die erlassenene Restforderung ist weder klag- noch vollstreckbar, sie bleibt indeß als natürliche Verbindlichkeit zurück (RG. 42, 118; 71, 364; 78, 77; JW. 1909, 331; Gruchot 54, 1174; OLG. 6, 369; 8, 89). Dafür, daß die erlassene Forderung nicht vollkommen erloschen ist, spricht auch der Fortbestand der Rechte der Gläubiger gegen Mitschuldner und Bürgen des Schuldners sowie der Rechte aus einem Pfandrecht, einer Hypothek und einer Vormerkung. (Lucas, Komm. S. 164, pflichtet diesem Argument nicht bei, wenn er auch den erlassenen Forderungsteil als Naturalobligation weiterbestehend sich vorstellt.) Sie werden sämtlich durch den Vergleich nicht berührt. Auch ist die nachträglich übernommene Verpflichtung, die Differenz zu bezahlen, gültig (Österr. Entsch. vom 4. April 1878, Z. 12 349, JurBl. 1878 Nr. 22 G U. 6902).

Gleichwohl kann in einem späteren Konkurse oder Vergleiche (allerdings mit dem Abmaße der kassatorischen Klausel des § 7) die Forderung des Gläubigers gegen den Schuldner selbst nur auf die Höhe der Akkordsumme geltend gemacht werden. M. a. W.: gegenüber dem Schuldner selbst verbleibt hinsichtlich des unbezahlten Teiles der Vergleichsforderung nur eine naturalis obligatio, eine moralische und keine rechtliche Schuld, so daß die Leistung der Restschuld nicht gemäß § 814 BGB. kondiziert werden kann. (RG. 78, 77, JW. 1912, 251, LG. Dessau 16. Dez. 1925, I S 204/25, JW. 1926, 1615.)

Die Erfüllung der durch den Vergleich erlassenen Restschuld ist folglich nicht als Schenkung anzusehen. Sicherheiten zugunsten des erlassenen Teiles der Forderung können fortbestehen (LZ. 1910, 158; SeuffArch. 66 Nr. 87), ebenso ein Eigentumsvorbehalt (§ 455 BGB.). Die Aufrechnung, soweit sie während des Vergl. Verf. zulässig ist, ist auch nach rechtskräftig bestätigtem Vergleich zugelassen. Dagegen kann ein Gläubiger den erlassenen Teil der Forderung nicht gegen eine nach Rechtskraft des Vergleichs zur Entstehung gelangende Forderung des früheren Schuldners aufrechnen. Die Anerkennung der erlassenen Forderung kann nicht zurückgefordert werden (SeuffArch. 65 Nr. 20). Zur Klagbarkeit des beim Vergleiche ausgefallenen Teiles der Forderung bedarf es der Form des abstrakten Schuldversprechens (OLG. München 28. Juni 1913, SeuffArch. 69 Nr. 190). — —

Schließlich sei hier an die Besserungsscheine erinnert, die zu § 63 VerglO. unter C von mir erörtert wurden. Es kann nämlich — was im Rechtsausschuß als obligatorisch besprochen, aber nicht angenommen wurde — auch mittels solcher Besserungsscheine ausgemacht werden, daß der im Erlaßvergleich liegende Erlaß unter gewissen Umständen in Wegfall kommen soll, so daß die naturalis obligatio wieder zur vollen obligatio bereift wird. Gegen Ausstellung von Besserungsscheinen an alle Gläubiger oder an eine Gruppe, bezüglich deren die erforderlichen Mehrheiten des § 63 VerglO. festgestellt werden, besteht vom Standpunkt des § 5 Abs. 1 VerglO. keine Erinnerung; und umgekehrt bei Ausstellung von Besserungsscheinen an nur einen oder einige oder mehrere Gläubiger, vom Standpunkt des § 5 Abs. 2 VerglO. —

Was die **Steuerwirkung** bei der erlassenen Restforderung anbetrifft, so hat der Reichsfinanzhof am 30. Juni 1927 (VI A 297/27, abgedruckt Frankf. Ztg. 25. Juli 1927 und 25. Aug. 1927, jeweils Abendbl.), wie folgt, entschieden:

Schließt ein Kaufmann mit seinen Geschäftsgläubigern einen Akkord, so ist die durch den Erlaß der Schulden eintretende Vermehrung seines Geschäftsvermögens nicht einkommensteuerpflichtig.

Es war bis jetzt wirtschaftlich unhaltbar, daß bei Sanierungen (Kapitalzusammenlegung oder Schuldennachlaß) buchmäßig entstehende Scheingewinne als steuerpflichtiges Einkommen behandelt wurden. Als einziger Ausweg erschien § 108 der Reichsabgabenordnung (Niederschlagung der Steuer) oder die aus Kreisen der Steuerpraxis als erfolgversprechend angesehene Berufung auf § 4 RAO., der den Grundsatz wirtschaftlich gerechter Auslegung der Steuergesetze aufstellt*).

E. Ausschaltung der Vergleichswirkung gegenüber den bevorzugten Gläubiger-Klassen.

Unser Vergleich der VerglO. wirkt für und gegen sämtliche Nichtbevorrechtigte. Folglich sind nicht betroffen:

1. Persönliche Gläubiger des Vergleichsschuldners, die nicht zu den Vergleichsgläubigern gehören.
2. Bevorrechtigte, soweit sie nicht auf ihr Vorrecht verzichtet haben. Das gilt auch von den Zinsansprüchen der Bevorrechtigten (RG. 92, 185).
3. Die Absonderungsberechtigten, soweit sie nicht ausgefallen sind oder verzichtet haben (RG. 78, 75; 92, 184).

   In der Beteiligung an der Abstimmung oder in der Annahme der Vergleichsdividende kann ein Verzicht erblickt werden (RG. 16, 36; 16, 71; 37, 16; 64, 427; 77, 405; RG. JW. 1900, 344; RG. JW. 1910, 29).
4. Die Massegläubiger.
5. Die zur Aufrechnung berechtigten Gläubiger. Näheres s. in meiner obigen Erläuterung § 36 VerglO.

F. Ausschaltung der Vergleichswirkung gegenüber Dritten.

Durch den Vergleich wird weder die persönliche, noch die sachliche Haftung Dritter berührt. Bürgen und Mitschuldner des Vergleichsschuldners (etwa Wechselvormänner) haften weiter (Abweichung von §§ 767 ff. BGB.; 423, 425 BGB.; RG. 42, 120).

*) Die ungerechte Steuerpflicht bei Gantveräußerungen — RFH. 10, 348; 12, 269; 18, 211 — beklagt anläßl. der letzterwähnten Entsch. des V. Sen. 12. Febr. 1926, V A 323/25: Rheinstrom, JW. 1927, 1962.

Würde Konkurs eröffnet werden, so müßten die Mitschuldner und Bürgen wohl für einen größeren Betrag aufkommen, als im Vergleichsfalle. Die Bestimmung bezieht sich auch auf den Schadlosbürgen. Grundsätzl. ist, trotz der Bestimmung des § 73 Abs. 2 VerglO., denkbar, daß der einzelne Gl. auf seine Rechte gegen Mitschuldner und Bürgen des Schuldners Verzicht leistet, was auch aus konkludenten Handlungen des Gl. geschlossen werken kann, z. B. aus Fernbleiben vom Vergleichstermin, trotzdem der Vergleichsvorschlag der ihm zugestellt oder bekannt war, den Verzicht deutlich enthielt (RG. VI 27. März 1916 14/16). Die Bestimmung des Abs. 2 bezieht sich auch auf diejenigen Mitschuldner und Bürgen, die erst während des VerglVerf. für den Schuldner eingestanden sind. Was die Regreßansprüche der Mitschuldner und Bürgen gegen den Schuldner selbst anbetrifft, so werden solche vom Vergleiche erfaßt (Motive, KO. II S. 423; RG. vom 16. Nov. 1905 Gruchot 50, 1121).

Der § 73 Abs. 2 VerglO. enthält eine dem § 193 KO. letzter Absatz gleiche Bestimmung, welche aber eine Ausnahmebestimmung ist und daher nicht angewendet werden kann auf die übrigen Vergleiche, welche etwa zwischen dem Vergleichsschuldner und einem Gläubiger geschlossen werden (§§ 423, 767 ff.; RG. 92, 123; JW. 1916, 398; JW. 1916, 479; SeuffArch. 69, 95). Die Bestimmung des § 73 Abs. 2, die an und für sich mit den Bürgschaftsgründen der §§ 765 ff. BGB. im Widerspruch steht, ist eine Sondervorschrift des VerglVerf., nicht ausdehnbar auf freiwillige Vergleiche (Arrangements) oder Teilerlasse. RG. 90, 415, JW. 13, 597; JW. 1916, 398; RG. 30. April 1919, BayZ. 19, 281, LZ. 19, 1234, Warn. E. 19, 257.

Die Bestimmung des § 73 Abs. 2 VerglO. enthält kein zwingendes Recht. Durch Rechtsgeschäft kann ein anderes vereinbart werden (RG. 77, 404; JW. 1914, 77).

Unberührt bleiben auch die Ansprüche aus einer Sicherungsübereignung, sowie aus einem Eigentumsvorbehalt. JW. 1910, 29; Gruchot 57, 1098; RG. V. 4. Dez. 1912, 302/12.

Über Weiterhaftung der Mitschuldner s. für die G. m. b. H.: OLG. 32, 141; für die off. HG. RG. 29, 39; 56, 366.

§ 74.

Der Vergleich wirkt nach Maßgabe des § 73 auch für und gegen die Forderungen aus einer Freigebigkeit des Schuldners.

Die für die Zeit von der Eröffnung des Verfahrens bis zur Bestätigung des Vergleichs laufenden Zinsen der von dem Vergleiche betroffenen Forderungen sowie die Kosten, welche den von dem Vergleiche betroffenen Gläubigern durch die Teilnahme an dem Verfahren oder eine nach § 70 wirkungslos werdende Vollstreckungsmaßregel erwachsen sind, gelten, wenn nicht der Vergleich etwas anderes bestimmt, mit der Bestätigung des Vergleichs als erlassen.

A. Allgemeines.

Die amtliche Begründung sagt: Ähnlich wie der § 62 der Geschäftsaufsichtsverordnung räumt die VerglO. dem Vergleich auch auf Ansprüche solcher Gläubiger einen Einfluß ein, die an dem Verfahren um deswillen nicht teilgenommen haben, weil sie auch im Konkurse keine Berücksichtigung finden.

Hierhin gehören zunächst Forderungen aus einer Freigebigkeit des Schuldners (§ 63 Nr. 4 der Konkursordnung). Abweichend von der Geschäftsaufsichtsverordnung (§ 62 Satz 1) läßt die VerglO. den Vergleich aber nicht zuungunsten, sondern auch zugunsten dieser Forderung wirken. Dies entspricht der Billigkeit, dürfte übrigens, wie die Bestimmung überhaupt, keine wesentliche praktische Bedeutung haben.

Für die während des Verfahrens laufenden Zinsen und für die Kosten, die den Gläubigern aus der Teilnahme an dem Verfahren erwachsen (§ 63 Nr. 1, 2 der KO.) stellt die VerglO. eine ähnliche Auslegungsregel auf, wie sie der § 62 Abs. 2 der GeschAufsVO. für die Kosten allein gibt. Die Ansprüche sollen als erlassen gelten, wenn der Vergleich nichts anderes bestimmt. Dabei wird klargestellt, daß zu den Kosten der Beteiligung am Verfahren auch die Kosten einer nach § 70 VerglO. wirkungslos werdenden Vollstreckungsmaßnahme gehören.

Ohne Einfluß bleibt der Vergleich, ebenso wie im Geschäftsaufsichtsverfahren, auf die gegen den Schuldner erkannten Geldstrafen (§ 63 Nr. 3 der KO.). Dies entspricht dem Wesen der Geldstrafen, über die ein Vergleich mit dem Bestraften nicht möglich ist.

B. Die eigenartigen, auch im Konkurs hintangesetzten drei Gläubigerkategorien.

a) Forderung aus einer Freigebigkeit des Vergleichsschuldners.
b) Die für den Zeitpunkt von der Verfahrenseröffnung bis zur Vergleichsbestätigung angefallenen Zinsen *),
c) Kosten der Vergleichsgläubiger durch
   α) Teilnahme an dem Verfahren,
   β) eine nach § 70 wirkungslos werdende Vollstreckungsmaßregel

sind bereits oben zu § 32 VerglO. besprochen. An sich sind sie im VerglVerf. nicht beteiligt. Allein sie werden nicht so voll

*) Daß diese im Prinzip erwachsen, weil die Vergl.eröffnung grundsätzlich die Verzugswirkung nicht ausschaltet, cf. RG. 113, 54.

gewertet, wie sonstige Bevorrechtigte (s. m. Erläuterungen hiezu zu § 2) und deshalb wirkt teilweise gegen sie der bestätigte Vergleich, gleich als ob sie nicht bevorrechtigte Gläubiger wären (Gläubiger unter a), teilweise gegen sie der bestätigte Vergleich, gleich als ob sie nie bestanden hätten (Gläubiger b u. c). Trotzdem aber haben sie keine Stimmberechtigung und kein Anrecht auf Anerkennung im Gläubigerverzeichnis mit der Wirkung der Anerkennung (§§ 62 u. 75 VerglO).

Zu a): Gemeint sind nur Forderungen aus einer Freigebigkeit des Vergleichsschuldners (RG. 74, 141; 75, 327; 94, 322; JW. 1911, 94; 1917; 103, 710) [hauptsächlich Schenkungen], also z. B. nicht Vermächtnisse, mit welchen der Vergleichsschuldner beschwert ist (RG. 43, 236). Das Kennzeichnende der Freigebigkeit ist die unentgeltliche, der Gegenleistung entbehrende, Zuwendung. Ein Unterhaltsversprechen, welches in Erfüllung einer Verpflichtung erteilt wird, bedeutet keine unentgeltliche Zuwendung. (RG. LZ. 1908, 606). Den Ausschlag gibt die Inkongruenz, der gewollte und faktische Unterschied zwischen Wert und Gegenwert (RG. JW. 1898, 619). Die negotia mixta cum donatione fallen unter a. (RG. 68, 328).

Zu b): Diese Bestimmung entspricht dem § 63, Passus 1 und 2 KO. Längst faßt man in der Praxis die Forderungen seit Gantbeginn als zinsenlos auf (RG. 92, 186). Längst versteht man die Forderungen, die zu einem Gantvergleich angemeldet sind, mangels gegenteiliger Vereinbarung zinsenlos. (Was von Zinsen gilt, gilt auch von Zinserweiterungen, Provisionen und Kreditüberschreitungsgebühren. OLG. Zweibrücken 4. Jan. 1927, I. 123/26, JW. 1927, 731.)

Zu c): Zu den Kosten der Teilnahme an dem Verfahren sind die der Anmeldung und Vertretung vom Gantbeginn an zu zählen, u. a. die in der RAGebO. 3. Abschn. § 53 ff. (RGBl. I Nr. 27, 8 Juli 1927, S. 167) geregelten Gerichtskosten und Anwaltskosten*).

Es erscheint nach der amtlichen Begründung unbillig, nach zustande gekommenem Vergleiche die Masse mit diesen Nebenbeträgen zu belasten. Derartige Kosten muß der Gläubiger also selbst tragen. KG. 7. ZS. 21. Jan. 1926, JW. 7087/25 und Kleinfellers Fußnote: JW. 1926, 2111.

§ 75.

Aus dem bestätigten Vergleich in Verbindung mit einem Auszug aus dem berichtigten Gläubigerverzeichnisse findet wegen der darin als anerkannt vermerkten Forderungen gegen den Schuldner und die Personen, die in dem Vergleiche für seine Erfüllung neben dem Schuldner ohne

*) Einzelheiten: Abenheimer, Anwaltsblatt, 1927, S. 180 ff.

Vorbehalt der Einrede der Vorausklage Verpflichtungen übernommen haben, die Zwangsvollstreckung unter entsprechender Anwendung der §§ 724 bis 793 der Zivilprozeßordnung statt.

Für Klagen auf Erteilung der Vollstreckungsklausel sowie für Klagen, durch welche eine die Forderung selbst betreffende Einwendung geltend gemacht oder der bei der Erteilung der Vollstreckungsklausel als bewiesen angenommene Eintritt der Voraussetzungen für ihre Erteilung bestritten wird, ist das Amtsgericht, bei dem das Vergleichsverfahren anhängig war, und, wenn der Streitgegenstand die Zuständigkeit des Amtsgerichts übersteigt, das Landgericht ausschließlich zuständig, zu dessen Bezirk das Vergleichsgericht gehört.

Vollziehung des Vergleiches.

A. Allgemeines.

Der amtlichen Begründung ist etwa Folgendes zu entnehmen: Die gemäß § 62 Abs. 4 Satz 2 VerglO. unbestrittenen Forderungen sind auf Grund des bestätigten Vergleichs vollstreckbar; und zwar wider den Schuldner und die Vergleichsbürgen. Die Grundlage der Vollstreckung ist ein Auszug aus dem **berichtigten** Gläubigerverzeichnis. Der Gläubiger, welcher sich das Vollstreckungsrecht sichern will, muß dafür sorgen, daß er in das Gläubigerverzeichnis eingetragen wird. Ist er vom Schuldner nicht gemäß § 16 VerglO. aufgenommen, so wird er dafür Sorge tragen, seine Forderung bis zum Beginn der Abstimmung über den Vergleichsvorschlag schriftlich oder zu Protokoll des Gerichtsschreibers nachträglich anzumelden (§ 60 VerglO.).

Enthält der Vergleich einen teilweisen Erlaß der Forderungen, so ist im Zweifel anzunehmen, daß der Erlaß hinfällig wird, wenn der Vergleichsschuldner mit der Erfüllung des Vergleiches in Verzug kommt oder wenn vor vollständiger Erfüllung des Vergleiches das Konkursverfahren über das Vermögen des Vergleichsschuldners eröffnet wird (kassatorische Klausel des § 7). — Da die Vollstreckungswirkung des Vergleiches auf der Anerkennung der Forderung beruht, kommt sie bei Eintritt der Bedingung des § 7 der gesamten Forderung zugute. (cf. meine Erläuterung zu § 7.)

Ob der Gläubiger für die ganze Forderung eine Vollstreckungsklausel erlangen kann, hängt freilich davon ab, ob er den Eintritt der Bedingungen für den Wegfall des Erlasses in der nach § 726 ZPO. für die Erteilung der Vollstreckungsklausel erforderlichen Weise darzutun vermag (Näheres s. unten unter B).

Gläubiger, deren Ansprüche erst im Laufe des VerglVerf. entstanden sind, nehmen an dem Verfahren nicht teil und werden von dem Vergleich nicht betroffen. Diesen Neugläubigern kommt die Vollstreckbarkeit des Vergleiches nicht zugute. Die Neugläubiger müssen also ihre Ansprüche im Prozeßweg geltend machen. Die Neugläubiger können dies auch schon während der Dauer des VerglVerf. Sie brauchen im Falle des Obsiegens eine Belastung mit Kosten nicht zu fürchten (§ 35). Gegen ihre Vollstreckungsmaßnahmen ist der Schuldner auch nicht durch das VerglVerf. geschützt (s. meine Erläuterung zu § 32).

(Würde es aber zu einem Anschlußkonkurs kommen, so würden die Neugläubiger des VerglVerf. keine Bevorzugung genießen [LG. Bonn II. ZK. 8. Juli 1925, 2 O 166/25; JW. 1925, 23, 83.] Nur die im § 86 VerglO. im Auge gehabten Neugläubiger, deren Forderungen zu den Masseschulden zählen, weil sie mit Zustimmung der VP. kontrahiert wurden, sind bevorzugt.).

B. Die Vollstreckung des Vergleichs aus dem berichtigten Gläubigerverzeichnis.

Im VerglVerf. ist nicht — wie im Konkursverfahren — die Tabelle, sondern das Gläubigerverzeichnis, mit seinen etwaigen Nachträgen die Urkunde, deren sich der Gläubiger im Vollstreckungsverfahren zu bedienen hat. Vollstreckungstitel ist die Anerkennung der Forderung im Vergleichstermine, welche von dem Gerichtsschreiber in das Verzeichnis der Gläubiger vermerkt wird. Diese Anerkennung hat zu erfolgen, soweit gegen die Forderung weder von dem Schuldner, noch von einem beteiligten Gläubiger, noch von der VP., Widerspruch erhoben wird. Ihr kommt Urteilskraft zu, und zwar im Zusammenhalt mit dem Wortlaut des Vergleichs, welcher die Einzelheiten (Bestand, Höhe, Prozente, Zeitpunkt der Bezahlung, Sicherungen) ersehen läßt. Der Anerkennungsvermerk im Gläubigerverzeichnis wirkt sowohl gegen den Schuldner, als auch gegen die Garanten des Vergleichs. Hiezu genügt die Unterwerfung des Garanten unter die aus dem Vergleichsvorschlage ersichtliche diesbezügliche Bedingung (RG. 56, 73). Der Vergleich muß freilich rechtskräftig bestätigt sein, gleichviel, ob diese Bestätigung berechtigt oder unberechtigt ergangen ist (RG. 77, 270). (Da der Anerkennungsvermerk allein noch keine Rechtskraft schafft, ist der Vergleichsschuldner bez. seiner Einwendungen gegen die anerkannte Forderung grundsätzlich nicht durch § 767 [2] ZPO. beschränkt. Auch stehen ihm die Bereicherungs- (§§ 812 ff. BGB.) und Irrtums- (§§ 119 ff. BGB.) behelfe zur Seite; nicht indeß die Wiederaufnahme- (§§ 578 ff. ZPO.) Behelfe.

Die Bestimmungen der ZPO. schlagen ein. Der § 724 ZPO. besagt:

„Die Zwangsvollstreckung erfolgt auf Grund einer mit der Vollstreckungsklausel versehenen Ausfertigung des Urteils (vollstreckbare Ausfertigung). Die vollstreckbare Ausfertigung wird von dem Gerichtsschreiber des Gerichts erster Instanz und, wenn der Rechtsstreit bei einem höheren Gericht anhängig ist, von dem Gerichtsschreiber dieses Gerichts erteilt."

Der § 725 ZPO. besagt:

„Die Vollstreckungsklausel: Vorstehende Ausfertigung wird dem usw. (Bezeichnung der Partei) zum Zwecke der Zwangsvollstreckung erteilt, ist der Ausfertigung des Urteils am Schlusse beizufügen, von dem Gerichtsschreiber zu unterschreiben und mit dem Gerichtssiegel zu versehen."

Von Anerkennungen, deren Vollstreckung nach ihrem Inhalte von dem durch den Gläubiger zu beweisenden Eintritt einer anderen Tatsache, als einer dem Gläubiger obliegenden Sicherheitsleistung, abhängt, darf eine vollstreckbare Ausfertigung nur erteilt werden, wenn der Beweis durch öffentliche oder öffentlich beglaubigte Urkunde geführt wird. Hängt die Vollstreckung von einer Zug um Zug zu bewirkenden Leistung des Gläubigers an den Schuldner ab, so ist der Beweis, daß der Schuldner befriedigt oder im Verzuge der Annahme ist, nur dann erforderlich, wenn die dem Schuldner obliegende Leistung in der Abgabe einer Willenserklärung besteht (§ 726 ZPO.). Liegt der Fall so, daß die Vollstreckung von einem durch den Gläubiger zu beweisenden Eintritt einer bestimmten Tatsache abhängt, so darf die vollstreckbare Ausfertigung nur auf Anordnung des Vorsitzenden erteilt werden. Vor der Entscheidung kann der Schuldner gehört werden. Die Anordnung ist in der Vollstreckungsklausel zu erwähnen (§ 730 ZPO.)*). Das Nämliche gilt dann, wenn es sich um eine vollstreckbare Ausfertigung für den Rechtsnachfolger des in der Anerkennung bezeichneten Gläubigers handelt (§ 727 ZPO.). Der Gerichtsschreiber hat vor Erteilung der vollstreckbaren Ausfertigung nachzuprüfen, ob der Eintritt der Rechtskraft der Bestätigung vorliegt. Bezüglich des Geschäftsgangs der Gerichtsschreibereien in diesen Angelegenheiten, vgl. BayGeschAnw. vom 2. März 1910 (amtliche Sonderausgabe, München 1910) § 197 III; PreußGeschO. vom 11. Okt. 1906 (JMBl. S. 305), in Form der Allg. Verf. vom 29. Jan. 1910 (JMBl. S. 20). Bei der vollstreckbaren Ausfertigung gegen den Vergleichsbürgen ist die Bürgschaftserklärung beizufügen, und zwar, wenn in einer separaten Urkunde enthalten, in Ausfertigung derselben. Die Gerichtsschreiberei hat in dem Gläubigerverzeichnis zu vermerken, daß sie eine vollstreckbare Ausfertigung erteilt hat.

---

*) Die Anordnung ist — falls der Vergl. selbst den Fall nicht ausreichend vorsieht — auch im Fall der kassatorischen Klausel des § 7 an Hand öffentlicher Urkunden zulässig. Fehlen letztere, so schlägt § 731 ZPO. — siehe unten E — ein.

C. Die Vollstreckung gegen dritte Personen, die eine Verpflichtung übernommen haben.

Wenn in dem Vergleichstermine mündlich dritte Personen Verpflichtungen für Erfüllung des Vergleichs neben dem Schuldner übernommen haben (Vergleichsgaranten), so bedarf es einer weiteren ausdrücklichen Unterwerfung unter die sofortige Zwangsvollstreckung gemäß § 794 ZPO. nicht (RG. 64, 85; 74, 261). Die Verpflichtung kann auf verschiedene Weise übernommen sein, sowohl als passives Gesamtschuldverhältnis im Sinne des § 421 BGB., als auch in Form der Bürgschaft (§§ 765 ff. BGB.). Die Bürgschaft kann mit und ohne die exceptio excussionis (Einrede der Vorausklage) übernommen sein. Wenn der Bürge die Befriedigung des Gläubigers verweigern darf, solange nicht der Gläubiger eine Zwangsvollstreckung gegen den Hauptschuldner ohne Erfolg versucht hat (§ 771 BGB.), so kann der § 75 VerglO. auf den Bürgen keine Anwendung finden. (Einzelne Schriftsteller und Entscheidungen gehen davon aus, daß nach ergebnisloser Vorausklage Vollstreckungsbefriedigung aus dem Zwangsvergleiche möglich sei.) Übrigens ist die Einrede der Vorausklage, wenn sie nicht ausdrücklich vorbehalten ist, ausgeschlossen (§§ 771, 773 BGB.). Der Vergleichsbürge, welcher zugleich Vergleichsgläubiger ist, verliert seinen vollstreckungsfähigen Dividendenanspruch aus dem Vergleiche nicht (RG., JW. 1896, 5).

Schriftform der Vergleichsbürgschaft ist nicht gefordert (§ 766 BGB.). Mündliche Bekundung und Beurkundung reicht aus, auch bei Nichtkaufleuten (RG. 64, 85; 74, 261). Die Garantie schlägt durch, auch wenn die einzelnen Vergleichsgläubiger bei fehlender Anmeldung dem Vergleichsbürgen unbekannt geblieben sind. (Rechtsprechung OLG. 32, 402.) Der Vollstreckungstitel gegen den Schuldner allein genügt an sich zur Vollstreckung gegen den Vergleichsbürgen nicht (RG. 71, 59). Der Garant muß vielmehr neben dem Schuldner sich mitverpflichtet haben. Ist freilich die Forderung von jeder Seite unbestritten oder prozeßgerichtlich festgestellt, so ist ein weiterer Vollstreckungstitel gegen den Bürgen nicht benötigt (RG. 56, 73). Über die Frage, wie ein Vergleich auf Ausgleichungsansprüche von Mitschuldnern des Vergleichsschuldners wirkt, cf. LZ. 1919, 1051.

Möglicherweise ist im Vergl. die Vollstreckung dem Einzelgläubiger entzogen und entweder einem Treuhänder oder einer Sanierungsvereinigung anheimgestellt. LG. Duisburg, JW. 1927, 733; Somalewitz, S. 128.

D. Bevorrechtigte und Ausfallgläubiger.

Bevorrechtigte Gläubiger sind von dem VerglVerf. an sich nicht betroffen. Ist die Forderung eines bevorrechtigten Gläubigers gleichwohl anerkannt und vom Schuldner nicht bestritten, so kann sie auf Grund dieses Anerkennungsvermerks in voller

Höhe Vollstreckung beanspruchen. Wenn die Forderung selbst nicht bestritten ist, wohl aber das Vorrecht (z. B. das Absonderungsrecht), so ist der betreffende Gläubiger am VerglVerf. unter der Bedingung beteiligt, daß die Anerkennung des Vorrechtes keinen Erfolg hat (§ 726 ZPO.). Die dritte Person, welche Garantie für die Erfüllung des Vergleichs übernommen hat, kann nur unter dieser Voraussetzung herangezogen werden. Durch hinterherigen Verzicht auf das Vorrecht kann der betreffende Gläubiger nicht Vollstreckungsbefriedigung aus dem Vergleiche erlangen.

Was nun die Ausfallgläubiger anbetrifft, so kann die Vollstreckungsbefriedigung aus dem Vergleich nur für den Betrag angesprochen werden, zu welchem der Ausfallgläubiger auf abgesonderte Befriedigung verzichtet oder mit welchem er bei der letzteren ausgefallen ist. Mit anderen Worten: der nicht auf sein Absonderungsrecht verzichtende Gläubiger muß zunächst sich aus seinem Pfande zu befriedigen suchen. Wenn die persönliche Forderung des absonderungsberechtigten Gläubigers in dem Vergleichstermine weder vom Schuldner, noch von einem Gläubiger, noch von der VP., bestritten und demnach in das Gläubigerverzeichnis als anerkannt vermerkt wurde, so kann zugunsten der persönlichen Forderung die Vollstreckung betrieben werden (RG. 22, 155).

Erlangt der vom Verfahren betroffene, am Vergleich beteiligte, Gläubiger vor der endgültigen Verteilung der Dividende Teilbefriedigung aus fremdem Pfande, so bleibt seine Vergleichsforderung in der vollen früheren Höhe dividendenberechtigt. Maßgebend ist der Bestand und die Höhe der Forderung zur Zeit der Vergl.anordnung. Rechtsähnlich: Kassel 16. Mai 1919, R. 20 Nr. 3235, SeuffArch. 75, 248, vgl. RG. 59, 372.

Allein durch den Beweis, daß der Wert eines Pfandgegenstandes eine gewisse Höhe nicht überschreitet, oder gar durch eine darauf begründete Vermutung, daß bei Veräußerung des Pfandes ein Ausfall zu einem gewissen Betrage eintreten werde, kann das Erfordernis des Nachweises eines wirklichen Ausfalles nicht ersetzt werden. RG. 9. Febr. 1918, RG. 92, 181. Recht 18, Nr. 601.

E. Zuständigkeit der Gerichte.

Zuständig für Klagen auf Erteilung der Vollstreckungsklausel (§ 731 ZPO. usw.), überhaupt für alle die Tatbestände, bei welchen die ZPO. innerhalb des Vollstreckungsverfahrens Klagen des ersten Rechtszugs ermöglicht (z. B. zur Herbeiführung der Wirkung der Aufhebungsklausel des § 7 VerglO.)*), sodann für Klagen, mit denen eine die Forderung berührende Einrede geltend gemacht wird (§ 767 ZPO.) und für Vollstreckungsgegenklagen (§ 768 ZPO.), ist das Amtsgericht bis zum Streitwerte von 500 *RM*. Bei einem Streitwert von über 500 *RM* ist das Landgericht zuständig. In Be-

*) S. oben Fußnote unter B.

tracht kommt der Bezirk, in welchem das Vergleichsgericht liegt. Bezüglich der Zuständigkeit des Vergleichsgerichtes s. § 1 Abs. 1 VerglO. Der Gerichtsstand der Widerspruchsklage des § 771 ZPO. ist der des Vollstreckungsgerichts.

§ 76.

Der Vergleich verliert für alle von ihm betroffenen Gläubiger, unbeschadet der ihnen durch den Vergleich gewährten Rechte, seine Wirkung, wenn der Schuldner wegen vorsätzlicher Verletzung der Eidespflicht bei Leistung des ihm nach § 61 auferlegten Eides oder im Zusammenhange mit dem Vergleichsverfahren wegen betrügerischen Bankrotts oder deswegen rechtskräftig verurteilt wird, weil er die im § 15 Abs. 4 vorgeschriebene Versicherung an Eides Statt vorsätzlich falsch abgegeben hat.

Auf Antrag eines von dem Vergleiche betroffenen Gläubigers kann das Gericht, bei dem das Vergleichsverfahren anhängig war, auch schon vor der rechtskräftigen Verurteilung des Schuldners Sicherungsmaßregeln anordnen, insbesondere Verbote nach Maßgabe der §§ 51 bis 58 erlassen.

Aufhebung des Vergleiches wegen Vergehen.

A. Allgemeines.

Die amtliche Begründung führt aus: Verliert der Vergleich seine Kraft, so lebt das aufgehobene VerglVerf. nicht wieder auf; auch die erneute Eröffnung eines VerglVerf. wird regelmäßig nicht in Frage kommen. Das Ergebnis der Verurteilung des Schuldners ist vielmehr in der Regel der Konkurs.

Da der Schuldner durch sein Verhalten bewiesen hat, daß er auf die Interessen der Gläubiger nicht die gebührende Rücksicht nimmt, so ermächtigt der Abs. 2, in Anlehnung an § 197 Abs. 2 KO., das Vergleichsgericht, schon vor der Verurteilung des Schuldners S i c h e r u n g s m a ß r e g e l n zugunsten der Gläubiger zu treffen. Bestehen sie in Verfügungsverboten, so finden die §§ 51 bis 58 VerglO. entsprechende Anwendung.

B. Verurteilung wegen betrügerischen Bankrotts.

Der § 239 KO. besagt:

Schuldner, welche ihre Zahlungen eingestellt haben, oder über deren Vermögen das Konkursverfahren eröffnet worden ist, werden wegen betrügerischen Bankrotts mit Zuchthaus bestraft, wenn sie in der Absicht, ihre Gläubiger zu benachteiligen,

1. Vermögensstücke verheimlicht oder beiseite geschafft haben,
2. Schulden oder Rechtsgeschäfte anerkannt oder aufgestellt haben, welche ganz oder teilweise erdichtet sind,
3. Handelsbücher zu führen unterlassen haben, deren Führung ihnen gesetzlich oblag, oder
4. ihre Handelsbücher vernichtet oder verheimlicht oder so geführt oder verändert haben, daß dieselben keine Übersicht des Vermögenszustandes gewähren.

Sind mildernde Umstände vorhanden, so tritt Gefängnisstrafe nicht unter 3 Monaten ein. —

Ist der Schuldner rechtskräftig aus § 239 KO. verurteilt, so ist — ohne Anfechtungsklage und ohne besonderen Ausspruch — von Rechts wegen die Wirkung des Vergleichserlasses für alle Gläubiger aufgehoben. Der Vergleich wird ex tunc entwurzelt. Die Vorteile desselben (Sicherheiten, bes. Bürgschaften) bestehen indeß zu Recht. Auch die Mindergläubiger des § 74 trifft die Entwurzelung.

Es muß sich aber um diejenige Krisis drehen, welche mit gegenwärtigem Vergleiche im Zusammenhang steht; und wenn das Konkurs-Verfahren eröffnet ist, um den Anschluß-Konkurs nicht um einen Konkurs, der mit gegenwärtigem VergleichsVerf. nicht konnex ist. Außerdem muß die Verurteilung eine rechtskräftige sein, damit die nötige Garantie für ein einwandfreies Strafurteil vorliegt. Wenn also der Schuldner zwischen dem Urteil des Landgerichts und der Entscheidung des Reichsgerichts stirbt oder geisteskrank wird, so liegt keine rechtskräftige Verurteilung und demnach nicht die Wirkung des § 76 VerglO. vor. Eine Begnadigung ändert an der Wirkung des § 76 VerglO. nichts. Wird der einzelne Erbe oder Miterbe bei dem VerglVerf. über einen Nachlaß verurteilt, so tritt die Wirkung des § 76 VerglO. ein. Das nämliche gilt von dem Gewalthaber, Vormund, Geschäftsführer, Vorstand, Liquidator *).

Statt der Prozente und statt des Moratoriums hat nun der Gläubiger Anspruch auf den vollen und fälligen Betrag.

C. Vorsätzliche Verletzung der Pflicht des Vergleichseides.

Der Vergleichsschuldner, welcher den dem § 61 VerglO. entsprechenden, von einem Vergleichsgläubiger verlangten (nach § 61 VerglO. nicht promissorischen, sondern assertorischen) Vergleichseid vorsätzlich falsch schwört und hiewegen rechtskräftig verurteilt ist (StGB. 9. Abschnitt), gewärtigt die — unter B erläuterten — Folgen des betrügerischen Bankrotts. Kommt es in einem späteren Rechtszug zur Freisprechung oder kommt es zur Einstellung, so ermangelt die etwaige frühere Strafe oder Verfolgung der Rechtskraft. Der § 197 KO., welcher die Bankrottfolge

*) RG. VI 301/24; JW. 1925, 1990; Entscheidgs.-Kartothek des ZBlfHR., GmbHG. § 35 Nr. 3 u. 4.

beim Zwangsvergleich vorsieht, hat für den Offenbarungseid des Konkurses keine analoge Bestimmung.

Die Neuerung der VerglO. bezweckt einen erhöhten Gläubigerschutz. Der Eid muß in dem gegenwärtigen VergleichsVerf. falsch geleistet sein, nicht in irgendwelchem anderen Verfahren. Der Inhalt des Eides muß objektiv falsch sein. Die beschworene Aufstellung der Aktiven oder Passiven muß in dem oder jenem Punkt anders beschaffen sein. Nur ein Teil des Inhalts braucht unrichtig zu sein und der Sachlage nicht zu entsprechen. Ferner wird erfordert, daß der Eid vorsätzlich falsch geschworen ist. Dolus eventualis genügt. Eine fahrlässige Eidesverletzung hat die Wirkung des § 76 VerglO. nicht. Gewöhnlich wird es sich um Verschweigung von Vermögensstücken oder Verschleierung von Buchposten oder Erdichtung von Passiven drehen, die überdies gemäß § 95 VerglO. strafbar ist. Subjekt des Eides ist der Schuldner bzw. sein Gewalthaber, Vormund, Geschäftsführer, Vorstand, Liquidator.

Letzteres wirkt, wie heute die Dinge liegen, unter Umständen hart für die übrigen Gesellschaftsorgane, für die nicht geschäftsführenden Gesellschafter, unschuldigen Vorstandsmitglieder, Aktionäre. Allein hier heißt es: fiat iustitia. Wo einschneidende Vergehen (qualifizierter Bankrott und Vergleichsmeineid) vorliegen, kann man auch nicht den unverantwortlichen Organen zuliebe eine Ausnahme machen. Mögen eben die verantwortlichen Organe richtig und rechtzeitig überwacht werden!

D. Umfang der Aufhebung.

Nach § 197 KO. und nach § 65 GeschAufsVO. hatte die Verurteilung nur die Wirkung, daß der Erlaß der Forderung beseitigt wurde. Nach § 76 VerglO. wird aber der Vergleich als solcher beseitigt.

E. Sicherungsmaßregeln.

Durch den Abs. 2 des § 76 VerglO. ist die Möglichkeit gegeben, die Masse für die Zukunft, zumal für den Konkurs, zu sichern. Die Tatsache und Art der Anordnung ist dem Gericht überlassen. Es heißt im § 76 Abs. 2 VerglO.: „Vor der rechtskräftigen Verurteilung des Schuldners.“ Sinngemäß muß für gewöhnlich zur Anwendung des § 76 Abs. 2 die Einleitung eines Strafverfahrens verlangt werden. Bei hinreichendem Verdacht bedarf es indes einer förmlichen Eröffnung des strafrechtlichen Verfahrens, als Grundlage der Maßnahmen des § 76 Satz 2 nicht. Denn es heißt schlechthin: „Schon vor der rechtskräftigen Verurteilung.“

Der § 76 Absatz 2 bestimmt, daß nur **auf Antrag** gerichtliche Sicherungsmaßregeln angeordnet werden sollen. Wenn dem

*) S. Fußnote zu B.

Vergleichsgericht, das nach freiem, pflichtmäßigem Ermessen zu handeln hat, der Verdacht nicht genügt, wenn es vielmehr annimmt, daß es zu einer rechtskräftigen Verurteilung wegen Vergleichseidesverletzung nicht kommen werde, so hat das Vergleichsgericht den diesbezüglichen Antrag zurückzuweisen. —

Maßnahmen der im Auge gehabten Art sind insbesondere die in den §§ 50—58 VerglO. jederzeit während des Vergleichsverfahrens möglichen Veräußerungsverbote oder Einzelverfügungsbeschränkungen. Siehe meine Erläuterung zu diesen Paragraphen.

Mit Fug betont Lucas, S. 172 f. Komm., daß der Absatz 2 des § 76 zu mancherlei Zweifelsfrage Anlaß gibt. Beizufügen ist, daß vorkommenden Falles der Richter vor keine leichte Aufgabe gestellt ist.

Daß der § 76, 2. Abschnitt nur im Rahmen des VerglVerf. anzuwenden ist, ist selbstverständlich. Die Maßnahmen des § 106 KO. haben also, wenn sie selbst wirtschaftlich und effektiv zum Teil übereinstimmen, hier grundsätzlich zum Teil auszuscheiden.

Die Grenze „schon vor der rechtskräftigen Verurteilung" ist, wie oben gezeigt, schwer zu ziehen. Es ist dem pflichtgemäßen Ermessen des Vergleichsrichters überlassen, ob er glaubt, schon bei Schweben eines amtsgerichtlichen Ermittelungsverfahrens die Maßnahmen im Gesamtinteresse der Gläubigerschaft, zumal Vergleichsgläubigerschaft, verantworten zu können. Der Meinung von Lucas S. 174, daß derartige gerichtliche Entscheidungen gemäß § 73 KO. anfechtbar seien, kann ich durchaus nicht beipflichten, so verantwortungsvoll auch die eine Instanz in einem derartigen Fall ist. § 73 KO. hat eben im Rahmen des Vergleichsverfahrens keinen Platz. (Meiner Meinung ist auch Kiesow, S. 424.)

§ 77.

Jeder von dem Vergleiche betroffene Gläubiger kann, unbeschadet der durch den Vergleich gewährten Rechte, den Vergleich anfechten, wenn er durch Betrug zustande gekommen ist und der Gläubiger ohne sein Verschulden außerstande war, den Anfechtungsgrund im Vergleichsverfahren einschließlich des Bestätigungsverfahrens geltend zu machen.

Die Anfechtung wegen Betrugs.

A. Allgemeines.

Die Anfechtung erfolgt gemäß § 143 BGB. durch Erklärung gegenüber dem Anfechtungsgegner (Schuldner). Das ist derjenige, der normalerweise nach dem letzten Absatz des § 143

BGB. unmittelbar einen rechtlichen Vorteil erlangt hat. Die Anfechtung führt nicht zu einer Vernichtung des ganzen Vergleiches, sondern beseitigt nur die dem anfechtenden Vergleichsgläubiger nachteiligen Bestimmungen des Vergleiches.

B. Wegen Betrugs.

Besteht zwischen einem straf- oder auch nur zivilrechtlichem Betruge (§ 263 StGB. und § 123 BGB.; RG. 39, 2,) ein ursächlicher Zusammenhang mit dem abgeschlossenen Vergleiche, so kann jeder am Vergleiche beteiligte Gläubiger — aber keiner von den anderen (privilegierten) Gläubigern — den Erlaß oder die Stundung anfechten. Die einzelnen Tatbestandsmerkmale des § 263 StGB. brauchen nicht vorzuliegen. Nicht notwendig ist der Nachweis der Erstrebung oder Erlangung eines besonderen Vermögensvorteiles. Der am Vergleichsverfahren beteiligte Gläubiger geht seines Anfechtungsrechtes verlustig, sobald seine Forderung — z. B. durch einen Bürgen — vollständig befriedigt ist. Die Anwendung des § 77 VerglO. setzt nicht voraus, daß ohne Zustimmung des begünstigten Gläubigers der Vergleich nicht zustande gekommen wäre (RG. 39, 18). Sind Vermögensstücke verheimlicht oder beiseite geschafft, oder erdichtete Schulden aufgestellt, dann ist die Annahme eines betrügerischen Zustandekommens des Vergleichs ohne weiteres gerechtfertigt (RG. 39, 18). Gleichgültig ist, ob der Betrug vom Vergleichsschuldner oder einer anderen Person ausgegangen ist. Verschweigt der Schuldner arglistig eine ihm aus demselben Rechtsverhältnisse, aus dem die vergleichsgegenständige Forderung hervorgeht, zustehende Gegenforderung, und ist anzunehmen, daß der Vergleichsgläubiger im Falle der Geltendmachung der Gegenforderung dem Vergleiche nicht zugestimmt hätte, so kann der Vergleich, als durch Betrug veranlaßt, angefochten werden (RG. 37, 142). Jedoch kann der Vergleichsgläubiger auch die nachträgliche Aufrechnung gegen seine Vergleichsrate zurückweisen (RG. 37, 143). Verschweigung der Begünstigung eines Gläubigers durch Abkauf einer Forderung reicht als Anfechtungsgrund aus, wenn ohne die Verheimlichung der Vergleich nicht durchgesetzt worden wäre. (RG. V 81, 1913, 393/12). Bloßer Irrtum (§§ 119ff. BGB.) oder Nichtbeobachtung der für den Vergleichsabschluß gegebenen Vorschriften berechtigt zur Anfechtung nicht (RG. 57, 270).

Beweispflichtig, u. a. für den Kausalzusammenhang, ist der den Vergleich anfechtende Vergleichsgläubiger (wobei Kiesow S. 425 auf die Zulässigkeit der prima facie-Beweisführung im Sinn der Entscheidung des RG. 97, 14, 102, 95 verweist).

Die Anfechtungsberechtigung ist nicht beschränkt auf das Rechtsverhältnis zwischen Betrüger und Betrogenem. Ihr Erfolg erstreckt sich aber nur auf den anfechtenden Gläubiger. Die Anfechtung hat nur die Wirkung, daß die Beschränkung der Forderung des anfechtenden Vergleichsgläubigers aufgehoben wird; der Vergleich selbst bleibt bestehen (anders bezüglich des § 76 VerglO.). Das Anfechtungsrecht hat jeder vom Vergleiche betroffene Gläubiger, gleichviel, ob er sich im Termine eingefunden oder sonst beteiligt hat, oder nicht. Die Auszahlung der Vergleichsrate schließt das Anfechtungsrecht nicht aus, wohl aber die volle Befriedigung des betreffenden Vergleichsgläubigers (etwa durch einen Bürgen). Die Anfechtung erfolgt formlos, sei es gerichtlich, sei es außergerichtlich, sei es im Wege der Leistungs- oder Feststellungsklage (§ 256 ZPO.; RG. 4, 437; 5, 393), sei es durch Klage oder Einwendung. Als Gerichtsstand ist der Ort der Vertragserfüllung maßgebend (§ 29 ZPO.; OLGRspr. 13, 79). Die Anfechtung unterliegt den Bestimmungen des § 124 BGB.; sie kann nur binnen Jahresfrist erfolgen. Die Frist beginnt mit dem Zeitpunkt, in welchem der Anfechtungsberechtigte den Betrug entdeckt. Auf den Lauf der Frist finden die für die Verjährung geltenden Vorschriften der §§ 203 ff. BGB. entsprechende Anwendung. Die Anfechtung ist ausgeschlossen, wenn seit der Abgabe der Willenserklärung 30 Jahre verstrichen sind.

Das Anfechtungsrecht geht nur auf die Aufhebung des vergleichsgemäßen Erlasses der Forderung, richtet sich ausschließlich gegen den Schuldner und läßt die durch den Vergleich, insbesondere gegen den Vergleichsbürgen, erworbenen Rechte unberührt.

War der Vergleichsgläubiger imstande, bereits früher, sei es schriftlich, sei es mündlich, sei es vor, sei es in dem Vergleichstermine, sei es gegenüber dem Amtsgericht, sei es im Beschwerdewege, sich auf den Betrug zu berufen, so entfällt sein Anfechtungsrecht. Geltendmachen ist nur im Sinne von Vorbringen, ohne Hinzutritt von Beweis oder Glaubhaftmachung, zu verstehen. Es kommt nicht darauf an, ob der Vergleichsgläubiger in der Lage war, den Anfechtungsgrund zu beweisen oder glaubhaft zu machen (JW. 1903, 182; SeuffArch. 59 Nr. 49). Der Anfechtende hat zu beweisen, daß er ohne sein Verschulden früher außerstande war, den Betrug geltend zu machen. Wenn der Gläubiger gemäß § 68 Abs. 2 wegen unlauteren oder betrügerischen Gebarens Antrag auf Verwerfung erfolglos gestellt hat, kann er nicht gemäß § 77 vorgehen. RG. JW. 1903, 182. Für die schuldhafte Versäumung seines Vertreters hat der Vergleichsgläubiger einzustehen (§§ 72 KO., 79 ff. ZPO., 232 ZPO., § 278 BGB., RG. LZ. S. 557, RG. Warneyer 1911 Nr. 353; RG. JW. 1914, 77).

§ 78.

Es kann nicht deshalb auf Aufhebung des Vergleichs geklagt werden, weil der Vergleich nicht erfüllt wird.

Keine Vergleichsaufhebungsklage wegen nichterfüllten Vergleiches.

A. Ausländisches Recht.

Nach ausländischem Rechte ist eine Klage auf Auflösung des Zwangsvergleichs wegen Nichterfüllung zum Teil in Anwendung, so nach französischem Recht auf Grund des a. § 1184; c. civ. (lex commiss. tacita) des a. § 520 II. c. com. (la resolution de ce traité en cas d'inexécution); belgischem, holländischem, schweizerischem, ungarischem, englischem, portugiesischem, italienischem und rumänischem Recht.

B. Die Regelung der kassatorischen Klausel in der VerglO.

Der § 78 VerglO. entspricht dem § 195 KO. und dem § 63 GeschAufsVO. Aber durch den § 7 VerglO., auf dessen Erläuterung in allen Teilen verwiesen wird, ist die Bedeutung des § 78 VerglO. nunmehr stark eingeschränkt. Der § 7 VerglO. sagt nämlich:

Enthält der Vergleich einen teilweisen Erlaß der Forderungen, so ist im Zweifel anzunehmen, daß der Erlaß hinfällig wird, wenn der Schuldner mit der Erfüllung des Vergleichs in Verzug kommt oder wenn vor vollständiger Erfüllung des Vergleichs das Konkursverfahren über das Vermögen des Schuldners eröffnet wird.

Die durch die §§ 7 und 78 geschaffene nunmehrige Rechtslage und -wirkung ist die folgende:

1. Kam es bisher nach dem Abschluß eines Vergleiches gleichwohl zum Konkurs, so mußten sich die Vergleichsgläubiger eine nochmalige Herabsetzung ihrer Forderung gefallen lassen. Denn Konkursforderungen waren dann nur die durch den Vergleich bereits geminderten Forderungen. Diese Unbilligkeit hat man in den Vergleichen auf Grund der GeschAufsVO. bisweilen vertraglich dadurch zu vermeiden gesucht, daß man in dem Zwangsvergleich außerhalb des Konkurses für den Fall der späteren Konkurseröffnung den Wegfall des vergleichsweisen Erlasses vereinbart hat. Da aber über die Zulässigkeit dieser Wiederauflebungsklausel gestritten wurde, hat die VerglO. die Wiederauflebungsklausel für den Fall des Verzuges im § 7 VerglO. ausdrücklich anerkannt. Da nach häufigen trüben Erfahrungen der Gläubiger, die mit den durch den Vergleich bereits geminderten Forderungen im Anschlußkonkurs vorlieb nehmen mußten, anzunehmen ist, daß die Wiederauflebungsklausel in der Regel dem Willen der Vergleichsgläubiger entspricht, so soll sie im **Zweifel** als vereinbart gelten.

2. Ist eine solche Abrede nicht anzunehmen oder ist die verzögerte Erfüllung von dem Vergleichsschuldner nicht zu vertreten

und deshalb gemäß § 285 BGB. kein Verzug gegeben, so kann eine Aufhebung des Vergleiches nach § 78 VerglO. nicht verlangt werden.

3. Hinfällig wird im Zweifel nur der Erlaß, nicht der ganze Vergleich. Deshalb können die anerkannten Vergleichsgläubiger, wenn die Bedingung eingetreten ist, unter welcher der Erlaß hinfällig wird, wegen ihrer ganzen Forderung vollstrecken (§ 75 VerglO.) *)

4. Die Verfallklausel stellt eine auflösende Bedingung dar und zwar in dem Sinn, daß Erlaß und Stundung nebst den Sicherheiten eo ipso aufgehoben sein sollen, wenn die aus dem Vergleich dem Schuldner und dem Bürgen obliegende Leistung nicht richtig oder nicht rechtzeitig erfüllt werde.

5. Ob sich die Haftung der Vergleichsbürgen und sonstigen Garanten auf die volle wieder aufgelebte Forderung oder nur auf den Vergleichsvertrag erstreckt, ist eine Frage der Auslegung des Bürgschaftsvertrages oder der sonstigen Sicherungsvereinbarungen.

6. Der § 78 hat nur Bezug auf Erlaß- und nicht anders geartete (etwa Treuhand-) Vergleiche. S. meine Erläut. zu letzteren (§ 63 D).

VI. Abschnitt.

Einstellung des Verfahrens.

§ 79.

Das Vergleichsverfahren ist einzustellen,

1. wenn der Schuldner den Antrag zurücknimmt; die Rücknahme des Antrags ist bis zur Beendigung der Abstimmung über den Vergleichsvorschlag zulässig;
2. wenn vor dem Zustandekommen des Vergleichs (§ 63) das Vergleichsverfahren unzulässig wird (§ 22) oder sich ergibt, daß die Eröffnung des Verfahrens hätte abgelehnt werden müssen und das Fehlende nicht ergänzt werden kann;
3. wenn der Schuldner einem nach § 51 erlassenen Verbote vorsätzlich zuwiderhandelt;
4. wenn der Schuldner der Vertrauensperson oder einem Mitglied des Gläubigerausschusses die Einsicht in seine Bücher und Geschäftspapiere oder ohne genügenden Grund eine Auskunft oder eine Aufklärung verweigert;

*) S. Fußnote B zu § 75 u. D zu § 76.

5. wenn der Schuldner durch einen nach Lage der Sache unangemessenen Aufwand der Vorschrift des § 38 zuwiderhandelt;
6. wenn der Schuldner in dem Vergleichstermine nicht erscheint und, soweit dies zulässig ist, sich auch nicht vertreten läßt;
7. wenn der Schuldner die Leistung des Offenbarungseides (§ 61) verweigert;
8. wenn sich im Vergleichstermine die zum Abschluß des Vergleichs erforderliche Mehrheit nicht ergibt und ein Antrag auf Vertagung des Termins nicht gestellt oder abgelehnt wird.

In den Fällen der Nr. 6 und 7 kann die Einstellung unterbleiben, wenn drei Vierteile der in dem Termin erschienenen, am Verfahren beteiligten Gläubiger mit der Fortsetzung des Verfahrens einverstanden sind. Wird das Verfahren nicht eingestellt, so ist alsbald ein neuer Vergleichstermin zu bestimmen, der in der Regel nicht über zwei Wochen hinaus anberaumt werden soll.

Im Falle der Nr. 6 darf der Einstellungsbeschluß erst am dritten Werktag nach dem Terminstag erlassen werden. Macht der Schuldner vor dem Erlasse des Beschlusses dem Gerichte glaubhaft, daß er oder, soweit Vertretung zulässig war, sein Vertreter durch einen auch bei äußerster Sorgfalt nicht zu vermeidenden Zufall an der Wahrnehmung des Termins verhindert worden ist und auch keine Möglichkeit hatte, dies dem Gerichte vor dem Termin anzuzeigen, so unterbleibt die Einstellung, und es ist ein neuer Vergleichstermin anzuberaumen, der in der Regel nicht über zwei Wochen hinaus angesetzt werden soll.

Einstellung.

A. Allgemeines.

Die amtliche Begründung führt aus: Das Verfahren wird aufgehoben, wenn es sein Ziel, den bestätigten Vergleich, erreicht hat (§ 69 Abs. 1 VerglO.). Die Einstellung bedeutet den regelwidrigen Abschluß des Verfahrens, weil seine Grundlagen nachträglich wegfallen (§ 79 Abs. 1 Nr. 2), oder sich herausstellt, daß sie nicht vorgelegen haben (§ 79 Abs. 1 Nr. 2), oder weil der Schuldner seine Pflichten im Verfahren nicht erfüllt (§ 79 Abs. 1 Nr. 3—7) oder weil der Vergleichsversuch scheitert (§ 79 Abs. 1 Nr. 8). Die Einstellung kann auch noch im Bestätigungsverfahren ausgesprochen werden (zu vergleichen die einschlägige Bemerkung zu § 68).

B. Die Einstellung wegen Pflichtverletzung oder Aussichtslosigkeit.

Der § 79 hat kein Analogon im Konkursrecht. Offensichtlich will er die Aufbietung des nicht geringen Apparates möglichst und möglichst rechtzeitig verhüten, falls gröbliche Plichtverletzungen vorliegen, die den Schuldner des Benefizium des Vergleichs unwürdig erweisen oder falls keinerlei Aussichten bestehen, daß der Vergl. angenommen wird. Die Einstellung ist die dritte Form der Versagung der schuldnerischen Vergleichsanregung. Die erste ist die Ablehnung (§ 22), die zweite ist die Verwerfung (§ 68). Nach dem gewöhnlichen Verlauf der Dinge muß sich wohl die Einstellung zwischen die Ablehnung und Verwerfung zeitlich einschieben; gibt das Gericht dem Antrag statt, ist für die Ablehnung kein Raum mehr, während die Verwerfung erst nach Annahme des Vergleiches durch die Gläubigermehrheiten einsetzen kann. Mit anderen Worten: wenn nach Zulassung des Antrags, aber vor Annahme des Vergleichs, der Verdacht sich verdichtet, daß Schuldner in erheblicher Weise Pflichten verletzt oder den Interessen der Gläubiger zuwidergehandelt hat, bzw. bestimmt die Aussichtslosigkeit der Akzeptierung des Vergleiches feststeht, kann das Gericht zur Einstellung schreiten. Allein die Einstellung ist, wie oben unter A angeführt, auch im Stadium des Bestätigungsverfahrens grundsätzlich noch möglich. Die zur Verwerfung angeführten Kriterien der Pflichtenverletzung usw. schlagen meist auch hier ein. Der Richter, welcher die Beobachtung gemacht hat, daß der Schuldner sich nicht bemüßigt fühlt, seinen Pflichten in bezug auf Klarlegung ausschlaggebender Rechtsgeschäfte nachzukommen oder durch ihn selbst, bzw. seine Angehörigen, erfüllbare Opfer zu bringen, bedient sich des Einstellungsbeschlusses, damit dem von da ab unnötigen Vergleichsverfahren alsbald ein Ende gemacht wird. Kann ferner der Schuldner durch keinerlei Verbürgungen usw. seine Position verbessern, erreicht er also gewiß den beabsichtigten Zweck nicht, so hat wiederum die Ausdehnung des Verfahrens keinen Wert.

C. Die Einstellung wegen Zurücknahme oder Ablehnung des Antrages oder Verweigerung des Eides.

§ 79 Passus 1 spricht von Einstellung für den Fall der Antragszurücknahme.

Das Gericht darf ferner nur einen Bestätigungsbeschluß erlassen, wenn eine Übereinkunft der Gläubiger erzielt ist. Ist dies nicht der Fall, so bleibt nicht anderes übrig, als dem Vergleichsverfahren durch Einstellung ein Ende zu bereiten. Nicht anders liegt die Sache, wenn der Vergleichseid verweigert wird.

In den sämtlichen Einstellungsfällen steht dem Schuldner, falls hernach der Konkurs beschlossen wird, das Rechtsmittel der sofortigen Beschwerde zu, welche aufschiebende Wirkung hat.

D. Die einzelnen Einstellungsgründe der acht Gruppen.

Zu 1: (Zu allernächst ist daran zu erinnern, daß der Vergleichsantrag des Schuldners ohne jede peinliche Folge zurückgezogen werden kann, ehe das Gericht sich mit dem Vergleichsvorschlag beschäftigt, zum Vergleichsvorschlag Stellung genommen, hat. In diesem Fall entfällt Recht und Pflicht des Gerichts, zur Konkursfrage Stellung zu nehmen.) Die Rücknahme des Antrags, nachdem das Gericht das Vergl.-Verf. eröffnet hat, ist zulässig und zwar bis zur Beendigung der Abstimmung. Ist nun der Antrag in diesem Falle zurückgenommen, so ist nicht etwa der Vergleichsschuldner frei von der Antragswirkung. Vielmehr wird jetzt das Verfahren eingestellt und dann obligatorisch gemäß § 80 VerglO. über die Frage der Eröffnung des Konkursverfahrens eine gerichtliche Entscheidung herbeigeführt. Darauf kann der Schuldner nicht verzichten. In seinem ursprünglichen Antrag auf Eröffnung des Vergleichsverfahrens wird vielmehr ein versteckter Eventualantrag auf Konkurseröffnung erblickt.

Die Eröffnung des Konkurses ist keineswegs unter allen Umständen die Folge der Einstellung. Das Gericht hat vielmehr zu prüfen, ob die Voraussetzungen für die Eröffnung vorliegen. Das wird z. B. zu verneinen sein, wenn der Schuldner dartut, daß er den Antrag zurücknimmt, weil er sich mit seinen Gläubigern außergerichtlich geeinigt hat. Denn in letzterem Falle fehlt es an der Fortdauer der Konkursvoraussetzung, der Zahlungsunfähigkeit.

Der Vergleichsvorschlag ist ein Antrag. Jeder Antrag kann zurückgenommen werden, solange er nicht angenommen ist. Mit der Annahme im Vergleichstermin wird der Antrag für den Schuldner und seinen Bürgen bindend. Nach der Urteilslehre würde er erst mit Rechtskraft des verkündeten Bestätigungsbeschlusses wirksam werden. —

Das Ableben des Schuldners vor der Annahme bewirkt Wegfall des Vergleichsvorschlages, wenn nicht dessen Aufnahme durch die Erben erfolgt. Durch das Ableben des Schuldners entfällt aber die Entscheidung über die Eröffnung des Konkursverfahrens. Das Ableben des Schuldners nach der Annahme, jedoch vor der Bestätigung, ändert an der Rechtswirkung und Notwendigkeit der Bestätigung nichts. Der Erbe übernimmt in solchem Falle die Vergleichsschuld als Nachlaßverbindlichkeit.

1a: die Antragsänderung.

Verschieden von der Antragszurücknahme ist die **Antragsänderung**. Wenn der Schuldner den Vergleichsvorschlag abändert, ehe das Verfahren eingestellt oder der Vergleich verworfen ist, so kann — bei Vorliegen der Merkmale und Voraussetzungen des § 66 VerglO. also bei entsprechender Mehrheitsunterstützung — der Vergleichsschuldner einen zweiten Termin beantragen. Dann setzen die verschiedenen Maßregeln des 4. Abschnittes über die Verhandlung im Vergleichstermin von neuem ein, weil eben ein Vertragsantrag vorliegt. Dies gilt grundsätzlich für den Fall, daß der Vorschlag günstiger oder ungünstiger ist, als der erstmalige. Anders freilich liegt die Sache und eine Abstimmung noch in dem erstmaligen Vergleichstermin ist möglich, wenn offensichtlich die im § 63 vorgesehenen Mehrheiten noch in dem ersten Termin für den abgeänderten Vergleichsvorschlag stimmen werden. Ändert der Vergleichsschuldner seinen Vorschlag dahin, daß er von den Gläubigern einen ziffermäßig bestimmten teilweisen Erlaß ihrer Forderungen verlangt, ihnen aber weniger als 30 v. H. der Forderungen bietet, so hört damit das Verfahren auf, zulässig zu sein und muß eingestellt werden (§ 79 Abs. 1 Nr. 1, 2 in Verbindung mit § 22 Nr. 2).

Der § 37 Abs. 2 ÖsterrAusglO. läßt eine Änderung nur zu, wenn diese für die Gläubiger nicht ungünstiger ist. Anders, wenn alle stimmberechtigten Gläubiger anwesend sind. (Volenti non fit iniuria).

Zu 2: Hinterherige Feststellung von Ablehnungsgründen. Unzulässigkeit des VerglVerf. oder Konstatierung, daß die Verfahrenseröffnung hätte abgelehnt werden müssen.

Es ist logisch selbstverständlich, daß, wenn hinterher die Unzulässigkeitsgründe des § 22 eintreten oder sich herausstellen, ohne daß den Mängeln abgeholfen werden kann, statt der früher möglich gewesenen Ablehnung des Vergleichsantrages nun Einstellung des Vergleichsverfahrens durch das Vergleichsgericht einzusetzen hat.

Zu 3: Verfehlung des Schuldners gegen §§ 50 bis 58 (gerichtliche Verfügungsbeschränkungen).

Die Verfügungsbeschränkungen allgemeiner oder besonderer Art wären ein Messer ohne Klinge, wenn nicht dem Richter die Einstellung des Verfahrens für den Fall von vorsätzlichen Zuwiderhandlungen des Vergleichsschuldners gegen diese zu Gebote stünde. Der Schuldner, der sich täuscht, weil er die Tatsache oder die Tragweite einer Verfügungsbeschränkung übersieht, sie m. a. W. gutgläubig verletzt, verfällt der Einstellung nicht.

Zu 4: Verweigerung der Einsicht und Auskunft.

Das Nämliche gilt, wenn der Schuldner sich eines Widerstandes gegen die Vergleichsorgane in Form der Verweigerung der Einsicht oder Auskunft schuldig macht. Der Absatz 4 enthält zwar keine Kannvorschrift im eigentlichen Sinne des Wortes, weil grundsätzlich bei dieser Verfehlung einzustellen ist. Allein gleichwohl kommt es, wie auch die amtliche Begründung betont, auf die Wichtigkeit der verlangten Auskunft an. So sehr eine Respektlosigkeit gegenüber den Vergleichsorganen zu mißbilligen ist, so sehr steht andererseits lediglich die Schädlichkeit für das Vergleichsverfahren im Vordergrunde. Der mittelbare Druck, wie Jaeger JW. 1917, 138 mit Recht schreibt, soll nur dann faktisch zur Anwendung kommen, wenn das Auskunftsthema ein erhebliches ist. Einen anderen Modus hat die VP. nicht zur Hand. Sie kann nicht Klage auf Auskunftserteilung stellen. Auch das in der KO. für die Erlangung der Auskunft vorhandene Mittel der Postsperre (§ 121) versagt gewöhnlich beim Vergleichsverfahren (s. jedoch meine Erläut. zu § 51). Nach der KO. kann das Gericht die zwangsweise Vorführung und nach Anhörung des Schuldners die Haft desselben anordnen, wenn er die ihm nach dem Gesetze auferlegten Pflichten nicht erfüllt. Eine ähnliche Maßregel besteht für das Gebiet des VerglVerf. nicht, wenn der Schuldner seine Offenbarungspflicht, besonders die Auskunft, verweigert.

Es bleibt daher der VP., die sich in bezug auf ihr Einsichts- und Erkundigungsrecht auf §§ 13 und 47 VerglO. stützen kann, sowie dem Gläubigerausschuß, der sich auf § 49 VerglO. stützen kann, nichts anderes übrig, als dem Schuldner zunächst die Einstellung des Vergleichsverfahrens androhen zu lassen, damit er den Ernst seiner Lage kennen lernt, und hernach diese Maßregel, wenn die Weigerung beibehalten wird, durch das Vergleichsgericht ausführen zu lassen.

Hat die VP. oder der Ausschuß nachweisbar bereits ausreichende Auskunft durch den Schuldner erhalten oder hängt die Weigerung — wovon sich das Vergleichsgericht zu überzeugen hat — mit Gründen berechtigter Diskretion zusammen (s. meine Erläuterungen zu § 13), so ist kein Fall des § 79 Passus 4 gegeben. Ein einsichtiger Richter wird bei den verschiedenen Fällen des § 79 ohnedies nicht rigoros vorgehen, weil es sich ja um die Existenz des Schuldners und um die Belange der beteiligten Gläubigerschaft dreht.

Zu 5: Unangemessener Aufwand.

Auf meine Erläut. zu § 38 VerglO. wird verwiesen. Auch in diesem Betreff erscheint erst eine Verwarnung des Schuldners seitens der VP. oder des Ausschusses oder nötigenfalls des Gerichts rätlich, zumal der Begriff der Unangemessenheit des Aufwandes bei neuzeitlichen und zumal städtischen Verhältnissen sehr dehnbar ist.

Aufwand ist nach RGStr. 15, 312; 31, 151 der übertriebene Verbrauch. Das Maß des Notwendigen, Orts-, Standes- und Altersüblichen, muß überstiegen sein. Leichtfertige spekulative Maßnahmen decken sich an sich nicht mit dem Begriff Aufwand. Doch kann auch diese weniger private Geld- oder Vermögensverwendung unter Aufwand fallen (RG. 16, 238; LZ. 1913, 696; SeuffArch. 74, 738).

Zu 6: Nichterscheinen und Nichtvertretensein im Vergleichstermin.

Auch in dieser Frage wird der Vergleichsrichter prüfen, ob Gleichgültigkeit, Willkür, Halsstarrigkeit oder etwa nur Mißverständnis, Sensibilität, eigenartiges Ehrgefühl, Zwist mit einem der Beteiligten, den Grund zum Nichterscheinen gegeben hat. Ein erfahrener Richter wird auch hier das Übelste verhüten können, nachdem die Existenz des Schuldners auf dem Spiele steht. Geht es schließlich ohne den Vergleichsschuldner ab, so wird ein maßvoller Richter es nicht auf das Äußerste ankommen lassen. Wie schon zu § 61 VerglO., der für die Regel das Erscheinen des Schuldners vorschreibt, bemerkt, ist die Anwesenheit sehr rätlich. Es kann auch nach Lage der Sache in der Abwesenheit des Schuldners eine starke Pflichtverletzung erblickt werden. Immerhin gibt es Ausnahmefälle und eigenartige Situationen, die der Richter bei Beurteilung des § 79 Passus 6 nicht außer acht lassen darf.

Zu 7: Verweigerung des Offenbarungseides.

Die Fälle 6 und 7 werden oft Hand in Hand gehen. Es ist richtig, daß sonderbarerweise es von dem Antrag eines einzigen Gläubigers abhängt, ob der Eid geleistet wird oder nicht. Es ist weiter richtig, daß es nicht jedermanns Sache ist, einen Eid zu leisten, zumal manchmal aus religiösen Gründen die Eidesleistung perhorresziert wird. Allein auf der anderen Seite gebietet der § 51 VerglO. die Leistung, wenn es in der angegebenen Weise verlangt wird. Liegt hier eine Meinungsverschiedenheit und zumal ein Widerspruch des Schuldners vor, so kann der Richter leicht, zumal bei harmloser Sachlage, zur Glättung der Lage beitragen, den oder die Gläubiger beschwichtigen, nötigenfalls den Schuldner herbeirufen, allenfalls den Schuldner in Güte zur Eidesleistung bewegen, wenn nicht etwa der Verdacht eines künftigen objektiv unrichtigen Eides vorliegt. Dem Gericht ist hier keine leichte Aufgabe gestellt. Es wird den Eid nur als ultima ratio behandeln, wenn ein Gläubiger oder eine Vielheit von Gläubigern darauf besteht. Jedenfalls kann, bei Beibehaltung des gläubigerischen Antrages, nicht davon Umgang genommen werden, wenn erhebliche Verdachtmomente vorliegen, wenn die Mehrheit der Gläubigerschaft erhebliche Bedenken gegen das Vorbringen des Schuldners äußert, wenn die VP. Zweifel verrät oder ihre grundlegende Auskunft durch Ergebnisse des Vergleichstermins widerlegt wird.

Ausnahmen für Passus 6 und 7, zumal 6.

Die Fälle der Nr. 6 und 7 sind dadurch aus den anderen Fällen herausgehoben und bedeuten damit implicite eine mindere Verfehlung des Vergleichsschuldners, daß die Einstellung hier unterbleiben kann, wenn drei Viertel der in dem Termin erschienenen vergleichsbeteiligten Gläubiger gegen die Fortsetzung des Verfahrens nichts einzuwenden haben.

Der Fall 6 zumal ist protegiert. Hier darf der Einstellungsbeschluß erst am 3. Werktage nach dem Terminstag erlassen werden. Entschuldigt sich der Schuldner inzwischen unter Glaubhaftmachung, daß er weder persönlich noch durch einen Vertreter den Termin wahrnehmen konnte, weil ein bei äußerster Sorgfalt nicht zu vermeidender Zufall und weil keine Möglichkeit vorlag, dies dem Vergleichsgericht vor — oder, wie ich beifüge, in — dem Termin anzuzeigen, so wird von der Einstellung abgesehen. Hier setzt ebenfalls das arbitrium iudicis ein und der Richter wird sich den Schuldner oder seinen Vertreter ansehen. Es kommt ganz auf den Einzelfall an.

Wenn in letzterem Falle die Einstellung unterbleibt, so wird — ohne die Komplikation der Wiedereinsetzung des § 233 ZPO.; s. auch Cahn, LZ. 1927, 230 — ein neuer Vergleichstermin, der nur ausnahmsweise über zwei Wochen sich erstrecken darf, angesetzt, was überhaupt von den Fällen der Passus 6 und 7 gilt, wenn es nicht zur Einstellung kommt.

Zu 8: Fehlen der Mehrheit.

Der § 66 VerglO. ermöglicht eine Vertagung unter gewissen Voraussetzungen und Merkmalen. Scheitert solch ein Antrag auf Vertagung oder wird er nicht gestellt, so muß der Richter, der — wenn der Schuldner die Vergleichsannahme verdient — nebst den Vergleichsorganen — gewiß nichts unversucht läßt, die Einstellung wegen der mangelnden Mehrheit verfügen. In Bezug auf die Mehrheit wird auf § 63 VerglO. Bezug genommen.

E. Weitere Einstellungsgründe?

Mit Kiesow S. 428 und gegen Lucas S. 178 bin ich der Meinung, daß die Einstellungsgründe des § 79 die einzig möglichen sind. Denn z. B. die Unzuständigkeit des Vergleichsgerichts führt zur Ablehnung oder Verweisung der Eröffnung.

§ 80.

Wird das Verfahren eingestellt, so ist zugleich über die Eröffnung des Konkursverfahrens zu entscheiden. Für diese

Entscheidung gilt der Antrag auf Eröffnung des Vergleichsverfahrens als Antrag auf Eröffnung des Konkursverfahrens, der nicht zurückgenommen werden kann. Gegen die Entscheidung über die Eröffnung des Konkursverfahrens steht dem Schuldner die sofortige Beschwerde zu. Mit ihr kann auch geltend gemacht werden, daß die Einstellung des Vergleichsverfahrens zu Unrecht erfolgt sei.

Die Entscheidung über die Einstellung des Vergleichsverfahrens und die Entscheidung über die Eröffnung des Konkursverfahrens werden erst mit der Rechtskraft wirksam.

Zur Begründung verweise ich auf meine Erläuterung zu den §§ 14, 24 und 71.

Eine unberechtigte Einstellung liegt vor, wenn der Vergleichsrichter in bezug auf Beurteilung der Sach- oder Rechtslage (etwa prozessual) unrichtig vorging, eine prozessuale Norm, etwa im Sinn des § 79 Abs. 3, nicht berücksichtigte, die Mehrheitsvorschriften falsch handhabte oder aber die Vorschriften über sein Ermessen und die Glaubhaftmachung nicht zutreffend anwandte.

Die Vorschrift entspricht dem Grundgedanken der VerglO., daß das Vergleichsverfahren ein letzter Versuch sein soll, dem konkursreifen Schuldner den Konkurs zu ersparen. Das Gericht hat darüber zu entscheiden, ob der Konkurs zu eröffnen ist, also nicht einfach den Konkurs zu eröffnen. Damit bleibt für das Gericht die Möglichkeit offen, die Konkurseröffnung abzulehnen, weil z. B. im Laufe der Ermittelungen die frühere Zahlungsunfähigkeit behoben worden ist oder ein außergerichtliches Arrangement glückte oder in bezug auf Vermögen und Einkommen irgendwelche Umwälzung erfolgt.

Das Konkursverfahren kann nur auf Antrag eröffnet werden (§ 103 Abs. 1 der Konkursordnung). Die VerglO. behandelt daher den Vergleichsantrag als einen bedingten Konkursantrag; die Bedingung besteht darin, daß der Vergleichsantrag keinen Erfolg hat, weil das Verfahren eingestellt wird (§ 80 Abs. 1 Satz 2).

§ 81.

Der Beschluß, durch den das Vergleichsverfahren eingestellt wird, ist, wenn der Konkurs nicht eröffnet wird, nach Rechtskraft dem Schuldner, der Vertrauensperson und jedem an dem Verfahren beteiligten Gläubiger zuzustellen und nach Maßgabe des § 12 öffentlich bekanntzumachen. Die Vorschriften des § 69 Abs. 2, Abs. 3 Satz 1 finden entsprechende Anwendung.

Amtliche Begründung: Für die Vorschrift sind die gleichen Gründe maßgebend gewesen, wie für die Bestimmung des § 72. Wird das Verfahren eingestellt, so endet die Pflicht des Schuldners, seiner Firma einen auf das Vergleichsverfahren hindeutenden Zusatz beizufügen. Die Einstellung wird daher dem Registerrichter mitgeteilt (§ 37 Abs. 2 Satz 3). Ob die Vollstreckungsbeschränkungen der §§ 32, 33 wirkungslos werden, hängt davon ab, ob sich an die Einstellung der Konkurs anschließt oder nicht. Hat die Einstellung die Konkurseröffnung zur Folge, so finden die §§ 83, 84 Anwendung. Im anderen Falle fällt die Vollstreckungssperre des § 32 weg, und die nach § 33 Abs. 1 ausgesprochene einstweilige Einstellung einer Zwangsvollstreckung endet, so daß die bis zur einstweiligen Einstellung im Vollstreckungswege erworbenen Rechte weiterverfolgt werden können*). Hinsichtlich der Zustellung wird auf § 11, hinsichtlich der öffentlichen Bekanntmachung auf § 12 VerglO., und meine Erläuterungen zu diesen Paragraphen, Bezug genommen.

War eine Verfügungsbeschränkung angeordnet worden, so verliert sie für die Zukunft ihre Kraft (§ 69). Der einschlägige Aufhebungsbeschluß ist zuzustellen, öffentlich bekannt zu machen und in das Grundbuch zu vermerken (§§ 52, 53, 55, 58).

Mit der Einstellung des Vergleichsverfahrens endet das Amt der VP. und der Ausschußmitglieder. S. meine Erläuterung zu § 69 VerglO.

VII. Abschnitt.

Überleitung des Vergleichsverfahrens in das Konkursverfahren.

§ 82.

Wird bei Ablehnung der Eröffnung des Vergleichsverfahrens, bei der Verwerfung des Vergleichs oder bei der Einstellung des Vergleichsverfahrens das Konkursverfahren eröffnet, so gelten die Vorschriften der §§ 83 bis 87.

Überleitung in das Konkursverfahren.

A. Allgemeines.

Die Vorschriften dieses Abschnitts gelten, wie § 82 klarstellt, nur für den Fall, daß der Vergleichsversuch scheitert und infolgedessen im unmittelbaren Anschluß an das Vergleichsverfahren das Konkursverfahren eröffnet wird. Dagegen enthält die VerglO. keine Vorschrift für den Fall, daß nach Bestätigung eines Vergleiches die Eröffnung des Konkurses notwendig wird. Die

*) S. meine Erläuterg. zu § 32 A.

Verhältnisse können in diesem Falle zu verschieden liegen, als daß eine Sonderregelung mit Rücksicht auf das vorausgegangene Vergleichsverfahren möglich wäre. Im gewissen Sinne Bedeutung hat für diesen Fall die Anwendung der Wiederauflebensklausel (§ 7), da sie die vom Vergleiche betroffenen Gläubiger gegen eine zweimalige Herabsetzung ihrer Forderung schützt.

B. Einzelheiten über den Anschlußkonkurs.

Die §§ 82—87 sind Übergangs- bzw. Überleitungsvorschriften für den besonderen Fall des Anschlußkonkurses, d. h. des Konkurses, der organisch sich an das gescheiterte Vergleichsverfahren anschließt, wenn das Gericht so beschließt. Das Gericht muß nicht so beschließen. Das Gericht kann so beschließen. Denn es ist denkbar, daß der Vergleich abgelehnt oder verworfen oder eingestellt, kurz irgendwie und irgendwann versagt wird, daß aber dennoch kein Konkurs beschlossen wird. Vielleicht deshalb, weil inzwischen ein unerwarteter Vermögensanfall den Schuldner von der Gant entlastet hat. Es kann auch infolge irgendeiner neuen Geschäftsbeziehung ein wichtiger einzelner oder genereller Erlaß sich ereignet haben. Der Vergleichsschuldner kann geerbt oder eine gute Anstellung erlangt haben. Der neue Prinzipal oder Gesellschafter kann die Gläubiger herausgezahlt oder durch eine Stundungsvereinbarung vertröstet haben. Die Gläubiger, die den Vergleich mißbilligt haben, können übrigens auch einer Konkurseröffnung aus irgend welchen Gründen nicht zugestimmt haben. Wenn indeß die Lage des Schuldners hoffnungslos und die Gläubigerschaft konsequent auf dem alten Standpunkt bleibt, entscheidet sich wohl oder übel das Gericht für die Konkurseröffnung.

Das Konkursgericht kann — insbesondere in größeren Städten — auch durch eine andere Abteilung des Amtsgerichts gebildet werden (was den Vorzug der vollsten Objektivität und den Nachteil des geringeren Eingeweihtseins hat).

C. Die drei gewöhnlichen Fälle des Anschlußkonkurses.

Der § 82 zählt die Fälle auf, in welchen das Vergleichsverfahren durch Gerichtsbeschluß in das Konkursverfahren übergeleitet wird. Es sind das die Fälle des § 24 (Ablehnung), 71 (Verwerfung) und 80 (Einstellung). Ich beziehe mich auf diese Paragraphen und meine Erläuterungen zu denselben.

§ 83.

Die im § 32 vorgesehene Beschränkung der Rechte der Gläubiger bleibt wirksam. Ein nach § 51 erlassenes Verbot gilt als zugunsten der Konkursgläubiger erlassen.

Der § 32 VerglO. bringt die Vollstreckungssperre, welche ihre Wirkung über das Vergleichsverfahren hinaus in das Anschlußkonkursverfahren hinein äußert. Ich beziehe mich auf den § 32 und meine Erläuterung hiezu. Diese Bestimmung entspricht dem logischen Konnex zwischen Vergleichs- und Anschlußkonkursverfahren. —

Die Veräußerungsverbote bzw. Verfügungsbeschränkungen der §§ 50 ff. VerglO. wirken ebenfalls fort, freilich nur zugunsten der Konkursgläubiger im engeren Sinn des Wortes. Es sind das gemäß § 3 KO. alle persönlichen Gläubiger, welche einen zur Zeit der Eröffnung des Konkursverfahrens begründeten Vermögensanspruch an den Gemeinschuldner haben.

Der § 83 in seiner jetzigen Form entstammt der ersten Lesung des Rechtsausschusses, die, in Abänderung des diesbezüglichen § 76 der Regierungsvorlage, das Verbot gemäß § 51 VerglO. ausdrücklich als zugunsten der Konkursgläubiger erlassen, in die Grundregeln des Anschlußkonkurses einreihte. Dieser Begriff: zugunsten der Konkursgläubiger ist deshalb auch zu unterstreichen. Es wird folglich nicht unterschieden zwischen den Vergleichsgläubigern und den Gläubigern, die nach Eröffnung des VerglVerf. die Gläubigereigenschaft erlangten.

§ 84.

Hat ein Gläubiger später als am dreißigsten Tage vor der Stellung des Antrags auf Eröffnung des Vergleichsverfahrens durch Zwangsvollstreckung eine Sicherung oder Befriedigung erlangt, so wird, sofern die Voraussetzungen des § 3 Abs. 2 oder 3 zutreffen, mit der Eröffnung des Konkursverfahrens die Sicherung unwirksam und ist das zur Befriedigung Erlangte nach den Vorschriften über die Herausgabe einer ungerechtfertigten Bereicherung herauszugeben. Der Tag der Stellung des Antrags auf Eröffnung des Vergleichsverfahrens wird in die Frist nicht eingerechnet. Zwangsvollstreckung ist auch die Vollziehung eines Arrestes oder einer einstweiligen Verfügung.

Auf die §§ 3, 32, 33, 34, 70 und 74, ferner meine Erläuterung hiezu, wird Bezug genommen. Mit der Eröffnung des Konkurses wird die Sicherung der 30-Tage-Gläubiger hinfällig. Nach den Regeln der Kondiktion ist das durch die Vollstreckung Erlangte an die schuldnerische Masse herauszugeben.

§ 85.

Die gerichtlichen Kosten des Vergleichsverfahrens sowie der Anspruch der Vertrauensperson auf Ersatz ihrer Auslagen und auf Vergütung (§ 46) gehören zu den Massekosten im Sinne des § 58 Nr. 1, 2 der Konkursordnung.

Bereits zum § 2, dann zum § 46 habe ich mich über die Massekosten darstellenden Gerichtskosten des Vergleichsverfahrens und Ansprüche der VP. (im Sinne des § 46 VerglO.) ausgelassen; ebenso zu § 46, dies alles im Hinblick auf § 58 KO.

Die KO. unterscheidet bekanntlich Masseschulden (§ 59 KO.) und Massekosten (§ 58 KO.). Die Masseschulden entstehen hauptsächlich aus Rechtsgeschäften, die unmittelbar der Konkursmasse zugute kommen oder aus ungerechtfertigter Bereicherung der Masse selbst. Die Massekosten stellen den aus der Eröffnung und Durchführung des Verfahrens erwachsenden Kostenaufwand dar. Es sind dies, soweit hier interessierend:

a) die Gerichtskosten für das gemeinschaftliche Verfahren *),

b) die Kosten der Verwaltung, Verwertung und Verteilung der Masse. (Näheres Jaeger, Konkursrecht, 1924, Enzyklopädie S. 92.) Zu b) rangieren nach § 85 VerglO. die Ansprüche der VP. (D. h. die gerichtlich festgesetzten Ansprüche, nicht die zulässigen Honorarbeiträge auf Grund Abmachung der VP. mit dem Schuldner; RG. VI, 18. März 1927, 581/26; JW. 1927, 1518 und Friedländers Fußnote hiezu.)

Der Fall des § 85 VerglO. ist auch im Falle der Zurückweisung (Ablehnung) des Antrages auf Eröffnung des Vergleichsverfahrens gegeben. Ein innerer Grund einer begünstigten Behandlung der Gebühr für Eröffnung des Vergleichsverfahrens gegenüber der Gebühr für Abweisung des Antrags auf Anordnung des Vergleichsverfahrens liegt nicht vor. Es entspricht dem Geist des Gesetzes, unter den Kosten des § 85 nicht bloß die Kosten des angeordneten Vergleichsverfahrens zu verstehen. OLG. Köln, 27. Mai 1927, 8 U 74/27, Eliel hiezu, JW. 1927, 1708.

§ 86.

Ansprüche aus Darlehen, die der Schuldner während der Dauer des Vergleichsverfahrens zur Fortführung seines Geschäfts, insbesondere zur Bezahlung von Löhnen oder ähnlichen Forderungen, oder im Interesse des Zustandekommens oder der Ausführung eines Vergleichs, insbe-

*) Nicht zählen hiezu (oder zu b) die Kosten des Gutachtens einer Treuhandgesellschaft, die eine Berufsvertretung vor Vergleichseröffnung zur Lösung ihrer Aufgabe gemäß § 20 VerglO. einforderte. Rechtsähnlich: AG. Nürnberg, 14. Mai 1927, A 1082/27.

sondere zur Befriedigung von Kleingläubigern, mit Zustimmung der Vertrauensperson aufgenommen hat, gehören zu den Masseschulden im Sinne des § 59 Nr. 1 der Konkursordnung.

Neugläubiger mit Zustimmung der Vertrauensperson.

A. Allgemeines.

Die amtliche Begründung bringt folgende Begriffsbestimmung: Der Vergleichsschuldner wird häufig während des Vergleichsverfahrens Geldmittel gebrauchen, um seinen Betrieb fortzuführen, insbesondere Löhne zu zahlen, oder um Kleingläubigern im Hinblick auf das Zustandekommen oder die Ausführung des Vergleiches Abschlagszahlungen zu gewähren. Die Beschaffung solcher Mittel, die ohnehin schon beträchtlich erschwert sein wird, wäre völlig unmöglich, wenn die Kreditgeber damit rechnen müßten, daß sie beim Scheitern des Vergleichsversuchs lediglich die Stellung gewöhnlicher Konkursgläubiger haben. Die VerglO. will ihnen daher in einem anschließenden Konkurse die Stellung von Massegläubigern beilegen, wenn durch die Genehmigung der VP. Gewähr dafür geboten ist, daß die Voraussetzungen für diese Begünstigung vorliegen. Der Vorschlag entspricht einem Gedanken, der sich im § 46 Nr. 2 der österreichischen Konkursordnung findet. Für die bevorzugte Stellung ist es ohne Belang, wer der Gläubiger ist; auch Angehörige des Schuldners (die naturgemäß in erster Linie zu solchem Vergleichshilfsdienst herangezogen werden) können also das Vorrecht in Anspruch nehmen, wenn sie seine Bedingungen erfüllt haben.

B. Darlehen für Löhne, für den Vergleich, für Kleingläubiger.

Im vorigen Paragraphen habe ich bereits den § 59 KO. angeführt. Die Masseschulden, welche nach § 60 KO. den Massekosten vorgehen, kennzeichnen sich — rein im Sinne der alten KO. und unabhängig von jedem neuen Sanierungsgesetz definiert — aus Rechtsgeschäften, die unmittelbar der Konkursmasse zugute kommen, u. a. aus Handlungen des Verwalters, aus der eine Haftung des Trägers der Masse entsteht. Es erscheint billig, für den Fall des Anschlußkonkurses nun auch diejenigen Neugläubiger einzureihen, die homogen entstanden sind. Der Masse ist es zugute gekommen, wenn der Vergleichsschuldner Darlehen (zweckgebundene „Darlehen" nennt sie Kiesow, S. 444) aufnahm, um Löhne, Gehälter, Tantiemen und ähnliche Beträge für Arbeiter, Angestellte, Agenten, Mäkler, zahlen zu können. Es müssen aber Emolumente sein, die dem Vergleich förderlich waren oder förderlich zu sein geeignet waren oder vom subjektiven Standpunkte des Schuldners aus geeignet sein sollten. Auch Leistungen des Schuldners an Bücherrevisoren, Treuhänder, Rechtsanwälte und Notare, soweit solche Leistungen die Belange des Vergleiches zu fördern geeignet oder bestimmt waren, gehören hieher.

Kleingläubiger, Haushaltungsgläubiger, Gläubiger für die täglichen Bedürfnisse des Geschäftes und Privatlebens sind mit aufgezählt (Lucas S. 185 erklärt — im Gegensatz zu Kiesow S. 445 — die Bemerkung der amtlichen Begründung, der Modus des § 86 könne auch gewählt werden, um Kleingläubigern Abschlagszahlungen zu gewähren, als nicht unbedenklich vom Gesichtspunkte des § 5 aus. — Allein offensichtlich hat die amtliche Begründung hier die Fälle auch im Auge, wo bereits im Rahmen des § 16, 4 VerglO. die Mehrheit sich für die Bevorzugung der Kleingläubiger ausgesprochen hat und so Schuldner und VP. wegen der Abzahlung an letztere nicht ein Vorgehen wegen Verletzung der vorgeschriebenen Parität zu befürchten haben).

Die §§ 3 und 5 GeschAufsVO. hatten den Begriff geschaffen: „Verbindlichkeiten, die zur Fortführung des Geschäftes oder zu einer bescheidenen Lebensführung des Schuldners oder seiner Familie erforderlich sind". In ähnlicher Weise bewegt sich die Materie des § 86 VerglO. Da das Geschäft nach der Tendenz des Vergleiches erhalten bleiben soll, muß das Geschäft auch mindestens das Vergleichsstadium hindurch gestützt werden. Notwendigerweise geschieht dies durch Darlehen oder Geschäftsschulden, die unumgänglich nötig sind, wenn nicht die Grundlage des Geschäfts geopfert werden soll. (Versicherungsgelder, Kassa- und Genossenschaftsbeiträge, Telephongebühren, Mietzinse, Löhne, Bureau-, Heizungs- und Beleuchtungsmaterialien, Rohstoffe.) Doch nicht nur um diese Betriebsspesen dreht es sich. Auch die Mittel zu den den Vergleich betreffenden Verträgen und Aktionen (für Anwälte, Diplomkaufleute, Revisoren, Treuhandgesellschaften, Taxatoren) gehören hieher. Den Maßstab der Notwendigkeit werden die bestehenden Bücher, Rechnungen und Quittungen abgeben. Der Kernpunkt der Frage beruht aber in dem Außenverhältnis. Dritte Personen, welche dem Schuldner zu dem gedachten Zwecke kreditieren, werden dies nur wagen, wenn sie nicht zu den Altgläubigern des § 2 VerglO. geworfen werden *).

C. Zustimmung der Vertrauensperson.

Hier hören wir zum zweiten Male in der VerglO. förmlich von der Zustimmung der VP. (die bei der GeschAufsVO. eine Rolle spielte). (Zum ersten Male war beim § 57 VerglO. vom Zustimmen der VP. die Rede.) Hier werden richtig die Befugnisse der VP., die im § 40 etwas unpräzis umschrieben waren, klar.

Man läßt dem Schuldner bei Beurteilung der Notwendigkeit der Darlehen wohlweislich nicht freie Hand und hat auch im § 47

*) Weinberg-Manasse S. 139 mißbilligt — m. E. unberechtigt — die Privilegierung und fürchtet, daß auf Umwegen der Charakter von Darlehensschulden herbeigeführt werden kann.

Darlehen und Kreditgewährung bereits erwähnt. Während aber der § 47 nur die Anzeige von solchen schuldnerischen Maßnahmen vorschreibt, verdichtet sich der autoritative Einfluß der VP. im § 86 zum Zustimmungsrecht der VP., also zur Pflicht des Vergleichsschuldners, nicht ohne diese Zustimmung besagte Geschäfte während der Dauer des Vergleichsverfahrens abzuschließen. Nach obigem Anlaß und Zweck der Vorschrift des § 86 besteht ein unabweisbares Gebot der Sicherheit der Gläubigerschaft und vor allem der Vergleichsgläubigerschaft darin, daß der Schuldner die Einwilligung der VP. zu diesen ausschlaggebenden Rechtsgeschäften zu erholen hat.

Die Bezeichnung Zustimmung dürfte nicht ganz richtig sein, weil meist nur durch ein vorheriges und nicht nachträgliches Einverständnis der VP. den Zwecken des Vergleichsverfahrens gedient ist. Es muß also wohl Einwilligung heißen. Einzelne Schriftsteller sind der Anschauung, daß die Zustimmung dem Rechtsgeschäfte des Schuldners sowohl vorausgehen, als auch nachfolgen kann. Übereinstimmend ist die Ansicht, daß die Zustimmung formlos sein kann; sie ist auch nicht an die für das Rechtsgeschäft bestimmte Form gebunden (§ 182 BGB.; RG. 10 Nr. 72; Striethhorst, Archiv 39, 310; 82, 41). Ferner ist sie, solange das Rechtsgeschäft nicht vorgenommen worden ist, widerruflich. Die Zustimmung ist ein einseitiges empfangsbedürftiges Rechtsgeschäft. Sie muß aber in unserem Falle dem gestor negotii, das heißt dem Schuldner, gegenüber — intern — erklärt sein, und nicht, wie in anderen Fällen (RG. 10 Nr. 72; Kuhlenbeck zu § 182 BGB.) auch dem Vertragsgegner. Die Zustimmung der VP. ist eine rein persönliche Bekundung. Die Ansicht, daß das Gericht anstatt der VP. die Zustimmung erteilen kann, ist daher abwegig. Eine den Bedürfnissen des Vergleichsverfahrens zuwiderlaufende Verweigerung der Zustimmung berechtigt das Gericht zur Einschreitung. Die Ausübung der öffentlichen Gewalt nach § 839 BGB. und Art. 77 EG.BGB. ist nämlich nicht nur das Recht, sondern auch die Pflicht des Gerichts (RG. vom 14. Dez. 1903 JW. 1904 S. 85). In Ausübung seiner Aufsichtspflicht liegt daher ein Einschreiten gegen die VP., wenn das Gericht von einer Unterlassung oder Pflichtwidrigkeit derselben Kenntnis bekommt. Mit Gebot und Verbot kann auf Anregung des Schuldners oder Gläubigers in solchen Fällen das Vergleichsgericht gegen die VP. vorgehen (§ 45 VerglO.).

Läßt es die VP. in Anwendung der Grundsätze des § 86 VerglO. an der üblichen Sorgfalt fehlen, so ist sie der Gläubigerschaft nach § 44 VerglO. verantwortlich. (S. meine Erläut. zu § 44 über Umfang der Haftung.) Kein leichtes Amt, zumal hier oft rasch zu handeln und die Verwendung der Darlehen häufig schwer zu kontrollieren ist. Ich empfehle den VP., in solchen Fällen schriftlich oder telephonisch beim Gläubigerausschuß, bei maßgebenden Gläubigern und dem Gericht sich Rückendeckung zu verschaffen.

§ 87.

Soweit die Anfechtbarkeit einer Rechtshandlung im Konkurs von der Kenntnis des Antrags auf Eröffnung des Konkursverfahrens abhängt, steht die Kenntnis des Antrags auf Eröffnung des Vergleichsverfahrens der Kenntnis des Antrags auf Eröffnung des Konkursverfahrens gleich.

In die im § 31 Nr. 2, in den §§ 32, 33, 55 Nr. 3 und im § 183 Abs. 2 der Konkursordnung bezeichneten Fristen wird die seit der Eröffnung des Vergleichsverfahrens verstrichene Zeit nicht eingerechnet.

Fristen für Anfechtung einer Rechtshandlung im Konkurs.

A. Allgemeines.

Der amtlichen Begründung zur Regierungsvorlage ist zu entnehmen: Die Vorschrift des Abs. 1 hat vor allem Bedeutung für die Anfechtung auf Grund des § 30 der Konkursordnung. Der Antrag auf Eröffnung des Vergleichsverfahrens gilt als Konkursantrag, wenn es wegen Erfolglosigkeit des Vergleichsversuchs zum Konkurse kommt.

Nach § 31 Nr. 2 der Konkursordnung können entgeltliche Verträge des Gemeinschuldners mit seinen Angehörigen, nach § 32 unentgeltliche Verfügungen des Gemeinschuldners, angefochten werden, wenn sie innerhalb gewisser Zeit vor der Konkurseröffnung vorgenommen sind. Andererseits schließt § 33 der KO. die Anfechtung einer Rechtshandlung, die auf die Kenntnis der Zahlungseinstellung gestützt werden soll (§ 30 der KO.), aus, wenn die Rechtshandlung früher als sechs Monate vor der Konkurseröffnung vorgenommen ist. Nach § 55 Nr. 3 der KO. kann der Aufrechnung mit einer vor der Konkurseröffnung erworbenen Forderung der Einwand, der Erwerber habe beim Erwerbe die Zahlungseinstellung des Schuldners gekannt, nicht entgegengehalten werden, wenn zwischen dem Erwerb und der Konkurseröffnung mehr als sechs Monate liegen. Der § 183 Abs. 2 Satz 2 der KO. läßt die Stimme dessen, der von dem Ehegatten des Gemeinschuldners eine Forderung erworben hat, auch zugunsten eines Zwangsvergleiches gelten, wenn der Erwerb auf einem Vertrage beruht, der früher als ein Jahr vor der Konkurseröffnung geschlossen worden ist. *In alle diese Fristen soll die Dauer des Vergleichsverfahrens nicht eingerechnet werden, um die Gläubiger insbesondere in ihrer Anfechtungsmöglichkeit nicht zu beeinträchtigen.* Eine ähnliche Vorschrift enthält bereits der § 75 Abs. 1

der GeschAufsVO. Einer Erstreckung der Zehntagefrist des § 30 Nr. 2 der KO. bedarf es mit Rücksicht auf § 84 der VerglO. nicht.

B. Einzelheiten über die Anfechtbarkeit beim Anschlußkonkurs.

Die Anfechtung von Rechtshandlungen an Hand des § 30 KO. setzt voraus, daß die anzufechtende Handlung in der kritischen Zeit vorgenommen worden ist und daß der Vertragsgegner des Schuldners Kenntnis von der Zahlungseinstellung oder dem Eröffnungsantrage gehabt hat, schließlich, daß die Gläubigerschaft durch das Rechtsgeschäft Einbuße erlitten hat. Die Kenntnis des Gegners von der Krise bildet den Angelpunkt. Mentzel, KO. S. 139; Jaeger, Enzyklopädie, 1924, S. 97ff.

Kenntnis des Antrages auf Vergleichseröffnung wird nun durch den § 87 folgerichtig der Kenntnis des Antrages auf Konkurseröffnung ebenbürtig behandelt, wenn es sich um den Anschlußkonkurs dreht. Der Eröffnungsantrag muß dem Vertragsgegner zu der Zeit bekannt gewesen sein, als er kontrahierte. Benötigt daher ein Erwerb eine Mehrheit von Rechtsakten, so ist für die Kenntnis im Sinne des § 87 VerglO. der Zeitpunkt des letzten Rechtsaktes der maßgebende. RG. 68, 150, 375; 81, 426; RG. VII 22. Okt. 1920, 160/20. Dem Rechtsgeschäft des Schuldners ist die seines gesetzlichen Vertreters (des Vaters, der Mutter, des Vormundes, des Pflegers, des Vorstandes, des Geschäftsführers, des Liquidators, des Direktors *), des vertretungsberechtigten Gesellschafters, des Testamentsvollstreckers, des Nachlaßpflegers und seines gewillkürten Vertreters) gleich zu achten.

Die Verpfändung einer Forderung wird wirksam, wenn der Gläubiger sie dem Schuldner angezeigt hat (§ 1280 BGB.). Die Kenntnis des Pfandgläubigers muß also im Augenblick des Zuganges dieser Anzeige vorliegen (RG. JW. 1902, 185). War der Vertragsgegner vertreten — gesetzlich oder gewillkürt —, so schlagen die Normen des § 166 BGB. ein. (RG. 78, 377; 72 133; 80, 5; JW. 1911, 575; JW. 1911, 778; JW. 1911, 1012).

Rechtshandlungen im Sinne des § 87 VerglO. sind einseitige und zweiseitige Rechtsgeschäfte, auch Handlungen ohne, ja gegen, Wissen und Willen des Vergleichsschuldners (RG. 90, 72; RG. JW. 1896, 5; RG. JW. 1897, 86; Gruchot 41, 1027). —

Anzuführen sind Deckungsgeschäfte, durch die einem Gläubiger eine Sicherung oder Befriedigung gewährt wird. (Jaeger § 30 KO.) und zwar kongruente, wenn der betreffende Gläubiger Anspruch auf diese Sicherung usw. hatte; und inkongruente im umgekehrten Fall. Bargeschäfte, bei denen Leistungen

---

*) Über Rechtsgeschäfte und Haftung des juristischen Vertreters: RG. 30. Jan. 1925, VI 301/24; RG. 110, 145; JW. 1925, 1990; OLG. Karlsruhe, 15. Jan. 1926, 27 H 44/25; Rundschau G. m. b. H. 1926, 444; BayObLG. 12. Dez. 1924, Reg. III, 112/1924 (Nürnberg); BayObLG. 12. Dez. 24; BayObLG. 23, 236.

sein Geschäft fortführende Vergleichsschuldner Zug um Zug ausgetauscht werden, und um die der nicht wohl herumkommt, fallen nicht unter die anfechtbaren Geschäfte des § 87 VerglO. (Mentzel RG. VII, 28. Sept. 1290, 93/20 100, 64). Lucas S. 188 teilt die Leistungsgeschäfte in Vor- und Nachleistungsgeschäfte ein und rechnet nur die letzteren zu den anfechtbaren Deckungsgeschäften. —

Daß in einem Anschlußkonkurse ein Zwangsvergleich im alten Sinne grundsätzlich möglich ist, obwohl ein Vergleich im neuen Sinn nicht zustande kam, ergibt sich aus der Tatsache, daß auch ein Anschlußkonkurs ein Konkurs im Sinne der KO. nur mit einigen wenigen in der VerglO. festgelegten Abweichungen ist. Doch wirken wohl die meisten Unzulässigkeiten und Hinderungen fort, so daß schon aus diesem Grunde vielfach ein Zwangsvergleich im Anschlußkonkurs keine praktischen Aussichten hat. Daß in einem Anschlußkonkurse ein Zwangsvergleich im alten Sinn grundsätzlich möglich ist, zeigt auch die Stelle zu § 87 VerglO. oben unter A, wo die amtliche Begründung die Frist bei Abtretung der Forderung eines Ehegatten gemäß § 183 Abs. 2 KO. vom Gesichtspunkt eben dieses Zwangsvergleiches im Anschlußkonkurs erörtert.

Die Zeit seit der Vergleichseröffnung wird überhaupt nicht berechnet, wenn es sich um die Fristen des § 32 KO. (das letzte Jahr; die letzten 2 Jahre), § 33 KO. (6 Monate), § 55 KO. (6 Monate), § 183 KO (letztes Jahr; früher als ein Jahr) dreht.

Im Anschlußkonkurs wird m. a. W. im Hinblick auf die Fristen die Sache so behandelt, als hätte die Zeit des Vergleichsverfahrens überhaupt nicht existiert. Vgl. hiezu auch: RG. 100, 64; 114, 206 ff.

VIII. Abschnitt.

Besondere Bestimmungen.

§ 88.

Bei Aktiengesellschaften, Gesellschaften mit beschränkter Haftung, anderen juristischen Personen und Vereinen, die als solche verklagt werden können, ist die Einleitung des Vergleichsverfahrens nach der Auflösung unzulässig.

Aktiengesellschaften, Gesellschaften m. b. H., andere juristische Personen und Vereine.

A. Allgemeines.

Im Großen und Ganzen entsprechen die §§ 88—94 VerglO. den gesetzlichen Bestimmungen der §§ 72—74 der GeschAufsVO.

Das Vergleichsverfahren über eine Aktiengesellschaft, eine Gesellschaft mit beschränkter Haftung, eine andere juristische Person, insbesondere also einen rechtsfähigen Verein (BGB. §§ 21 bis 23) sowie über einen nichtrechtsfähigen Verein (BGB. § 54) ist nur bis zur Auflösung zulässig. Das Vergleichsverfahren bezweckt, die Schwierigkeiten des Vergleichsschuldners zu beheben. Diese Richtlinie versagt, wenn es sich um Körperschaften als Schuldner dreht, die überdies erlöschen. Die nicht rechtsfähigen Vereine sind nach dem BGB. passiv parteifähig. Sie sind nach der Bestimmung des § 88 VerglO. auch vergleichsfähig.

B. Aktiengesellschaft.

a) Normalbestimmungen.

Schuldnerin ist die Aktien-Gesellschaft als solche. Die einem Schuldner während des VerglVerf. zustehenden Befugnisse und obliegenden Verpflichtungen werden von den verfassungsmäßigen Organen der Aktien-Gesellschaft, also von dem Vorstande oder Liquidator, wahrgenommen (Motive S. 443 ff.; RG. 50, 130; 63, 213; 76, 244; JW. 96, 373, 697; 99, 305). Die Organe der Gesellschaft (Vorstand, Aufsichtsrat, Generalversammlung) bleiben in Tätigkeit, doch müssen sich dieselben die Beschränkungen des Vergleichsverfahrens gefallen lassen (analog: JW. 96, 373, 697; RG. 76, 244; 81, 336) *). Die VP. hat die ihr durch die VerglO. gesteckten Aufgaben auch gegenüber den Organen der AG. zu erfüllen. Handlungen, die dem Zwecke des VerglVerf. widerstreiten, sind außerhalb der Machtbefugnis der VP. (RG. 76, 249; 78, 93; 79, 175; 81, 337; JW. 1896, 373, 627; JW. 1899, 305). Die Vorstandsmitglieder oder Liquidatoren haben die Rechte und Pflichten des Schuldners wahrzunehmen.

Zu dem Antrage gemäß § 1 der VerglO. ist jedes Mitglied des Vorstandes und jeder Liquidator berechtigt, nicht aber, wie im § 208 KO., ein Gläubiger. Dies widerstreitet dem § 1 (s. meine Erläuterung). Der Antrag hat bei Gesellschaften noch eine besondere Wirkung. Sein Erfolg überhebt nämlich die verantwortlichen Leiter der Gesellschaft (Vorstände, Geschäftsführer, Liquidatoren) der gesetzlichen, an sich unerläßlichen Obliegenheit, den Konkurs zu beantragen. Im § 240 HGB. ist dem Vorstand die Anmeldung des Konkurses unter Umständen zur Pflicht gemacht. Dazu kommt die allgemeine Sorgfaltspflicht für Vorstand und Aufsichtsrat aus den §§ 241 und 249 HGB.

b) Die Antragstellung.

Der Antrag braucht nicht von allen Mitgliedern des Vorstandes oder allen Liquidatoren gestellt zu werden (ebenso: ÖsterrAusglO.; Rintelen S. 498), weil die Glaubhaftmachung der Zahlungsunfähigkeit oder Überschuldung, die gemäß § 208

---

*) BayObLG. 12. Dez. 1924 (Reg. III 112/1924 [Nürnberg]); BayOLG. 23, 236; Hamburger, Konk. u. Treuh., 1927, 113.

KO. Abs. 2 für den Fall der Nichteinstimmigkeit vorgesehen ist, ohne weiteres gemäß § 1 VerglO. dem Schuldner obliegt. Ein Prokurist oder Aktionär kann den Antrag auf Anordnung des VerglVerf. nicht stellen, auch nicht Aufsichtsrat und Generalversammlung. Bestehen Zweifel bezüglich der Zahlungsunfähigkeit oder Überschuldung, so kann das Gericht Ermittlungen anordnen. RG. 36, 30; Mentzel 1926, S. 493.

Ist zur Vertretung die Mitwirkung mehrerer Vorstandsmitglieder erforderlich, so müssen sie auch den Antrag gemeinschaftlich stellen. Kommt keine Einigung zustande, so muß der Antrag unterbleiben. Diese Regelung, die aus dem Fehlen einer dem § 208 Abs. 1 der Konkursordnung entsprechenden Vorschrift folgt, ist notwendig, weil mit dem prozessualen Antrag auf Eröffnung des Verfahrens eine rechtsgeschäftliche Erklärung der Aktiengesellschaft usw., nämlich der Vergleichsvorschlag, verbunden sein muß. Diese Regelung ist auch unbedenklich, weil, anders als beim Konkurse, eine besondere strafrechtlich gesicherte Pflicht zur Stellung des Vergleichsantrages nicht besteht. Unterlassen die Vorstandsmitglieder die gebotene Stellung des Antrages, so sind sie der Gesellschaft usw. in dem gleichen Umfang, wie für andere Handlungen, verantwortlich (zu vergleichen § 241 des Handelsgesetzbuches, ferner meine obigen Erläuterungen zu §§ 240, 241 HGB., die Bekanntmachung vom 8. Aug. 1914, GBV. § 14, 2 D V. § 41, Verordnungen vom 28. April 1920 (RGBl. S. 696) und 24. Dez. 1922 (RGBl. 23, 21); § 43 des Gesetzes, betreffend die Gesellschaften mit beschränkter Haftung, § 27 Abs. 3 des BGB.).

c) Interimistisches.

Die Bekanntmachung betr. die zeitweilige Außerkraftsetzung einzelner Vorschriften des HGB. (§§ 240 Abs. 2; 241 Abs. 3 und 4; 249 Abs. 3; 298 Abs. 2; 315, 325 Nr. 8), GmbHG. (§§ 64, 71, 84), des Ges. betr. Erwerb- und Wirtschafts-Genoss. (§§ 99, 118, 142, 148) vom 8. Aug. 1914 (RGBl. S. 365) hatte die Vorschriften, die Eröffnung des Konkurses beantragen zu müssen, bis auf weiteres außer Kraft gesetzt. (RG. II 10. Jan. 1927, 2 D 977/26; RG. II, 7. April 1927, 2 D 117/27, nebst Fußnote von Bendix JW. 1927, 1697). Dies bezieht sich aber nur auf den Fall der Zahlungsunfähigkeit. Dagegen bleibt im Fall der Überschuldung die Verpflichtung zur Konkursanmeldung gegeben. RG. LZ. 1919, 498; Staub-Könige, 13. Auflage S. 275. Diese kann durch Beantragung des VerglVerf. umgangen werden, d. h., wenn die Voraussetzungen des VerglVerf. vorliegen.

d) Goldbilanzverordnung.

Der § 14 GoldbilanzVO. und der § 41, 2. Durchführungsverordnung hatte bestimmt, daß für die Frist, während deren die Umstellung läuft, die Verpflichtung, Konkurs wegen Überschuldung, welche sich bei Aufstellung der Eröffnungsbilanz ergibt, zu beantragen, entfällt. Für die gleiche Frist war die Vorschrift des § 240 HGB. Abs. 1 beseitigt. Da die Umstellung erfolgt ist, treten die gesetzlichen Vorschriften wieder in Kraft. Soweit ein Kapitalentwertungskonto eingesetzt ist, bleibt die Vorschrift des HGB. § 240 Abs. 1 außer Anwendung. (2. Durchführungsverordnung § 41 Abs. 3).

Durch die Verordnungen vom 28. April 1920 und 24. Dez. 1922 ist die Verpflichtung zur Anmeldung des Konkurses wegen Überschuldung aufgehoben, soweit diese auf Valuta- oder Goldverpflichtungen beruht, welche infolge des Verfalles der Währung sich erhöht haben. Diese Verordnungen sind durch die Umstellung auf Reichsmark gegenstandslos geworden. (Quassowski-Susat II. Auflage Anm. 1 zu § 149 Goldbilanzordnung: Staub-Könige-Pinner 13. Auflage 1926, 275).

C. Gesellschaft m. b. H.

Der § 88 spricht auch von den Gesellschaften m. b. H. Die Einleitung des Vergleichsverfahrens über sie ist nach der Auflösung unzulässig.

Der § 63 GmbHG. sagt:

„Über das Vermögen der Gesellschaft findet das Konkursverfahren außer dem Falle der Zahlungsunfähigkeit auch in dem Falle der Überschuldung statt. Die auf das Konkursverfahren über das Vermögen einer Aktiengesellschaft bezüglichen Vorschriften im § 207 Abs. 2, § 208 KO. finden auf die Gesellschaft mit beschränkter Haftung entsprechende Anwendung."

Der erste Absatz dieses Paragraphen hat — angesichts des § 1 der VerglO. — keine Bedeutung, weil schlechthin die Überschuldung nunmehr der Zahlungsunfähigkeit gleichgestellt ist.

Bezüglich der Überschuldung einer GmbH. ist der wirkliche Wert der Aktiven und die wirkliche Höhe der Schuld in Betracht zu ziehen. Näheres siehe GmbH. § 42 Ziff. 1. (Neukamp, Komm. GmbHG. S. 176 ff. und 286; Simon, Die Bilanzen, 3. Aufl. S. 464; Neukamp, Das Dogma von der Bilanzwahrheit, GZ. 48, 453; Rehm, Die Bilanzen zu § 42 GmbHG. S. 711 ff., § 67 VII; Staub, GmbHG. § 63 Anm. 2 und 5: Parisius-Crüger S. 301; Pinzger S. 241).

Der Umstand, daß eine Bilanz nicht mit einem Passivsaldo abschließt, sondern nach ihrem unmittelbaren Inhalt ein vorhandenes Aktivvermögen aufweist, steht der Annahme einer Überschuldung nicht entgegen. RGStr. V 12. Juli 1910, 44, 51; Str. IV, 16. März 1917, 51, 22; RGStr. II 80, Str. 108, 109, 4. Jan. 1910, 2 D 641/15.

Was den zweiten Absatz des § 63 GmbHG. anbetrifft, so wird auf die Bestimmungen der §§ 207 Abs. 2 sowie 208 KO.

Bezug genommen. Da jedes Vorstandsmitglied — in diesem Falle der Geschäftsführer §§ 64, 71 GmbHG. — und jeder Liquidator (aber nicht ein Aufsichtsratsmitglied, nicht der Aufsichtsrat und nicht ein Prokurist) zum Antrage auf Anordnung des VerglVerf. berechtigt ist, ist jeder derselben befugt, von der sofortigen Beschwerde des § 14 der VerglO. Gebrauch zu machen (analog: OLG. Colmar vom 24. Mai 1907 Rspr. 15, 243). Die GmbHG. ist der Schuldner. Ihre Organisation besteht während des Vergl.-Verf. fort. Da bei dem VerglVerf. der Schuldner verfügungsberechtigt bleibt, geht nicht, wie beim Konkurs, die Verwaltung auf die Gläubigerschaft über. Die VP. übernimmt vielmehr die Geschäftsführung nur im Rahmen der §§ 40—47 VerglO. Aus diesem Grund kann auch nach Anordnung des VerglVerf. ein Wechsel der Gesellschafter noch erfolgen (RG. 64, 153).

Die Gesellschaftsorgane führen während des Vergleiches selbstredend ihr Amt weiter. Rechtsähnlich: RG. JW. 1899, 305 *).

Die Geschäftsführer und Liquidatoren sind bei Vorhandensein einer der Konkursgründe konkursanmeldungspflichtig (§ 64—71 GmbHG.).

(Über schuldhafte Verzögerung der Gesamtanmeldung einer GmbH. siehe RGStr. II D 117/27, 7. April 1927, JW. 1927, 1697 und Fußnote von Bendix, ebenda.)

Sie genügen dieser Pflicht durch den Vergleichsantrag des § 1 VerglO. Geschäftsführer und Liquidatoren haben die Rechte und Obliegenheiten des Vergleichsschuldners wahrzunehmen. (Rechtsähnlich: Kammergerichtsentscheidung 48, 135).

D. Nichtrechtsfähige Vereine.

Es wird auf RG. 78, 102 und 85, 260 Bezug genommen.

§ 89.

Für offene Handelsgesellschaften, Kommanditgesellschaften auf Aktien gelten folgende besonderen Vorschriften:

1. Die Einleitung des Vergleichsverfahrens ist unzulässig, wenn die Gesellschaft aufgelöst ist.
2. Der Vergleichsvorschlag muß von allen persönlich haftenden Gesellschaftern gemacht werden.
3. Soweit es für die Eröffnung oder die Fortsetzung des Verfahrens auf das Verhalten des Schuldners ankommt, genügt es, wenn ein die Ablehnung der Eröffnung, die Verwerfung des Vergleichs oder die Einstellung des Verfahrens rechtfertigender Grund in der

*) Über Rechtsgeschäfte und Haftung des juristischen Vertreters s. Zitat der Fußnote § 87 B, ferner OLG. Königsberg 17. März 1927, 6 S 54/27; JW. 1927, 2084.

Person eines persönlich haftenden Gesellschafters, in den Fällen des § 79 Abs. 1 Nr. 3 bis 7 in der Person eines zur Vertretung berechtigten Gesellschafters vorliegt; dies gilt insbesondere von der Rücknahme des Antrags.

4. Der Vergleich begrenzt, soweit er nichts anderes festsetzt, zugleich den Umfang der persönlichen Haftung des Gesellschafters.

Offene Handelsgesellschaften, Kommanditgesellschaft, Kommanditgesellschaft auf Aktien.

A. Allgemeines.

Im Falle der Zahlungsunfähigkeit oder Überschuldung einer dieser Gesellschaften findet über das Gesellschaftsvermögen ein selbständiges Vergleichsverfahren statt. Über das Gesellschaftsvermögen kann das VerglVerf. angeordnet werden, auch wenn über das Privatvermögen der einzelnen Gesellschafter dies nicht geschieht. Das Vergleichsverfahren über das Gesellschaftsvermögen ist, selbständig und getrennt von dem allenfallsigen Vergleichsverfahren über das Privatvermögen der persönlich haftenden Gesellschafter, zu eröffnen und zu behandeln. Gleichwohl ist als Schuldner bei dem Vergleichsverfahren über eine offene Handelsgesellschaft oder eine Kommandit-Gesellschaft (z. B. bezüglich der Beschwerderechte, Auskunft-, Einsicht- und Eidespflichten, auch der verschiedenen Obliegenheiten) jeder persönlich haftende Gesellschafter anzusehen (RG. 74, 68; JW. 95, 454).

In dem VerglVerf. über eine offene Handelsgesellschaft bildet das Gesellschaftsvermögen eine selbständige Vermögensmasse, zu der die Vermögensgegenstände des Privatvermögens der Gesellschafter auch dann nicht gehören, wenn sie für Forderungen gegen die Gesellschaft verpfändet sind, und die das Vermögen der Gesellschafter nur insoweit ergreift, als es zum Gesellschaftszweck vereinigt und für Zwecke der Gesellschaft gebunden ist. Analog: RG. 10. Okt. 1917; RG. 91, 12. Recht 17, Nr. 2093—95.

Die Kommanditeinlage und das Auseinandersetzungsguthaben können nicht in dem VerglVerf. der Kommanditgesellschaft angemeldet werden. KG. 25. Nov. 1921. ROLG. 42, 76. Recht 22 Nr. 1297.

Dem Vergleichsverfahren untersteht das Gesellschaftsvermögen, nicht das Privatvermögen der Gesellschafter. Zur Schuldenmasse gehören nur die Gesellschaftsschulden, nicht die Privatschulden der einzelnen Gesellschafter. Die Einlagen der Gesellschafter und zwar sowohl diejenigen, welche bei Anordnung des VerglVerf. an die Gesellschaft übergegangen sind, als auch diejenigen, welche später anfallen, gehören zum Vermögen der schuldnerischen Gesellschaft. Die Schadenersatzansprüche der Gesellschaft gegen die Mitglieder fallen unter das Vermögen der Gesellschaft. Schuldner mit allen Rechten und Pflichten sind nur die Gesellschafter, offenen Handelsgesellschafter und Komplementäre, nicht die Kommanditisten (RG. 17, 367; 18, 140; RG., JW. 1895, 238; 1902, 213; SeuffBl. 1909, 75, 124; Staub, HGB. § 131; Jaeger, Der Konkurs der offenen Handelsgesellschaft). Zu dem Antrage auf Eröffnung des Verfahrens sind die persönlich haftenden Gesellschafter und Liquidatoren, nicht aber ein Gläubiger, berechtigt. Gläubiger, welche vom Verfahren betroffen sind, sind die persönlichen Gläubiger der Gesellschaft. Die persönliche Schuld des einzelnen Gesellschafters ist von dem Vergleichsverfahren über das Vermögen der Gesellschaft ausgeschlossen. Der Kapitalanteil der Gesellschafter bildet keine Forderung im Vergleichsverfahren über das Gesellschaftsvermögen. Das Nämliche gilt von nicht erhobenen Anteilen am Gewinne früherer Geschäftsjahre. Bezüglich der Ersatzansprüche für Verwendungen und Verluste gemäß § 110 HGB. kann ein Gesellschafter als vom Verfahren betroffener Gläubiger in Betracht kommen. Der § 110 HGB. sagt nämlich:

„Macht der Gesellschafter in den Gesellschaftsangelegenheiten Aufwendungen, die er den Umständen nach für erforderlich halten darf, oder erleidet er unmittelbar durch seine Geschäftsführung oder aus Gefahren, die mit ihr untrennbar verbunden sind, Verluste, so ist ihm die Gesellschaft zum Ersatze verpflichtet. Aufgewendetes Geld hat die Gesellschaft von der Zeit der Aufwendung an zu verzinsen."

Dieser Ersatz für Aufwendungen hat mit dem Kapitalanteil des Gesellschafters nichts zu tun. Vom Vergleichsverfahren betroffene Gläubiger sind die Gesellschafter ferner für alle Ansprüche aus Rechtsgeschäften (Kauf, Tausch, Miete, Darlehen), die die Gesellschafter mit der Gesellschaft abgeschlossen haben. Vom Verfahren nicht betroffener Gläubiger ist ferner der bei Anordnung des Vergleichsverfahrens ausgetretene oder ausgeschlossene Gesellschafter (HGB. §§ 138 ff.; BGB. § 738).

B. Das Vergleichsverfahren und die Gesellschaften.

Zu dem Antrag auf Eröffnung des Vergleichsverfahrens sind diejenigen Personen legitimiert, welche im Konkurse zu einem Zwangsvergleichsvorschlage ermächtigt sein würden. Auch nach § 211 KO. kann ein Zwangsvergleich nur auf Vorschlag aller persönlich haftenden Gesellschafter geschlossen werden. (Ebenso ÖsterrAusglO. § 60; Rintelen S. 499) *). Kommanditisten und Liquidatoren steht ein Vorschlagsrecht nicht zu, auch nicht einem vor Anordnung des VerglVerf. bereits ausgetretenen oder ausgeschlossenen Gesell-

*) Der Vergleichsvorschlag ist auch von den nicht geschäftsführenden Gesellschaftern zu unterschreiben.

schafter. Die Stelle eines nach Anordnung des VerglVerf. verstorbenen Gesellschafters nimmt sein Erbe ein, aber nur dann, wenn im Vertrage der Gesellschaft die Fortsetzung der Gesellschaft mit dem Erben festgelegt worden war (HGB. § 139). Bezüglich der Pflichtwidrigkeiten des Schuldners kommt jeder einzelne persönlich haftende Gesellschafter in Betracht. Dreht es sich um die Berechnung der Mehrheit, so bleibt der Ehegatte des Gesellschafters außer Betracht, wenn er dem Vergleiche der Gesellschaft zugestimmt hat. Das Beschwerderecht steht jedem Gesellschafter zu (RG. JW. 1895, 454).

Der Vergleich wird abgeschlossen mit den persönlich haftenden Gesellschaftern. Gesellschaftsgläubiger können von jedem nur die Akkordsumme im ganzen einmal verlangen. Der Zustimmung der Kommanditisten oder Liquidatoren bedarf es — nach außen — nicht. Der Vergleich bei dem VerglVerf. über eine Gesellschaft bewirkt eine Minderung der persönlichen Haftung der Gesellschaft. Diese kommt aber nicht dem bereits vor Anordnung des Vergl.-Verf. ausgeschiedenen oder ausgeschlossenen Gesellschafter zugute (RG. 29, 38; 56, 366; JW. 97, 210; SeuffArch. 53 Nr. 71). Der Vergleich bei dem Verfahren über eine Gesellschaft kann hinsichtlich der Entlastung vereinbarungsgemäß auch eine andere Festsetzung treffen, wie diejenige des § 211 KO. Es können nämlich einzelne Gesellschafter über die Vergleichsverpflichtung hinaus eine Haftung übernehmen. Ebenso kann eine Entlastung des ausgeschiedenen oder ausgeschlossenen Gesellschafters vertraglich vereinbart werden; in diesem Falle müssen aber diejenigen Gläubiger zustimmen, welchen der ausgeschiedene oder ausgeschlossene Gesellschafter haftet.

Wenn, nach Abschluß eines VerglVerf. über eine Gesellschaft durch Vergleich, ein weiterer Vergleich im VerglVerf. über das Vermögen eines einzelnen Gesellschafters geschlossen wird, so kommt eine doppelte Minderung gegenüber diesem Gesellschafter in Betracht.

C. Gründe für die Aufhebung (Ablehnung, Verwerfung, Einstellung).

Wenn der einzelne persönlich haftende Gesellschafter sich als unwert herausstellt, rechtfertigt solches Verhalten die gerichtlichen Maßnahmen aus § 22 (Ablehnung), § 68 (Verwerfung) und § 79 (Einstellung). Das Gesetz sagt, daß ein Vergleichsreat des persönlich haftenden Gesellschafters genügt, daß also m. a. W. auch Vergleichsreate der anderen Gesellschafter den Ausschlag für die richterliche Beurteilung geben können. (Z. B. das Vergleichsreat des Komplementärs gibt den Ausschlag, da der Kommanditist nicht Schuldner im Sinn der VerglO. ist, wenn über die Kommandit-Gesellschaft das VerglVerf. eröffnet ist; RG. 28. Juni 1926, Jur. Rundschau, 26 Beil. S. 1193) *).

*) Es heißt hier — vielleicht im Einzelfall ungerecht —: mitgefangen — mitgehangen.

Zu aller Vorsorge macht § 89 Absatz 2 Passus 3 noch darauf aufmerksam, daß, wenn die von dem Einstellungsparagraphen 79 VerglO. im Auge gehabten Verfehlungen Passus 3, 4, 5, 6 und 7 von der Person eines zur **Vertretung berechtigten** Gesellschafters ausgehen, solches Verhalten zur richterlichen Beurteilung genügt. Es können m. a. W. Vergleichsreate auch nichtvertretungsberechtigter Gesellschafter für die richterliche Beurteilung ausschlaggebend sein. Handlungen, Unterlassungen nichtvertretungsberechtigter Gesellschafter können das üble Milieu bei Kannvorschriften ergänzen und vervollständigen. Auch die Rücknahme des Antrages hat die Wirkungen des § 79 Absatz 1 Nr. 1 nur, wenn sie von einem vertretungsberechtigten Gesellschafter ausgeht. Der Antrag eines vertretungsberechtigten Gesellschafters genügt. Folglich können ihn aber auch Nichtvertretungsberechtigte stellen. (In der amtlichen Begründung vom 7. Juni 1926 ist letzteres etwas schief dargestellt).

D. Die Begrenzung des Umfanges der persönlichen Haftung.

Der Vergleich begrenzt zugleich den Umfang der persönlichen Haftung der Gesellschafter, soweit nicht in dem Vergleich ausdrücklich etwas anderes ausgemacht ist. Die Beschränkung der persönlichen Haftung der Gesellschafter auf die Vergleichsdividende bewirkt, daß auch die Haftung für die Zinsen, die an sich gegenüber den Gesellschaftern in Person beansprucht werden können, in Wegfall kommt. (RG. 15, 117; RG. 92, 193). Die vor der Vergleichseröffnung ausgeschiedenen Gesellschafter fallen nicht unter § 89 VerglO. Abs. 2 Passus 4 (RG. 56, 366; JW. 1897, 210). Ihre Rechte werden also durch den Vergleich nicht berührt. Doch ist dies kein ius cogens. Es kann auch für die vor der Vergleichseröffnung ausgeschiedenen Gesellschafter ein anderes im Vergleich vereinbart werden. —

An der dinglichen Haftung ändert der § 89 nichts. OLG. 32, 400.

§ 90.

In dem Vergleichsverfahren über das Privatvermögen eines persönlich haftenden Gesellschafters einer offenen Handelsgesellschaft, einer Kommanditgesellschaft oder einer Kommanditgesellschaft auf Aktien sind die Gesellschaftsgläubiger, wenn über das Gesellschaftsvermögen das Vergleichsverfahren oder das Konkursverfahren eröffnet worden ist, nur in Höhe des Betrags beteiligt, für den sie in dem Verfahren über das Gesellschaftsvermögen keine Befriedigung erhalten. § 62 Abs. 3 findet entsprechende Anwendung.

Das Vergleichsverfahren über das Vermögen einer offenen Handelsgesellschaft, einer Kommanditgesellschaft oder einer Kommanditgesellschaft auf Aktien steht im Sinne des § 212 der Konkursordnung dem Konkursverfahren gleich.

Vergleich über das Privatvermögen des Gesellschafters neben dem Vergleich oder Konkurs über das Gesellschaftsvermögen.

Die Bestimmung des § 90 VerglO. entspricht dem § 212 KO. der deshalb im Gesetzestext angeführt ist. Vor Geltung der deutschen KO. und in Gesetzen des Auslandes bestand bzw. besteht die Auffassung, daß der Gesellschaftskonkurs ohne weiteres den Privatkonkurs des Gesellschafters nach sich ziehe. Diese Auffassung liegt der deutschen KO. nicht zugrunde. (Auch nicht der Österr AusglO. § 61; siehe Rintelen S. 542). Die Wechselwirkung der Doppelkrisis ist aber dennoch groß. Die Gläubigerschaft des VerglVerf. über das Privatvermögen des Gesellschafters hat Anspruch auf die Forderungen des Gesellschafters gegenüber der Gesellschaft, somit auch gegenüber dem Vergleichs- oder Konkursverfahren über das Vermögen der Gesellschaft (§ 738 BGB.). Umgekehrt hat die Gesellschaft, bzw. das VerglVerf. über deren Vermögen, Anspruch gegenüber dem Vergleichs- oder Konkursverfahren des Privatgesellschafters, soweit der letztere Schuldner der Gesellschaft ist. Es nehmen aber außerdem an der Privatgant — um diesen allgemeinen Ausdruck zu gebrauchen — des Gesellschafters die Gläubiger der Gesellschaft teil (§§ 128 ff., 161; 320 HGB.). Treffen beide Ganten zusammen, so nehmen die Gesellschaftsgläubiger an der Privatgant bloß mit ihrem Ausfalle teil. Dem Gesellschaftsgläubiger ist es unbenommen, bei der Privatgant sich mit dem vollen Betrage zu beteiligen, also auch die schriftlichen Erklärungen im Sinne der §§ 16 ff. VerglO. auf den vollen Betrag zu erstrecken. Solange das Ergebnis der Gesellschaftsgant aussteht, darf auch die volle Quote bezüglich der Privatgant zurückgestellt werden. Nur darf schließlich aus der Masse der Privatgant nicht mehr ausgezahlt werden. Wird die Privatgant abgeschlossen und der Ausfall der Gesellschaftsgant steht noch aus, so muß der Anteil hinterlegt werden, welcher bei gänzlichem Ausfall des Anspruches gegenüber der Gesellschaftsgant übrig bleibt. Dann wird bei der Privatgant später (nach Abschluß der Gesellschaftsgant) der ausmachende Betrag zu einer nachträglichen Verteilung frei. Treffen Gesellschaftsvergleich und Privatvergleich eines ausgeschiedenen Gesellschafters zusammen, so findet § 90 Abs. 1 der VerglO. keine Anwendung. Wird im Gesellschaftsvergleich eine Gesellschaftsschuld festgestellt, so wirkt diese Feststellung auch in Richtung gegen die Gesellschafter. RG. 70, 325; 74, 63. Allein aus der Feststellung der Forderung im Gesellschaftsvergleich kann in Richtung gegen Gesellschafter persönlich keine Vollstreckung vorgenommen werden. HGB. § 129 Abs. 4 RG. 49, 344.

Die Bestimmung des § 90 VerglO. hindert das Aufrechnungsrecht nicht (RG. 56, 365). Wird bei der Privatgant ein Vergleich geschlossen, so kann der Gesellschaftsgläubiger seine Forderung an die Gesellschaftsgant geltend machen, ebenso umgekehrt; zweifelnd: RG. 56, 365). Die Bestimmung des § 90 VerglO. bezieht sich nur auf den persönlich haftenden Gesellschafter, also nicht auf den Kommanditisten, weil während der Gesellschaftsgant die Gläubiger derselben gegen den Kommanditisten nicht vorgehen können. Der § 90 VerglO. findet keine Anwendung bei Ansprüchen gegen den Gesellschafter aus Gründen, die mit der Gesellschaftseigenschaft in keinem Zusammenhang stehen, wenn also z. B. der Gesellschafter in einer Privatangelegenheit einen Wechsel ausgestellt hat. In solchem Falle kann die Forderung in beiden Ganten verfolgt werden. Die Summe der Quoten darf aber 100 % des Anspruches nicht überschreiten (RG. Bolze 16 Nr. 500).

§ 91.

Für eingetragene Genossenschaften, die den Vorschriften des Gesetzes, betreffend die Erwerbs- und Wirtschaftsgenossenschaften, unterliegen, gelten folgende besondere Vorschriften:

1. Die Einleitung des Vergleichsverfahrens ist unzulässig, wenn die Genossenschaft aufgelöst ist.
2. Zur Stellung des Antrags ist jedes Mitglied des Vorstandes berechtigt. Wird der Antrag nicht von allen Vorstandsmitgliedern gestellt, so hat das Gericht vor der Entscheidung die Vorstandsmitglieder, welche den Antrag nicht gestellt haben, zu hören.
3. In dem Verzeichnis der Gläubiger und der Schuldner (§ 16 Abs. 1 Nr. 1) ist anzugeben, wenn ein Gläubiger Mitglied der Genossenschaft ist; das gleiche gilt für eine Anmeldung gemäß § 60. In dem Antrag ist weiter anzugeben, welchem Revisionsverbande die Genossenschaft angehört oder innerhalb der letzten drei Jahre vor der Stellung des Antrags angehört hat; hat die Genossenschaft innerhalb dieser Zeit keinem Revisionsverband angehört, so ist der Revisionsverband anzugeben, in dessen Bezirke die Genossenschaft ihren

Sitz hat. Der Antrag und seine Anlagen sollen in drei Stücken eingereicht werden.

4. Der Revisionsverband, dem die Genossenschaft angehört, ist vor der Entscheidung über den Antrag auf Eröffnung des Vergleichsverfahrens nach Maßgabe des § 20 sowie vor der Entscheidung über die Bestellung einer von der Gläubigermehrheit vorgeschlagenen Vertrauensperson (§ 41 Abs. 2) zu hören. Die Eröffnung des Vergleichsverfahrens kann gemäß § 23 Nr. 1 abgelehnt werden, wenn der Revisionsverband das Angebot als unzureichend bezeichnet.

Gehört die Genossenschaft keinem Revisionsverband an, so stehen die im vorstehenden Absatz bezeichneten Rechte dem Revisionsverbande, dem die Genossenschaft innerhalb der letzten drei Jahre vor der Stellung des Antrags angehört hat, oder, wenn sie auch in dieser Zeit keinem Revisionsverband angehört hat, dem Revisionsverbande zu, in dessen Bezirke die Genossenschaft ihren Sitz hat. Kommen hiernach mehrere Revisionsverbände in Betracht, so steht die Auswahl dem Gerichte zu.

5. Zum Abschluß eines Vergleichs ist erforderlich, daß die Gläubiger, die Mitglieder der Genossenschaft sind, und die Gläubiger, die nicht Mitglieder der Genossenschaft sind, dem Vergleich gesondert mit den im § 63 festgesetzten Mehrheiten zustimmen.

6. Hat ein Genosse seinen Austritt aus der Genossenschaft erklärt oder der Gläubiger eines Genossen das Kündigungsrecht ausgeübt, so scheidet der Genosse nicht vor dem Schlusse des Geschäftsjahrs aus, in dem das Vergleichsverfahren endet oder, wenn in einem Vergleich eine Stundung bewilligt wird, die Stundung abläuft. Die Erklärung des Genossen oder des Gläubigers über den Austritt oder die Kündigung ist spätestens sechs Wochen vor dem Ende des Geschäftsjahrs, mit dessen Schluß der Genosse ausscheidet, oder, wenn das Vergleichsverfahren innerhalb der letzten sechs Wochen

dieses Jahres endet, unverzüglich zu der Liste der Genossen einzureichen. Der Jahresschluß, zu dem der Genosse ausscheidet, ist erst nach Beendigung des Vergleichsverfahrens in die Liste der Genossen einzutragen; ist er bereits früher eingetragen, so ist nachträglich zu vermerken, daß ein Vergleichsverfahren eröffnet worden ist.

Der Genossenschaftsvergleich.

A. Die Erwerbs- und Wirtschaftsgenossenschaften.

Hinsichtlich der volkswirtschaftlichen Gesichtspunkte s. Schulze-Delitzsch, Die arbeitenden Klassen; Gierke, Das Genossenschaftswesen; Jacob, Volkswirtschaftliche Theorie der Genossenschaften; Weil, Die gewerblichen Produktionsgenossenschaften.

Den Genossenschaften obliegt die Förderung des Erwerbes und der Wirtschaft ihrer Mitglieder durch gemeinschaftlichen Geschäftsbetrieb. Handwerker bilden Vereine, um die zum Betriebe erforderlichen Rohstoffe, Maschinen, Werkzeuge und Geräte praktischer und billiger einzukaufen als der einzelne (Distributiv-Genossenschaften). Sie bilden Absatzgenossenschaften, um in gemeinsam gemieteten Räumlichkeiten ihre Erzeugnisse anzubieten und zu verkaufen. Landwirte erwerben Maschinen, um preiswerter die Produkte zu verarbeiten und abzusetzen (Produktivgenossenschaften, z. B. Molkerei- und Winzereigenossenschaften). Oder es werden Lebensmittel gemeinsam eingekauft und den einzelnen billiger abgegeben (Konsumvereine). Die Genossenschaft ist überwiegend die Gesellschaftsform der wirtschaftlich Schwachen (Crüger S. 1, 27; Fischer, Die Bilanzwerte, Tl. 2 S. 379).

Man unterscheidet auch Käufer- und Verkäufergenossenschaften. Es gibt ferner: Kreditgenossenschaften, Bezugsgenossenschaften, Genossenschaften zur Beschaffung von Betriebsmitteln, Werkgenossenschaften, Zuchtviehgenossenschaften, Ölverwertungsgenossenschaften, Meliorationsgenossenschaften, Deich- und Waldgenossenschaften, Magazingenossenschaften, Viehverkaufs- und Verwertungsgenossenschaften, Kuhkassen, Aktiengenossenschaften.

Anfangs 1921 gab es im Deutschen Reich 44315 eingetragene Erwerbs- und Wirtschaftsgenossenschaften, davon 22446 mit beschränkter Haftung, 21726 mit unbeschränkter Haftung, 143 mit unbeschränkter Nachschußpflicht. 1925 betrug die Zahl der Genossenschaften in Deutschland 52326.

Die wichtigsten Genossenschaftsverbände sind: 1. Generalverband der Deutschen Raiffeisen-Genossenschaften, 2. Reichsverband der Deutschen Landwirtschaft, 3. Genossenschaftsverband des Reichslandbundes, 4. Zentralverband Deutscher Konsumvereine, 5. Reichsverband Deutscher Konsumvereine.

Die Gesetzgebung muß nun strikte Vorschriften erlassen, um der Schwäche des gemeinschaftlichen Vermögens abzuhelfen, ohne die schonungsbedürftigen Mitglieder zu stark zu belasten. Vor allem muß der Anreiz gesetzlich bekämpft werden, sich durch den Austritt*) Geld zu verschaffen. Das Verbleiben in der Genossenschaft muß begünstigt werden (siehe z. B. § 73 GenG.). Der Grundgedanke des Gesetzgebers, die beim Austritt eines Genossen eintretende Schwächung des Gemeinschaftsvermögens auf Kosten der austretenden Genossen möglichst zu mildern, damit nicht diese in dem Augenblick die Genossenschaft im Stiche lassen, in welchem der Zusammenbruch in naher Aussicht steht, liegt auch den Bestimmungen des GenG. zugrunde (Parisius-Crüger zu § 73 S. 292; Pröbst S. 248; Maurer S. 274; Joel S. 593; Merzbacher S. 183). Der § 75 GenG. in der Fassung der Bekanntmachung vom 20. Mai 1898 sagt:

„Wird die Genossenschaft binnen sechs Monaten nach dem Ausscheiden des Genossen aufgelöst, so gilt dasselbe als nicht erfolgt."

Das Ausscheiden ist nach der Begründung zum GenG. II S. 232 mit einer gesetzlichen auflösenden Bedingung behaftet. Mit dem Eintritt der Bedingung, also mit der Auflösung der Genossenschaft, endigt gemäß § 158 Abs. 2 BGB. die Folge des Ausscheidens und tritt der frühere Rechtszustand wieder ein. Das Ausscheiden wird erst dann definitiv, wenn innerhalb der angegebenen Frist die Genossenschaft nicht zur Auflösung gelangt. Die Gläubiger können also die Wirkung des Ausscheidens stets dadurch verhindern, daß sie binnen sechs Monaten nach dem Ausscheiden von Genossen aus einer insolventen Genossenschaft die Eröffnung des Konkursverfahrens betreiben. —

Durch die Anordnung des Vergleichsverfahrens wären nun die Gläubiger gehindert, sich auf diese Weise zu ihrem Rechte zu verhelfen. Dieser durch das Vergleichsverfahren geschaffene Rechtszustand gäbe den Genossen eine gewisse Freizügigkeit, welche die Gläubigerschaft schädigen müßte (Boes, GenBl. 15, 442). Im Falle des Konkursverfahrens sind neben der Genossenschaft die einzelnen Genossen solidarisch und mit ihrem ganzen Vermögen den Konkursgläubigern für den Ausfall verhaftet, welchen diese an ihren bei der Schlußverteilung (KO. § 161) berücksichtigten Forderungen bei derselben erleiden. Festgestellte Forderungen, welche im Prüfungstermine von dem Vorstande oder den Liquidatoren nicht ausdrücklich bestritten sind, können auch von den in Anspruch genommenen Genossen nicht bestritten werden. Das rechtskräftige Urteil, welches in dem Prozeß über eine im Prüfungstermine von dem Vorstande oder den Liquidatoren bestrittene Forderung für oder gegen dieselben ergeht, wirkt gegenüber allen Genossen (§ 122 GenG.). Die Klage der Gläubiger gegen die einzelnen Genossen verjährt, sofern nicht nach Beschaffenheit der Forderung eine kürzere Verjährungsfrist gesetzlich eintritt, in zwei Jahren

*) Eintritt und Austritt von Gen.-Mitgliedern: Ruth„ ZHR., 88. Bd. (1926), 454 ff.

seit Ablauf des Termines, in welchem die Nachschußberechnung für vorläufig vollstreckbar erklärt ist (§ 123 GenG.). Diese Bestimmungen finden auf die in den letzten zwei Jahren vor der Eröffnung des Konkursverfahrens aus der Genossenschaft ausgeschiedenen Genossen, welche nicht schon in Gemäßheit des § 75 GenG. der Haftpflicht unterliegen, wegen der bis zu dem Zeitpunkte ihres Ausscheidens von der Genossenschaft eingegangenen Verbindlichkeiten mit der Maßgabe Anwendung, daß der Anspruch der Gläubiger erst nach Ablauf von sechs Monaten seit dem Termine, in welchem die Nachschußberechnung für vollstreckbar erklärt ist, erhoben werden kann (§ 125 GenG.). Ist im Falle der Eröffnung des Konkursverfahrens nach Ablauf von drei Monaten seit dem Termine, in welchem die Nachschußberechnung für vollstreckbar erklärt ist, die Befriedigung oder Sicherstellung der Konkursgläubiger noch nicht bewirkt, so sind die hiezu erforderlichen Beiträge von den innerhalb der letzten 18 Monate vor der Eröffnung des Konkursverfahrens ausgeschiedenen Genossen, welche nicht schon in Gemäßheit des § 75 GenG. der Nachschußpflicht unterliegen, zur Konkursmasse zu leisten (§ 128 GenG.). Die einzelnen Genossen können freilich über ihre Haftsumme hinaus weder auf Leistung von Nachschüssen, noch von den Konkursgläubigern in Anspruch genommen werden (§ 141 GenG.).

Mit anderen Worten: Das Vergleichsverfahren böte ohne besondere Ausnahmebestimmungen den Genossen die bequemste Gelegenheit, sich zu entlasten (Boes, GenBl. 15, 442). Nach alledem scheidet der Genosse nicht vor dem Ende desjenigen Geschäftsjahres aus, in welchem nach § 91, 6 der VerglO. das Vergleichsverfahren über die Genossenschaft endigt, oder wenn in einem Vergleich eine Stundung bewilligt wird, die Stundung abläuft. Die Erklärung des Genossen oder des Gläubigers über den Austritt oder die Kündigung ist spätestens sechs Wochen vor Ende des Geschäftsjahrs, mit dessen Schluß der Genosse ausscheidet, oder wenn das Vergleichsverfahren innerhalb der letzten sechs Wochen dieses Jahres endet, unverzüglich zu der Liste der Genossen einzureichen. Der Jahresschluß, zu dem der Genosse ausscheidet, ist erst nach Beendigung des Vergleichsverfahrens in die Liste der Genossen einzutragen Ist der Jahresschluß schon zuvor bereits eingetragen, so ist nachträglich zu vermerken, daß ein Vergleichsverfahren eröffnet worden ist.

B. Vorgeschichte und Vorverhandlungen.

Die Bestimmungen der Vergleichsordnung sind von denen der GeschAufsVO. verschieden. Die Bestimmungen des Redaktionsausschusses der VerglO. sind von denen der Regierungsvorlage und denen der 2. Lesung verschieden. Der Ausschuß hatte wegen der Schwierigkeit der Materie in erster Lesung seine Entscheidung bis zur 2. Lesung zurückgestellt.

Im Rechtsausschuß entspann sich bei Beratung des § 84 (jetzt § 91) VerglO. eine ausgedehnte und eingehende Debatte, vor allem über die Frage der Einreihung des Erlaßvergleiches in das Gesetz. Im Konkurs über das Vermögen einer eingetragenen Genossenschaft ist ein Zwangsvergleich unzulässig (§ 116 des Ges., betr. die Erwerbs- und Wirtschaftsgenossenschaften vom 20. Mai 1898; 1. Juli 1922; 18. Mai 1923; 4. Februar 1925; 19. Januar 1926). Nach dem Vorgang des § 72 Abs. 1 GeschAufsVO. wollte der Entwurf der Regierungsvorlage zwar das VerglVerf. zur Abwendung des Konkurses zulassen, den Vergleich aber, ebenfalls in Anlehnung an die GeschAufsVO. (§ 35 Abs. 2), auf den Stundungsvergleich beschränken. Die Regierung nahm — in Verteidigung ihres ersten Entwurfes — an, die Einführung des Erlaßvergleiches würde mit Rücksicht auf die Haftung der Genossen zu kaum lösbaren Schwierigkeiten führen. Wollte man ihn nur für die Genossenschaft wirken lassen, so müßte man dem Gläubiger alsbald ein Zugriffsrecht auf die einzelnen Genossen geben. Würde der Erlaßvergleich dagegen auch den Genossen zugute kommen, so würde die Kreditgrundlage der Genossenschaft, die vornehmlich in der Haftung der Genossenschaft bestehe, ohne Grund den Gläubigern entzogen werden. Die Einführung des Erlaßvergleiches im VerglVerf. müßte — nach Ansicht der Regierung — auch notwendig die Zulassung des Zwangsvergleiches im Genossenschaftskonkurse nach sich ziehen. Denn wenn der Erlaßvergleich im VerglVerf., dagegen nicht im Konkurse, zulässig sei, so könnte dies die Gläubiger bestimmen, die Genossenschaft in Konkurs zu treiben, um die Haftung der Genossen zu verwirklichen. Wollte man aber den Zwangsvergleich auch im Konkurse zulassen, so müßte man das Recht der Genossenhaftung grundlegend ändern. Die Befürchtung, daß die Zulassung des Erlaßvergleiches den Kredit der Genossenschaften stark erschüttern würde, habe verschiedene, mit den genossenschaftlichen Kreditverhältnissen vertraute, Stellen veranlaßt, dem Gedanken der Zulassung eines solchen Vergleiches entschieden entgegenzutreten. Bei den Beratungen des Reichsrates sei auch kein Vorschlag nach dieser Richtung gemacht worden.

Ein Vertreter der Preußischen Zentralgenossenschaftskasse verbreitete sich nun im Rechtsausschuß ausführlich über die Frage, ob der Zwangsvergleich in vollem Umfang auf die Genossenschaften ausgedehnt werden solle. Der Auffassung der Zentralkreditinstitute für das deutsche Genossenschaftswesen, der Preußischen Zentralgenossenschaftskasse und der Dresdner Bank, stände diejenige der großen Verbände gegenüber, die sich im Freien Ausschuß des deutschen Genossenschaftswesens zusammengefunden hätten. Eine Aussprache zwischen den Kreditinstituten und diesem Ausschuß über die eingangs erwähnte Frage habe nicht zu einem Ergebnis geführt. Der Freie Ausschuß stände auf dem Standpunkt, daß der Zwangsvergleich ganz allgemein zur Anwendung gebracht werden solle, während die beiden großen Kreditinstitute dabei beharrten, daß über die Regierungsvorlage nicht hinausgegangen werden dürfe.

Der Zwangsvergleich habe für das Genossenschaftswesen nur eine geringe Bedeutung. Bei rund 52400 Genossenschaften, von denen etwas über 40000 landwirtschaftliche Genossenschaften, 4000 gewerbliche, der Rest andere Genossenschaften seien, entfielen fast 29000 auf Genossenschaften mit beschränkter Haftpflicht, etwas über 23000 auf Genossenschaften mit unbeschränkter Haftpflicht und nur 131 auf Genossenschaften mit unbeschränkter Nachschußpflicht. An den bisher 11000 Konkursen seien die Genossenschaften mit 119 beteiligt, an den 6687 Geschäftsaufsichten — nach dem Stande vom 30. Juni 1926 — seien sie nur mit 10 beteiligt.

Daraus gehe hervor, welche geringe Bedeutung sowohl der Konkurs als auch der Zwangsvergleich für die Genossenschaft habe.

Das beruhe auf der Struktur des Genossenschaftswesens. Die Kreditgeber der Genossenschaften seien, da das Vermögen der Genossenschaften in der Nachkriegszeit sehr zusammengeschmolzen sei, gezwungen, recht vorsichtig in der Kreditgewährung zu sein. Die Haftsummen der Genossenschaften bildeten die vornehmste Sicherheit. Die geringe Zahl der Konkurse und Geschäftsaufsichten im Genossenschaftswesen sei auch darauf zurückzuführen, daß die Genossenschaften in der Schaffung neuen Kapitals oder neuer Sicherheiten für die Gläubiger infolge der Möglichkeit von Erhöhung der Geschäftsanteile oder Haftsummen sehr beweglich seien.

An der Inanspruchnahme der Haftsummen für die Sicherheit müsse man auch deshalb in vollem Umfang festhalten, weil die Genossenschaften im wesentlichen Umfang die Verwalterinnen der kleinsten Sparguthaben seien. Sie ständen hier im Wettbewerbe mit den Sparkassen, die sich auf ihre Mündelsicherheit beriefen, während die Genossenschaften nur auf die Haftpflicht hinweisen könnten, die es im Regelfall ermögliche, unter Inanspruchnahme der Haftsumme eine Befriedigung der Gläubiger zu 100% zu erreichen.

Verwickelt werde das Problem dadurch, daß der einzelne Genosse gleichzeitig Gläubiger und Schuldner sei. Er sei Gläubiger wegen des eingezahlten Geschäftsguthabens, Schuldner durch Aufnahme von Krediten oder Belastung seines Warenkontos. Schaffe man nun die Möglichkeit, den Zwangsvergleich, unter Aufhebung der Einschränkung des § 84 der Regierungsvorlage, restlos auf die Genossenschaften auszudehnen, so entstehe die Gefahr, daß die Depositengläubiger, die Spareinleger, erhebliche Einbußen auf sich nehmen müßten, obwohl man entweder überhaupt nicht den Versuch gemacht habe, an die Haftsummen heranzukommen, oder nicht den Versuch gemacht habe, die Haftsummen in voller Höhe zu erfassen. Einen Weg zur Beseitigung dieses Konfliktes hätten die Kreditinstitute mit dem Freien Ausschuß des Genossenschaftswesens nicht gefunden.

Auch die Kreditfähigkeit der Genossenschaften würde durch die Ausdehnung des Zwangsvergleichs durch die Genossenschaften gefährdet. Das Vertrauen in die Geschäftsführung dürfe nicht im entferntesten erschüttert werden. Daher solle man an dem bisherigen Rechtszustand, der sich durchaus bewährt habe, nicht rütteln.

Schließlich spiele heutzutage die Risikoprämie für jeden Geldgeber eine große Rolle. Würde man in Zukunft die Haftsumme nicht mehr in voller Höhe heranziehen können, zum mindesten ihre Zwangsbeitreibung nicht mehr versuchen können, so würden notwendigerweise die Geldgeber der Genossenschaften die Risikoprämie weiter erhöhen müssen, wenn sie nicht überhaupt zu ganz erheblichen Kreditrestriktionen würden übergehen müssen. Dadurch würde der Kredit verteuert werden, während man doch allgemein auf eine Senkung der Zinssätze und Provisionen hinarbeite.

Für den Freien Ausschuß der Deutschen Genossenschaftsverbände führte im Rechtsausschuß der Vertreter vom Generalverband der Deutschen Raiffeisen-Genossenschaft aus:

Die Genossenschaften erblickten in der Regel das § 84 Ziff. 3 der Regierungsvorlage eine Ausnahmebestimmung für die Genossenschaften, die heute nicht mehr berechtigt sei. Die Genossenschaften müßten, wie alle Privatschuldner, wenn sie Gläubiger wären, mit in die Vergleiche hineingehen und unterlägen daher auch der Gefahr, wie jeder andere Gläubiger, überstimmt zu werden und einen Teilbetrag ihrer Forderung gegen ihren Willen zu verlieren. Es bestünde kein Grund, die Genossenschaften vom Erlaßvergleich auszuschließen, wenn sie Schuldner seien. Der Stundungsvergleich sei zugelassen. Wirtschaftlich bedeute für die Gläubiger ein Stundungsvergleich, insbesondere bei ganzem oder teilweisem Zinsenerlaß, das gleiche, wie ein Erlaßvergleich. Die Gläubiger würden sicherlich lieber auf einen Teil ihrer Forderung verzichten, wenn sie den Rest sofort bekämen, als jahrelang auf den Eingang ihrer Forderung warten und keine oder geringe Zinsen während dieser Dauer erhalten.

Die Kosten eines genossenschaftlichen Konkurses seien durch die besondere Art des Verfahrens und die zahlreichen Beteiligten erfahrungsgemäß außerordentlich hoch, so daß also von den Mitgliedern einer in Konkurs geratenen Genossenschaft viele Beträge zu unproduktiven Zwecken herausgeholt werden müßten. Gerade in der heutigen Zeit sei es volkswirtschaftlich nicht verantwortlich, derartige Kosten entstehen zu lassen, wenn sie vermeidbar wären.

Für den Genossenschaftskonkurs gelte weiter als Besonderheit, daß er sich sehr viel weiter auswirke, als der Konkurs einer gewöhnlichen Privatfirma. Weite Kreise würden auf einen Konkurs einer Genossenschaft aufmerksam, schon deshalb, weil weite Kreise in Mitleidenschaft gezogen werden und auch deshalb müßten alle Mittel angewandt werden, einen Konkurs einer Genossenschaft zu vermeiden.

Einer der wichtigsten Gründe für die Zulassung der Genossenschaft zum Erlaßvergleich sei die Notwendigkeit, Quertreibereien unter den Gläubigern mit Erfolg entgegentreten zu können. Es gehe nicht an, daß ein Gläubiger mit einer lächerlich kleinen Forderung gegenüber fast der Gesamtheit der Gläubiger einen Vergleich verhindern könne. Bedenken gegen die Überstimmung eines Gläubigers könnten ebensowenig, wie bei anderen Konkursen und Zwangsvergleichen, geltend gemacht werden. Man könne es den Gläubigern überlassen, daß sie sehr genau rechnen würden, wenn sie einem Vergleich zustimmten. Sie würden sicherlich nur zustimmen, wenn sie die Überzeugung erlangt hätten, auf diese Weise besser zu fahren, als bei einem Konkurse. Deshalb wäre auch das Bedenken nicht gerechtfertigt, daß die Haftsumme nicht erschöpft, ja nicht einmal in Anspruch genommen wäre. Rechtlich träfe es allerdings zu, wirtschaftlich käme es aber doch zu einer Heranziehung der Mitglieder aus den Haftsummen; denn die Gläubiger einer Genossenschaft würden sich nach den Erfahrungen nur auf einen Vergleich einlassen, wenn die Mitglieder der Genossenschaft neue Mittel zuführen. Praktisch sei damit also eine Realisierung der Haftsumme erreicht. Bedenken gegen eine Herabminderung der Kreditfähigkeit könnten nicht geltend gemacht werden. Es habe ja nicht einmal die Zulassung der beschränkten Haftpflicht das Ansehen der Genossenschaften hinsichtlich ihrer Kreditwürdigkeit beim Publikum irgendwie beeinträchtigt. Die Entwicklung des Genossenschaftswesens sei vielmehr gerade in den letzten Jahrzehnten außerordentlich stark gewesen.

Als unparteiischer Gutachter halte er sich auch für verpflichtet, auf das einzige Bedenken aufmerksam zu machen, das man gegen die Zulassung des Vergleichs bei Genossenschaften erheben könne. Dies Bedenken träfe allerdings ebensowohl den Stundungs- wie den Erlaßvergleich, letzteren vielleicht nur in erhöhtem Maße. Dies Bedenken bestünde darin, daß die Gläubiger in einem Genossenschaftsvergleich häufig gleichzeitig die Mitglieder und daher diejenigen wären, die den Vergleich bezahlen müßten. Im Widerstreit dieser Interessen könnte eine Schädigung derjenigen Gläubiger liegen, die nicht Mitglieder seien. Dem Bedenken könne aber sehr einfach dadurch begegnet werden, daß man für die Zulassung des

Vergleichs eine getrennte Abstimmung zwischen den Gläubigern, die Mitglieder der Genossenschaft seien, und den anderen vorschreibe. Ein Vergleich würde dann davon abhängig sein, daß jede dieser Gruppen mit den Mehrheiten des § 56 des Entwurfs (jetzt § 63 VerglO.) zustimme.

C. Die heutigen gesetzlichen Bestimmungen.

Die jetzige Rechtslage weicht — wie Eingangs unter A ausgeführt — von der Regelung im Konkurs- und bisherigen Geschäftsaufsichtsverfahren grundsätzlich bedeutend ab. Bei der Darlegung folge ich dem Berichte und der Begründung des Redaktionsausschusses.

Der Rechtsausschuß hat an dem § 84 der Regierungsvorlage zwei Änderungen vorgenommen. Er hat den Genossenschaften ermöglicht, einen Erlaßvergleich auch bezüglich der Kapitalforderungen zu schließen. Zur Abschneidung von Zweifeln, die sich mit Rücksicht auf den § 66 Abs. 2 VerglO. (jetzt § 73 Abs. 2 VerglO.) aus der Zulassung des Erlaßvergleichs für die persönliche Haftung der Genossen ergeben könnten, ist weiter in Anlehnung an den § 82 Nr. 4 des Entwurfs (jetzt § 89 Nr. 4 VerglO.) bestimmt worden, daß der Vergleich, soweit er nicht anderes festsetzt, zugleich den Umfang der Haftpflicht der Genossen gegenüber den durch den Vergleich betroffenen Gläubigern der Genossenschaft begrenzt.

Die mit den maßgebenden Genossenschaftsverbänden vereinbarten Änderungen bewegen sich nach drei Richtungen.

1. Es haben bei der Abstimmung über den Vergleich die Stimmen der Gläubiger, die zugleich Genossen sind, das gleiche Gewicht, wie die Stimmen der Gläubiger, die nicht Genossen sind. Dadurch kann es kommen, daß unter Umständen ein Vergleich zugunsten der Genossenschaft lediglich mit den Stimmen der Genossengläubiger zustande gebracht wird. Die Genossengläubiger würden sich damit von der ihnen gesetzlich obliegenden Haftpflicht für die Verbindlichkeiten der Genossenschaft gegen den Willen der Nichtgenossengläubiger befreien können. [Die Doppeleigenschaft als Genosse und als Gläubiger kommt besonders bei Sparkassen, Kredit-, Konsum- und bäuerlichen Genossenschaften vor.]

Um dies Ergebnis unmöglich zu machen, schreibt die Nr. 3b des Entw. des § 84 (jetzt, Nr. 5 § 91 VerglO.) eine getrennte Abstimmung der Genossengläubiger und der Nichtgenossengläubiger vor (Lucas, S. 200: itio in partes). Der Vergleich soll nur zustande kommen, wenn beide Gruppen mit den im § 56 des Entwurfs (jetzt § 63 VerglO.) vorgesehenen Mehrheiten für den Vergleich stimmen. Um eine solche getrennte Abstimmung zu ermöglichen, ist in dem Gläubigerverzeichnis (jetzt § 16 Abs. 1 Nr. 1) ersichtlich zu machen, wenn ein Gläubiger Mitglied der Genossenschaft ist. Das Gleiche gilt für eine Anmeldung gemäß § 60. (Nr. 3 Satz 1 des § 84 des Entwurfs, jetzt § 91, Nr. 3 VerglO.).

2. Im Vergleichsverfahren soll, ebenso wie die amtliche Berufsvertretung und neben ihr, der Revisionsverband, dem die Genossenschaft angehört, mitwirken. Der Revisionsverband erscheint besonders geeignet, ein maßgebendes Urteil über die wirtschaftliche Lage der Genossenschaft abzugeben. Diesen Gedanken verwirklicht die Nr. 3a Abs. 1 (nunmehr § 91 Nr. 4). Eine Obliegenheit des Anschlusses an einen Revisionsverband (die nach § 57 GenGes. das Recht haben, die im § 53 bestimmte Revision durch einen Revisor vorzunehmen — ein Recht, das ihnen unter Umständen gemäß § 60 GenGes. entzogen werden kann) besteht nicht.

Da nicht alle Genossenschaften einem Revisionsverband angehören, so bedurfte es einer Entscheidung der Frage, wie es sein soll, wenn eine Genossenschaft nicht oder nicht mehr einem Revisionsverbande angeschlossen ist. Die Vorschrift, welche die Nr. 3a Abs. 2 des § 84 Entw. (nun § 91, Nr. 4, Abs. 2) in dieser Beziehung gibt, übernimmt einen Gedanken, den der § 78a Abs. 2, 3 des Genossenschaftsgesetzes für die Frage der Auflösung der Genossenschaft verwertet hat. Um die Anhörung des Revisionsverbandes zu ermöglichen, legen die Sätze 2 und 3 der neuen Fassung dem Antragsteller gewisse Mitteilungspflichten auf.

3. Die vom Rechtsausschuß in 2. Lesung beschlossene Bestimmung, wonach der von der Genossenschaft abgeschlossene Vergleich auch die Haftpflicht der Genossen begrenzt, ist von den Vertretern der Genossenschaft als besonders bedenklich bezeichnet worden. Man hat darauf hingewiesen, daß diese Vorschrift den Eindruck erwecken müsse, als erschüttere die Zulassung des Erlaßvergleichs den Grundpfeiler des Genossenschaftswesenes, die Haftung der Genossen für die Schulden der Genossenschaft. Diese Bestimmung sei daher viel mehr, als die Zulassung des Erlaßvergleichs, geeignet, die Kreditwürdigkeit der Genossenschaften zu gefährden. Es läßt sich nicht verkennen, daß dieses Bedenken begründet ist. Die Streichung der neu beschlossenen Bestimmung dürfte zu keinen praktischen Schwierigkeiten führen. Rein juristisch ist es allerdings wünschenswert, ausdrücklich Klarheit darüber zu schaffen, ob bei dem Erlaßvergleich der Genossenschaft die Anwendung des § 66 Abs. 2 des Entwurfs (§ 73 Abs. 2 VerglO.) dazu führt, daß die persönliche Haftung der Genossen in voller Höhe fortbesteht. Der Gesetzgeber regelt hiermit jedoch einen Fall, der kaum jemals praktisch werden wird. Die persönliche Haftung der Genossen setzt voraus, daß die Genossenschaft in Konkurs gerät. Der § 3b (jetzt § 7 VerglO.) der Beschlüsse zweiter Lesung bestimmt aber, daß im Zweifel der Erlaß hinfällig wird, wenn über das Vermögen des Vergleichsschuldners vor der vollständigen Erfüllung des Vergleichs das Konkursverfahren eröffnet wird. Infolgedessen treten auch

schon für das Konkursverfahren, das vor der vollständigen Erfüllung des Vergleichs über die Genossenschaft eröffnet wird, gegenüber der Genossenschaft selbst die Forderungen ihrer Gläubiger in vollem Umfange wieder in Kraft. Genossenschaft und Genossen haften also dann, wenn die Haftung der Genossen praktisch wird, wieder in gleicher Höhe. Denkbar ist allerdings daß die Wiederauflebensklausel des § 3 b des Entwurfs (jetzigen § 7 VerglO.) in einem Genossenschaftsvergleich wegbedungen wird. Dieser Fall dürfte aber so ungewöhnlich sein, daß auf ihn keine Rücksicht genommen zu werden braucht. Gerät die Genossenschaft nach vollständiger Erfüllung des Vergleichs in Konkurs, so kommt eine Haftung der Genossen gegenüber den früheren Vergleichsgläubigern nicht mehr in Betracht; denn nach §§ 122 und 141 des Genossenschaftsgesetzes setzt die persönliche Haftung der Genossen voraus, daß der Gläubiger Konkursgläubiger gegenüber der Genossenschaft ist; das sind aber die Vergleichsgläubiger nach erfülltem Vergleich nicht mehr.

D. Der neue Erlaßvergleich der Genossenschaften.

Nach Vorstehendem kann nunmehr ein Erlaßvergleich zustande kommen, wenn sowohl bei den Fremdgläubigern der Genossenschaft, als auch bei den Mitgliedergläubigern, d. h. solchen Gläubigern, die gleichzeitig Mitglieder der Genossenschaft sind, die in der Vergleichsordnung vorgesehenen Mehrheiten der stimmberechtigten Gläubiger zugestimmt haben. Die Zulassung des Erlaßvergleiches bedeutet eine vollständige Durchbrechung der im Genossenschaftsgesetz verankerten Ideen. Die Änderung bringt eine Umwandlung des Grundgedankens der Haftpflicht der Genossen. Die Haftpflicht, sei es die beschränkte oder unbeschränkte, verleiht erst einem großen Teil der Genossenschaften die für den Wirtschaftsverkehr notwendige Kreditwürdigkeit, da das eigene Vermögen der Genossenschaft, wie es aus den Einzahlungen auf die Geschäftsanteile gebildet wird, im allgemeinen gering ist und keine genügende Kreditunterlage bildet. Gläubiger, welcher bisher annehmen konnten, auf Grund der Haftpflicht zum mindesten im Konkurse gesichert zu sein, müssen jetzt bei der geplanten Neuregelung erwarten, daß ihnen durch Majoritätsbeschluß außerhalb des Konkurses zwangsweise ihre Forderungsrechte aberkannt werden, ohne daß sie die Möglichkeit haben, auf die Haftsumme bzw. Haftpflicht der Genossen zurückzugreifen. Diese Tatsache wird zweifellos im Wirtschaftsleben dazu beitragen, die Sicherheit der Forderungen gegen Genossenschaften niedriger einzuschätzen, als bisher, und für die Wertbeurteilung der Genossenschaft lediglich ihr eigenes Vermögen entscheidend sein zu lassen. Diese Bedenken sind im Konkurs- und Treuhandwesen 1927 (Nr. 6, S. 86) von dem Dozenten für Genossenschaftswesen Meyer-Berlin folgerichtig entwickelt.

E. Rechtliche Unterlage des Genossenschaftsvergleichs.

Den Grund des Vergleichs bildet in der Regel die Zahlungsunfähigkeit. Den Grund des Vergleichs bildet bei Genossenschaften mit beschränkter Haftpflicht die überschuldung, nach § 140 GenG., falls letztere 1/4 des Betrages der Haftsumme überschreitet. Nach § 91, 1 ist ein VerglVerf. über eine aufgelöste Genossenschaft ausgeschlossen. (Auflösung ist möglich infolge Zeitablauf, Beschluß der Versammlung der Genossen, gerichtlicher oder verwaltungsrechtlicher Anordnung. GenGes. § 78 ff.) Wenn indes die Genossenschaft im Lauf des VerglVerf. sich auflöst, so findet letzteres seine Fortsetzung. Wie bei den Gesellschaften *), bleiben die führenden Organe der Genossenschaft im VerglVerf. im Rahmen ihrer Zuständigkeit tätig, um mit der VP. an Hand der §§ 40 ff. VerglO. zusammenzuarbeiten. (S. m. Erläuterungen zu §§ 40 ff.). Die Obliegenheit wegen des Firmenzusatzes gem. § 37 VerglO. trifft die Genossenschaften ebenfalls. Die Vorschrift des § 37 Abs. 2 VerglO. bezieht sich auf das Genossenschaftsregister **). Das einzelne Vorstandsmitglied kann den Antrag auf Vergleichseröffnung einbringen, der Vergleichsantrag muß indes nach § 25 GenG. formell durch wenigstens 2 Mitglieder des Vorstands gestellt resp. gezeichnet sein.

Die Beteiligung des Revisionsverbandes (§ 57 GenG.) sieht § 91, 4 VerglO. näher vor (s. auch § 78 a und b GenG.). Er hat eine Expertise über die Sachlage entsprechend derjenigen der Berufsvertretung des § 20 VerglO. zu erstatten, wodurch aber die Befragung der betr. Berufsvertretung nicht wegfällt. Der Rev.Verb. wahrt die genossenschaftlichen, die Berufsvertretung wahrt die wirtschaftlichen Belange. (Durch die Doppelbeteiligung der zuzuziehenden Körperschaften erklären sich die vorgeschriebenen drei Exemplare des Vergleichsantrags, § 91, Nr. 3.) Die Expertise des Rev.Verb. hat sich auch auf die Person der VP. zu erstrecken. Der Verband kann den Vergleichsvorschlag als untersetzt und ungenügend kennzeichnen, worauf das Vergleichsgericht nach § 23 VerglO. den Antrag ablehnen kann. Die Zuständigkeit regelt § 91, 3 u. 4, letzterer Passus für den Fall, daß die den Vergleich anstrebende Genossenschaft z. B. keinem Revisionsverband untersteht. (Die geschichtliche Entwicklung und Tendenz ergeben die VO. vom 25. Mai 1920 — RGBl. S. 1082 —; Ges. v. 1. Juli 1922 — RGBl. I S. 567 —, besonders §§ 78 a u. b GenGes.)

Der § 91, 6 VerglO. korrespondiert mit dem § 69 GenG., da

---

*) BayObLG. 12. Dez. 1924 (Reg. III 112/1924 [Nürnberg]); BayObLGZ. 23, 236.

**) Das Gericht hat auf Klarheit und Eindeutigkeit aller Erklärungen für das Gen.-Register zu sehen. OLG. Jena 25. Nov. 1925 (I Y 60/25); LZ. 1926, 397, SächsArch. 1926, 219.

der GenVorstand seinen Genossen wegen ev. Verletzung des letzteren Paragraphen verantwortlich ist.

Der Pflicht des Beantragens des Konkurses (§§ 99 und 140 GenG.) wird durch Einbringung des Vergleichsantrags genügt. Wenn nicht die sämtlichen Vorstandsmitglieder den Antrag stellen, muß das Vergleichsgericht gemäß § 100 GenG. § 91, 2, 3 VerglO. die anderen Vorstandsmitglieder vernehmen.

§ 92.

Für das Vergleichsverfahren zur Abwendung des Nachlaßkonkurses gelten folgende besondere Vorschriften:

1. Zur Stellung des Antrags ist mit Ausnahme der Nachlaßgläubiger berechtigt, wer die Eröffnung des Konkurses beantragen kann. Die Vorschriften des § 217 Abs. 3 und des § 218 Abs. 2 der Konkursordnung gelten entsprechend. Mehrere Erben können den Antrag nur gemeinschaftlich stellen.
2. Der Antrag kann vor der Annahme der Erbschaft gestellt werden.
3. Der Antrag kann nicht mehr gestellt werden, wenn der Erbe oder einer der Erben für die Nachlaßverbindlichkeiten allen oder einzelnen Nachlaßgläubigern gegenüber unbeschränkt haftet oder wenn der Nachlaß geteilt ist.
4. In Ansehung der Haftung des Erben für die Nachlaßverbindlichkeiten wirkt das Vergleichsverfahren und ein in dem Verfahren geschlossener Vergleich wie der Nachlaßkonkurs und ein in dem Konkursverfahren geschlossener Zwangsvergleich.
5. Soweit es für die Eröffnung oder die Fortsetzung des Verfahrens auf das Verhalten des Schuldners ankommt, genügt es, wenn ein die Ablehnung der Eröffnung, die Verwerfung des Vergleichs oder die Einstellung des Verfahrens rechtfertigender Grund in der Person eines von mehreren Miterben vorliegt.
6. Die im § 226 Abs. 2 und 4 der Konkursordnung genannten Gläubiger sind an dem Vergleichsverfahren nicht beteiligt und werden von einem Vergleiche nicht betroffen; sie können jedoch während der Dauer des

Vergleichsverfahrens in den Nachlaß keine Zwangsvollstreckung vornehmen, insbesondere Arreste und einstweilige Verfügungen nicht vollziehen.

7. Die Beteiligung der Nachlaßgläubiger an einem Vergleichsverfahren über das Vermögen des Erben oder des Ehemanns der Erbin bestimmt sich nach den im § 234 der Konkursordnung für die Beteiligung an einem Konkursverfahren gegebenen Vorschriften.

Vergleich zur Abwendung des Nachlaßkonkurses.

A. Allgemeines und Berechtigung der Bestimmung.

Die Nachlaßkonkurse haben sich im Laufe der letzten Jahrzehnte immer mehr gehäuft. Im Jahre 1895 und den folgenden Jahren betrug die Zahl der Nachlaßkonkurse in Deutschland durchschnittlich 560 pro Jahr. Dies entsprach nicht ganz 8 % sämtlicher Konkurse. 1901 betrugen die Nachlaßkonkurse in Deutschland etwa 1520, das sind über 14 % sämtlicher Konkurse. 1902 stieg die Zahl auf 1570 = 16 %, 1910 auf etwa 2060 = 1/5 der übrigen neueröffneten Konkurse, 1911 auf etwa 2130 bei 11030 neueröffneten Konkursen überhaupt (über 20 %). [Vierteljahrshefte zur Statistik des Deutschen Reichs 1900, ID 2, 1903, IV 2, 1911, III 2, 1912, III 1 1915, IV 75.]

Es ist bei Erörterung des Vergleiches dargelegt, daß die Konkursform die teuerste, langwierigste, den Schuldner degradierendste und das schuldnerische Vermögen aufreibendste Gantart darstellt. Für die Abwendung des Nachlaßkonkurses treffen also erst recht alle Betrachtungen über die Notwendigkeit eines Präventivakkordes zu. Trotzdem hat sich die Literatur zum Teil auf den Standpunkt gestellt, das VerglVerf. wolle lebende Schuldner schützen, nicht Gläubiger eines toten Schuldners. Hier sei keine Existenz zu erhalten. Es fehle auch an einem Antragsberechtigten. Der Erbe sei nicht gesetzlicher Vertreter des Erblassers. Außerdem kenne die KO., die analog nicht angewendet werden könne, nur die Überschuldung als Voraussetzung. Der Nachlaß sei seinem Wesen nach zur Auflösung bestimmt. Andere, zumal Jaeger (schon Bankarchiv 14, 33), sprachen sich entschieden für die gegenteilige Auslegung aus. Wenn der Vater unter Hinterlassung von Frau und Kind sterbe, müsse das hinterlassene Vermögen nicht notwendig aufgelöst werden. Warum solle nun die Rettung des vererbten Unternehmens im Interesse der doppelt schutzbedürftigen Erben ausgeschlossen sein? Der Wechsel des Vermögensträgers erübrige keineswegs schlechthin das Sanierungsbedürfnis (Jaeger, JW. 1917, 67 Anm. 3).

B. Die Stellungnahme des Gesetzes.

Die maßgebende amtliche Begründung zur Regierungsvorlage, welch letztere vollkommen angenommen wurde, spricht sich folgendermaßen aus: Die Frage, ob man ein VerglVerf. auch zur Abwendung des Nachlaßkonkurses zulassen soll, kann zweifelhaft sein. Dagegen läßt sich anführen, daß der Nachlaß nicht dazu bestimmt ist, dauernd als solcher erhalten zu bleiben, und daß es daher sachgemäß ist, ihn bei Überschuldung durch den Konkurs abzuwickeln. Auf der anderen Seite fällt ins Gewicht, daß es unter Umständen nur mit Hilfe des vorkonkurslichen Vergleichs möglich ist, ein im Nachlaß vorhandenes Erwerbsgeschäft oder einen dazu gehörenden landwirtschaftlichen Betrieb den Erben zu erhalten. Die VerglO. folgt daher dem § 73 der GeschAufsVO. und läßt auch für den Nachlaß das VerglVerf. zur Abwendung des Konkurses zu. Die Regelung schließt sich mit einigen Besonderheiten, die sich aus dem VerglVerf. ergeben, der für die Geschäftsaufsicht getroffenen Regelung an.

Der Antrag kann auch bei Überschuldung des Nachlasses gestellt werden (§ 1 Abs. 1, 2 der VerglO. in Verbindung mit § 215 der Konkursordnung). In der Stellung des Antrages wird in der Regel die Annahme der Erbschaft liegen. Nötig ist es aber nicht. Um eine Untersuchung darüber zu ersparen, wird in der Nr. 2 der Antrag, ebenso wie der Konkursantrag (§ 216 der KO.), ohne Rücksicht auf die Annahme der Erbschaft, zugelassen. Abweichend von der Regelung beim Nachlaßkonkurse (§ 216 der KO.) kann der Antrag nicht mehr gestellt werden, wenn der Erbe für die Nachlaßverbindlichkeiten allen oder einzelnen Nachlaßgläubigern unbeschränkt haftet oder wenn der Nachlaß geteilt ist (Nr. 3). Haftet der Erbe unbeschränkt, so könnten nur noch die Nachlaßgläubiger ein Interesse an dem Antrag haben, um den Nachlaß aus dem sonstigen Vermögen des Erben auszusondern und sich zur Befriedigung vorzubehalten. M. a. W.: Das Nachlaßvergleichsverfahren bewegt sich in engerem Rahmen, als Nachlaß-, Konkurs- und -Verwaltung der §§ 216 KO. und 2013 BGB.

Es müßte folgerichtig auch den Nachlaßgläubigern ein Antragsrecht gewährt werden. Dies stände aber mit dem Grundgedanken der VerglO. in Widerspruch und wäre praktisch bedeutungslos, wenn der Erbe keinen Vergleichsvorschlag macht, zu dem er nicht gezwungen werden kann. Das Interesse der Nachlaßgläubiger an der Absonderung ist genügend durch die Möglichkeit gewahrt, den Nachlaßkonkurs oder die Nachlaßverwaltung herbeizuführen (§ 216 der KO., § 2013 Abs. 1 Satz 1 in Verbindung mit § 1981 Abs. 2 des BGB.). Ist der Nachlaß geteilt, so steht fest, daß die in ihm enthaltenen Vermögenswerte als wirtschaftliche Einheit keinen weiteren Bestand mehr behalten sollen; das Vergl.-

Verf. würde zudem in diesem Falle nur unter großen Weitläufigkeiten durchzuführen sein.

C. Wegfall des Aufgebots und rechtliche Folgen.

Nach § 73 Abs. 4 Satz 2 der GeschAufsVO. kann das Vergl.-Verf. erst beantragt werden, wenn das Aufgebot der Nachlaßgläubiger erfolgt ist. Die VerglO. hält diese Aufgebotsvorschrift für entbehrlich. Die Bekanntmachung der Eröffnung des VerglVerf. und des Vergleichstermines kommt im Ergebnis auf ein Gläubigeraufgebot hinaus.

Der Wegfall des Aufgebotsverfahrens bringt den Wegfall einer Gesetzesunlogik der GeschAufsVO. (in der Fassung von 1924) mit sich:

Bei enger Auslegung des § 73 Abs. 4 Satz 2 der Gesch.-AufsVO. wäre der Antrag auf Eröffnung des VerglVerf. vom Aufgebotsverfahren abhängig gewesen. Auf diese Weise hätte § 66 der GeschAufsVO. die Möglichkeit eines Nachlaßgeschäftsaufsichtsverfahrens schlechthin zerstört, da die Durchführung des Aufgebotsverfahrens innerhalb der Monatsfrist nicht erfolgen konnte. Sieht doch schon § 994 ZPO. eine Aufgebotsfrist von bis zu 6 Monaten vor. Zwischen dem Antrag auf Durchführung des Aufgebotsverfahrens und der erfolgten Durchführung mußte immer längere Zeit als 1 Monat liegen. Da mit § 66 GeschAufsVO. aber nicht beabsichtigt war, das Nachlaßgeschäftsaufsichtsverfahren illusorisch zu machen, vielmehr die Verschleppungsabsicht des Schuldners dadurch pariert werden sollte, durfte die Auslegung des § 73 Abs. IV Satz 2 GeschAufsVO. sinngemäß nur extensiv sein. Ich legte deshalb aus: Auch die Beantragung der Eröffnung des Zwangsvergleichsverfahrens konnte dem Aufgebotsverfahren vorhergehen, nur die gerichtliche Beschlußfassung über die Eröffnung war erst nach Durchführung des Aufgebots möglich.

Wichtig ist diese Materie immer noch wegen der bis zum 1. Okt. 1927 weiterdauernden Wirkung der GeschAufsVO. (§ 101 VerglO.). Soweit bei Inkrafttreten der Vergleichsordnung ein Aufgebotsverfahren anhängig ist, aber über die Eröffnung des GeschAufsVerf. noch nicht beschlossen wurde, ist im Sinne des § 101 Abs. 3 VerglO. Geschäftsaufsicht nicht anhängig. Dem früher gestellten Antrag auf Eröffnung der Geschäftsaufsicht müßte ein Antrag auf Eröffnung des Nachlaßvergleichsverfahrens nachfolgen *).

D. Antragsberechtigung, Verantwortlichkeit und Vergleichsbeteiligung im Allgemeinen.

Antragsberechtigt ist der Erbe (Vorerbe, Nacherbe, Erbschaftskäufer). Der Erbe ist Träger der Schuldnereigenschaft. Antrags-

*) cf. Neu, Konk. u. Treuh., 1927, 121.

berechtigt ist weiter der Nachlaßpfleger (Nachlaßverwalter), der verwaltende Testamentsvollstrecker und, wenn eine Ehefrau Erbin ist, der Nachlaß aber zum eingebrachten Gute oder zum Gesamtgut gehört, der Ehemann der Erbin (§ 92 Nr. 1 Satz 1 VerglO. in Verbindung mit §§ 217, 218, 231—233 KO.). Der Vergleichsvorschlag, der mit dem Antrag zu verbinden ist, muß auch dann, wenn nicht der Erbe den Antrag stellt, von dem Erben ausgehen; denn er ist der Schuldner der Nachlaßverbindlichkeiten. Läßt sich der Erbe dazu nicht bereitfinden, so fehlt es an dem Erfordernisse des § 15. Der Antrag ist also gemäß § 22 Nr. 1 abzulehnen und über die Eröffnung des Konkurses zu entscheiden.

(Das Verhalten des Erben oder eines der Miterben ist entscheidend für die Frage der Ablehnung, Verwerfung, Einstellung. Sein Flüchtigsein, sein Reat, sein unlauteres Gebahren, seine Zuwiderhandlung gegen ein Veräußerungsverbot, seine Abwesenheit im Vergleichstermin, seine Eidesverweigerung, geben den Ausschlag. Nicht aber trifft dies bezüglich der Zulänglichkeit des Vermögens, unangemessenen Aufwandes, ohne weiteres zu, weil das Vermögen des Erben vom Nachlaß verschieden ist. [So auch Kiesow S. 497.])

Mit Rücksicht auf diese Sachlage ist im § 92 Nr. 1 Satz 3 VerglO. bestimmt, daß mehrere Erben den Antrag nur gemeinschaftlich stellen können (zu vergleichen § 230 Abs. 1 KO., § 73 Abs. 4 Satz 1 GeschAufsVO.). Der Antrag kann aus den gleichen Gründen abgelehnt und das Verfahren aus den gleichen Gründen eingestellt werden, wie beim gewöhnlichen Vergleichsverfahren. Soweit es für die Eröffnung oder die Fortsetzung des Verfahrens auf die Person des Schuldners ankommt, entscheidet die Person des Erben und bei mehreren Erben die eines jeden Erben*).

Am VerglVerf. beteiligt und von dem Vergleich betroffen sind nur Personen, die im Nachlaßkonkurse nicht bevorrechtigte und auch nicht minderberechtigte Konkursgläubiger wären (§ 2 und § 92 Nr. 6).

Fraglich ist, ob auch diejenigen Nachlaßgläubiger vom Verfahren betroffen werden, die im Verzeichnis der §§ 17 und 75 VerglO. nicht aufgeführt und vom Verfahren ferngeblieben sind. Diese Frage wird zu verneinen sein. Wohl aber haftet ihnen der Erbe vom Gesichtspunkt des § 1989 bzw. § 1973 BGB. aus.

Da für die Frage des Absonderungsrechtes nach dem gemäß § 2 VerglO. anwendbaren § 221 KO. der Zeitpunkt des Erbfalles entscheidet, so wird im Nachlaßvergleichsverfahren die Bedeutung des § 2 Abs. 3 und der §§ 33, 70, 84 VerglO. wesentlich beschränkter sein, als im gewöhnlichen VerglVerf. Beteiligt als Gläubiger kann mit Rücksicht auf § 225 KO. auch der Erbe sein. Um zu verhüten, daß die im Nachlaßkonkurse regelmäßig ganz ausfallenden minderberechtigten Gläubiger des § 226 Abs. 2 und 4 KO. sich während der Dauer des VerglVerf. als nicht beteiligte Gläubiger voll befriedigen, verbietet ihnen Nr. 6 Halbsatz 2 die Zwangsvoll-

*) Der Unschuldige muß allenfalls mit leiden.

streckung während der Dauer des VerglVerf. ebenso, wie den beteiligten Gläubigern (zu vergleichen hierzu die Bemerkungen zu § 32).

Das VerglVerf. hat für den Erben nur dann Wert, wenn er während seiner Dauer nicht Gefahr läuft, die beschränkte Haftung zu verlieren, und wenn er sich durch das VerglVerf. auch die Stellung eines beschränkt haftenden Erben verschaffen kann. Deshalb bestimmt § 92 Nr. 4, daß das VerglVerf. und ein in ihm geschlossener Vergleich für die Erbenhaftung, wie das Konkursverfahren und ein Zwangsvergleich im Konkurse, wirken sollen. Die Haftung des Erben beschränkt sich danach mit der Eröffnung des VerglVerf. auf den Nachlaß (§ 1975 BGB.). Der beim Nachlaßkonkurse mögliche Fall, daß der Erbe bei der Eröffnung des Verfahrens bereits unbeschränkt haftet und daher seine Haftung durch den Nachlaßkonkurs nicht mehr beschränken kann (§ 216 Abs. 1 Satz 1 BGB.), kann nach § 92 Nr. 3 VerglO. nicht vorkommen. [M. a. W.: Durch § 92 Nr. 4 VerglO. wird die bürgerlichrechtliche Einengung der Haftung des Nachlaßerben modifiziert und ergänzt; der Erbe stellt sich rechtlich besser durch das VerglVerf.]

Während des VerglVerf. kann dem Erben keine Inventarfrist gesetzt werden und eine laufende Inventarfrist verliert ihre Wirkung. Kommt ein Vergleich zustande, so beschränkt sich die Haftung des Erben endgültig auf den Nachlaß nach Maßgabe des Vergleichs (§§ 2000, 1989, 1973 BGB.). Wird die Eröffnung des VerglVerf. mangels Masse abgelehnt oder das Verfahren deshalb eingestellt (§ 22 Nr. 8, § 79 Nr. 2 VerglO.), so steht dem Erben die Einrede des unzureichenden Nachlasses nach Maßgabe der §§ 1990, 1991 BGB. zu.

E. Entsprechende Anwendung der §§ 217, 218 KO.

a) Das Antragsrecht im Einzelnen.

1. Das Antragsrecht des Erben.

Die Zahlungseinstellung des Erblassers gilt als solche des Schuldners (RG. LZ. 1912, 461). Der Fiskus ist ebenfalls als notwendiger Erbe zum Antrag auf Anordnung des VerglVerf. berechtigt (§§ 1936, 1942 BGB.; Motive, KO. V S. 381.) Dem Erben steht das Antragsrecht auch im Augenblick der Ausschlagbarkeit zu. Der ausgleichungspflichtige Miterbe, nicht aber der pflichtteilsberechtigte, ist antragspflichtig.

2. Das Antragsrecht des und der Ehegatten, des Vorerben und Erbschaftskäufers.

Die Ehefrau kann Antrag auf Anordnung des VerglVerf. über einen zum eingebrachten Gute oder zum Gesamtgute gehörenden Nachlaß stellen (§§ 1412, 1460, 1552, 1559 BGB.). Der Ehemann hat ein selbständiges Antragsrecht behufs Ermöglichung der Haftungsbeschränkung auf den Nachlaß (§§ 1975, 2008 BGB.; § 999

ZPO., Motive, KO. V S. 681). Bei der Gütergemeinschaft hat er, falls der Nachlaß zum Gesamtgute gehört, das Antragsrecht selbst nach Beendigung der Gütergemeinschaft und nach Teilung des Gesamtgutes, weil seine Haftung für die Verbindlichkeiten der Frau fortdauert (§§ 1459, 1463, 1475, 1480, 1549 BGB.). Wenn der Nachlaß aber zum eingebrachten Gute der Ehefrau gehört, so kann der Ehemann zwar während der Dauer des Güterstandes (§ 218 KO.), nicht aber nach Beendigung desselben, den Antrag stellen. Der Ehemann und die Ehefrau haben beide die Antragsberechtigung gemäß § 218 KO., falls die Ehefrau die Erbin ist und der Nachlaß zum eingebrachten Gute oder zum Gesamtgute gehört (§§ 1416, 1453, 1519, 1599 BGB.). Dies trifft also beim gesetzlichen Güterstand der Verwaltung und Nutznießung (§§ 1363, 1369), der Errungenschaftsgemeinschaft (§§ 1521, 1526), Fahrnisgemeinschaft (§§ 1549, 1551, 1553), allgemeinen Gütergemeinschaft (§§ 1438, 1440) zu. Die vor der Erbschaftsannahme zwischen den Ehegatten getroffene Übereinkunft, daß der Nachlaß Vorbehaltsgut sei, benimmt dem Ehemann die Antragsberechtigung (Motive, KO. V S. 679; Planck, BGB. § 1413).

Der Nacherbe tritt in die Rechte und Pflichten des Vorerben ein, wenn im Laufe des VerglVerf. ersterer an die Stelle des letzteren tritt.

Rechtsähnlich liegt die Sache beim Erbschaftskäufer (Kiesow S. 494).

3. Das Antragsrecht des Nachlaßpflegers, Nachlaßverwalters und Testamentsvollstreckers.

Antragsrecht besitzen weiterhin der Nachlaßverwalter und ein anderer Nachlaßpfleger (§§ 1960, 1975 BGB.), die den Erben und nicht den Nachlaß zu vertreten haben (§§ 1922, 1942, 1960 BGB.; Motive, KO. V S. 541). Sind mehrere Verwalter und Pfleger aufgestellt, so ist ihr Antragsrecht ein gemeinschaftliches (§§ 1797, 1915 BGB.). Erfolgt keine Einigung, so gibt das Nachlaßgericht den Ausschlag (§§ 1797, 1915, 1962, 2224 BGB.). Antragsrecht besitzt auch der Testamentsvollstrecker, der die Verwaltung des ganzen Nachlasses führt (§ 2197 BGB.). Sind mehrere Testamentsvollstrecker aufgestellt, so ist ihr Antragsrecht gemeinschaftlich. Unterließ eine dieser Persönlichkeiten richtigen und rechtzeitigen Vergleichsantrag, so ist grundsätzliche Haftung möglich.

b) Antrag auf Eröffnung des Verfahrens.

Wenn der einzelne Erbe oder die Miterben gemeinschaftlich (§ 92 Nr. 1, 3) oder der Nachlaßverwalter oder Nachlaßpfleger oder der Testamentsvollstrecker die Anordnung des VerglVerf. beantragen, so müssen die Voraussetzungen des § 1 VerglO. bzw. des § 215 KO. vorhanden sein: Es wäre unpraktisch, die Zahlungsunfähigkeit als Vergleichsgrund auszuschließen, da sonst der

Erbe des zahlungsunfähigen Nachlasses mit der langsameren und kostspieligeren Nachlaßverwaltung sich helfen müßte. Weiterer Vergleichsgrund ist Überschuldung. Übrigens bildet für den Beweis der Überschuldung die Zahlungseinstellung ein erhebliches Moment (RGSt. 41, 309). Maßgebend ist der Stand des Nachlasses zur Zeit des Antrages. Die Überschuldung kann sich auch durch Verbindlichkeiten aus Pflichtteilsrechten, Vermächtnissen und Auflagen ergeben, welche Nachlaßverbindlichkeiten sind (BGB. § 1967; JW. 1908, 487; Gruchot 52, 1084). Der vorläufige Erbe hat keine Antragspflicht. Die Antragspflicht entfällt nach VO. vom 28. April 1920, abgeändert durch Ges. vom 24. Dez. 1922, wenn die Überschuldung auf Valuta- oder Goldschulden beruht.

c) Schranke der abgesonderten Befriedigung.

Ohne den § 221 KO. könnte ein Nachlaßgläubiger oder ein persönlicher Gläubiger des Erben, welcher nach dem Eintritt des Erbfalles bzw. der Annahme der Erbschaft mittels Zwangsvollstreckung oder Arrestes oder einstweiliger Verfügung den Anspruch auf Befriedigung aus einem Nachlaßgegenstande erlangt, berechtigt sein, bei dem Vergleich abgesonderte Befriedigung aus dem Gegenstande anzusprechen (§ 778 ZPO.; §§ 1943, 1961 BGB.). Wenn aber das Vergleichsverfahren schwebt, soll aus Billigkeit die Sache anders gehandhabt werden, damit nicht durch Vollstreckung oder Arrest die übrigen Gläubiger benachteiligt werden. Die abgesonderte Befriedigung findet nicht statt, wenn das VerglVerf. angeordnet ist. Damit ist wieder die Rechtslage geschaffen, welche für die Gläubigerschaft im Augenblicke des Erbfalles in Betracht kam. Die Nachlaßgläubiger werden vor allem zugunsten der persönlichen Gläubiger des Erben geschützt. Es ist nicht notwendig, daß der Nachlaß schon im Augenblicke des Erbfalles zahlungsunfähig oder überschuldet war. Unter die Vollstreckung fallen: Pfändung, Zwangsversteigerung, Zwangsverwaltung, Zwangshypothek, Arresthypothek. Nur das Absonderungsrecht auf Grund der Vollstreckung, nicht ein vertragliches Absonderungsrecht, ist vom § 221 KO. im Auge gehabt. Auch die Verwirklichung eines bereits bestehenden Absonderungsrechtes (Mieter, Hypothekengläubiger) fällt nicht unter die Ausnahmebestimmungen des § 221 KO. Da der Weiterbetrieb der Vollstreckung, somit die Erlangung eines Absonderungsrechtes, ausgeschaltet ist, genügt die Pfändungsnachricht gemäß § 845 ZPO., die vor dem Erbfall erfolt ist, nicht, um etwa durch eine gerichtliche Pfändung nach dem Erbfalle ein Absonderungsrecht beim VerglVerf. zu schaffen (RG., LZ. 1908, 392). Wenn der Gläubiger schon Befriedigung mittels einer vor Anordnung des VerglVerf. beendigten Zwangsvollstreckung erlangt hatte, verbleibt es bei der abgesonderten Befriedigung und er behält den Erlös.

Die mittels einstweiliger Verfügung in dem Grundbuch oder Schiffsregister nach Eintritt des Erbfalles erwirkte Vormerkung ist bei dem Vergleich über den Nachlaß gegenüber den Nachlaß- und Erben-Gläubigern kraftlos. Hier gilt das bezüglich der Zwangsvollstreckung Gesagte (§§ 883, 885, 888 BGB.; §§ 894, 935 ZPO.; §§ 18 ff., 41 GBO.). Wirksam bleiben indes die mit Einverständnis des Erben oder seines Vertreters vor der Anordnung des Vergleichs bewirkten Vormerkungen, freilich vorbehaltlich der Anfechtung (§§ 885, 1978, 1985 BGB.).

d) Die Rechte des Erben.

Mit der Anordnung des VerglVerf. über den Nachlaß gelten die Ansprüche nicht als erloschen, welche an sich durch Konfusion von Ansprüchen und Pflichten mit dem Erbfall in Wegfall gekommen sind. Es muß nunmehr zwischen Nachlaß und Erbenvermögen geschieden werden. Der Erbe macht seine Ansprüche gegen den Erblasser bei dem VerglVerf. geltend (§§ 1976, 2013 BGB.). Er ist also bei dem VerglVerf. bezüglich seiner Ansprüche nicht Schuldner, obwohl er bei dem VerglVerf. die Rechte und Pflichten eines Schuldners ausübt. Auf diese Weise kann er als aussonderungs- oder absonderungsberechtigter Gläubiger bei dem Vergl.-Verf. über den Nachlaß auftreten. Gemäß § 1979 BGB. müssen die Nachlaßgläubiger die vor Anordnung durch den Erben bewirkte Berichtigung von Nachlaßverbindlichkeiten, als für Rechnung des Nachlasses erfolgt, gelten lassen, wenn der Erbe hatte annehmen dürfen, daß der Nachlaß zur Deckung der Schuld ausreiche. Kannte — oder verkannte — aber der Erbe fahrlässig die Überschuldung des Nachlasses, so hat er Ersatz zu den Mitteln des VerglVerf. zu leisten, falls er Zahlung aus dem Nachlasse bestritten hatte. Der Erstattungsanspruch ist dann ausgeschlossen (§§ 1980, 1978 BGB.). Im letzteren Falle tritt aber der beschränkt haftende Erbe an die Stelle des von ihm befriedigten Gläubigers und er erhält denjenigen Betrag erstattet, welcher auf den befriedigten Gläubiger bei Anordnung des VerglVerf. gefallen wäre. Auch die Absonderungs- u. a. Ansprüche, überhaupt alle Rechte und Pflichten des befriedigten Gläubigers, gehen auf den Erben über (§§ 401, 412 BGB.; RG. 55, 161). Aber er erlangt auch nicht mehr, als der Gläubiger bei der Anordnung des VerglVerf. über den Nachlaß erlangt hätte. Hat der Erbe nur Teilzahlung geleistet, so tritt der Erbe nur für diesen Teilbetrag an die Stelle des befriedigten Gläubigers, während der befriedigte Gläubiger bezüglich des Restbetrages Gläubiger bei dem VerglVerf. bleibt. Es ist gleichgültig, ob die Befriedigung des Gläubigers vor oder nach Anordnung des VerglVerf. erfolgt ist. Voraussetzung für den Forderungsübergang ist aber, daß der Erbe infolge Verwirkung der allgemeinen Haftungsbeschränkung nicht unbeschränkt haftet (§ 2013 BGB.). Der Forderungsübergang findet auch statt, wenn der Erbe nur einzelnen Nachlaßgläubigern gegenüber unbeschränkt haftet (§§ 2006, 2013 BGB.).

F. Haftung des Erben für die Nachlaßverbindlichkeiten.

Der § 1975 BGB. lautet:

„Die Haftung des Erben für die Nachlaßverbindlichkeiten beschränkt sich auf den Nachlaß, wenn eine Nachlaßpflegschaft zum Zwecke der Befriedigung der Nachlaßgläubiger (Nachlaßverwaltung) angeordnet oder der Nachlaßkonkurs eröffnet ist."

Nach diesem Systeme des BGB. geben Nachlaß-Konkurs und Nachlaßverwaltung die gewöhnliche Form der Durchführung der beschränkten Haftung des Erben ab. Sie bilden eine Vereinigung des beneficium inventarii et separationis, einen Schutz der Erben und der Nachlaßgläubiger. Ist der Nachlaß überschuldet, so ist der Nachlaßkonkurs das regelmäßige Mittel zur Erreichung der beschränkten Haftung (§§ 214—235 KO.). Wollte man nun das beneficium den Erben nicht benehmen und gleichwohl den Nachlaßkonkurs abwenden, so mußte man das VerglVerf., bezüglich ihrer Wirkung auf die beschränkte Haftung des Erben, dem Nachlaßkonkurs ebenbürtig gestalten. Während der Dauer des VerglVerf. beschränkt sich daher die Haftung des Erben für die Nachlaßverbindlichkeiten auf den Nachlaß. Der ev. Fall des Nachlaßkonkurses, daß der Erbe bei VerfEröffg. schon uneingeschränkt haftet, entfällt durch die neue Bestimmung des § 92 VerglO. Nr. 3 (s. Näheres oben unter B.).

G. Nichtteilnahme der im § 226 KO. angeführten Gläubiger.

An dem VerglVerf. nehmen die im § 226 Abs. 2 u. 4 KO. bezeichneten Gläubiger gemäß Passus 6 des § 92 VerglO. nicht teil und werden von dem Vergleich nicht betroffen. Man nennt sie wohl auch die minder berechtigten Gläubiger des Nachlasses. Der § 1967 BGB. sagt:

Der Erbe haftet für die Nachlaßverbindlichkeiten. Zu den Nachlaßverbindlichkeiten gehören außer den vom Erblasser herrührenden Schulden die den Erben treffenden Verbindlichkeiten, insbesondere die Verbindlichkeiten aus Pflichtteilsrechten, Vermächtnissen und Auflagen (vererbte Schulden und Erbfallschulden).

Der § 226 KO. zählt Nachlaßverbindlichkeiten auf, die erst nach allen übrigen Verbindlichkeiten und infolge der Rangordnung, bei gleichem Range nach Verhältnis ihrer Beträge, berichtigt werden:

„1. die seit der Eröffnung des Verfahrens laufenden Zinsen der im § 61 bezeichneten Forderungen;

2. die gegen den Erblasser erkannten Geldstrafen;

3. die Verbindlichkeiten aus einer Freigebigkeit des Erblassers unter Lebenden;
4. die Verbindlichkeiten gegenüber Pflichtteilsberechtigten;
5. die Verbindlichkeiten aus den vom Erblasser angeordneten Vermächtnissen und Auflagen."

Der letzte Absatz des § 226 KO. sagt:

„Die Verbindlichkeiten, in Ansehung deren der Gläubiger im Wege des Aufgebotsverfahrens ausgeschlossen ist oder nach § 1974 BGB. einem ausgeschlossenen Gläubiger gleichsteht, werden erst nach den im Abs. 2 Nr. 1—3 bezeichneten Verbindlichkeiten und, soweit sie zu den im Abs. 2 Nr. 4, 5 bezeichneten Verbindlichkeiten gehören, erst nach den Verbindlichkeiten berichtigt, mit denen sie ohne die Beschränkung gleichen Rang haben würden. Im übrigen wird durch die Beschränkung an der Rangordnung nichts geändert."

Diese Nachlaßverbindlichkeiten sind von der Teilnahme am Vergleichsverfahren ausgeschlossen. Folglich müßten sie während des VerglVerf. vollstreckungsberechtigt sein, weil § 32 VerglO. sie an sich nicht trifft. Der § 92, 6 VerglO. schiebt jedoch einen Riegel vor.

H. Tod des Vergleichs-Schuldners während des Vergleichsverfahrens.

Wenn der Schuldner nach Anordnung des VerglVerf. stirbt, so findet ein Übergang des VerglVerf. in ein Nachlaßvergleichsverfahren statt. Für den Konkursfall bestehen verschiedene Meinungen. Die einen sind der Ansicht, daß beim Tode des Schuldners nach der Konkurseröffnung der Regelkonkurs weitergeht, andere nehmen auch für den Konkurs den Übergang in einen Nachlaßkonkurs an.

Was nun den Vergleich im besonderen anlangt, so hat der Erbe die Möglichkeit, aber natürlich nicht Verpflichtung, einen Vergleichsvorschlag des verstorbenen Schuldners aufzunehmen und über denselben abstimmen zu lassen.

Wenn der Tod des Schuldners erst nach Annahme des Vergleichsvorschlages eintritt, so kann gleichwohl, wenn die Voraussetzungen vorliegen, der Vergleich bestätigt werden.

Anzunehmen, daß der Tod des Vergleichsschuldners während des VerglVerf. das letztere unterbricht (§ 239 ZPO.; § 8 VerglO.), ist weder prozessual glatt, da die Unterbrechungsnormen der ZPO. m. E. nach Form und Inhalt auf den Rechtsstreit zugeschnitten sind, noch durch die Vergleichsmaterie selbst gerechtfertigt. Es ist nicht einzusehen, weshalb hier eine Abweichung von dem grundlegenden System gegeben sein sollte. Hätte der Gesetzgeber es gewollt, hätte er es ja aussprechen können und müssen. Denn wo nicht expressis verbis die Divergenz zwischen KO. und VerglO. gewollt ist, muß man wohl das Tochtergesetz durch das Muttergesetz ergänzen und auslegen. Der Erbe kann der Vergleichsschuldner werden, wenn er will, und dann repräsentiert er, wie oben unter D u. E dargelegt, den Schuldner, bis auf die Frage der zwei verschiedenen Vermögensmassen des Erben und des Nachlasses. (A. M. in dieser Frage: Kiesow S. 505 und Lucas S. 180) *).

§ 93.

Auf das Vergleichsverfahren zur Abwendung des Konkurses über das Gesamtgut einer fortgesetzten Gütergemeinschaft finden die Vorschriften des § 92 entsprechende Anwendung. Vor der Entscheidung über den Antrag auf Eröffnung des Verfahrens sind die anteilsberechtigten Abkömmlinge, soweit tunlich, zu hören.

Vergleich zur Abwendung des Konkurses über das Gesamtgut.

A. Allgemeines.

Die amtliche Begründung läßt sich, wie folgt, vernehmen: Die gleichen Gründe, aus denen das VerglVerf. für den Nachlaß zugelassen worden ist, sprechen dafür, das VerglVerf. für das Gesamtgut einer fortgesetzten Gütergemeinschaft (§§ 1483, 1557 des BGB.) offen zu halten. Die Vorschriften, die für das Nachlaßvergleichsverfahren gelten, sollen in diesem VerglVerf. entsprechende Anwendung finden (zu vergleichen § 73 Abs. 5 der GeschAufsVO.; § 236 der KO.). Antragsberechtigt ist nur der überlebende Ehegatte (§ 92 Nr. 1 Satz 1 der VerglO. in Verbindung mit § 236 der KO.). Am Verfahren nehmen nur solche Gesamtgutsgläubiger teil, die schon beim Eintritt der fortgesetzten Gütergemeinschaft Gesamtgutsgläubiger waren (§ 92 Nr. 1 in in Verbindung mit § 2 Abs. 1 der VerglO. und § 236 Satz 2 der KO.)

B. Einzelheiten.

Der § 93 VerglO. entspricht den ersten beiden Sätzen des § 236 KO. Zugrunde liegen außerdem die §§ 1483 ff. BGB. Der Gesichtspunkt der erbrechtlichen Sukzession kommt nämlich hinsichtlich des Gesamtgutes nicht in Betracht. Sind vielmehr bei dem Tode eines Ehegatten gemeinschaftliche Abkömmlinge vorhanden, so treten diese sofort, an Stelle des verstorbenen Ehegatten, neben dem überlebenden Ehegatten als Teilhaber der Gemeinschaft ein, und zwar in der Art, daß dem überlebenden

*) Anscheinend meiner Meinung: Samolewitz S. 142.

Ehegatten in Ansehung des Gesamtgutes im wesentlichen dieselben Befugnisse zustehen, die während der bestehenden allgemeinen Gütergemeinschaft dem Ehemann zustehen. Die Fortsetzung der allgemeinen Gütergemeinschaft tritt, vorbehaltlich der Ablehnungsbefugnis des überlebenden Ehegatten (§§ 1483, 1484 BGB.), die der Fahrnisgemeinschaft nur kraft Ehevertragsbestimmung, ein (§ 1557 BGB.). Auf die persönliche Haftung des überlebenden Ehegatten, welche nur in dem Eintritt der fortgesetzten Gütergemeinschaft begründet ist, finden die für die Haftung des Erben bezüglich der Nachlaßverbindlichkeiten geltenden Vorschriften Anwendung. An die Stelle des Nachlasses tritt das Gesamtgut und zwar in demjenigen Bestande, welchen es zur Zeit des Eintrittes der fortgesetzten Gütergemeinschaft hat (§ 1489 BGB.). Zur Beschränkung seiner persönlichen Haftung für diese Gesamtgutsverbindlichkeiten stehen dem überlebenden Ehegatten die allgemeinen und besonderen Mittel der Haftungsbeschränkung zu (§§ 1973 ff., 1990, 2013 BGB.). Insbesondere ist der überlebende Ehegatte zur Beantragung des über das Gesamtgut zulässigen selbständigen Vergleichsverfahrens berechtigt. Die Vorschriften über den Nachlaßvergleich finden auf den Gesamtgutsvergleich entsprechende Anwendung. Die Anordnung des Vergleichsverfahrens über das Gesamtgut ruft die Sonderung des Gesamtgutes von dem übrigen Vermögen des überlebenden Ehegatten hervor (§§ 1489, 1975, 2013 BGB.). Das Vergleichsverfahren über den Nachlaß des überlebenden Ehegatten ergreift nicht ohne weiteres auch das Gesamtgut (BayObLG. vom 28. April 1916 Recht 1916 Nr. 1384; LZ. 1916, 1046).

Die Voraussetzung der Anordnung des VerglVerf. bilden Zahlungsunfähigkeit oder Überschuldung des Gesamtgutes.

Antragsberechtigt ist nur der überlebende Ehegatte. Zu seinem Antrage sind die anteilsberechtigten Abkömmlinge zu hören. Die Anordnung des VerglVerf. wird dadurch nicht behindert, daß der überlebende Ehegatte die Möglichkeit der Haftungsbeschränkung verwirkt hat (§§ 1489, 2013 BGB.). Die Anordnung des Vergleichsverfahrens ist auch schon möglich, solange der überlebende Gatte die Fortsetzung der Gütergemeinschaft ablehnen kann (§§ 1484, 1943 ff. BGB.). Da aber das ganze Verfahren gegenstandslos würde, wenn hinterher der überlebende Ehegatte die Gütergemeinschaft fortzusetzen ablehnen würde, so ist zweckmäßigerweise erst die endgültige Entschließung des überlebenden Ehegatten, ob er die Gütergemeinschaft fortsetzt, abzuwarten. Die Gesamtgutsverbindlichkeiten der fortgesetzten Gütergemeinschaft sind die Verbindlichkeiten des überlebenden Ehegatten, sowie solche Verbindlichkeiten des verstorbenen Ehegatten, die Gesamtgutsverbindlichkeiten der ehelichen Gütergemeinschaft waren (§ 1488 BGB.).

Was nun aber das Vergleichsverfahren anlangt, so nehmen nur diejenigen Gesamtgläubiger an dem Vergleichsverfahren teil, deren Forderungen bereits zur Zeit des Eintritts der fortgesetzten Gütergemeinschaft bestanden haben. Pflichtteile, Vermächtnisse und Auflagen sind daher bei dem Vergleichsverfahren über das Gesamtgut nicht beteiligt (Begründung s. oben unter A). Die Gläubiger, welchen der überlebende Ehegatte bereits beim Eintritt — nicht infolge Eintritts — der fortgesetzten Gütergemeinschaft persönlich gehaftet hat, sind nicht teilnahmeberechtigt. Ihre Rechtslage wird durch den Eintritt der fortgesetzten Gütergemeinschaft nicht beeinträchtigt. Ihnen gegenüber benötigt der überlebende Ehegatte kein Mittel der Haftungsbeschränkung. Die nach dem Eintritt der fortgesetzten Gütergemeinschaft entstandenen Forderungen sind ebenfalls nicht teilnahmeberechtigt (Jaeger, Nachlaßkonkurs S. 114ff.). Das Vergleichsverfahren über das Gesamtgut ist eben ein allgemeines Mittel der Haftungsbeschränkung gegen die persönliche Haftung des überlebenden Ehegatten. Am Vergleichsverfahren kann auch der überlebende Ehegatte selbst beteiligt sein und zwar mit Ansprüchen, die er, wie ein Dritter, gegenüber dem Gesamtgute hat, ferner auf Grund seiner Berichtigung einer Gesamtgutsschuld.

Der rechtskräftig bestätigte Vergleich wirkt für und wider solche Gesamtgläubiger, welche am Vergleichsverfahren über das Gesamtgut beteiligt waren, auch wenn sie an dem Verfahren nicht teilgenommen oder gegen den Vergleich gestimmt haben (§ 73 VerglO.). Der rechtskräftig bestätigte Vergleich wirkt also für und wider die zur Zeit des Eintritts der fortgesetzten Gütergemeinschaft bereits begründeten Forderungen, mit Ausnahme derjenigen, für welche der überlebende Ehegatte bereits zur damaligen Zeit persönlich haftete. Der rechtskräftig bestätigte Vergleich wirkt aber nicht für und wider diejenigen Gesamtgutsverbindlichkeiten, welche erst nach Eintritt der fortgesetzten Gütergemeinschaft entstanden sind.

C. Die Abkömmlinge.

Die Abkömmlinge haben für sich kein Antragsrecht. Das hängt mit der Struktur der fortgesetzten Gütergemeinschaft zusammen. Wird die Gütergemeinschaft von dem überlebenden Ehegatten mit den diesem und dem erstverstorbenen Ehegatten gemeinschaftlichen Abkömmlingen fortgesetzt, so ist der überlebende Ehegatte der Verwalter. Er haftet auch persönlich für die Gesamtgutsverbindlichkeiten (§§ 1487 und 1489 BGB.). Die Abkömmlinge, die für diese Gesamtgutsverbindlichkeiten nicht persönlich haften, sind, da sie wirtschaftlich interessiert sind, zur Wahrnehmung ihrer Belange zu hören.

§ 94.

Ein Vergleichsverfahren zum Zwecke der Abwendung des Konkursverfahrens über das Vermögen einer Versicherungsunternehmung, die der Beaufsichtigung nach Maßgabe des Gesetzes über die privaten Versicherungsunternehmungen vom 12. Mai 1901 (Reichsgesetzbl. S. 139) unterliegt, findet nicht statt.

Schon die Verordnung vom 14. Dez. 1916 hat erklärt, daß sie nicht die Absicht habe, in die Rechtssphäre der Versicherungsbehörde einzugreifen. Das Aufsichtsamt für Privatversicherungen hat von jeher die Anwendbarkeit des Sanierungsverfahrens in Abrede gestellt (PrivVersAufsAmt vom 13. April 1915 PVAV. 14 Nr. 221; Recht 15, 404 Nr. 74 [Rekurssenat]; ZVersWiss. 1915, 300). Man hatte erklärt, die Versicherungsunternehmungen stünden unter dem Aufsichtsamt, welches allein zu bestimmen habe, ob Konkurs eröffnet werden solle und daran nicht gehindert werden dürfe (§ 68 VersUG. vom 12. Mai 1901). In der Hand der Versicherungsaufsichtsbehörde seien auch die Aufgaben und Rechte vereinigt, welche den Aufsichtspersonen zustünden. Diese Anschauung des Aufsichtsamtes wurde verschiedentlich bekämpft.

Die amtliche Begründung der VerglO. besagt eindeutig: Das Reichsgesetz über die privaten Versicherungsunternehmungen vom 12. Mai 1901 (RGBl. S. 139), ergänzt durch das Reichsgesetz zur Änderung des Gesetzes über die privaten Versicherungsunternehmungen vom 19. Juli 1923 (RGBl. I S. 684), und das Reichsgesetz vom 15. Juli 1926 (RGBl. I S. 411), enthält für die ihm unterstellten Versicherungsunternehmungen eine Reihe von Vorschriften (zu vergleichen besonders die §§ 67 bis 69), die den gleichen Zweck, wie die VerglO., verfolgen. Die Anwendung des Vergleichsverfahrens ist daher für diese Unternehmungen entbehrlich.

IX. Abschnitt.

Strafvorschriften.

§ 95.

Wer in einem Verfahren auf Herbeiführung eines Vergleichs zur Abwendung des Konkurses erdichtete Forderungen geltend macht, um sich oder einem anderen einen Vermögensvorteil zu verschaffen, wird mit Zuchthaus bis zu zehn Jahren, bei mildernden Umständen mit Gefängnis oder mit Geldstrafe bestraft.

Geltendmachung erdichteter Forderungen.

A. Allgemeines.

Die Strafandrohungen der §§ 239 bis 241 und des § 242 Nr. 1 der KO. setzen zu ihrer Anwendung voraus, daß der Schuldner entweder seine Zahlungen eingestellt hat oder daß über sein Vermögen der Konkurs eröffnet worden ist. Da die Zahlungseinstellung nach § 1 der VerglO. auch die Voraussetzung des Vergleichsverfahrens ist, so finden die angeführten Strafandrohungen im Vergleichsverfahren ebenfalls Anwendung. Nicht anwendbar sind dagegen die Tatbestände des § 242 Nr. 2 und des § 243 KO. Denn diese Tatbestände erfordern, daß die strafbare Handlung im Konkursverfahren begangen worden ist. Die VerglO. füllt diese Lücke aus, indem sie im § 95 den Tatbestand des § 242 Nr. 2 und im § 96 den Tatbestand des § 243 für das Vergleichsverfahren behandelt.

B. Einzelheiten.

Es lautet:

KO. § 242.

Mit Zuchthaus bis zu zehn Jahren wird bestraft, wer

1. *im Interesse eines Schuldners, welcher seine Zahlungen eingestellt hat oder über dessen Vermögen das Konkursverfahren eröffnet worden ist, Vermögensstücke desselben verheimlicht oder beiseite geschafft hat, oder*
2. *im Interesse eines solchen Schuldners, oder, um sich oder einem anderen einen Vermögensvorteil zu verschaffen, in dem Verfahren erdichtete Forderungeu im eigenen Namen oder durch vorgeschobene Personen geltend gemacht hat.*

Sind mildernde Umstände vorhanden, so tritt Gefängnisstrafe oder Geldstrafe bis zu sechstausend Mark ein.

Hier interessiert nur § 242 KO. Nr. 2. Dieser Absatz geht mit der Bankrotthandlung des Schuldners gemäß § 239 KO. Nr. 2 bezüglich erdichteter Schulden oder Rechtsgeschäfte konform. Es muß sich um das gegenwärtige Verfahren, also in unserem Falle das gegenwärtige Vergleichsverfahren, drehen. (Rechtsähnlich: RGSt 38, 275.) Der Täter muß nicht selbst handeln. Er kann sich auch einer anderen Persönlichkeit als Mittels und Werkzeugs bedienen. Die strafbare Handlung besteht in einer die Ansprüche der Vergleichsgläubiger gefährdenden Verschleierung des Vermögensstandes des Vergleichsschuldners. Für den § 95 kommt als Form die der erdichteten Aufstellung von Passiven in Betracht. Der Gegenstand der verbrecherischen Handlung ist das Vermögen des Vergleichsschuldners. Es muß sich um das gerichtliche Vergleichsverfahren der VerglO. handeln. Die

Absicht, sich oder einem anderen einen Vermögensvorteil zu verschaffen, muß den Impuls geben. Der Vorteil muß also von vermögensrechtlicher Bedeutung sein. Es braucht nicht ohne weiteres ein pekuniärer Vorteil zu sein. Der Begriff des Vermögensvorteiles ist weiter, als derjenige des Gewinnes. Die Sicherung des vorhandenen Vermögens oder eines Teiles desselben, sodann die erhöhte Leichtigkeit der praktischen Durchführung eines vermögensrechtlichen Anspruches, genügt (Olshausen zu § 263 StGB.). Folglich gehört jede günstigere Gestaltung der Vermögenslage hieher. Auch die Befreiung von einer Verbindlichkeit, die Erzielung der Vornahme einer Handlung, der Erwerb eines schuldrechtlichen Anspruchs, die Erlangung oder Erhaltung einer Kundschaft usw. Erdichtet ist jede Forderung, die der Wirklichkeit zuwider und künstlich geschaffen ist. Erdichtet sind also Schulden oder Rechtsgeschäfte, welche überhaupt nicht oder nicht in der angegebenen Höhe existieren. Rechtsgeschäfte insbesondere sind erdichtet, wenn sie nur simulatorisch, nur zum Scheine, vorgetäuscht sind. Erdichtet ist die Anerkennung einer zinslosen Schuld als einer verzinslichen. Unter den Paragraphen fällt auch eine unrichtige Eintragung in die Geschäftsbücher oder in das Gläubigerverzeichnis oder eine diesbezügliche Erklärung gegenüber der VP., im Bewußtsein der Unrichtigkeit.

Es ist indeß nach dem Wortlaut des § 95 erforderlich, daß die erdichteten Forderungen auch wirklich in dem Verfahren *geltend gemacht worden sind*. Mit anderen Worten: Innerhalb des Vergleichsverfahrens müssen die nicht existierenden Forderungen in die äußere Erscheinung getreten sein. Es gehören also hieher Ausstellung von Verpflichtungsscheinen ohne ein zugrunde liegendes Schuldverhältnis, der Wahrheit zuwiderlaufende Eintragungen in die Bücher und das übrige Schreibwerk des Vergleichsschuldners, Anmeldung gemäß § 60 VerglO.

Der Schuldner selbst kann nicht Täter sein, weil er keine Forderungen geltend macht; anders beim Erben im Nachlaßvergleich, soweit er mangels Konfusion der Nachlaßmasse und seines Vermögens Forderungen geltend machen *könnte*. In einem gewöhnlichen Vergleichsverfahren kann der Schuldner als Gehilfe oder Anstifter des Reats auftreten. Wenn sich die Tatbestandsmerkmale zu einem Verbrechen des betrügerischen Bankrotts verdichten, so kann der Schuldner gem. § 239 Abs. 11 A. 2 KO. herangezogen werden *).

---

*) Strafbar kann sich der Vertreter einer juristischen Person machen. Das wirtschaftliche Beteiligtsein ist nicht ausschlaggebend, sondern nur die Tatsache, daß in dem Gesellschaftsorgan der Tatbestand der von dem Gesetz mit Strafe bedrohten Handlung sich erfüllt. RG. 16, 123; OLG. Königsberg 17. März 1927, 6 S 54/27; JW. 1927 S. 2084.

§ 96.

Ein Gläubiger, der sich besondere Vorteile dafür gewähren oder versprechen läßt, daß er bei der Abstimmung über den Vergleichsvorschlag in einem bestimmten Sinne stimmt, wird mit Gefängnis bis zu einem Jahr oder mit Geldstrafe bestraft.

Stimmenkauf.

Der § 96 enthält die zweite Strafbestimmung der VerglO. und zwar, analog dem § 243 KO. (Stimmenkauf bzw. Stimmenverkauf, wie ihn Jaeger, KO. § 243 benannt hat). Der § 243 KO. hat schlechthin alle Abstimmungen der Gläubiger in einem gewissen Sinne im Auge, während der § 96 VerglO. (s. §§ 5 und 63 VerglO.) nur die Abstimmung über den Vergleichsvorschlag in einem gewissen Sinne treffen will. Andere wirklich maßgebende Abstimmungen kommen im Rahmen des Vergleichsverfahrens eben nicht leicht vor. Die Gläubigerversammlung ist — vom Vergleichstermin abgesehen — überhaupt im Rahmen des Vergleichsverfahrens nur eine fakultative Einrichtung und hat nicht die überragende Bedeutung der konkursrechtlichen Gläubigerversammlung. Außergerichtliche Vergleiche fallen nicht unter den § 96 VerglO.

Grund für diese Vorschrift ist die Gefahr, daß der rechtswidrig handelnde Gläubiger durch seine Abstimmung auf die Rechte der übrigen Gläubiger bestimmend und zwingend einwirkt (Motive, KO. S. 461; RGSt. 12, 122; RG. 39, 23). Die gebundene Marschroute, zu der sich der Gläubiger verpflichtete, reicht aus (Stenglein-Lindenberg, 4. Aufl. Nr. 11; Frank II § 243). Voraussetzung für die Anwendbarkeit des § 96 ist die Anordnung des Vergleichsverfahrens und ein Vergleich im Rahmen derselben. Die strafbare Übereinkunft kann aber bereits vor Anordnung des Vergleichsverfahrens, mindestens vor Eröffnung des Vergleichsverfahrens, erfolgt sein. Es ist bedeutungslos, ob Gläubiger nach Zusage abstimmte, ob die Abstimmung den angestrebten Erfolg hatte und ob das Verfahren des Vergleichs zuvor aufgehoben wurde. Das Verhandeln zugunsten des Schuldners, welches etwa durch den Schuldner oder eine andere Person erkauft wird, fällt nicht unter den § 96, der nur den Kauf einer Abstimmung mit Strafe belegt. Die Stimmenthaltung fällt ebenfalls nicht unter den § 96 (JW. 98, 287). Das Vergehen erfordert Vorsatz (Jaeger, KO. § 243; LZ. 1908, 942; 1913, 385). Ein Irrtum über den Charakter und Zweck der Vorteilsgewährung wirkt strafausschließend (StGB. § 59). Besonderer Vorteil ist ein solcher, der den Gläubiger im Verhältnis zu anderen Gläubigern bevorzugt, günstiger stellt. Es müssen wohl heimliche Vorteile sein. Irgendein materieller Vorteil genügt (RGSt. 11, 218; Olshausen-Zweig, KO. 10. Aufl. § 243; Jaeger § 243). Der Versuch ist möglich (RGSt. 6, 194), jedoch straflos. Vollendet ist das Reat mit Annahme des Vorteils oder Versprechens (RG. 12, 122). Verkäufer seiner Stimme vermag nur ein am Vergleich beteiligter Gläubiger zu sein. Der Bevollmächtigte des Gläubigers, welcher abstimmt, fällt nicht unter den § 96 (Jaeger, KO. § 243). Ein absonderungsberechtigter Gläubiger kann nur dann gegen den § 96 verstoßen, wenn er an der Abstimmung über den Vergleich teilnimmt (OLG. Colmar vom 26. Sept. 1888; RG. vom 4. Febr. 1889 ElsLothZ. 14, 39, 221). Käufer der Stimme des Gläubigers kann sowohl der Vergleichsschuldner, als auch jede andere Person, die gewöhnlich dem Vergleichsschuldner oder einer Gläubigergruppe nähersteht, sein. Der Stimmenkäufer kann als Anstifter in Betracht kommen (RGSt. 12, 122, 29, 345) *).

Als Stimmenkäufer können auch Mittelspersonen des Vergleichsschuldners, z. B. Verwandte, in Betracht kommen. Eine Willenseinigung muß vorliegen (RGStR. 12, 123; 29, 305). Der Vorteil kann auch bagatellmäßig sein. Er kann in Ersatz des Zeitaufwands oder der Reisespesen bestehen (RGSt. 11, 218).

X. Abschnitt.

Schluß- und Übergangsvorschriften.

§ 97.

Das Gerichtsverfassungsgesetz in der Fassung der Bekanntmachung vom 22. März 1924 (Reichsgesetzbl. I S. 299) wird dahin geändert:

Der § 202 erhält die Fassung:

Auf das Kostenfestsetzungsverfahren, das Mahnverfahren, das Zwangsvollstreckungsverfahren, das Konkursverfahren und das Vergleichsverfahren zur Abwendung des Konkurses sind die Ferien ohne Einfluß.

Vergleichsverfahren ist Feriensache.

Bei dem § 202 GVG. fehlte bis jetzt der Zusatz über das Vergleichsverfahren zur Abwendung des Konkurses. Die Geschäftsaufsichtsverordnung hatte eine Modifikation des bisherigen

---

*) Die Eigenschaft als Gläubiger bestimmt sich nicht durch den wirtschaftlichen Begriff, wenn ein Mitgesellschafter der G. m. b. H. in Frage steht. Die G. m. b. H. ist eine juristische Person. Strafbar kann sich nur durch ihre Handlung der Vertreter (Geschäftsführer) machen. OLG. Königsberg 17. März 1927 6 S 54/27; JW. 1927, S. 2084.

§ 202 nicht herbeigeführt. Das Kostenfestsetzungsverfahren war durch die Novelle vom 1. Juni 1909 hinzugekommen. Da das Vergleichsgesetz auf die Dauer berechnet ist, erschien es zweckmäßig und notwendig, dem § 202 GVG. den nunmehr erfolgten Zusatz zu geben.

§ 98.

Das Gesetz, betreffend die Anfechtung von Rechtshandlungen außerhalb des Konkursverfahrens, in der Fassung der Bekanntmachung vom 20. Mai 1898 (Reichsgesetzbl. S. 709) wird dahin geändert:

Der § 3 erhält folgenden zweiten Absatz:

In die Fristen wird die Zeit nicht eingerechnet, während der ein Verfahren auf Herbeiführung eines Vergleichs zum Zwecke der Abwendung des Konkursverfahrens anhängig war.

Die Vorschrift des § 98 VerglO. beruht auf der gleichen Erwägung, wie die des § 87 Abs. 2 VerglO. Die Gläubiger, die Anfechtungsrechtsstreite im Vergleichsverfahren unterlassen, sollen durch die Zeitverlängerung keine Einbuße erleiden. Im Interesse der Vereinfachung der Rechtslage ist davon abgesehen worden, nach dem Vorgang des § 75 Abs. 2 der Geschäftsaufsichtsverordnung die verhältnismäßig geringfügige Fristerstreckung auf die an dem Verfahren beteiligten Gläubiger zu beschränken.

Auf die vom Verfahren nicht betroffenen Gläubiger bezog sich die Bestimmung des § 75 Abs. 2 GeschAufsVO. nicht. Die Anfechtung außerhalb des Konkurses nach dem Gesetz vom 21. Juli 1879 bzw. 20. Mai 1898 war während der Dauer der GeschAufs. den privilegierten Gläubigern gemäß §§ 6 und 13 GeschAufsVO. unverwehrt.

Die heutige Regelung in der VerglO. ist eine andere. Die Bestimmung des § 98 VerglO. bezieht sich auch auf die vom Vergleichsverfahren nicht betroffenen Gläubiger. Ausgedehnt werden nach dem Wortlaute des § 98 VerglO. bzw. des künftigen § 3 des Anfechtungsgesetzes bloß die kurzen Befristungen des § 3 des Anfechtungsgesetzes, nicht die lange Befristung des § 12 des Anfechtungsgesetzes (Kiesow, S. 516) *).

§ 99.

Das Gerichtskostengesetz (Reichsgesetzbl. 1923 I S. 12, 135, 813, 1186; 1924 I S. 135, 662; 1927 I S. 53) wird dahin geändert:

1. Im § 1 treten an die Stelle der Worte „oder die Konkursordnung" die Worte „die Konkursordnung oder

*) Meikel-Hartmann, 1913, Anfechtungsgesetz, S. 303.

das Gesetz über den Vergleich zur Abwendung des Konkurses".

2. Der dritte Abschnitt erhält die Überschrift:
Gebühren im Konkursverfahren und im Vergleichsverfahren zur Abwendung des Konkurses.

3. Im § 40 werden hinter den Worten „im Konkursverfahren" die Worte eingefügt „und im Vergleichsverfahren zur Abwendung des Konkurses".

4. Hinter § 48 werden folgende Vorschriften eingestellt:

§ 48a.

Für das Vergleichsverfahren zur Abwendung des Konkurses wird die volle Gebühr (§ 8) erhoben. Die Gebühr ermäßigt sich auf die Hälfte, wenn das Verfahren sich ohne Anberaumung eines Vergleichstermins erledigt.

Wird das Vergleichsverfahren in das Konkursverfahren übergeleitet (§ 82 des Gesetzes über den Vergleich zur Abwendung des Konkurses), so wird die im Vergleichsverfahren gemäß Abs. 1 entstandene Gebühr auf die im § 42 bestimmte Gebühr angerechnet. Wird bei Beendigung des Vergleichsverfahrens die Eröffnung des Konkursverfahrens abgelehnt, so wird die Gebühr des § 41 nicht erhoben.

Für das Verfahren zur Abnahme des Offenbarungseides gemäß § 61 Abs. 3 des Gesetzes über den Vergleich zur Abwendung des Konkurses wird eine Gebühr nicht erhoben.

§ 48b.

Die im § 48a Abs. 1 bestimmten Gebühren werden nach dem Werte der Aktiven (§ 18 des Gesetzes über den Vergleich zur Abwendung des Konkurses) zur Zeit der Stellung des Antrags auf Eröffnung des Vergleichsverfahrens erhoben. Übersteigt der Wert der Aktiven den Gesamtbetrag der Forderungen der am Verfahren beteiligten Gläubiger, so ist der letztere maßgebend.

§ 48c.

Für das Verfahren in der Beschwerdeinstanz findet § 38 Abs. 2 mit der Maßgabe entsprechende Anwendung, daß nur die halbe Gebühr erhoben wird.

5. Im § 74 werden hinter den Worten „in bürgerlichen Rechtsstreitigkeiten" die Worte eingefügt „im Vergleichsverfahren zur Abwendung des Konkurses".

6. Hinter § 78 wird folgende Vorschrift eingestellt:

§ 78a.

Im Vergleichsverfahren zur Abwendung des Konkurses ist Schuldner der Gebühren und Auslagen der Vergleichsschuldner.

Da sich die Wirtschaftskreise — u. a. der Reichsverband des Deutschen Groß- und Übersee-Handels e. V. — beschwert hatten, hat man sich bemüht, eine Verbilligung herbeizuführen, was durch den künftigen § 48a des Gerichtskostengesetzes v. 28. Jan. 1927 (RGBl. I S. 53) geschieht, indem sich die Gebühr für das Vergleichsverfahren dann auf die Hälfte ermäßigt, wenn das Verfahren sich ohne einen Vergleichstermin (durch Rücknahme vor Verbescheidung oder Ablehnung des Vergleichsantrags) erledigt. Kommt es infolge des Mißlingens des Vergleichsversuches zum Konkurse, so soll die im Vergleichsverfahren bereits entstandene Gebühr auf die Konkursgebühr angerechnet werden (§ 48a Abs. 2 Satz 1). Wird die Eröffnung des Konkurses abgelehnt, so bewendet es bei den im Vergleichsverfahren erhobenen Gebühren (§ 48 Abs. 2 Satz 2).

Der § 48b regelt die Wertberechnung ähnlich wie im Konkursverfahren (§ 43 des Gerichtskostengesetzes). Abzüge von dem Quantum der Aktivmasse erfolgen für keine irgendwie bevorzugte Forderung. Aus Zweckmäßigkeitsgründen soll aber nicht die Beendigung, sondern der Beginn des Verfahrens, für die Wertberechnung maßgebend sein.

Für das Verfahren in der Beschwerdeinstanz (§§ 24, 45, 46, 71, 80 VerglO.) wird, wie die Anführung des § 38 Abs. 2 des Gerichtskostengesetzes im § 48c ergibt, eine Gebühr nur erhoben, wenn die Beschwerde keinen Erfolg hat, i. e. verworfen oder zurückgewiesen wird [nicht, wenn sie zurückgenommen oder mit Erfolg hinausgeführt wird].

Die Gebühr des § 48a Abs. 1 ist eine **En bloc-Gebühr**, ohne besondere Gebühr für die Einzeltätigkeit (Vergleichstermin, Anmeldung, Anordnung von Veräußerungsverboten, Verkehr mit

VP. und Ausschuß, Disziplinierung der Organe), z. B. also auch nicht für das Offenbarungseidsverfahren des § 61 VerglVerf.

Schuldner der Gebühren und Auslagen ist der Vergleichsschuldner (§ 78a), weil nur auf seinen Antrag das Vergleichsverfahren eingeleitet werden kann. Wer im Beschwerdeverfahren Kostenschuldner ist, entscheidet sich danach, wem als dem veranlassenden Teil das Beschwerdegericht die Kosten auferlegt.

Der Vergleichsschuldner ist der Schuldner der Gerichtskosten. Die Gläubiger haften dem Fiskus nicht. Es sei denn, daß dieselben Vorschüsse leisten, um eine Masse zu ermöglichen oder um die Durchführung des Vergleiches zu fördern. In diesem Falle schießen die betreffenden Gläubiger die Beträge ebenfalls dem Vergleichsschuldner vor (§ 78a neues Gerichtskostengesetz).

§ 100.

Die Gebührenordnung für Rechtsanwälte (Reichsgesetzbl. 1898 S. 692; 1909 S. 475; 1910 S. 767; 1916 S. 1263; 1919 S. 2115; 1921 S. 910; 1923 I S. 1, 813, 1188; 1924 I S. 135, 662; 1927 I S. 53) wird dahin geändert:

1. Im § 1 treten an die Stelle der Worte „oder die Konkursordnung" die Worte „die Konkursordnung oder das Gesetz über den Vergleich zur Abwendung des Konkurses".
2. Der dritte Abschnitt erhält die Überschrift:

   Gebühren im Konkursverfahren und im Vergleichsverfahren zur Abwendung des Konkurses.
3. Im § 53 werden hinter den Worten „im Konkursverfahren" die Worte eingefügt „und im Vergleichsverfahren zur Abwendung des Konkurses".
4. Hinter § 61 wird folgende Vorschrift eingestellt:

§ 61 a.

Der Rechtsanwalt erhält für die Tätigkeit im Vergleichsverfahren zur Abwendung des Konkurses die Sätze des § 9. Die Gebühr verringert sich um die Hälfte, wenn sich die Vertretung vor dem Vergleichstermin erledigt.

Für die Vertretung in der Beschwerdeinstanz erhält der Rechtsanwalt den Satz des § 41 Nr. 1.

Die Gebühren werden bei der Vertretung des Schuldners nach dem Betrage der Aktiven (§ 48 b des Gerichtskostengesetzes) und bei der Vertretung eines Gläubigers nach dem Werte der Forderung unter entsprechender Anwendung des § 148 der Konkursordnung berechnet.

Für die Tätigkeit im VerglVerf. erhielt der Rechtsanwalt nach der GeschAufsVO. § 79 bisher $^{16}/_{10}$ der Gebühr des § 9 der Gebührenordnung für Rechtsanwälte. Für die Vertretung in der Beschwerdeinstanz erhielt er die im § 41 der Gebühren für RA. bestimmten Gebühren besonders. Nunmehr erhält der Rechtsanwalt für die gesamte Tätigkeit im VerglVerf. eine en-bloc-$^{10}/_{10}$-Gebühr. Er erhält nur $^{5}/_{10}$, wenn sich die Vertretung vor dem Vergleichstermin — irgendwie — erledigt. Für die Vertretung in der Beschwerdeinstanz erhält der Rechtsanwalt den En bloc-Satz des § 41 Nr. 1 ($^{3}/_{10}$) neben der Gebühr des § 6 a, 1 GKG.

Abgegolten ist folglich die Mühewaltung im Vergleichsverfahren, nicht aber die Tätigkeit irgendwelcher Art **vor** und **nach** dem VerglVerf. (so auch Kiesow, S. 523) nicht die Tätigkeit zur Vorbereitung des VerglVerf. vor dem Stadium des § 21 VerglO., bestehend in Beratungen und Konferenzen mit dem Auftraggeber und seinen Vertragsgegnern (Schuldner oder Gläubigern), zur Begründung der Eröffnung bzw. zur Begründung der Ablehnung, Vorstellung gegenüber Gericht, Berufsvertretung, vorläufiger VP., nicht die Tätigkeit nach förmlich beendigtem Vergleichsverfahren, zur Vollziehung bzw. Nichtvollziehung des Vergleiches, vor Verbescheidung der Konkursfrage, zum und im Anschlußkonkurse. S. auch Abenheimer, Anwaltsblatt 1927, S. 181, unter Bezugnahme auf §§ 54, 14 u. 89 GebO. f. Rechtsanwälte; hinsichtlich des Wertgegenstands, ebenda, S. 182 (Analogie des § 48 b GKG.).

Es heißt in der amtlichen Begründung, die Gebühr sei von den beteiligten Kreisen als zu hoch empfunden worden. Es ist darauf zu entgegnen, daß davon in Anwaltskreisen nichts bekannt ist, daß die allgemeine Lebenshaltung des Rechtsanwalts eine billigere geworden ist. Auch Lucas kennzeichnet S. 210 — zum Punkt Gerichtskosten — die Wünsche der Wirtschaftskreise auf erhebliche Herabsetzung nicht als durchwegs berechtigt und will keine übermäßige Entlastung auf Kosten der Steuerzahler. Wenn der Rechtsanwalt daher in irgendwie anstrengenden und verantwortungsvollen Fällen einen Gläubiger oder Vergleichsschuldner vertritt, wird er mit Fug ein Honorar banspruchen. Gerade bei Sanierungsverfahren ist die Inanspruchnahme der beteiligten

Anwälte bekanntlich eine zeitraubende, oft nicht einfache und vor allem eine große Verantwortung nach sich ziehende. Man kann doch nicht den gewerblichen Ständen helfen wollen, zu Lasten eines anderen nachgewiesenermaßen in den letzten Jahrzehnten besonders bedrängten Standes. —

Wird der Vergleichsschuldner von einem Rechtsanwalt vertreten, so ist für den Wertgegenstand maßgebend der Betrag der Aktiven. § 48 b 2 GKG. schlägt folglich nicht ein.

Vertritt der Rechtsanwalt einen Gläubiger, so ist der Wert der Aktivforderung maßgebend unter sinngemäßer Anwendung des § 148 KO. Es lautet:

KO. § 148.

Der Wert des Streitgegenstandes eines Prozesses über die Richtigkeit oder das Vorrecht einer Forderung ist mit Rücksicht auf das Verhältnis der Teilungs- zur Schuldenmasse von dem Prozeßgerichte nach freiem Ermessen festzusetzen.

Nicht der Nominalwert, sondern der wirkliche Wert des gläubigerischen Guthabens, ist ausschlaggebend.

M. a. W.: Es ist primär zu berücksichtigen, welche Dividende voraussichtlich auf die betreffende Forderung entfällt. Hiebei sind auch die bestrittenen Forderungen zu berücksichtigen (RG. JW. 1896, 602; 1899, 188). Subsidiär ist als Wertmesser der Gesichtspunkt des § 148 KO. zu beachten. —

Der § 61 a, 3 gilt überall da, wo der Wertgegenstand nicht ziffermäßig klarsteht.

§ 101.

Dieses Gesetz tritt mit dem 1. Oktober 1927 in Kraft.

Mit dem Inkrafttreten dieses Gesetzes treten die Verordnung über die Geschäftsaufsicht zur Abwendung des Konkurses vom 14. Dezember 1916 (Reichsgesetzbl. S. 1363) in der Fassung der Verordnungen vom 8. Februar und 14. Juni 1924 (Reichsgesetzbl. I S. 51, 641) sowie das Gesetz zur Änderung der Bekanntmachung des Bundesrats über die Geschäftsaufsicht zur Abwendung des Konkurses vom 14. Dezember 1916 in der Fassung der Verordnung vom 8. Februar 1924, vom 12. Juni 1924 (Reichsgesetzbl. I S. 641) außer Kraft.

Die beim Inkrafttreten dieses Gesetzes anhängigen Geschäftsaufsichten werden nach den bisherigen Vorschriften weitergeführt. Wird nicht binnen einem Monat nach dem

Inkrafttreten dieses Gesetzes oder, wenn die Geschäftsaufsicht nicht früher als einen Monat vor dem Inkrafttreten dieses Gesetzes angeordnet worden ist, binnen zwei Monaten nach dem Inkrafttreten dieses Gesetzes ein Vergleich abgeschlossen, so ist die Geschäftsaufsicht aufzuheben und, auch wenn ein solcher Antrag nicht vorliegt, von Amts wegen zu entscheiden, ob das Konkursverfahren zu eröffnen sei. Die Vorschriften der §§ 50 bis 58, des § 69 Abs. 1 Satz 2, Abs. 2 finden mit dem Inkrafttreten dieses Gesetzes auf die anhängigen Geschäftsaufsichten Anwendung.

Der Vergleich zur Abwendung des Konkurses soll die Geschäftsaufsicht ersetzen. Daraus ergibt sich die Aufhebung der Gesetze und Verordnungen, auf denen die gegenwärtige Geschäftsaufsicht beruht. Der übergangslose Wegfall der Geschäftsaufsicht wäre jedoch bedenklich. (Wichtige Übergangsfrage z. B. aus § 60 Abs. 1 Satz 2 GeschAufsVO.: Schumann, Konkurs- u. Treuhandwesen 1927 S. 103; Neu, Überleitung, Konkurs- und Treuhandwesen, 1927, S. 121. Die VerglO. bestimmt daher, daß eine angeordnete Geschäftsaufsicht erst aufgehoben werden soll, wenn sie so lange gedauert hat, daß mindestens zwei Monate, also etwa die Höchstfrist des Vergleichsverfahrens, für den Abschluß eines Vergleiches zur Verfügung gestanden haben. Die VerglO. tritt am 1. Okt. 1927 in Kraft. Folglich sind sämtliche GeschAufsVerf. aufzuheben, in welchen nicht spätestens bis zum 1. Dez. 1927 ein Vergleich perfekt geworden ist. Beschlossen ist nicht bestätigt, geschweige denn rechtskräftig. Wird die Geschäftsaufsicht wegen Fristablaufs aufgehoben, so ist zugleich von Amts wegen über die Eröffnung des Konkursverfahrens zu *entscheiden* (nicht etwa ohne weiteres: von Amts wegen das Konkursverfahren zu eröffnen. Die Konkurseröffnung kann auch abgelehnt werden). Dem Schuldner bleibt gegen den Konkurseröffnungsbeschluß eine Anfechtung gemäß KO. § 109.

Die Vorschriften der §§ 82 ff. der VerglO. finden auf dieses Konkursverfahren naturgemäß nur insoweit Anwendung, als die Maßnahmen, die sie voraussetzen, auch in dem *vorhergehenden* Geschäftsaufsichtsverfahren möglich waren. Zu diesen Maßnahmen gehören insbesondere die Verfügungsverbote des § 51; denn nach Abs. 3 Satz 3 sollen sie auch in dem fortgesetzten Geschäftsaufsichtsverfahren statthaft sein. Die Bestimmungen über die Verfügungsbeschränkungen und Veräußerungsverbote wirken auf die bereits am 1. Okt. 1927 bestehenden Geschäftsaufsichten zurück.

Alphabetisches Sachregister
[Schlagwortverzeichnis].

(Die Zahlen bedeuten die Seiten.)

A.

B.

C.

D.

E.

H.

S.

V.

Z.

Nachträge.

S. 145 § 16 nach vorlegen*), 8. Zeile von oben.

*) Die Einverständniserklärung hat dahin zu lauten, daß die betr. Mehrheit mit der Eröffnung des Vergleichsverfahrens einig geht. Daß diese Mehrheit mit dem konkreten Vergleichsvorschlag einig geht, ist in diesem Stadium darzutun nicht notwendig.

S. 216 § 33 Buchstabe F vorletzte Zeile nach eingestellt worden ist*).

*) Die Bestimmung gilt nur, wenn die Voraussetzungen des § 3 Abs. 2 oder 3 zutreffen, wenn es sich also — ohne die innerhalb der Frist vorgenommenen Vollstreckungsmaßregeln — um beteiligte Gläubiger oder um Gläubiger des § 63 KO. dreht. Daß der Antrag auf Eröffnung des Vergleichsverfahrens den §§ 15 und 16 vollkommen entspricht, ist nicht erforderlich.

S. 243 § 40 nach stempelt*):

*) Was durch den Gläubiger im Bestreitungsfall gegen den Konkursverwalter des Nachlaßkonkurses im Rechtsstreit zu erkämpfen ist, widrigenfalls die Forderungen zu gewöhnlichen Konkursforderungen herabsinken.

S. 247 § 41 nach allzuschwer fallen*), Ende 2. Abs.

*) Wird allerdings, wie Kiesow S. 294 mit Fug anstrebt, das nobile officium iudicis beachtet, dann darf das Gericht nicht willkürlich und einseitig über die Vorschläge sich hinwegsetzen.

S. 260 § 45 Nach 23, 305*), 14. Zeile von oben.

*) Kiesow, S. 301 sieht bez. der VP. die Möglichkeit der richterlichen Ablehnung des gläubigerischen Entlassungsantrages nur als theoretisch an. Ich glaube, daß Kiesow hier zu optimistisch denkt. Richtig ist freilich sein Argument, daß in solchem Fall der Vergleichsvorschlag keine große Aussicht hätte.

S. 260 § 45 Nach abhelfen will**) (Schluß von 2.)

**) Die Ordnungsstrafe kann von dem Landgericht als Beschwerdegericht bestätigt werden, selbst wenn das Amt der VP. erloschen ist und die Ordnungsstrafe vor Erlöschen des Amtes derselben vom Amtsgericht als Vergleichsgericht angeordnet war. (Ebenso Kiesow S. 300, gegen Jaeger, KO. § 84 Anm. 1.)

S. 269 § 47, Schluß des § 47, nach Einrichtung*).

*) Während in der GeschAufsVO. regelmäßige (meist schriftliche) Berichte der AP. vorgeschrieben waren, ist der VP. nur für den Vergleichstermin über Sachlage und Aussichten der Erfüllung des Vergleichs der (mündliche) Bericht vorgeschrieben.

S. 272 § 48, nach Schluß des Absatzes, nach: zu empfehlen sein*).

*) In der Regel ist die Einsetzung des Ausschusses fakultativ. Es kann auch nicht der einzelne Gläubiger die Einsetzung durchsetzen. Aber es kann dies der Schuldner in seinem eigenen Interesse, die VP. und die qualifizierte Mehrheit des § 16 beantragen, worauf die Istvorschrift einsetzt.

S. 277 § 49 nach Spezialfrage*) (3. Abs.).

*) Richtig ist, daß der § 49 die Rechtstellung des Ausschusses und seiner einzelnen Mitglieder etwas anders umschreibt, wie diejenige der VP. und daß auch, ohne daß man die Einzelheiten genau festlegen kann, die Ausschußmitglieder für gewöhnlich die übergeordnete Rechtstellung der VP. nicht aussprechen können. Da aber der § 48 Unterstützung und Überwachung der VP. und Würdigung der Frage einer Entlassung der VP. usw. ihnen zur Pflicht macht, so wird man ihren Anspruch, auf Auskunft nicht ein für allemal im Sinne des Wortlauts des ersten Satzes des § 49 einengen können (usw.: Kiesow S. 315).

S. 284 § 50 am Schluß nach Vergleichsgläubiger*).

*) Die Anordnung des § 50 ist im allgemeinen Sache des Vergleichsgerichts I. Instanz. Grundsätzlich kann allerdings auch die mit einer Beschwerde des Vergleichsschuldners sich befassende II. Instanz bei einem Beschlusse der Eröffnung des Verfahrens eine Verfügungsbeschränkung dem Schuldner auferlegen. Das Normale wird aber sein, daß die II. Instanz (Landgericht) in solchem Fall der Beschwerde stattgibt, die Frage der Auferlegung von Beschränkungen jedoch, dem Amtsgericht anheim stellt.

S. 286 § 53 oberster Absatz, nach: einzurücken ist*).

*) Die Wirkung d. a. VV. nimmt ihren Anfang mit der Verhängung durch das Gericht. Die Bekanntmachung d. a. VV. ist nur bedeutsam für die Beweis- und Kenntnisfrage. — Unter Umständen ist d. a. VV. auch noch anderen Interessierten zuzustellen, deren Rechte oder Pflichten gegenüber dem Vergleichsschuldner auf dem Spiel stehen.

S. 287 § 54, nach dem 2. Absatz der Erläuterung, nach: befürchten wäre*).

*) D. a. VV. bedeutet keine generelle Sperre des Grundbuches gegen sonstige Eintragungen RG. V, Beschl. 24. Juni 1922, V 1/22, RG. 105, 72 ff., s. auch RG. V, 24. April 1909, V, 61/09 71, 40. — Nicht die Verpflichtungsgeschäfte, sondern die Verfügungen i. e. S. werden durch d. a. VV. berührt.

S. 290 § 55 nach drehen*) 1. Erläuterungsabsatz am Schluß:

*) Allgemeine Bekanntmachung des Verbotes der Verfügung über einzelne Gegenstände erfolgt nicht.

S. 297 § 60 nach erörtert*), 9. Zeile von unten:

*) Während hiefür das Gläubigerverzeichnis maßgebend ist, ergreift die Wirkung des Vergleichs auch die nicht in der Liste aufgeführten Gläubiger.

S. 370 § 86, nach erholen hat*) (Schluß des 1. Abs.).

*) Die Eigenschaft als Masseschuld ist im Bestreitungsfall durch den Gläubiger gegen den Konkursverwalter des Nachlaßkonkurses im Rechtsstreit zu erkämpfen, widrigenfalls die betr. Forderung zu einer gewöhnlichen Konkursforderung herabsinkt.

Von Geheimem Justizrat **Dr. Hugo Cahn I**, Rechtsanwalt in Nürnberg, sind ferner erschienen:

Urheberrechtlicher Schutz der Fabrikkataloge. Nürnberg 1904. Verlag von J. L. Schrag. 37 S.

Techniker als Richter. Nürnberg 1908. Carl Kochs Verlagsbuchhandlung. 37 S.

Empfehlen sich Sondergerichtshöfe in Streitigkeiten aus dem Gebiete des gewerblichen Rechtsschutzes? Gutachten zum 30. Deutschen Juristentage (Danzig). Berlin 1910. J. Guttentag Verlagsbuchhandlung, G. m. b. H.

Die Ansprüche des angestellten Erfinders im vorläufigen Entwurfe eines Patentgesetzes. München, Berlin und Leipzig 1913. J. Schweitzer Verlag (Arthur Sellier). 60 S.

Gerichtliches Ausgleichsverfahren außerhalb des Konkurses. Gutachten zum 32. Deutschen Juristentage (Düsseldorf). Berlin 1914. J. Guttentag Verlagsbuchhandlung G. m. b. H.

Gerichtsentlastung und Güteverfahren im Krieg und im Frieden. Berlin 1916. J. Guttentag Verlagsbuchhandlung G. m. b. H. 75 S.

Der zukünftige deutsche Rechtsstreit. Berlin 1917. Carl Heymanns Verlag.

Geschäftsaufsicht und Zwangsvergleich. München, Berlin u. Leipzig 1917. J. Schweitzer Verlag (Arthur Sellier). 357 S.

Leitfäden des Kriegsrechts. VIII. Geschäftsaufsicht und Zwangsvergleich. München, Berlin und Leipzig 1919. J. Schweitzer Verlag (Arthur Sellier). 40 S.

Geschäftsaufsicht und Zwangsvergleich. Nachtrag 1924. J. Schweitzer Verlag. 74 S.

Ausübungszwang bei Patenten. Berlin 1925. Verlag des Vereins Deutscher Chemiker.

Bayerischer gewerblicher Rechtsschutz. Berlin 1926. Zeitschrift des Deutschen Vereins für den Schutz des gewerblichen Eigentums.

Denkschrift zum Entwurf eines Versicherungsgesetzes für Rechtsanwälte. 1925 u. 1926. Leipzig. Nachrichten des Deutschen Anwaltsvereins. (Anwaltsblatt).

Gesetz über die Pflicht zum Antrag auf Eröffnung des Konkurses oder des gerichtlichen Vergleichsverfahrens

Erläutert von

Dr. Hugo Cahn I
Geheimem Justizrat, Rechtsanwalt in Nürnberg

Nachtrag zu Cahn, Vergleichsordnung

1930
München-Berlin-Leipzig
J. Schweitzer Verlag (Arthur Sellier)

Druck von Dr. F. P. Datterer & Cie., Freising-München

Gesetz über die Pflicht zum Antrag auf Eröffnung des Konkurses oder des gerichtlichen Vergleichsverfahrens.

Vom 25. März 1930 (RGBl. I S. 93)

Einleitung.

Unter Nr. 1469 III a 2325 hat der Reichsminister der Justiz zur IV. Wahlperiode 1928 am 7. Dez. 1929 dem Reichstag einen Gesetzentwurf mit Begründung unterbreitet. Er bezieht sich auf die Pflicht zum Antrag auf Eröffnung des Konkurses oder gerichtlichen Vergleichsverfahrens.

Das Gesetz stammt vom 25. März 1930. Es ist in Nr. 9 des Reichsgesetzblattes Teil I, ausgegeben zu Berlin den 28. März 1930, S. 93 abgedruckt, und am 11. April 1930 in Kraft getreten.

In erster Linie sollen damit die im BGB., HGB., G.m.b.H.-Gesetz usw. enthaltenen Bestimmungen über die Pflicht zum Antrag auf Konkurs so ergänzt werden, daß auch die Vergleichsordnung vom 5. Juli 1927 Berücksichtigung findet.

Die Pflicht zur sofortigen Konkursanmeldung bei Zahlungsunfähigkeit oder Überschuldung ist ersetzt durch die Pflicht, Konkursverfahren oder gerichtliches Vergleichsverfahren zu beantragen. Da eine sofortige Antragstellung Schwierigkeiten machen würde, die die Anwendung des Vergleichsverfahrens in unerwünschter Weise beschränkt, muß der Pflicht nicht, wie bisher, „sofort", sondern „ohne schuldhaftes Zögern" Genüge getan werden. Um eine den Gläubigern nachteilige zu weitgehende Verzögerung zu unterbinden, muß aber der Antrag spätestens zwei Wochen nach Eintritt der Zahlungsunfähigkeit bzw. nach erlangter Kenntnis von der Überschuldung gestellt werden. Eine schuldhafte Verzögerung des Antrages liegt nicht vor, wenn die Eröffnung des Vergleichsverfahrens mit der Sorgfalt des ordentlichen Geschäftsmanns betrieben wird.

Zahlungen nach Eintritt des Konkursgrundes, die bisher durch § 241 HGB. Abs. 3 verhindert wurden, werden nunmehr zugelassen, ohne daß die Organe eine Ersatzpflicht trifft, vorausgesetzt, daß die Zahlungen mit der Sorgfalt eines ordentlichen Geschäftsmannes vereinbar sind. Damit wird der Notwendigkeit Rechnung getragen, daß zur Vorbereitung und Durchführung eines Vergleichsverfahrens Zahlungen zu leisten sind. Die Organe tragen den Gläubigern gegenüber die Beweislast dafür, daß die Zahlung erforderlich gewesen ist.

Neben Bestimmungen, die nur eine redaktionelle Änderung einschlägiger Paragraphen betreffen, enthält das Gesetz die Aufhebung einer Bekanntmachung des Bundesrates von 1914, durch die mit Rücksicht auf die Kriegsverhältnisse die Antragspflicht bei Zahlungsunfähigkeit und das Zahlungsverbot aufgehoben worden waren.

Das Gesetz enthält fünf Artikel (also nicht Paragraphen). Die Artikel markieren geschickt den Unterschied gegenüber den Paragraphen der zwei Hauptgesetze, KonkO. und VerglO. Die heutigen Neuerungen sind durch das Erscheinen der VerglO. vom 5. Juli 1927 (RGBl. I, 139) veranlaßt. Die zum Antrag verpflichteten Exponenten der Vereine, Gesellschaften und Genossenschaften mußten und müssen nun logisch in Alternativform zur Stellung des Antrags auf Konkurs- oder (wahlweise) Vergleichseröffnung gehalten sein. Außerdem mußte der Antragskomplex den Vorbereitungsvorschriften und -stadien der VerglO. angepaßt werden. Die Gleichbewertung der zwei Obliegenheiten bei Beantragung des einen oder anderen Verschuldungsverfahrens bezieht sich auch auf die Strafbarkeit der jeweiligen Unterlassung.

Was die VerglO. vom 5. Juli 1927 anlangt, so wird auf meinen Komm. von 1927 (erschienen bei J. Schweitzer Verlag [Arthur Sellier]) Bezug genommen.

Die nachfolgenden Erläuterungen lehnen sich an die Begründung der Regierungsvorlage vom 7. Dez. 1929 an, erweitern sie aber um nähere Darlegung des bisherigen sowie künftigen Rechts und seiner Folgen, endlich um kritische Anerkennung oder Verwerfung der neuen Grundsätze.

Erläuterungen zum Gesetze.

Der Reichstag hat das folgende Gesetz beschlossen, das mit Zustimmung des Reichsrats hiermit verkündet wird:

Artikel I.

Die Bekanntmachung, betreffend die zeitweilige Außerkraftsetzung einzelner Vorschriften des Handelsgesetzbuchs usw., vom 8. August 1914 (Reichsgesetzbl. S. 365) und die Verordnung über die zeitweilige Befreiung von der Verpflichtung zur Konkursanmeldung bei Überschuldung vom 28. April 1920 (Reichsgesetzbl. S. 696) in der Fassung des Gesetzes vom 24. Dezember 1922 (Reichsgesetzbl. 1923 I S. 21) werden aufgehoben.

Der I. Artikel hebt die Bekanntmachung vom 8. Aug. 1914 (die in zwei Paragraphen erschienen war) und die VO. vom 28. April 1920 in der Fassung des Gesetzes vom 24. Dezember 1922 auf. Die Bekanntmachung des Bundesrats vom 8. Aug. 1914 hatte nämlich in Anbetracht der Kriegsverhältnisse die Obliegenheit der Vorstände, Geschäftsführer und Liquidatoren von Aktiengesellschaften, Kommanditgesellschaften auf Aktien, Gesellschaften m. b. H. und eingetragenen Genossenschaften, bei Zahlungsunfähigkeit die Eröffnung des Konkursverfahrens zu beantragen, und das Verbot von Zahlungen nach Eintritt der Zahlungsunfähigkeit für Handelsgesellschaften und Genossenschaften, einstweilen außer Kraft gesetzt. S. RGBl. S. 365 (1914) Nr. 4460. Bemerkt wird, daß durch Bekanntmachung vom 8. August 1914 zwar die Vorschrift des § 240 Abs. 2 HGB. usw. vorübergehend außer Kraft gesetzt war, insofern sie sich auf die Obliegenheit der Anmeldung des Konkurses wegen Zahlungsunfähigkeit bezieht. Die Obliegenheit wegen Überschuldung blieb aber bestehen (Sieskind S. 100; Hachenburg, LZ. 1914 S. 1605; Jaeger, Bank-Archiv Bd. 14 S. 32; Pinner, Bank-Archiv Bd. 14 S. 122; Wassermann, Kriegsgesetze S. 8 Nr. 10; Staub-Pinner 1926, 13. Aufl. § 240 S. 275 Anm. 18; Cahn Komm. VerglO. S. 375; Friedr. Goldschmit, A.G. S. 237 Note 18).

Nachdem so ziemlich normale Verhältnisse wieder eingekehrt sind, besteht für die Zentralbehörde kein Anlaß mehr, diese Bekanntmachung vom 8. Aug. 1914, die auf den nämlichen Erwägungen beruhte, wie die Verordnungen über die Geschäftsaufsicht, und staatsrechtlich auf Grund des § 3 des Gesetzes über die Ermächtigung des Bundesrats zu wirtschaftlichen Maßnahmen vom 4. Aug. 1914 erlassen war, beizubehalten. Sie ließ sich zwar von 1919 bis jetzt, also nach dem Krieg und nach der Inflation, wegen der außergewöhnlichen Wirtschaftslage noch rechtfertigen, paßt aber logisch nun nicht mehr in das Gesetzesgefüge. Denn die ratio der Antragspflicht ist der Gläubigerschutz.

Der Artikel I des neuen Gesetzes hebt aber auch die VO. über die zeitweilige Befreiung von der Verpflichtung zur Konkursanmeldung bei Überschuldung vom 28. April 1920, RGBl. S. 696, und das Gesetz zur Abänderung der VO. über die zeitweilige Befreiung von der Verpflichtung zur Konkursanmeldung bei Überschuldung vom 24. Dez. 1922, RGBl. 1923 I S. 21, auf. Die VO. vom Jahre 1920 befreite von der Obliegenheit bei Überschuldung, wenn diese darauf beruhte, daß infolge einer Veränderung des Umrechnungskurses der in Reichsmark ausgedrückte Wert einer auf ausländische Währung lautenden Schuld oder einer Goldschuld sich gegenüber dem Werte bei Eingehung einer Verbindlichkeit erhöhte. Die Vorschrift setzte also die Bilanzierung in Papiermark voraus. Sie hatte ihren Anlaß darin, daß die dauernde Entwertung der Mark den Überblick über die wirkliche Vermögenslage der Handelsgesellschaften usw. erschwerte. Diese VO.en vom Jahre 1920 und 1922 sind durch die Umstellung auf Reichsmark längst gegenstandslos geworden. (Staub-Pinner a. a. O.; Quassowski-Susat 2. Aufl. 149; GoldbilVO. § 149 Anm. 1; Cahn, KommVerglO. S. 36 und 376 B. d.) Die Aufhebung durch Artikel I gegenwärtigen Gesetzes hat also heute nur noch formelle Bedeutung.

Artikel II.

Das Bürgerliche Gesetzbuch wird wie folgt geändert und ergänzt:

1. Im § 42 Abs. 2 Satz 1 treten an die Stelle der Worte „die Eröffnung des Konkurses" die Worte „die Eröffnung des Konkursverfahrens oder des gerichtlichen Vergleichsverfahrens".

2. § 53 erhält folgende Fassung:

   Die Liquidatoren haben im Falle der Überschuldung die Eröffnung des Konkursverfahrens zu beantragen.

   Liquidatoren, welche die ihnen nach dem Abs. 1 und den §§ 50 bis 52 obliegenden Verpflichtungen verletzen oder vor der Befriedigung der Gläubiger Vermögen den Anfallberechtigten ausantworten, sind, wenn ihnen ein Verschulden zur Last fällt, den Gläubigern für den daraus entstehenden Schaden verantwortlich; sie haften als Gesamtschuldner.

3. Im § 1980 Abs. 1 treten an die Stelle des ersten Satzes folgende Sätze:

   Hat der Erbe von der Überschuldung des Nachlasses Kenntnis erlangt, so hat er unverzüglich die Eröffnung des Konkursverfahrens oder, sofern nach § 92 der Vergleichsordnung ein solcher Antrag unzulässig ist, die Eröffnung des gerichtlichen Vergleichsverfahrens über den Nachlaß zu beantragen. Verletzt er diese Pflicht, so ist er den Gläubigern für den daraus entstehenden Schaden verantwortlich.

Das neue Gesetz sieht eine Aptierung des BGB., HGB., GmbH.-Gesetz und GenG. im Hinblick auf die VerglO. vor. (Die Konkurs- und Vergleichsfähigkeit geht der Gesellschaft des BGB., deren Einzelgesellschafter die Vergleichsfähigkeit besitzen, als solcher, ab, ebenso der stillen Gesellschaft, die als solche nicht in Erscheinung tritt [Mentzel, KO. 8. Titel, vor § 207 KO., S. 486; Cahn, KommVerglO. S. 37; Lucas, Komm. S. 18], der Reederei; Cahn, Komm. S. 37 und 374.) Auch der registrierten Gesellschaft nach dem Bayer. Gesetz vom 29. April 1869 mangelt die Vergleichsfähigkeit, aber nicht die Konkursfähigkeit. (Mentzel, KO., S. 487; Mayer, Komm. S. 362

VerglO.) über das VerglVerf. bezügl. eines persönlich haftenden Gesellschafters der Korporationen s. Cahn, Komm. S. 37 und zu § 90 VerglO.

Durch die Artikel II—V wird von neuem gesetzlich bestätigt — was der § 31 VerglO. bereits in sich barg (s. Cahn, Komm. S. 330; Hamburger, Konk. u. Treuhand 1927 S. 113) und demnach praktisch mit sich brachte —, daß bei Konkursreife einer bestehenden Korporation dieser Art der Obliegenheit des Antrags durch Stellung des Vergleichsantrages ebenfalls genügt wird. Es soll außerdem — und hier ist die Gesetzesbestimmung neu — den einschlägigen juristischen Personen das Vergleichsverfahren, seine Vorbereitung und Vollziehung, nicht dadurch entzogen werden, daß Zahlungen nach Eintritt des Konkursgrundes ihre Exponenten (Vorstände, Direktoren, Geschäftsführer) ohne weiteres schadensersatzpflichtig machen. (Schuldnerin ist und bleibt die betr. juristische Person bzw. Körperschaft. Ihre satzungsmäßigen, gewillkürten, resp. gesetzlichen Vertreter behalten auch nach Konkursreife und nach Eröffnung des Verschuldungsverfahrens ihre Funktionen, gewiß beim Vergleich im Sinn der VerglO. vom 5. Juli 1927, der die Fortführung des Betriebs zur Grundlage hat. Zum Konkurs: RG. 21. Jan. 1918 Bd. 92, 85; Jaeger Enzyklopädie XVIII S. 8; Jaeger, KommKO. S. 448 Anm. 9; Mentzel, KommKO. S. 489; zum Vergleich: Cahn, Komm.-VerglO. S. 37, 40, 374 ff. RG. II 29. Sept. 1929, 620/28, Hans. RGZ. 29 B 713.)

Der Artikel II, der sich mit dem rechtsfähigen Verein beschäftigt, macht zunächst einen Unterschied zwischen bestehenden und aufgelösten Vereinen.

So soll der Vorstand eines bestehenden rechtsfähigen Vereins (hinsichtlich der nicht rechtsfähigen Vereine siehe RG. 78, 102 u. 85, 260; Cahn, Komm. S. 377; Samolewitz, Komm. S. 132, 1) künftig im Falle der Verschuldungsreife gehalten sein, unverzüglich eines der beiden Verschuldungsverfahren zu beantragen. Durch die Beantragung der Vergleichseröffnung wird automatisch der Obliegenheit zur Beantragung der Konkurseröffnung mit genügt. §§ 71 und 80 VerglO. Cahn, Komm. VerglO. S. 332 ff. und 362 ff.

Auch wenn die Vergleichseröffnung abgelehnt, den Erfordernissen des Vergleichs also nicht genügt wird, ist der Obliegenheit zur Beantragung der Konkurseröffnung Genüge getan, weil dann eo ipso über die Eröffnung des Konkursverfahrens entschieden wird. VerglO. §§ 22 und 24. Cahn, KommVerglO. S. 162 ff. und 178 ff. Kleinfeller, ZentrBl. f. HR. 1930 S. 137. Nicht gerade in demselben Beschluß. Cahn a. a. O. S. 178; a. M. Lucas, VerglO. S. 80.

Der Antrag ist wirksam, wenn er von der nach Gesetz oder Statut berechtigten Person (oder den entsprechenden Personen) gezeichnet bzw. sonst gestellt ist. Der Antrag ist schriftlich einzureichen oder protokollarisch zu erklären. Über die Nachteile der Beantragungspflicht s. Jaeger, Enzyklop. XVIII S. 125, 2. Dementsprechend wird der § 42

BGB. Abs. 2 Satz 1 geformt. Diejenigen Vorstandsmitglieder, denen ein Verschulden zur Last fällt, sind den Gläubigern für den daraus entstehenden Schaden — gesamtschuldnerisch — verantwortlich. (§ 421 ff. BGB)

Anders liegt die Sache bei den Liquidatoren des rechtsfähigen Vereins. Hier verbleibt es bei der ausschließlichen Konkursantragspflicht. Denn der § 88 der VerglO. sagt: Bei Aktiengesellschaften, Gesellschaften mit beschränkter Haftung, anderen juristischen Personen und Vereinen, die als solche verklagt werden können, ist die Einleitung des Vergleichsverfahrens nach der Auflösung unzulässig. (Löst sich der Verein während des Vergleichsverfahrens auf, so ist die aufgelöste Gesellschaft Vergleichsschuldnerin.) Entsprechend wird der neue § 53 BGB. geformt. Die Liquidatoren haben im Falle der Überschuldung die Eröffnung des Konkursverfahrens zu beantragen. Liquidatoren, welche die ihnen nach dem Abs. 1 und den §§ 50 bis 52 obliegenden Verpflichtungen verletzen oder vor der Befriedigung der Gläubiger Vermögen den Anfallberechtigten ausantworten, sind, wenn ihnen ein Verschulden zur Last fällt, den Gläubigern für den daraus entstehenden Schaden verantwortlich; sie haften als Gesamtschuldner (§§ 53, 421 ff. BGB.). Die Haftung der Liquidatoren erfolgt nicht gegenüber Dritten, sondern lediglich gegenüber dem Verein.

Die Obliegenheiten des Erben, unverzüglich nach Kenntnis von der Überschuldung des Nachlasses die Eröffnung des Nachlaßkonkurses zu beantragen, wird ebenfalls zu einer Alternativverpflichtung ausgestaltet: Konkurs- oder Vergleichsverfahren kann beantragt werden. Die Verantwortlichkeit wird vom Konkursverwalter oder der Vertrauensperson bzw. einem unbeteiligten Vertreter der gemeinschuldnerischen Gesellschaft geltend gemacht. Miterben haften als Gesamtschuldner. Freilich kann der Antrag auf Eröffnung des Vergleichsverfahrens nur gestellt werden, falls nach § 92 VerglO. die Eröffnung des Vergleichsverfahrens über den Nachlaß zulässig ist. Cahn, KommVerglO. § 92 S. 398 ff.

Der § 92 VerglO. lautet:

„Für das Vergleichsverfahren zur Abwendung des Nachlaßkonkurses gelten folgende besondere Vorschriften:

1. Zur Stellung des Antrags ist mit Ausnahme der Nachlaßgläubiger berechtigt, wer die Eröffnung des Konkurses beantragen kann. Die Vorschriften des § 217 Abs. 3 und des § 218 Abs. 2 KO. gelten entsprechend. Mehrere Erben können den Antrag nur gemeinschaftlich stellen.
2. Der Antrag kann vor der Annahme der Erbschaft gestellt werden.
3. Der Antrag kann nicht mehr gestellt werden, wenn der Erbe oder einer der Erben für die Nachlaßverbindlichkeiten allen oder einzelnen Nachlaßgläubigern gegenüber unbeschränkt haftet oder wenn der Nachlaß geteilt ist.

4. In Ansehung der Haftung des Erben für die Nachlaßverbindlichkeiten wirkt das Vergleichsverfahren und ein in dem Verfahren geschlossener Vergleich wie der Nachlaßkonkurs und ein in dem Konkursverfahren geschlossener Zwangsvergleich.
5. Soweit es für die Eröffnung oder die Fortsetzung des Verfahrens auf das Verhalten des Schuldners ankommt, genügt es, wenn ein die Ablehnung der Eröffnung, die Verwerfung des Vergleichs oder die Einstellung des Verfahrens rechtfertigender Grund in der Person eines von mehreren Miterben vorliegt.
6. Die im § 226 Abs. 2 und 4 KO. genannten Gläubiger sind an dem Vergleichsverfahren nicht beteiligt und werden von einem Vergleiche nicht betroffen; sie können jedoch während der Dauer des Vergleichsverfahrens in den Nachlaß keine Zwangsvollstreckung vornehmen; insbesondere Arreste und einstweilige Verfügungen nicht vollziehen.
7. Die Beteiligung der Nachlaßgläubiger an einem Vergleichsverfahren über das Vermögen des Erben oder des Ehemanns der Erbin bestimmt sich nach den im § 234 KO. für die Beteiligung an einem Konkursverfahren gegebenen Vorschriften." —

Der Ordnung halber mache ich darauf aufmerksam, daß hinsichtlich der 2 Konkursgründe (Zahlungseinstellung und Überschuldung) die Auffassung S. 402 meines Kommentars b) unten aufrecht erhalten wird, während die Darlegung S. 36 α) 3. Absatz, wie meine Begründung S. 402 dartut, überprüft war und nur als lapsus calami S. 36 stehen blieb. Dies zur Entgegnung an Kiesow zu § 92 VerglO. S. 569.

Hinsichtlich Feststellung der Überschuldung des Nachlasses s. Jaeger, Enzyklopädie, III, 3 S. 157; hinsichtlich Antragsrecht Cahn S. 399. Jaeger, Enzykl. S. 156; Mentzel, KommKO. zu § 214, S. 504 ff.

Artikel III.

Das Handelsgesetzbuch wird wie folgt geändert und ergänzt:

1. § 240 Abs. 2 erhält folgende Fassung:

   Wird die Gesellschaft zahlungsunfähig, so hat der Vorstand ohne schuldhaftes Zögern, spätestens aber zwei Wochen nach Eintritt der Zahlungsunfähigkeit, die Eröffnung des Konkursverfahrens oder die Eröffnung des gerichtlichen Vergleichsverfahrens zu beantragen; entsprechendes gilt, wenn sich bei der Aufstellung der Jahresbilanz oder einer Zwischenbilanz ergibt, daß das Vermögen nicht mehr die Schulden deckt. Eine schuldhafte Verzögerung des Antrags liegt nicht vor, wenn der Vorstand die Eröffnung des gerichtlichen Vergleichsverfahrens mit der Sorgfalt eines ordentlichen Geschäftsmanns betreibt.

2. § 241 Abs. 3 Ziffer 6 erhält folgende Fassung:
   6. Zahlungen geleistet werden, nachdem die Zahlungsunfähigkeit der Gesellschaft eingetreten ist oder ihre Überschuldung sich ergeben hat. Dies gilt nicht von Zahlungen, die auch nach diesem Zeitpunkt mit der Sorgfalt eines ordentlichen Geschäftsmanns vereinbar sind.
3. Im § 298 wird hinter Abs. 1 folgender neuer Absatz eingefügt:

   Ergibt sich die Zahlungsunfähigkeit der aufgelösten Gesellschaft, so haben die Liquidatoren die Eröffnung des Konkursverfahrens zu beantragen; dasselbe gilt, wenn sich bei der Aufstellung der Jahresbilanz oder einer Zwischenbilanz ergibt, daß das Vermögen nicht mehr die Schulden deckt.
4. § 315 Abs. 1 Ziffer 2 erhält folgende Fassung:
   2. die Mitglieder des Vorstandes, wenn entgegen der Vorschrift des § 240 Abs. 2 der Antrag auf Eröffnung des Konkursverfahrens oder des gerichtlichen Vergleichsverfahrens unterblieben ist.

   Ferner erhält Abs. 1 folgende Ziffer 3:
   3. die Liquidatoren, wenn entgegen der Vorschrift des § 298 Abs. 2 der Antrag auf Eröffnung des Konkursverfahrens unterblieben ist.
5. § 325 Ziffer 8 erhält folgende Fassung:
   8. über die Stellung des Antrags auf Eröffnung des Konkursverfahrens oder des gerichtlichen Vergleichsverfahrens.

Der Artikel III (der in seinem 1. Teil [1. und 2.], was die Gleichstellung des Antrags auf Vergleichseröffnung anlangt, bereits praktisch im Sinn des § 31 VerglO., wie nun durch das neue Gesetz, gehandhabt wurde — Cahn, KommVergl. S. 374 —) bezieht sich auf das HGB. Im HGB. erhalten die §§ 240, 241, 298, 315 und 325 einschlägige neue Fassung.

Bei diesem Artikel III war mancherlei zu überlegen. Ein sorgsamer Ausgleich der Belange der Unternehmungen und der Gläubiger war vonnöten. Den Unternehmungen war der Weg zur Vorbereitung und Durchführung des gerichtlichen Vergleichsverfahrens freizugeben. Die Gläubiger waren tunlichst vor Benachteiligung zu schützen. Zu scheiden ist nun zunächst in bestehende bzw. aufgelöste Gesellschaften.

Nach dem neuen Gesetz ist vorgesehen, daß der Vorstand der bestehenden Gesellschaft nicht sofort, sondern ohne schuldhaftes (d. i. ohne vorsätzliches und fahrlässiges) Zögern, — gegenüber dem zuständigen Gericht: zu KO. Jaeger, Enzyklopädie S. 122; Cahn, KommVerglO. zu § 1 S. 41; Cahn, LZ. 1928, 4; Lucas A 72; Kiesow S. 58 oben; — der Pflicht zu genügen hat, eines der beiden Verschuldungsverfahren zu beantragen. (Über Form, unzulässige Vergleichsbeantragung [§§ 22 und 24 VerglO.], ausübende Personen, und Nachteile der Beantragungspflicht s. oben S. 7 meine Erläuterungen zum rechtsfähigen Verein.) Da nämlich nach § 240 HGB. in seiner bisherigen Fassung der Vorstand einer Aktiengesellschaft die Eröffnung des Konkurses zu beantragen hat, sobald Zahlungsunfähigkeit der Gesellschaft eintritt, oder sich bei der Aufstellung der Bilanz ergibt, daß das Vermögen nicht mehr die Schulden deckt (Mentzel, KommKO. zu § 207, S. 492; Jaeger, Enzyklopädie XVIII S. 124 und 148 [mit Beispielen: Konjunkturen, Krisen]; Cahn, KommVerglO. S. 35 ff.; Samolewitz S. 32 Not. 5 [mit Beispielen]; RG. VI. 29. 10. 26, 246/26, LZ. 27, 535; Rostock 2. Mai 1929. Konk. Treuh. 29, 94; Kleinfeller, ZentrBl. Handelsr. 1930 S. 137, II, 2; Eisold, KommVerglO. S. 164 und die dortigen Anführungen), so kann im Einzelfalle dies eine rigorose Wirkung haben. Entbindet doch grundsätzlich nicht etwa ein Beschluß der Gesellschaft oder der Gesellschaftsgläubiger den Vorstand von seiner Verpflichtung (RG. II, 14. Dez. 1909, Bd. 72, 289). Friedrich Goldschmit, AG. S. 239, verneint Recht und Pflicht des Vorstands zu Gehorsam sogar gegenüber der Generalversammlung. Dagegen ist dem Vorstand grundsätzlich gestattet, den Weisungen des Aufsichtsrats zu entsprechen, wenn der Vorstand statutarisch oder einzelvertraglich hiezu verpflichtet ist (Goldschmit a. a. O.; ferner meine Anführungen unten zu den Vorschriften des § 235 HGB.; Kleinfeller a. a. O., S. 138, 2 Sp.).

Allerdings entfällt, wie Staub-Pinner Anm. 12 c S. 274 ausführt, das Symptom der Zahlungsunfähigkeit, wenn die sämtlichen Gläubiger Stundung gewähren. Nach § 240 HGB. ist mithin an sich der Vorstand zur sofortigen Konkursanmeldung verpflichtet. Ihm bleibt *an sich* — wie die Motive zur KO. Drucks. Nr. 660 S. 86, 1890/92, u. zum Aktiengesetz, Aktenstück 21 S. 123, 1884, aussprechen, wie die Judikatur bisher annahm — RGStr. IV, 11. Dez. 1903 Bd. 37, 25 ff.; RGSt. I, 26. Nov. 1904 Bd. 37, 324 ff.; JW. I, Sen. 26. Nov. 1904, 4121/04, 1905, 247; LZ. RG. 12. Dez. 1916 I. 311/16, 1917, 126), — und wie das neue Gesetz expressis verbis betont — *kein Zeitraum* zu Deliberationsfristen und Vergleichsunterhandlungen mit den Gläubigern (wenn auch vom Gesichtswinkel der bisherigen gesetzlichen Bestimmungen Friedr. Goldschmit AG.

S. 236 Note 12 eine Frist für Sanierungsversuche gegen die herrschende Meinung gewähren will).

Jedweder Rigorosität will das neue Gesetz begegnen. (Ullmann, JW. 1930, S. 1345, führt den Fall als Beispiel an, daß ein Bankinstitut, bei welchem die Ges. ihre Konten hat, plötzlich in Konkurs gerät.) Die Vorbereitungen eines Vergleichsantrages im Sinne des § 16 Ziff. 4 VerglO. sind nicht gar so einfach. Denn dem Vergleichsantrag ist die schriftliche Erklärung der Mehrheit der an dem Verfahren beteiligten Gläubiger, die zugleich mehr als die Hälfte der Gesamtsumme der von dem Vergleiche betroffenen Forderungen darstellen müssen, beizufügen, daß sie mit der Eröffnung eines Vergleichsverfahrens einverstanden sind. Allemal ergeben sich dann Schwierigkeiten für die sofortige Antragstellung, wenn der Konkursgrund unvorhergesehen und plötzlich eintritt.

Um indes auf der anderen Seite hintanzuhalten, daß der Antrag zum Schaden der Gläubiger geraume Zeit Verzögerung findet, bestimmt der neuformulierte § 240 Abs. 2 HGB., weiter, daß der Antrag spätestens 2 Wochen nach Eintritt der Zahlungsunfähigkeit oder nach Erlangen der Kenntnis von der Überschuldung einzureichen ist. Die eine oder andere dieser Phasen kann prinzipiell zeitlich der anderen vorausgehen (s. auch Cahn, Komm. S. 34 ff.). Man darf aber dem betr. Beamten zumuten, bei Beachtung der im Verkehr erforderlichen Sorgfalt sich auf dem Laufenden zu halten. Der Begriff: schuldhafte Verzögerung ist nun allerdings kautschukartig. (Auf der einen Seite gewährt der § 121 BGB., was RG. 64, 161 und RG. Warneyer 1922 Nr. 125 näher behandelt, eine gewisse Entschließungsfrist. Auf der anderen Seite haben der I. und IV. Strafsenat des RG., wie oben unter Artikel III dargelegt, solche abgelehnt). Die Begründung des neuen Gesetzes spricht von einer Verletzung der Pflicht des Vorstands, wenn er den Antrag später eingibt, als er dazu in der Lage ist. Auch mit dieser Definition ist nicht viel anzufangen. Dagegen wird nach dem neuen Gesetz der Vorstand exkulpiert, wenn er die Eröffnung des gerichtlichen Vergleichsverfahrens mit der Sorgfalt eines ordentlichen Geschäftsmannes betreibt.

(Diese Verletzung der Sorgfaltspflicht läge beispielsweise vor, wenn statt eines Konkursantrags behufs Verschleppung ein zweifellos aussichtsloser Vergl.-Antrag oder wenn ein Vergleichsvertrag knapp vor Ablauf der Maximalfrist von 2 Wochen gestellt würde).

Der Vorstand darf also unter keinen Umständen die Frist von 2 Wochen müßig verstreichen lassen. Innerhalb der Maximalfrist von 2 Wochen hat sich der Vorstand ernsthaft um einen Vergleichsantrag zu bemühen. (Ullmann sagt a. a. O., daß, wenn für das Zustandekommen des VerglVerf. keine Aussicht bestehe, der Vorstand seiner Obliegenheit nur dadurch nachkomme, daß er sogleich den Antrag stelle. Dieser Rat mag in einer großen Zahl praktischer Fälle angebracht sein, allein unter Umständen kann in 2 Wochen noch recht viel an Material und Zustimmungen herangeholt werden. (Kleinfeller, ZentrBl. Handelsr. 1930 S. 138 will — mit Fug — den Antrag noch zulassen, wenn der Antrag ohne Verschulden des betr. Vorstands zeitig zur Post gegeben, die Zeit gewissenhaft benützt und die Verzögerung andren Personen und Zufällen zuzuschreiben ist.)

Die Ansicht von Ullmann a. a. O. S. 1345, 2. Sp., der hier vorgeschriebene Vergleichsantrag sei von den einschlägigen Belege-Vorschriften der KO. und zumal der VerglO. § 16 usw. usw. frei, sei also sozusagen ein einstweiliger, privilegierter, Antrag, hat in dem Wortlaut und Sinn des neuen Gesetzes durchaus keinen Halt. Freilich mindert der § 19 VO. (Möglichkeit der Nachfristsetzung) die Härten. Zunächst schreibt aber § 240 Abs. 2 HGB. im Zusammenhang mit § 16 VerglO. einen echten und ganzen Vergleichsantrag mit den Normalbelegen vor.

Der neue Passus § 240 Abs. 2, der m. E. konkreter hätte geformt werden müssen, da er unter Umständen eine crux der Beteiligten abgeben wird, fällt allemal unter den Rahmen des § 241 HGB. a. F.: Die Mitglieder des Vorstandes haben bei ihrer Geschäftsführung die Sorgfalt eines ordentlichen Geschäftsmannes anzuwenden. Insbesondere sind sie schadensersatzpflichtig, wenn Zahlungen geleistet werden, nachdem die Zahlungsunfähigkeit der Gesellschaft eingetreten ist oder Überschuldung sich ergeben hat.

Hieraus ergibt sich wiederum eine neue Schwierigkeit. Denn zur Vorbereitung und Vollziehung des gerichtlichen Vergleichsverfahrens sind Zahlungen der Gesellschaft erforderlich. Einerseits sind die zur Aufrechterhaltung des Betriebes erforderlichen Zahlungen zu tätigen. Andererseits hat die Vertrauensperson, soweit nicht die VerglO. entgegensteht, auch nach Eröffnung des Vergleichsverfahrens fällige Geldforderungen zu erfüllen, weil ja das VerglVerf. im Prinzip keine Stundung mit sich bringt. Es sind weiterhin unter Umständen Zahlungen an absonderungsberechtigte Gläubiger zu leisten.

Aus diesem Grunde erhält der § 241 Abs. 3 Ziff. 6, den ich soeben angeführt habe, folgende neue Fassung: insbesondere sind sie (die Mitglieder des Vorstandes) zum Ersatz verpflichtet, wenn entgegen den Vorschriften dieses Gesetzbuches:

„6. Zahlungen geleistet werden, nachdem die Zahlungsunfähigkeit der Gesellschaft eingetreten ist oder ihre Überschuldung sich ergeben hat. Dies gilt nicht von Zahlungen, die auch nach diesem Zeitpunkt mit der Sorgfalt eines ordentlichen Geschäftsmannes vereinbar sind." —

Ich sehe nicht ein, warum der Passus § 241 Abs. 3 Ziff. 6 dermaßen geschraubt gefaßt ist. Die soeben gekennzeichneten Tatsachen der Berechtigung von Geldleistungen wären meines Erachtens konkreter und substanziierter, klarer und bestimmter, unter Hinweis auf die Spezialbestimmungen des Vergleichsverfahrens, zu formen gewesen.

Sagt doch der Entwurf in seiner Begründung: „die Beweislast dafür, daß die Zahlung zulässig ist, trifft nach der Fassung des Entwurfs den Vorstand. Diese Beweislastverteilung erscheint zweckmäßig, um den mit der Bestimmung des § 241 Abs. 3 Ziff. 6 bezweckten Schutz der Gesellschaft und der Gläubiger nicht in zu starkem Maße abzuschwächen."

Wozu bürdet man mit dem neuen Gesetz dem Vorstand eine so schwierige Beweislast auf, wenn man seine Kompetenzen an Hand der positiven Bestimmungen der VerglO. sehr wohl hätte umschreiben können?

Richtig ist, daß hinsichtlich des Verbotes, nach Konkursreife der Körperschaft, Zahlungen vorzunehmen, auch bisher der Zustand nicht einwandfrei umrissen war (soweit nicht gemäß § 235 HGB. der Vorstand **der Gesellschaft gegenüber** — d. i. intern — gehalten war und ist, die Beschränkungen des Gesellschaftsvertrages oder der Beschlüsse der Gen.-Vers. hinsichtlich seiner Befugnis, die Gesellsch. zu vertreten, einzuhalten, was **Dritten gegenüber** — d. i. extern — unwirksam war und ist.

Staub-Pinner, Komm. 1926 S. 247 ff.; Friedrich Goldschmit, HGB. 1929 S. 414; Kleinfeller, Zentralbl. f. HR. 1930, S. 138, 2. Sp.

Kollisionen zwischen Dienstvertrag und Weisungen einerseits und § 235 HGB. andrerseits: Staub-Pinner S. 249 und 250; Goldschmit a. a. O. not 1—5; OLGR. 12, 435; 32, 142; RG. DJZ. 1914, 753; RG. 102, 197; 115, 246.)

Dies galt vor allem für den Zeitpunkt vor und nach der Eröffnung des VerglVerf. Allerdings konnte eine Obliegenheit der Beamten der Gesellschaft, Zahlungen vorzunehmen, nur bei dolosem oder kulposem Verhalten und bei wirklich eingetretenem Schaden in Betracht kommen. Die Zahlungen an die verschiedenen Gläubigerkategorien lösten verschiedene Wirkungen aus.

Fasse ich die durch das Gesetz vom 25. März 1930 geschaffene neue Lage der Beamten der Gesellschaft (zumal auch im Vergleichsfalle, der eine unbeschränktere Tätigkeit der Gesellschaftsorgane zuläßt) zusammen, so werden diese in der Praxis Zweifel und Verantwortung nur los, wenn sie — abgesehen von wohlberechtigten Zahlungen zunächst vor Annahme und Bestätigung des Vergleiches zur Ermöglichung des Betriebes, späterhin zur Erfüllung des Vergleiches — ihre Leistungen normaler Weise auf vom Verfahren nicht betroffene, an ihm nicht beteiligte, Gläubiger, in erster Linie Gläubiger der Masseschulden und Massekosten, hernach Vindikanten (Aussonderungsberechtigte), auch auf primär Absonderungsberechtigte, beschränken. Denn schon bei den Kandidaten der Vorrechte des § 61 KO. ist eine gewisse Skepsis am Platz. Cahn, KommVerglO. S. 45 ff. und das ausgedehnte Schrifttum über diese Fragen seit Erlaß der VerglO. (Bei Zahlungen an nicht beteiligte Gläubiger darf sich allerdings der betr. Beamte der Gesellschaft immer zu gut halten, daß diese Gläubiger auch ohne

Mitwirkung des Beamten im Zwangsweg zum Ziel kommen könnten. So auch Ullmann a. a. O. S. 1346; Kleinfeller a. a. O. S. 139.) Die Ängstlichkeit ist aber schon dadurch gerechtfertigt, daß die Frage, zu welcher Kategorie tatsächlich der Gläubiger gehört, unter Umständen zweifelhaft oder bestritten oder je nach Rechtsanschauung bzw. tatsächlicher Würdigung zu entscheiden ist.

So sind die Wirkungen des (zumal unechten) Eigentumsvorbehalts im Konkursverfahren und Vergleichsverfahren sehr bestritten. § 433 BGB. § 26 KO., Jaeger, KommKO. 1929, Bendix, JW. 1930, 1360 ff., §§ 2, 4, 5 VerglO., Auerbach, BerlTagBl. 20. V. 30. 2. Beibl. Morg.-Ausg. Nr. 234.

Die Komplikationen der Treuhandverträge läßt u. a. § 23 KO., Jaeger, Komm. 1929 S. 418, not 8; Hein, Grundriß TreuhR. S. 191; § 63 VerglO.; Cahn D b; Hein S. 139 ff.; die Komplikationen der Absonderungsrechte läßt u. a. der § 4 KO., Jaeger, KommKO. 1929, S. 108 ff.; der § 2 VerglO.; Cahn, Komm. S. 45 ff.: die Komplikationen der Konkursgläubiger: der § 3 KO., Jaeger ebenda, S. 73 ff.; VerglO. § 2, Cahn S. 43; die Komplikationen bei unerfüllten 2 seitigen Verträgen: der § 17 ff. KO., Jaeger ebenda S. 298 ff.; der § 4 ff., § 28 ff. VerglO., Cahn, Komm. S. 100 185 ff. ersehen.

Vor Zahlungen an vom Verfahren betroffene, an ihm beteiligte, Gläubiger, vor rechtskräftiger Bestätigung des gerichtlichen Vergleichs ist (mit Ullmann a. a. O. S. 1346) zu warnen. Der Paritätsgrundsatz des § 5 VerglO. darf unter keinen Umständen verletzt werden (Cahn, Komm. S. 102 ff.; Kiesow S. 254, der ausspricht, es sei bei solcher Zahlung immer mit Ersatzpflicht der Vorstandsmitglieder zu rechnen). Grundsätzlich stellt das Zahlungsverbot des neuen Gesetzes schwere Anforderungen an den oder die Gesellschafter. Denn die Entsch. der Frage, ob Tätigkeit oder Unterlassung der Zahlung voraussichtlich der Gesellschaft Schaden oder größeren oder geringeren Schaden bringen kann oder wird, ist nach Obigem (und Ullmann sowie Kleinfeller a. a. O.) häufig kompliziert oder überhaupt unlösbar. Dem betr. Vorstand ist Einvernehmen mit den Organen der Gesellschaft, dem Konkurs- oder Vergleichsgericht und dem von diesem aufgestellten oder aufzustellenden Verwalter oder Vertrauensmann, auch dem Gläubigerausschuß, in jedem schwierigen Fall anzuraten. —

Im Hinblick auf § 88 VerglO. verbleibt es bezüglich der Liquidatoren der aufgelösten Aktiengesellschaft — wie bei denjenigen des rechtsfähigen Vereins; s. o. meine Erläuterung zu Artikel II S. 8 — bei der ausschließlichen Obliegenheit des Konkursantrages.

Das Vergleichsverfahren ist nur bis zur Auflösung zulässig. Es bezweckt, die Schwierigkeiten des Vergl.-Schuldners zu beheben. Diese Tendenz versagt, wenn es sich um Körperschaften dreht, die überdies erlöschen. Cahn, KommVerglO. S. 37 und 374. Löst sich die

Gesellschaft während des VerglVerf. auf, so bleibt es bei diesem. Schuldnerin wird dann die aufgelöste Gesellschaft.

Der Antragspflicht haben die Liquidatoren zu entsprechen:

1. wenn die aufgelöste Gesellschaft zahlungsunfähig wird,
2. wenn die aufgelöste Gesellschaft bei der Auflösung schon zahlungsunfähig ist.

Dementsprechend wird der § 298 Abs. 1 neu geformt. —

§ 315 HGB. enthält eine Strafvorschrift. Sie wird nunmehr nach den soeben erwähnten Änderungen redigiert. —

Der § 325 Ziff. 8 HGB. lautet bis jetzt: die den Vorstand der Aktiengesellschaft betreffenden Vorschriften über die Stellung des Antrages auf Eröffnung des Konkursverfahrens finden auf die persönlich haftenden Gesellschafter (der Kommanditgesellschaft auf Aktien) entsprechende Anwendung.

Hier wird durch das neue Gesetz eingesetzt:

„oder des gerichtlichen Vergleichsverfahrens." —

In zivil- und strafrechtlicher Hinsicht ist normalerweise durch Stellung des Konkursantrags seitens eines G l ä u b i g e r s der Pflicht des betr. Beamten der Gesellschaft (Vorstands, Liquidators) Genüge getan. Hachenburg 1927 § 64, S. 306, Anm. 3b. Anders urteilt — viel zu allgemein — RG. I 27. März 1905, JW. 1905, 551, 7. Wenn freilich jener andre Antrag irgendwie unzuverlässig ist, muß der Beamte der Gesellschaft aktiv werden. Auch kann der Vorstand dem schrofferen (Konkurs-)Antrag durch Stellung des Antrags auf Eröffnung des gerichtlichen Vergleichsverfahrens begegnen.

Die zivil- und strafrechtliche Verantwortung liegt auch dann vor, wenn der Antrag in Erwartung eines außergerichtlichen Arrangements unterlassen wird. (RGSt. 37, 324.) Zur Entschuldigung dienen unter Umständen Reise, Erkrankung, außerordentliche Ereignisse und Verhältnisse. Doch ist von Fall zu Fall zu prüfen, ob und inwieweit der eine oder andere Teil der 2wöchigen Frist verschuldet oder unverschuldet unbenutzt verstrich. Kleinfeller, Zentralblatt f. HR. 1930 S. 138.

Über die Aktivlegitimation des Antragstellers oder der Antragsteller siehe Mentzel, KommKO. S. 502 ff. zu § 213 KO.; Cahn, KommVerglO. S. 374, B. b); Kiesow, KommVerglO. § 88 IV, S. 528; Samolewitz, Komm. S. 32, 6 u. S. 132. Der Handelsbevollmächtigte ist antragsberechtigt, nicht der Prokurist. (JW. 26, 29; Cahn, Komm. S. 40.)

Der Aufsichtsrat hat zu kontrollieren, daß der Vorstand richtig und rechtzeitig den Konkurs- oder Vergleichs-Eröffnungsantrag stellt, sobald seine Voraussetzungen vorliegen.

Jeder Vorstand, welchen ein Verschulden trifft, haftet, wenn der Gesellschaft ein Schaden durch die Unterlassung entstanden ist.

„Ein Schaden ist r e g e l m ä ß i g die Folge solcher unzulässiger Zahlungen, weil dadurch die Masse vermindert wird" (Kleinfeller, Zentralbl. f. HR. S. 138, 2. Sp.). Insoweit folge ich Kleinfeller. Auch wenn er als Betrag der Zurückleistung durch den sich verfehlenden Vorstand die unzulässig gezahlte Summe, vermindert um den Betrag, den der befriedigte Gläubiger einst aus der Masse erhalten würde, errechnet. Nicht aber scheint mir gerechtfertigt, daß zunächst der Ersatz der ganzen Zahlung durch den sich verfehlenden Vorstand verlangt wird. Der Ersatz hat vielmehr erst stattzufinden, wenn der Betrag endgültig feststeht. Nur dies entspricht der Schadenslehre des BGB. und der Theorie der adaequaten Verursachung. Fischer-Henle BGB. zu § 249, not 3, 4 und 5. JW. 10. 934; RG. 48, 124; JW. 1908, 238; RG. 90, 85.

Mehrere Vorstandsmitglieder sind Gesamtschuldner; einzelne Aktionäre oder sonstige Dritte haben keinen Anspruch gegen die Vorstandsmitglieder.

Die Rechte der Aktiengesellschaft gegen die Vorstandsmitglieder macht der Konkursverwalter oder die Vertrauensperson oder der Aufsichtsrat oder ein nichtbeteiligter Vertreter der Gesellschaft geltend.

Über rechtliche und tatsächliche Unterschiede (mit Konsequenzen) zwischen dem Anspruch auf Zurückzahlung durch das betr. Gesellschaftsorgan einerseits und dem Anfechtungsanspruch gemäß § 30 Nr. 2 und § 31 Nr. 1 KO. andrerseits; s. Kleinfeller a. a. O. S. 139.

Die Tätigkeit der Organe der AG. verbleibt nach Eröffnung des betr. Verschuldungsverfahrens beschränkt (des Konkurses: nach Staub-Pinner, § 292 Anm. 7; Brodmann, § 292 Not. 2 u. 5; Jaeger, KommKO. 1929, S. 448 Anm. 9; des Vergleichs: eo ipso und unbeschränkter, da dieser auf Fortbestand aufgebaut ist; Cahn, Komm.-VerglO. S. XX, 34, 132, 163 ff.)

Über die Gemeinschuldnerin und Vergleichsschuldnerin als AG. s. Staub-Pinner zu § 235 HGB. u. Friedrich Goldschmit, das Recht des Aufsichtsrats S. 313 ff; Cahn, LZ. 1929 S. 1631; Simonson, JW. 1930, S. 112; Schotte, JW. 1930, S. 1096, 2. Sp., z. Beschluß des OLG. Celle 7. Febr. 1930, 4 IV W. 36/30.

Über die Anwendung des § 175 Ziff. 2 u. 3 KO. sowie § 22 Ziff. 3 VerglO. auf das Konkurs- und Vergleichsverfahren der Gesellschaften s. Cahn, KommVerglO. S. 170; Pitz, JW. 1928 S. 1128; LG. Hamburg 4. Jan. 1928 K B S. 31/33/27. —

Die den Vorstand der AG. betreffenden Vorschriften über die Stellung des Antrags auf Eröffnung des Konkursverfahrens, die auf die persönlich haftenden Gesellschafter der KommGes. auf Aktien entsprechende Anwendung finden (§ 325 Ziff. 8 HGB.), sind nun auch umgemodelt. (§ 89 VerglO.; Staub-Pinner S. 653 ff.; Cahn, KommVerglO. S. 378 ff.; Kiesow § 89, III ff., S. 532 ff.).

Hier interessieren zunächst Abs. 1 des § 89 VerglO. (Unzulässigkeit der Einleitung des Vergleichsverf., wenn die Gesellschaft aufgelöst ist), und Abs. 2, demzufolge der Vorschlag von allen persönlich haftenden Gesellschaftern zu stellen ist. Schuldner sind nicht die Kommanditisten. Einzelheiten: Cahn, KommVerglO. S. 379; Eisold, KommVerglO. S. 169 Anm. 3.

Artikel IV.

Das Gesetz, betreffend die Gesellschaften mit beschränkter Haftung, wird wie folgt geändert und ergänzt:

1. § 64 erhält folgende Fassung:

Wird die Gesellschaft zahlungsunfähig, so haben die Geschäftsführer ohne schuldhaftes Zögern, spätestens aber zwei Wochen nach Eintritt der Zahlungsunfähigkeit, die Eröffnung des Konkursverfahrens oder die Eröffnung des gerichtlichen Vergleichsverfahrens zu beantragen; entsprechendes gilt, wenn sich bei der Aufstellung der Jahresbilanz oder einer Zwischenbilanz ergibt, daß das Vermögen nicht mehr die Schulden deckt. Eine schuldhafte Verzögerung des Antrags liegt nicht vor, wenn die Geschäftsführer die Eröffnung des gerichtlichen Vergleichsverfahrens mit der Sorgfalt eines ordentlichen Geschäftsmanns betreiben.

Die Geschäftsführer sind der Gesellschaft zum Ersatze von Zahlungen verpflichtet, die nach Eintritt der Zahlungsunfähigkeit der Gesellschaft oder nach Feststellung ihrer Überschuldung geleistet werden. Dies gilt nicht von Zahlungen, die auch nach diesem Zeitpunkt mit der Sorgfalt eines ordentlichen Geschäftsmanns vereinbar sind. Auf den Ersatzanspruch finden die Bestimmungen im § 43 Abs. 3 und 4 entsprechende Anwendung.

2. § 71 erhält folgende Fassung:

Ergibt sich die Zahlungsunfähigkeit der aufgelösten Gesellschaft, so haben die Liquidatoren die Eröffnung des Konkursverfahrens zu beantragen; dasselbe gilt, wenn sich bei der Aufstellung der Jahresbilanz oder einer Zwischenbilanz ergibt, daß das Vermögen nicht mehr die Schulden deckt.

Sie haben sofort bei Beginn der Liquidation und demnächst in jedem Jahre eine Bilanz aufzustellen.

Im übrigen haben die Liquidatoren die aus §§ 36, 37, § 41 Abs. 1, § 43 Abs. 1, 2 und 4, § 49 Abs. 1

und 2, § 64 Abs. 2 sich ergebenden Rechte und Pflichten der Geschäftsführer.

3. § 84 Abs. 1 erhält folgende Fassung:

Mit Gefängnis bis zu drei Monaten und zugleich mit Geldstrafe werden bestraft:

1. die Geschäftsführer einer Gesellschaft mit beschränkter Haftung, wenn entgegen der Vorschrift des § 64 Abs. 1 der Antrag auf Eröffnung des Konkursverfahrens oder des gerichtlichen Vergleichsverfahrens unterlassen ist;
2. die Liquidatoren einer Gesellschaft mit beschränkter Haftung, wenn entgegen der Vorschrift des § 71 Abs. 1 der Antrag auf Eröffnung des Konkursverfahrens unterlassen ist.

Im Abs. 3 werden hinter dem Worte „Konkursverfahrens" die Worte „oder des gerichtlichen Vergleichsverfahrens" eingefügt.

Im Gesetz über Gesellschaften m. b. H. werden die Normen durch das neue Gesetz, dem Artikel III entsprechend, geändert und ergänzt. Ich nehme auf meine Erläuterungen zu Artikel III Bezug. An Stelle des Vorstandes des HGB. sind hier die Geschäftsführer gesetzt.

Instruktiv sind zunächst § 207 Abs. 2, 208 KO., § 63 G. m. b. H., Merzbacher-Krakenberger. S. 367. Not. 5; Cahn, KommVerglO. S. 376.

Unterschied zwischen Zahlungsunfähigkeit und Überschuldung sowie zwischen Überschuldung und Unterbilanz, s. Jaeger, Enzykl. XVIII S. 124 Not. 2; Mentzel, KommKO. S. 327 ff., S. 492; Cahn, KommVerglO. S. 35 ff.; Kiesow, KommVerglO. S. 527.

Bezüglich der Überschuldung einer GmbH. ist der wahre Wert der Aktiven und die wahre Höhe der Schuld in Betracht zu ziehen. (Einzelheiten und Anführungen s. Mentzel, KommKO. S. 326, 329 ff; Cahn, KommVerglO. S. 376; Neukamp, GmbH. S. 176 u. 286; Hachenburg, GmbH. § 63; Parisius-Crüger S. 301; Brodmann, GmbH. § 42, Anm. 2; Merzbacher-Krakenberger S. 385; Eisold, Konk. u. Treuh. 1930 S. 97; Eisold, KommVerglO. S. 164 und die dortigen Anführungen; RGSt. V, 12. Juli 1910, 44, 51; St. IV, 16. März 1917, 51, 22; St. II, 10. Jan. 1927, Recht 1927 Nr. 355 u. 1203; RGZ. 80, 104, 109; RG. II, 1. Okt. 1912, Rep. II 176/12.)

Hat ein Gläubiger bereits einen Konkursantrag gestellt, so entfällt für gewöhnlich (wenn nicht der andere Antrag irgendwie unzuverlässig ist) der Antrag des Geschäftsführers (Hachenburg

1927 § 64 S. 306 Anm. 3 b). Freilich kann der Geschäftsführer dem schrofferen (Konkurs-)Antrag durch Stellung des Antrags auf Eröffnung des gerichtlichen Vergleichsverfahrens begegnen.

Wenn im § 64 des GmbH-Gesetzes vorgeschrieben war, daß die Geschäftsführer die Eröffnung des Konkursverfahrens zu beantragen haben, sobald die Zahlungsunfähigkeit der Gesellschaft eintritt oder aus einer im Lauf des Geschäftsjahres aufgestellten Bilanz sich ergibt — was bereits seit der VerglO. vom 5. Juli 1927 im Sinn derselben § 31 und RGE. 48, 135 alternierend gehandhabt wurde und was jetzt durch das neue Gesetz in die Alternativverpflichtung: Konkurs oder Vergleich umgemodelt ist — so ist damit der klare Wille des Gesetzgebers zum Ausdruck gelangt, daß in solchem Fall an sich jeder Geschäftsführer ohne Verzug, d. h. mit der nach Lage der Verhältnisse tunlichen Beschleunigung, zu handeln hatte und daß unter den bezeichneten Verhältnissen dem Ermessen der Geschäftsführer, nach welchem sie berechtigt wären, den Antrag zu verzögern, kein Spielraum gelassen werden sollte (RG. I, 26. Nov. 1904, 4121, 1904; s. auch RGSt. II D 117/27, 7. April 1927, JW. 1927, 1697 und Fußnote von Bendix ebenda). Jetzt — nach dem neuen Gesetz — ist die Schranke des schuldhaften Verzögerns authentisch ausgelegt durch die Sorgfalt des ordentlichen Geschäftsmannes und die Maximalausdehnung von 2 Wochen vorgesteckt. Darüber hinaus verbleibt es bei dem bisherigen Verzugsbegriff. Zahlungen nach dem ominösen Zeitpunkt der Zahlungsunfähigkeit bzw. Feststellung der Überschuldung sind ebenfalls an die Sorgfalt des ordentlichen Geschäftsmannes gebunden.

Für die Liquidatoren der aufgelösten Gesellschaft bleibt es bei der Pflicht des Antrages auf Konkurs (§ 71). Für den Fall der Stellung des Konkursantrages seitens eines Gläubigers s. meine Erläuterungen unter Artikel III (hinsichtlich des Vorstandes und Liquidators S. 16) sowie unter Artikel IV (hinsichtlich des Geschäftsführers S. 19).

Bei eintretender Liquidation und hernach in jedem Jahr, solange die Liquidation läuft, ist eine Bilanz aufzustellen. Hinsichtlich dieser s. RGZ. v. 1. Okt. 1902; RG. 80, 109 und Merzbacher-Krakenberger s. 386, 3.

Der Aufsichtsrat hat die rechtzeitige Stellung der im neuen Gesetz vorgeschriebenen Anträge zu überwachen (§ 52 GmbH.). Der Aufsichtsrat ist schadenersatzpflichtig und kann von dieser Obliegenheit durch kein Organ befreit werden.

Auf den Ersatzanspruch, der nur eintritt, soweit die Gesellschaft benachteiligt ist, finden die Bestimmungen im § 43 Abs. 3 und 4 Gesetz GmbH. betr. entsprechende Anwendung. (Sehr instruktiv für alle diese Fragen ist die RGE. vom 1. Oktober 1912, Rep. II, 176, 12, RGZ. 80, 104 ff.) Gehaftet wird nur seitens derjenigen Geschäftsführer, die ihre Obliegenheiten verletzen. Die Haftung ist eine gesamtschuldnerische gemäß § 421 BGB. Grundsätzlich gilt hinsichtlich des Schadensersatzes der § 249 BGB. Die Haftpflicht existiert nicht gegenüber den Gesellschaftsgläubigern. Motive, stenographischer Bericht Bd. V S. 3756. (S. auch Merzbacher-Krakenberger S. 386, 4.) Der Anspruch auf Ersatz wird vielmehr vom Masseverwalter des Konkurses resp. der Vertrauensperson oder dem Aufsichtsrat oder einem anderen an der Verfehlung unbeteiligten Vertreter der vergleichsschuldnerischen Gesellschaft geltend gemacht.

Wenn der Geschäftsführer bei Zahlungsunfähigkeit der Gesellschaft Gesellschaftsgläubiger mit seinen Mitteln befriedigt, so steht ihm im Konkurs- und Vergleichsverfahren nur eine einfache Forderung (Konkursforderung; am Verfahren beteiligter Anspruch) wegen Bereicherung zu. (OLG. Stuttgart — Recht 1918 Nr. 925 — Merzbacher-Krakenberger S. 384).

Die strafrechtliche Verantwortung ergibt sich aus § 84 Abs. 1 der Neufassung des GmbHGes. Auch dann ist sie gegeben, wenn der Antrag in der einen oder anderen Hinsicht in Erwartung eines Arrangements unterlassen wird (RGSt. 37, 324). Zur Entschuldigung dienen unter Umständen Reise, Erkrankung, außerordentliche Ereignisse und Verhältnisse.

Die Bestimmungen beziehen sich auch auf die Stellvertreter der Liquidatoren. Die Liquidatoren haben nicht die Berechtigung, Prokuristen zu bestellen.

Artikel V.

Das Gesetz, betreffend die Erwerbs- und Wirtschaftsgenossenschaften, wird wie folgt geändert und ergänzt:

1. § 99 erhält folgende Fassung:

Wird die Genossenschaft zahlungsunfähig, so hat der Vorstand ohne schuldhaftes Zögern, spätestens aber zwei Wochen nach Eintritt der Zahlungsunfähigkeit, die Eröffnung des Konkursverfahrens oder die Eröffnung des gerichtlichen Vergleichsverfahrens zu beantragen. Eine schuldhafte Verzögerung des Antrags liegt nicht vor, wenn der Vorstand die Eröffnung des gerichtlichen Vergleichsverfahrens mit der Sorgfalt eines ordentlichen Geschäftsmanns betreibt.

Die Mitglieder des Vorstandes sind der Genossenschaft nach Maßgabe des § 34 zum Ersatze von Zahlungen verpflichtet, die nach Eintritt der Zahlungsunfähigkeit der Genossenschaft geleistet werden. Dies gilt nicht von

Zahlungen, die auch nach diesem Zeitpunkt mit der Sorgfalt eines ordentlichen Geschäftsmanns vereinbar sind.

Die Ansprüche auf Grund der vorstehenden Bestimmungen verjähren in fünf Jahren.

2. § 118 erhält folgende Fassung:

Ergibt sich die Zahlungsunfähigkeit der aufgelösten Genossenschaft, so haben die Liquidatoren die Eröffnung des Konkursverfahrens zu beantragen; dasselbe gilt, wenn aus der Jahresbilanz oder aus einer im Laufe des Jahres aufgestellten Bilanz sich eine Überschuldung der aufgelösten Genossenschaft ergibt.

Die Liquidatoren sind der Genossenschaft nach Maßgabe des § 34 zum Ersatze von Zahlungen verpflichtet, die nach Eintritt der Zahlungsunfähigkeit der aufgelösten Genossenschaft oder nach Feststellung ihrer Überschuldung geleistet werden. Dies gilt nicht von Zahlungen, die auch nach diesem Zeitpunkt mit der Sorgfalt eines ordentlichen Geschäftsmanns vereinbar sind.

Soweit sich nicht aus den Abs. 1, 2 ein anderes ergibt, gelten die in diesem Abschnitt hinsichtlich des Vorstandes getroffenen Bestimmungen auch hinsichtlich der Liquidatoren.

3. § 140 erhält folgende Fassung:

Das Konkursverfahren findet bei bestehender Genossenschaft außer dem Falle der Zahlungsunfähigkeit in dem Falle der Überschuldung statt, sofern diese ein Viertel des Betrags der Haftsummen aller Genossen übersteigt. Der Vorstand hat, wenn eine solche Überschuldung sich aus der Jahresbilanz oder aus einer im Laufe des Jahres aufgestellten Bilanz ergibt, ohne schuldhaftes Zögern, spätestens aber zwei Wochen nach diesem Zeitpunkt, die Eröffnung des Konkursverfahrens oder die Eröffnung des gerichtlichen Vergleichsverfahrens zu beantragen. Eine schuldhafte Verzögerung des Antrags liegt nicht vor, wenn der Vorstand die Eröffnung des gerichtlichen Vergleichsverfahrens mit der Sorgfalt eines ordentlichen Geschäftsmanns betreibt. Die Vorschriften der § 99 Abs. 2 und 3, § 100 finden entsprechende Anwendung.

4. § 142 Abs. 1 Satz 2 erhält folgende Fassung:

In der gleichen Weise können die Gläubiger von den Mitgliedern des Vorstandes oder den Liquidatoren Ersatz beanspruchen, wenn diese entgegen den Vorschriften im § 99 Abs. 2, § 118 Abs. 2, § 140 Satz 4 Zahlungen geleistet haben, nachdem die Zahlungsunfähigkeit der Genossenschaft eingetreten ist oder ihre Überschuldung sich ergeben hat.

5. § 148 Abs. 1 Ziffer 2 erhält folgende Fassung:

2. die Mitglieder des Vorstandes, wenn entgegen den Vorschriften in den §§ 99, 140 der Antrag auf Eröffnung des Konkursverfahrens oder des gerichtlichen Vergleichsverfahrens unterlassen ist;

Abs. 1 erhält ferner folgende Ziffer 3:

3. die Liquidatoren, wenn entgegen der Vorschrift des § 118 der Antrag auf Eröffnung des Konkursverfahrens unterlassen ist.

Berlin, den 25. März 1930.

Der Reichspräsident
von Hindenburg.

Der Reichsminister der Justiz
v. Guérard.

Das neue Gesetz sieht für den § 99 des Genossenschaftsgesetzes eine Abweichung des geltenden Rechts vor. Nach der bisherigen Formulierung hat der Vorstand nicht nur nach Eintritt der Zahlungsunfähigkeit, sondern auch, falls sich bei oder nach Auflösung der Genossenschaft ihre Überschuldung ergibt, das Konkursverfahren zu beantragen. Der Entwurf erblickt hierin eine Unstimmigkeit. Denn nach § 98 GenG. bildet bei bestehender Genossenschaft allein die Zahlungsunfähigkeit, bei aufgelöster Genossenschaft neben der Zahlungsunfähigkeit auch die Überschuldung, den Konkursgrund. Es sind aber ferner die Vorstandsmitglieder zur Vertretung der bestehenden Genossenschaften berufen, während die Liquidatoren zur Vertretung der aufgelösten Genossenschaft berufen sind. Hieraus ist zu folgern, daß bei Überschuldung, welche erst nach der Auflösung einen Konkursgrund bildet, die Antragspflicht nur den Liquidatoren auferlegt werden kann. In der neuen Fassung des § 99 GenG. wird somit bei Zahlungsunfähigkeit dem Vorstande die Obliegenheit des Antrages auferlegt. Der § 118 des neugefaßten GenGes. sagt aber, daß die Liquidatoren der Antragspflicht auch bei Überschuldung zu genügen haben. Die so gefaßten neuen Normen werden auch dem § 91 Ziff. 1 VerglO. gerecht, nach welchem die Einleitung des Vergl.-Verfahrens unzulässig ist, wenn die Genossenschaft aufgelöst ist. Wenn indes die Genossenschaft im Lauf des Vergl.-Verfahrens sich auflöst, so findet letzteres seine Fortsetzung.

Wie bei den oben unter III und IV gekennzeichneten Gesellschaften (BayObLG. 12. Dez. 1924, Reg. III 112/24 [Nbg.]; Bay. ObLG. Z. 23, 236), bleiben die führenden Organe der Genossenschaften im Vergleichsverfahren im Rahmen ihrer Zuständigkeit tätig, um mit der Vertrauensperson an Hand der §§ 40 ff. VerglO. zusammenzuarbeiten. (Cahn, KommVerglO. S. 383 ff., insbesondere im einzelnen S. 395.) —

Die neuen Fassungen der §§ 118, 140, 142 und 148 entsprechen den Neuformungen des BGB., HGB. und des GmbHG. Es wird in allen Teilen auf meine obige Erläuterung zu Artikel II, III und IV verwiesen.

Obige §§ des GenG. wollten an den Zivil- und Strafnormen der KO. nichts Wesentliches ändern (näheres RGSt. I, 311/16, 12. Oktober 1916). —

Hinsichtlich des Umfangs und der Einschränkung zivil- und strafrechtlicher Verantwortung siehe oben Artikel III und IV: Der Antrag entfällt, wenn ein G l ä u b i g e r ihn stellt. S. 16, 19, 20. Die Erwartung eines Arrangements enthebt den Verantwortlichen nicht von der Antragspflicht.

Zur Stellung des Antrags ist jedes Mitglied des Vorstandes berechtigt. Wird der Antrag nicht von allen Vorstandsmitgliedern gestellt, so hat das Gericht vor der Entscheidung die Vorstandsmitglieder, welche den Antrag nicht gestellt haben, zu hören. (§ 103 KO. [Mentzel, Komm. S. 329]; § 91, 2 VerglO.) Wenn nicht die sämtlichen Vorstandsmitglieder den Antrag stellen, muß das Vergleichsgericht gemäß § 100 GenG., § 91, 2, 3 VerglO. die anderen Vorstandsmitglieder vernehmen. Das einzelne Vorstandsmitglied kann den Antrag auf Vergleichseröffnung einbringen, der Vergleichsantrag muß indes nach § 25 GenG. formell durch wenigstens 2 Mitglieder des Vorstandes gestellt resp. gezeichnet sein (Cahn, KommVerglO. S. 395). Unter Umständen ist statutarisch oder gesetzlich sogar eine Vertretung von mehr als 2 Vorstandsmitgliedern erforderlich (Kiesow, Komm. S. 549).

Hinsichtlich der Sorgfalt gilt diejenige eines ordentlichen Geschäftsmannes. Der Wortlaut entspricht hier den Artikeln III und IV. Gehaftet wird nur von denjenigen Mitgliedern des Vorstandes, die den Schaden verursacht haben. Eine von den Vorstandsmitgliedern intern beschlossene Teilung der Verwaltung ist der Genossenschaft gegenüber — was die persönliche Haftung anlangt — wirkungslos. Es wird prinzipiell der Genossenschaft, nicht den Gläubigern gegenüber, gehaftet (s. aber nunmehriger § 142 Abs. 1 Satz 2).

Eine Einrede der Vorausklage findet nicht statt, weil es sich um eine grundsätzliche direkte Haftung und nicht um eine Bürgschaft dreht. Die Entlastung reicht zur Aufhebung der Ersatzpflicht nicht aus.

Hinsichtlich des gerichtlichen Vergleiches, welcher dem gemeinsamen Interesse der beteiligten Gläubiger (Genossen und Nichtgenossen) gerecht zu werden hat (§ 68, Abs. 2, Nr. 2 VerglO.), im Gegensatz zu dem gerichtlichen Vergleich, welcher nur dem Sonderinteresse eines der 2 Gruppen entspricht: Cahn S. 385 ff. Komm.-VerglO.; Lucas, Komm. § 91 VerglO.; Citron, JW. 1928, 207; Kiesow, Komm. S. 555. Die eine Gläubigergruppe kann z. B. hervorkehren, daß ein Konkursverfahren für sie günstiger wäre (vgl. ebenerwähnte Kommentare, ReichstBer. S. 3; dann Lucas, Komm. S. 153, III b; Samolewitz, Komm. S. 115 Not. 6 zu § 68, Abs. 2 u. S. 136, 2, II zu § 91 VerglO.).

Den Fall des § 115, 3 GenGes. (Überschuß bei zu großem Nachschuß) zieht bei der Zurückzahlungspflicht des betr. Beamten Kleinfeller, ZentrBl. f. HR., a. a. O. S. 139, als rechtsähnlich heran und stellt eine Nichterledigung durch das neue Gesetz fest. M. E. fällt dieser Fall nicht unter die Aufgabe des neuen Gesetzes, das die Zurückzahlungspflicht durch den Beamten der Gesellschaft und Genossenschaft bei Zahlungen desselben an Gläubiger nach dem Eintritt der Zahlungsunfähigkeit oder aber Überschuldung normieren will, nicht aber die Zurückzahlungspflicht von Überschüssen durch den KV. oder die VP. an Genossen. —

Schumann will die Antragspflicht dieses ganzen Gesetzes vom 25. März 1930 de lege ferenda auf alle Schuldner, bei welchen Konkursgründe vorliegen, ausgedehnt haben (Wiener Internat. Gl.-schutz-Kongreß 1930, bei dem Cahn sich dagegen aussprach). Auch Eisold (Konk. u. Treuh. 1930 S. 96) will die Ausdehnung auf Einzelkaufleute, offene Handelsgesellschaften und Kommanditgesellschaften.

Alphabetisches Schlagwort-Register.

Die Zahlen bedeuten die Seiten.

A.

B.

D.

E.